LA ENCICLOPEDIA DEL
AUTOMÓVIL
CLÁSICO

LA ENCICLOPEDIA DEL

AUTOMÓVIL CLÁSICO

EDITOR GENERAL: DAVID LILLYWHITE

EDIMAT Libros

www.edimat.es

EDIMAT LIBROS, S. A.

Calle Primavera, 35
Polígono Industrial El Malvar
28500 Arganda del Rey
www.edimat.es
MADRID-ESPAÑA

© para lengua castellana EDIMAT LIBROS, S. A.

Editorial and design by
Amber Books Ltd
Bradleys Close
74-77 White Lion Street
London
N1 9PF

ISBN: 84-9764-607-X

Título original: *The Encyclopedia of Classic Cars*
Autores: Craig Cheetham, Ian Cushway, Richard Dredge, Richard Gunn, David Lillywhite, James Ruppert
Editor del proyecto: James Bennett
Diseño: www.stylus-design.com
Búsqueda de fotografías: Lisa Wren, Natasha Jones
Traducción: Juan Barris Sabanes
Corrección técnica: Pablo Reyes Martínez, Juan Manuel Reyes Martínez

CONTENIDOS

El Bugatti Type 23 Brescia fue una variante del Type 13 con una mayor distancia entre ejes. El nombre de Brescia se debió a los grandes éxitos que la marca consiguió en este circuito el año 1921.

El Singer SM Roadster también conocido como el 1500 Roadster, apareció en el mercado para competir con el MG TD. Era algo más que un Nine Roadster del 39 modernizado y tenía un aspecto deslucido.

El Pontiac Chieftain fue uno de los coches con más estilo y espectacular de la primera mitad de los 50. El de la foto es un modelo Chieftain De Luxe del 51.

CONTENIDOS

El Mercedes 540 K está considerado como la epítome del diseño del coche clásico; su capó medía casi la mitad de todo el coche y realmente era una manera extravagante de viajar dos personas.

El coche más rápido del mundo cuando la velocidad no estaba limitada, en 1987, era el Porsche 959, sorprendentemente fácil de conducir en comparación con otros «supercoches».

INTRODUCCIÓN

Este no es sólo un libro de coches. Trata de la imaginación, innovación técnica, perseverancia, fe y, sobre todo, de la pasión que hizo posible crearlos; de las personas que con todo tipo de formación y oficios se han involucrado en la evolución del automóvil desde sus primeros inicios y nos han dado, con su optimismo y visión, toda la gran variedad de coches que figuran en este libro. Es a ellos, a los ingenieros, diseñadores y emprendedores a los que debemos estar siempre muy agradecidos.

Sin contar con los primeros artilugios pioneros en este mundo de los vehículos a motor, siempre ha existido en este mundo un sentido comercial muy diáfano, puro, claro, en lo que se refiere a hacer dinero (normalmente basado en algún tipo de actividad de fabricación seguida por unas transacciones comerciales que al menos tenían la esperanza del éxito). Aún hoy día su no superada capacidad para crear emociones hace que el automóvil no pueda compararse a ningún otro bien de consumo. La gente adora los coches. Hay quien se sienta en un bar y discute sobre ellos, otros incluso llegan a pelearse por ellos; incluso las parejas se divorcian cuando el coche se convierte en algo más que una obsesión. Luego están los que odian los coches; odian todo lo que se refiere a ellos, en particular todo lo que provoca en el medio ambiente polución, contaminación y destrozos en el paisaje para construir carreteras. Odiado o adorado el coche siempre ha tenido controversias, pero más allá de sus prejuicios, ha aportado mucho más que destruido.

Siendo un tema emotivo, surgen en cada entrada las emociones expresadas por nuestros autores, especialistas cada uno de ellos en su propio campo. Lo que es del todo natural, pues sin ellas este libro presentaría sólo hechos.

CONTENIDOS

Este libro abarca las marcas más significativas e interesantes de los coches más espectaculares y diversos fabricados por las marcas de todo el mundo. El primero de ellos es el Panhard Levassor datado en 1891 y el último el Aston Martin Virage que se empezó a fabricar en 1981 y aún no ha cesado su producción. Algunos coches se vendieron en gran número, de otros apenas se hicieron dos modelos, pero todos han pisado la carretera, pues en este libro no se incluyen únicamente coches de competición.

Hemos intentado ser lo más objetivos posible sobre lo que concierne a cada coche y se ha procurado darles más espacio a aquellos que han llegado a ser iconos por su propio derecho como el Jaguar E-type; otros también se han ganado más espacio por su indiscutible interés desde el punto de vista tecnológico o por alguna innovación rompedora. Los coches o los fabricantes que tuvieron poca presencia y fueron poco importantes tienen entradas más cortas. Sea como fuere, hemos incluido en este libro todos aquellos modelos que se han considerado pertinentes para ofrecer una representación completa y concisa de todos los coches producidos hasta el momento. Expresamos nuestras disculpas por aquellas omisiones y contradicciones que hayamos podido realizar en esta selección.

DATOS TÉCNICOS

Fue difícil decidir cuáles serían los datos más relevantes de un coche en particular. Si se hubiesen incluido todos ellos en cada coche nuestros contenidos hubiesen sido menos serios. Por eso se escogieron sólo los más importantes que aparecerían en nuestra original y extensa lista de coches. Tan pronto como se resolvió este problema surgió otro: ya que por lo general un coche tiene varios modelos o tamaños de motor, ¿cómo se les podría agrupar? De nuevo no había nada en qué basarse y no se podían incluir todos. Decidimos exponer únicamente los datos de los modelos con los más representativos. De esta manera, volviendo a usar como ejemplo el modelo E-type de Jaguar optamos por la serie 1 de 4,2 l, que mantuvo toda la pureza y la misma calidad del 3,8 l, pero con un motor más flexible y suave. Sea como fuere, la gran mayoría de entradas tienen igualmente los datos completos de los demás motores para así dar una idea completa de ellos.

Quizá habrá, en algunos nombres de coches anteriores a la Gran Guerra, confusión, por eso se les ha puesto el número de caballos en su denominación. El Singer Nine, por ejemplo, se llamaba así porque según el RAC inglés tenía 9 CV. ¡Esto no quiere decir que el modelo los tuviese! El Citroën 2CV se llamó así porque tenía un motor de esta potencia (el nombre deriva del francés *Deux Chevaux* o Dos caballos) según el ahora anticuado y obsoleto sistema de calificación (el original tendría, con el

El Jaguar E-type fue uno de los deportivos más famosos de los años 60. Era un coche elegante y extraordinariamente rápido con evidentes conexiones con los primeros Jaguar de competición como el D-type. El E-type tenía también un precio elevado en 1961.

actual sistema, nueve). Esta calificación se obtenía simplemente calculando la capacidad de un cilindro del motor en milímetros y multiplicarla por 1,613; el resultado era del todo inexacto y sólo se usaba en las tasaciones efectuadas en el Reino Unido.

Si observamos los datos sobre la producción hay algunos en los que se lee n/d o no disponible. Se trata de una omisión por nuestra parte debida a que actualmente no se encuentran datos de dominio público sobre el número de unidades fabricadas hasta el momento. Cuando un modelo sí dispone de esta información debe entenderse que no se refiere únicamente a la versión expuesta sino a todo el modelo y sus versiones fabricadas en toda su historia.

Buscar los coches expuestos en esta guía ha sido una experiencia interesante y muy satisfactoria, pero, tristemente, en una segunda búsqueda en las fuentes existe siempre el riesgo de cometer y perpetuar errores. Esto es debido a que nuestros autores ocuparon su tiempo y esfuerzo en hallar pruebas hechas en carreteras actuales, revistas a la venta, archivos de museos y otras fuentes de primera mano, que hacían posible asegurar que la información requerida fuese lo más exacta posible. Dicho esto, se acepta que siempre haya discrepancias especialmente en datos tan controvertidos como la velocidad máxima. Obviamente los fabricantes querían que se imprimieran datos más optimistas; los probadores de «sangre fría» establecerán datos más exactos. ¿Con cuáles debimos quedarnos? La respuesta es que, de acuerdo con la experiencia, se debe optar por la opinión de la mayoría.

Un aspecto más de potencial confusión es el de los datos de un modelo en particular. Es muy normal que una empresa fabrique un prototipo y lo presente en uno de los grandes salones del automóvil como Londres, Ginebra o París antes de empezar a fabricarlo en serie poco después y durante cierto tiempo. Rara vez la desaparición de un modelo tiene la misma publicidad que en su lanzamiento; por eso, es muy problemático obtener las fechas exactas de cuándo se empezó y se dejó de fabricar. Es más, puede que la marca tarde varios años en hacer desaparecer un modelo haciéndole sucesivos cambios de diseño en su línea de producción.

En 1974 Caterham reintrodujo el obsoleto Lotus Seven S 3 bautizándolo como Caterham Super Seven. Todavía se fabrica una versión de este modelo.

Como es suficiente para un preámbulo, continuemos con los coches propiamente dichos. Pero primero echemos una rápida ojeada a cómo empezó todo.

LOS PRIMEROS PASOS

El hombre es por naturaleza un animal trashumante que desde tiempo inmemorial ha hecho lo imposible para viajar de un lugar a otro esforzándose cada vez menos. La solución más obvia fue que otros animales hiciesen el trabajo por él, pero pronto se animó a buscar una fuente de energía más controlable y fiable.

Los primeros carros sin caballos motorizados por el hombre estaban equipados con ruedas dentadas, manivelas y engranajes primitivos; no era muy sorprendente que no fuesen muy populares entre hombres obligados a impulsar estas máquinas tan pesadas y se buscaron otras fuentes de energía como la fuerza del viento o incluso la cuerda.

Fue con la llegada del vapor cuando la fabricación de carruajes autopropulsados empezó a verse con ciertas dosis de realidad y es el ingeniero suizo Nicholas Joseph Cugnot quien posee el título aceptado de ser el primer hombre que creó el primer vehículo totalmente mecánico en 1765. El gobierno francés, que lo financió, aseguró que su primer vehículo experimental llegó a transportar a cuatro pasajeros en su viaje inaugural y que había alcanzado unos 5 km/h. El segundo de estos vehículos se conserva todavía en París.

El liderazgo pasó al ingeniero de Cornualles Richard Trevithick, que en el año 1801 fabricó un carruaje a vapor capaz que alcanzar los 19 km/h y que incluso disponía de un precario sistema de marchas para dar un ritmo vivo en el llano y más lento en las subidas.

La revolución industrial avanzó en Gran Bretaña, por lo que fue allí donde continuaron desarrollándose vehículos a vapor hasta mediados del siglo XIX cuando, finalmente, llegó el motor de combustión interna (patentado por Etienne Lenoir en 1860). Un año más tarde, Lenoir quiso demostrar de lo que era capaz su invento y fabricó un muy tosco coche a motor; tardó seis exasperantes horas en viajar de París a las cercanías de Joinville (10 km). Era realmente insuficiente, pero su pionero motor animó a otros ingenieros en la creación de nuevos motores más eficaces. El más relevante de ellos fue el de cuatro tiempos diseñado simultáneamente y casi de forma independiente por Gottlieb Daimler en 1876 y Karl Benz en Mannheim, que, en 1885,

El Ferrari 212, fabricado entre 1951 y 1953, se adquiría con la longitud del chasis y los datos del motor hechos a medida, al igual que la carrocería.

Henry Ford consiguió fabricar «un coche para la gran multitud», el modelo T, que era ligero, potente, accesible y fácil de conducir. En casi veinte años de fabricación se vendieron más de 15 millones de unidades. Es, con diferencia, el modelo más vendido sin contar con el Volkswagen escarabajo.

acopló su motor a un chasis tubular logrando así el primer coche de producción limitada.

La historia continúa con dos ingenieros franceses, Panhard y Levassor que empezaron a fabricar los motores Daimler de cuatro tiempos en 1890, pero no previendo futuro para los coches a motor decidieron vender sus derechos de uso en vehículos a la empresa francesa de quincalla y fabricante de bicicletas Peugeot. En 1891 se habían vendido cinco coches, que al año siguiente fueron 29.

Mientras tanto Benz también había empezado a vender sus coches en Francia, pero no fue hasta la aparición del exitoso modelo Viktoria de 1893 cuando empezó realmente la producción en serie.

Fue tal el éxito de Peugeot que Levassor reconsideró su anterior decisión de no fabricar coches, y tras un par de intentos sacó al mercado el famoso sistema Panhard con el motor en la parte delantera y tracción en las ruedas traseras mediante una caja de engranajes de piñón móvil (método usado desde siempre en la mayoría de coches).

A finales de la década de 1890 la demanda de motores de coche crecía rápidamente y el *lobby* del motor británico mostró su fortaleza forzando la derogación de la ley por la que todo vehículo a motor debía ir precedido por un hombre a pie ondeando una banderola roja (una ley basada en las actas de las viejas locomotoras en los pasos elevados vigente entre 1865 y 1878). Se organizó para el 14 de noviembre un viaje conmemorativo a Brighton con motivo de haber alcanzado la velocidad de 19 km/h.

A finales de esta década Benz ya había fabricado su coche 2.000. Sea como fuere, la motorización estuvo siempre en manos de los ricos privilegiados y los excéntricos; poca gente había puesto su mirada en el nuevo artilugio. Algo que estaba a punto de cambiar.

LOS PIONEROS DE LA COMERCIALIZACIÓN: 1901-1914

El ingeniero de Daimler, Wilhelm Maybach, abrió el nuevo siglo con un bombazo. Admitió un pedido del rico cónsul austro–húngaro en Niza, Emil Jellinek, que le pidió un lote de 30 coches a los que insistía en llamar con el nombre de su hija Mercedes. Todos los coches de Daimler se llamarían así en lo sucesivo.

Los Mercedes llevaron el diseño del coche a motor a nuevos cambios con su radiador en forma de panal, el chasis de acero prensado y una selección de engranajes efectuada por una palanca y no un cuadrante; el resultado sería el ejemplo a seguir por otros fabricantes.

El Vauxhall Prince Henry, que alcanzaba los 120 km/h de velocidad máxima, fue uno de los mejores deportivos de su tiempo. El modelo original tenía cuatro asientos, pero carecía de puertas.

Estos coches no representaron al principio de siglo el crecimiento evolutivo del coche, ya que eran muy caros. Eso estaba reservado a los más pequeños y baratos utilitarios como los monocilíndricos de Renault o De Dion que fueron bastamente imitados.

En Estados Unidos la industria del motor estaba obstaculizada por una discusión legal sobre una patente anterior relativa a los motores de combustión de gasolina a cargo del abogado George Baldwin Selden, pero el inconformista emprendedor Henry Ford afrontó los problemas y fundó en 1903 la compañía Ford Motor Company. El diseño de sus motores era parecido al de Lenoir (no al de Selden) que en 1908 se defendió de la legalidad e introdujo el inmortal modelo T.

La popularidad instantánea de este modelo fue tal que Ford tuvo que crear la primera planta de fabricación en serie para poder así satisfacer la demanda. El «Universal Car» de Ford cambió de la noche a la mañana la complexión del motor y a la sociedad; se dejó de fabricar en 1927 con 16,5 millones de unidades construidas.

Con la popularización del mercado de los Estados Unidos, aumentó la automatización de las fábricas y se produjeron cantidad de nuevos modelos asequibles que llevaron al declive de algunas de las marcas más prestigiosas. En Europa, por el contrario, fue la motocicleta la que aplacó el insaciable apetito de la motorización; se fabricaron motores baratos que podían acoplarse sobre un chasis para conseguir uno de los llamados «cyclecars». Afortunadamente, su popularidad fue corta: duró hasta que aparecieron en el horizonte coches nuevos y asequibles.

HACIA UNA NUEVA ERA: 1915-1930

Fue recién acabada la Primera Guerra Mundial cuando surgió un nuevo optimismo, todo el mundo quería sentarse al volante de un coche. El sueño «un mundo sobre ruedas» estaba a punto de convertirse en realidad. El éxito repentino provocó que muchos fabricantes que ya existían trabajaran a destajo, mientras que las nuevas compañías, que disponían de un presupuesto muy limitado y trabajaban en locales clandestinos e inadecuados fabricando los coches y ciclomotores más ligeros y básicos; surgieron de la nada para satisfacer la demanda.

Pero eso no fue todo. Huelgas, escasez de piezas y nuevas tasas dificultaron el proceso industrial y después del colapso de los años 1920-21, sólo sobrevivieron las marcas más boyantes. La Ford fue la primera en rebajar los precios para provocar un aumento de ventas; la siguieron numerosas fábricas europeas y americanas. Un año más tarde floreció de nuevo y dio lugar a una nueva y apasionante generación de coches en la que se incluye el famoso Austin Seven.

Durante este periodo los coches se beneficiaron de los adelantos de la industria de la aviación; el más notable de ellos fue el uso de motores con el árbol de levas en cabeza como el del Hispano-Suiza V8, que más tarde construirá Wolseley y lo utilizará Morris después de su despegue en 1927 en sus codiciados modelos deportivos. El diseño de estos motores ha sido adoptado con el tiempo por la mayoría de los modelos en la actualidad.

Bentley también se aprovechó de estos motores aeronáuticos y desarrolló, en 1921, un motor de cuatro cilindros en línea y de 3 l con un árbol de levas en cabeza que instaló en el deportivo más evocador de la compañía en aquellos tiempos. Entre tanto, los utilitarios incorporaron los frenos en las cuatro ruedas y otras innovaciones técnicas como los limpiaparabrisas, arranque eléctrico y neumáticos de baja presión, con lo que los viajes eran más seguros y confortables.

BUSCANDO UN MAYOR REFINAMIENTO: 1930-1944

En la década de los años 30 los usuarios de los automóviles buscaron más refinamiento, pedían que se tapase la carrocería de los pasajeros y reemplazar así los descapotables que dominaron la década anterior. Problemas económicos hicieron que la mayoría de los clientes quisiera coches de motor más pequeño, lo que inevitablemente provocaba que el

El Land Rover fue un automóvil muy básico, tal como lo demuestra su aspecto. Era muy accesible, fácil de manejar y capaz de llegar casi a cualquier lugar, lo que le convirtió en una leyenda.

vehículo tuviese apenas potencia suficiente y apropiada para soportar el incremento de peso de las carrocerías.

También cambió el diseño. El público pedía más espacio interior, por lo que el motor tuvo que desplazarse hacia delante sobre el eje frontal. Los coches aumentaron su elegancia y su línea reflejaba la moda de la época. Se redujeron los ángulos de los coches de los años 20 incorporando alas y contornos, e incluso los más modernos incorporaban un maletero para satisfacer a quienes querían cubrir grandes distancias.

Estos coches eran más trabajo de diseñadores que de ingenieros, lo que influyó en su conducción a pesar de que eran los inicios de la suspensión independiente.

Morris, Austin y Ford continuaron siendo nombres reconocidos, pero coches como el Citroën con tracción en las ruedas delanteras de 1934, hicieron que su marca se conociese por sus innovaciones técnicas. Fue en esta época cuando apareció el primer Jaguar, de la misma manera que Ferdinand Porsche fabricó el prototipo del Volkswagen: «El coche del pueblo».

Los años 30 fueron en cierta manera un momento decisivo para algunas de las marcas más lujosas, como la Hispano-Suiza, que redujeron y limitaron su producción víctimas de la siempre creciente tendencia hacia la masificación y la reducción de costes en la producción.

La incipiente guerra iba a cambiarlo todo para siempre.

LA GLORIA DE LA POSGUERRA: 1944-1959

Después de las grandes celebraciones del final de la Segunda Guerra Mundial, surgió en Europa y en los Estados Unidos un nuevo optimismo lleno de promesas ofrecidas por la nueva tecnología empleada en ella y que podía adaptarse a los automóviles. La industria automovilística, que sufría la escasez de material y el deplorable estado de sus factorías tras los bombardeos, pudo fabricar modelos de posguerra equipados con nuevos elementos y accesorios que de hecho no eran más que los que se usaban en la preguerra pero con otro aspecto más moderno como señuelo para los usuarios. En Europa continuaron los coches con frenos con cable, los motores con válvulas laterales y carrocerías con estribos, pero en Estados Unidos se evolucionó haciendo que todos sus coches adoptaran la transmisión automática y las suspensiones hidráulicas.

Los fabricantes alemanes como Volkswagen resurgieron de sus cenizas y recibieron las ayudas más que necesarias para el desarrollo del «Escarabajo», mientras que otros fantásticos clásicos de posguerra de esta época, como el memorable Jaguar XK 120, el Morris Minor y el Citroën 2CV, aparecieron en el mercado el año 1948.

No fue hasta 1950 cuando se recuperó totalmente la confianza en la industria del motor; una década que demostró ser uno de los períodos más significativos e imaginativos de la historia del automóvil. En un proceso lento pero seguro se empezaron a diseñar coches más redondeados con los faros integrados, lo que supuso la desaparición de los estribos

En 1953 General Motors fabricó el que sería su competidor en América de los deportivos europeos, el Chevrolet Corvette. Su carrocería de fibra de vidrio y su impresionante aceleración hicieron que fuese una leyenda americana. Es un modelo de 1956 con un motor de 8 cilindros en V y 4.343 cc y los laterales huecos.

frontales. Lo más importante fue el uso del nuevo método de construcción de los chasis monocasco que formaban, junto con la carrocería, una unidad estructural y hacía ver que no era necesario separar a ambos; ya no habría lugar para los especialistas carroceros, muchos de los cuales desaparecieron.

Jaguar probó la efectividad de sus frenos de disco en Le Mans el año 1953 y los instaló en sus automóviles pocos años después. Hoy son de serie en la mayoría de los automóviles.

En América los tres grandes —Ford, General Motors y Chrysler— forzaron la desaparición de otros pequeños fabricantes que lo intentaron, como la Kaiser, y ganaron aún más terreno. Mientras, en Europa, la fusión de Austin con Morris formó el inicio de lo que sería la British Motor Corporation, con el tiempo la British Leyland. Su cometido de fabricar pequeños coches familiares para el pueblo se mostró muy favorable durante varias décadas.

La crisis de Suez, en 1956, repercutió en todo el mundo y a la vista de un incremento de presión en las fuentes de riqueza, las factorías americanas primero y luego las europeas decidieron empezar a producir coches pequeños y compactos ya al final de la década. Los usuarios se desprendieron gradualmente a efectos económicos de aquellos coches pantagruélicos, engullidores de gasolina, de estilo grotesco que estuvieron de moda sólo unos años antes.

En Europa apareció una nueva tendencia de fabricar coches aún más pequeños y ahorradores. Los fabricantes alemanes Heinkel y Messerschmitt lideraron la producción de los «automóviles burbuja» y los ingleses fabricaron en 1959 el Morris Mini con su inspiradora tracción a las ruedas delanteras, una construcción sobria y un comportamiento deportivo. Fiat siguió un planteamiento parecido con el modelo 500.

Sin embargo, esta década también conoció las unidades más glamurosas como el aerodinámico MGA, el Triumph TR y el Healey. Los más exóticos serían los Ferrari y los Mercedes con su emblemático 300 SL. Citroën estaba ocupada en experimentos con su extraño y avanzado técnicamente modelo DS equipado con suspensión hidroneumática. El motor había por fin alcanzado la mayoría de edad.

EL SIGNO DE LOS TIEMPOS: 1960-1972

Fue en los años 60, más que en cualquier otra década, cuando el automóvil se convirtió en el símbolo de un estatus, en una declaración de identidad y una demostración visual de las aspiraciones de su propietario. El Jaguar E-type representó el espíritu de la época con su diseño sinuoso, su imagen de *playboy* y su impresionante rendimiento.

El inicio de esta época estuvo dominado por fusiones entre varias marcas europeas que veían las posibilidades económicas de trabajar en grupo fabricando motores y engranajes y uniendo rápidamente sus niveles de calidad.

Tal como dice Bob Dylan en una de sus canciones, «Los tiempos cambian», y no estaba equivocado. La tracción a las cuatro ruedas y el ABS se probaron en la Fórmula Ferguson y aparecieron por primera vez en el Jensen FF de 1966. Los motores con el árbol de levas en cabeza que equipó por primera vez el rompedor Jaguar XK 120 de 1948 pronto se incorporarían en todos los modelos y dieron paso a que algunos fabricantes descubriesen el potencial éxito de motores con doble árbol de levas en cabeza y los motores multiválvula.

Cuando falló el intento de compra de Ferrari por parte de Ford, aquéllos se dirigieron a expertos británicos en motorización para resistencia y fabricaron el modelo GT 40 ganador de Le Mans.

La suspensión hidráulica, inventada por Citroën e instalada en su modelo DS de 1955, la usó la BMC; la tracción a las ruedas delanteras del Mini fue también adoptada universalmente.

Los sabios de la estilización habían desaparecido ya a mediados de la década de los 60. En aquel momento los diseños eran más nítidos y menos macizos, se tendía a fabricar coches más bajos y anchos, se usaba aún el cromo y se aumentaba la superficie acristalada para favorecer la visión del conductor.

A los estilistas liberados de los 60 como Bertone se les daba rienda suelta, lo que con frecuencia tenía resultados fabulosos como el del Lamborghini Miura que se dejó de fabricar en 1966.

Otro cambio significativo en el panorama automovilístico fue el resurgir de la industria automovilística japonesa. Sus coches fueron rápidamente muy populares en todo el mundo.

El diseño automovilístico de las décadas de los 70, 80 y 90 y su evolución técnica no cesó —aunque a veces era como las montañas rusas—: en ellas se fabricó el infame Austin Allegro, que demostraba que hasta los diseñadores talentosos podían equivocarse alguna vez. Se aumentó el interés por los coches prácticos, lo que propició la tendencia a los autos con puerta trasera (el primero en aparecer fue el Renault 16 en el año 1964), la seguridad y motores más avanzados. A mediados de los 90 hasta la familia más modesta podía adquirir un coche con dirección asistida, aire acondicionado, ABS, airbag y equipo de alta fidelidad.

ECOLOGÍA Y EVOLUCIÓN: DE 1973 A LA ACTUALIDAD

A partir de la crisis del petróleo en 1973 y el aumento de la especulación, una década después sobre el efecto de los humos en el agujero de la capa de ozono, los motores de los coches fueron más efectivos y menos contaminantes. Cada vez más el plástico sustituía al acero en la fabricación de los paneles de la carrocería; de esta manera se reducía peso y se ahorraba energía. Por otra parte el paso de los automóviles por el túnel de viento para reducir la resistencia aerodinámica hizo que todos tuvieran un aspecto similar.

El público protestó pronto contra el excesivo anonimato de los modelos, pedía un poco de personalidad en los diseños y cierto tipo de personalización. Fabricantes como Volkswagen y BMW respondieron a esta petición recurriendo a los modelos retro, ya sea el Volkswagen Escarabajo o el Mini.

La clave de la evolución en la historia reciente del automóvil está en las peticiones de sus compradores. Los usuarios quieren un coche multiusos,

Los años 60 vieron el nacimiento del coche musculoso. Pocos se resistían a girar la cabeza al paso de un Pontiac GTO Judge de 366 CV.

que pueda desarrollar diversas funciones, que tenga estilo y que se pueda costear, además de poder sentirse como en un deportivo. Ni que decir tiene que los fabricantes se han esforzado al máximo para encontrar esa brizna de inspiración y la innovación técnica para crear vehículos que satisfagan dichas necesidades.

Mientras tanto, la investigación sobre las fuentes de energía va progresando. En nuestras repletas autopistas se ven coches híbridos que consumen carburantes tradicionales y electricidad; no está lejos el uso de coches que empleen una energía alternativa como el hidrógeno.

El futuro del coche es del todo incierto. Mientras todos nosotros apreciamos la libertad que da, llegará un día que nuestras carreteras, cada vez más congestionadas por la densidad del tráfico, tendrán que cambiar. Lo realmente cierto es que el espíritu de la motorización y el optimismo que han dado pie a la evolución del automóvil en este último siglo están a punto de desaparecer. Basta con observar un poco más allá, a los nuevos y apasionantes coches que están a punto de aparecer.

Hasta entonces disfrutemos de la herencia y maravillémonos e ilustrémonos con el pasado de la motorización.

Ian Cushway

El Porsche 911 nació en 1964; desde entonces ha sido varias veces remodelado al pasar de las décadas. En 1998, el Porsche 911 Cupé como el del dibujo consolidó la posición del modelo como uno de los «supercoches» más deseados del mundo gracias a su perfecto comportamiento, un maravilloso motor y su aspecto ligeramente clásico.

ABARTH-FIAT 850/1000

Motor: 4 cilindros, 982 cc
Potencia: 45 kW (60 CV)
De 0 a 100 km/h: n/d
Velocidad máxima: 201 km/h
Producción total: n/d

Carlo Abarth fue un ingeniero autodidacta que trabajó con muchos de los grandes del automóvil como Ferdinand Porsche. En 1949 creó su propia marca con los miembros restantes de Cisitalia (ver entrada correspondiente) y planeó fabricar su 1100 S para carreras además de una línea de elementos para «tuning» que le sirvieron para modificar otros automóviles.

El éxito de Abarth se debe a la modificación que hizo del pequeño Fiat 600. A los primeros de ellos, de 1956, les siguió en 1959 una versión de 747 cc, y el mejor llegó cuando se le instaló un motor Fiat de 847 cc.

El resultado fue el 850 TC, una auténtica caja de truenos, una divertida combinación de poco peso, poco tamaño, conducción de kart y un motor explosivo. Tenía frenos de disco en las ruedas delanteras, un radiador extra y la suspensión modificada. La versión básica disponía de 52 CV, luego estaba el 850 S de 55 CV y el 850 SS de 57 CV. El Fiat 600 normal entregaba sólo unos 20 CV. Al 850 le siguieron otros coches como el 1000 y las versiones del 850 y del propio 1000 con doble árbol de levas en cabeza. El modelo más potente fue el 1000 TCR de 112 CV con un capó más largo y un motor que era el colmo en sistemas de refrigeración.

Los accesorios de la carrocería indican que éste es uno de los últimos Abarth Fiat 850/1000, el 1000 TCR. La siglas TC correspondían al doble árbol de levas y la R a que era una versión de carreras.

ABARTH-FIAT 595/695

Si en Inglaterra fue el Mini Cooper el pequeño coche que sufrió grandes transformaciones, en Italia lo fue el modelo 500 modificado por Carlo Abarth. Actualmente aún se ven estos coches de culto en salones de coches de carreras ocupando un rincón frente a máquinas mucho más grandes.

Carlo Abarth se inició, antes del gran éxito del 600 y del 1000, modificando el modelo 500, del que fabricó los famosos 595 y 695. Amabas estaban basadas en la versión obsoleta denominada 500 D. Abarth se las arregló para convertir este modelo sencillo y muy económico en un poderoso cochecito que fácilmente podía desafiar a deportivos más grandes y caros. Su motor de 2 cilindros tenía una potencia de hasta 593,7 cc que entregaban 27 CV, relativamente pocos, pero era más que suficiente para una máquina tan pequeña y de poco peso. Poco más cambió de este modelo en la versión de nombre 595. Luego vino la 595 SS que ganó en potencia gracias a incorporar un carburador más grande, por lo que su potencia aumentó a los 32 CV. Abarth logró agrandar el motor Fiat la versión 695 que entregaba 30 CV con 689,5 cc y otra con 38 CV de la misma versión con las letras SS.

En su compra se podía optar entre accesorios como por ejemplo, en el 695 SS, los frenos de disco en las ruedas de delante y unos pasos de rueda más anchos. Actualmente son coches tan buscados por los entusiastas que numerosas empresas dedicadas a fabricar réplicas aún lo fabrican incluyendo rayas de Abarth y el característico distintivo del escorpión.

Motor: 2 cilindros, 689,5 cc
Potencia: 28 kW (38 CV)
De 0 a 100 km/h: n/d
Velocidad máxima: 142 km/h
Producción total: n/d

SIMCA-ABARTH 1150
1963–65

Carlo Abarth escogía normalmente los modelos Fiat para sus transformaciones, pero en 1961 optó sorprendentemente por otra marca; modificó el modelo Simca 1000. Se trataba de un nuevo coche fabricado por la firma francesa de diseño muy parecido a una caja, con el motor atrás, aspecto feúcho y una conducción sospechosa.

En verdad la transformación del Simca-Abarth apenas fue nada más que hacerle un motor más potente, aumentarlo hasta los 1.137 cc y ponerle la parrilla típica de Abarth. Pero esta remodelación dio a ese coche aburrido más brío nueve años antes de que Simca quisiese hacer una versión rally.

Lo más importante es que el Simca-Abarth 1150 dio origen al modelo Corsa, un cupé muy bonito fabricado sobre un chasis Simca y unos motores más potentes del Simca-Abarth entre los que se incluía uno de 2 l que podía alcanzar más de 214 km/h Algo realmente raro para un Simca.

Motor: 4 cilindros, 1.137 cc
Potencia: 41 kW (55 CV)
De 0 a 100 km/h: n/d
Velocidad máxima: 151 km/h
Producción total: n/d

AC 10HP
1919–20

Actualmente el nombre de AC se asocia a deportivos muy potentes. En sus primeros tiempos, allá en 1904, fabricó raros y pequeños triciclos llamados AC Sociables y ciclocoches, coches muy ligeros y económicos destinados a sustituir la combinación de moto con sidecar.

El AC 10HP fue uno de los primeros ciclocoches que parecía de verdad un coche. Su motor fue un cuatro cilindros de origen francés, pero el chasis estaba hecho con planchas de acero prensadas y en forma de U, por lo que era ligero y resistente; muchas otras fábricas adoptaron luego también esta solución.

De hecho el 10HP era inicialmente muy pesado para ser realmente considerado un

AC, el fabricante de coches más antiguo del Reino Unido, empezó construyendo ciclocoches muy poco pesados. El 10HP fue el primero que podía tomarse en serio y fue lo suficientemente bueno para empezar una larga tradición en la competición.

verdadero ciclocoche si seguimos las categorías de aquellos días, pero después de rediseñar su transmisión su peso bajó a menos de 508 kg. Estaba ya preparado para participar en la primera carrera de ciclocoches organizada

por la ACU, Auto Cycle Union, institución que organizaba eventos del motor en los que el nuevo modelo ganó varios premios.

Al 10HP le sustituyó la versión 12HP que aseguraba a esta compañía de precaria economía un futuro más seguro a pesar del inicio de la Primera Guerra Mundial. Durante esta campaña AC desarrolló su propio motor de 4 cilindros que nunca fue tan bueno como el francés. Sea como fuere, la compañía AC ya había puesto el ojo en motores más potentes.

Motor: 4 cilindros, 1.315 cc
Potencia: n/d
De 0 a 100 km/h: n/d
Velocidad máxima: 76 km/h
Producción total: n/d

AC 12/24
1920–28

Acabada la Primera Guerra Mundial AC se dio cuenta de que no podría utilizar más el motor francés que equipaba su modelo anterior, el 10 HP. Para remplazarlo escogieron el de cuatro cilindros fabricado en Gran Bretaña, de nombre Anzani, que

era ligeramente más potente, y más fiable que muchos de su tiempo, además de ser también menos pesado.

Uno de los tres modelos construidos con este motor Anzani fue el 12/24, ya que las normas de la RAC daban a éste una potencia

de 12 CV a pesar de que su potencia real era de 24 CV. Fue un modelo más sofisticado que el anterior que ganó una modesta fama de deportivo porque muchos de sus propietarios le ponían alerones, estribos frontales y parabrisas para correr en

competiciones de todo tipo, sobre todo en las Brooklands.

Motor: 4 cilindros, 1,496 cc
Potencia: 18 kW (24 CV)
De 0 a 100 km/h: n/d
Velocidad máxima: 76 km/h
Producción total: n/d

AC SIX
1921–30

El modelo AC Six fue un modelo muy duradero del que durante décadas se hicieron varias versiones. Todas ellas se clasificaban de acuerdo con la potencia de su motor. Para más complejidad en la historia de este modelo, disponía igualmente de varios tipos de carrocería incluido un cupé llamado Accca, un nombre que la propia AC rehusó años antes.

Sea como fuere, el diseño básico del Six siempre era el mismo: bajo su capó había un motor de seis cilindros con un árbol de levas ligeramente en cabeza y cuya gama empezaba con un 1500; luego sería sustituido por otro de 2 l.

El motor, desarrollado por la propia AC, fue a menudo utilizado en carreras y en intentos de batir

récords. La caja de marchas tenía tres velocidades y la suspensión era de ballestas. El AC Six estándar sólo tenía frenos detrás, mientras que los delanteros fueron un accesorio hasta 1927.

Las primeras versiones desarrollaban 35 CV de potencia, luego se incrementaron hasta los 40 de la versión 16/40. Hubo otra versión posterior, la 16/56, que fue

reemplazada por la 16/66 con un motor de tres carburadores.

Motor: 6 cilindros, 1.992 cc
Potencia: 49 kW (66 CV)
De 0 a 100 km/h: n/d
Velocida máxima: 137 km/h
Producción total: n/d

AC Acedes Magna

El buque insignia de la AC en los años 20 fue el Six, pero al final de esta década se vio de forma evidente que había quedado obsoleto. La solución fue renovar su versión 16/56 y bautizarla como Acedes Magna. Se trataba de un modelo visiblemente más grande que su antecesor, lo que era a la vez bueno y malo; por una parte hacía posible equiparlo mejor y de forma más refinada, pero por otra se le añadiría peso extra y lo haría más lento. Esto suponía un problema para una marca conocida por sus éxitos en las carreras y en los records de velocidad.

Sea como fuere, el Acedes Magna fue una máquina mucho más moderna que muchas de sus competidoras pues disponía de serie de frenos hidráulicos en sus cuatro ruedas y su sistema de encendido era por bobina y no magnético.

Motor: 6 cilindros, 1.991 cc
Potencia: 42 kW (56 CV)
De 0 a 100 km/h: n/d
Velocidad máxima: n/d
Producción total: n/d

AC 2-Litre

Ya antes de la Segunda Guerra Mundial AC mantenía sus precios bajos para poder ser rentable. Acabada la guerra la empresa necesitó urgentemente un nuevo modelo que capitalizara la creciente demanda de coches, pero también era consciente del riesgo económico que comportaba fabricar un modelo totalmente nuevo.

Por esta razón el chasis del modelo 2 l fue el que ya se había empleado en los años 30 y que tuvo su buena acogida; el motor tenía una historia incluso más añeja, era básicamente el de seis cilindros de carrera larga que AC ya usaba en los años 20.

Respecto a la carrocería, había muchas posibilidades, todas irrealizables, sobre todo porque ya en los años de preguerra el precio de la mano de obra se había encarecido. Por eso AC recurrió a una carrocería de dos puertas que construyó a la manera tradicional, con aluminio sobre un armazón de madera de fresno y poco embellecida.

El interior resultaba igualmente más espartano de lo que era en aquel periodo de preguerra. Fue más tarde cuando este modelo tuvo más lujos e incluso se fabricó en cuatro puertas, pero los primeros modelos fueron lo suficientemente exitosos para devolver a la marca su fama. Sorprendentemente, a pesar de la edad de sus componentes, algunos de ellos compitieron en carreras y rallies de Silverstone, RAC y Montecarlo.

Motor: 6 cilindros, 1.991 cc
Potencia: 55 kW (74 CV)
De 0 a 100 km/h: 19,9 s
Velocidad máxima: 132 km/h
Producción total: 1.284

La impecable parrilla del radiador de este modelo fue claramente la seña de identidad de su estilo. Pero aunque visto de frente era un coche elegante, el techo estaba demasiado alto en comparación con el resto de la carrocería, incluso con los parámetros estándar actuales.

AC Buckland Tourer

Si el AC 2 l mantuvo a la empresa AC en el negocio pasada la Segunda Guerra Mundial, a ésta le resultaba obvio que habría un hueco en el mercado donde poder vender las versiones más altas del modelo. Cualquier pedido ayudaría a ello.

Se fabricaron tantas versiones como fueron posible del modelo 2 l inclusive las de cuatro puertas y las cupé que apenas cambiaban nada en la mitad inferior, lo que suponía aprovecharse de un resquicio legal sobre los impuestos, y un turismo deportivo de cuatro plazas, el Buckland, que recibía este nombre porque su carrocería la fabricaba la empresa Buckland Body Works sita en Cambridgeshire, lejos de la factoría de AC en Thames Ditton. El chasis enviado a la empresa Buckland bajó su altura (resultando con un aspecto algo abultado) y su carrocería se hizo con la técnica tradicional del armazón de fresno cubierto de aluminio. Las puertas de este modelo eran más pequeñas de las que se veían en el salón de presentación, y tenían remates curvos en sus ángulos superiores. El parabrisas estaba diseñado para poder doblarse en plano y la capota se recogía en un hueco detrás de

los asientos posteriores. La intención de este diseño se debía al aumento de la deportividad de este modelo aunque su peso y su aspecto algo anticuado no eran adecuados.

AC fabricó el modelo Buckland porque hubo un mercado para los grandes turismos deportivos. El coche se vendió razonablemente bien para un fabricante de baja producción.

Motor: 6 cilindros, 1.991 cc
Potencia: 55 kW (74 CV)
De 0 a 100 km/h: n/d
Velocidad máxima: 136 km/h
Producción total: 70

AC Ace

Hasta el London Motor Show de 1953, la firma AC era conocida por sus coches deportivos de salón, de alta calidad, pero algo anticuados en un mundo que cambiaba tan deprisa como el de la motorización en tiempos de posguerra.

Y entonces AC exhibió en este salón su nuevo deportivo Ace. Fue un modelo que hizo olvidar el resto del salón.

La construcción del Ace se inspiró en la idea del constructor John Tojeiro, creador de varios deportivos de gran éxito con suspensión independiente de ballestas de láminas transversales en el eje trasero y en el delantero. AC hizo un trato con Tojeiro, que trabajó rápido para poder exhibir en el salón un modelo con un motor de 2 l y 6 cilindros en su chasis y adaptar la carrocería de aluminio para la producción. En 1954 ya se vendía y empezó ya entonces a atraer las críticas más entusiastas. En el primer

año de fabricación se vendieron 60 unidades, un remarcable éxito para AC, y continuó vendiéndose bien durante toda la década de los 60. El excelente motor de 2 l de Bristol tuvo como opción, en el año 1956, el de 2,6 l del Ford Zephyr, con varios tipos de afinación.

Este motor se añadió a la lista de versiones en 1961.

Motor: 6 cilindros, 2.553 cc
Potencia: 127 kW (170 CV)
De 0 a 100 km/h: n/d
Velocidad máxima: 210 km/h
Producción total: 723

La fantástica segunda serie de biplazas descapotables se inició en la década de los 50 con un nuevo tipo de deportivos como el MGA, el Austin Healey 100 y el Triumph TR2. Pero el más exclusivo y competitivo de todos fue el Ace. Era un símbolo de distinción.

AC ACECA

1954–63

Motor: 6 cilindros, 1.991 cc
Potencia: 93 kW (125 CV)
De 0 a 100 km/h: 9 s
Velocidad máxima: 189 km/h
Producción total: 328

Cuando una marca fabrica un modelo de éxito, intenta vender más versiones de su original. En un principio AC lo hizo cubriendo el Ace con una capota de fibra de vidrio, pero con ello aumentó exageradamente el calor y el ruido en su interior. AC debió haber abandonado ahí su experimento, pero en vez de ello se embarcó en un proyecto de renovación de su ingeniería que dio lugar al Aceca.

El chasis tubular básico del Ace se mantuvo en el nuevo modelo lo mismo que gran parte de la carrocería, pero agrandaron y fortalecieron las puertas con un armazón de madera de fresno y se hizo un techo aerodinámico nuevo de aluminio sobre una estructura tubular.

Para reducir el excesivo ruido, el calor y los humos, los ingenieros de la compañía fabricaron un mamparo

de fibra de vidrio a todo lo ancho que instalaron entre el espacio del motor y el habitáculo. El diferencial se montó sobre aislantes de goma, la columna de dirección era ajustable y el interior estaba forrado de moqueta

Wilton tan bien hecha que hubiese sido un lujo exagerado para el simple Ace, la ventilación era excelente y disponía de luneta térmica, tapicería de piel y adornos de madera. Realmente un turismo de gran clase.

Los deportivos eran fáciles de fabricar por las marcas pequeñas ya que se necesitaba poco tiempo para pensar en el confort. El modelo Aceca era diferente pues representaba mucho más lujo.

AC GREYHOUND

1959–63

Superado el éxito del Aceca, AC decidió fabricar una versión más lujosa con cuatro plazas, el Greyhound. No era sólo un Aceca con dos asientos traseros, sino que

se tuvo que alargar su distancia entre ejes y suprimir la vieja suspensión en ballestas de láminas transversales consiguiendo mayor espacio para el motor delantero

y para los pasajeros de atrás; en su lugar se instaló una suspensión de ballestas independiente.

El chasis tuvo que ser reformado para que pudiese soportar el peso

del coche y su longitud. Pero a pesar de ello el Greyhound no era tan manejable como el Ace y el Aceca sea cual fuese su motor (AC, Bristol o Ford). Todo el trabajo en él empleado fue un terrible gasto para la compañía y el coche nunca estaba listo. Fue entonces cuando apareció el Cobra y el Greyhound quedó apartado en la cuneta.

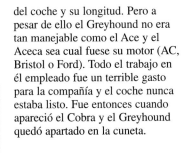

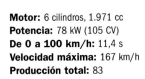

Motor: 6 cilindros, 1.971 cc
Potencia: 78 kW (105 CV)
De 0 a 100 km/h: 11,4 s
Velocidad máxima: 167 km/h
Producción total: 83

Muchos de los competidores del Greyhound tenían un motor muy potente, lo que les proporcionaba un rendimiento que se ajustaba a una imagen agresiva. Con un diseño tan original y esa especie de hocico en el capó, el motor de 2 l del Greyhound no era suficiente. Pero AC no tenía otro disponible.

AC Cobra 289

Motor: V8, 4.727 cc
Potencia: 224 kW (300 CV)
De 0 a 100 km/h: 5,5 s
Velocidad máxima: 250 km/h
Producción total: 673

La leyenda del AC Cobra es una de las mejores del mundo del automóvil. A un granjero de pollos de Texas (y piloto de carreras), Carroll Shelby, se le ocurrió elevar a la quinta esencia el coche inglés AC Ace poniéndole con calzador un motor americano V8 y crear así un Cobra que respiraba fuego.

Quizá suena a fantasía, pero es verdad. El motor americano fue el entonces nuevo Ford V8 de bloque corto que en principio tenía 2,6 l y luego se le unió otra versión de 4,2 l Fue este último el que se instaló en el AC aumentando ligeramente el peso del propio AC.

La compañía se quedó tan impresionada con el V8 de Shelby que dio por zanjado el contrato con Ked Rudd, que hasta entonces era el proveedor del motor Ford de seis cilindros de Ford.

Pasado un año de su fabricación, su motor de 4,2 l se sustituyó por el de 4,7 l dando como resultado el Cobra 289, el segundo de los modelos más conocidos de la marca en todos los tiempos. Los pasos de rueda no se ensancharon, con lo que el V8 Cobra y el Ace eran casi iguales a excepción, claro está, de su relumbrante transformación.

Los últimos Cobra 289 recibieron el nombre de Sport y tenían los anchos pasos de rueda del anterior modelo 427 (ver pág. sig.).

A pesar de ser el hermano pequeño del gran Cobra, 427, el 289 fue en muchos aspectos el coche más utilizable; hasta los aficionados a los modelos AC así lo dicen. Sus pasos de rueda más pequeños y menos ostentosos hacían que su potencia fuese más utilizable.

AC 428

Tal como ocurre hoy día, el nombre AC ya era sinónimo de Cobra en los años 60. Por desgracia el mismo nombre significa una limitación en el mercado, demasiado corto para una empresa pequeña de automoción como es AC. Por eso ésta tuvo que fabricar un nuevo modelo para suplementar las ventas del Cobra.

La manera más obvia para desarrollar el nuevo modelo era aprovechar el chasis con suspensión de ballesta que emplearon Shelby y la Ford americana a un coste casi nulo para AC. Ford acababa de

El AC 428 fue un gran turismo con el ardiente corazón del deportivo Cobra, parecido en su concepto al posterior Jensen Interceptor. Es de destacar el típico morro y las luces delanteras de Frua, similares a los de los Maserati de la época.

ordenar una versión más alargada del chasis para carrozarlo por Ghia y exponerlo como convertible.

AC decidió seguir el mismo camino, pero no quiso que la carrocería fuese de Ghia sino de Frua, otra empresa italiana; así se originó el AC 428.

Frua desarrolló dos carrocerías para este modelo, un cupé y un convertible, ambas atractivas y de líneas puras, con algún rasgo de uno de sus modelos anteriores, el Maserati 3500. Las carrocerías estaban soldadas sobre un chasis más largo y mejor construido que el del Cobra con su motor V8 de la Ford americana en el frontal. El 428 no fue sólo un coche muy rápido, sino también notablemente lujoso, era un verdadero gran turismo que actualmente permanece como una joya subestimada.

Motor: V8, 7.014 cc
Potencia: 257 kW (345 CV)
De 0 a 100 km/h: 5,45 s
Velocidad máxima: 234 km/h
Producción total: 81

AC COBRA 427

Después de que Aston Martin estableciese la referencia de coches capaces de acelerar de 0 a 161 km/h en 25 s, Cobra demostró que era fácilmente superable y la estableció, usando el mismo truco ¡en 13,8 s!

Era increíble. La tecnología de los neumáticos había evolucionado mucho; actualmente pocos automóviles pueden tener esta capacidad. El 427 incluso se mofaba de su hermano pequeño, el Cobra 289.

El 289 había nacido cuando el tejano Carroll Shelby decidió que el futuro de las carreras pasaba por usar uno de los potentes motores americanos V8 de nueva generación en coches deportivos ingleses. Parece que no le importó demasiado cuál de ellos escoger, todos eran más ligeros y pequeños que sus oponentes americanos y muy apreciados por los estadounidenses.

Se decidió por el AC Ace. Quizá pensó que una modesta fábrica de coches estaría más abierta a sus ideas.

El motor Ford V-8 está colocado tan perfectamente en el Cobra que es fácil olvidar que su chasis y la carrocería estuvieron diseñados para motores menos potentes. Aquí, el filtro de aire circular está resguardado del calor del motor por una capa protectora; así sólo puede entrar aire frío en el motor por la toma de aire practicada en el capó.

De esta manera la pequeña factoría de AC se vio golpeada con toda la fuerza de las ideas de Shelby para una máquina, el Cobra 289. A principios de los años 60, este coche obtuvo un éxito total en todas las carreras del mundo, pero poco a poco vio como Ferrari iba comiéndose su terreno. Al mismo tiempo el largo y rumoroso Chevrolet Corvette, con su motor de 7 l, intentaba también usurpar el reinado del Cobra en los coches de transformación. Y lo que es peor, Ford parecía haber perdido interés en su modelo financiando a disgusto las continuas carreras (ahora sabemos que el dinero y el tiempo que Ford tenía se destinaba a la creación del que sería el GT 40)

Sea como fuere, no había ya manera de aumentar la potencia del 289 sin comprometer seriamente su fiabilidad. Por eso, una noche de diciembre del año 1963, alguien sugirió como solución en la tienda de Carroll Shelby, que podría instalar el motor V-8 de bloque largo que Ford empleaba en el modelo Galaxie para las carreras.

Shelby ya se quedó maravillado ante la posibilidades de la propuesta meses atrás, pero era la primera vez que tenía la oportunidad de probar uno con su tamaño. Era un motor con radiador más grande, con unas ballestas de suspensión con láminas mejoradas, llantas más anchas y neumáticos sobredimensionados. Había llegado el prototipo del Cobra 427.

Poco después el equipo de Shelby probó el modelo en un circuito. El chasis era aún el mismo de chapa transversal que tuvo el AC Ace y que había soportado la potencia del Cobra 289, pero no pudo con el peso, la potencia y el par de torsión del 427.

El equipo de Shelby, ayudado por Ford (que había recuperado su interés), le fabricó un chasis con muelles helicoidales y no con el viejo diseño de láminas. El modelo fue entonces cedido a AC para su construcción con un chasis más resistente y ancho y con armadura sobre puntales extra. En vez de

El motor del 427 necesita un alto poder de refrigeración, por eso su morro es un agujero para crear una corriente de aire libre. Su increíble potencia exige tener unos neumáticos de tracción imponentes, por eso los pasos de rueda tuvieron que ser ensanchados. El tubo de escape tenía que medir un gran diámetro para soportar la gran potencia.

crear una carrocería totalmente nueva, se transformó la del 289 simplemente dándole unos pasos de rueda desmesuradamente anchos para poder así colocar bien las nuevas ruedas tan anchas.

La respuesta que obtuvo este modelo Cobra 427 fue arrolladora, las revistas de automóviles lo calificaron instantáneamente como una máquina tremenda y resuelta. Pronto el Cobra 427 saltó a la fama, pero sus ventas fueron escasas, quizá su potencia apartó de su compra a los posibles usuarios. Incluso también fue mal en los Estados Unidos, donde el Cobra 427 S/C (un coche de carreras) fue el más popular. Sea como fuere, la leyenda del Cobra 427 continúa fortaleciéndose cada año; se fabricaron un número incomparable de réplicas en miniatura y supuso el renacimiento de la propia realidad de AC.

Motor: V8, 6.984 CV
Potencia: 317 kW (425 CV)
De 0 a 100 km/h: 4,2 s
Velocidad máxima: 266 km/h
Producción total: 306

AC 3000 ME

1979–84

El modelo 3000 ME, con su muy potente motor central V6 de Ford montado sobre un chasis de gruesas láminas de acero y el aspecto agresivo con un biplaza de fibra de vidrio, era el designado por AC para recuperar el prestigio que tenía en los años 60.

Volvió a ser un desastre. El coche se expuso por primera vez en el London Motor Show de 1973 para empezar a fabricarse en 1974 y venderse a un precio de entre 3.000 y 4.000 £; pero una nueva legislación frenó su proceso y tuvo que esperar hasta 1979 para empezar su venta a un precio de 13.300 £.

Para aquel año el coche ya estaba obsoleto. Las revistas en sus pruebas descubrieron graves irregularidades en su conducción y criticaron su comportamiento comparándolo especialmente con rivales como Lotus, Porsche y TVR; pero aun así les gustó el aspecto y apreciaron su practicidad.

Más tarde aparecieron problemas con las cajas de cambio que se sumaron a sus desgracias. Fue sólo en los años 90 cuando los

especialistas lograron subsanar los problemas de conducción y de la caja de cambios del AC 3000 ME además de perfeccionar las reacciones de un turbo, lo que le

El 3000 ME podía incluso confundirse con un deportivo actual pasadas tres décadas de la presentación de su prototipo, el diablo. Sólo sus intermitentes, los indicadores laterales así como las ruedas Wolfrace con ranuras, dan idea de su antigüedad.

dio las pautas de comportamiento que necesitaba. Hoy día el poseedor de un 3000 ME tiene un muy buen coche clásico difícil de ver en las carreteras.

Motor: V6, 2.994 cc
Potencia: 103 kW (138 CV)
De 0 a 100 km/h: 8,5 s
Velocidad máxima: 202 km/h
Producción Total: 82

AJS NINE

1929–33

Muchos de los motores del modelo Nine los fabricó Coventry Climax. Su construcción y sus accesorios fueron en aquellos tiempos superiores a la media. Muchos tenían el accesorio de tela, muy de moda, pero que era duradero.

En 1929 la empresa intentó resurgir de nuevo fabricando coches con un chasis muy transformado, equipado con un motor Coventry Climax, como es el caso del modelo Nine.

Este modelo se podía adquirir como biplaza o como turismo con capota de tela. El coche tenía un único disco de embrague en seco conectado a una caja de cambios de tres velocidades que luego serían cuatro y con una suspensión semielíptica. Sus motores fueron fabricados por Coventry Climax, sus piezas y la construcción eran superiores a los de su tiempo.

Muchos automóviles se equiparon con la capota de lona ya que era la moda del momento. La rapidez con que se vio anticuado hizo que muchas unidades de este modelo se relegaran al olvido.

Motor: 4 cilindros, 1.018 cc
Potencia: 7 kW (9 CV)
De 0 a 100 km/h: n/d
Velocidad máxima: n/d
Producción total: 3.300

La marca AJS debe su nombre al de su propietario AJ Stevens. Su trayectoria empezó como la de otras factorías automovilísticas de aquellos tiempos, en la fabricación

de bicicletas. En 1923, empezó a producir coches ligeros equipados con un motor Meadows. Falló en su competencia con Morris y Austin y no tardó en suspender la producción.

ALFA ROMEO 24HP

1910–11

Motor: 4 cilindro, 4.084 cc
Potencia: 31 kW (42 CV)
De 0 a 100 km/h: n/d
Velocidad máxima: 100 km/h
Producción total: 50

No hay otras dos palabras en el mundo del automóvil tan

evocadoras como Alfa Romeo. Los orígenes de esta marca se remontan a 1906 cuando un grupo de entusiastas italianos del automóvil conocido con el nombre de Anónima Lombardo Fabbrica Automobili compró la French Darracq, simplificado ALFA.

El modelo 24hp, el primero de la firma, estaba equipado con un motor de 4 cilindros y 4.084 cc que entregaba una potencia de 42 CV. Cuando se acopló este motor a una caja de cuatro velocidades, resultó suficiente para mover el ancho chasis del vehículo. Al principio

tenía una carrocería de seis plazas y una velocidad impresionante.

El acontecimiento esencial de la historia de este modelo fue su gran fiabilidad, lo que motivó que en 1911 apareciera una versión de carreras que se estrenó en la legendaria Targa Florio.

ALFA ROMEO 6C1750

1929–33

Motor: 6 cilindros, 1.752 cc
Potencia: 48 kW (64 CV)
De 0 a 100 km/h: n/d
Velocidad máxima: 109 km/h
Producción total: n/d

Durante la Primera Guerra Mundial dirigió Alfa Romeo el ingeniero y fanático de las carreras Nicola Romeo, con lo que se completa el actual nombre de la marca.

El modelo 6C fue el invento del jefe de diseñadores Vittorio Jano, a quien se le preguntó si podría

fabricar una versión más ligera de un modelo anterior llamado RL en circulación desde 1923. El primer coche de la nueva serie fue el 6C1500 que originalmente tenía una carrocería maciza de seis asientos. Esta versión sería pronto reemplazada por otra deportiva y aún más tarde otra Super Sport, en 1929, cuya carrocería estaba construida con una aleación ligera especial sobre madera de fresno y con la opción de un compresor de sobrealimentación.

En 1929 apareció el famoso 6C1750, que con ligeras variaciones visuales usaba motores aligerados y obtuvo su fama gracias a su mezcla de velocidad y agilidad. Especialistas carroceros diseñaron también una bonita versión biplaza descapotable, hecha por Zagato.

El coche utilizaba un chasis convencional con un motor de seis cilindros con un bloque de hierro y un cárter de aleación ligera. Un compresor de sobrealimentación aumentaba su potencia a 85 CV.

El elegante 6C1750 se podía adquirir en tres carrocerías: los turismos de seis y cuatro plazas, y el especial biplaza. Más pesado que sus predecesores, su resistencia y habilidad en competición le venía de su extraordinario par. De los 112 Super Sports que se fabricaron en 1929, 52 dispusieron del compresor de sobrealimentación (con un par de piezas de rotación contraria con ocho pistones) que aumentaba la potencia de los 64 CV a los 85.

ALFA ROMEO 8C2900

1935–39

Animado por el éxito del 6C, Jano se embarcó en la creación de un nuevo tipo de coches equipados con el legendario motor de 8 cilindros en línea y dos árboles de levas, cada bloque tenía cuatro cilindros, dos de los cuales se movían en paralelo y cuyo árbol de levas hacía subir la parte central. Este motor estaba instalado en chasis de dos medidas, el más corto (corto), usado en las carreras de grandes premios, se llamaba

Monza y el más largo (lungo) en atractivos deportivos biplaza. La agilidad y ligereza del 8C2300 desplazaron de las carreras de Le Mans al gran Bentley británico. El Alfa ganó esta carrera clásica de 24 horas de 1931 hasta 1934.

La capacidad de este motor creció primero hasta los 2,6 l y luego hasta los 2,9 antes de que apareciera una serie, en 1935, con un motor con dos compresores de sobrealimentación sobre un chasis completamente

A pesar de su tamaño el 8C2900 estaba bien proporcionado y tenía una conducción excelente gracias a la suspensión independiente heredada de los coches de carreras que participaban en grandes premios. Además del cupé se vendía este elegante biplaza.

nuevo para los coches de carreras y suspensión totalmente independiente. Tres de estos prototipos coparon el podium de 1936 en la Mille Miglia;

el modelo 8C2900B se puso a la venta en 1937.

Este coche, el más rápido del mundo en tiempos de preguerra, se podía adquirir con un número de carrocerías hechos a mano y a gusto de Pinifarina y Touring.

Motor: 8 cilindros, 2.905 cc
Potencia: 134 kW (180 CV)
De 0 a 100 km/h: n/d
Velocidad máxima: 184 km/h
Producción total: 30

ALFA ROMEO 1900

1950–58

Motor: 4 cilindros, 1.884 cc
Potencia: 67 kW (90 CV)
De 0 a 100 km/h: 17,8 s
Velocidad máxima: 149 km/h
Producción total: 17.423

Comparado con el 6C2500 el 1900 se mostraba, con su motor con dos árboles de levas y su carrocería autoportante, como una revelación. Era el producto de un nuevo

miembro del equipo de diseño de Alfa Romeo, el Dr. Orazio Satta Puliga, conocido como «Satta».

El coche, el primero dirigido a un público general de la marca, tenía un simple chasis monocasco con cuatro puertas y un estilo discreto. Pero por ser la primera vez tenía una carrocería muy aerodinámica gracias a los conocimientos de ingeniería aeronáutica de Satta.

Disponía de banquetas tanto delante como detrás y una columna de cambio de marchas; en él podían sentarse un máximo de cinco personas. Su motor, completamente nuevo, estaba pensado para la eficacia y la fiabilidad.

Mientras la producción de Alfa durante la preguerra estaba dotada de una suspensión independiente que procedía de sus coches de

carreras, el 1900 tenía muelles helicoidales delante y rígida detrás por motivos de seguridad y una mejor maniobrabilidad. El pequeño Alfa era de una conducción vigorosa y muy precisa; el motor tenía mucha respuesta, nada que ver con su exterior de cuatro puertas. El motor del modelo Super, de 1953, aumentó su potencia a 1.975 cc y 115 CV.

ALFA ROMEO GIULIETTA

1954–65

Motor: 4 cilindros, 1.290 cc
Potencia: 48 kW (64 CV)
De 0 a 100 km/h: 13 s
Velocidad máxima: 154 km/h
Producción total: 258.672

La versión cupé del Giulietta, de 1954, fue la primera serie que incluyó un sedán, el Spider y otros muchos se reservaban la misma plataforma. El cupé tenía una carrocería de 2+2 diseñada y construida por Bertone, su motor era de 1.290 cc con doble árbol de levas, luego aumentó a los 1.570 cc en la versión Giulia Sprint de 1962. También se ofreció un Sprint Veloce con el motor de 1.290 cc modificado para tener una potencia de 90 CV o de 100 (con un carburador doble Speciale), carrocería de aleación y ventanas laterales correderas de plexiglás.

La Berlina llegó en 1955, era muy espaciosa y fácil de conducir, especialmente la TI de 74 CV que aparecería en 1957. En ella, como en el Spider, participó Pininfarina que diseñó un atractivo descapotable.

El Giulia Spider 1,6 sustituyó en 1962 al Giulietta Spider, ofreciendo ahora más par y una caja de cambios de cinco velocidades. Las versiones Veloce, más rápidas, se ofrecían en ambos modelos con doble carburador, algo muy raro y muy solicitado.

Es realmente triste que hoy día sólo existan unos pocos de los Giulietta que se fabricaron entre 1954 y 1965, pero ello es debido a que sufrieron graves problemas de oxidación.

El modelo Guilietta debe su nombre al trágico y heroico personaje shakesperiano de la obra *Romeo y Julieta*. Aunque del todo inusual, la marca decidió empezar esta particular serie con el modelo deportivo Sprint antes de con cualquier otro más convencional.

ALFA SPIDER 2000/2600 SPIDER

1958–65

El modelo 2000 Spider es producto de la reelaboración del antiguo motor y chasis del 1900 pero con una carrocería elegante y descapotable de los carroceros Touring de Milán.

Sus frenos eran todos de tambor y el coche tenía una tradicional caja de cambios montada en el suelo con cinco marchas y una capota dura desmontable que se complementaba con una capota de tela. Disponía de dos asientos adicionales que hacían que dos niños o un adulto se sentasen de lado en la parte de atrás.

En 1962 el Spider recibió un nuevo diseño frontal con un parachoques a todo lo ancho, una única raya cromada en el lateral (antes tenía dos) y sin tomas de aire detrás de las ruedas delanteras. Pero más significativos fueron los

cambios producidos debajo del capó: se montó un motor de 6 cilindros con doble árbol de levas y 2.584 cc que desarrollaba 145 CV y que podía alcanzar los 200 km/h.

A pesar de su aspecto deportivo y su potencia extra ninguna de sus versiones resultaba ligera, por lo que no era fácil de conducir. Sea como fuere, el Spider es fácil de coleccionar gracias a su aspecto clásico y su color rojo Alfa Romeo que le da pedigrí. De los 5.698 coches fabricados 3.443 tuvieron un motor de 1.975 cc.

Motor: 4 cilindros, 1.975 cc
Potencia: 86 kW (115 CV)
De 0 a 100 km/h: 14,2 s
Velocidad máxima: 179 km/h
Producción total: 5.698

La elegante carrocería del modelo 2000 fue fabricada por los carroceros de Touring en Milán. El coche se hizo famoso por su aparición en la película «El graduado».

ALFA ROMEO GIULIA

1963–78

Motor: 4 cilindros, 1.290 cc
Potencia: 41 kW (55 CV)
De 0 a 100 km/h: 15,3 s
Velocidad máxima: 138 km/h
Producción total: 486.801

La serie 105 de Giulia, tipo caja, no era mucho más que una versión actualizada de la Guilietta Berlina de los años 50 cuyo habitáculo de cuatro puertas deslucido pero poderoso escondía un carácter aún más deportivo.

En un principio el Giulia estaba equipado con un motor de 1.600 cc, una caja de cambios con cinco velocidades, una palanca de cambio en columna, las dos banquetas y el tradicional eje rígido trasero. Se le

instaló el motor de 1.290 cc en 1964, y el modelo se caracterizaba por tener unos únicos faros frontales y una caja de cambios de cuatro velocidades. En todos sus años de vida el coche fue gradualmente estilizándose, se le sustituyeron los frenos de tambor por los de disco y todos los modelos tuvieron cinco velocidades. El Giulia Nova, de 1974, tuvo una carrocería ligeramente revisada, pero la forma fue más o menos siempre la misma hasta 1978.

Diseñado por la estrella de Alfa, Dr. Satta Puliga, se pretendía hacer un coche pequeño por fuera pero ancho y más grande por dentro. El nuevo diseño fue un éxito y se

vendieron bastantes unidades tanto en Italia como en el resto de Europa. La marca hizo su primer acercamiento al diesel en el modelo Giulia del año 1976.

El tan común en la Europa de los 60 y 70 modelo Giulia, cuadrado y muy vertical, cambió poco su diseño en los muchos años en que se fabricó: de 1963 a 1978.

ALFA ROMEO 33 STRADALE

1967–69

Corrió por primera vez en las carreras del año 1967 cuando ya había empezado a fabricarse dos años antes. El Alfa Romeo 33 tuvo en ellas un éxito inmediato. Pero además de la versión de carreras se fabricó otra, 10 cm más larga y de carretera llamada 33 Stradale con una preciosa carrocería cupé de dos puertas diseñada por Franco Scaglione, ex diseñador del equipo

de Bertone. La carrocería se construyó con una aleación ligera especial en los talleres de Scaglione en Turín. Sus formas recordaban un poco al clásico Ferrari Dino del diseñador Pininfarina.

El motor V8 con doble árbol de levas en cabeza usado en los coches de carreras se modificó para los coches de carretera, pero aun

así mantenía mucho empuje. Estaba equipado con una caja de cambios de seis velocidades y era capaz de alcanzar los 259 km/h, lo que le hacía ser uno de los coches más rápidos del momento.

Algunos de los 18 coches que se fabricaron tenían la carrocería fabricada por diversos carroceros Bertone creó la baja y en forma de cuña llamada Carabo, Giugiaro la

33 Iguana que se parecía a una Alfetta GTV cortada y Pininfarina hizo las dos versiones descapotables, el P33 Roadster y la versión en forma de cuña 33/2 de 1971.

Motor: 8 cilindros, 1.995 cc
Potencia: 171 kW (230 CV)
De 0 a 100 km/h: n/d
Velocidad máxima: 259 km/h
Producción total: 18

ALFA ROMEO DUETTO

1966–67

El Duetto se creó en el taller de diseño de Pininfarina. Se caracterizó por su final en cola de barco. Marcó una tendencia estilística que evolucionaría hasta el Spider, con lo que duró hasta 1993.

carrera internacional en la que el ganador era obsequiado con un coche.

Si la mecánica del Duetto era casi indestructible, no era así su carrocería, que con el tiempo sufría graves problemas de corrosión debido en parte a la pobre capa de anticorrosivo y en parte a que la pintura y la construcción estaban hechas para un clima más suave.

Motor: 4 cilindros, 1.570 cc
Potencia: 81 kW (109 CV)
De 0 a 100 km/h: n/d
Velocidad máxima: 187 km/h
Producción total: 6.325

El bello Duetto, que sólo se fabricó durante un año, entre 1966 y 1967, se introdujo en la marca como sustituto del anterior Spider y fue el último de los miembros de la serie Giulia 105. Fue diseñado por la casa Pininfarina, que incorporó

una carrocería muy aerodinámica con los faros integrados y una «coda lunga» o cola larga que recordaba a un barco; de hecho su forma se llamó cola de barco.

Su potencia le venía dada por un motor de buena respuesta con dos

árboles de levas, 1.570 cc y 109 CV; su dirección era muy precisa, muy equilibrado y de conducción ágil. Sus frenos de disco alentaban una conducción rápida. El nombre de Duetto se aplicó al biplaza deportivo por una estrafalaria

ALFA ROMEO SPIDER

1967–93

El nombre de Duetto se cambió en 1969 por el de Spider aprovechando la instalación del extraordinario y flexible motor Alfa de 1.779 cc y el corte en forma de hacha de su cola. El modelo 2000 se fabricó hasta 1993, pero con más accesorios de carrocería que

Alfa cambió el nombre de su modelo Duetto justo a los 18 meses de producción, y optó por el de Spider, al que instaló un motor de 1.779 cc.

Oficialmente se llamaba 1750 Spider Veloce, al que un año más tarde, en 1968, se le unió otra versión, la 1300 Spider Junior, que se diferenciaba de aquélla por no tener tapados las faros delanteros.

En 1970, la cola de barco trasera se alargó aún más. El 1750 se convirtió en 2000 en el año 1971, pero de los dos quizá el 1750 fue el más suave. El del motor 2000 tenía los frenos más grandes y un rendimiento más aparatoso —133 CV— y eso que los coches dirigidos al mercado americano tenían que controlar sus emisiones. Eran coches que habían aumentado su peso de marcha y que incluso incorporaban trozos de goma en los parachoques para cumplir así con las normativas de seguridad federal de los USA.

Los coches más nuevos, los fabricados entre 1983 y 1986 se llamaron «aerodinámica», e insertaban alerones del color de la carrocería y goma en los parachoques tanto frontales como traseros. La serie III, de 1986, mejoró mucho el interior, y los modelos finales, de 1989 a 1993. sólo recibieron unos retoques muy ligeros en el diseño por parte de Pininfarina.

Motor: 4 cilindros, 1.779 cc
Potencia: 84 kW (113 CV)
De 0 a 100 km/h: 9,2 s
Velocidad máxima: 174 km/h
Producción total: 104.958

JUNIOR ZAGATO

1969–75

Motor: 4 cilindros, 1.290 cc
Potencia: 65 kW (87 CV)
De 0 a 100 km/h: n/d
Velocidad máxima: 168 km/h
Producción total: 1510

En un principio se ofrecía con un motor de 1.290 cc capaz de hacer alcanzar al coche los 168 km/h. Una versión de 1.570 cc llegó en el año 1971 y con ella una mayor distancia entre ejes.

Como este automóvil fue construido por Zagato en vez de por Alfa Romeo, la producción fue limitada en términos de ventas, ya que su precio era superior al de los dos Spider y el 1750 GTV.

La carrocería del moderno cupé poco armonioso de Zagato montada sobre el chasis del Spider de Alfa, apenas levantó pasiones. Su precio, prohibitivo, tampoco ayudaba.

El estilista italiano Zagato creó, uniendo el chasis del Spider y el motor con caja de cambios de cinco velocidades del Giulietta, un cupé medianamente atractivo y de aspecto tosco que exhibió por primera vez el año 1969 en el Salón del Automóvil de Turín. Las claves de este automóvil fueron su capó caído, un techo curvo que acababa en una cola cortada y unos cristales laterales bastante grandes. Lo que se perdió en estética se ganó en practicidad, ya que cabían cuatro personas algo apretadas.

Si se combinan la ligereza y la resistencia con la aerodinámica, el Junior Z, nombre de este modelo, presentaba ciertos rasgos estilísticos de interés, como los faros delanteros escondidos inteligentemente tras un panel transparente que recorría todo el frontal.

ALFA ROMEO 1750/2000 BERLINA 1967–77

Motor: 4 cilindros, 1.779 cc
Potencia: 84 kW (113 CV)
De 0 a 100 km/h: 10,8 s
Velocidad máxima: 179 km/h
Producción total: 191.720

Se trata de un resumen de lo que fue el modelo Giulia; la berlina era casi idéntica a su predecesora, con su misma forma cuadrada y líneas tan rectas. Sólo era un poco más grande y su carrocería un poco más redondeada e hinchada. Se perdió todo el carácter y la nitidez del modelo anterior a pesar de haber sido retocado ligeramente por Pininfarina. Pesaba 70 kg más que el Giulia.

La gracia de este modelo estaba en su vivo motor de doble estárter y doble carburador de 1.779 cc dándole carácter, a lo que se sumaban los frenos de disco asistidos, con lo que resultaba un coche para verdaderos conductores.

Alfa respondió a los coches alemanes incorporando el motor de 2.000 cc en una versión de 1970 que desarrollaba 132 CV y tenía una velocidad máxima de 189 km/h.
El nuevo coche se hizo más deportivo, con una parrilla más ancha y un frontal más estirado.

Ambos llegaron a venderse al mismo tiempo por unos meses. Al aumentar la potencia se notaron las deficiencias en el chasis, lo que llevó a su sustitución en 1977.

La berlina normal se vendió muy bien, y su motor de 1.779 cc con doble carburador y doble estárter le daba el típico espíritu deportivo de Alfa Romeo.

ALFA ROMEO MONTREAL 1970–77

Motor: 8 cilindros, 2.593 cc
Potencia: 149 kW (200 CV)
De 0 a 100 km/h: 7,6 s
Velocidad máxima: 218 km/h
Producción total: 3.925

Fue un modelo basado en el chasis del Giulia GTV modificado con una carrocería de cupé deportivo 2+2 diseñado por Bertone. El prototipo de este coche se expuso en la Expo de Montreal el año 1967. La marca empezó a fabricarlo en 1970 en una serie limitada que bautizó de forma apropiada con el nombre de Montreal. Se ofrecía con él un coche de competición más barato que los de marcas tan exóticas como Maserati; pero en vez de mostrar líneas puras, el Montreal parecía tosco y con excesivos detalles.

Usaba una versión modificada del poderoso motor V8 con dos árboles de levas del 33; luego se volvió a modificar sustituyendo el carburador por la inyección, pero debilitó su potencia y lo hizo dócil y muy manejable, aunque tenía mucho poder de aceleración y su velocidad máxima era de 218 km/h. Es interesante observar el diseño de los faros delanteros parcialmente escondidos tras una rejilla de listones que les hacía poco visibles con la luz del día.

Aunque fue el coche insignia de la marca durante unos años su mantenimiento era excesivamente caro.

El Montreal fue un intento fallido de hacer un supercoche. Su motor de inyección redujo su potencia y demostró ser poco fiable.

ALFA ROMEO ALFASUD

1972–84

Fue fabricado en el sur de Italia para favorecer su maltrecha economía. El Sud fue un modelo muy manejable, de diseño moderno y con un motor característico de 4 cilindros en línea que daba una potencia excepcional en la versión Ti.

Motor: 4 cilindros, 1.186 cc
Potencia: 47 kW (63 CV)
De 0 a 100 km/h: 14,1 s
Velocidad máxima: 149 km/h
Producción total: 567.093

El Alfasud marcó una renovación total y apasionante en la historia de Alfa Romeo. Por primera vez fabricaba un coche con tracción a las ruedas delanteras y con una motorización totalmente renovada.

Adaptada a las iniciativas gubernamentales para ayudar a superar la crisis económica del sur de Italia, Alfa Romeo construyó este modelo en una nueva fábrica en las afueras de Nápoles y de ahí el nombre de Alfasud. El encargado del nuevo proyecto fue el ingeniero austriaco Rudolf Hruska, que había ayudado a desarrollar el Volkswagen Escarabajo, por lo que no sorprendió que en el Alfasud se utilizase un motor de cuatro cilindros en línea y así tener espacio suficiente para colocar la tracción delantera y un capó bajo para favorecer la aerodinámica y la visibilidad.

Además su interior era espacioso y cumplía con la tradición de la marca de ser divertido de conducir, con una dirección muy precisa y un manejo alegre. En 1981 se modificó la parte posterior con un práctico portón.

El tamaño del motor se incrementó hasta los 1.286 cc en 1977, luego a los 1.350 y aún hubo una versión de 1.490 que llegó un año más tarde. La versión deportiva Ti se puso a la venta en 1974.

ALFA ROMEO ALFETTA

1972–84

Su nombre deriva del de un monoplaza de carreras de la propia Alfa. Fue un modelo que heredó del De Dion su suspensión trasera, que influyó en el manejo de este sedán de tamaño medio. Además su caja de cambios y el embrague estaban situados en el diferencial posterior para así nivelar el peso y favorecer además su maniobrabilidad.

Su diseño se hizo bajo el auspicio de Alfa en los talleres del renombrado Dr. Orazio Satta Puliga que dejó de uitilizar esa forma tan cuadrada que tenían los sedán anteriores dándole un cierto aire deportivo.

Se le instaló el clásico motor Alfa con dos árboles de levas, al principio de 1.800 cc, luego 1.600 y a partir de 1975 un 2.000, y hasta 1977 no se le aumentó la potencia a 130 CV.

Pronto tuvo problemas de producción, lo que influyó en la popularidad de las primeras unidades. Recibió críticas a la imprecisión de su caja de cambios, lo que tampoco le ayudó. A pesar de que se vendió razonablemente, nunca llegó a ser el éxito de ventas que su pedigrí y su desarrollo merecieron.

Motor: 4 cilindros, 1.570 cc
Potencia: 80 kW (108 CV)
De 0 a 10 km/h: 11,5 s
Velocidad máxima: 174 km/h
Producción total: 450.000

Su diseño macizo escondía en realidad su deportividad basada en sus vivos motores, el chasis reformado y la suspensión totalmente independiente. El modelo 1,8 tenía cuatro faros delanteros, dos el de 1,6 y rectangulares el de 2 l.

ALFA ROMEO ALFASUD SPRINT

La agudeza visual con que Giugiaro diseñó la carrocería de este cupé basado en el soberbio Alfasud fue una apuesta segura para el éxito comercial, por lo que su producción duró hasta 1990. Su estilo y manejo fueron dos puntos más a su favor, pero la oxidación fue su perdición definitiva.

El Alfa Romeo Alfasud Sprint fue la versión juvenil del GT/GTV que apareció dos años antes. Se basaba en el anterior Alfasud y utilizaba los mismos motores y la suspensión. El pequeño cupé de Giugiaro mostraba una parrilla con cuatro faros

delanteros y una parte trasera muy inclinada con un práctico portón.

Primero se vendía con un alegre motor 1,3 con los cilindros en línea; en 1978 llegó una versión de 1,5 que podía adquirirse con el nombre de Veloce que alcanzaba los 95 CV.

Una de las mejores características del Sprint Veloce fue su gran agilidad y su fácil conducción, lo que hizo que fuese un coche para conductores muy entusiastas. Su interior era razonablemente espacioso. Por desgracia con

el paso del tiempo la bondad de los diseños de los primeros coches se vio cada vez más influida por las normas de seguridad y en la remodelación del año 1983 se le puso un morro más achaparrado, se le bajaron los parachoques y en algunos paneles de su carrocería aparecieron embellecedores de plástico negro mate.

Al igual que el propio Alfasud, el Sprint era muy propenso a la oxidación, por eso son pocos los ejemplares en buen estado que, a pesar de los años que estuvo en producción, han resistido hasta hoy.

Motor: 4 cilindros, 1.286 cc
Potencia: 57 kW (76 CV)
De 0 a 100 km/h: 13,1 s
Velocidad máxima: 158 km/h
Producción total: 96.450

ALFA ROMEO ALFASUD GT/GTV

Cuando Giugiaro todavía trabajaba para Bertone se responsabilizó del diseño de la versión cupé del modelo Alfetta. El primer resultado fue el Alfetta GT, que apareció en 1974, y años más tarde el GTV.

Para él se utilizó la plataforma acortada del Alfetta y su mismo motor de 1.779 cc aunque antes se ofreció con el viejo 1.570 cc del modelo Giulia y más tarde, en 1976, con el 1.962 cc. A partir de 1981 se vendió la versión espectacularmente rápida GT V6 con un motor de 2.492 cc con 6 cilindros en V de aleación ligera, un coche capaz de acelerar de 0 a 100 en 8,8 s y alcanzar una velocidad máxima de 203 km/h.

El GT/GTV de Alfa era más espacioso que los anteriores cupés de la marca. Inicialmente disponía su instrumentación de una forma rara: todo a excepción del cuentarrevoluciones estaban en el centro de la consola. Un portón trasero ayudaba a su practicidad, pero el maletero era limitado. Los insistentes rumores

de que se iba a fabricar una versión Spider de este modelo nunca se hicieron realidad a pesar de que Pininfarina diseñó un prototipo descapotable.

Este modelo fue el ejemplo de cómo tenía que ser un cupé deportivo de Alfa con su línea del techo curva, los cuatro faros delanteros en la parrilla y su parte trasera inclinada.

Motor: 4 cilindros, 1.962 cc
Potencia: 97 kW (130 CV)
De 0 a 100 km/h: 8,7 s
Velocidad máxima: 192 km/h
Producción total: 120.000

ALFA ROMEO GIULIETTA

1977–85

Alfa recuperó el nombre de Giulietta de un modelo anterior tal como lo hizo con el Alfetta, al que puso el eje trasero de De Dion con la caja de cambios.

Aunque fue un coche de aspecto anodino, era realmente un deportivo que disponía de un motor de 1.357 cc que no era nada más que una renovación del viejo de 1.290 cc. En 1979 se fabricó una versión 1800 a la que un año más tarde se unió la de 2 l.

La marca, que se refería a ella con el nombre de Nuova Giulietta, modificó varias veces su diseño entre 1981 y 1983 aumentando el aspecto tan anguloso de su carrocería, que de otra manera resultaría insulsa. El único aspecto desagradable de su diseño era su alta parte trasera.

Motor: 4 cilindros, 1.570 cc
Potencia: 81 kW (109 CV)
De 0 a 100 km/h: 10,5 s
Velocidad máxima: 168 km/h
Producción total: 379.689

ALFA ROMEO SIX

1979–87

El torpe intento de Alfa Romeo de fabricar un coche para ejecutivos y así competir con empresas alemanas como BMW o Mercedes no sirvió para mejorar el nombre de los italianos.

Este modelo tan cuadrado y de diseño tan poco imaginativo de cuatro puertas hecho por Bertone, (que se basó en el pequeño Alfetta) fue desde el principio dinámicamente pobre y la calidad de su construcción probó ser notablemente inferior a la de sus rivales.

Su único valor positivo fue el tremendo, suave y silencioso motor V6, el mismo que se usaba en el modelo GTV6. Con el tiempo se le acopló uno de 2 l turbodiésel, pero estos modelos sólo sirvieron para el reducido público de los ejecutivos.

El Quadrifoglio Oro (Trébol de Oro) tenía un motor diésel de inyección que sustituía a otro con tres carburadores con doble estárter de 1985; los faros de delante eran cuadrados y los parachoques muy voluminosos.

Motor: 6 cilindros, 2.492 cc
Potencia: 118 kW (158 CV)
De 0 a 100 km/h: 11,4 s
Velocidad máxima: 194 km/h
Producción total: 12.288

ALLARD P1

1949–52

El vendedor de motores Sydney Allard se inició en el negocio de los automóviles allá por los años 30 y tomando el nombre de la compañía de su padre. Fue acabada la Segunda Guerra Mundial cuando él mismo emprendió su nuevo negocio, la Allard Motor Co. Ltd.

El modelo P1 tomó ya la distintiva parrilla curva de otros coches de posguerra, con una carrocería ancha y espaciosa que permitía sentarse cómodamentee al menos a cuatro pasajeros. Su carrocería, hecha de aluminio, hizo posible bajar los consumos; una caja de cambios montada sobre una columna hizo que desaparecieran todas sus aspiraciones deportivas.

Su potencia se la daba un motor Ford de 3.622 cc o un Mercury modificado de 4.375 cc ambos V8.

Motor: 8 cilindros, 3.622 cc
Potencia: 63 kW (85 CV)
De 0 a 100 km/h: n/d
Vel. Max.: 144 km/h
Producción total: 559

El uso de aluminio en su carrocería hizo que su peso fuese bajo y ayudó a construir un habitáculo de dos puertas para cuatro o cinco pasajeros en la que los de atrás podían sentarse sin estrecheces. Este es el más famoso de todos los coches Allard, pues el propio Sydney Allard condujo uno a la victoria en el Rally de Monte Carlo.

ALLARD J2

1949–54

El modelo J2 era un nuevo diseño para carreras basado en un chasis rígido, tubular y una carrocería de aleación que incorporaba alerones circulares en su frontal. Fue el arquetipo de lo Allard en cuanto a su motorización, muy extrema. El coche era endiabladamente rápido, muy poco cómodo y con un parabrisas como única protección aerodinámica para el conductor.

En la parte posterior tenía un eje tipo De Dion y en la anterior un eje partido con suspensión independiente. Su potencia le venía generalmente de un motor transformado Mercury V8 que impulsaba al frágil J2 a 100 km/h en apenas seis segundos, sensacional para 1949. De todas maneras este rendimiento podía ser aún más brutal con la conversión de las válvulas Ardun en cabeza del Ford V8, pero eso disminuía su fiabilidad.

La mayoría de los J2 se vendieron en los Estados Unidos, donde no se suministraban motores debido a que sobre el chasis podían montarse diferentes modelos según las fábricas. Entre los más espectaculares estaba el motor

Cadillac que proporcionaba la friolera de 300 CV, pues era un motor de 5,4 l. Con él que el propio Sydney Allard obtuvo el tercer puesto en Le Mans el año 1950.

Evocador, rápido y muy raro, actualmente se han vendido varias réplicas.

Motor: 8 cilindros, 4.375 cc
Potencia: 82 kW (110 CV)
De 0 a 100 km/h: 5,9 s
Velocidad máxima: 175 km/h
Producción total: 90

Debía su extraordinaria rapidez al motor Mercury transformado de 4.775 cc. El ágil Allard J2 podía acelerar de 0 a 160 km/h en 23,6 s y podía superar los 176 km/h.

ALLARD JR

1953–56

Basado en la mecánica del Roadster Allard Palm Beach que hacía sólo un año que estaba en el mercado, las series del JR estaban dirigidas a la competición, de ahí que tuviera un parabrisas mínimo y careciera de parachoques.

En vez de un eje posterior rígido, como el usado en el Palm Beach, el JR usaba el De Dion del J2 para así tener un mejor control de tracción. Había un gran abanico de motores opcionales para instalar en el chasis del JR, pero el más conocido fue el Cadillac V8 de 5,4 l capaz de propulsar el vehículo a 224 km/h, lo que hizo ganar a Allard la «pole» provisional en las 24 Horas de Le Mans de 1953.

La fortuna de Allard empalideció cuando entraron en competición vehículos más sofisticados como el asombroso Jaguar XK 120 cuyos éxitos hicieron que Allard parase su producción en 1962. Sea como fuere, el nombre de Allard continúa hoy día asociado a la transformación, la potenciación y a los techos solares. Tras la muerte de Sydney Allard en 1966, fue su hijo Allan Allard quien se encargó del negocio en su fábrica de Daventry antes de trasladarse a Ross-on-Wye.

Motor: 8 cilindros, 5.420 cc
Potencia: 186 kW (250 CV)
De 0 a 100 km/h: n/d
Velocidad máxima: 224 km/h
Producción total: 17

La serie JR fue la más veloz de todos los Allard; su largo capó con los motores de la casa Chrysler en su interior le hicieron ser una auténtica maravilla. Fue el modelo más avanzado después del Palm Beach, más civilizado, del que procedía, pero en el que se usó un eje trasero tipo De Dion para ganar así espacio para el motor.

ALPINE A110

Un afortunado corredor de rallies de Renault como Jean Rédelé cambió la concepción de sus coches para superar sus defectos equipando algunos de ellos con una ligera carrocería de aluminio. Él mismo condujo, a principios de los años 50, sus propios coches en Le

El territorio natural para un A110 sobrealimentado era el rally internacional. Fueron coches de rally concebidos por un piloto de rallies, por lo que no causó sorpresa alguna su tremendo éxito. Actualmente muchos de ellos participan en rallies para coches históricos. Sólo la fragilidad de su mecánica Renault es su punto flaco.

Mans y Sebring.

El público empezó a notar las bondades de los coches de Rédelé, lo que le decidió a fundar su propia marca en 1954 que se llamaría Societé Anonime des Automobiles Alpine. Este último nombre, Alpine, le causó problemas con Sunbeam Talbot, ya que ésta lo había usado hacía poco tiempo.

El primer coche producido por Rédelé fue el 106, al que siguió el 108 y al fin llegó la versión

definitiva con el A110. Un automóvil con una carrocería hecha totalmente de fibra de vidrio y con un chasis rígido y tubular que también se usaría en los siguientes Alpine. El A 110 tenía el motor del Renault R-8.

Los Alpine fueron coches orientados a la competición y apenas dejaban sitio para el confort. Este Alpine pesaba muy poco, ya que la estrechez de su chasis era de todos conocida. Con los años se hizo más grande y potente. Pero por desgracia no pudo afrontar los problemas económicos y la marca fue comprada por Renault.

Motor: 4 cilindros, 1647 cc
Potencia: 103 kW (138 CV)
De 0 a 100 km/h: n/d
Velocidad máxima: 214 km/h
Producción total: 8.139

ALPINE A310

En los años 70 Renault vio el éxito del Porsche 911 y decidió intentar competir con él. Un competidor del 911 nunca debería ensombrecer a Renault, por eso utilizó el nombre de Alpine que ya había usado en el desaparecido A110.

Alpine Renault lanzó el A310 con el mismo chasis de su antecesor y el motor también en la parte trasera, pero con un habitáculo 2+2 y unos accesorios más lujosos. El primer A310s iba equipado con el motor

del R-17 TS de cuatro cilindros, pero no cumplía con lo que pedía el público, a pesar de sus 140 CV. Para remediar este problema, el A310S se equipó, en 1976, con un motor de 2,6 V6 de par superior y mejor refinamiento.

En 1978 al A310 se le puso una caja de cambios de cinco velocidades que mejoró el coche aún más. Nunca fue un coche tan bueno como el 911, pero se vendió bien en la Europa continental hasta mitad de

los años 80. Nunca se vendió en Gran Bretaña por los problemas legales que comportaba el nombre de Alpine a Sunbeam Talbot.

Finalmente, el A310 entró dentro de la GTA y pudo ser vendido en Gran Bretaña con la marca Renault. Cuando el GTA le puso su motor turboalimentación, consiguió finalmente el estatus de supercoche, lo que hace que hoy día se le considere como uno de los héroes olvidados de los años 80.

El A310 tuvo un inicio poco prometedor para competir con el Porsche 911. Sus laterales traseros parecían desproporcionados con el frontal tan ligero, efecto que se acentuó cuando en sus parachoques se combinaron el color negro con el de la carrocería para nivelar ambos.

Motor: V6, 2.664 cc
Potencia: 112 kW (150 CV)
De 0 a 100 km/h: n/d
Velocidad máxima: 221 km/h
Producción total: 11.616

ALVIS 10/30

1920–22

El logo más famoso de Alvis era la insignia de un triángulo rojo, pero los primeros coches –como el 10/30 de la fotografía– también llevaban una liebre en lo alto del radiador.

Aun siendo uno de los nombres más prestigiosos del mundo del motor en Gran Bretaña, Alvis no es muy reconocido y fue únicamente usado para describir un pistón de aluminio diseñado por G. P. H. de Freville que con T. G. John diseñó

el primer 10/30 en 1920. La palabra Alvis era fácilmente pronunciable en cualquier idioma.

El modelo 10/30 fue un coche adelantado a su tiempo cuando apareció, tenía una caja de cambios de cuatro velocidades y un sistema

de lubricación forzada. Este biplaza ligero utilizaba un motor de 1,5 l diseñado por De Freville y unas carrocerías simples construidas por extranjeros. La mayoría de los motores tenían válvulas laterales, pero los Super Sports tenían un

motor con las válvulas en cabeza. Alcanzaban una velocidad máxima que superaba en 32 km/h la de sus hermanos con válvulas laterales.

Aunque su precio era relativamente alto, se vendieron muchas unidades a aquellos clientes atraídos por el rendimiento del 10/30 y su aspecto bien proporcionado. Muchos de sus coches salieron al mercado pintados en negro o en azul con un interior de piel a conjunto.

En 1921 apareció una versión un poco modificada con un motor ligeramente más potente, el 11/40, pero se fabricó sólo durante seis meses.

Motor: 4 cilindros, 1.460 cc
Potencia: 22 kW (30 CV)
De 0 a 100 km/h: n/d
Velocidad máxima: 97 km/h
Producción total: 770

ALVIS FD/FE

1928–30

Alvis fue uno de los pioneros de Europa en fabricar coches con tracción a las ruedas delanteras. En 1925 fabricó un *sprint* y un coche de carreras con un motor de 8 cilindros en 1926. En 1928 los Alvis con esta característica acabaron el sexto y el noveno en Le Mans. Aquel mismo año se fabricaron las series FD y FE,

un intento de adaptar la tecnología de los coches de carreras a los coches normales. El ingeniero jefe T. G. Smith-Clarke y el diseñador jefe W. M. Dunn aseguraron que el coche era una auténtica maravilla de la técnica.

Además de la mencionada tracción a las ruedas delanteras, el

El modelo FD/FE de tracción a las ruedas delanteras fue un adelanto en cuanto a tecnología, pero un fracaso en términos de ventas. Esto fue debido en parte a las compañías aseguradores que rechazaron hacerse cargo de reclamaciones por accidente sólo porque los coches no tenían la tracción trasera convencional.

coche tenía suspensión independiente por láminas transversales, un árbol de levas en cabeza (a pesar de que el motor estándar tenía un motor de sólo 4 cilindros), una caja de cambios de cuatro velocidades, frenos delanteros interiores y la opción de un compresor de sobrealimentación. Quienes quisiesen todavía más potencia (en el mismo espacio que el de cuatro cilindros) podía pedirlo. El diseño de la carrocería era el de un biplaza deportivo, un deportivo de cuatro plazas y un sedán también deportivo.

Por desgracia el público no aceptó muy bien tanta innovación técnica de una vez. El nivel de ventas fue deprimente, tanto que obligó a su desaparición dos años después de su estreno y a la empresa a volver a fabricar modelos de mecánica más convencional.

Motor: 4 cilindros, 1.482 cc
Potencia: 56 kW (75 CV)
De 0 a 100 km/h: n/d
Velocidad máxima: 137 km/h
Producción total: 155

ALVIS 12/50

1931–32

El primer modelo 12/50 apareció el año 1923 como una evolución del 10/30 con un motor de válvulas en cabeza. El modelo fue progresando con leves modificaciones durante los años 20 hasta 1931. cuando apareció en el mercado la serie TJ 12/50.

Una serie que se diferenciaba de sus predecesores en muchos detalles: Disponía de un encendido de bobina (los anteriores con magnetos) y un radiador dividido por partes cuando los modelos anteriores tenían todo en un bloque. Además tenía un motor de 1.645 cc con válvulas en cabeza; antes, el motor original era el de 1.496 cc que se usaba ya en los años 20. La transmisión se hacía por una caja de cambios manual de cuatro velocidades y los dos frenos, el de mano y el normal, actuaban en las cuatro ruedas. Los clientes podían encargar su coche con las siguientes carrocerías: dos asientos, un turismo, un cupé de morro bajo, o un sedán.

Para Alvis este modelo fue muy significativo. Se le consideró uno de los mejores coches ligeros

británicos de esta era y que por otra parte ostentaba un buen récord en su participación en las carreras; su éxito más sonado fue en las 200 millas de Brooklands.

Motor: 4 cilindros, 1.645 cc
Potencia: 39 kW (32 CV)
De 0 a 100 km/h: n/d
Velocidad máxima: 115 km/h
Producción total: 642

El Alvis 12/50 fue reemplazado en los años 30. El modelo TJ fue el ejemplo final de un diseño original que a pesar de estar obsoleto mantenía las mejores piezas y una potencia extraordinaria.

ALVIS SPEED 20

1932–36

Uno de los vehículos británicos más impresionantes y de los modelos de época más conocidos fue el Speed 20. Se podía comparar, tanto en sus características como en su diseño, con vehículos de marcas como Bentley, Lagonda o SS (Jaguar), y tenía un precio más bajo.

El Speed 20 era un coche imponente con su largo capó bajo el que se escondía un gran motor de 6 cilindros con triple carburador de 2.511 cc y válvulas en cabeza. Además del tradicional turismo deportivo, el cupé de morro bajo y el sedán deportivo, se ofrecían otras muchas carrocerías fabricadas

por talleres como Cross & Ellis o Vanden Plas. Lo que dio reputación a este automóvil fue la aparición, a partir de 1934, de las versiones SB, SC y SD que fueron innovadoras en muchos detalles, como en las cajas de cambio de cuatro velocidades sincronizadas y la suspensión independiente con

láminas transversales en la parte delantera. Su impactante aspecto se debía en parte a los grandes faros frontales P100.

La versión SC de 1935 tenía un motor de 2.762 cc que fue aumentando poco a poco a la vez que su distancia entre ejes para así soportar el consecuente aumento de peso.

Tal como sugiere su nombre el Speed 20 estaba dirigido a las carreras, pero también a ser un gran turismo de lujo.

Motor: 6 cilindros, 2.511 cc
Potencia: 65 kW (87 CV)
De 0 a 100 km/h: 22 s
Velocidad máxima: 143 km/h
Producción total: 1.165

El Speed 20 colaboró a cimentar la reputación de Alvis como fabricante de deportivos. Fue un coche muy elegante cuyo aspecto se correspondía con su extraordinario rendimiento y nivel técnico. Fue el gentleman de los coches de carreras de su época, siendo habitual en la escena de los deportivos británicos.

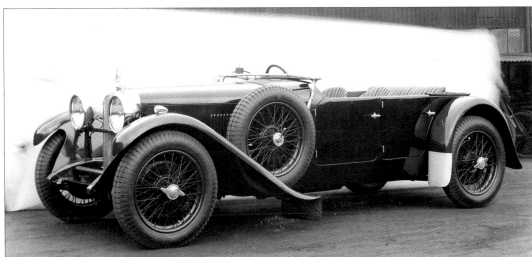

ALVIS TA21

1950–53

Motor: 6 cilindros, 2.993 cc
Potencia: 67 kW (90 CV)
De 0 a 100 km/h: 19,8 s
Velocidad máxima: 138 km/h
Producción total: 1.313

Alvis tuvo que luchar para recuperar, después de la Segunda Guerra Mundial, su factoría de Coventry que había sido destruida en un bombardeo. Empezó su producción de posguerra con el modelo TA14 basado en el de preguerra 12/70, en espera de que más tarde saliera el TA21 totalmente nuevo. Este modelo se expuso por primera vez en el Salón del Automóvil de Ginebra en 1950.

El TA21 conservaba el tradicional aspecto aristocrático de los grandes Alvis, pero era más aerodinámico y con los faros frontales incorporados en los pasos de rueda y las ruedas traseras prácticamente ocultas detrás de los alerones posteriores.

Los sedán fueron construidos por los carroceros Mulliner, no así los cupés de morro bajo que se encargaron a los Tickford, de ellos sólo se fabricaron 302. El interior estaba decorado con piel y madera y disponía de viseras solares y un

techo corredizo como; equipamiento estándar, es chocante que la calefacción fuese un extra.

Su potencia se debía a un nuevo motor de 6 cilindros y 2.993 cc, lo que motivó que el público en general lo llamase el «Alvis 3 l». Disponía de frenos hidráulicos, un avance

tremendo respecto a los anteriores modelos de la marca, y también tenía suspensión helicoidal independiente en las ruedas delanteras.

Las primeras unidades se vendían con un único carburador SU, pero ya al año siguiente se cambió por un doble carburador.

La producción empezó de nuevo para Alvis en la posguerra con el modelo TA21. Las líneas rectas del periodo de preguerra se sustituyeron por curvas de tal manera que el nuevo Alvis podía parecer algo bulboso. Fue un coche caro y de primera clase.

ALVIS TC21

1953–56

Las versiones más altas del Alvis TC21 se conocieron con el nombre de *Grey Ladies* (Damas Grises) independientemente de su color. Las líneas de este modelo estaban marcadas por los dos tonos del mismo color con que estaba pintado.

El TC21 no fue un modelo nuevo, sólo el producto de un cambio de nombre del TA21. Tenía, modificaciones mecánicas como en la carrocería, por ejemplo, las ventanas eran más pequeñas y la columna central más estrecha.

Después se cambiaron más detalles que propiciaron la fabricación de una versión superior, el TC 21/100, que se popularizó con el nombre de Grey Lady. El 100 de su nombre deriva de sus 100 CV y del hecho de que su velocidad

máxima era de 100 millas por hora (161 km/h). Grey Lady, por su parte, viene del color con el que se exhibió en el salón del automóvil de Earls Court celebrado en 1953.

Tenía un motor de mayor compresión y un mejor eje trasero.

El nuevo Alvis sólo se diferenciaba de los anteriores por pequeños cambios: se abrieron dos tomas de aire en el capó y se colocaron pantallas a los lados de las puertas del capó, pero el cambio más notable fue el uso de neumáticos Dunlop. Al igual que en el modelo primario en éste también Mulliner diseñó la carrocería sedán y Tickford la cupé. El carrocero suizo Graber diseñó también algunas versiones.

Motor: 6 cilindros, 2.993 cc
Potencia: 75 kW (100 CV)
De 0 a 100 km/h: 16,5 s
Velocidad máxima: 163 km/h
Producción total: 805

ALVIS TD21

Motor: 6 cilindros, 2.993 cc
Potencia: 86 kW (115 CV)
De 0 a 100 km/h: 13,9 s
Velocidad máxima: 171 km/h
Producción total: 1.070

Sin la colaboración de Mulliner y de Tickford en el suministro de carrocerías (ver arriba), Alvis optó por la empresa suiza Graber que fabricó un TC 21 de líneas elegantes, aerodinámicas y modernas tanto en sedán como en deportivos. Como no era práctico fabricar las carrocerías en Suiza y embarcarlas hacia Gran Bretaña, se decidió que el diseño se hiciese en Loughborough por la empresa Willowbrook. Con él tuvieron problemas de producción que les llevaron a confiar en el experto Park Ward de Londres. La reestilización del TC108G se llamó TD21. En él se realizaron varios cambios como ventanas traseras de una sola pieza o un mayor espacio en el maletero y el asiento de atrás.

Se le instaló una caja de cambios automática y la potencia de su motor aumentó de 104 a 115 CV, con lo que necesitaba frenos de disco delanteros. La segunda serie, de 1962, ya tenía frenos de disco en las cuatro ruedas, una caja de cambios de cinco velocidades y faros a ambos lados de la parrilla.

El TD21 evolucionó hasta el TE21 y el TF21, que tenía dos faros

Alvis modernizó el aspecto de sus vehículos con el TD21. Su aspecto era británico, pero de hecho se diseñó en Suiza. La evolución final de su carrocería le llevaría a tener dos faros a cada lado.

en vertical. En 1967 el nuevo propietario de la marca, Rover, paró la producción de Alvis, que así pudo concentrarse en la fabricación de automóviles militares.

AMC RAMBLER

AMC, la abreviatura de American Motors Corporation, se fundó en 1954 con la unión de las marcas Nash y Hudson. Ambos nombres aparecieron en 1958 en un modelo de nombre Nash Rambler.

En 1966 el nombre de Rambler se había convertido en un genérico de varios modelos del catálogo de AMC, incluyendo el compacto Rambler American (consistente como el atractivo Rogue, en un cupé de dos puertas y techo duro), el gran Rambler Classic y el Ambassador.

Intentó entrar en el mercado de los deportivos o en lo que quedaba de él tras la aparición del Ford Mustang, con el Rambler Marlin cupé. Todos sus coches estaban muy ligados al estilo de Detroit: buena carrocería y motores a escoger entre los de 6 cilindros en línea y el V8.

Cada año se efectuaban cambios en el Rambler dependiendo del propio coche. En 1967 el Ambassador se convirtió en un modelo propiamente dicho y el Marlin desapareció un año después.

En 1969 el compacto American se conoció popularmente con el nombre de Rambler y fue el último esfuerzo para aumentar las ventas de este tan conocido coche que estuvo tanto tiempo en el mercado, casi 20 años, entre 1950 y 1969 en los que se fabricaron 4.204.925 unidades.

Motor: V8, 4.752 cc
Potencia: 149 kW (200 CV)
De 0 a 100 km/h: 9,9 s
Velocidad máxima: 171 km/h
Producción total: n/d

AMC REBEL

1967–70

Motor: V8, 5.619 cc
Potencia: 209 kW (280 CV)
De 0 a 100 km/h: 9 s
Velocidad máxima: 177 km/h
Producción total: 284.326

**Hubo dos tipos de Rebel: las versiones básicas, que fueron muy dignas pero sencillas y la versión SST (la de la foto), superior y de carácter más deportivo.
El rendimiento de su motor y su diseño contribuían a ello.**

Al principio el modelo Rebel tenía el nombre de Rambler Rebel y fue una renovación del modelo Classic hecha en 1967 que se situó entre el Ambassador, más grande, y el American, más pequeño. Eran coches muy cuadrados y difíciles de distinguir, con dos puertas y techo duro. Se podían también comprar familiares y convertibles. El superior de esta serie era el SST, Super Sport Touring; donde el

comprador podía escoger entre un motor de seis cilindros en línea o un V8, como en todos los Ramblers.

En 1968 el nombre Rambler desapareció y fue sometido a una profunda y súbita renovación de estilo.

El Rebel sería el único AMC descapotable, al menos durante un año, hasta que desapareció. En 1969 sólo se ofrecían un sedán, un

modelo de techo duro y un familiar, tanto en serie básica como en serie SST.

En 1970, último año de fabricación del Rebel, apareció la versión más llamativa y de aspecto más agresivo, el Rebel Machine, que estaba dotado con el motor V8 más poderoso de todos los AMC, con 340 CV; pero como todos los demás tuvo que dejarse de fabricar en 1971.

AMC JAVELIN

1967–74

Motor: V8, 6.392 cc
Potencia: 235 kW (315 CV)
De 0 a 100 km/h: 7 s
Velocidad máxima: 174 km/h
Producción total: 235.497

Como todos los fabricantes tuvieron su competidor con el Ford Mustang en el mercado, AMC no podía ser menos y en los años 60 puso a la venta el Javelin, un coche que parecía tener las características técnicas requeridas, pero no resultó

a los ojos del público tan atractivo como sus rivales. Siendo un coche elegante, silencioso y de líneas suaves, nunca consiguió cumplir con las expectativas de venta de AMC, ni tan sólo con la gran cantidad de opciones que se daban

al público, como la elección de un motor de 6 cilindros en línea o un V8. Su motorización era de 3.799 a 6.392 cc y entregaba desde un mínimo de 100 CV hasta 235.

Como ocurría con todos los coches americanos el Javelin se retocó cada año hasta que dejó de fabricarse. La mayoría de los retoques era muy pequeños, pero en 1971 se hizo un cambio muy inusual: se formaron unos pliegues curvos encima de cada paso de rueda, lo que le daba un aspecto muy extraño.

Esto y el aumento de líneas curvas en su diseño perjudicaron en vez de propiciar las ventas y el Javelin desapareció en 1974. Actualmente se le considera como uno de los más interesantes *pony cars*.

En 1971 el modelo Javelin, modernizado, era un compendio de líneas curvas y ángulos rectos, mucho más personal que sus competidores. Intentó robarle la corona al Ford Mustang, pero nunca consiguió llegar tan alto como el rey de los *pony cars*.

AMC AMX

1968–71

Era un coche de dos plazas con una carrocería de acero, pero el AMX no fue el sucesor del Ford Thunderbird de los años 50. El gran parecido con el Javelin era muy evidente y contribuyó a las pocas ventas de este deportivo biplaza de AMC.

El AMX fue un complemento del Javelin que apareció en febrero de 1968. Su nombre le viene de American Motors Experimental, ya que en él se experimentaba con un deportivo biplaza con carrocería de acero, como lo hiciera en 1955 el Ford Thunderbird. Su aspecto tenía ciertas similitudes con su hermano mayor, el Javelin, exceptuando su parte trasera, cortada en línea recta, y su plataforma, con la distancia entre ejes, un poco más corta. Compartían la mecánica y la mayoría de las opciones de su motor.

A pesar de su conducción más alegre y su mejor rendimiento respecto a su hermano mayor, el público no se mostró muy convencido a la hora de comprarlo. No era tan exótico como los demás biplazas y no estaban seguros de gastar más dinero en un coche con menos plazas que el Javelin.

El AMX no cambió demasiado hasta 1969, pero en 1970 se rediseñó todo su frontal. Se dejó de fabricar al año siguiente, pero su nombre se mantuvo en otras versiones del Javelin y el Hornet.

Motor: V8, 6.392 cc
Potencia: 238 kW (319 CV)
De 0 a 100 km/h: 7,2 s
Velocidad máxima: 177 km/h
Producción total: 19.134

AMC GREMLIN

1970–78

Motor: 6 cilindros, 3.802 cc
Potencia: 108 kW (CV)
De 0-100 km/h: 12,5 s
Vel. Máxima: 153 km/h
Producción total: 650.000 aprox.

El AMC Gremlin apareció el día 1 de abril del año 1970. Su horrendo diseño hizo que se convirtiese en una broma nacional. En principio, el intento americano de conseguir el primer coche tipo mini fue sonado, no así su ejecución.

El pequeño automóvil hubiese tenido que ser un una novedad para los fabricantes americanos, pero el Gremlin no era totalmente nuevo. Su parte delantera desde las puertas era igual a la de un Hornet que por

detrás se había adaptado como un turismo de tres puertas con portón trasero. Aunque parecía pequeño al lado de los otros coches americanos, el Gremlin era más grande que un VW Escarabajo y menos atractivo.

Se hicieron dos versiones, un biplaza y otra de cuatro asientos estrechos y uno más atrás doblado hacia abajo. Se ofrecían 30 accesorios y siete motorizaciones para quien quisiera personalizar su vehículo. Además de su económica motorización, podía equiparse con un motor V8 de 4.979 cc que no ofrecía un rendimiento muy alto. Los motores de 6 cilindros eran los más usuales. Aunque a partir de 1976 se podía adquirir con un motor Audi de 2 l y 4 cilindros.

Este vehículo era como atacar al Hornet con un abrelatas. El primer intento de AMC para fabricar coches pequeños tuvo al Hornet como base, pero perdió parte de su carrocería y mucho de su atractivo. Aun así era muy útil para ir de compras.

AMC PACER

1975–80

Tenía el motor del mismo tamaño que el de un Jaguar E-type, pero le costaba llegar a los 142 km/h y su potencia era menos de la mitad.

Desde el modelo Edsel nunca antes un coche americano resultó tan poco atractivo. El modelo Pacer fue otro coche fabricado para combatir a los más eficaces y atractivos que venían de Europa y Japón. Su diseño fue poco común: se trataba de una gran superficie acristalada montada sobre una carrocería voluminosa. El *marketing* lo vendió como *el primer coche pequeño y ancho,* pero no ayudó su aspecto. Hasta sus puertas eran raras, pues una era más grande que la otra. En un principio se quiso aprovechar el motor rotativo que GM había

desechado, pero el Pacer se equipó con motores de 3.799 cc y de 4.229 cc ambos de seis cilindros en línea y otro V8 de 4.979 cc.

Este modelo está considerado como de clase alta, y si en un principio no era muy atractivo, actualmente es fascinante y raro.

Motor: 6 cilindros, 4.229 cc
Potencia: 75 kW (100 CV)
De 0-100 km/h: 15,8 s
Velocidad máxima: 142 km/h
Producción total: 280.000 aprox.

AMPHICAR

Motor: 4 cilindros, 1.147 cc
Potencia: 28 kW (38 CV)
De 0-100 km/h: 42,9 s
Velocidad máxima: 113 km/h
Producción total: 3.878

¿Qué es más estrafalario que un coche que a la vez sea una barca? Eso precisamente fue el Amphicar. Este invento fue obra de Hans Trippel, el hombre que fabricó vehículos anfibios para el ejército alemán durante la Segunda Guerra Mundial.

Montó el motor del Triumph Herald en la parte trasera del vehículo y una transmisión de cuatro velocidades tipo VW Escarabajo, que permitían que pudiese alcanzar los 113 km/h yendo por carretera. En el agua podía conectarse una transmisión fabricada por Hermes (la empresa que produce las transmisiones de Porsche) de dos velocidades que movía las hélices. De esta manera el Amphicar podía alcanzar en el agua una velocidad de hasta 11 km/h.

La transmisión Hermes podía incluso permitir que las ruedas motrices y las hélices funcionasen a la vez para facilitar la entrada y salida del agua. Una vez flotaba en el agua, las ruedas delanteras funcionaban como remos.

No era muy práctico en carretera ni en el agua, pero sí era divertido e innovador. La verdad es que es el único vehículo anfibio civil fabricado en serie que ha existido nunca.

La mayoría de Amphicar se vendieron en los Estados Unidos.

Por desgracia fue esta dependencia la que hizo que desapareciera este coche en 1968, cuando surgió una nueva reglamentación que dificultó su venta.

Encuentra una rampa, baja por ella, pon en marcha las dos hélices con las ruedas motrices y verás cómo tu coche se convierte en una barca. El Amphicar no era bueno en ninguno de los dos medios, pero lo único que quería era divertir.

ARAB SPORTS

Motor: 4 cilindros, 2.000 cc
Potencia: 48 kW (65 CV)
De 0 a 100 km/h: n/d
Velocidad máxima: 145 km/h
Producción total: 12

En 1920, la estrella del Salón del Automóvil de Londres recayó en el Leyland Eight. Fue el coche más potente y caro jamás construido en Gran Bretaña. Un coche con muchas innovaciones técnicas, que falló a la hora de encontrar su sitio en el mercado debido precisamente a su precio y la falta de atractivo de Leyland en coches de categoría superior.

Más allá del llamado «Lion of Olimpia» había dos prestigiosos ingenieros, Reid Railton y J. G. Parry Thomas. Cuando el Eight dejó

de fabricarse en 1923 (con sólo 12 unidades) Rayton abandonó Leyland para fundar su propia marca. Su empresa, de nombre Arab, vio la luz en 1925. El motivo que le llevó a ponerle este nombre se ha perdido en los anales de la historia del automóvil. Durante su corta vida fabricó únicamente coches deportivos. Este vehículo fue un automóvil de alto rendimiento con una carrocería descapotable y sobre un chasis bajo.

Su motor de 2 l era muy parecido al que equipaba el Leyland Eight con un inusual sistema de amortiguadores con válvulas sobre láminas. Diseñado por Parry Thomas, tiene un árbol de levas con un tren motriz ajustable y dos cigüeñales muy robustos. Su caja de

Largo, bajo, atractivo y dotado de un rendimiento excepcional, este Arab Sports mereció mejor suerte en su limitada vida de cinco años en los que sólo se fabricaron 12 unidades. Podría haber tenido mejor éxito si lo hubiese producido un fabricante más poderoso.

cambios era normalmente de cuatro velocidades marca Moss. Se fabricaban en unos talleres de Hertfordshire y se vendían a un precio de entre 500 y 550 libras.

Sus prestaciones eran impresionantes, tanto que uno de ellos venció a un Bugatti superior, al menos teóricamente, con un motor de 8 cilindros en la conocida Shelsey Walsh Hill Climb de Inglaterra.

Al igual que pasó con Leyland anteriormente, los deportivos no eran un éxito asegurado y sólo se fabricaron unos 10 en cinco años.

Sea como sea, la razón por la que desaparecieron tanto los coches como la marca no fue económica: Parry Thomas fue asesinado en 1927 cuando intentaba establecer el record mundial de velocidad, y Railton y sus compañeros directores de Arab Motors perdieron como consecuencia todo su entusiasmo. Unos pocos de ellos fundaron su propia marca, la Thomson & Taylor, una vez Arab ya había desaparecido en 1930 y con ella uno de los deportivos británicos más interesantes de los años 20.

ARGYLL TWELVE

1922–30

El único coche fabricado en Escocia perteneció a una de las marcas más grandes de Gran Bretaña antes de la Primera Guerra mundial, pero cayó en bancarrota en 1914. Fue comprada por J. A. Brimlow, uno de sus gerentes de reparaciones que empezó a fabricar coches después de la Gran Guerra con un diseño anterior a ésta.

El Argyll Twelve salió al mercado en 1922 equipado con un motor de 1.496 cc. En 1926 obtuvo otro de 1.640 cc de válvulas en culata. Un motor algo más simple que uno convencional ya que tenía menos piezas móviles que mantener. El pequeño motor del Twelve tenía 30 CV y el mayor 40.

Eran coches grandes y de gran aspecto pero muy caros, lo que causó la bancarrota de la empresa. La Gran Depresión golpeó a ambos lados del Atlántico y Argyll fue poco a poco perdiendo clientes hasta que desapareció en 1930.

Motor: 4 cilindros, 1.496 cc
Potencia: 22 kW (30 CV)
De 0-100 km/h: n/d
Velocidad máxima: n/d
Producción total: 250 aprox.

ARIEL NINE

1922–29

Fue una empresa de bicicletas sita en Birmingham la que primero se atrevió a fabricar automóviles ya en 1902.

Ariel tuvo que cambiar de manos varias veces en su corta y turbulenta historia como marca automovilística. Con la recuperación del nombre, en 1922, puso en el mercado un modelo llamado Nine que pretendía competir en el mercado de los coches pequeños.

Su pequeño motor de dos cilindros opuestos, de 996 cc, era muy simple y poco refinado. Su brusquedad, tosquedad y excesivo ruido, hacía pensar que se refrigeraba por aire, cosa que no era cierta.

La idea de hacerlo barato hizo que el Nine sólo pudiera adquirirse con un solo color, un gris austero; se vendía a un precio muy bajo, gastaba muy poco y su motor era enérgico y alegre, y aun así sólo se fabricaron 700 antes de su desaparición en 1925 y la empresa se dedicase a fabricar motocicletas.

Motor: 2 cilindros, 996 cc
Potencia: aprox. 15 kW (20 CV)
De 0 a 100 km/h: n/d
Velocidad máxima: 85 km/h
Producción total: 700 aprox.

ARMSTRONG-SIDDELEY THIRTY

1919–31

Esta marca se fundó cuando los ingenieros aeronáuticos Armstrong & Whitworth compraron Siddeley Deassy en 1919. Armstrong-Siddeley fue una exitosa empresa dedicada a la construcción de aviones, motores de avión y maquinaria agrícola. Cuando más éxito tenían con los motores de avión, empezaron a fabricar automóviles de categoría durante al menos cuatro décadas.

Sus coches se conocían gracias a la famosa esfinge de encima del capó de sus coches. Su primer modelo fue el Thirty, un gran sedán que alcanzó tanta popularidad como los coches de taxi, pero en la clase alta. Su mecánica era muy sencilla, tenía un motor de seis cilindros y 4.960 cc que desarrollaba 60 CV.

Era un coche de muy suave conducción y tuvo fama de longevo, ya que raramente se averiaba. Su fabricación duró sorprendentemente unos doce años, casi un hito en una época en la que otras marcas rediseñaban sus modelos casi cada año.

Motor: 6 cilindros, 4.960 cc
Potencia: 45 kW (60 CV)
De 0-100 km/h: n/d
Velocidad máxima: 110 km/h
Producción total: 2.700

ARMSTRONG-SIDDELEY FOUR-FOURTEEN

1923–29

El modelo Four-Fourteen fue el coche más dirigido al mercado popular de la Armstrong-Siddeley. Fue el primero que se equipó con un motor de 4 cilindros y 1.852 cc; su mejor cualidad era su fiabilidad, ya que su rendimiento y economía sufrían horriblemente cuando buscaba la potencia para mover este coche tan pesado. Hasta 1925 sólo se distinguía de los demás A-S superiores por tener una batería de 6 V y por los frenos delanteros, pero también por tener la parrilla del radiador plana.

Ese año, 1925, cambió su nombre por el de 14/30 con el lanzamiento del Mk II; tenía frenos en las cuatro ruedas y un mejor consumo. Se ofrecieron varias carrocerías pero la más común fue la sedán.

Motor: 4 cilindros, 1.852 cc
Potencia: n/d
De 0 a 100 km/h: n/d
Velocidad máxima: 81 km/h
Producción total: 13.365

ARMSTRONG-SIDDELEY 20

1926–36

Fue el coche de Armstrong-Siddeley más vendido en los años 20 y principios de los 30. El motor de este modelo era convencional pero estaba perfectamente construido.

Se ofrecían dos chasis. Uno de versión corta para cinco personas y con un excelente maletero. En el otro, más largo, cabían hasta siete pasajeros y podía ser tanto un sedán como una limusina, aunque era bastante más pequeño que los de la mayoría de los fabricantes de coches de lujo.

Con el tiempo se ofrecieron otros dos modelos cuyos motores tenían las válvulas laterales en vez de en cabeza.

El modelo Fifteen se vendió como un coche familiar, mientras que el Twelve, fabricado entre 1929 y 1937 con un motor de 1,2 l y 6 cilindros se dirigía a los conductores jóvenes.

Motor: 6 cilindros, 2872 cc
Potencia: n/d
De 0 a 100 km/h: n/d
Velocidad máxima: n/d
Producción total: 4.997

ARMSTRONG-SIDDELEY LANCASTER

El Armstrong-Siddeley Lancaster, que recibió su nombre del famoso bombardero, se puso a la venta en mayo de 1945, sólo seis días después del final de la Segunda

El modelo Lancaster tenía, en efecto, un diseño de preguerra, pero no entró en producción hasta acabada la Segunda Guerra Mundial, por eso fue el primer coche totalmente nuevo después de

ella. Armstrong Siddeley se apresuró a ponerlo a la venta, y apareció en mayo de 1945, la misma semana en que acabó oficialmente la contienda europea.

El Lancaster inició una tendencia de Armstrong-Siddeley de nombrar sus coches como el famoso bombardero. Se ofreció al principio con un motor de 2 l y 70 CV que en 1949 fue sustituido por un motor de 2,3 l y 75 CV.

Fue un coche muy sólido gracias a la barra de torsión de la suspensión delantera, sus frenos hidromecánicos y su caja de cambios de cuatro velocidades. Su interior fue espacioso y bien equipado, con un maletero similar al de otros modelos más grandes. Además su gran éxito en la exportación ayudó a la recuperación de la Gran Bretaña de posguerra.

El Lancaster fue remplazado en 1952 por el Sapphire, pero su

chasis continuó fabricándose dos años más y utilizándose en los modelos Hurricane y Whitley (ver abajo). Muchos Lancaster tuvieron una vida muy larga a pesar de que su fama decía que su carrocería era propensa a la oxidación.

Motor: 6 cilindros, 1.991 cc
Potencia: 52 kW (70 CV)
De 0 a 100 km/h: n/d
Velocidad máxima: 113 km/h
Producción total: 12.470

ARMSTRONG-SIDDELEY HURRICANE

El Armstrong-Siddeley Hurricane fue lanzado al mercado junto con el Lancaster; ambos tenían el mismo chasis, pero éste sólo se ofrecía con dos puertas y el morro bajo. El diseño frontal era idéntico al del sedán con sus faros al mismo nivel sobre el alerón del

paso de rueda y unas puertas que se abrían ampliamente. En 1946 se ofreció el modelo Typhoon, que tenía un techo interior de lona más barato y unos accesorios más espartanos.

Al igual que Lancaster, el Hurricane y el Typhoon disponían

de un motor de 2,3 l en 1949, pero el Typhoon desapareció de golpe poco después. De esta forma sólo unos pocos pudieron tenerlo. Aunque tenía un aspecto deportivo, tanto el Hurricane como el Typhoon eran turismos de conducción apacible.

Motor: 6 cilindros, 1.991 cc
Potencia: 52 kW (70 CV)
De 0 a 100 km/h: n/d
Velocidad máxima: 121 km/h
Producción total: n/d

ARMSTRONG-SIDDELEY WHITLEY

Este modelo se fabricó pensando en su exportación, por lo que su diseño fue más extravagante que el sedán Lancaster. Tenía un morro más ancho y anguloso y una parte trasera más alta, lo que permitía que los pasajeros tuvieran más espacio para la cabeza y las piernas.

Sólo disponía del motor de 2,3 l que se usó en la última versión del Lancaster y que dio un rendimiento más que razonable. Fue un coche muy confortable; en él podían sentarse cómodamente cinco personas y se podía adquirir como una limusina gracias a su larga

distancia entre ejes, un sedán, un cupé familiar o un descapotable. Estas carrocerías tuvieron una producción muy limitada; apenas se veía alguno a finales de los 50. Se dejó de fabricar en 1954 cuando Armstrong-Siddeley se concentró en fabricar coches más pequeños.

Motor: 6 cilindros, 2.309 cc
Potencia: 56 kW (75 CV)
De 0 a 100 km/h: n/d
Velocidad máxima: 121 km/h
Producción total: n/d

ARMSTRONG-SIDDELEY SAPPHIRE 346

Dirigido al tipo de compradores a los que les gusta el Jaguar Mk VII, el Sapphire pecaba de lentitud, era difícil de conducir y tenía un aspecto macizo. Fue un buen coche, elegante y conocido a pesar de todo, y superior a las versiones 234 y 236 que le reemplazaron.

Aunque su diseño hacía que se identificase rápidamente como el reemplazo del Lancaster, el Sapphire 346 era un coche

totalmente nuevo. Llegó con un chasis de estreno, suspensión delantera por muelles helicoidales y de ballesta detrás. Su motor, de 3,4 l y 6 cilindros, permitía una velocidad máxima de 154 km/h. Cuando más tarde, en 1958, apareció la versión Star Sapphire se puso un motor de 4 l y 6 cilindros con el que la velocidad de crucero era superior a los 161 km/h.
Se ofrecía con dos posibles cajas de cambios, una manual de cuatro

velocidades sincronizadas y otra de origen Rolls-Royce Hydramatic automática. La dirección asistida era un accesorio opcional, el primero en el mercado británico. En 1955 apareció la versión limusina sólo adquirible con transmisión automática, y la versión Sapphire 234 y 236 con motores diferentes a los del 346, usaban el viejo motor de 2,3 l y 6 cilindros del Lancaster y tenían un diseño poco atractivo. Sus

ventas resultaron un desastre y fueron cayendo durante tres años seguidos. Se vendieron menos de 1.500 unidades y las consecuencias económicas obligaron a la empresa a parar por completo su producción en 1960.

Motor: 6 cilindros, 3.435 cc
Potencia: 93 kW (125 CV)
De 0-100 km/h: 13,9 s
Velocidad máxima: 154 km/h
Producción total: 8.777

ARNOLT BRISTOL

Motor: 6 cilindros, 1.971 cc
Potencia: 98 kW (132 CV)
De 0 a 100 km/h: n/d
Velocidad máxima: 181 km/h
Producción total: 142

La primera aventura de Stanley «Wacky» Arnolt en el mundo de los automóviles se basó en un MG DT al que le acopló una carrocería de Bertone; pronto se dio cuenta de que necesitaba basar sus coches en mecánicas más potentes. El ser el importador para Estados Unidos de MG y Bristol le dio una obvia fuente de recursos.

Wacky persuadió a Bristol para que le cediese su nuevo chasis 404 del que tenía un exceso de producción y Bristol le embarcó sus chasis, motores y engranajes de carreras directamente de su factoría de Filton a Turín, donde Bertone los carrozaba.

Estas carrocerías, sobre todo para descapotables, estaban hechas de acero, pero unas pocas de aluminio se destinaron a coches de competición y otras pocas a cupés. Arnolt fue un director de Bertone, por lo que no había necesidad de ir a otra fábrica.

Sólo es necesario buscar las páginas de los sedán Bristol para ver la radical diferencia entre los deportivos que construía Arnolt con los que él se basaba. La falta de embellecedores tanto internos como externos así como las líneas simples de su carrocería dan una total idea de lo que era un Arnolt Bristol, un deportivo mucho más barato que los sedán de la marca Bristol.

El Arnolt Bristol costó menos de la mitad que el Bristol 404 y se cree que Arnolt perdió dinero en cada uno de los que fabricaba. Pero eso no le importaba pues era un proyecto de vanidad y sus otras empresas tenían el éxito suficiente para permitirse tal lujo. El Arnolt Bristol tuvo un éxito razonable de ventas y muchos de ellos

participaron en carreras. Wacky se llevó a tres de ellos a Sebring, donde acabaron en segundo, tercero y cuarto lugar.

Se dejaron de fabricar sólo porque Bristol dejó de suministrarle chasis, seguramente por la enorme diferencia de precio entre los coches de Arnolt y los suyos.

ARNOLT MG

A principios de los años 50 la firma carrocera Bertone fabricó dos modelos MG TD con un diseño especial. Ambos aparecieron en el puesto que la empresa tenía en el Salón del Automóvil de Turín el año 1952, y el industrial americano e importador de MG Stanley Wacky Arnolt los echó el ojo.

Wacky quedó impresionado y enseguida encargó 100 roadsters y 100 cabrios. Esta orden salvó a Bertone y Wacky ocupó un puesto directivo en la empresa de acuerdo con el contrato.

El Arnolt MG tenía un aspecto años luz más evolucionado que el modelo en el que se basaban, pero por desgracia la carrocería era demasiado pesada para sus motores TD. Los resultados no se correspondían con la imagen del automóvil, por lo que las ventas fueron decepcionantes.

Al final sólo pudo cumplirse la mitad del pedido, pero el enérgico Arnolt no abandonó y continuó fabricando otros modelos como el Arnolt Bristol y Arnolt Aston Martin.

Motor: 4 cilindros, 1.250 cc
Potencia: 41 kW (55 CV)
De 0 a 100 km/h: n/d
Velocidad máxima: 121 km/h
Producción total: 100

ASA 1000GT

Este podría ser un turismo de los años 60, pero el habitáculo del pasajero parece más grande que toda la carrocería, y es que el ASA es un mini-GT a escala reducida.

Al ASA 1900 GT se le conoce popularmente como la «Ferrarina» puesto que empezó siendo un proyecto mimado por Enzo Ferrari.

Enzo siempre quiso fabricar un deportivo pequeño, así que su motor y su caja de cambios se diseñaron en la factoría de Ferrari por Giotto Bizzarrini (después se iría a fabricar su propio competidor de Ferrari).

La carrocería se diseñaría en Bertone por el incipiente diseñador Giorgetto Giugiaro, que entonces trabajaba para Bertone. El prototipo fue exhibido en 1961 en el Salón del Automóvil de Turín, donde provocó mucha expectación, pero Enzo había perdido el interés y manifestó que su empresa no lo fabricaría.

El diseño fue vendido a la influyente familia De Nora, que fundó la marca ASA y lo fabricó con el nombre de 1000GT. Llegó incluso a crear una carrocería convertible de fibra de vidrio. Ambos coches fueron un juguete para la conducción, pero también muy caros.

Motor: 4 cilindros, 1.032 cc
Potencia: 63 kW (84 CV)
De 0 a 100 km/h: n/d
Velocidad máxima: 185 km/h
Producción total: 101

ASTER 20/55

Hoy día poca gente conoce el nombre de Aster, pero en su día fue reconocido como el de una empresa que fabricaba los coches más preciosos del mundo. Se estableció en Wembley, Londres, el año 1898 y empezó fabricando motores para alguna marca francesa. La Aster de Gran Bretaña tuvo diseños independientes en

1922, cuando la fábrica ocupaba 8 ha de terreno industrial del que hoy ocupa la North Circular de Londres.

El primero de sus coches, diseñado y fabricado, fue el 18/50, un sedán de lujo con una velocidad de crucero de 113 km/h. En 1924 fue superado por el 20/55, que se hacía a mano y

al que la propia marca describía como *transport for those that know most about motor cars and for the connoisseur* (transporte para los que más saben de automóviles y para entendidos.

El Aster 20/55 tenía sólo un motor de 6 cilindros y podía pedirse en carrocería sedán o descapotable. Entre sus famosos clientes estuvo

el Duque de York, que en 1924 compró uno para reemplazar su Armstrong-Siddeley Thirty.

Motor: 6 cilindros, 2.890 cc
Potencia: n/d
De 0 a 100 km/h: n/d
Velocidad máxima: n/d
Producción total: 52

ASTON MARTIN INTERNATIONAL

La marca Aston Martin fue fundada más de una década antes de la aparición del International y acababa de padecer una crisis financiera muy grave.

Aston Martin fue fundada por Lionel Martín y Robert Bamford justo antes de la Primera Guerra Mundial. El nombre de Aston se tomó del local que ocupaba en una colina llamada Aston Clinton cerca de Aylesbury, Inglaterra. La empresa

empezó pronto a fabricar deportivos con un motor de 1,5 y 2 l.

Lo que hacía especial al International no era su motor de 1,5 l, sino sus carrocerías diseñadas por Enrico Bertelli. Podía escogerse la de un deportivo de dos plazas, de cuatro plazas o un cupé.

El Aston International tenía un motor de 4 cilindros con árbol de levas en cabeza. Éste tenía un

cilindro bomba refrigerante en cabeza que aliviaba a un más anticuado sistema de refrigeración por termosifón para el bloque de los cilindros. Detrás del motor había una caja de cambios separada y un eje trasero que no tendría la versión posterior, la International Le Mans.

Motor: 4 cilindros, 1.495 cc
Potencia: 42 kW (56 CV)
De 0 a 100 km/h: n/d
Velocidad máxima: 129 km/h
Producción total: 81

Este Aston carece de elegancia en sus líneas, pero tiene esos signos que indican que el International es un coche para conductores. Su baja cota y el motor detrás de su eje delantero distribuían mejor el peso.

ASTON MARTIN LE MANS

1932–34

El modelo Le Mans tenía muy pocos detalles estilísticos que le diferenciaran del Aston Martin International. El Le Mans tuvo un aspecto más decidido, más resuelto, lo que llevó a tipificar el modelo de coche deportivo.

De todos los Aston Martín fabricados antes de la Segunda Guerra Mundial, el Le Mans es a buen seguro el más destacable. Sólo es comparable al modelo más de carreras, de nombre Short, que le siguió. Fue un coche que evolucionó del International, por medio del International Le Mans.

Mejoró en gran medida el rendimiento del International a pesar de utilizar la misma caja de cambios Moss, el mismo eje trasero del International Le Mans y el mismo motor de cuatro cilindros y árbol de levas en cabeza. Pero el Le Mans tenía un mejor aspecto que sus predecesores gracias a su radiador bajo y su resuelto tubo de escape exterior.

Este coche podía adquirirse en tres carrocerías de la misma serie, un deportivo biplaza, un deportivo de cuatro plazas y el mismo con la distancia entre ejes más larga. Dio pie a un nuevo modelo más sobrio, el 12/50 Standard, que tenía las mismas características que el Le Mans, pero su carrocería, pesada, era la de un sedán de cuatro puertas.

El modelo Short era muy parecido al Le Mans, pero tenía los tubos de escape saliendo por los lados del motor, lo que favorecía su aspecto deportivo, más incluso que el propio Le Mans.

Motor: 4 cilindros, 1.495 cc
Potencia: 56 kW (75 CV)
De 0 a 100 km/h: n/d
Velocidad máxima: 129 km/h
Producción total: 72

ASTON MARTIN ULSTER

1934–36

Aston Martin ha pasado a lo largo de su historia por varios periodos de grave crisis económica. A mediados de los años 30 uno de los fundadores de la empresa estuvo en grave desacuerdo con uno de los financieros más importante y con los hermanos Bertelli, que habían sido cruciales en el diseño de los mejores modelos de la marca. Ambos abandonaron la empresa.

En medio de toda esta acritud nació el modelo Ulster, el mejor Aston Martin antes de que se iniciase la serie DB después de la Segunda Guerra Mundial. Se trataba de un coche de carreras nacido en la factoría de las campañas dirigida a los coches de carreras y era portentosamente rápido.

Su motor era el usual de 1,5 l y 4 cilindros, pero con las válvulas más grandes, unas suspensiones más pesadas, un árbol de levas Laystall, una compresión alta y grandes carburadores SU. Era un coche que podría haber obtenido más potencia que cualquier otro modelo Aston de la época.

Con las suspensiones adecuadas y su potencia extra el Ulster podía alcanzar los 161 km/h, un hito muy impresionante en los años 30.

El Ulster es actualmente uno de los modelos más deseados entre los Aston Martin anteriores a la guerra.

Motor: 4 cilindros, 1.495 cc
Potencia: n/d
De 0 a 100 km/h: n/d
Velocidad máxima: 161 km/h
Producción total: 24

El Ulster fue un modelo derivado de las carreras en los años 30 al que no le faltaba ni su parabrisas plegable y plano, ni correas para atar el capó ni un tubo de escape que quitaba el hipo.

ASTON MARTIN DB2

La serie DB de los Aston empezó de hecho con un deportivo equipado con un motor de 2 l y que apareció justo después de que David Brown comprase la marca (de ahí las iniciales DB) y de que se fusionase con Lagonda para crear la nueva marca Aston Martin Lagonda. Ese deportivo de 2 l se llamó DB1 simplemente porque se trataba de un primer experimento para los muchos otros modelos que le siguieron. Se fabricaron 14 DB1 y eso que no fue el mejor de los coches que fabricó la compañía.

La pureza de su diseño hace al DB2 difícil de vencer. Sus parachoques son elegantes y sus pilares de la parte trasera del techo se funden con las curvas de las aletas traseras. El morro es todo de una pieza y combina las aletas con el capó.

Al DB1 le siguió en 1950 el DB2, una máquina muy especial a pesar de que tuvo ciertos problemas al principio. Su diseño redondeado pero elegante se debió a Frank Feeley, diseñador de Lagonda, y el chasis tan bien construido, y que era el mismo que el del DB1, a Claude Hill.

Hill también diseñó un motor para el nuevo modelo, pero lo abandonó cuando supo que no lo iban a utilizar. El DB2 se equipó con un motor no probado de 2,6 l, que no fue el suyo simplemente porque tenía un mejor aspecto, después de todo fue Jaguar la que impuso la norma de cómo debía ser el aspecto del motor. Los primeros motores tendieron a la autodestrucción, pero al menos consiguieron que el DB2 tuviese unas buenas prestaciones.

Lo que de verdad hizo que el DB2 fuese superior a sus rivales fue su gran calidad. A diferencia de sus contemporáneos italianos Aston fabricaba los paneles de la carrocería separados de los motores (máquinas rodantes) para que así pareciesen más robustos. El interior de un Aston tenía un diseño muy simple con asientos de piel, moqueta Wilton y salpicadero de madera, todo muy inglés.

Motor: 6 cilindros, 2.580 cc
Potencia: 78 kW (105 CV)
De 0 a 100 km/h: 11,2 s
Velocidad máxima: 187 km/h
Producción total: 411

ASTON MARTIN DB2/4

El DB2 fue un gran coche, pero necesitaba más refinamiento; por eso, tres años después de su aparición fue reemplazado por DB2/4. La mayoría de los DB2 cercanos a esa fecha se modificaron: el parabrisas fue de una pieza, se añadió un maletero más saliente y se montaron dos pequeños asientos para hacer una carrocería 2+2.

El nuevo maletero le daba un aspecto más redondeado, lo que se compensó añadiendo parachoques más apropiados para hacerlo parecer más largo. Además, como era previsible, aumentó su peso.

La serie DB2 tuvo como máximo exponente la versión «Vantage», por lo que la solución a este problema de peso fue adaptar sus accesorios al DB2/4. Con el tiempo el motor de 2,6 l Vantage aumentó su cilindrada a 2,9, lo que ayudó aún más.

Al igual que el DB2 el DB2/4 se ofrecía también con el morro bajo, pero la mayoría de los vendidos no lo fue. Se redujo el ruido y las vibraciones. Fue un modelo que se vendió bien: si del DB2 se fabricaron 409 unidades en tres años, del DB2/4 fueron 565 en dos años.

Aston tuvo que ir actualizando su diseño y en 1955 apareció el DB2/4 Mk II. Este modelo tenía el capó separado de las aletas, lo que le diferenciaba de los otros modelos, un techo más alto y algunos embellecedores externos innecesarios. Los entusiastas de la marca no tienen al Mk II como un gran coche, pero resultó bueno.

Motor: 6 cilindros, 2.900 cc
Potencia: 104 kW (140 CV)
De 0 a 100 km/h: 10,5 s
Velocidad máxima: 192 km/h
Producción total: 764

ASTON MARTIN DB MK III

1957–59

Por lógica el modelo que siguiese al DB2 hubiese sido el DB3, pero Aston ya había utilizado esta denominación en un coche de carreras que en su día se actualizó como DB3S, muy exitoso, y el legendario DBRI. Así que cuando se quisieron realizar mejoras en el DB2/4 Aston tuvo que usar el nombre de DB Mk III, un nuevo coche con extrañas siglas. Se eliminaron los embellecedores del DB Mk II y se sustituyeron las

luces traseras redondas de los modelos anteriores por otras verticales y se mejoró el diseño de la parrilla, cuya forma se correspondía con la estructura del panel de instrumentos.

Quizá su aspecto exterior provocó que fuese este modelo el primero de los escogidos por James Bond para sus películas. Pero las verdaderas innovaciones del DB Mark III fueron la instalación de frenos de disco en las ruedas

delanteras y la puesta al día del motor de los modelos anteriores.

La nueva versión del motor de 2,9 l fue más resistente y eficaz, con mejores prestaciones, entregaba más de 214 CV, y Aston reivindicaba así la máxima definición de la competitividad a la hora de modificar motores, lo cual es probablemente una exageración, pero lo cierto es que el DB Mark III fue una gran mejora del DB2/4.

Motor: 6 cilindros, 2.922cc
Potencia: 121 kW (162 CV)
De 0 a 100 km/h: 9,3 s
Velocidad máxima: 192 km/h
Producción total: 551

El DB Mark III está un escalón más arriba en el diseño que va del redondeado DB2 al más elegante DB4. Su parrilla y las luces traseras marcaron el camino, aunque las ventanas laterales posteriores son la característica principal del DB4.

ASTON MARTIN DB4

1958–63

El DB4 apareció en 1958. En él se había sustituido el viejo chasis de sección angulosa por una estructura maciza hecha con láminas de acero cuadradas de 15 cm soldadas en el umbral de cada lado. Una plancha de acero en forma de cuna soportaba el motor y la suspensión. Rodeando esta base estaba colocada la carrocería poco pesada de aluminio soportada por una red de tubos de acero (una construcción «superligera») diseñada por los carroceros italianos de Touring.

El motor fue diseñado por el ingeniero de Aston Martin Lagonda Tadek Marek, que dejó adrede mucho espacio para que el original de 3 l pudiese agrandarse sin problemas. Su motor tenía 6 cilindros y un doble árbol de levas en cabeza construido alrededor de

un bloque de cilindros de aleación. Marek quiso usar un bloque de cilindros de hierro fundido, pero la fundición escogida para fabricar el motor no tenía suficiente capacidad de producción, así que se optó por un diseño de aleación.

El DB4 fue un éxito total. Su conducción era mucho más

impresionante y más fiable que cualquier Aston anterior. Al igual que la serie anterior, el modelo evolucionó gradualmente desde el original de 1958; se fabricaron cinco series hasta 1962 y en ellas se alargó, se hizo más alto, más potente, en especial el Vantage. El DB4 dio pie al más corto y potente

DB4 GT y al fantástico DB4 GT Zagato, que son hoy por hoy los últimos clásicos de Aston.

Motor: 6 cilindros, 3.670 cc
Potencia: 179 kW (240 CV)
De 0 a 100 km/h: 8,5 s
Velocidad máxima: 227 km/h
Producción total: 1.213

A primera vista el DB4 podría parecer una mera modernización del diseño del DB Mk III, pero su construcción es muy diferente y el motor era totalmente nuevo.

Aston Martin DB5

¿Cómo se puede diferenciar el DB5 de su predecesor el DB4? Mire a través de sus ruedas traseras y delanteras y verá los frenos de disco en ambas, en vez de los de tambor. Mire también los faros frontales cubiertos e inclinados. La clásica parrilla Aston es la misma.

Se ofreció también una versión convertible en la línea de los anteriores modelos, otra de techo de lona («soft top») y de forma inusual un familiar. Todas estas carrocerías de alta calidad se fabricaban en los talleres de la empresa Randford que fabricó 12 «shooting brakes» para un pedido especial. Esta empresa tuvo que sustituir las secciones de la parte trasera de la carrocería normal Superleggera para fabricar un nuevo armazón que permitiese la construcción del familiar. Su aspecto fue sorprendentemente bueno.

Hoy día mucha gente idolatra el DB5, especialmente el de color plata, gracias a James Bond. Pero cuando salió al mercado apenas surtió efecto en el mundo del motor, y es que era de diseño muy parecido al DB4, de hecho se pensó en llamarlo DB4 serie 6.

Sea como fuere, el DB5 no tardó en reconocerse como un modelo aparte que reemplazó a los dos modelos DB4 y DB4 GT del que utilizó muchos de sus componentes, como los frenos de disco Girling tanto delante como detrás, un motor de 4 l, tres carburadores SU y faros delanteros insertados en la carrocería.

De hecho el nuevo modelo había aumentado el peso y tenía menos pedidos, se había insonorizado el habitáculo y hecho más confortable, pero había perdido deportividad. Al menos la opción Vantage, equipada con tres carburadores Weber aumentó sus prestaciones, y además la caja de cambios ZF de cinco velocidades le dio una velocidad de crucero superior, algo para lo que el DB5 era perfecto.

Motor: 6 cilindros, 3.995 cc
Potencia: 210 kW (282 CV)
De 0 a 100 km/h: 8,1 s
Velocidad máxima: 227 km/h
Producción total: 1.063

Aston Martin DB6

Motor: 6 cilindros, 3.995 cc
Potencia: 242 kW (325 CV)
De 0 a 100 km/h: 6,5 s
Velocidad máxima: 239 km/h
Producción total: 1.755

Los entusiastas de Aston Martin coinciden en afirmar que de todos los equipados con un motor de 6 cilindros, el DB6 es el mejor. A diferencia del DB5 éste no era una actualización de un diseño preexistente, era mucho más que eso a pesar de que su forma perteneciese claramente a la familia DB.

Su carrocería se construyó en aleación de aluminio, como sus predecesores, pero la estructura «superligera», para cuya fabricación se necesitaba mucha mano de obra, se sustituyó por una de metal plegado más resistente. Su fabricación era más simple y el producto era más resistente y no más pesado, ya que aunque se usase más aluminio éste debe compensarse con tubos de acero. Se puede pensar que el pequeño

alerón trasero le da un aspecto algo tosco, pero el DB6 era notablemente más estable a altas velocidades que el DB5 gracias en parte a la revisión que se efectuó de la suspensión trasera de muelles helicoidales y del tarado de los amortiguadores, pero también a las ventajas aerodinámicas de este alerón.

El DB6 apareció en 1965 con su correspondiente versión Vantage. En 1968 se ofreció la Mk II con unos pasos de rueda algo más grandes y con la opción de un motor de inyección. La carrocería convertible se llamó Volante, los primeros de ellos se construyeron sobre el chasis del DB5 y hoy día se conocen como

los «short-chasis» Volante para distinguirlos de la versión del DB6.

Al principio fue difícil separar al DB6 del DB4 y DB5, pero al mirar las ventanas traseras laterales que dan fortaleza a los pilares traseros del techo y a la distintiva parte trasera se ve que es más aerodinámico.

ASTON MARTIN DBS

En 1967 Aston Martin presentó a un público sorprendido una gran máquina. El DBS era rápido, poderoso y, sobre todo, muy grande (medía 1,8 m de ancho). Sus dobles faros delanteros y su morro ancho y achaparrado le daba un aspecto de coche musculoso americano. Su diseño, de William

Towns, era deliberadamente agresivo y si algunos lo admiraban otros lo adoraban.

Este modelo es la forma más barata de adquirir un Aston Martín. No fue un mal coche pero sí malentendido. Aún usaba el viejo chasis de los antiguos modelos, pero el eje trasero era un De Dion

más sofisticado que mejoró de forma notable su conducción. Sea como fuere, su gran peso aseguraba que este Aston nunca podría tomar las curvas rápidamente.

En un principio el DBS estaba equipado con un viejo motor de 4 l y 6 cilindros, pero la marca desde siempre quiso equiparlo

Visto de lado el DBS parece una evolución de la clásica forma DB, pero en realidad su anchura es digna de verse. El diseño complicado de sus llantas de aleación es típico del momento; sus parachoques delgados recuerdan a los de una época pasada en la que se usaban toscas estructuras resistentes a los golpes.

con un nuevo V8 de 5,3 l y cuatro árboles de levas diseñado por Tadek Marek en la propia Aston. Este motor no estuvo listo hasta 1970, cuando apareció el DBS V8.

Sus problemas con la inyección de gasolina Bosch le dieron una mala reputación de la que nunca pudo recuperarse, y tampoco le ayudó su muy alto consumo.

Motor: V8, 5.340 cc
Potencia: 279 kW (375 CV)
De 0 a 100 km/h: 6 s
Velocidad máxima: 256 km/h
Producción total: 962

ASTON MARTIN AMV8

Motor: V8, 5.340 cc
Potencia: 253 kW (340 CV)
De 0 a 100 km/h: 6 s
Velocidad máxima: 261 km/h
Producción total: 1.600

El AMV8 salió al mercado durante la crisis económica de los 70 y era una evolución básica del DBS. No se varió el alto consumo pero sí el precio, que subió de 7.000 £ a las 9.000. El AMV8 se diferenciaba muy poco del DBS V8 y a menudo se le conoce como el Serie 2 V8. Sus únicos faros delanteros sustituyeron a los dos de DBS y su carrocería era ligeramente más larga; la parte trasera era más grande y la parrilla más pequeña. Al principio estaba provisto del motor de inyección V8 del DBS, pero aún causaba problemas y la marca optó por sustituirla por cuatro carburadores Weber y aumentó el tamaño del capó para más claridad. A esta versión se la conoce como Serie 3.

En 1978 apareció una nueva versión conocida como Serie 4 o el Óscar que tenía un pequeño alerón posterior y la toma de aire del capó

había sido sustituido por un simple abombamiento. Se volvió a instalar un motor de inyección ahora mucho mejor gracias a un nuevo sistema Weber/Marelli. El abombamiento del capó desapareció y se le pusieron las llantas de aleación del DBS para

diferenciarlo del DB5. Estos cambios duraron hasta 1989.

Desde sus inicios siempre se ofreció la versión convertible V8 Volante y otra de cuatro puertas llamada Lagonda que no debe confundirse con el modelo siguiente, el de William Towns.

Las llantas de aleación del diseño DBS y su pequeño alerón trasero demuestran que este es un coche de la Serie 3 AMV-8 equipado con cuatro rumorosos carburadores Weber.

ASTON MARTIN LAGONDA

1977–90

Todavía es una conmoción entre los demás Aston; el Lagonda de William Towns fue un gran éxito en los países árabes. Muchos fueron abandonados en el desierto cuando se averiaban.

Este modelo diseñado por William Towns es legendario por razones equivocadas. Se fabricó a mediados de los 70 con la idea de que ya se había superado la crisis económica. Aston Martin parecía haber recuperado la confianza y el Lagonda era ejemplo de ello.

La idea era fabricar un vehículo que llamase la atención y no pudiese ser ignorado; lideraría en el campo del diseño y de la tecnología y a la marca no le importaba su coste. Mirando atrás esta idea era todo un riesgo para una marca en constante peligro de bancarrota.

William Towns, que diseñó el DBS, estaba fascinado con los coches en forma de cuña y dispuesto a mostrar sus nuevas ideas, Aston Martin se mostró a su vez dispuesta a permitírselo. El chasis del AMV8 se estiró 30 cm

y ese mismo año el prototipo del Lagonda se exhibió en el London Motor Show de 1976.

Era largo, anguloso y extravagante. Resultaba complicado utilizar un salpicadero lleno de interruptores y sensores, el primero de su tipo. Tenía todo tipo de artilugios incluyendo el cierre automático.

Pero las ambiciones de Aston fueron más allá de su economía y tuvo que aplazarse su presentación por no poder cumplirse todos los pedidos o, lo que es peor, el Lagonda fue en un principio poco fiable ya que algunos interruptores del salpicadero no funcionaban o sólo de cuando en cuando, y el cierre automático a veces también

dejaba fuera con la puerta cerrada a su rico propietario.

Motor: V8, 5.340cc
Potencia: 209 kW (280 CV)
De 0 a 100 km/h: 8,8 s
Velocidad máxima: 231 km/h
Producción total: 645

ASTON MARTIN V8 ZAGATO

1986–89

Este es el diseño de rigor en los coches de los años 80: cristales tintados, llantas de aleación con aspecto de discos y un estilo impactante. El V8 Zagato tiene por eso casi asegurado un puesto en el estatus de los coches clásicos.

Aston Martin es una marca conocida por sus automóviles extravagantes. Sin duda el más fantástico de ellos fue el DB4GT Zagato de los años 60. Parecía perfectamente lógico volver a contratar los servicios de esta empresa carrocera en los años 80.

Aston Martin buscaba un coche que pudiera rememorar el mundo de las raíces de la marca saliéndose del lujo y volviendo a los motores

sencillos en los años 80. Se pretendía fabricar un biplaza sobre un chasis corto y ligero cubierto con una carrocería exótica. La marca había observado la reacción del mercado ante la aparición de coches tan exclusivos como el Porsche 959 y el Ferrari 288GTO. Había inversores que los compraban y los mantenían luego en su garaje sin usarlos. Aston Martin quería pertenecer a este grupo exclusivo.

Se acortó el chasis de un V8 en 40,6 cm y se envió a Milán para que Zagato lo carrozase. Lo tuvo a tiempo para ser presentado en el Salón del Automóvil de Frankfurt de 1985. La respuesta fue tan grande que en seguida se desbarataron los planes iniciales de construir sólo 50 unidades.

El motor V-8 se había actualizado hasta el punto de entregar una potencia de 423 CV; la inyección tuvo que ser de nuevo olvidada a favor de los

carburadores Weber y un no querido pero necesario montículo en el capó de su motor para alojarlos. Sea como fuere, se consiguieron las prestaciones deseadas: la máquina de Zagato era realmente rápida.

Motor: V8, 5.340 cc
Potencia: 315 kW (423 CV)
De 0 a 100 km/h: 5 s
Velocidad máxima: 241 km/h
Producción total: 83

ASTON MARTIN VIRAGE

1988–PRESENTE

No fue el más elegante de los Aston Martin, pero si se tratase de presencia pocos podrían vencer al Virage. Sus altos laterales indican su gran peso; su motor V8 tuvo que ser ampliamente retocado por una empresa norteamericana para poder soportarlo.

Hace casi dos décadas que Aston Martin batallaba por los motores V8 y fabrica modelos evolutivos del diseño de su DBS. El coche parecía sencillo y pasado de moda, por lo que la marca estaba en peligro de no ser tomada en serio.

El remedio a esta situación fue el Virage de 1988. Si el motor V8 se mostró potente, en este caso es más agresivo. Su carrocería de nuevo en aleación de aluminio y hecha a mano fue diseñada por John Hefferman y Ken Greenley, profesores del Royal College of Art de Londres.

El chasis era prácticamente el mismo que el V8 pero con un nuevo sistema de guiado del eje trasero que de hecho le da al coche

una conducción imprecisa. El motor está basado en el viejo V8 actualizado por la empresa americana Reeves Callaway Engineering, que ha puesto cuatro válvulas por cilindro y un catalizador. Su capacidad es la misma, 5,3 l, pero la potencia ha aumentado a 310 CV a pesar de un control más exhaustivo de la emisión de gases. Sea como fuere

el Virage es tan pesado que de hecho necesita aún más potencia de la que tiene, incluso con estos arreglos.

El Vantage se fabricó para suplir este problema dándole más potencia y un mejor sistema de guiado del eje trasero. La versión Volante convertible se sumó a la serie cuyos miembros se convirtieron en los últimos

modelos Aston en usar los viejos chasis. Antes de 1994 apareció el Aston Martin DB7, pero por entonces la marca ya había sido comprada por Ford.

Motor: V8, 5.340 cc
Potencia: 246 kW (330 CV)
De 0 a 100 km/h: 6,8 s
Velocidad máxima: 253 km/h
Producción total: n/d

AUBURN 851 SPEEDSTER

1935–37

Motor: 8 cilindros, 4.596 cc
Potencia: 97 kW (130 CV)
De 0 a 100 km/h: n/d
Velocidad máxima: 170 km/h
Producción total: 500

La Eckhardt Carriage Company se dedicaba al principio a fabricar motores para coches, pero empezó más tarde a producir sus propios automóviles en Auburn, Indiana, el año 1903. De su localidad salió la flamante empresa Auburn dedicada a la fabricación de coches de lujo para ricos. Sus automóviles eran

grandes y elegantes y estaban dotados de motores de 8 y 12 cilindros. Auburn sobrevivió a la depresión gracias al cuidado de su líder Erret Cord, fundador de los coches Cord, que se unió a la empresa en 1924. Las deudas subían sin control y a mediados de los años 30 Auburn presentaba problemas económicos.

El 851 Speedster fue su gran esperanza. Se quería un coche exclusivo para ricos y famosos y

logró ser el coche más caro de los Estados Unidos en aquel momento ya que su bonita cola de barco y su suntuoso habitáculo le hacían ser una máquina realmente extraordinaria.

Fue uno de los coches más famosos de Norteamérica. En sus días de esplendor fue muy apreciado tanto por las estrellas de Hollywood como por los gánsteres.

Su potencia le venía dada por un motor de 4,6 l sobrealimentado con válvulas laterales y 8 cilindros en línea; todas sus unidades probaron que su velocidad era al menos de 161 km/h antes de salir de fábrica. Pero Auburn ni aun así pudo cubrir sus deudas y fue a la bancarrota en 1937. Su rareza hace que sea uno de los coches más codiciados y ha inspirado un montón de réplicas.

AUDI 10/22

Los actuales Audi tienen como emblema cuatro aros unidos entre sí como símbolo de la fusión que en 1932 hicieron cuatro grandes empresas automovilísticas de Alemania. A esta fusión se la llamó Auto Union. Audi se estableció como marca propia en 1911 cuando

August Horscht abandonó su propia empresa, a la que dio su nombre y formó Audi.

El primer coche que ostentó los cuatro aros fue el 10/22. que nació en 1910. Fue un sedán de relativa alta calidad que adoptó numerosos detalles de Horsch, como el motor de 4 cilindros divididos en pares,

con una válvula en cabeza en la entrada que se accionaba con dos pequeños brazos oscilantes y una válvula de escape lateral accionada por un árbol de levas movido por engranajes.

En 1914 el 10/22 obtuvo una nueva parrilla, que vino a simbolizar Audi. Irónicamente,

una de las empresas que formó parte de Audi fue Horsch, las otras fueron DkW y Wanderer.

Motor: 4 cilindros, 2.612 cc
Potencia: 16 kW (22 CV)
De 0 a 100 km/h: n/d
Velocidad máxima: 75 km/h
Producción total: n/d

AUDI 60

El nombre de Audi se disolvió en 1932 con la fusión de las compañías Audi, Horsch, DkW y Wanderer, que crearon la firma Auto Unión. Pero en 1965 apareció un nuevo Audi basado en el DkW F-102 pero con un motor de cuatro tiempos en vez de dos como era usual en la DkW.

El nuevo Audi llevó el nombre de D-B Heron ya que en sus motores y las cámaras de combustión eran del tipo Heron. Fue el principio del fin del motor de dos tiempos que utilizaba DkW

y el inicio de una larga serie de automóviles Audi con tracción las ruedas delanteras. El D-B Heron fue puesto al día para convertirse en el 75 con un motor más pequeño pero más efectivo que el 60. Manteniendo la capacidad del motor por debajo de 1,5 l el 60 era un coche barato en la Europa continental, lo que aseguró el éxito del modelo, que incluso fue de conducción alegre.

El 60 y el 75 se ofrecían en carrocería sedán de dos o cuatro puertas o un familiar de tres.

Equipó a todas ellas con suspensiones independientes de barras de torsión tanto en las ruedas delanteras como en las traseras, algo inusual para la época y el tamaño de los coches, pero gracias a ello su conducción era muy alegre. Al ser las ruedas delanteras las motrices y las que soportaban el mayor peso, tendían mucho al subviraje.

A pesar de que no eran brillantes, el 60 y el 75 cimentaron la marca y favorecieron, con la compra masiva de coches, la búsqueda de diseños sólidos y prácticos.

Motor: 4 cilindros, 1.496 cc
Potencia: 41 kW (55 CV)
De 0 a 100 km/h: 18 s
Velocidad máxima: 138 km/h
Producción total: 416.852

Vistos desde ciertos ángulos eran muy parecidos a los Vauxhall FB Victors, sólo que su diseño era más europeo. Tenían cierto parecido con la Neue Klasse de BMW en aquellos años. Pero los Audi eran totalmente diferentes, gracias a sus suspensiones con barra de torsión y a la motricidad de sus ruedas delanteras.

AUDI 80

La forma en que la carrocería interior se estrecha hacia la parte interna y las cenefas delantera y trasera se elevan de forma muy marcada hacia los parachoques, fueron características típicas de Audi y VW durante 1970. El VW Passat y el Polo lo demostraron claramente, también manteniendo durante la década de los 80 una zona acristalada muy grande, lo que hacía que estos modelos fueran de fácil conducción.

y seguridad incluso en el caso de que explotase un neumático. El último VW Passat se diseñó a partir del 80; ambos modelos fueron cruciales para el futuro de ambas marcas. Sólo para resaltar la bondad de su sencillo diseño decir que en 1973 el 80 ganó el premio al mejor coche del año en dura lid con el excelente Renault 5 y el Alfa Romeo Alfetta.

Actualmente se sabe que Audi forma parte del grupo Audi-Volkswagen y que ambas marcas comparten las mismas plataformas para sus vehículos. La propiedad de Volkswagen empezó a finales de los 60 y uno de los primeros modelos de Audi en compartir su diseño con Volkswagen fue el Audi 80.

Este modelo se parecía al 100, que era más grande, pero su motor era de un nuevo diseño de Audi y tenía un árbol de levas en cabeza; las suspensiones también eran diferentes, del tipo MacPherson; la geometría de los amortiguadores delanteros se escogió deliberadamente para procurar una mayor estabilidad

Motor: 4 cilindros, 1.296 cc
Potencia: 41 kW (55 CV)
De 0 a 100 km/h: 16,9 s
Velocidad máxima: 15 km/h
Producción total: 939.931

AUDI QUATTRO

Como coche de carretera el Audi Quattro era soberbio y en los rallies extraordinario; revolucionó el uso en el deporte de la tracción en las cuatro ruedas.

En los años 70 los sedán de Audi tuvieron mucha reputación, pero la marca no tenía modelos apasionantes capaces de hacer soñar. La solución fue que Audi participara en los rallies. Usó elementos básicos de todas sus series para crear un modelo con tracción a las cuatro ruedas (Quattro) para competir en el mundial de la especialidad. Su motor de 2,1 l y 5 cilindros derivó del sedán modelo 200 equipado con

un turbocompresor y un sistema de inyección Bosch que entregaba 149 CV.

La tracción a las cuatro ruedas ya había sido desarrollada por Audi, pero no para un coche de rallies, sino para un vehículo militar de Volkswagen que se llamaba Iltis. Se la adaptó para usar en carreteras incorporando un pequeño diferencial entre la caja de cambios y el árbol motor (en el eje posterior) para evitar que la transmisión se tensase

(cuando las ruedas delanteras intentasen girar a diferente velocidad que las traseras, normalmente en las curvas). La plataforma y los engranajes de carreras se basaban en los del Audi 80 con una nueva carrocería cupé y el eje trasero se reemplazó por otro de diseño más sofisticado de suspensión independiente.

El coche resultante tenía una gran velocidad gracias a su brillante combinación de

prestaciones y tracción. Con él en los rallies se acabó en una década el dominio de los Ford Escort y tracción trasera. Hoy día casi todos los coches de rally disponen de tracción a las cuatro ruedas.

Motor: 5 cilindros, 2.144 cc
Potencia: 149 kW (200 CV)
De 0-100 km/h: 6,5 s
Velocidad máxima: 222 km/h
Producción total: 11.560

AUSTIN SEVEN

El Seven transformó el mundo del motor en Gran Bretaña e influyó en el resto del globo. Su tamaño causó deseo y admiración y actualmente, ocho décadas después de que se iniciara su producción, aún es foco de atracción para ciertos fanáticos.

El secreto del éxito del Seven fue su precio. Al principio estuvo reservado para los más ricos, pero las clases medias empezaron a interesarse en él con la llegada de la Primera Guerra Mundial.

Herbert Austin, el fundador de la empresa Austin Motor Company, se dio cuenta del vacío que había en el mercado de coches pequeños y de mecánica sencilla que fueran capaces de transportar a una familia sin ser muy caros. Después de todo no hacía mucho se vendieron más de un millón de Ford T en Estados Unidos, un modelo grande, y Herbert Austin se animó a fabricar coches aún más baratos.

Austin había rechazado su propuesta y empezó a trabajar en su casa con un joven delineante, Stanley Edge, y ambos fabricaron el vehículo. Tenía poco más que un chasis rudimentario, un par de estribos que recorrían toda su longitud y una suspensión de lo más simple. Al principio su motor

Por medio de un diseño sencillo (y mínimo almohadillado en los asientos), la mayoría de los Seven tenían espacio para que viajara una familia de cuatro. Los mandos son muy sencillos para cualquiera que no esté acostumbrado a los Seven, con sólo un par de pulgadas de movimiento en el pedal del embrague y el volante. Los frenos tienden a ser insignificantes.

tenía 4 cilindros y válvulas laterales, y llegaba muy justo a los 696 cc, aunque luego se aumentó su potencia hasta los 747. Su carrocería era una combinación de paneles de acero y aluminio sobre un armazón de madera de fresno. Era un coche muy ligero y básico.

La respuesta del público ante el lanzamiento el año 1922 de un coche que se anunciaba como popular fue aplastante. La combinación de motocicleta y sidecar bien equipada costaba 225 libras, lo mismo que el Seven, y cuanto más se vendieran el precio se reducía, así que en 1936 costaba sólo 145 £.

En 1929 ya se habían vendido 100.000 mil unidades, el 37 por 100 del parque automovilístico inglés, y había hecho desaparecer del mercado al sidecar y al «ciclocar». Se ofrecieron varias carrocerías como la sedán, turismos descapotables o incluso deportivos, algunos de ellos sobrealimentados. Se fabricaron Seven para el ejército, que los utilizaba como coches oficiales, o para vendedores que los usaban de furgoneta de reparto, y en este aspecto los había con la trasera adaptada para transportar leche,

En las carreras consiguió récords de velocidad que irritaron a los conductores de coches más grandes y potentes. En Broocklands fue el primero en conseguir los 161 km/h con sus 750 cc. Llegó incluso a correr las 24 Horas de Le Mans con algún éxito. Los usuarios también empezaron a competir por su cuenta y organizaban pruebas que consistían en intentar hacer pasar un coche por pendientes embarradas y resbaladizas, rallies, subidas a montañas y en circuitos, todas ellas apropiadas para este pequeño Austin. Es remarcable que aún hoy día coches como éste participen en pruebas similares.

El Seven pronto se fabricó en otros lugares del mundo, como en Francia, donde Rosengart compró los derechos de producción; en

Esta versión Opal del Seven es un modelo de los más nuevos, según se ve por su radiador encapuchado. Los primeros Seven eran aún más básicos, apenas tenían líneas curvas y el diseño del radiador era más simple y bordeado en color plata.

Alemania se llamó Dixi y se convirtió en la base de un BMW muy básico BMW; en Estados Unidos fue comprado por una nueva compañía, la American Austin Company. Una versión del Seven fabricada en los Estados Unidos influyó en el Jeep original.

En 1939, y a pesar de los numerosos cambios de diseño, el Austin Seven Rubi, con una carrocería más grande y sofisticada, aún tenía un aspecto anticuado frente a sus rivales. Fue sustituido por el Big Seven, más grande, más potente y más caro, que nunca se vendió tanto como el Seven original. Austin tuvo que esperar décadas hasta la fabricación de otro de sus revolucionarios vehículos, el Mini, que apareció en 1959.

Motor: 4 cilindros, 747 cc
Potencia: 7,5 kW (10 CV)
De 0 a 100 km/h: n/d
Velocidad máxima: 84 km/h
Producción total: 290.000

AUSTIN SHEERLINE

Hubo un tiempo en que Austin era una marca de prestigio que podía permitirse fabricar coches de alta gama. El primero de ellos fue el A110 Sheerline. Nadie puede negar su aspecto impresionante, gracias sobre todo a su tamaño. Su chasis era de sección cuadrada atravesado por grandes secciones cruzadas. La carrocería, diseñada por Dick Burzi, tenía ciertos rasgos del estilo «razor-edge» que usaba Bentley y con menos éxito Triumph.

El motor de este gran coche era un resucitado de 6 cilindros con válvulas en cabeza que previamente había servido en camiones. Al principio cubicaba 3,5 l y entregaba 110 CV. Al año siguiente se le potenció el motor a los 4 l y 125 CV, y se le cambió el nombre, ahora era el A125. Con el tiempo Austin sacaría al mercado un versión elevada, el Princess, que tenía una carrocería más ancha y de aluminio firmada

por Vanden Plas, empresa que acababa de ser comprada por Austin. Al Princess se le llamó primero A120 y luego A135, dependiendo de las prestaciones de su motor.

Motor: 6 cilindros, 3.993 cc
Potencia: 93 kW (125 CV)
De 0 a 100 km/h: 19,4 s.
Velocidad máxima: 134 km/h
Producción total: 8.700

El Sheerline y su hermano elegante el Princess eran realmente parecidos a varios Bentley de la época; por eso era el escogido por los dignatarios temporales, como alcaldes que aspiraban a un coche de mayor categoría.

AUSTIN A70 HAMPSHIRE AND HEREFORD

Los primeros modelos de los curvilíneos Counti de Austin fueron el A40 Dorset y Devon, pero luego, sólo un año más tarde, apareció el A70 Hampshire. Tenía un mejor diseño y un motor de 6 cilindros, no de 4 como el A40, que será el de la famosa serie B de la MGB.

Equipado con banquetas tanto delante como atrás, tenía espacio suficiente para seis pasajeros adultos. Pero el A-70 sólo era 10 cm más largo que el macizo A-40.
El Hereford, más curvilíneo y largo, intentó solucionar el problema sustituyendo al Hampshire dos años después.

Ninguno de los dos se maniobraba bien, pero al menos el Hereford tenía los frenos totalmente hidráulicos a diferencia del Hampshire que los tenía mitad hidráulicos mitad mecánicos. Los dos modelos se vendieron como familiares para el campo, con paneles de madera en los laterales,

y como «pick-up»; sólo el Hereford se vendió como convertible.

Motor: 6 cilindros, 2.191cc
Potencia: 50 kW (67 CV)
De 0 a 100 km/h: 21,5 s
Velocidad máxima: 132 km/h
Producción total: 85.882

AUSTIN A90 ATLANTIC

1948–52

A pesar de estar basado en la quintaesencia de los modelos Counti británicos, el Atlantic fue adaptado para el mercado americano con un diseño característico y mucho cromo. A los americanos apenas les impresionó, pero actualmente en Gran Bretaña tienen un precio muy elevado.

El «glamour» de los Estados Unidos tuvo gran atractivo para los diseñadores carroceros de la austera Gran Bretaña de posguerra y el A90 Atlantic fue el coche que lo demostró. Su meta era dinamitar el mercado de la exportación, en concreto el de Estados Unidos tal como sugiere su nombre.

El diseñador de Austin Dirk Burzi trabajó duro, quizá demasiado para emular el diseño de los ostentosos modelos americanos. Por eso tenía tres faros frontales, el tercero de ellos en medio de la parrilla, un exceso de cromo, hasta tres franjas arriba y sobre el capó, una raya que iba desde la aleta frontal hasta la parte trasera del coche, puntos en las ruedas posteriores e incluso los indicadores de nivel dorados.

En un principio sólo se ofrecía como un convertible con una capota dura y alzacristales eléctricos (el primero que los incorporaba en un coche de serie británico) como accesorios. La versión sedán apareció un año más tarde.

Lo cierto es que debajo de tanta ostentación no había más que una mejora del humilde A70, a pesar de que su motor de 4 cilindros aumentó su potencia a los 2.660 cc y fue el que se usó en el Austin Healey 100. Quizá no deba sorprender que el Atlantic fracasara, pues sólo se vendieron 350 unidades en los Estados Unidos.

Motor: 4 cilindros, 2.660 cc
Potencia: 66 kW (88 CV)
De 0 a 100 km/h: 16,6 s
Velocidad máxima: 147 km/h
Producción total: 7.981

AUSTIN A40 SPORTS

1950–53

Austin tenía, acabada la guerra, una gama de coches razonable, pero su idea de fabricar coches glamurosos tuvo un mal resultado. El Atlantic fue uno de esos intentos fallidos como lo fue del A70 Hereford; ninguno de ellos fue bastante atractivo para captar la atención del público, eran demasiado torpes y dejaban muy claro su origen en otros sedán previos.

Por eso Austin se acercó a la empresa automovilística de Jensen, que usaba los motores de Austin para fabricar sus deportivos. Jensen fabricó una preciosa carrocería deportiva de aluminio con cierto parecido a su primer Jensen Interceptor, pero más pequeño. Tenía una capota plegable y cuatro asientos, no era un diseño totalmente deportivo pero sí realmente una máquina atractiva.

Usaba el chasis no modificado de un A40 Devon y con un motor

Demasiado alto para parecer un deportivo. Tenía todas sus líneas muy claras y rectas. Su capota se plegaba limpiamente a diferencia de los demás modelos contemporáneos. Actualmente sólo sobreviven unos pocos debido a la corrosión electrolítica entre la carrocería de aluminio y el armazón de acero.

cuyo único cambio fue el uso de dos carburadores en su motor de 4 cilindros. No se modificó nada más en él para tener más potencia y ser más maniobrable, así que el A40 Sports fue de nuevo otro fracaso difícil para Austin. La mayoría de los A40 Sports se vendieron en los Estados Unidos.

Motor: 4 cilindros, 1.200 cc
Potencia: 34 kW (46 CV)
De 0 a 100 km/h: 25,6 s
Velocidad máxima: 127 km/h
Producción total: 4.011

AUSTIN A30 Y A35

1951–68

El modelo A30 significó en 1951 la reaparición del pequeño coche de Austin, casi 30 años después de la aparición del exitoso Seven. De hecho Austin quiso llamar a su nuevo coche Seven.

La carrocería redondeada del A30 y su gran parrilla denotaban la influencia americana expresada en un coche de tamaño reducido. Era un automóvil extremadamente estrecho y alto en el que podían sentarse cuatro adultos de manera no muy confortable. Su pequeño motor era la reencarnación del de la serie A que luego equiparía al Mini entre otros.

En 1956 el A30 se puso al día y se convirtió en el A35. Su motor se había potenciado hasta los 948 cc, el color de la parrilla ya no era cromo sino del de la carrocería y las ventanas traseras eran más grandes. También cambió sus engranajes para cambiar las marchas que ahora usaba un acoplamiento remoto y no una larga palanca desde la caja de cambios como el A30.

Los A30 y A35 no tenían el aspecto de grande y moderno que tenía el Morris Minor, pero se vendían bien y tenían sus entusiastas. Se fabricaron furgonetas, sedán, familiares e incluso «pick-up»; las furgonetas se fabricaron hasta 1968.

Motor: 4 cilindros, 948 cc
Potencia: 25 kW (34 CV)
De 0 a 100 km/h: n/d
Velocidad máxima: 102 km/h
Producción total: 527.000

Las funestas proporciones del A30 (en la fotografía) y del A35 hicieron muy poco para disimular su carácter y elegancia. A pesar de sus apariencias ambos modelos tenían un interior muy espacioso.

AUSTIN A40 SOMERSET

1952–54

En la década de los 50 se desarrolló mucho el diseño de los automóviles, liderados por el Morris Minor, más tarde el Mini y el Ford Anglia. A pesar de este atractivo panorama, Austin y otras marcas sólo podían ofrecer pobres actualizaciones de modelos obsoletos.

El A40 Somerset es el típico caso de esta situación a pesar de que ahora parezca un coche lleno de carácter y agradable. En aquellos años Austin sólo tomó el tren delantero del A40 Dorset y del Devon, ya anticuados, y les acopló una carrocería al estilo del A70 Hereford y del A30. Los motores de la serie B eran todavía los de 1.200 cc, y a pesar de sus suspensiones delanteras independientes, el chasis no podía darle una buena maniobrabilidad.

Sea como fuere, la gran línea en bajada que iba de su aleta delantera y la parrilla característica le ayudaron a encontrar un sitio en el corazón del público británico y sus ventas fueron razonables.

La carrocería más interesante del Somerset fue la del convertible ya que la fabricó Carbodies de Coventry, por lo que era parecida a la del A70 Hereford convertible.

No hay confusión posible: las curvas de este modelo son las de los Austin Counti. El A40 Somerset es el que tiene más carácter de todos y es el que mejor se conduce.

Motor: 4 cilindros, 1.200 cc
Potencia: 30 kW (40 CV)
De 0 a 100 km/h: 31,6 s
Velocidad máxima: 111 km/h
Producción total: 173.306

AUSTIN CHAMP

1952–55

La gran utilidad del Willis Jeep durante la Segunda Guerra Mundial fue vista por los ingenieros y diseñadores de Austin para concebir un coche similar al Jeep. El resultado fue el Champ que apareció en 1952, cuatro años antes de que Land Rover también tuviese su inspiración. Al igual que el Land Rover, el Champ también estaba dotado de tracción a las cuatro ruedas en cualquiera de sus

versiones, la militar y la civil. Curiosamente la militar tenía una versión especial del motor Rolls-Royce FB de 4 cilindros y 2,9 l. Pero el motor Rolls-Royce era muy sofisticado para la vida militar. Por eso y en parte por otros problemas el Champ no fue del agrado de los militares y se mostró poco fiable.

La versión civil tenía el motor actualizado del A90 Atlantic de 4 cilindros, pero Land Rover ya

El Champ podría haber sido un campeón entre los útiles coches con tracción a las cuatro ruedas. Por desgracia Austin se dio cuenta demasiado tarde.

había irrumpido en el mercado. Se construyeron casi 13.000 Champs de los que sólo 1.200 eran civiles y aun muchos se exportaron.

Posiblemente, si Austin hubiese movido ficha más rápidamente

después de la guerra y no hubiese instalado un motor Rolls-Royce, hubiese sido una operación tan exitosa como la de Land Rover, pero volvió a fracasar.

Motor: 4 cilindros, 1.971 cc
Potencia: 78 kW (105 CV)
De 0 a 100 km/h: 11,4 s
Velocidad máxima: 168 km/h
Producción total: 13.000

AUSTIN A40/A50/A55 CAMBRIDGE

1954–71

Si se compara al Cambridge con su predecesor, el A40 Somerset, se verá cuánto avanzó Austin en sus diseños.

Si hubo algo que demostró realmente que los fabricantes de coches estaban tecnológicamente anticuados en la década de los 50, era el uso del chasis separado de la carrocería. Los sedán medios de Austin, los Counties, tenían este tipo de chasis. Fue un gran paso adelante para Austin reemplazar sus Counties por los Cambridge y los Westminster de diseño parecido. Ya no usaban el chasis separado de la carrocería, sino una construcción unitaria que llevó a la marca al mundo moderno.

El A40 Cambridge continuó usando el motor 1200 Somerset, pero el A50 usaba la nueva versión de los motores de la serie B a los que se les aumentó la cilindrada hasta los 1.489 cc. Ambos modelos tenían la suspensión delantera

independiente, frenos hidráulicos y una caja de cambios de cuatro velocidades típica de la época. La versión Deluxe tenía más cromados y un interior de piel, también típico para la época.

Tanto el A40 como el A50 se reemplazaron en 1957 por el A55, un modelo básicamente igual al anterior pero con el cambio de marchas en el suelo (en la mayorías de los casos), pequeñas aletas en los pasos de rueda traseros, un maletero más largo y un cristal trasero más grande. Se ofrecía en carrocería de furgoneta y «pick-up» y su producción cesó en 1971.

Motor: 4 cilindros, 1.489 cc
Potencia: 37 kW (50 CV)
De 0 a 100 km/h: 28,8 s
Velocidad máxima: 119 km/h
Producción total: 299.500

AUSTIN A90/A95/A105 WESTMINSTER

1954–59

Motor: 6 cilindros, 2.639 cc
Potencia: 69 kW (92 CV)
De 0 a 100 km/h: 19,8 s
Velocidad máxima: 145 km/h
Producción total: 60.400

Año tras año los fabricantes británicos presentaban un sedán de elevada categoría con un motor de 6 cilindros en línea. El Westminster fue la presentación de Austin, una máquina muy anticuada pero de calidad.

El A90 Westminster fue el sucesor del A70 Hereford, que se parecía más a su hermano menor, el A40 Somerset, así que el A90 Westminster se parecía mucho más al A40 y A50 Cambridge.

Sea como fuere, entre los dos modelos sólo podían intercambiarse las puertas, ya que el Westminster era considerablemente más grande. Su motor era el de 6 cilindros de la clase C, que entregaba unos modestos 85 CV y tenía sólo un pequeño carburador.

En 1956 el Westminster se actualizó y se llamó A95 y A105. Ambos tenían un cristal trasero más grande, una nueva parrilla y la cola recta y angulosa. El A95 ganó un poco más de potencia, pero el A105 era aún mejor gracias a sus dos carburadores; tuvo una suspensión más baja, una superdirecta de serie y dos tonalidades de pintura.

La versión menos conocida, de nombre Vanden Plas Westminster tenía mucha decoración en madera y piel en su interior. Fue éste el que dio pie a que numerosos ingenieros de bandera interviniesen en la serie de sedán de Farina.

El Westminster es tan sólido como parece. Nunca fue de conducción muy apasionante, pero tampoco lo pretendía. El Westminster toma parte en rallies de época a menudo con un motor Austin Healey adaptado.

AUSTIN GYPSY

1958–68

El Land Rover ya había mostrado lo útil que podría ser un utilitario y Austin no supo aprovechar su oportunidad al ser lenta en poner en el mercado su modelo Champ con tracción a las cuatro ruedas.

Con tal de recolocar al Champ Austin se introdujo a sí misma en el mercado de Land Rover y fabricó un vehículo muy similar de nombre Gipsy. A pesar de lo que se creía, este modelo era en realidad un buen vehículo, con diferencia mejor que el Land Rover en muchos aspectos. Su suspensión en goma Flexitor era independiente en las cuatro ruedas. Land Rover en cambio tenía una suspensión menos avanzada en ballesta, pero con carrocería de aluminio, mientras que la del Gipsy era de acero, muy resistente a la corrosión.

Tras conocer los problemas del Champ, no era raro que los militares desechasen de nuevo el Gipsy. Fue cuando Rover (Land Rover) entró en el grupo BLMC (British Leyland Motor Company). Austin, que también era miembro, dejó de fabricar su Gipsy.

Motor: 4 cilindros, 2.199 cc
Potencia: 46 kW (62 CV)
De 0 a 100 km/h: n/d
Velocidad máxima: 102 km/h
Producción total: 21.208

El Gipsy tenía mucho parecido con las series 1 y 2 de Land Rover. Mirando la suspensión de goma bajo el eje delantero se entiende que era un coche fácil de conducir.

AUSTIN FX4

Es el modelo más conocido como el taxi negro de Londres. Introducido en el mercado en 1958 es otro de los vehículos de la exitosa línea de taxis fabricados por Austin desde mucho antes de la Segunda Guerra Mundial.

Lo que hizo del FX4 un coche especial fue su moderna carrocería

(para la época) y las versiones menos lujosas tan apreciadas por los taxistas. Quizá la mayor diferencia estuvo en el cambio de marchas automático, pero su suspensión delantera independiente y los frenos hidráulicos fueron importantes. Su diseño ha sido actualizado varias veces durante muchos años.

El FX4 evolucionó de forma gradual incorporando motores cada vez más potentes y una transmisión manual. Más tarde la compañía Carbodies afrontó la fabricación del FX4 que ahora llama Fairway y lo equipó con un motor Nissan. Su forma, a pesar de todo, apenas ha cambiado.

Motor: 4 cilindros, 2.199 cc
Potencia: 42 kW (56 CV)
De 0 a 100 km/h: n/d
Velocidad máxima: 121 km/h
Producción total: Aún se fabrica.

AUSTIN A40 FARINA

Motor: 4 cilindros, 948 cc
Potencia: 28 kW (38 CV)
De 0 a 100 km/h: 27,1 s
Velocidad máxima: 121 km/h
Producción total: 342.280

El modesto A40 Farina es uno de los coches más importantes de la historia de Austin, pero a la vez uno de los que más se pasa por alto. Es un modelo notable porque fue el primero de Austin sin la intervención en el diseño de Dick

Burzi, el director de diseño de la compañía. En vez de él lo diseñó la empresa italiana Pininfarina.

El cometido del coche era importante, tenía que sustituir al A35, y Pininfarina y Austin hicieron un buen trabajo introduciendo un modelo de dos volúmenes que actualmente define todos los familiares modernos. Bajo su carrocería se esconde el mismo motor del A35 y que tendrían todos los modelos a

excepción de los primeros Morris Minor. De hecho el tren delantero del A40 Farina era casi idéntico al del A35, justo debajo de los cuestionables frenos hidromecánicos. El A40 Farina MkII incorporó en el año 1961 frenos totalmente hidráulicos, tuvo una más larga distancia entre ejes y una nueva parrilla.

Un año más tarde, en 1962, al A40 se le instaló un motor de 1.098 cc de la serie A que aportaba

un poco más de la muy necesaria potencia. Sea como fuere, el coche no es muy apreciado por los aficionados.

El diseño del A40 Farina, hecho por Pininfarina, muestra la línea a seguir de los diseños del resto de la gama de la BLMC: Muchas ventanas, líneas afiladas tendentes a formar ciertas aletas en la parte trasera, laterales rectos y luces traseras en vertical.

A55 Y A60 CAMBRIDGE

1959–69

Austin encargó a Pininfarina la puesta a punto de la gama Cambridge y Westminster: el resultado apareció en los salones de automóvil de 1959. La nueva gama Farina fue ciertamente más moderna que los antecesores, tenía aletas prominentes en la parte trasera que tenían un buen aspecto pintadas en dos tonalidades. Sea como sea el coche tenía los laterales lineales y era extremadamente pesado. Peugeot también había pedido a Pininfarina

el diseño de un sedán de tamaño medio, por eso el modelo 404 de la marca francesa era casi idéntico al Cambridge.

El A55 fue el primero en salir al mercado, una simple remodelación del previo «pre-farina» Cambridge. El viejo motor de 1.489 cc de la serie B recibió un carburador SU pero cambió poco, sólo aumentó su potencia respecto a la versión diésel que apareció con el Farina.

En 1961, se actualizó este modelo para convertirse en el A60.

Muchas de las berlinas de los 60 y los 70 adoptaron los mayores espacios y buenos precios de los diseños de Farina. Los Austin eran los más básicos pero también los más baratos. En la fotografía el A60.

Su motor incrementó su potencia hasta los 1.622 cc —una gran mejora—, se aumentó la distancia entre ejes en unos 2,5 cm, se rediseñó la parrilla frontal y por desgracia desaparecieron las aletas posteriores.

Se ofrecieron además las versiones familiares Countryman del A55 y el A60. Ambas fueron populares, pero pocas han sobrevivido hasta hoy.

Motor: 4 cilindros, 1.622 cc
Potencia: 45 kW (61 CV)
De 0 a 100 km/h: 21,4 s
Velocidad máxima: 131 km/h
Producción total: 425.500

A99 Y A110 WESTMINSTER

1959–68

Dado que el diseño de Pininfarina fue una buena solución para el A55 y el A60 Cambridge, hizo lo propio con el Westminster.

Los anteriores pre-Farina Westminster habían sido buenos coches y el nuevo A99 recogió los mejores aspectos del modelo y los mejoró. Se incrementó la potencia

del motor serie C hasta los 3 l y se le pusieron dos carburadores SU, su caja de cambios de tres velocidades se sincronizó y se cambiaron los frenos delanteros de tambor por los de disco.

El resultado de estas mejoras fue una de las grandes berlinas de Austin.

En 1961 el Westminster aumentó la distancia entre ejes para aumentar el espacio para los pasajeros, lo que le dio mayor presencia. Al año siguiente Austin le puso como opciones la dirección asistida y el aire acondicionado. Y en 1964 apareció el Westminster Mk II con una caja de cambios de

cinco velocidades, el último toque para una máquina competente.

Motor: 6 cilindros, 2.912 cc
Potencia: 89 kW (120 CV)
De 0 a 100 km/h: 13,3 s
Velocidad máxima: 165 km/h
Producción total: 41.250

AUSTIN 1100 Y 1300

1963–75

En 1959 salió al mercado el Mini y ganó mucha aceptación. Lo diseñó Alec Issigonis y fue una obra maestra de la innovación. Partiendo del Mini, Issigonis diseñó un coche más grande y familiar con un motor 1100.

Su nuevo diseño fue técnicamente perfecto: creó un coche de interior espacioso gracias a detalles ingeniosos y a la posición transversal de su tracción a las ruedas delanteras en un motor de la serie A y su transmisión integral.

Su suspensión era una unidad interconectada Hydrolastic en la que unas esferas de goma se llenaban de fluido. Su sistema de refrigeración estaba limitado, por lo que ya no habría la necesidad constante de ir siempre con él al máximo y además disponía de frenos de disco delanteros.

Al 1100 se le unió en 1967 la versión 1300 y otras muchas motorizaciones. La gama fue la mejor vendida de Gran Bretaña, lo que no significa que BMC recaudase tanto dinero como debiera, pues casi todo se lo llevaban los gastos de construcción y desarrollo de una máquina de diseño tan innovador. El Mini tuvo el mismo problema.

Motor: 4 cilindros, 1.275 cc
Potencia: 43 kW (58 CV)
De 0 a 100 km.: 17,3 s
Velocidad máxima: 142 km/h
Producción total: 1.119.800

Este fue uno de los coches más modernos de su época. Pero si la tracción a las ruedas delanteras era ventajosa, la suspensión trasera conectada al Hydrolastic no lo era tanto cuando el coche circulaba por terrenos ondulados.

AUSTIN 1800 Y 2200

1964–75

Motor: 4 cilindros, 1.798 cc
Potencia: 60 kW (80 CV)
De 0 a 100 km/h: 17,1 s
Velocidad máxima: 145 km/h
Producción total: 221.000

Alec Issigonis creó el Morris Minor, el Mini y la exitosa serie 1100. Su siguiente creación fue otro inteligente modelo de tracción delantera que parecía ser un 1100 sobredimensionado y que ganó el premio al mejor coche del año el mismo en que salió al mercado.

La primera versión fue la 1800, que usaba un motor MGB conectado a una nueva transmisión de tracción a las ruedas delanteras. Su suspensión era, al igual que en el 1100, del sistema Hydrolastic.

Podría haber sido un gran éxito. El 1800 era resistente y muy espacioso, pero su dirección era muy pesada, la posición del conductor mala y la caja de cambios terrible. La dirección se mejoró en 1967, pero surgió un problema típico de los coches diseñados por Issigonis, su interior espartano. Esta circunstancia era aceptable en el Mini, pero el 1800 ya competía en un mercado de coches más lujosos.

En 1972 llegó la versión 2200, que mejoraba las prestaciones y el refinamiento del anterior con un motor de 6 cilindros transversal. De hecho su motor se basaba en uno de 4 cilindros de la serie Maxi-E con árbol de levas en cabeza que no era dinámico. Y este fue el triste final de una gama conocida hoy día como los Landcrabs (cangrejos terrestres).

Obsérvese la lejanía de los ocupantes de este vehículo 1800, ya no es uno de aquellos coches de los años 50 en que los pasajeros debían sentarse apretujados en coches de gran exterior. Se trata solamente de la buena distribución interior que tenían los diseños de la serie Issigonis.

AUSTIN 3-LITRE 1967–71

El Austin 3-Litre derivaba del Austin Westminster y pretendía introducirse en el mercado de las berlinas de lujo.

Su carrocería partía de la base de los coches de la gama 1800; el frontal se había actualizado con dos faros delanteros y una nueva parrilla, pero de hecho no había otra razón para encarecer su precio.

Bajo su carrocería se escondía la tracción a las ruedas posteriores y un motor de 3 l y 6 cilindros que no encontró otra aplicación más que en los MGC. La suspensión trasera se nivelaba por sí sola, la dirección asistida y su suntuoso interior se ofrecían de serie, no así la caja de cambios automática o manual con superdirecta. Sobre el papel esta era una oferta a tomar en cuenta, pero no merecía calificarse como de prestigio.

Motor: 6 cilindros, 2.912 cc
Potencia: 92 kW (124 CV)
De 0 a 100 km/h: 15,7 s
Velocidad máxima: 161 km/h
Producción total: 9.992

AUSTIN MAXI 1969–81

Motor: 4 cilindros, 1.748 cc
Potencia: 63 kW (84 CV)
De 0 a 100 km/h: 15,8 s
Velocidad máxima: 144 km/h
Producción total: 472.098

El Austin Maxi era como una broma de mal gusto. En realidad fue un buen coche lleno de detalles menores y con un horrible control de calidad, igual que muchos otros coches fabricados en Gran Bretaña durante los años 70.

La parte central del Maxi se tomó del Austin 1800, que le proveyó de un espacio interior muy bien diseñado. Las partes frontal y posterior daban lugar a un familiar muy completo con una parrilla nueva y de aspecto moderno.

El Maxi fue de hecho el primer familiar británico. Sus asientos estaban diseñados para convertirse, desplegados, en una perfecta cama doble, algo que suscitó mucho interés en la publicidad y en las revistas del motor.

Por desgracia el cambio de marchas era nefasto y y el nuevo motor de la serie E con árbol de levas en cabeza era pobre, especialmente cuando se le conectaba a una caja de cambios de cinco velocidades difícil de manejar.

En los años 70 nadie podía dejar de ver por la calle algún Maxi, ya que sobre el papel parecía ofrecer mucho, una vez más gracias a su excelente presentación interior y la por entonces inusual opción de una caja de cambios de cinco velocidades. Fue una pena que el desastroso control de calidad hiciese desaparecer la mayoría.

AUSTIN ALLEGRO

1973–82

Motor: 4 cilindros, 1.275 cc
Potencia: 44 kW (59 CV)
De 0 a 100 km/h: 18,4 s
Velocidad máxima: 132 km/h
Producción total: 642.350

Una vez el Austin 1100 quedó obsoleto tuvo que sustituírsele por otro modelo. La marca había acabado de introducir en el mercado un familiar, el Maxi, y todo hacía pensar que esta carrocería sería un éxito.

Por eso BMC lanzó el Allegro, un coche con la forma y las medidas perfectas para ser un familiar, pero falló el diseño. Tenía un aspecto regordete y poco elegante, la calidad de su construcción era horrible y el volante, cuadrado, se llamaba en la BMC *quartic*.

Bajo la carrocería el Allegro estaba equipado con el viejo motor de la serie A o los nuevos 1.500 o 1.750 cc de la serie E. La suspensión Hydragas era un adelanto respecto al sistema Hydrolastic del 1100, así que su maniobrabilidad era buena a pesar de los numerosos problemas de fiabilidad que al principio resultaron irrelevantes.

El Austin Allegro es un primer ejemplo de lo que no funcionó en la industria automovilística británica: una falta de oportunidades y un buen número de errores en la manufacturación. De todas formas, el Allegro demostró suficiente carácter como para atraer en la actualidad a un grupo de seguidores devotos.

Su chasis era tan débil que a veces, conduciendo por terrenos bacheados, se abría la ventana de atrás. Por si fuera poco también tenía el problema de la oxidación.

El Allegro necesitó tiempo para ir mejorando, pero nunca llegaría a ser un coche bien parecido ni muy maniobrable. Más tarde apareció

una versión Familiar poco atractiva que hacía comprar la versión berlina. Finalmente salió al mercado una versión de lujo con el nombre Vanden Plas con una ridícula parrilla frontal estilo Rolls-Royce. Este terrible y tan indeseado coche dejó por fin de producirse en 1982.

AUSTIN 18-22 SERIES

1975

Este coche de aspecto raro y forma de cuña se conoce hoy día con el nombre de Princess, pero empezó con el de Serie 18-22 por ser el sustituto de los modelos 1800 y 2200 Landcrab, y fue diseñado, como el Allegro, por Harris Mann.

La suspensión de éstos era Hydragas, también como la del Allegro, pero sus motores se

tomaron directamente de los modelos a los que sustituían, con lo que se podía escoger un motor de 4 cilindros de la serie B o uno de 6 cilindros de la serie E usado en el Maxi y en el Allegro.

A pesar de su forma en cuña los 18-22 eran coches familiares con la puerta del maletero convencional.

A pesar de los varios problemas de control, British Leyland tuvo el suficiente coraje de continuar probando nuevos diseños como este en forma de cuña de los 18-22 creado por Harris Mann. Al otro lado de este espectro, William Town hizo un diseño radical para el Aston Martin Lagonda con una forma parecida.

Su interior era muy espacioso y confortable. La publicidad le presentaba como «Not a car for Mr. Average» (No es un coche para un señor medio) y un año después se cambió popularmente su nombre por el de Princess, tomando los de Morris y Woolseley, ambos también miembros del grupo British Leyland.

La serie II de estos modelos, de 1978, disponía de un motor de la nueva serie O, pero también podía tener el viejo motor de 6 cilindros y 2.200 cc. El coche fue totalmente reformado en 1981 para el nacimiento del Austin Ambassador, pero la reaparición del nombre de Austin ya señalaba que la intentona de crear un coche con un nombre propio como el Princess había fracasado.

Motor: 4 cilindros, 1.798 cc
Potencia: 61 kW (82 CV)
De 0 a 100 km/h: 14,9 s
Velocidad máxima: 155 km/h
Producción total: 43.427

AUSTIN-HEALEY 100

El gran Healey respetaba el arquetipo de los deportivos ingleses, sencillo y ruidoso pero atractivo y divertido. El primero de la serie fue el 100. La Donald Healey Motor Company había nacido en 1946 y fabricaba desde entonces pequeños turismos deportivos como el Westland y el Silverstone. Pero Donald Healey hizo una pequeña incursión en el terreno de los biplaza para competir con Jaguar y MG. Un pequeño equipo empezó a trabajar en el prototipo que se llamaría Healey Hundred en 1952.

El hijo de Donald Healey, Geoffrey, y el empleado Barry Bilbie diseñaron el chasis y un relativamente nuevo trabajador de Healey, Gerry Cocker, hizo lo propio con la carrocería. Muchas de las características definitorias del 100 como el parabrisas reclinable fueron decisión directa del propio Healey. Respecto al mencionado parabrisas dijo: «¡Oh, a propósito, haced que el parabrisas sea abatible!»

El prototipo fue fabricado en aluminio por los carroceros Tickford. El motor, un 2,6 l de 6 cilindros, y el tren delantero se tomó del Austin A90 (Healey usó antes los trenes delanteros de Riley, Alvis y otros varios proveedores), Los asientos eran una copia bien hecha de los del Austin Seven propiedad de Cocker.

El prototipo se llevó a Bélgica en octubre de 1952, donde estableció un record de velocidad de 179 km/h dado su tamaño y volvió a Gran Bretaña para ser presentado en el Court Motor Show de Londres aquel mismo año. La leyenda dice que apareció el día anterior al certamen con el nombre de Healey 100, pero que aquella noche se encontraron Donald Healey y Leonard Lord de Austin y al día siguiente, el de su primera aparición en público fue el Austin Healey 100. Sea como fuere, parece que Lord y Healey ya habían discutido sobre el tema. Austin necesitaba un deportivo fiable para aumentar su imagen especialmente en los Estados Unidos y Healey necesitaba una empresa que pudiese fabricar su nuevo modelo en cantidades relativamente altas.

Si Healey Motor Company fabricaba una pequeña cantidad de unidades en preproducción, cuando Donald Healey vino de los Estados Unidos lo hizo dando órdenes de pedidos que alcanzaban los 200 Austin Healey, 100 al mes, y así Austin pudo hacer sus preparativos para cumplir con tal producción, que se haría en la localidad de Longbridge. Al principio hubo problemas entre los diseñadores de ambas marcas, pues los de Austin recibieron la orden de no tocar el diseño original del modelo. El primer 100 salió de la factoría de Longbridge en mayo de 1953 y en julio sólo se habían fabricado 100 unidades, un grave retraso que dejó múltiples pedidos sin servir.

Pocos meses después la producción aún fue más reducida. La prensa del motor apreciaba el modelo y los pedidos no dejaban de llegar. Ayudado por la publicidad ganó diversas pruebas de resistencia como la Mille Miglia, Le Mans y la Carrera Panamericana además de romper varios récords.

El típico diseño Austin Healey tenía la trasera un poco baja y su tubo de escape a punto de rozar el suelo. Pero esto fue aceptado por los propietarios y usuarios de uno de los deportivos más atractivos y más ágiles de conducir en aquellos tiempos.

Las prestaciones concretas para correr en Le Mans se basaron en un nuevo «kit» fabricado para aquellos usuarios que quisieran participar en ella. Este «kit» podía resultar algo retro, pero se incluyó en el que sería el nuevo Austin Healey 100, el 100 M, que nacería como coche en verdadera producción en 1955. Más tarde se le uniría el legendario Austin Healey 100 S, un verdadero coche de carreras con carrocería de paneles de aluminio, sin capota ni parachoques, con un motor muy potente y frenos de disco traseros.

Aquel mismo año el 100 fue superado por el original BN1, que luego evolucionaría en el BN2 con un nuevo cambio de marchas de cuatro velocidades en vez del de tres anterior, unos mejores frenos de tambor delanteros y unos pasos de rueda más altos. Este modelo se fabricó hasta 1956. Por aquellos años el Austin Healey 100 era todo un éxito de ventas.

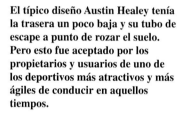

Motor: 4 cilindros, 2.660 cc
Potencia: 67 kW (90 CV)
De 0 a 100 km/h: 10,3 s
Velocidad máxima: 166 km/h
Producción total: 14.634

AUSTIN-HEALEY 100-SIX

Motor: 6 cilindros, 2.639 cc
Potencia: 76 kW (102 CV)
De 0 a 100 km/h: 12,9 s
Velocidad máxima: 166 km/h
Producción total: 14.436

El original Austin Healey 100 con un motor de cuatro cilindros fue un deportivo sin igual, pero a mediados de los años 50 ya necesitaba modificaciones. El mercado crucial de los Estados Unidos quería más lujo y el gran motor de 4 cilindros del Austin 100 estaba a punto de dejarse de fabricar.

Así el 100 recibió un gran actualización. Se fabricaron un pequeño número de prototipos con el nombre de 100-Six BN3 equipados con un motor BMC de 6 cilindros y 2,6 l de la serie C antes de producirlo en 1956 como el 100-Six BN4.

Los 100-Six tenían 5 cm más de distancia entre ejes que su predecesor, con lo que podía acoplar dos pequeños asientos en la parte de atrás. Por otra parte las prestaciones mejoraron en general.

Por desgracia el nuevo motor aumentó el peso del coche y sólo producía 12 CV más que su

antecesor de 4 cilindros, por lo que era una remodelación algo corta en su resultado. En 1957 apareció una versión algo superior con un motor de la clase C, más potente, para remediar el problema.

Donald Healey probó con una versión sin embellecedores, y de bajo coste, del 100 Six con el

nombre de BN5, pero el proyecto no se llevó a cabo y la mejora tuvo que esperar hasta 1958, la BN6. Esta versión volvió a ser un biplaza basado en el BN4 y fue el modelo que inició la actual leyenda de los Healey como coches de rally conocidos en todo el mundo.

Es fácil entender que el gran Healey estuviese equipado con un motor de 6 cilindros para aumentar su potencia. Fue una medida para superar las prestaciones del de 4 cilindros, pero el Austin Healey 100-Six continuó con sus altas prestaciones iniciadas con el original 100.

AUSTIN-HEALEY SPRITE

En los 50 Donald Healey aprovechó una nueva oportunidad para entrar en el mundo del motor, esta vez con un deportivo pequeño y barato.

Una vez más el equipo de Healey se puso al trabajo. Su unión con Austin hacía que no se pudiesen diseñar sus coches aunque sí que Healey pudiese fabricar parte de las unidades preexistentes. De esta manera, sin adornos, se fabricó un deportivo descapotable, el Sprite, motorizado por Geofrey Healey y diseñado por Gerry Cocker.

El nuevo coche tenía un motor de 948 cc perteneciente a la serie A de BMC que procedía del A35, al igual que su caja de cambios, los ejes y las suspensiones delantera y trasera. La dirección y los frenos eran las del Morris Minor. La posición de sus faros delanteros hizo que pronto se le conociese con el sobrenombre de «ojos de rana» en Gran Bretaña y «ojos de bicho» en los Estados Unidos. No era especialmente rápido, pero sí ágil, y con una conducción responsable, la

Las prestaciones del primer Sprite eran muy básicas: el parachoques delantero era opcional y en su mayoría tenían las llantas de acero y no las que se muestran en esta foto. Pero eso nunca afectó a la diversión que procuraban, una característica que mantuvieron a pesar de sus remodelaciones.

diversión estaba asegurada. Pronto vinieron los éxitos deportivos y las ventas aumentaron.

En 1961 el Sprite se convirtió en Sprite Mk II, casi igual al MG Midget Mk I. Con los años tuvo frenos de disco y un motor de 1.098 cc que luego llegaría a los 1.275 cc. Cuando a finales de los años 70 el pacto con Austin se acabó, el modelo pasó a ser el Austin Sprite antes de que desapareciera seis meses después.

Motor: 6 cilindros, 948 cc
Potencia: 32 kW (43 CV)
De 0 a 100 km/h: 20, 5 s
Velocidad máxima: 139 km/h
Producción total: 129.350

AUSTIN-HEALEY 3000

1959–68

Ésta es con diferencia la serie más famosa de los grandes Healey, la 3000, que estuvo a la venta de 1959 a 1968. Esta serie se inició como un simple escalón superior del modelo previo 100-Six al que se le equipó con un motor nuevo de la BMC de 2,9 l. de la serie C y seis cilindros y con frenos delanteros de disco.

Se ofrecieron dos versiones, la biplaza BN7 y la 2+2 BT 7 que fue la más larga. Al ser más

potente que los anteriores modelos 100-Six, las prestaciones de la serie 3000 fueron impresionantes. En una prueba de la revista Autocar llegó a alcanzar los 187 km/h.

En 1961 se actualizaron ambos modelos y tuvieron el nombre de 3000 Mk II BN 7 y BT 7. El siguiente modelo aparecería en 1962, el 3000 Mk II BJ7 con capota plegable y ventanas que se podían bajar. Un lujo que

continuó en el modelo de 1963, el 3000 Mk II BJ8 Phase I que incorporaba un nuevo tablero rediseñado con madera de nogal y una nueva consola central. Pero no fue hasta 1964 cuando apareció el BJ8 Phase II, uno de los mayores fracasos de su historia que al final acabó en el desguace. El chasis, que se deshacía, tuvo que rediseñarse; fue el cambio más grande nunca realizado en un Gran Healey.

Motor: 6 cilindros, 2.912 cc
Potencia: 98 kW (132 CV)
De 0 a 100 km/h: 11,5 s
Velocidad máxima: 180 km/h
Producción total: 42.926

El Austin Healey 3000 tenía una capota plegable perfecta en su modelo de 1962. Igualmente tenía un interior de lujo y una mejor distancia al suelo que marcó el final de su camino.

AUTOBIANCHI BIANCHINA

1957–68

Autobianchi es una marca de coches bastante conocida, puesto que ha sido durante muchos años la responsable de la mayor parte de la industria automovilística italiana. Empezó con otro nombre, Bianchi, apellido de su fundador en 1899, Edoardo Bianchi.

Su marca fabricaba coches y motocicletas que competían con la poderosa Fiat en algunos mercados. Su producción

automovilística se paró acabada la Segunda Guerra Mundial debido a graves problemas financieros. En 1955 un industrial italiano se las arregló para cohesionar Bianchi, Fiat y Pirelli para formar el grupo Autobianchi.

Esta marca fabricó la Bianchina, un cupé de buen aspecto sobre una remodelada carrocería de Fiat 500 que pronto se convirtió en cabriolé. También se ofrecieron un familiar

Panoramica y un sedán de cuatro asientos llamado Berlina Quattroposti. Todas ellas tuvieron un éxito razonable.

En 1965 Fiat compró la totalidad de Autobianchi y a pesar de ello los modelos de esta marca siguieron apareciendo hasta 1980. Entre ellos el deportivo Stellina, el sedán Primula y el duradero A112, que fue modificado por especialistas como Abarth.

En 1990 el nombre de Autobianchi se usó para el Lancia Y-10 en ciertos mercados, pero la división sirvió únicamente para probar la marca en la nueva firma Fiat.

Motor: 2 cilindros, 479 CV
Potencia: 10 kW (13 CV)
De 0 a 100 km/h: n/d
Velocidad máxima: 100 km/h
Producción total: 273.800

BEAN TWELVE

Se fundó en Dudley, en West Midlands, Inglaterra el año 1910, pero Harper Sons y Bean empezaron a fabricar coches en 1919. En un principio su compañía era la proveedora de componentes para otras marcas, pero ya antes de la Primera Guerra Mundial adquirió los derechos de fabricación del modelo Perry, que se vendió con licencia en los Estados Unidos por Willys Overland.

Efectivamente este coche fue el Bean Twelve para el que Bean rediseñó el 90 por 100 de sus piezas y lo fabricó en su casa. El coche era barato tanto de fabricación como de venta, más que sus rivales de Austin y Morris, pero su diseño era un poco más anticuado y no atraía tanto al público joven.

Su fiabilidad tuvo una reputación sin par y muchos de ellos funcionaron durante un par de décadas gracias a su construcción, resistencia y simplicidad mecánica.

Motor: 4 cilindros, 1.796 cc
Potencia: n/d
De 0 a 100 km/h: n/d
Velocidad máxima: n/d
Producción total: 10.000 aprox.

BEARDMORE 15.6

Antes de la Primera Guerra Mundial, todos los componentes de la mayoría de los Beardmore procedían de la industria naviera y las fábricas de armamento. Su fortaleza económica se debía sobre todo a su millonario fundador, Sir William Beardmore, que obtuvo muchos contratos de posguerra entre los que se encontraba el de la fabricación de coches y, lo que era más importante, de taxis. Los primeros taxis Beardmore entraron en servicio en 1919 y llegaron a Londres por tren. En 1928 apareció el modelo 15.6 cuando en la capital británica circulaban 6.000 de sus anteriores modelos.

Más tarde se sumó a ellos el 15.9. Aunque no se produjeron récords de producción, al menos 4.000 de ellos circularon con licencia por Londres entre 1928 y 1930, y otros entraron en servicio en las mayores ciudades del país. Los Beardmore estaban diseñados para ser baratos y fáciles de mantener, gastaban poco y necesitaban un mantenimiento mínimo. El conductor se sentaba solo delante de un habitáculo con asientos para cuatro pasajeros. Fue tal la demanda de los taxis Beardmore para Londres que en 1930 se tuvo que construir una segunda fábrica.

Motor: 4 cilindros, 1.796 cc
Potencia: n/d
De 0 a 100 km/h.: n/d
Velocidad máxima: n/d
Producción total: 10.000 aprox.

BENTLEY 3-LITRE

Motor: 4 cilindros, 2.996 cc
Potencia: n/d
De 0 a 100 km/h: n/d
Velocidad máxima: 161 km/h
Producción total: 1.622

Insatisfecho con los modelos que había en el mercado, el comerciante afincado en Londres W. O. Bentley decidió fabricar sus propios deportivos caros. El primer Bentley 3-Litre se exhibió en el London Motor Show del año 1919, pero no se pudo comprar hasta 1921.

Se podía adquirir con dos longitudes de chasis y era el color de la insignia del radiador lo que distinguía el modelo: el color rojo era el de chasis corto orientado a la velocidad, los azules tenían el chasis más largo y estaban destinados a una conducción normal y los verdes eran capaces de alcanzar los 161 km/h. Fueron estos últimos los que dieron fama a los coches de Bentley, que probaron su fiabilidad y sus prestaciones en las 24 Horas de Le Mans ganando la carrera sin problemas en 1924 y 1927.

El 3-Litre era muy rápido para tener un motor de 4 cilindros, una parte delantera tan inusualmente larga y 4 válvulas por cilindro. Era un coche difícil de conducir, dotado de un mal cambio de marchas, frenos en dos ruedas, un embrague brusco y apenas nada de confort en el habitáculo.

El 3-Litre no fue un gran éxito comercial y si no hubiese sido por el rico piloto de coches Wolf Barnato, que fundó Bentley en 1925 y estuvo a su cabeza hasta la fusión con Rolls-Royce en 1931, la empresa hubiese ido fácilmente a la bancarrota.

Un coche de la más alta categoría, el Bentley 3-Litre se fabricó para satisfacer a los ricos entusiastas de los deportivos que no encontraban nada que les gustase.

BENTLEY 6.5-LITRE/SPEED SIX

1926–30

Motor: 6 cilindros, 6.597 cc
Potencia: 104 kW (140 CV)
De 0 a 100 km/h.: n/d
Velocidad máxima: n/d
Producción total: 545

Bentley hizo tan buen trabajo creando un rival a Rolls-Royce que ambas marcas tuvieron que fusionarse, no antes de que un selecto grupo de propietarios de Rolls-Royce lo cambiasen por un

W. O. Bentley más deportivo. El 6.5-Litre apareció en 1926 y sólo el chasis costaba 1.450 libras porque la carrocería era un extra. Su motor, totalmente nuevo, cubicaba 6.597 cc, tenía un árbol de levas en cabeza y 24 válvulas años antes de que esta tecnología llegase a ser muy común. Fue un coche mucho más maniobrable que el anterior 3-Litre y tenía un embrague plano y el cambio de marchas en la derecha.

Sus 140 CV se unieron a los de una versión con 180, el Speed Six en 1928. Una distinguida carrocería de Gurney Nutting fue comprada y usada a diario por el financiero de Bentley Wolf Bornato.

A pesar de que la mayoría de los Bentley 6.5-Litre que se vendieron fue como turismos de lujo, unos pocos fueron adaptados para las carreras y vencieron de nuevo en Le Mans en 1929 y 1930. Muchos

de estos coches tuvieron un triste final adaptados y usados para las carreras de época con la carrocería Le Mans.

A diferencia del 3-Litre, el Bentley 6,5-Litre se fabricó como un coche de lujo con todos los accesorios. La de la foto es la carrocería Gurney Nutting que condujo Woolf Barnato.

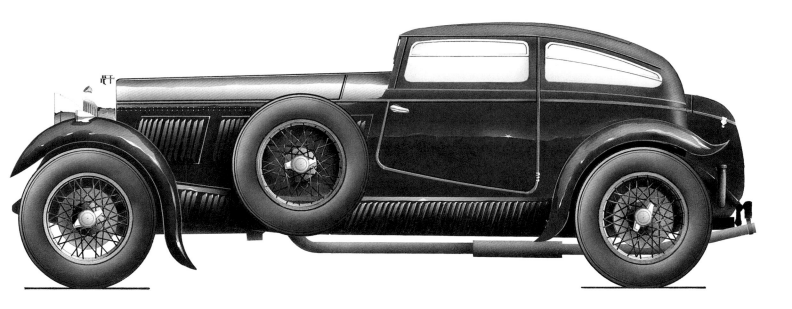

BENTLEY 4.5-LITRE

1927–31

Motor: 4 cilindros, 4.398 cc
Potencia: 77 kW (104 CV)
De 0 a 100 km/h: n/d
Velocidad máxima: 178 km/h
Producción total: 720

Este modelo fue el último de Bentley en utilizar un motor de 4 cilindros a pesar de que era sólo una versión más pequeña del 6.5 que compartía medidas y delantera. En muchos aspectos el 4.5 era un coche pesado no tan deportivo como los anteriores modelos de la marca, pero las ventas fueron lo suficientemente bien para justificar la aparición de un modelo más pequeño en la gama Bentley.

Un piloto del equipo de carreras de la marca, Sir Henry Birkin, quedó decepcionado con el 4.5-Litre y fue a ver al mismo W. O. Bentley para preguntar si se podría hacer

algo para mejorarlo. Bentley le dijo que no era necesario ya que era el 6.5 el coche dedicado a las carreras. Sea como fuere, el 4.5 compitió de nuevo en Le Mans y aún pudo ganar en 1928.

Pero Berkin aún no estaba convencido y se puso a fabricar por sí mismo una versión más potente añadiéndole un sobrealimentador. Se fabricaron 55 de los famosos «Blower Bentley» todo en contra del expreso deseo de W. O. Bentley. A pesar de que su éxito fue legendario, el propietario nunca aceptó haber tomado parte en el proyecto.

Gracias al piloto de carreras Sir Henry Birkin, 55 de estos coches tuvieron en su motor un sobrealimentador. El «Blower Bentley» llegó a ser un legendario coche de carreras.

BENTLEY MK VI

Motor: 6 cilindros, 4.257 cc
Potencia: 102 kW (137 CV)
De 0 a 100 km/h: 16,3 s
Velocidad máxima: 152 km/h
Producción total: 5.201

Una década después de ser la rama deportiva de Rolls-Royce y usar un chasis de ésta, Bentley volvió a hacer su propio diseño para el primer coche que lanzó al mercado durante la posguerra. Rolls-Royce

tomó la carrocería compacta del Mk VI para el Silver Dawn, un modelo sólo para la exportación dirigido a satisfacer las demandas de coches compactos y de lujo en el extranjero.

El Mk VI salió al mercado en 1946 y tenía el chasis separado de la carrocería. En otros aspectos era un coche muy moderno con servofreno, una caja de cambios de cuatro

velocidades y la suspensión delantera independiente. Otra primicia que presentaba era que ofrecía una carrocería estándar y no sólo el chasis para que el comprador escogiese la carrocería. Los más tradicionalistas podían incluso tener carrocerías hechas a mano si querían. Las de aluminio fabricadas por Park Ward, H. J. Mulliner y James Young eran

La parrilla frontal y los pasos de rueda traseros tenían un trato diferente, pero el Bentley Mk II es esencialmente el mismo Rolls-Royce Silver Dawn.

signo de riqueza, ya que costaban más del doble de la estándar. Era un coche fiable y cómodo pero tan vivo como los antiguos Bentley. El Mk II fue un vehículo hecho con suma exquisitez.

BENTLEY R-TYPE

Las críticas sobre la carrocería bulbosa del Mk II se solucionaron en 1952 con la aparición del R-Type, un coche que de nuevo tenía su propia carrocería estándar; su chasis era más largo y la carrocería más proporcionada con un final inclinado.

Sus curvas bulbosas hacían difícil el acceso a las plazas traseras, pero la pequeña sección central del habitáculo era cómoda.

Su potencia venía dada por un aclamado motor Rolls-Royce de 4.5 l y 6 cilindros con válvulas de admisión sobre las de escape.

La carrocería de H. J. Mulliner Continental Fastback de la fotografía, es generalmente considerada como la más bella y estilizada de todos los tiempos. Por lo general es un vehículo respetado por los coleccionistas y se pujan grandes sumas cuando se subastan.

De ahí que tuviese buenas prestaciones y una marcha refinada que unida al habitáculo perfectamente insonorizado hizo que el coche fuese muy cómodo.

La carrocería estándar se hacía mecánicamente y se oxidaba. Se ofrecían varios tipos de carrocería; de ellas, la más famosa quizá sea la H. J. Mulliner Continental Fastback, actualmente considerada como una de las carrocerías más imponentes de todos los tiempos. La mayoría de las especiales eran de aluminio y por eso no se oxidaban.

Motor: 6 cilindros, 4.566 cc
Potencia: 112 kW (150 CV)
De 0 a 100 km/h: 14,4 s
Velocidad máxima: 172 km/h
Producción total: 2.320

BENTLEY S-SERIES

1955–66

La Serie S fue el final de la individualidad de Bentley porque sus coches tenían en el motor la insignia del Rolls Royce Silver Cloud. Se entendería por esto que los coches estarían fabricados a la perfección, refinados y lujosos.

El S I que apareció en el mercado en 1955 estaba equipado con un motor de 4,9 l y seis válvulas de admisión sobre las de escape. Era el coche estándar de la gama entre los años 1959 a 1962. Al mismo tiempo se lanzó al mercado el S-1 Continental, un gran turismo de dos puertas con techo duro o rara vez un cupé de morro bajo.

En 1959 se hicieron grandes mejoras y apareció el S-2 que tenía un aspecto similar, pero lo equipaba un motor totalmente nuevo de 6.2 l V8 desarrollado para el Rolls-Royce Silver Cloud. La dirección asistida y la transmisión automática eran de serie en los modelos con este motor V8. La versión Continental de S-2 apareció con los mismos detalles mecánicos y pocos cambios en el frontal. La versión S-3 tanto en sedán como en turismo aparecieron en 1962. El sedán tenía dos faros frontales y la carrocería pintada en dos tonalidades; pero el Continental tuvo un frontal muy poco común con los faros rectangulares.

El frontal tan inusual del Bentley S-3 se popularizó en la prensa con el sobrenombre de «chinese eye» (ojos de chino). Pronto los coches tuvieron sus faros convencionales.

Motor: 6 cilindros, 4.887 cc
Potencia: 130 kW (175 CV)
De 0 a 100 km/h: 13,7 s
Velocidad máxima: 170 km/h
Producción total: 8000 aprox.

BENTLEY T-SERIES

1965–80

Se lanzó al mercado para competir con el Rolls-Royce Silver Shadow. El T-I fue el primer Bentley de construcción conjunta. Al igual que su competidor tenía frenos de disco en las cuatro ruedas y su suspensión autonivelante la desarrolló Citroën para que el Bentley tuviera una conducción más deportiva y dura.

Otras diferencias entre ambos estaban por ejemplo en sus parrillas: Bentley no lucía distintivos, sino unos tapacubos rediseñados, y no presentaba la opción de un chasis más largo.

Todos los coches disponían de aire acondicionado de serie desde 1969; por eso en 1970 el motor original de 6.230 cc del S-3 aumentó su cilindrada hasta los 6.750 cc. Desde que el motor lo hiciera Rolls Royce su potencia máxima ha permanecido en un secreto muy bien guardado (una práctica constante de la marca), aunque muchos entusiastas aseguran que es de unos 180 CV.

Al T-I le siguió el T-2, del que apenas se construyeron 600 entre 1977 y 1980. Como en el Silver Shadow 2 en el que se basaba, el T-2 tenía unos topes de goma en los parachoques y un salpicadero totalmente nuevo con grandes intermitentes. Su nueva dirección de cremallera y las modificaciones efectuadas en el T-2 hicieron que fuese más maniobrable que el T-I.

Motor: V8, 6.750 cc
Potencia: n/d
De 0 a 100 km/h: 10,1 s
Velocidad máxima: 194 km/h
Producción total: 2.280

Del Rolls-Royce Silver Shadow sólo le diferencia la parrilla y los tapacubos. Esta es una rara versión dos puertas del modelo.

BENTLEY CORNICHE

1971–84

Como en la Serie T, el Corniche fue solamente un Rolls-Royce con diferentes decoraciones e insignias. Este es un ejemplar americano, a juzgar por sus grandes reflectores laterales.

Aunque ya se podía comprar la versión descapotable del Bentley T-I en 1967, la firma no le reconoció como miembro de su gama hasta 1971 con el nombre de Corniche.

Los coches fabricados entre 1967 y 1971 estaban carrozados especialmente por Mulliner Park Ward y Rolls-Royce se mostró tan satisfecha con los resultados

que incorporó a su gama las versiones Corniche tanto del Bentley T-1 como de su propio Silver Shadow. También se ofreció una carrocería Corniche sedán de dos puertas que apareció en 1971, pero se fabricaron muy pocas con la insignia Bentley. Los cambios en la producción eran muy similares a los del sedán, ambos con un control de

velocidad y frenos de disco ventilados desde 1972 y aire acondicionado de dos velocidades desde 1976. A partir de 1977 los coches vinieron con parachoques más gruesos y alerones de goma procedentes del T-2.

A pesar de que el Rolls-Royce Corniche estuvo en la gama hasta 1997, los Bentley dejaron de fabricarse en 1984 y no

reaparecieron hasta que en 1994 saliese la versión continental basada en la plataforma del Turbo R.

Motor: V8, 6.750 cc
Potencia: n/d
De 0 a 100 km/h: 9,9 s
Velocidad máxima: 194 km/h
Producción total: 149

BENTLEY MULSANNE

1980–92

Algunos ingenieros de la marca continuaron la fabricación del Mulsanne en 1980, pero Rolls-Royce empezó a apreciar y a aprobar la herencia de Bentley. Esto fue muy importante para la supervivencia de la marca a finales

del siglo XX, cuando la opulencia que sugería el nombre de Rolls-Royce ya no fue moda.

El Mulsanne recibió su nombre tras el famoso arranque en Le Mans, la escena que llevó a muchos Bentley a la gloria, aunque

de hecho el coche no era más que una remodelación del Rolls-Royce Silver Spirit. Las versiones de Bentley se diferenciaban por su radiador negro empotrado, sus ruedas con el anagrama de la marca y asientos deportivos que

probaban que el coche era para alguien a quien le gustaba conducir de manera deportiva y no que le llevaran. El verdadero renacimiento de Bentley fue en 1982 con la aparición del Mulsanne Turbo.

Su motor turboalimentado era exclusivo de Bentley y dio al Mulsanne unas prestaciones significativas que aventajaban a las del Rolls-Royce Silver Spirit; tardaba menos de 7 s en alcanzar los 100 km/h y tenía un chasis que podía comportarse mejor de lo que hacía suponer su aspecto macizo.

Motor: V8, 6.750 cc
Potencia: n/d
De 0 a 100 km/h: 6,8 s
Velocidad máxima: 207 km/h
Producción total: 2.039

Se parecía al Rolls-Royce Silver Spirit, pero el Bentley Mulsanne Turbo tenía un carácter totalmente diferente. A pesar de ser muy rápido, su maniobrabilidad era bastante difícil e impredecible.

BENTLEY EIGHT
1984–92

Cuando Rolls-Royce se dio cuenta de que su nombre ya no estaba de moda, los directivos de la fábrica en Crewe, Chesire, decidieron promover el Bentley durante la década de los 80. El Eight fue un ejercicio de mercadotecnia muy inteligente destinado a clientes que quisiesen comprar un Silver Spirit, pero con un precio un poco más bajo.

De inmediato se conocía la mano de Bentley en sus dos faros frontales, el alerón delantero y una parrilla ornamentada en forma de malla; los niveles de lujo y refinamiento siguieron siendo los mismos. Su aspecto desde el lateral se compensaba con colores vivos y llantas de corte deportivo. El Eight nunca obtuvo un éxito de ventas como el de su primo el Rolls, según las cifras, un 10 por 100 menos, pero fue tan popular que sirvió para asegurar a Bentley un más largo renacimiento y para mantener intacta su reputación deportiva.

Motor: V8, 6.750 cc
Potencia: n/d
De 0 a 100 km/h: 9,6 s
Velocidad máxima: 207 km/h
Producción total: 1.734

BENTLEY TURBO R
1985–96

Motor: V8, 6.750 cc
Potencia: 238 kW (320 CV)
De 0 a 100 km/h: 6,6 s
Velocidad máxima: 218 km/h
Producción total: 4.815

Este coche dio pie a un retorno de la marca a mediados de los 80. Tenía un turbocompresor y además compartió una vez más su plataforma con una construcción monocasco de Rolls-Royce.

Tanto si le gustaba a W. O. como si no, fue un Bentley deportivo el que dio fama a su marca. Era suficiente con que le gustase a la prensa para tener más de 4.000 ventas aseguradas en una carrera de once años, muy importante para un coche fabricado a mano.

Los coches Bentley se dirigían a dos tipos de conductores y eran de dos tipos; los conductores de a diario tendrían uno más refinado, silencioso y fácil de conducir como un Rolls-Royce Silver Spirit, mientras que al que le gustase apretar el acelerador en un circuito de carreras se le recomendaría el Turbo R, un coche muy potente con alarmante tendencia subviradora cuya velocidad máxima, limitada electrónicamente, era de 218 km/h: Bentley no pudo encontrar neumáticos bastante resistentes para un coche tan pesado. Existe el rumor

El Turbo R se basó en el Rolls-Royce Silver Spirit. Compartían la misma carrocería, pero era una máquina más deportiva, con llantas de aleación y con una suspensión mucho más adecuada a sus prestaciones.

de que hay versiones sin velocidad limitada que alcanzan los 270 km/h Dejó de fabricarse en 1996 para dar paso al modelo Arnage.

BENZ VIKTORIA

1892–1900

Motor: Monocilíndrico, 1.724 cc
Potencia: 3 kW (4 CV)
De 0 a 100 km/h: n/d
Velocidad máxima: 20 km/h
Producción total: n/d

Este automóvil se tiene por el primero de los vehículos a motor construido en Mannheim por Karl Benz el año 1885, pero fue el «primitivo» triciclo el primero equipado realmente con un motor de combustión interna y el que rápidamente se convirtió en la base de todos aquellos pioneros que desarrollaron en él sus nuevas e interesantes ideas.

Las primeras ventas de triciclos motorizados fueron lentas. Karl Benz fue quien introdujo, en 1892, su modelo Viktoria con cuatro ruedas, aún no dotado de suspensión ni de neumáticos.

Fue un importante paso adelante en la historia de la motorización. Está documentado que fue el primer automóvil que viajó 1.000 km. El empresario checo Theodore von Gondorf (un millonario textil) condujo uno desde Liberec a Coblenza en 1893 sin sufrir ninguna avería. El automóvil aún sobrevive hoy día

Se atribuye a Karl Benz la invención del automóvil; el modelo Viktoria fue el primer producto de cuatro ruedas que salió de su compañía.

en el museo nacional del motor de la República Checa.

El Viktoria disponía de un primitivo motor bicilíndrico. Sin embargo, su sucesor, el Parsifal,

podía montar varios bicilíndricos con diversas potencias que en su versión máxima podía alcanzar los 62 km/h de velocidad máxima

BERKELEY 322/328

1956–58

Fue a mediados de los años 50 cuando una empresa de caravanas, la Berkeley Coachwork Company, encargó a Laurie Bond, fabricante de vehículos de poca monta, el diseño de un nuevo coche, el Berkeley Sports 322.

Laurie Bond había ya obtenido buena reputación por sus diseños inteligentes e innovadores. Había fabricado el Bond Minlear, un triciclo con un motor Villiers, y desarrolló el modelo Unlear para otro constructor. Empleó fibra de

vidrio en la construcción de carrocerías, lo que le sirvió para hacerse un experto en su uso, así no sorprendió a nadie que la utilizase en la construcción de este automóvil.

El deportivo era pequeño pero muy bien proporcionado, con un

motor Anzari bicilíndrico de dos tiempos de 322 cc. Más tarde se cambió por otro Excelsior de 328 cc. La caja de cambios tenía tres velocidades a excepción de los últimos modelos que tenían cuatro; todos tenían transmisión por cadena a las ruedas delanteras.

Su reducido tamaño y poco peso hizo que fuese sorprendentemente rápido, lo que aún hoy es.

Motor: 2 cilindros, 328 cc
Potencia: 13 kW (18 CV)
De 0 a 100 km/h: n/d
Velocidad máxima: 105 km/h
Producción total: 1.418

La pureza de líneas de sus luces cubiertas y sus suaves curvas frontales y laterales le dan el típico aire de un coche deportivo. Sólo se puede ver el reducido tamaño de este automóvil viendo la altura de la luna delantera (o cuando hay alguien sentado en el interior).

BERKELEY T60

Motor: 2 cilindros, 328 cc
Potencia: 13 kW (18 CV)
De 0 a 100 km/h: n/d
Velocidad máxima: 97 km/h
Producción total: 1.830

La colaboración de los diseños de Laurie Bond y el respaldo y experiencia manufacturera de la Berkeley Coachwork Company, constructores de caravanas, fue una fórmula del éxito durante un tiempo. Los originales deportivos de cuatro ruedas 323 y 328, se actualizaron hasta convertirse en los 492 y luego en los B-95 y B-105 (los números obedecen a su velocidad máxima)

Pero a Laurie Bond le gustaban los triciclos y era prácticamente inevitable que al menos uno de los modelos de la casa Berkeley tuviera esta característica. El modelo referido fue el T-60, un deportivo de apariencia ingeniosa que se estrechaba hasta un «semipunto» en su parte trasera.

Sus tres ruedas hacían que su peso fuese mínimo y por tanto su motor Excelsior de motocicleta con 328 cc con el que se equipaba el T-60 le dotaba de una gran

aceleración. De hecho éste fue un modelo divertido de conducir si se hacía con cuidado debido a su única rueda trasera. Sólo a unos pocos de estos coches, construidos en sus

últimos años, se les instaló un asiento trasero. Pudieron haberse hecho muchas más unidades, pero el colapso de la fábrica de carrocerías hizo muy lenta su construcción.

Que el T-60 fuese un triciclo no representaba una gran desventaja sobre otros deportivos. Las dos ruedas motrices delanteras eran de Berkeley y la rueda posterior reducía su peso.

BITTER CD

Motor: V8, 5.354 cc
Potencia: 171 kW (230 CV)
De 0 a 100 km/h: 9,4 s
Velocidad máxima: 208 km/h
Producción total: 395

A finales de los años 60 Opel desarrolló un concepto de automóvil que llamó Styling CD ya que se basaba en un chasis de su Diplomat más corto, pero la marca decidió que su producción no era

muy práctica para ella. En 1970 la empresa estilística italiana Frua reemprendió este diseño actualizándolo lo justo, pero todavía no se iniciaría su producción.

Fue Erich Bitter, un piloto de carreras y agente de los automóviles Abarth e Intermeccanica, quien se fijó en el Styling CD expuesto el año 1969 en el Salón del Automóvil de Frankfurt y decidió llevarlo a la práctica. Había corrido para la Opel en carreras y decidió empezar su compañía produciendo este modelo.

Encargó a la empresa Baur de Stuttgart su construcción con el primigenio chasis recortado del modelo Diplomat modificado; Opel le ayudó a desarrollar el diseño y Bitter equipó el nuevo automóvil con un motor Chevrolet 327 V8.

El Bitter CD se mostró por primera vez en público en el Salón del Automóvil de Frankfurt el año 1973, donde obtuvo 176 pedidos. Por desgracia le afectó la crisis del petróleo y bajó su negocio. Luego las ventas volvieron a subir, lo que alargó su producción hasta 1979.

¿Por qué los Bitter no son tan venerados como los De Tomaso Pantera? Quizá sea por su construcción alemana y la falta de *glamour* de los coches italianos.

BITTER SC

Motor: 6 cilindros, 3.848 cc
Potencia: 158 kW (210 CV)
De 0 a 100 km/h: 9 s
Velocidad máxima: 210 km/h
Producción total: 450

Suele decirse que el Bitter SC se parece al Ferrari 400, y es verdad, quizá porque el diseño y mucha de su construcción fue hecha en Italia, pero bajo la carrocería había también mucho del Opel Senator.

Erich Bitter se planteó este modelo como una renovación de su vehículo anterior, el CD. Para ello contó con la ayuda de Opel, pero también con los estilistas italianos Micchelotti para cuestiones de detalles del motor y Pininfarina para cuestiones de aerodinámica. La carrocería también tuvo que realizarse en este país, ya que Baur, que había hecho la del modelo anterior, no era capaz de hacer la del SC.

Primero se encargó la fabricación de su carrocería a OCRA, en Turín, pero como los primeros coches producidos tuvieron problemas crónicos de oxidación, Bitter se dio cuenta de que dicha empresa había usado acero reciclado. Luego optó por la empresa Maggiore, que producía al mismo tiempo las carrocerías de Maserati y Bristol.

El SC se vendió razonablemente bien a pesar de que las primeras versiones equipadas con un motor Opel de 3 l no eran particularmente rápidas. Una versión posterior con un motor de 3.9 l representó un avance muy notable. Bitter introdujo incluso versiones cabriolé y alargada. Sea como fuere, el margen de beneficio era siempre escaso y la producción tuvo que pararse a mediados de los años 80, a pesar de que el SC era un coche fantástico.

Dentro de los coches exclusivos el SC es uno de los más comunes por a su motor de procedencia Opel. Pero le falta *glamour*, a pesar de su diseño italiano, y su comportamiento no es impresionante. Sus poseedores, sin embargo, lo idolatran.

BIZZARRINI GT STRADA 5300

El GT Strada 5300 fue ideado por Giotto Bizzarrini, uno de los mejores diseñadores de Ferrari y el creador del genial Ferrari 250 GTO.

Por lo que fuera, Bizzarrini discutió con Enzo Ferrari y abandonó la empresa decidido a producir su propio automóvil, convencido de superar las ofertas de Ferrari. Estableció un negocio de ingeniería y consultoría y trabajó al principio para Lamborghini y Renzo Rivolta diseñando el Iso Grifo además de trabajar para Ferrari en el ASA 1000 GT.

Los diferentes malentendidos con Enzo eran bastante comunes y normalmente Ferrari los olvidaba en seguida, sobre todo si le convenía.

En 1964 Bizzarrini corrió en las carreras de Le Mans con un Iso Grifo aligerado de peso y ganó la categoría GT. Aprovechó la situación para negociar entonces un acuerdo para construir una versión más ligera del Iso biplaza al que pondría su propio nombre, el GT Strada 5300.

Al igual que el Iso, el Strada disponía de un motor Chevrolet V8, su baja carrocería estaba diseñada por Giugiaro y podía fabricarse en aluminio o en fibra de vidrio. El Strada entró en competición incluso con el Chevrolet Corvette y fue poco vendido.

Motor: V8, 5.343 cc
Potencia: 272 kW (365 CV)
De 0 a 100 km/h: n/d
Velocidad máxima: 258 km/h
Producción total: 149

Cuando el creador del Ferrari 250 GTO se fue para crear un competidor, el resultado tenía que ser espectacular. El GT Strada siempre perdía con el 250 GTO, aunque el precio, al final más asequible, se añadió al valor de su imagen sobre el GTO.

BIZZARRINI 1900 EUROPA

1967–69

Giotto Bizzarrini decidió fabricar sus propios coches después de abandonar Ferrari. El primero de ellos, el Strada, tenía un motor V8 de Chevrolet y estaba basado en el Iso Grifo pero el diseño de su carrocería era de Giugiaro. El segundo intentó ser más accesible.

La salida al mercado del modelo Europa coincidió con la del Lotus del mismo nombre. La versión de Bizzarrini usaba un motor a escala menor del anterior, su carrocería era menos agresiva, se montaba sobre un chasis con plataforma de acero, tenía suspensión independiente y frenos de disco en las cuatro ruedas.

El motor del Strada V8 se reemplazó por uno de 4 cilindros de Opel con árbol de levas en cabeza y de 1,9 l. . Con el poco peso del coche este motor no resultaba tan ineficaz como parece, pero su precio era casi igual al del Strada, por lo que no se vendió muy bien. No es nada sorprendente que el poco exitoso Europa hiciese que Bizarrini cerrase sus fábricas poco después de su aparición.

Si no lo veo no lo creo, habría pagado un millón de dólares si no hubiese habido alguien de vista aguda que se diese cuenta de su motor de 1,9 l.

Motor: 4 cilindros, 1.897 cc
Potencia: 101 kW (135 CV)
De 0 a 100 km/h: n/d
Velocidad máxima: 206 km/h
Producción total: 15

BMW DIXI 3/15

1927–31

Hubo una fábrica de coches en Eisenach antes de que apareciera el nombre de BMW. De hecho se empezó a fabricar en 1896 y fue por 1904 cuando la empresa adoptó el nombre de Dixi. Una marca que siempre estuvo al borde de la bancarrota hasta finales de los años 20, cuando Dixi compró la licencia para fabricar el Austin Seven.

Lo bautizó como 3/15 DA-1, lo introdujo en el mercado en 1927 y fue un inmediato éxito de ventas. El fundador de Dixi tenía otros intereses comerciales, así que al año siguiente, 1928, vendió los

¿Austin Seven? No, un BMW en potencia. Gracias a su trato con Austin y a una efectiva venta por parte de BMW consiguió que ésta prosperase y ayudase a Austin a salir de la penuria económica.

derechos del Dixi a un fabricante de motos y motores de avión, la Bayerische Motoren Werke-BMW.

El nombre de 3/15 DA-1 se entendía porque 3 era su número de velocidades, 15 el de los caballos de su motor y DA por ser la versión alemana. Se ofreció en cuatro carrocerías. Fue actualizado en 1929 recibiendo el nombre de DA-2. Después apareció el DA-3, un deportivo biplaza. Su última versión, la DA-4 fue un sedán básico pero bien construido. En 1931, se habían fabricado 25.000 unidades y BMW se estableció como fábrica de coches.

Motor: 4 cilindros, 747 cc
Potencia: 11 kW (15 CV)
De 0 a 100 km/h: n/d
Velocidad máxima: 73 km/h
Producción total: 25.000 aprox.

BMW 303

1933–36

La reputación de BMW como fabricante de coches empezó con las motorizaciones del 3/15, pero la empresa pronto apuntó a las clases medias. El coche que definió esta intención fue el 303, que fue presentado en 1933.

Fue el que aportó los clásicos riñones de la parrilla frontal y que son desde entonces visibles en todos y cada uno de sus modelos. Además estaba equipado con un nuevo motor de 6 cilindros y 1.175 cc, una evolución del de un modelo anterior de 4 cilindros usado en el AM-4.

Este motor no era tan pequeño como puede parecer hoy día y fue aclamado como potente el día de su aparición. Por otra parte su interior era inusualmente grande, lo que dio pie a BMW a hacer publicidad del coche diciendo que era *smallest big car in the world* (el coche grande más pequeño del mundo). Tenía además su propio estilo y se ofreció en varias carrocerías, como un sedán de dos puertas, un cabriolé y un deportivo biplaza. Pronto el 303 se usó como base para el 309, un modelo con un motor más barato de 4 cilindros. El 315 evolucionó hasta los 1.500 cc, pero el más potente fue el 319.

Luego vinieron dos coches que dieron gran fama mundial a BMW el 315/1 y el 319/1, deportivos *roadster* biplaza muy exclusivos y caros de los que se fabricaron muy pocos.

Motor: 6 cilindros, 1.175 cc
Potencia: 22 kW (30 CV)
De 0 a 100 km/h: n/d
Velocidad máxima: 105 km/h
Producción total: n/d

BMW 328

1936–39

Motor: 6 cilindros, 1.991 cc
Potencia: 60 kW (80 CV)
De 0 a 100 km/h: 8 s
Velocidad máxima: 150 km/h
Producción total: 461

Ocho años justos después de la compra de Dixi por BMW con su copia del Austin Seven, apareció en el mercado un modelo hasta hoy considerado uno de los deportivos más elegantes de todas las épocas, el 328.

Salió al mercado en 1936 cuando ganó la carrera Eiffelrennen, una de las más prestigiosas del momento. Su carrocería de biplaza descapotable curvado, con pescantes mucho más pequeños de lo entonces normal y sin ventanas laterales, le daba un aspecto increíble.

Bajo su espléndida carrocería se escondía un motor renovado de 2 l y 6 cilindros tomado del 303 que entregaba 80 CV de impresión, muchos para un coche tan pequeño y ligero. Su situación era alta en el cofre delantero, en parte debido a los nuevos cilindros de aluminio en cabeza, pero también y en mayor medida por los tres carburadores Solex verticales La carrocería se montaba sobre un armazón tubular y sus frenos eran hidráulicos tanto delante como atrás.

Este modelo era la última evolución de los deportivos 315/1 y 319/1 capaces de circular a 150 km/h en carretera, pero el 328 era la versión de carreras y en verdad que dio a BMW gran reputación Algunos de ellos entregaban 135 CV, lo que les permitía alcanzar los 200 km/h. El 328 ganaba carreras una tras otra, pero su momento de oro llegó en la Millie Miglia de 1940 cuando cuatro 328 especialmente carrozados llegaron el primero, el tercero, el quinto y el sexto.

A los ojos de un profano el 328 sólo se diferenciaría un poco de los deportivos descapotables de preguerra. Pero era un coche superior a la mayoría, de muy fácil conducción y grandes prestaciones para la época (podría alcanzar a algunos de los deportivos actuales sin esfuerzo).

BMW 501

BMW perdió, al final de la Segunda Guerra Mundial, todo lo que había ganado con la compra del Dixi en 1928. Todo excepto su reputación de fabricante de excelentes coches para las clases alta y media. De esta manera, después de la guerra, continuó metida en estos mercados. Se encontró con que el mercado de coches asequibles estaba muy saturado, así que fabricó grandes y caros sedán en competición directa con Mercedes. El sedán en cuestión fue el 501, muy cercano al que fue el 326 de antes de la guerra.

Las curvas trabajadas de su carrocería motivaron su apodo de *Baroque angel* (Ángel barroco).

Bajo ésta se escondía el viejo motor de 6 cilindros y la nueva suspensión totalmente independiente. No fue un mal coche, pero Mercedes fabricaba coches mejores, a precios más reducidos y con una red de distribución también mejor.

BMW trabajó duro para mejorar su 501, primero con el 501A, luego con el 501/3 y por último el 502 equipado con un motor V8 mucho mejor que los anteriores.

Motor: 6 cilindros, 1.971 cc
Potencia: 48 kW (65 CV)
De 0 a 100 km/h: n/d
Velocidad máxima: 135 km/h
Producción total: 6.328

BMW 503

Motor: V8, 3.168 cc
Potencia: 104 kW (140 CV)
De 0 a 100 km/h: n/d
Velocidad máxima: 190 km/h
Producción total: 412

La BMW de los años 50 tuvo que luchar para sobrevivir. Por eso fabricó un puñado de coches de muy alta categoría junto con el diminuto Isetta.

Uno de estos coches de alta gama fue el 503 diseñado por Count Albrecht Goertz, el mismo que años antes diseñó el exitoso Datsun 240Z entre muchos otros. Se vendió junto con los modelos 501 y 502 del que utilizaba el mismo tren delantero y motor V8, pero su aspecto era muy diferente

En primer lugar era un cabriolé de líneas angulosas y largas, faros delanteros salientes y una parrilla alta y bulbosa con los tradicionales riñones de la marca. Era sin duda un coche atractivo. Su altura era superior a la del 501 y 502 y su motor V8 fue adaptado para desarrollar 140 CV que permitían una conducción rápida y divertida.

Su precio doblaba al del 501, que a su vez también era caro por sí mismo. Por esto, y a pesar de su

Este es el coche que a punto estuvo de acabar con BMW debido a su alto precio de fabricación y a la dificultad de venderlo en cantidad. Pero aparte de esto, el 503 es un modelo agradable de conducir siempre que se encuentre uno.

aspecto tan moderno, el 503 fue un desastre muy caro que puso a BMW en dificultades económicas.

BMW 507

1956–59

En el Salón de Frankfurt de 1955 BMW presentó tres coches sorprendentes; una limusina que nunca llegó a fabricarse y dos deportivos diseñados por Albrecht Goertz, el 503 (ver entrada anterior) y el 507.

Este último era el mejor de los dos. Se trataba de un biplaza bajo y ágil con techo duro extraíble y una capota plegable que reducía toda la visibilidad detrás de los asientos. Sus líneas limpias y musculosas daban a entender sus prestaciones ampliamente motivadas por su tren delantero. Bajo su capó se escondía el motor V8 que podía hacerle correr hasta los 193 km/h.

Como era de prever el 307 era demasiado caro, tanto que en 5 años se vendieron 253. Actualmente es un coche de leyenda y uno de los

más ansiados de los BMW de todos los tiempos junto con el 328 de antes de la Gg

Motor: V8, 3.168 cc
Potencia: 111 kW (150 CV)
De 0 a 100 km/h: 9,5 s
Velocidad máxima: 193 km/h
Producción total: 253

Los fanáticos creen que este es el BMW mejor construido de todos los tiempos. Su aspecto con el techo extraíble era soberbio. Pero no es fácil ver ninguno de ellos en la carretera, pues sólo se fabricaron unos pocos.

BMW 700

1959–65

El 700 fue el coche que salvó a BMW de su bancarrota en los años 60 a pesar de sus sedán de gran lujo y sus deportivos de altas prestaciones. El 700 fue un recurso provisional del que BMW se avergonzó. El coche se fabricó porque la marca estaba desesperada por encontrar un sitio entre los coches medios de su gama, un sitio que le permitiese llenar el vacío entre su pequeño Isetta y sus grandes sedán y

deportivos. El problema es que no había dinero para fabricar un coche así, por lo que BMW puso al motor Isetta una carrocería de sedán. El nombre de 700 se debe a que su motor no era más que una potenciación del Isetta hasta los 697 cc.

Se fabricó incluso una versión 700 Sport que luego se llamaría 700CS y se ofreció como cupé o como cabrio. Más tarde apareció el 700LS con una mayor distancia

entre ejes y que llevó al 700 aún más lejos que el Isetta original.

Este coche no debería haber sido un éxito de ventas al haber otros coches mejores en el sector, pero

Si uno se esfuerza en encontrar la importancia del BMW 700 dentro del mercado de los años 60, que piense en el Triumph Herald o en el Ford Anglia, sedán pequeños y económicos con un diseño más que módico.

su atractiva carrocería diseñada ni más ni menos que por Michelotti de Turín y el hecho de que estaba bien equipado para el mercado que ocupaba hizo que BMW se salvara.

Motor: 2 cilindros, 697 cc
Potencia: 22 kW (30 CV)
De 0 a 100 km/h: 33,7 s
Velocidad máxima: 113 km/h
Producción total: 174.390

BMW 1500

Motor: 4 cilindros, 1.499 cc
Potencia: 60 kW (80 CV)
De 0 a 100 km/h: 14 s
Velocidad máxima: 148 km/h
Producción total: 350.729

El modelo 1500, fabricado íntegramente en la BMW, recuperó la fortuna de la empresa y fue el primero de la llamada Neue Klasse. Los modelos anteriores habían simplemente roto la economía de la marca, pero el 1500 empezó la transición de una BMW ligeramente incapaz con altos niveles de ingeniería, a ser la potencia mundial que es hoy día en la fabricación de automóviles.

El coche se expuso por primera vez en 1961 y recibió de inmediato los elogios ardientes de las revistas del motor. Su buen aspecto tenía algo del diseño del anterior 700 que Albrecht Goertz puso en el fantástico deportivo 507.

De alguna manera este coche conjugaba el prestigio con la calidad sin recurrir al exceso de cromatismo en algunos diseños. De hecho el 1500 fue diseñado casi en totalidad en la propia

BMW, sólo hubo cierta ayuda de la casa italiana Micheloti.

Su motor de 4 cilindros y árbol de levas en cabeza era totalmente nuevo y y del todo fiable. La caja de cambios y los ejes no eran al principio tan exitosos, por lo que casi destruyen la buena reputación de la calidad de la marca. Por suerte el 1500 sobrevivió a estos primeros problemas y BMW aumentó la serie con un 1600, un 1800 y un 2000 siempre con las mismas carrocerías de dos y cuatro puertas. Todos ellos tuvieron un gran éxito.

Pocos modelos han tenido un diseño tan limpio como los de la Neue Klasse: obsérvese la línea del capó y la curvatura del maletero con su línea arrogante, la simplificación de su aspecto gracias a sus indicadores y a las manecillas de la puerta, que siguen la misma línea.

BMW 02-SERIES

El modelo más apreciado de la gama BMW apareció con cierta timidez en 1966, pero no tardó en alzarse como uno de los mejores sedán deportivos de todos los tiempos con un diseño verdaderamente rompedor. Los automóviles a los que nos referimos como Serie 02 empezaron con un modelo actualmente llamado 1600-2 para distinguirlo del gran BMW 1600 (que estaba basado en el 1500)

El 1600-2 tenía como objetivo introducir la marca en un público masivo; era un coche para un mercado popular, habiendo previamente evaluado los otros coches más glamurosos de la gama. Curiosamente el 1600-2 fue un automóvil muy fácil de conducir con unas prestaciones, maniobrabilidad y refinamiento impresionantes.

Con esta base tan prominente nació un deportivo condenado al éxito. Al principio BMW amplió la serie con un Ti, un buen coche pero que no superó la normativa de emisiones de gas de los Estados Unidos, así sustituyó su motor por uno de 2 l y lo llamó 2002.

El 2002 fue un éxito y le siguió una versión Ti con dos carburadores y una Tii con un motor de inyección. Se ofreció igualmente con una carrocería familiar y un cabrio, pero la versión más extrema fue la 2002 Turbo, el primer coche europeo de fabricación en serie turboalimentado, una máquina muy potente y muy buscada en la actualidad.

Motor: 4 cilindros, 1.990 cc
Potencia: 97 kW (130 CV)
De 0 a 100 km/h: 8,3 s
Velocidad máxima: 187 km/h
Producción total: 698.943

Su parrilla, su frontal en diagonal, las líneas del capó y el maletero, todo indica que estamos hablando de un sedán BMW de hace años.

BMW 3.0CS

Motor: 6 cilindros, 2.985 cc
Potencia: 149 kW (200 CV)
De 0 a 100 km/h: 7,5 s
Velocidad máxima: 224 km/h
Producción total: 20.301

Desde 1965 los cupés de dos puertas han sido pieza clave de toda la gama de BMW. Ese año la carrocería del Neue Klasse adoptó la forma de un cupé impecable al que se le instaló un motor de 2 l y se le llamó 2000C o 2000CS dependiendo de sus prestaciones. Hacía relativamente poco que aparecieron motores más grandes que compenetraban la potencia con el diseño.

El primer coche de esta serie tuvo un motor de 2,8 l y 6 cilindros que se instaló en el 2800CS, luego se puso un motor de 3 l y también 6 cilindros en un gran sedán y fue inevitable la aparición del cupé, el 3000CS. Éste fue pronto reemplazado por una versión con motor de inyección, el 3000 CSI, que daba aún más altas prestaciones: 149 CV. De hecho el CSI podía competir con los Porsche 911 de la época en cuestión de velocidad máxima y de aceleración.

El CSL cupé no necesita de los adornos de los alerones extra para tener un aspecto agresivo. Eran coches rápidos a la vez que suaves gracias a su potente motor de 6 cilindros, el más equilibrado de todos.

Las ventas de ambos modelos se vieron ayudadas por el éxito en las carreras de otra versión del cupé, el 3.0 CSL (L de ligero).

El CSL era increíble: su carrocería estaba hecha con paneles de aluminio, un alerón delantero y 225 km/h. Al principio las versiones de carretera se parecían mucho a las estándar del CSI, pero esto cambió cuando BMW empezó a experimentar con la aerodinámica y el resultado fue el gran «Batmobile», un 3.0 CSL con un alerón en el techo, otro macizo en el maletero y un tercero aún más grande en el frontal; además en el capó también habín ciertas ayudas aerodinámicas. Este coche se ha unido al 2002 Turbo para ser «lo máximo».

BMW M1

Motor: 6 cilindros, 3.453 cc
Potencia: 206 kW (277 CV)
De 0 a 100 km/h: 5,5 s
Velocidad máxima: 260 km/h
Producción total: 456

BMW tiene una larga historia de modelos de diseño controvertido hasta la llegada del Neue Klasse 1500 en 1961. A finales de los 70 BMW volvió a diseñar coches con la ilusión de fabricar uno capaz de competir con Ferrari y Lamborghini.

El nuevo automóvil no tiene nada que ver con los sedán y cupés que ya existían, pero se trata de un buen coche.

El M1 fue diseñado por Ital Design y motorizado curiosamente por Lamborghini, un nombre no precisamente asociado a la precisión alemana. Era un motor de 3,5 l sobrealimentado que producía 277 CV, tenía sus cilindros de aleación de aluminio y 24 válvulas en cabeza. Fue el primero en llamarse M, una de las características deportivas de la marca que significa Motorsport. Hoy estos coches M son legendarios.

BMW no estaba ya dispuesta para fabricar poca cantidad de coches, por lo que muchas de sus partes se fabricaron en Italia y se ensamblaron en Baur, Alemania. Hubo ciertos problemas de calidad y retrasos y a la postre el coche no parecía tan espectacular como sus rivales. Por eso BMW no tuvo el prestigio de Ferrari o Lamborghini en este mercado y su entrada en el grupo 5 de carreras fue regular. Al final lo mejor que pudo hacer la marca fue crear su propia serie unitaria de carreras. Es un triste final a las esperanzas de BMW porque, de hecho, el M1 era un excelente supercoche quizá no tan espectacular por dentro o por fuera como un Ferrari, pero competente y de conducción apasionante.

El color rojo, el azul cielo y el azul oscuro son ahora los símbolos de los vehículos M de BMW y se aprecian en las ruedas motrices, los instrumentos y el exterior.

BMW M535I

Motor: 6 cilindros, 3.453 cc
Potencia: 162 kW (218 CV)
De 0 a 100 km/h: 7,1 s
Velocidad máxima: 224 km/h
Producción total: 1.650

Cuando BMW quiso que su supercoche M1 corriese en las carreras se dirigió a su división de Motorsport para que desarrollase los coches de carretera y satisfacer la necesidad de homologación en las regulaciones

sobre competición. A pesar de los problemas que tuvo el M1 la división lo aprobó y así la marca supo a quién acudir cuando decidiese fabricar sedán deportivos.

El M 535i fue el primer verdadero coche de carretera que hizo BMW Motorsport después del M1. No tenía el diseño espectacular ni las modificaciones de los M que le siguieron, pero fue más rápido de lo que parecía. Dentro de las carrocerías estándar

de la serie 5 iba un motor poderoso de 6 cilindros que usará después el 635CSi, una caja de cambios de relaciones cortas, unos frenos mejorados y una suspensión especial de Bilstein. En el exterior era difícil diferenciarlo de los otros serie 5 estándar, lo único que se podía notar era el frontal ligeramente más bajo y unas ruedas de aleación más anchas (el alerón además era opcional). En el interior del habitáculo había asientos Recaro y un volante como el del M1.

Quizá este BMW no merecería una segunda mirada, pero es una de las últimas ovejas con piel de cordero del mundo del automóvil. El alerón frontal de este modelo es una clave, pero desde la aparición de este modelo, alerones frontales como el suyo son de lo más usual.

El M535i inició el camino de una nueva trayectoria en los coches M.

BMW M635CSI

Motor: 6 cilindros, 3.453 cc
Potencia: 213 kW (286 CV)
De 0 a 100 km/h: 6 s
Velocidad máxima: 242 km/h
Producción total: 5.803

Sólo cuando la exitosa familia de los 3.0 CS de cupés apareció obsoleta, BMW empezó a reemplazarlos con la serie 6. Fue un coche tan atractivo como los cupés a los que sustituían, pero representaban un gran avance dinámico.

Su tren delantero procedía del sedán de la nueva serie 7 para ejecutivos, lo que significaba que los clientes ya tenían el usual motor de 6 cilindros, con dirección asistida y suspensión independiente. BMW pidió la colaboración de Motorsport para lo más avanzado de la serie 6.

El resultado fue un fantástico M635CSi equipado con un motor de 3,5 l modificado por Motorsport para aumentar su potencia de los usuales 218 CV hasta los 286; su caja de cambios de cinco

velocidades en relación cerrada, las llantas de aleación, el kit de carrocería de Motorsport, los asientos especiales y el volante eran del todo estándar. El mejor atractivo de este modelo estaba en

Nadie que quiera un coche de aspecto agradable o inofensivo escogerá un BMW, pues sus diseños fueron muy agresivos en la década de los 80. Su exagerado frontal de tiburón hacía que el M635CSi tipificase esta norma.

su discreto aspecto, pero como muchos fabricantes rivales rechazaban diseños similares, parecía obvio que los compradores no quisieran que su coche M pareciese tan menospreciable.

Por eso se hizo un poco especial poniéndole asientos de piel, asientos delanteros eléctricos y nuevos alerones. Todavía era un coche algo discreto diseñado para atraer a aquellos que lo conociesen.

BMW M3

1985–90

El BMW M3 tenía asientos deportivos, un pequeño logo con una M entre el tablero de mandos, un cuentarrevoluciones de 8000 rpm y también un ordenador de a bordo opcional. Todos tenían el volante en el lado izquierdo.

Si se observan los primeros ejemplares de la serie 3 de BMW con sus desmesurados pasos de rueda, un pequeño alerón trasero y volante a la izquierda se estará ante una leyenda de esta marca, el E30 M3.

El E30 fue la segunda generación de los sedán de la serie 3, la que sucedió a la 02. El M3 fue una creación de la división Motorsport basada en el E30 con un motor de 4 cilindros,

16 válvulas derivado más o menos del de 6 cilindros que tenía el M1. De hecho los ingenieros únicamente prescindieron de 2 cilindros y lo instalaron en una carrocería de la serie 3. Había espacio suficiente para colocar el motor original de 6 cilindros, pero el sobrepeso afectaría al equilibrio del coche, pues era mucho más pequeño que los modelos de la serie 5 o 6. El M3 necesitó un gran cambio tanto

interior como exterior para obtener las grandes prestaciones que le permitirían ir a las carreras.

La aerodinámica jugó un papel muy importante en su desarrollo: los ingenieros de Motorsport incluso cambiaron la inclinación de las ventanas traseras para mejorar el flujo del aire. El intenso trabajo de reforma tuvo éxito y el M3 consiguió las mismas puntuaciones que el Ford Sierra Cosworth, el

Audi Quattro y otros grandes sedán de este tipo.

Desde la primera versión del E30, ésta ha ido evolucionando con el M3 hasta hoy día, pero sus aficionados aseguran que el original fue el mejor.

Motor: 4 cilindros, 2.302 cc
Potencia: 149 kW (200 CV)
De 0 a 100 km/h: 7,1 s
Velocidad máxima: 226 km/h
Producción total: 17.184

BMW Z1

1986–91

Motor: 4 cilindros, 2.494 cc
Potencia: 127 kW (170 CV)
De 0 a 100 km/h: 7,9 s
Velocidad máxima: 226 km/h
Producción total: 8.000

El deportivo Z1 fue el resultado de una feliz casualidad. BMW nunca planeó fabricar un coche así, sólo pretendía probar el desarrollo de un nuevo sistema de suspensión

trasera para los modelos de la serie 3 de los años 90.

Durante su trabajo BMW decidió recubrir el armazón con la carrocería de un pequeño deportivo

monocasco hecha de acero y fibra de carbono; los paneles externos serían de fibra de vidrio y las puertas se deslizarían hacia abajo. Sea como fuere, es aún hoy un ejercicio de ingeniería.

Finalmente el coche se expuso y todo el mundo quería uno de esos pequeños e intrigantes deportivos La versión que se fabricaría tendría un motor de 2,5 l BMW con 6 cilindros en línea, suficiente para alcanzar una velocidad máxima de 226 km/h.

De este modelo se vendieron 8.000 unidades, mucho si se considera que nunca se pensó en fabricarlo. En verdad era muy caro para lo que ofrecía y nunca tuvo tan buenas características como de él se esperaban.

Circulando, el BMW Z1 parece convencional, pero es una sorpresa que sus puertas se deslicen hacia abajo. Fue un deportivo radical y un rumor lejano del modelo Z3 que aparecería una década después.

BOND EQUIPE

1963–70

Lawrie Bond se dedicó en los años de posguerra a fabricar coches de tres ruedas parecidos a los Reliant. Muchos tenían un motor Villiers de dos tiempos y su mecánica era muy pobre.

Entonces Bond añadió a la gama el Equipe GT4. Un coche de cuatro ruedas basado en el Triumph Herald del que usaba su chasis, sus puertas y la carrocería curva, el resto de la carrocería estaba hecho de fibra de vidrio. La publicidad lo definió como «The most beautiful car in the World» (El coche más bello del mundo).

El GT4 no era un mal coche, pero fue mejorado en 1964 con la versión GT4S que tenía dos faros

¿Parece familiar pero poco común? Eso es porque sus puertas son las del Triumph Herald/Vitesse y el resto es todo de la propia marca Bond. El de la foto es el GT4S con sus deportivos faros delanteros y el motor de 4 cilindros del Herald.

delanteros en cada lado, un maletero saliente y más altura para los pasajeros que el GT4. Luego nació una versión totalmente rediseñada, el Equipe de 2 l basado en el hermano mayor del Herald, el Vitesse. Tenía un motor de 2 l nuevo y sólo adquirió del Vitesse la suspensión trasera. El MK II Equipe la cambió y pudo ofrecerse como convertible.

Los coches Bond, baratos y deportivos, tienen hoy sus adeptos incluso sabiendo que tanto el chasis como la carrocería eran más propensos a la oxidación que el Herald y el Vitesse.

La leyenda dice que la falta de sitio en el almacén en la fábrica de Bond hizo que se guardaran sus estructuras y piezas a la intemperie bajo la lluvia.

Motor: 6 cilindros, 1.998 cc
Potencia: 71 kW (95 CV)
De 0 a 100 km/h: 10,7 s
Velocidad máxima: 165 km/h
Producción total: 4.381

BOND BUG

1970–74

El Bond Bug puede provocar risa o rechazo. Lo cierto es que resulta divertido de conducir, especialmente sin las ventanas laterales exponiéndose a las más curiosas miradas ajenas.

En los años 60 dos de los fabricantes de coches que más empleaban la fibra de vidrio eran Reliant y Bond. Ambas marcas se crearon su propia fama con los triciclos económicos para luego fabricar coches deportivos. Pero en 1969 Reliant compró Bond y en un año la vieja fábrica de Bond en Preston se trasladó a la base de Reliant en Teamsworth.

Reliant pareció ver la oportunidad de experimentar sin perjudicar su buen nombre. Ya habían trabajado con el diseñador Tom Karen, de Ogle, que había expuesto una idea para el nuevo tres ruedas que enfatizaba la diversión.

Reliant aceptó la idea de Ogle y la fabricó con el nombre de Bond

Bug. Tenía una delantera inclinada hacia delante, ventanas laterales extraíbles y se vendía únicamente en color naranja intenso. Su motor era uno de los Reliant de 4 cilindros que al principio tenía una cilindrada de 701 cc y que a partir de 1973 aumentó a 748 cc.

Considerando la naturaleza poco común de este coche se puede decir que fue un éxito y tipificó la naturaleza disparatada de los años 70. A quien le gustaba lo adoraba, si no simplemente lo ignoraba.

Motor: 4 cilindros, 748 cc
Potencia: 24 kW (32 CV)
De 0 a 100 km/h: n/d
Velocidad máxima: 126 km/h
Producción total: 2.270

BONNET DJET

El Bonnet Djet fue el primer coche de carretera con el motor central. Fue un invento de Frenchmann René Bonnet, que antes había fabricado deportivos y coches de carreras para la empresa CD, con Charles Deutz.

El Djet utilizaba el tren delantero de Renault, un chasis de vigas, suspensión delantera y trasera independiente y frenos de disco en las cuatro ruedas.

Nada convencional, el Djet batió incluso al Lamborghini Miura, siendo un coche de motor central. Su fabricación por Matra dio pie al Bagheera y al Murena.

Su carrocería de fibra de vidrio la fabricó Matra, un gigante de la industria aeroespacial que también fabricaba fibra de vidrio y plásticos.

Incluso en sus primeros pasos el Djet era un coche rápido equipado con un motor Renault de 1.108 cc modificado por Gordini. Los modelos posteriores (el II, el 5 y el 5S) eran aún más rápidos. Pero en 1964, la marca tuvo problemas financieros, pues debía a Matra mucho dinero. Para recuperar sus pérdidas Matra compró Bonnet y mantuvo la fabricación del Djet. Este fue el primer intento de Matra

de fabricar coches que continuó en los años 80.

Matra pronto instaló al coche un motor más potente de 1.255 cc y lo nombró Jet antes de sustituirlo por el aún más estrafalario M530.

Motor: 4 cilindros, 1.180 cc
Potencia: 48 kW (65 CV)
De 0 a 100 km/h: n/d
Velocidad máxima: 165 km/h
Producción total: n/d

BORGWARD HANSA

El Borgward Hassa fue el primer coche completamente alemán que apareció en el mercado después de la guerra. Lo fabricó Karl Borgward, que ya antes había fabricado coches Goliath y Hansa Lloyd. Después de la guerra decidió cuál era el mejor modo de recolocar las chatarras metálicas

y creó tres marcas automovilísticas: Lloyd, Goliath y Borgward.

El Borgward Hansa 1500 se dejó de fabricar en 1949 debido a que otras ofertas alemanas lo hicieron obsoleto. Tenía una carrocería muy ancha inspirada en la del American Kaiser; sus prestaciones fueron modernas: tenía una caja de

cambios sincronizada, un motor con válvulas en cabeza y suspensión delantera y trasera independientes.

Al 1500 le siguió una versión diésel y otra 1800 antes de llegar al modelo Isabella. El nombre de Hansa todavía se usaba aunque sólo para la versión 6 cilindros

del coche original que se llamó Hansa 2400 y se fabricó hasta 1958.

Motor: 4 cilindros, 1.498 cc
Potencia: 36 kW (48 CV)
De 0 a 100 km/h: n/d
Velocidad máxima: 105 km/h
Producción total: 35.229

BORGWARD ISABELLA

1954–61

El modelo Isabella es el más famoso e importante de Borgwards pues consiguió mantener la marca al menos hasta la segunda mitad de los 50. La versión estándar se ofrecía con carrocería sedán o familiar y era simplemente la evolución del anterior modelo Hansa. Su nombre surgió cuando los ingenieros de Borgward quisieron poner un distintivo en los modelos de preproducción para diferenciarlos de los originales cuando se probasen en las carreteras. Carl Borgward sugirió el nombre de Isabella, su esposa, y se aceptó.

Como el Hansa, el Isabella fue un coche adelantado a su tiempo.

De líneas muy curvadas e imagen glamorosa estaban equipados con un motor de 1.498 cc. El cabriolé construido por Deutsch of Cologne era muy caro, por lo que sólo se vendieron 29.

Motor: 4 cilindros, 1.498 cc
Potencia: 56 kW (75 CV)
De 0 a 100 km/h: 17,4 s
Velocidad máxima: 150 km/h
Producción total: 202.862

Usaba aleaciones de aluminio y separaba los subchasis delantero y trasero con goma para así insonorizarlos mejor. Pronto ganó reputación como coche longevo y

su temprano éxito dio pie a la aparición de dos versiones más, el cupé y el cabriolé. Ambos se tuvieron por los coches alemanes de mejor aspecto.

El Isabella Cupé (en la foto) es producto del hombre pensante de Volkswagen Karmann Ghia, una fiesta de líneas curvas y un rumor lejano para los sedán de este modelo.

BORGWARD P100

1959–61

Motor: 6 cilindros, 2.240 cc
Potencia: 75 kW (100 CV)
De 0 a 100 km/h: 14,6 s
Velocidad máxima: 161 km/h
Producción total: 2.587

Hoy puede llegar a sorprender que Borgward haya podido llegar a ser una potencia de la industria

automovilística alemana de los años 50 llegando a competir con Opel y Mercedes-Benz.

Su mejor arma fue el P100, un gran sedán al estilo americano con un motor de 2,3 l y 6 cilindros con la opción de instalar una suspensión por aire. Fue el primer coche alemán que utilizó

suspensión neumática. Borgward invirtió mucho dinero en este modelo, pero no fue tan bueno como debería haberlo sido, principalmente porque el motor no entregaba suficiente potencia.

De esta manera las finanzas de Borgward empezaron a flaquear. Se sintió obligado a pedir ayuda

económica al senado de Bremen; después de todo, BMW recibió ayudas sólo un año antes. Pero no se le concedió y Borgward fue a la bancarrota en 1961.

El modelo P100 se fabricó entonces en México por otra empresa. Carl Borgward murió en 1963.

BRICKLIN SV-1

1974–75

Motor: V8, 5.896 cc
Potencia: 164 kW (220 CV)
De 0 a 100 km/h: n/d
Velocidad máxima: 197 km/h
Producción total: 2.897

Canadá nunca tuvo aspiraciones a tener una gran industria automovilística, pero en los años 70 un hombre y un gobierno intentaron

cambiarlo. El hombre, el emprendedor Malcom Bricklin, persuadió al gobierno canadiense para que financiase con 23 millones de dólares los talleres donde se fabricaría el deportivo SV-1.

El coche tenía un buen diseño, de aspecto fornido y seguro, pero con una carrocería acrílica y de fibra de vidrio. Sus puertas se abrían hacia

arriba. Su motor era al principio un AMC de 5,9 l y V8, pero luego la marca se decantó por el Ford V8. La mayoría de sus versiones tenían una transmisión automática y sólo unos pocos manual.

Los problemas aparecieron con la pobre calidad de construcción, sobre todo en sus puertas en ala. Se dejó de fabricar un año después

con la empresa totalmente colapsada y con quejas a nivel gubernamental.

Sus impactantes parachoques y gruesos soportes del techo le daban un aspecto raro, pero el SV-1 tenía un diseño similar al del Camaro. Sea como fuere, ni eso le aseguró su longevidad.

BRISTOL 400

La empresa Bristol, dedicada a la fabricación de aviones, empezó, durante la posguerra, a construir automóviles ayudada por un directivo de diseño de BMW.

La Bristol Aeroplane Company empezó a fabricar coches a finales de la Segunda Guerra Mundial. Al principio desarrolló un prototipo de cupé deportivo, pero se destrozó en las pruebas que se le hicieron en el aeródromo de la compañía. De hecho fue el coche el que se autodestruyó por graves problemas de maniobrabilidad.

Por eso la empresa empezó a fabricar coches de diseño ya existente, gracias a las reparaciones de guerra, sobre todo de BMW. La empresa se aseguró el suministro de chatarra militar por parte de un directivo de diseño de BMW y así nació el Bristol 400.

Nació con el chasis del BMW 326 Type y una carrocería basada en la del 327. Su motor fue una

evolución del de 6 cilindros del BMW 328 y su carrocería de acero con un armazón de madera hizo que el Bristol 400 tuviese un gran nivel de construcción, de hecho el mismo de la industria aerodinámica.

Pronto sus coches tuvieron fama de ser de alta calidad, y el

precio, un poco caro, ofrecía exclusividad.

Las primeras unidades del 400 disponían de un carburador y baja compresión para soportar la escasez de gasolina después de la guerra. Más tarde se fabricaron con tres carburadores, pero no fue la clave para vender más. Por eso

Bristol se concentró en la calidad y exclusividad de sus vehículos que siempre la ha distinguido.

Motor: 6 cilindros, 1.971 cc
Potencia: 60 kW (80 CV)
De 0 a 100 km/h: 14,7 s
Velocidad máxima: 152 km/h
Producción total: 700

BRISTOL 401

Motor: 6 cilindros, 1.971 cc
Potencia: 63 kW (85 CV)
De 0 a 100 km/h: 15,1 s
Velocidad máxima: 156 km/h
Producción total: 650

El modelo 400 basado en BMW puso a Bristol en el mercado de los coches de gama alta con mecánica exclusiva, pero su diseño era en esencia el de los coches de

preguerra. Así que Bristol sacó al mercado el 401, un coche mucho más sofisticado.

Fue un modelo que representó un cambio tanto en la dirección como

en la construcción de la carrocería, pues adoptó los principios de la Superleggera: paneles que envuelven tubos de pequeño diámetro. Una técnica pionera efectuada por los carroceros italianos Touring, quienes idearon las forma de lágrima del 401, aunque fue el trabajo aerodinámico de Bristol el que determinó la forma final del modelo.

Se usaron técnicas de su división de fabricación de aviones para fabricar un coche más adelantado a su tiempo en términos aerodinámicos y por la consecuente reducción del ruido del viento. Pasaron 20 años y sólo cuatro coches de los cien que fabricaron otras marcas obtuvieron un Cx más bajo.

El 401 dio pie al convertible 402 y al 403, más potente, el primero de los Bristol que alcanzó los 161 km/h. Ambos tuvieron la misma carrocería.

Modelo a modelo, sólo unos pocos coches han conseguido tener un aspecto como el de este Bristol. Los evolucionados 401, 402 y 403 eran los más distinguidos. Quizá no fuesen los más elegantes, pero sí los de aerodinámica más eficiente.

BRISTOL 404

1953–55

El 404 es el mejor modelo Bristol antes de la llegada del 411 gracias a su perfecta combinación de chasis y de motor además de su aspecto menos excéntrico. El registro MHP 100 indica que este fue el modelo de Bristol para la prensa.

Los fanáticos del Bristol ven el 404 como el de mejor aspecto de todos los de la marca. Fue la evolución de los modelos anteriores. Usaba el chasis recortado del 403 (que era casi el mismo que el del 401 pero con una barra antivuelco, una mejor dirección y más refinados frenos de tambor), el famoso motor de 6 cilindros y una carrocería totalmente nueva con una gran parrilla distintiva.

El 404 era diferente en muchos aspectos de sus antecesores. Los más obvios eran la batería y la rueda de repuesto detrás de los pasos de rueda delanteros, con lo que el espacio del maletero aumentaba, y que el panel de indicadores estaba justo delante del volante. Bristol se refería a este modelo como *The Businessmann Express* (El expreso del hombre de negocios), una definición que aún hoy se usa.

Su chasis favorecía más su conducción deportiva respecto a la mayoría de los Bristol. Esta mejora se sumaba a la de un motor más potente que pasaba de 105 CV a 125.

Más tarde se fabricó una versión de mayor distancia entre ejes, el 405, que es hasta hoy el único modelo de Bristol con cuatro puertas.

Motor: 6 cilindros, 2.000 cc
Potencia: 78 kW (105 CV)
De 0 a 100 km/h: 10, 5 s
Velocidad máxima: 170 km/h
Producción total: 52

BRISTOL 411

1969–76

Si alguna vez existió la quintaesencia del coche inglés, ése fue Bristol. Si en un principio sus modelos se equipaban con motores BMW de 6 cilindros en línea, más tarde lo fueron por motores americanos V8 como es el caso del 411.

El primer coche con este motor fue el 407. Fabricado por Chrisler era un motor grande, fuerte y suficientemente poderoso para instalarlo en los sedán Bristol y cumplir con las prestaciones previstas. El 407 tenía el mismo estilo de carrocería que el 406. pero debajo de ella la suspensión

El 411 sólo tenía pequeñas diferencias con el 410, pero esos ligeros retoques hicieron que tuviese la mejor conducción de todos los Bristol, además de su motor más potente, su diferencial limitado y su mejorada suspensión.

había evolucionado de la ballesta a los muelles helicoidales.

En 1963, apareció el 408, una restilización que aún mantenía el motor V8, pero esta vez vestido con una carrocería menos deportiva y elaborada, por lo que más tarde aparecería el 409, más potente. El 410 lo sería aún más incorporando una nueva parrilla. El 411 apareció en 1969 con un motor de 6,3 l V8 de Chrisler.

Los cambios continuaban y en 1975 apareció una versión Mk IV del 411 con un motor de 6,6 l.

Actualmente al 411 se le ve como el coche con la mejor combinación entre diseño y fabricación de todos los Bristol.

Motor: V8, 6.277 cc
Potencia: 250 kW (335 CV)
De 0 a 100 km/h: 7 s
Velocidad máxima: 222 km/h
Producción total: 600

BRISTOL 412

1975–82

El modelo 412 tuvo una extraordinaria calidad de construcción, un motor V8 y el prestigio de su marca. Pero no fue el coche más atractivo de ésta y era descrito como un bloque de hielo.

La carrocería de este modelo fue diseñada por Zagato, que ya antes había trabajado para ellos en el maravilloso 406 Zagato, del que sólo se construyeron 7 unidades. El 412 estaba a mucha distancia de aquél.

Sea como fuere, el 412 resultó un coche muy importante para la marca pues fue el primer convertible de la empresa que se fabricaba en serie. También se ofreció un sedán en 1976 y se instaló en el convertible una barra antivuelco para una versión targa.

El tren delantero de 412 y su chasis eran en esencia el mismo que el del 411, pero ya no equipaba el motor de 6,6 l., sino uno más pequeño de 5,9 en la versión de 1977.

Motor: V8, 6.556 cc
Potencia: n/d
De 0 a 100 km/h: 7,4 s
Velocidad máxima: 226 km/h
Producción total: n/d

Hoy día el diseño del 412 resulta chocante, pero en los años 70, cuando apareció el modelo era aceptable. Fue el primer convertible fabricado por la marca, un coche de referencia.

BRISTOL 603

1976–82

«Evolución y no revolución» es el lema escogido por muchas empresas para resumir su filosofía, y en el caso de Bristol se lo merece. En su aparición del 603 a mediados de los años 70 hizo creer que era un coche totalmente nuevo gracias a su diseño controvertido, pero debajo de su carrocería había un chasis casi idéntico al de los años 40 con una suspensión y un motor Chrisler V8 de los años 60.

Como siempre los paneles de la carrocería eran de aleación y mantenía la tradición de poner la batería y la rueda de recambio bajo las entradas de los pasos de rueda delanteros. No había una opinión unánime sobre su diseño: a unos les gustaba y otros lo odiaban, algo que aún hoy día continúa.

Se ofrecieron dos versiones de este modelo, la primera con un motor de 5,2 l llamada 603 E y otra de 5,9 l de nombre 603 S.

Por increíble que parezca la E del primero se refería a Economy. ¿Qué económico podía ser un gran

A nadie impresionó el diseño del 603. El espacio alrededor de los faros delanteros parecía inacabado y su parrilla saturada de un modo estrafalario. Más tarde ésta fue negra, con lo que no se mejoraba el efecto de la nueva imagen con sus llantas pasadas de moda.

sedán con un poderoso motor V8 y un precio de 20.000 £ de aquellos tiempos? Es algo más que cuestionable. El modelo E duró sólo un año, hasta la llegada del 603 S2 que tenía aire acondicionado de serie.

Motor: V8, 5.900 cc
Potencia: n/d
De 0 a 100 km/h: 8,6 s
Velocidad máxima: 213 km/h
Producción total: n/d

BRISTOL BEAUFIGHTER

1980–92

Motor: V8, 5.900 cc
Potencia: n/d
De 0 a 100 km/h: 5,9 s
Velocidad máxima: 242 km/h
Producción total: n/d

El 412, de finales de los 70, diseñado por Zagato, fue muy criticado por su aspecto de caja, pero Bristol la mantuvo con ciertos cambios en 1980 para fabricar su modelo Beaufighter, el nombre de uno de los cazas que construyó durante la Segunda Guerra Mundial.

En él estaban todas las aportaciones de Bristol, incluido el chasis arcaico, el excelente motor V8 de Chrisler y la carrocería con paneles de aleación, pero también alguna novedad.

El motor V8 estaba turboalimentado, lo que le daba mucha más potencia, aunque nadie sabe cuánta porque Bristol dejó de facilitar este dato y el de la producción la década anterior. Todavía su conducción era brusca debido a la novedad del turbo. Sólo BMW, Porsche, Saab y TVR habían intentado ponerlo antes.

Su turbo funcionaba perfectamente y le daba unas

prestaciones encomiables para una máquina tan grande.

También era nuevo su diseño, con una capota enrollable mucho más vistosa que la del 412 y con

una versión con un techo extraíble de fibra de vidrio. Estos cambios facilitaron al Beaufighter que continuara su producción hasta 1980.

Unos cuantos retoques hicieron que el Beaufighter tuviera mejor imagen que el 412. La gran diferencia está en sus faros frontales rectangulares y la parrilla.

BRISTOL BRITANNIA

1982–83

En Bristol nunca hubo necesidad de extravagancia, por eso esta marca ha podido arreglárselas fabricando coches de muy alta calidad (ligeramente excéntrica) durante tanto tiempo. En los años 80, con la industria del

automóvil convulsa, Bristol optó por activar las carrocerías ya existentes para fabricar nuevos modelos.

Así, si el Beaufighter derivaba del 412, el Britannia derivaba del 603. Ambos nombres procedían de cazas

que la empresa fabricó para el ejército. El Britannia tenía las mismas líneas traseras que el 603, pero experimentó cambios notables en su delantera, como los faros rectangulares (casi cuadrados) en vez de las antiguas luces de cuatro

faros, el capó más plano y las luces posteriores, que se acercaban más a las esquinas y al soporte del techo. En general todos estos cambios le dieron un aspecto más moderno y vivo.

Su nueva carrocería revestía unas pocas pero nuevas mecánicas y el Chrisler V8 aún fue lo suficientemente potente y fiable para mantenerlo en servicio.

Motor: V8, 5.900 cc
Potencia: n/d
De 0 a 100 km/h: 7,2 s
Velocidad máxima: 226 km/h
Producción total: n/d

Visto de lado se observa lo largos que eran los Bristol de los años 70 y 80. Este gran tamaño es el que les dio su presencia en las carreteras a pesar de su criticable diseño. El verdadero motivo para adquirir un Britannia fue su exclusividad.

BRISTOL BRIGAND

Motor: V8, 5.900 cc
Potencia: n/d
De 0 a 100 km/h: 5,9 s
Velocidad máxima: 242 km/h
Producción total: n/d

El modelo Brigand apareció un año después del Britannia y su imagen era prácticamente la misma del antiguo 603. La gran diferencia entre ambos coches fue el nivel de sus prestaciones. Bristol había trasplantado el motor V8 turbo del Beaufighter para instalárselo en la carrocería del Britannia y crear un coche «nuevo».

El resultado fue la combinación de la tradicional alta calidad en la construcción de Bristol con las prestaciones casi de un supercoche. El chasis era el mismo del viejo diseño datado en los 40, pero tan bien evolucionado en los 80 que parecía capaz de soportar las facultades y el peso extra de un turbo. Sus llantas de aleación eran 17,8 cm más anchas y ayudaban así a la tracción. De otra manera habría pocos cambios externos del Brigand respecto al Britannia.

El mayor atractivo de las prestaciones de Brigand puso aún más alta la reputación de Bristol y aseguró, a pesar de sus desorbitados precios, ser una marca muy deseada por los conocedores.

Quizá ese deseo en la gama de Bristol no hubiese sido tan obvio si los compradores no supiesen que tendrían un trato personalizado con las empresas que lo fabricaban como MD o Tony Croock, y que sus coches se hacían a mano y eran de calidad estándar muy alta.

Ninguno de ellos tenía grandes accesorios, como en el caso de Rolls o Bentley, pero alguien capaz de gastarse seis cifras en un

Hay muy pocos detalles que nos permitan diferenciar el Brigand del Britannia. Pero las prestaciones del primero son realmente sorprendentes para un vehículo tan grande y pesado.

coche, podría caer en la obviedad de comprarse un Rolls o un Bentley, Sea como fuere, el Brigand, como los otros Bristol, tenía una conducción excepcional, suave, rápida y a la vez tranquila, mucho más divertida que la de otros muchos coches caros y lujosos.

BSA TEN

A pesar de que hoy todo el mundo conoce esta marca por sus motocicletas, BSA fabricó desde un principio armas y munición; su nombre proviene de Birmingham Small Arms.

En 1907 fabricó además automóviles en unos nuevos

talleres en la zona de Sparbrook cerca de la ciudad.

En 1921 el Ten fue la oferta automovilística más importante de la marca. Se trataba de un biplaza ligero equipado con un motor de 1.075 cc y 2 cilindros en V que seguía parecidos principios

a los de una motocicleta y tenía la sorprendente velocidad máxima de 84 km/h. Su conducción era muy divertida, con una dirección directa y ligera, una caja de cambios de tres velocidades y unos frenos efectivos.

El BSA Ten ganó mucha reputación como coche de rallies

gracias a su ardiente motor y a su ligera construcción.

Motor: 2 cilindros en V, 1.075 cc
Potencia: 13 kW (18 CV)
De 0 a 100 km/h: n/d
Velocidad máxima: 84 km/h
Producción total: 5.000 aprox.

BUGATTI TYPE 13

1920–26

El italiano Ettore Arco Isadoro Bugatti, nacido en 1881, era hijo de un artista. Aunque su primera intención fue estudiar arte, se sintió fascinado por los motores de combustión interna. Fabricó uno propio en 1909 y su marca, Bugatti, una leyenda, había nacido.

El Type 13 fue su primer prototipo, un coche ligero basado en modelos que él mismo había fabricado en su villa. Se fabricó en Molsheim, cerca de Estrasburgo, y tenía un avanzado motor de 1.326 cc con árbol de levas en cabeza, lo que en aquella época era una novedad. El Type 13 fue también el iniciador de la tradicional parrilla Bugatti en forma de herradura. A Ettore su padre le dijo quizá en algún momento que la forma más perfecta de la naturaleza es la de un huevo.

La producción cesó por la Primera Guerra Mundial, pero reinició su actividad en 1920 usando un motor alargado de 1.496 cc más

potente con 16 válvulas en cabeza que no el original con 8.

La belleza, el estilo de conducción y sus prestaciones llevaron al Type 13 al éxito en las carreras. Además del modelo básico también se ofrecieron los Type 15 y Type 17, con una mayor distancia entre ejes.

Motor: 4 cilindros, 1.498 cc
Potencia: 30 kW (40 CV)
De 0 a 100 km/h: n/d
Vel. Máxima: 140 km/h
Producción total: 2.500 (Type 13, 22 y 23 aprox.)

Las primeras versiones del Type 13 tenían el radiador rodeado de ángulos en línea recta, tal como muestra la foto. Más tarde fueron redondeados, en forma de huevo, lo que fue el inicio de una progresión hacia la tradicional y definitiva forma de herradura que será el distintivo de la marca.

BUGATTI TYPE 23/BRESCIA

1920–26

El Type 23 fue la evolución del Type 13. Tuvo como él un motor de 1.326 cc con un árbol de levas en cabeza que luego, tras el reinicio después de la Primera Guerra Mundial se cambiaría por otro de 1.496 cc y 16 válvulas en cabeza.

La mayor diferencia entre ambos estaba en la distancia entre ejes, la versión Type 13 medía 2 m y la Type 23 2,55, lo que le permitió tener una carrocería diferente.

La suspensión era con ballestas en cuarto de elipse inversas, un sistema que llegó a ser específico de Bugatti.

Se elaboró un nuevo sistema de lubricación. La bomba principal tomaba el aceite de una reserva situada bajo el tablero de mandos que llenaba una caja al final del árbol de levas. Otras dos bombas lo distribuían por todo el cárter. Este complicado e innovador sistema

aseguraba que distintas cantidades de aceite podrían ser distribuidas a diferentes componentes del motor dependiendo de su necesidad.

El nombre de Brescia lo adoptaron los Type 13, Type 22 y Type 23 tras el gran éxito obtenido en el Gran Premio de Italia el año 1921 en esta localidad: Bugatti llegó en los puestos primero, segundo, tercero y cuarto.

Motor: 4 cilindros, 1.496 cc
Potencia: 22 kW (30 CV)
De 0 a 100 km/h: n/d
Velocidad máxima: 105 km/h
Producción total: 2.500 (Type 13, 22 y 23) aprox.

El Type 23 tenía un aspecto muy simple, pero sus éxitos en las carreras le ayudaron a tener fundamentos para hacer creer que se trataba de piezas maestras.

BUGATTI TYPE 22

1921–22

El Type 22 ocupaba el lugar intermedio entre el Type 13 y el más largo Type 23. Era el diseño número 22 de Ettore Bugatti desde 1898 y su chasis medía 2,4 m. Aun así, no era muy diferente al Type 13.

Apareció primero antes de la Primera Guerra Mundial y reapareció acabada ésta con un motor más potente de 16 válvulas,

1.496 cc, un árbol de levas en cabeza y 4 cilindros que sustituía a un original de 1.326 cc y ocho válvulas. El freno de mano se accionaba en las ruedas de atrás, y en las delanteras cuando estaban en orden de marcha.

La suspensión era de ballestas con un cuarto de elipse inversas, sistema que se conocía como ballestas inversas semivoladizas.

Esta suspensión dio al coche una maniobrabilidad excelente y su motor de 16 válvulas unas muy buenas prestaciones. El Type 22 se ofreció en carrocerías de turismo dedicando las de biplaza descapotable exclusivamente a las gloriosas carreras.

La fabricación del Type 22 se fabricó con licencia en Gran Bretaña por la empresa Crossley,

que importaba piezas de la fábrica de Bugatti en Molsheim. Diato en Italia y Rabag en Alemania también hacían lo propio.

Motor: 4 cilindros, 1.496 cc
Potencia: 22 kW (30 CV)
De 0 a 100 km/h: n/d
Velocidad máxima: 113 km/h
Producción total: 2.500 (Types 13, 22 y 23) aprox.

BUGATTI TYPE 35

1924–31

Motor: 8 cilindros, 2.262 cc
Potencia: 97 kW (130 CV)
De 0 a 100 km/h: 7 s
Velocidad máxima: 201 km/h
Producción total: 340

El Type 35 fue una de las mejores creaciones de Bugatti y uno de los más bellos coches de carreras de todos los tiempos. Antes que a él merece la pena referirse a las

carrocerías de los coches de carreras. El último modelo de Bugatti lo cambió todo radicalmente e hizo que sus modelos fuesen como pequeños coches de lujo con una carrocería larga y ágil y unas llantas de aluminio brillante y pulido.

El primer Type 35 tenía un motor de 1.900 cc, pero pronto aparecieron sus variantes. El T35C disponía de un turbo, el del T35T era de 2.262 cc

y el del 35B combinaba un motor aún mayor con el turbo. Su vida en las carreras le reportó 2.000 victorias, un récord fenomenal. Lo consiguió un piloto muy bueno capaz de sacar lo máximo del Type 35, pero su chasis le facilitó una conducción tremenda. Puesto en buenas manos el Type 35 podía batir a cualquier coche; la pericia del piloto tenía que ser excelente, ya que el interior del

Los lustrosos radios de sus ruedas eran el rasgo distintivo del Type 35; estaban diseñados para soportar el problema de su tremenda potencia. Los neumáticos se separaban de la carrocería según la velocidad.

habitáculo descapotable apenas tenía nada de confort. Sea como fuere, el Type 35 es de los coches de carreras más encantadores jamás construidos.

BUGATTI ROYALE

El Bugatti Royale fue capaz de dominar las carreteras y hacer que los otros coches parecieran poca cosa. Este automóvil-arte era muy caro, demasiado incluso para los bolsillos más poderosos.

El Gran Premio de Alemania celebrado el 15 de julio de 1928 contó con 17 Bugatti y la presencia física de Ettore Bugatti, que quiso ver sus coches en acción. Pero ni los coches ni «Le Patron» pudieron evitar tan gran conmoción al ver cómo sus coches entraron en la carrera. En ella debutó el prototipo del Type 41 Royale, un coche realmente épico. Destinado a batir a Rolls-Royce, Royale era el culmen de la evolución en Bugatti en su aspiración de fabricar lo último en un automóvil. Su llamativa carrocería escondía un monstruoso motor de 14.763 cc de 8 cilindros en línea y 224 CV. Coronando su capó excesivamente largo había un elefante en memoria del hermano fallecido de Ettore, Rembrandt, un talentoso escultor especializado en animales.

Era una curiosa estatuilla para uno de los coches que se convertiría en uno de los elefantes blancos más grandes de la historia del automóvil. Sólo se fabricaron seis en seis años. Y sólo se vendieron tres.

El visionario Ettore Bugatti había soñado en fabricar este coche de fantasía desde 1913. Su meta era obviamente Rolls-Royce. Un inglés le dijo que si un hombre desease

ser el más rápido, debería escoger un Bugatti, pero si quisiese ser el mejor debería optar por un Rolls-Royce. Bugatti supuestamente le respondió que era verdad, pero que no por mucho tiempo.

Obsérvense los detalles que aquí se muestran de su motor de 8 cilindros tan bellamente construido. La mascota del elefante en su radiador fue un tributo de Ettore Bugatti a su hermano mayor que fue un escultor de animales salvajes.

El prototipo del Royale tenía al principio una distancia entre ejes de 4,57 m, que luego se reduciría a 4,27, medía en total 6 m, la mayoría de ellos ocupados por el largo capó necesario para acomodar su motor, que más tarde sería de 12.763 cc. Su mecánica era una obra de arte; el motor, perfectamente rectangular, con sólo unas pocas irregularidades para deshacer las líneas cubistas. Sus 8 cilindros podían entregar 300 CV de potencia a un máximo tan bajo como el de 1.700 rpm. La

verdad es que debían ser realmente 200 CV.

La verdad es que nadie puede negar que el Royale fue una máquina potente y muy inspirada. Tal era su poder que su caja de cambios sólo tenía tres velocidades: la primera para iniciar el recorrido, la tercera para ir de crucero a altas velocidades y la segunda para lo demás que necesitase.

Bugatti pensó muy optimista que podía fabricar y vender 25 coches, pero se produjeron menos de un cuarto de esa cifra. Todos los Royale tienen una carrocería diferente, a pesar de que algunos se carrozaron varias veces. Siguiendo el prototipo Torpedo (como el que condujo Bugatti en el Gran Premio de Alemania) vinieron el Berline, el cupé Napoleón, el Coach Waymann, el Double Berline de Voyage, el Cabriolet Weinberger, el Coach Kellner, el Roadster, el Limousine Park Ward, el Cupé de Ville y eñ Cupé Binder. Todos ellos imponentes y preciosos.

Pocos pudieron decir que el Royale fue un coche más que superior y tristemente menos pudieron gastar los 500.000 F de la época que costaba sólo el chasis. Las familias reales de España, Yugoslavia, Rumania y Bulgaria se mostraron interesadas, pero acabaron comprando un Duesenberg. Esto fue una gran decepción para el orgullo de Bugatti, que abandonó el proyecto aunque se quedó con cuatro de ellos para uso propio.

Aquí no acaba la historia del Bugatti Royale. Su motor fue la base de los trenes Bugatti que circularon por Francia. El Royale hubiese podido ser un gran fracaso, pero se fabricaron centenares de automotores con su motor rompiendo varios récords mundiales ferroviarios y estando en servicio hasta 1958.

Motor: 8 cilindros, 12.760 cc
Potencia: 224 kW (300 CV)
De 0 a 100 km/h: n/d
Velocidad máxima: 200 km/h
Producción total: 6

BUGATTI TYPE 57

1933–40

Motor: 8 cilindros, 3.257 cc
Potencia: 101 kW (135 CV)
De 0 a 100 km/h: n/d
Velocidad máxima: 153 km/h
Producción total: 683

El máximo responsable del último éxito de Bugatti fue el hijo de Ettore, Jean. El Type 57 fue un esfuerzo para lograr un coche de aspecto excéntrico, lujoso y rápido que hoy se tiene por el último florecimiento de la marca.

Su potencia se debía a un motor de 3.257 cc, 8 cilindros y doble árbol de levas en cabeza, puesto, como de costumbre, en un solo bloque de hierro y un cilindro integral en cabeza. La suspensión delantera era de ballestas semielípticas y la trasera con ballestas elípticas en un cuarto invertidas.

Todas las carrocerías con las que se ofreció: turismo, cupé, sedán, cabriolé y *coach,* creadas por Jean Bugatti, eran exquisitas, especialmente el cupé Atlantic, de diseño muy curvo y futurista y con una aleta debajo de su centro. Hubo otros carroceros que también fabricaron sus propios coches.

En las versiones de este modelo destacan el Type 57C, un turbo de 160 CV y el Type 57S, de aspecto aún más deportivo y con 175 CV. Más tarde se sumó otro turbo de 200 CV capaz de alcanzar los 200 km/h.

Jean Bugatti fue asesinado en 1939 mientras probaba un Type 57C de carreras; irónicamente la carrera nunca tuvo lugar debido al inicio de la Segunda Guerra Mundial.

El Type 57 fue el último gran éxito de la Bugatti controlada por Ettore y su hijo Jean Bugatti. El Atlantic cupé, de carrocería imponente. tenía una aleta central en los bajos y era un coche de aspecto muy moderno.

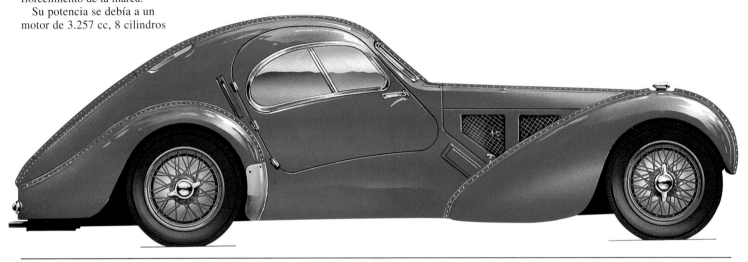

BUGATTI TYPE 101

1951–56

Motor: 8 cilindros, 3.257 cc
Potencia: 101 kW (135 CV)
De 0 a 100 km/h: n/d
Velocidad máxima: 169 km/h
Producción total: 7

Con la muerte de Ettore Bugatti, «Le Patron», en 1947, mantener viva la marca era toda una aventura.

El Type 101 intentó revivir las glorias de los tiempos de preguerra, pero no consiguió avivar la imaginación de los ricos compradores que adquirieron la marca. Sólo se fabricaron siete en cinco años.

La carrocería de este modelo fue diseñada por la empresa Ganglof, situada junto a la factoría de Bugatti en Molsheim. Se parecía por fuera al Jaguar XK 120, sobre todo su frontal, aunque se intentó mantener la tradicional forma de herradura de la parrilla del radiador. Además, siguiendo la línea de Bugatti, era demasiado caro.

La mayor desilusión estaba debajo de ella, donde sólo se podía encontrar un chasis del Type 57 con casi dos décadas de antigüedad. Sus ejes rígidos, tanto el delantero como el trasero, estaban muy lejos del nivel de los otros coches deportivos y de lujo de la época. Su motor, heredado del Type 57 de 3,3 l le hizo tener buenas prestaciones, especialmente la versión turbo, que aumentaba su potencia de 135 CV a los 188. Sólo se ofrecieron modelos con volante a la izquierda.

El Type 1012 dio a Bugatti otro estilo, pero bajo su carrocería estaba el hoy día anticuado chasis nada dinámico del Type 57. Esto no animó a los compradores a gastar gran cantidad de dinero y comprarse uno, Sólo se vendió un puñado.

BUICK 18/20

En 1916 Buick había vendido la astronómica cifra de 124.834 coches, pero con la Primera Guerra Mundial se restringió el suministro de piezas y cayeron las ventas. A pesar de ello, la marca se esforzó para poner en el mercado una nueva gama en 1917. Los grandes D-54 y D-55 se dejaron de fabricar y fueron sustituidos por los nuevos D-34 y D-35 que se promocionaron mucho.

El nuevo motor de 4 cilindros desarrollaba en estos coches unos prometedores 35 CV. en un motor de 2786 cc. A pesar de que a efectos de la tasación sólo llegaba a los 18,2 CV, por lo que estos coches se conocieron popularmente como los 18/20. El motor tenía un cilindro en cabeza como parte del diseño y el chasis una suspensión por ballestas semielípticas en vez de las usuales en voladizo. Se vendieron carrocerías de dos y cuatro puertas en cantidad. En 1918 se sumó a la gama un sedán de dos puertas con los nombres de E-34, E 35 y E37.

En 1920 Buick empezó a instalar motores de 6 cilindros lo que hizo pensar que ya no volvería al de 4, pero en 1921 la marca lo reintrodujo en la preparación de su modelo para el año siguiente. Fue un motor evolucionado del anterior de 18,2 CV, pero apenas hubo diferencia con el anterior.

Motor: 4 cilindros y 2786 cc.
Potencia: 26 kW (35 CV).
De 0 a 100 km/h: n/d
Velocidad máxima: 80 km/h
Producción total: 88. 500.

BUICK STRAIGHT EIGHT

Motor: 8 cilindros, 3.617 cc
Potencia: 57 kW (77 CV)
De 0 a 100 km/h: 25 s
Velocidad máxima: 119 km/h
Producción total: 138.695

Se presentó en julio de 1930 con un nuevo motor de 8 cilindros en línea que serviría para toda su serie. Fue una decisión valiente que les apartó de toda competencia. Al igual que la serie 50, el menor de ellos cubicaba 3.617 cc y fue también utilizado en las series 60 de ese mismo año y correspondería a la vieja 40, que tuvo un motor de 4.457 cc. El motor más grande de todos ellos, de 5.673 cc, se reservaba para las series 80 y 90.

Las ventas de estos modelos Straight Eight fueron, el mismo año de su promoción, en 1931, de 138.695, pero la depresión económica empezaba a notarse, y así en 1933 fueron de 46.924. En 1936 se rediseñó toda la gama y las ventas subieron de nuevo como la espuma.

Los motores era muy suaves y ágiles, se podía viajar cómodamente a 110 km/h, lo que era muy notable para la época. Eran técnicamente dependientes del indicador de la temperatura del aceite, que lo enfriaba cuando se recalentaba y lo calentaba cuando estaba demasiado frío. Los modelos más deseados de esta gama fueron el cupé convertible y el faetón, especialmente de la prestigiosa serie 90.

El de la foto es un modelo cupé de la serie 90 con un interior con tapicería de muaré, persianas enrollables de seda en las ventanas traseras y moqueta.

BUICK SERIES 50

1931–39

Motor: V8, 3.777 cc
Potencia: 64 kW (86 CV)
De 0 a 100 km/h: 19 s
Velocidad máxima: 117 km/h
Producción total: 690.500

La decisión de Buick de instalar en sus coches sólo motores de 8 cilindros podía haber afectado sus ventas. Por eso, para asegurarse un mercado masivo sacó al mercado la serie 50. Con tres tipos de motor, ninguno de ellos tenía piezas intercambiables y el más pequeño cubicaba justo 3.500 cc.

Su interior estaba tapizado con muaré y tela, además de moqueta en el suelo de los asientos de atrás. A mediados del año de su nacimiento se le instaló una transmisión sincronizada antes sólo apta para modelos de las series superiores. En 1932 se le cambió el diseño poniéndole aletas decoradas, dos luces traseras en la cola y un radiador más afilado. También se ofrecieron otras carrocerías, como la del modelo Victoria, un dos puertas con capacidad para cinco pasajeros y un faetón convertible. La serie 50 se distinguía por la falta de cromo en sus modelos, más baratos que los demás.

Era un coche al que cualquiera podía aspirar. En él, si el silencio de su motor no impactaba, sí lo hacía su diseño. Su distancia entre ejes medía 302 cm en 1934, lo que condicionaba su carrocería. En 1936 un diseño cercano al Art Decó significó el regreso al diseño original, la serie 40, tan ligera que fue sustituida por la 50, más pesada. En 1938 se ofreció en el más pequeño de la serie una

Este cupé convertible de la serie 50 se ofreció en parte en la primera época de 1931 para probar si se popularizaba y si por su diseño se podía sumar a la gama.

transmisión semiautomática, lo que la encumbraba a nuevos niveles de refinamiento.

BUICK ROADMASTER

1936–39

En 1936 se rehicieron los diseños de toda la gama Buick. El Roadmaster fue el más deseado de todos los que se compraban un coche. Era grade y lujoso, su distancia entre ejes medía 333 cm, su diseño era limpio y su mecánica buena.

Al principio sólo se ofreció en dos carrocerías: un sedán de cuatro puertas y un faetón convertible, pero en 1937 se incorporó un sedán para seis pasajeros.

Grandes cambios llegaron en 1938 con la instalación de la suspensión de muelles helicoidales, un elemento X en el chasis de construcción en canal y la nueva posición de la batería en el capó. Con todo ello y de repente el Buick tenía una mejor conducción y mucha más potencia. El nuevo diseño del pistón «coronado» aumentó la compresión de su motor de 8 cilindros y la potencia a 141 CV. Los cambios en el diseño exterior fueron menores, la parrilla del radiador se subió dando así más espacio bajo el capó. En 1940 se introdujo la designación del Roadmaster serie 70 para así hacer sitio a una nueva serie aún más prestigiosa, la 80. Esta serie compartía el diseño de la carrocería y el silencio del motor, pero se ofrecía en cuatro tipos de carrocería. Las innovaciones eran unos nuevos filtros de aceite y faros frontales a los lados del capó.

El último año para la vieja carrocería fue 1941 y el modelo ya disponía de un motor revisado de 165 CV. El legendario nombre de Roadmaster ya se había establecido y volvería triunfante en 1949.

Motor: 8 cilindros, 4.070 cc
Potencia: 80 kW (107 CV)
De 0 a 100 km/h: 16,4. s
Velocidad máxima: 137 km/h
Producción total: 70.000

Este Roadmaster 76S de 1940 Sport cupé tenía un bonito diseño y una mecánica sólida. Destacaba su marcha silenciosa por las carreteras y autopistas. Se vendieron 28.000 y no es de extrañar que el año 1940 fuese el mejor en cuanto a ventas.

BUICK ELECTRA

Motor: V8, 6.571 cc
Potencia: 242 kW (325 CV)
De 0 a 100 km/h: 9 s
Velocidad máxima: 193 km/h
Producción total: 1.220.340

El Electra fue el sucesor espiritual de la vieja serie Roadmaster, un coche grande y de aristas deportivas. Al igual que el modelo estándar, sólo fabricó el modelo Electra 225 que medía 572 cm de largo (en la versión alargada). Su motor V8 cubicaba 6.571 cc y entregaba 325 CV.

En 1962 se dejó de fabricar el modelo estándar del Electra y la serie se revitalizó con un nuevo diseño del jefe de diseñadores de GM. Las carrocerías eran más

Esta serie, fechada en 1959, tenía la línea más agresiva de aquellos tiempos. Este convertible de dos puertas tenía de serie el interior de piel y se vendió respecto a los otros coches de techo duro en una proporción de 2 a 1.

simples y menos bulbosas, sobre todo las de los cupés de dos puertas, similar al de un convertible.

En 1965 el Electra 225 sufrió una muy profunda reestilización. Usaba el mismo motor V8 de 325 CV con más prestaciones como el del Buick Wildcat. Se le implantaron de serie muchos accesorios que en principio era opcionales, como la dirección asistida y asientos eléctricos en la versión convertible. Estas innovaciones se reforzaron cuando en 1966 se introdujo la serie Custom con su lujoso interior de felpa. Al año siguiente el modelo volvió a engrandecerse y a tener líneas redondeadas; su diseño fue, empero, más contorneado y aumentó la potencia de su motor V8 a 360 CV. En 1969 el Electra 225 volvió a cambiar su carrocería y continuaba siendo un coche grande pero con más gracia. Como los excesos de los primeros años 70 aumentaron, el tamaño del coche también lo hizo en 1971.

BUICK LE SABRE

Motor: V8, 5.965 cc
Potencia: 186 kW (250 CV)
De 0 a 100 km/h: 9,2 s
Velocidad máxima: 170 km/h
Producción total: 2.100.000

El nombre Le Sabre se usó por primera vez en 1951 para un coche futurista de carrocería con paneles de magnesio y aluminio y dotado con un motor V8. En 1959 este nombre se le dio a un coche de fabricación en serie. Los clientes de Buick vieron cómo cambiaba

radicalmente su diseño con prominentes aletas que recorrían el coche de delante atrás. Se ofrecieron un sedán, un dos puertas de techo duro, un convertible y un familiar, y su motor era de 250 CV y 5.965 cc. Se vendieron 165.577

En 1962 el diseño del Le Sabre se hizo más sutil, se sustituyeron las aletas por finas líneas angulosas y se aumentó la potencia del motor a 280 CV. En 1965 de nuevo se volvió a carrozar; esta vez sería más ancho y de líneas aún más

suaves. El Buick Le Sabre sería el líder de ventas de los grandes coches.

Otra nueva carrocería apareció en 1967 junto con la serie Custom que aumentaba los niveles de belleza y el tamaño, pero el modelo básico volvió a la forma de sedán y de cupé de techo duro. En 1969 tuvo de nuevo una nueva carrocería más ligera con una opción «400» que incluía un motor V8 de 280 CV y 5.735 cc con una nueva transmisión Turbohydramatic que

apenas cambió al modelo. Por desgracia su peso aumentó de nuevo en 1971 y le sumió en la mediocridad.

La nueva carrocería de 1967 implicó la introducción de 45.200 unidades y un buen nivel de equipamiento de serie. Este Le Sabre se podía también adquirir como modelo Custom, más lujoso.

BUICK RIVIERA

Motor: V8, 7.459 cc
Potencia: 246 kW (330 CV)
De 0 a 100 km/h: 8,5 s
Velocidad máxima: 200 km/h
Producción total: 441.501

El Riviera fue uno de los modelos de más éxito de Buick en su intento de poner el diseño europeo en coches de tamaño americano. Le correspondió un lugar en lo más alto de los cupés Buick y fue el mejor en cuanto a combinación de diseño y de prestaciones.

Conocido como el modelo 4747, su éxito fue casi inmediato, con una venta de 40.000 unidades el primer año de vida. Eliminó y dio paso a un diseño sin las aletas ni tanto cromo como los coches fabricados en Detroit. Los ángulos salientes de las aletas frontales se convirtieron en parrillas y las puertas carecían por primera vez del marco para la ventana. El motor estándar, un V8, cubicaba 6.571 cc y entregaba 325 CV, aunque existía otra versión superior de 6.954 cc y 340 CV también V8.

En 1964 no se tocó nada de su diseño exterior, pero siempre hubo sitio para poner más caballos. El motor de 6.964 cc se podía pedir con un segundo carburador de cuádruple cuerpo, que daba una potencia extra de 20 CV. Al pesar 2.000 kilos necesitaba toda la potencia que pudiera conseguir y su maniobrabilidad era más bien pobre.

En 1965 sufrió un cambio muy pequeño en su diseño: se instalaron faros escamoteables y se extendieron las luces traseras, pero lo más importante es que con él entró a competir en el mercado de los coches «deportivos» con su versión llamada Grand Sport. Esta versión

tenía un motor de 6.964 cc y 360 CV y una tracción trasera de nombre Positraction. Su diseño volvió a cambiar esta vez más profundamente en 1966, cuando se pusieron sus nuevos faros escamoteables en la parrilla y la línea del techo adoptó una forma más de familiar; además se alargó el capó, siendo el más largo de todos los coches fabricados en serie. Su motor de 6.964 cc y 340 CV fue el único que se ofrecía.

En 1968 compartía el chasis con el Cadillac Eldorado y el Oldsmobile Tornado. No obstante el Buick no cambió su tracción en las ruedas traseras. La parrilla se diseñó con grandes luces de posición empotradas en el parachoques anterior y mantenía sus faros plegables encima de ella. La versión Grand Sport alcanzaba una velocidad de 209 km/h a

En 1971 el Gran Sport era el modelo más deportivo de los Riviera con cola de barco. Entre 1971 y 1973 su diseño no fue afortunado, se aumentó mucho su potencia y actualmente se les ve como coches de diseño clásico.

pesar de sus 1.915 kilos de peso bruto.

El año 1970 no fue bueno para el Rivera, pues un nuevo diseño hizo que desapareciesen sus faros escamoteables y añadió faldones a las ruedas traseras. Apareció un nuevo motor estándar de 7.459 cc, 370 CV y V8 que superó los problemas de peso, pero no daba las prestaciones requeridas por el público, que se olvidó de él.

El salvador del Riviera en 1971 fue Bill Mitchell, director de diseño de GM. Le puso una trasera en «cola de barco» pensando que le daría un aire años 30. Ahora medía 554 cm de largo, pesaba 1.926 kilos y desde luego su aspecto era muy notable. Sus líneas, drásticas, le hacían un frontal más deportivo y le dotó de líneas curvas, una especie de caderas, para superar las ruedas de atrás; la inclinada línea del techo iba estrechándose hasta convertirse en una cola corta que permitía tener un ventana trasera deportiva muy escondida que recordaba al Chevrolet Corvette. Las ventas y las prestaciones no remontaban, pues los motores de

El Riviera sufrió modificaciones a lo largo de los años. El de la foto es el Gran Sport, un modelo que con sus cambios fue adaptándose al gusto de los clientes. En la carrocería se eliminaron tantos embellecedores de cromo como fue posible. Tenía neumáticos con el borde de las llantas en blanco.

GM tuvieron que pasar por los talleres para reducir aún más las emisiones de gases de acuerdo con la ley y tenían que usar gasolina sin plomo.

En consecuencia, el motor 455 se modificó por completo y rebajó su potencia a los 315 CV cuando instalado en el Grand Sport daba 330 CV.

Las ventas del Riviera aumentaron de hecho el último año en que tuvo su cola corta, pero después volvió a sufrir un declive. En 1974 apareció un nuevo modelo, más pesado que nunca, más de 2.074 kg, y tosco para el que el motor 455 V8 entregaba sólo 210 CV. Lógicamente la ventas se hundieron y el modelo cayó en el olvido.

BUICK SKYLARK

1961–72

Buick revitalizó el nombre de Skylark y fabricó un Skylark Sport totalmente nuevo. Este diseño fue lanzado al principio como cupé con un motor estándar 3.523 cc, V8, con un carburador de cuádruple cuerpo que entregaba 185 CV. Sus prestaciones eran impresionantes y su atractivo aspecto se vio acentuado con la aparición de un convertible el año 1962. En 1964 se vendía con una nueva carrocería de embellecedores más ostentosos y un motor más potente, de 4.916 cc, V8, y un mismo tipo de carburador. El modelo de más categoría, también V8 entregaba 210 CV.

En 1965 se sumó a la serie el Gran Sport, que llegaría a ser un nombre propio del modelo Buick GS. Más tarde figuraría un modelo deportivo de cuatro puertas tipo familiar con una distintiva parte trasera del panel con techo posterior en alto. El Skylark Custom, de 1968, fue el modelo más lujoso de la serie y el que mejores prestaciones tenía. Su motor aumentó la potencia en 5 CV, alcanzando los 285; fue un modelo de deportividad demostrable, pero la puesta en marcha de la regulación de emisiones en 1970 acabó con él.

El Skylark de 1961 tenía un motor V8 de aluminio. Fue el pionero de los deportivos compactos, cercano al espíritu y a las prestaciones europeas. Actualmente es un objeto de coleccionista y se valora más la versión convertible que la cupé.

Motor: V8, 6.571 cc
Potencia: 242 kW (325 CV)
De 0 a 100 km/h: 7,4 s
Velocidad máxima: 194 km/h
Producción total: 1.462.316

CADILLAC TYPE 57

1915–23

Motor: V8, 5.146 cc
Potencia: 52 kW (70 CV)
De 0 a 100 km/h: n/d
Velocidad máxima: 88 km/h
Producción total: 205.179

El nuevo motor Cadillac V8 presentado en septiembre de 1914 era muy sofisticado y abría camino a las siguientes generaciones de motores de la marca. Cualquiera que fuese su carrocería este motor daba grandes satisfacciones a los conductores que pagaban con gusto un coche así.

El Type 51 fue el modelo escogido para instalar este motor, que ayudó a Cadillac a ser un renombrado fabricante mundial. En 1915 se ofrecieron cuatro carrocerías abiertas y otras cuatro cerradas con unos precios altos que no impidieron vender 20.000 unidades en un año. El Type 53 de 1916 ofrecía unas carrocerías de Touring sobre un chasis especial de 335 cm de largo. Un año más tarde el Type 55 sirvió con distinción en la Primera Guerra Mundial, cuando se enviaron unos 2.000 a Europa como coches de dirección.

El Type 57, de 1918, se vendió como limusinas y otras versiones de Town y Town Landaulet que eran 10 cm más estrechos para así poder circular por las calles de las ciudades.

En 1920 nació el Type 59 con una carrocería totalmente renovada, un chasis más rígido y las ruedas delanteras más anchas, que pasaron de 10 a 12 radios. El V8 iba evolucionando, lo que implica que los cilindros tenían camisas extraíbles ya en el año 1918, entre otros detalles que sirvieron para mantener este legendario motor hasta 1949.

CADILLAC 353

Motor: V8, 5.786 cc
Potencia: 71 kW (95 CV)
De 0 a 100 km/h: 45 s
Velocidad máxima: 96 km/h
Producción total: 14.995

El 353 era visto como el Cadillac más lujoso y espectacular de todos los coches anteriores a la guerra. Además estaba mucho más avanzado que la serie 341-B anterior. Cadillac ofrecía siete carrocerías Fischer Custom cerradas, entre ellas un cupé convertible y un Fleetwood Special Custom con 11 posibles carrocerías. Su motor V8 de 5.786 cc se basaba en el anterior de cabeza plana estrenado en 1928. Fue un verdadero coche de lujo, potente y con mucho estilo. Se ofrecía con infinidad de opciones adecuadas para que el rico comprador de un Cadillac pudiese tener su 353 a su gusto. Entre ellas habían por ejemplo, ruedas de radios, ruedas de madera, calefacción y un organizador para el maletero. La mayoría de ellos ya tenían preinstalación de radio con antena en el techo. El viejo Cadillac pasado de moda se fue retirando poco a poco hasta 1932 cuando le cambiaron el diseño con una mayor suavidad de líneas a la moda en 1934. Cadillac retuvo su primacía tecnológica instalando una transmisión sincronizada y con un ventilador llamado «no-draft» y unos frenos asistidos por vacío en 1933, suspensión delantera independiente en 1934 y carrocería toda de acero en 1935.

Las ventas del primer año alcanzaron los 14.995 vehículos, pero la depresión hizo que la fabricación bajara casi en picado después de 1931, siendo en 1933 de sólo 2.906 unidades.

CADILLAC 90

Motor: V16, 7.064 cc
Potencia: 138 kW (185 CV)
De 0 a 100 km/h: 15 s
Velocidad máxima: 145 km/h
Producción total: 514

Cadillac resultó muy afectada por la depresión económica de los años 30 y tuvo que recortar costes para sobrevivir. Por eso sustituyó sus motores V12 y V16 con válvulas en cabeza por un nuevo V16 plano que podía todavía entregar los mismos 185 CV de antes y era más barato, ligero, fácil de fabricar y más fiable. La llegada de una mayor precisión con los cojinetes frente a los aros permitió eliminar el traqueteo y el desgaste que sufrían los anteriores motores. Este motor se instaló en el modelo 90, que usaba la carrocería del 75 con motor V8. No había problemas de espacio porque aunque la distancia entre ejes era unos 33 cc más corto que la de las viejas limusinas con motor V16, las carrocerías eran iguales o a veces hasta más largas. La mayoría de los 90 eran espaciosas limusinas imperial, sólo unas pocas se fabricaron descapotables.

En cualquier caso, Cadillac consideró caro fabricar estos motores V16 después de 1940 a pesar de que compartiesen la distancia entre ejes y bastantes partes de la carrocería con los modelos V8 de la serie 75. El año 1940 fue el para el modelo y también de los motores que no fuesen el V8 en un Cadillac. Fue el fin de una etapa para uno de los más importantes fabricantes de automóviles americanos.

En 1940 el Sixteen Town sedán tenía espacio para cinco pasajeros con un gran nivel de confort. Este fue el último modelo fabricado por Cadillac al no encontrar los clientes necesarios para justificar su producción.

CADILLAC ELDORADO

El modelo Eldorado tuvo en 1967 un diseño totalmente renovado adecuado para un cupé de tracción delantera capaz de transportar cómodamente a seis pasajeros. A este modelo de dos puertas y techo duro se le describió como un cupé deportivo y fue el único Cadillac con opción a frenos de disco.

Motor: V8, 7.021 cc
Potencia: 253 kW (340 CV)
De 0 a 100 km/h: 9,2 s
Velocidad máxima: 193 km/h
Producción total: 100.273

El Cadillac Eldorado se basó en el concepto que se tenía de coche en el año 1952, por lo que su parabrisas es envolvente. Fue la primera vez que se veía en un automóvil a motor. Sus puertas recortadas se distinguían por su pendiente de diseño y un juego centelleante de ruedas con el neumático cromado le añadía un toque de distinción. En él se instalaron de serie todos los lujos habidos y por haber excepto el aire acondicionado.

La versión de techo duro conocida al principio como Seville apareció en 1956 y un año más tarde otra aún más glamurosa llamada Eldorado Brougham se sumó a la serie, pero todos ellos eran exclusivamente convertibles.

El Cadillac Eldorado cupé de 1967 tenía una tracción a las ruedas delanteras totalmente nueva. Fue el primer coche que combinaba la tracción delantera con un control de nivel automático. Estaba fabricado sobre la plataforma de un Oldsmobile Toronado y era más corto y más bajo que cualquier otro Cadillac, pero aún tenía sitio para llevar cómodamente a seis pasajeros.

Su diseño inteligente se debió a Bill Mitchell, que evitó cualquier relación física con el Oldsmobile o Buick Riviera en los que se basaba. Su motor era el Cadillac 429 modificado para una tracción a las ruedas delanteras con 153 CV. El coche fue un éxito de ventas.

CADILLAC COUPÉ DE VILLE

1953–70

Motor: V8, 6.384 cc
Potencia: 257 kW (345 CV)
De 0 a 100 km/h: 12 s
Velocidad máxima: 185 km/h
Producción total: 670.000

El Coupé de Ville fue uno de los modelos más carismáticos y duraderos de Cadillac, que además coincidió con el gran periodo de éxito de la marca. Las 62 series del año 50 fueron el anteproyecto del grande y poderoso motor V8 del cupé de techo duro con su prominente parrilla cromada, su largo capó y sus aletas posteriores emergentes.

En 1955 incorporó los parachoques de nombre torpedo que le daban un aspecto agresivo e inolvidable. Pero fue la serie 6200 del año 1959 la que se define como la más clásica. Los destellos y las aletas estaban de moda y las movía un poderoso motor V8 de 6.384 cc. Los cromados estaban ligeramente pulidos y el interior de un espléndido color cobrizo, combinaba bien con el techo estilo «juke-box».

En 1960 sus aletas se disimularon un poco y en 1962 formó parte de una subserie, la 6300. Nacieron los sedán de cuatro puertas sin pilares del techo, los llamados sedán De Ville y pocos años después apareció una versión convertible. Para 1965 las aletas que le llevaron a la fama desaparecieron, pero el coche no dejó de ser impresionante. Volvió a diseñarse en 1967 para tener unos ángulos más de moda, y en 1969 todos los Cadillac fueron estilizados siguiendo el patrón del muy exitoso Eldorado y De Ville perdió su personalidad.

Las aletas del De Ville aparecieron en 1959 para dar fe de su diseño inspirado en un misil; con sus 6,5 m de largo por casi 2 de ancho y pintado en dos tonalidades, era sin duda un coche impresionante.

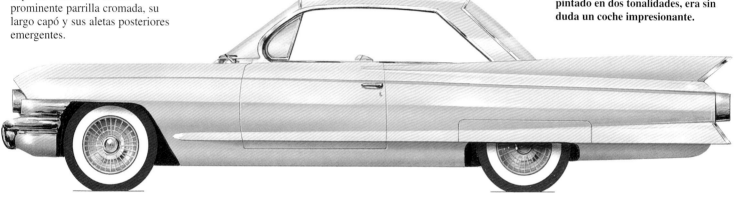

CATERHAM SUPER 7

1973–PRESENTE

Cuando Lotus decidió ir a competir en los mercados de más alta gama, Caterham Cars, una empresa hija de aquélla, se apropió de los derechos del simple Lotus 7. Evolucionado durante más de 15 años, Caterham, desestimó pronto la serie 4 de fibra de vidrio y volvió a la básica serie 3 Super 7.

El coche, con el chasis de acero cubierto con paneles de aluminio, un frontal cónico de plástico y aletas no podía ser más básico. Su mecánica se compone de piezas ya listas y disponibles, como los ejes traseros de Morris o Ford, aunque pronto la propia marca desarrolló su propio eje De Dion.

Su motor era un Lotus 1.558 cc y 126 CV con dos árboles de levas hasta que se agotó y lo sustituyó por un Ford de 1.298 cc. Sus prestaciones nunca fueron un problema gracias a su relación entre potencia y peso, lo que significa que Caterham siempre tuvo una maquinaria cara.

El coche siempre atrajo a conductores con ganas de sentarse al lado del motor y formar parte del «kit», conductores que sintiesen de verdad la satisfacción de formar parte de su propia máquina.

El último 7 fue el GPE de Jonathan Palmer Evolution, conductor de Fórmula Uno, que le puso unas prestaciones de Ferrari. Con un motor de 250 CV podía alcanzar los 100 km/h en poco más de 3 s.

Motor: V8, 1.598 cc
Potencia: 82 kW (110 CV)
De 0 a 100 km/h: 6 s
Velocidad máxima: 177 km/h
Producción total: 11.000

Es un deportivo que vivió sin esfuerzo más de 50 años con algún elemento básico: cuatro ruedas y la mínima e imprescindible carrocería. La versión de los 90 dispone de un motor Vauxhall de 2 l que rinde 175 CV y cuyas prestaciones son las de un supercoche.

CHAIKA GAZ-13

1958–65

Construido por Gorky Motor Works, el GAZ M-13 se popularizó como el «Seagull». Su diseño era el típico de los años 50 cargado de cromo, muy brillante y con aletas. Como era costumbre en la Rusia soviética, se copiaban los diseños occidentales contemporáneos y este coche se copió del Packard Patrician.

Se situaba a un nivel inferior al del Zil en términos de prestigio, por lo que sólo pudieron

adquirirlo miembros selectos de la sociedad del país. Sólo cargos del partido e importantes profesionales podían disfrutar de

La influencia del diseño americano de los años 50 es clara en el Chaika de 1959. Se fabricó durante unos 15 años sin ningún cambio. Esta limusina de motor V8 pareció perfecta a los mandatarios soviéticos, a los que también gustaba viajar en Lada.

lujos como que los cristales de las ventanas subiesen eléctricamente, adoptar transmisión automática con sólo apretar un botón o una radio con cinco sintonías. Además había dos asientos totalmente plegables para posibles pasajeros adicionales. Su potencia le venía de su motor V8 de 5 l inspirado en un modelo americano. Se ofreció desde un principio como una limusina de cuatro puertas y como un cabriolé.

Se dejó de fabricar en 1965 aunque resurgió en 1977 con el mismo motor pero con un diseño ligeramente más actualizado. En 1978 obtuvo el dudoso honor de ser el coche preferido del presidente Breznev.

Motor: V8, 5.500 cc
Potencia: 145 kW (195 CV)
De 0 a 100 km/h: 15 s
Velocidad máxima: 161 km/h
Producción total: n/d

CHAMPION 250

1948–51

El Champion fue, bajo sus neumáticos, básicamente un ciclocoche. Fue diseñado en 1946 y empezó a fabricarse en 1948. Este *roadster* biplaza fue propiedad de una empresa de ruedas dentadas situada en Friedrichhafen que vendió sus derechos a un ingeniero directivo de BMW, Herman

Holbein. El coche era pequeño, pero muy bien formado, parecido al Triumph TR2 pero menos potente.

Tenía un motor trasero de 250 cc de motocicleta fabricado por TWN cuyas prestaciones siempre fueron pobres. La versión cupé de 1950 estuvo equipada con un motor más potente, de 400 cc. La pena fue que

era un automóvil de muy cara fabricación, por los más de 200 intermediarios fabricantes de sus piezas.

En 1955 la empresa fue comprada por dos hermanos, Otto y Wilhelm Meisch, que rebautizaron la marca como Maico, y le instalaron un nuevo motor de 500 cc para que

fuese más atractivo al público. Se vendieron sólo 8.000 unidades hasta que la marca quebró en 1958.

Motor: 2 cilindros, 250 cc
Potencia: 11 kW (15 CV)
De 0 a 100 km/h: n/d
Velocidad máxima: 80 km/h
Producción total: 8.000

CHECKER MODEL E

1925–26

Motor: 4 cilindros, 2.000 cc
Potencia: 17 kW (22,5 CV)
De 0 a 100 km/h: n/d
Velocidad máxima: 80 km/h
Producción total: 930

Fue una empresa que tuvo la confianza y la habilidad de jugarse el futuro en la fabricación de un solo tipo de vehículo, el modesto taxi llamado Model E.

En 1921 el carrocero automovilístico Lomberg preguntó al inmigrante soviético y empresario autónomo Morris Markin si podía prestarle 15 000 $ para financiar su negocio de carrocerías. Markin debió hacer contactos con otras fábricas de automóviles para que naciera la Checker Cab Manufacturing Company, que más tarde se convirtió en la Checker Motors Corporation.

El Model E de Checker era un típico taxi con un diseño básico años 20, un motor Buda fuerte de 4 cilindros y una carrocería tipo limusina muy espaciosa en la que cabían bien cinco pasajeros. El primer año también se ofrecía una versión landó de trasera abierta. Se fabricaron un promedio de 75 coches por semana, un total de unos 930 Model E en poco más de un año antes de que se sustituyese por el Model F.

CHECKER MARATHON

1959–82

El Marathon fue un coche popular fabricado casi exclusivamente para el servicio de taxi, con sus grandes puertas y mucho espacio para las piernas de sus ocupantes. El vehículo estaba basado en el Checker A-8 del año 1956 y tenía los ya familiares faros delanteros cuadrados del A-9 de 1958.

El primero de los llamados modelos «civiles» de Checker fue el A-10 Superba, que se dejó de fabricar en 1960 por su escasa atractivo. En 1962 Checker usó por primera vez el nombre de Marathon en un A-12 que se ofrecía como un sedán de cuatro puertas o un familiar. El diseño apenas varió en los siguientes

La forma clásica que formó parte del paisaje urbano de la ciudad de Nueva York durante más de 30 años, fue la del Marathon. La llamada versión «civil», una limusina Town Custom, se ofrecía al público en general.

veinte años y el coche se convirtió en parte esencial de Nueva York. En la ciudad rugieron 5.000 de estos taxis hasta mediados de los 70, pero las ventas decrecieron a finales de la década. Series lujosas como la Town Custom Limousine y motores V8 se sumaron a la gama culminada por el increíble familiar Aerobús de 8 plazas.

En los años 70, el precio del petróleo se dobló y fue un problema para este modelo que gastaba de media un litro cada 4 km. Los taxistas empezaron a comprar coches más pequeños y más rentables. El 12 de julio de 1982 la Checker Motor Corporation of Kalamazoo, de Michigan, entregó su último taxi.

Motor: 6 cilindros, 3.704 cc
Potencia: 91 kW (122 CV)
De 0 a 100 km/h: 15 s
Velocidad máxima: 177 km/h
Producción total: 100.000

CHEVROLET 490

1920–22

Motor: 4 cilindros, 2.803 cc
Potencia: 19 kW (26 CV)
De 0 a 100 km/h: n/d
Velocidad máxima: 80 km/h
Producción total: 356.406

Chevrolet decidió competir directamente con Ford en el nivel bajo del mercado, pero no en precio. La marca se puso a sí misma en el mercado de coches económicos de categoría, muy refinados y técnicos. Creía que en el sector más bajo del mercado los

clientes buscaban aún algo con estilo y de calidad. A la cabeza de esta teoría estaba el Chevrolet 490, una serie de 1918 que entraba con un motor de 4 cilindros y que fue muy popular.

En 1920 Chevrolet sorprendió a todos con un 490 totalmente rediseñado. Los coches apenas cambiaban su diseño en estos años, pero éste fue uno de los primeros ejemplos de fabricantes que intentaban aumentar las ventas a través de los cambios en el diseño.

Las aletas rectas se curvaron, los faros delanteros se montaron sobre unos soportes de acero para eliminar la tosca barra anterior, y las ventas aumentaron.

En 1922 Chevrolet había ya mejorado la práctica totalidad de la serie 490 ofreciendo un sedán de cuatro puertas. Sus motores tenían un ajuste más fácil de sus válvulas sobre los brazos del balancín, un único pedal del freno y cámaras más grandes sobre la suspensión. Fueron coches básicos y baratos

de mantener que «robaron» algunas ventas del aún más simple y menos confortable Ford Model T.

Chevrolet tenía una planta de montaje en Londres en los primeros años 20 a efectos de la importación europea. Esto explica por qué este 490 de techo duro y de dos puertas se ofrecía en Gran Bretaña sólo con una única carrocería para tentar los gustos de sus compradores.

CHEVROLET AD UNIVERSAL

1930–31

Motor: 6 cilindros, 3.180 cc
Potencia: 37 kW (50 CV)
De 0 a 100 km/h: 40 s
Velocidad máxima: 97 km/h
Producción total: 864.243

Chevrolet llamó Universal a su gama de modelos en el año 1930. Su potencia le venía del legendario motor de 6 cilindros de 1929 instalado para intentar superar

al Ford Model A. Equipado con un «Cast-Iron-Wonder» disponía de un motor robusto con válvulas en cabeza que sobrevivió hasta los años 50. Se ofrecía a sus conductores un silencioso motor de 6 cilindros al precio de uno de 4.

La reestilización de los anteriores coches de la marca llegó también al Universal. Se le instaló un parabrisas inclinado y no

deslumbrante. El indicador de carburante se puso en el salpicadero y los demás eran ahora redondos y negros. Bajo el capó había un colector de escape de nuevo diseño para aumentar sus prestaciones y unos nuevos parachoques hidráulicos.

Se ofreció un vasto abanico de carrocerías, 10 en total. El AD Universal resultó ser el modelo de la motorización en Estados

Unidos como antes lo fue el Ford Model A. A pesar de sus grandes números, algunas de las muy atractivas y asequibles versiones sedán son hoy día muy difíciles de conseguir y tienen un estatus de clásicos entre los coleccionistas. Este modelo se rebautizó con el nombre de Independence en 1931 y en él sólo se observaron muy pocos cambios de diseño y mecánicos.

CHEVROLET EC STANDARD

1935

Motor: 6 cilindros, 3.409 cc
Potencia: 55 kW (74 CV)
De 0 a 100 km/h: 25 s
Velocidad máxima: 112 km/h
Producción total: 202.773

Chevrolet decidió introducir en sus modelos de gama baja una mejoría técnica para hacerlos más competitivos. Por ejemplo, en 1934 la marca instaló una suspensión delantera independiente tipo «Knee Action» mientras que Ford mantenía una antigua de ballestas. Este cambio daba motivos a los clientes para decidirse por Chevrolet, tanto que llegó a ser el más vendido de los Estados Unidos. El nuevo modelo líder en técnica era la serie EA Master Deluxe. Sea como fuere, la superioridad técnica era cara y por eso la marca ofreció una versión más básica con suspensión con ballestas de láminas transversales ED y EC Standard.

Su diseño era muy parecido al DA de años antes, pero el EC tenía el marco de los faros delanteros del color de la carrocería y, en su interior, los indicadores pasaron del centro del salpicadero a delante del conductor. Bajo el capó el motor de 6 cilindros «Blue Flame» tenía nueva culata y una mejor lubricación.

Se ofrecieron *roadsters* de dos puertas, y faetones y cupés se sumaron a los sedán de cuatro. Su interior era espartano, pero había muchos extras en opción como simuladores de parachoques, radio, calefacción, encendedor, reflectores, neumáticos pintados y espejo retrovisor.

CHEVROLET MASTER GA

1937

Motor: 6 cilindros, 3.548 cc
Potencia: 63 kW (85 CV)
De 0 a 100 km/h: 20 s
Velocidad máxima: 135 km/h
Producción total: 519.024

Creada como buque insignia en la lucha contra Ford y ser la marca favorita en Estados Unidos, esta nueva gama impulsó notablemente las ventas de Chevrolet en 1937. Consiguió ser el número uno en ventas superando a Ford y dos años más tarde alcanzó los 15 millones de coches fabricados.

Los de la serie Master fueron todos modelos nuevos equipados con el legendario motor de 85 CV y 6 cilindros «Cast Iron Wonder», bielas más cortas y cuatro cojinetes principales. Por otra parte tenía un armazón de caja rígida con viga y un eje trasero hipoide. Su carrocería Unisteel, completamente nueva, tenía un aspecto fresco llamado «Diamond Crown» que incluía cristal de seguridad en todas las ventanas, aletas rectas, parrilla del radiador orientada hacia dentro en cada mitad del coche y faros delanteros pintados del mismo color que la carrocería.

Era un coche asequible para la clase trabajadora. Su motor de 6 cilindros era muy suave y sus prestaciones impresionantes. Su interior era muy completo, es decir, contaba con indicador de temperatura en el salpicadero, reposabrazos para el acompañante del conductor, dos luces de interior, dos limpiaparabrisas, dos viseras para el sol y parachoques más ornamentados. Fue lógico que el «Chevy» llegase a ser pronto el coche del pueblo americano.

El sedán deportivo Chevrolet Master fue uno de los más populares del grupo GA: de él se vendieron 144.110 unidades en 1937. El de la fotografía es un familiar de cuatro puertas al que todo el mundo aspiraba, sobre todo por su buen equipamiento de serie.

CHEVROLET BEL AIR

1950–57

Motor: 6 cilindros, 4.639 cc
Potencia: 212 kW (285 CV)
De 0 a 100 km/h: 8 s
Velocidad máxima: 193 km/h
Producción total: 3.293.543

El Chevrolet Bel Air llegó a ser uno de los clásicos coches americanos de la época. Proclamado en 1955 como deportivo de dos puertas y techo duro, tenía un motor de 6 cilindros y una transmisión automática Powerglide. En 1953 su carrocería fue además la de un sedán de cuatro puertas y un convertible. Un año más tarde apareció la versión familiar, que se llamó Nomad. Después de sufrir unos ligeros retoques en su diseño que le dieron elegancia el año 1955, tuvo también una leve reestilización un año después. Chevrolet llegó a la categoría de clásico añadiéndole unas aletas muy sutiles y unas líneas relativamente limpias. Todo estudiante de instituto quería que sus padres le dejasen su «Chevy».

Llegó a ser el máximo exponente de toda la gama de la marca y se podía adquirir en carrocerías de dos y cuatro puertas además de una convertible con la opción de capota plegable eléctrica. La versión Nomad, de tres puertas, era muy diferente, por lo que hoy día es muy buscado por los coleccionistas del coche clásico.

Su motor V8 de 6 cilindros y 285 CV era de inyección. La combinación de un atractivo diseño con las buenas prestaciones sólo la tuvo durante un año, después se convirtió en un coche muy popular.

Este cupé deportivo y de techo duro del año 1955 fue el máximo de los Chevrolet asequibles de la serie «One-Fifty». El Gold Bel Air lucía numerosos cromados y fue considerado un modelo aparte. Aunque asequible, era un modelo deseado.

CHEVROLET CORVAIR

1959–69

Motor: 6 cilindros, 2.377 cc
Potencia: 63 kW (84 CV)
De 0 a 100 km/h: 15 s
Velocidad máxima: 144 km/h
Producción total: 1.695.765

El Corvair se hizo famoso por las críticas de un libro. Al principio el Corvair era la respuesta de GM a la continua llegada de coches módicos europeos como el VW Escarabajo que estaban invadiendo el mercado autóctono.

No podía menos de tener un diseño muy diferente al de los americanos de la época, con sus motores traseros, refrigerados por aire y de 6 cilindros en línea con suspensión independiente. No era un coche a escala como los que ofrecían Ford o Chrysler, sino un nuevo y genuino compacto.

Sea como sea los compradores se mostraron cautelosos prefiriendo las tradicionales ofertas de Detroit. Aunque la lucha se centraba en los sedán, eran los convertibles y los cupés Monza los preferidos por el público, que apreciaba su estilo único y sus razonables prestaciones.

Por desgracia el libro de Ralph Dannels *Unsafe at any speed* explicó que los primeros modelos tenían problemas de maniobrabilidad y una gran facilidad para sufrir accidentes. Esta tendencia a los problemas sólo se cumplía si la relación entre la presión de los neumáticos delanteros y traseros no se mantenía adecuadamente, pero el daño ya estaba hecho.

Nada pudo hacer la nueva generación del Corvair aparecida en 1964 con sus mejoras en el diseño y la revisión de la suspensión trasera. El tiempo corría en contra de este coche innovador que llegó a ofrecer una versión turbo que entregaba una potencia superior a los 180 CV.

El Corvair Monza fue la estrella de la serie y su convertible Spider, el más deseado, se caracterizaba por tener una baca sobre el maletero. Este modelo incorporó un motor turboalimentado en 1962.

CHEVROLET CORVETTE

1953–83

Motor: V8, 5.360 cc
Potencia: 268 kW (360 CV)
De 0 a 100: 6 s
Velocidad máxima: 233 km/h
Producción total: 684.652

Los Estados Unidos y General Motors se fijaron en los deportivos ingleses para crear un vehículo innovador y único por ellos mismos, y crearon un coche de leyenda. Seis meses después del debut del coche compacto con el GP Motorama, salía al mercado el Chevrolet Corvette ensamblado en la fábrica de Flint, Michigan, el 30 de junio de 1953. Sólo se ofrecía como un convertible biplaza de color blanco Polo con el interior rojo. Se fabricaba a mano y su bonita carrocería de fibra de vidrio, diseñada por Harley Earl, se acoplaba sobre un chasis de sedán acortado con una distancia entre ejes de 259 cm. Su motor era el llamado «Blue Flame Special» que, en esencia, era una versión más moderna del tradicional Chevrolet de 3.851 cc 6 cilindros y 150 CV. Una caja de cambios automática de dos velocidades era la única transmisión disponible. De todas maneras el coche era muy caro, valía más que un Jaguar o un Cadillac, por lo que en 1953 sólo se vendieron 183 unidades.

Las ventas sólo aumentaron hasta 700 en el año 1955. Se tenían que hacer cambios de urgencia. Zora Arkus-Duntov, un ingeniero de Corvette, se dio cuenta de que necesitaba un motor V8 y una mejor maniobrabilidad. En 1956 el coche tuvo un nuevo diseño: se le abombaron los laterales, se instalaron nuevas manecillas exteriores en las puertas y elevalunas

eléctricos y un techo duro extraíble como opción. El motor de 6 cilindros se sustituyó por uno de 4.343 cc y V8 estandarizado, con sólo 195 CV. La revisión de estilo de 1957 hizo que se crease el Corvette más potente de la época dotado de un carburador de cuatro cuerpos, 4.638 cc, V8, que entregaba 220 CV. La ventas aumentaron tan rápido como el coche aceleraba (en línea recta).

La segunda generación de Corvette llegó en 1963, con la clásica carrocería de Sting Ray. Se ofreció como un cupé biplaza y por primera vez un convertible con una distintiva ventana trasera dividida. Tenía suspensión trasera independiente, motor de inyección y unas ruedas de perfil bajo. También tenía una opción para circuitos, el Z-06, ideado por Arkus-Duntoz para carreras. Con un motor de inyección V8 de 5.360 cc y unos frenos y suspensiones muy eficaces. Las opciones de lujo como la dirección asistida, aire acondicionado y asientos de piel ya estaban disponibles desde los primeros tiempos del modelo.

Los nuevos Corvette de 1968 habían cambiado tan drásticamente en su diseño que el parecido con el

concept Car Mako Shark II era impresionante. El nuevo Corvette tenía unos limpiaparabrisas escondidos y un techo extraíble en el cupé. Bajo el capó tendría varios motores interesantes incluido el V8 L79 de 5.360 cc que entregaba 350 CV y el L89 con cabeza de aluminio opcional para el L71. La fabricación del Corvette alcanzó su cifra récord en las 28.566 unidades vendidas. En 1969 entró oficialmente en la lista «Stingray». Por primera vez el cupé superó en ventas al convertible y continuó siendo así en los años siguientes.

En 1973 el Corvette tuvo una nueva generación que fue única en su combinación de tener una carrocería de líneas suaves con el frontal de color y una zaga original en 1968 tipo «Kamm». Los motores siempre evolucionaron para tener un mínimo exigido de emisiones, lo que representaba una reducción de prestaciones. En 1974, el Corvette recibió un nuevo color para su trasera que armonizase con el del frontal, que además tenía que incorporar los parachoques de 8 km/h homologados por la Federación. El coche empezó a

El Corvette cupé de 1963 era impresionante, tenía como característica principal su ventana trasera dividida y los faros delanteros escondidos en un panel de funciones eléctricas. Los primeros modelos tenían un espacio portamaletas debajo de los asientos.

cambiar su carácter para siempre cuando las prestaciones de su motor bajaron. Su máximo motor de 5.735 cc V8 sólo daba 205 CV. Fue el último año para el convertible debido a la reglamentación de seguridad y a la consecuente caída de las ventas.

De todas maneras cuando el Corvette celebró sus 25 años de existencia en 1978, se fabricó un nuevo cupé con una línea del techo muy inclinada y pintado en dos colores, se reinstaló la caja de cambios manual de cuatro velocidades y un motor V8 de 5.738 cc con mejores prestaciones.

El modelo de Corvette de 1959 cambió bastante cuando le quitaron los cromados y le pusieron ruedas deportivas con tapacubos extraíbles. El hecho de que sus propietarios quisieran modificarlo indica que este coche es un icono cultural de América.

CHEVROLET IMPALA

1960–69

Motor: V8, 5.359 cc
Potencia: 186 kW (250 CV)
De 0 a 100 km/h: 10 s
Velocidad máxima: 172 km/h
Producción total: 7.000.000

El Chevrolet Impala está acreditado como el primer coche *sport*. Se fabricó como el exponente más alto de la serie, y llegó a ser el patrón de los coches de principios de los años 60 gracias a la versión Super Sport (SS) de la marca.

Se ofrecieron carrocerías sedán, familiar y de dos puertas de techo duro, todos con un motor V8 de 5,4 l en toda la serie. Menos estrambótico que sus predecesores aleteados, los modelos SS aparecieron en 1961 motorizados con un gran V8 de 6,702 cc.

El Impala sufrió importantes cambios en su diseño en 1965 perdiendo su forma de caja y adquiriendo una imagen más lineal. Se dejó de fabricar el fabuloso 409 a favor del Mark IV. Con un motor de 6.489 cc V8 que se instalará en todos los Chevrolet durante la década de los 60, el nuevo 396 pudo tener una nueva transmisión automática, la Turbo Hydramatic 350. La del 396 se podía poner en cualquier Impala, pero el SS se tenía como un modelo aparte.

En 1966 la serie tuvo un nuevo modelo superior, el Caprice, que robó el estrellato al Impala, especialmente cuando el SS se separó de la serie. También perdió sus seis luces traseras redondas que fueron su señal de identidad desde 1958. El Impala había sido un fantástico sedán con buenas prestaciones, pero a finales de los años 60 su imagen ya era anticuada.

En 1962, el diseño del Impala se hizo más comedido con este cupé deportivo de dos puertas, más atractivo que sus predecesores. Fue el modelo superior de los Chevrolet y contaba con volante deportivo, reloj eléctrico y altavoz en los asientos traseros.

CHEVROLET CHEVELLE

1964–80

Motor: V8, 6.489 cc
Potencia: 279 kW (375 CV)
De 0 a 100 km/h: 7 s
Velocidad máxima: 193 km/h
Producción total: 3.282.066

Este modelo totalmente nuevo de Chevrolet fue ideado en 1964 para ser el nivel intermedio entre el compacto Chevy II y los grandes coches de la marca. Se ofrecieron once modelos de esta serie con dos carrocerías básicas llamadas Chevelle 300 y Malibú además de la convertible. La supersport SS fue la entrada de Chevrolet en la categoría de los deportivos de tamaño medio, destinado a batallar contra el Pontiac GTO. Su propia línea de motores y de equipamiento empezaba en un motor de 5.359 cc V8 que luego pasó a ser un poderoso motor de 6.489 cc también V8.

En 1968 vio su primer cambio de diseño y su nueva carrocería familiar; su frontal era muy agresivo, el capó más grande y el maletero más corto, mientras que la carrocería de dos puertas adquiría una imagen más aerodinámica. El último Chevelle SS obtuvo, en 1970, el motor más potente de todos los deportivos en toda la historia, el LS6 454. El último año de este modelo fue en 1973, antes de que se rediseñara toda la serie y se modificaran todos los motores. El nuevo Colonnade de techo duro tenía ya un nuevo diseño exterior e interior y los pilares del techo más pesados. A pesar de ser indudablemente más seguros, los modelos de cuatro puertas tenían en particular un aspecto torpe y desgarbado. El Chevelle se había ya convertido en otro gran coche.

Chevrolet Chevelle Super Sport de 1970 con todos sus adornos. Bajo el capó tenía un motor de 350 CV y la versión SS-454 con el pack Z15 mejoraba la suspensión, los frenos y las ruedas para facilitar su batalla con sus competidores.

CHEVROLET CAMARO

1967–81

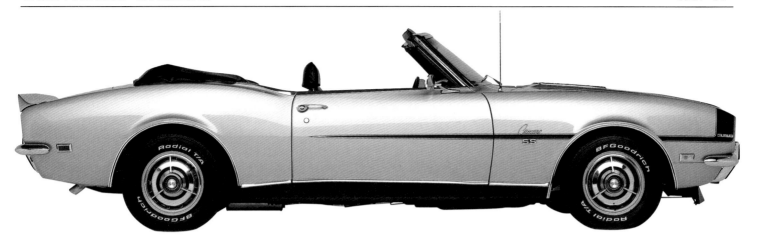

Animada por el éxito de Ford con el Mustang, GM empezó a diseñar su respuesta en 1964. En 1966 el coche ya tenía nombre, Camaro, que significa amigo, y un año después ya se fabricaba en serie un cupé de techo duro y un convertible, ambos con motores V6 y V8. Se podía pedir en casi 80 opciones y 40 accesorios, todo conjuntado en tres «packs» principales. El «pack» RS contenía numerosos cambios externos, como una parrilla negra con los faros escamoteables y los marcos de los grupos ópticos revisados.

Mejor incluso era el pack SS con un modificado motor V8 de 5.733 cc, que aumentaba a 6.489 y 325 CV en la versión de gran bloque u otra de 375 CV que aumentaba sus prestaciones y aún más si se lo completaba con tomas de aire simuladas en el capó, un abombamiento especial y una parrilla negra.

Aún más apasionante era el pack Z-28, diseñado especialmente para competir en la Club of America Trans Am. Tenía suspensión de competición y su motor podía entregar hasta 400 CV y una velocidad máxima de 225 km/h Dominó el mundo de las carreras durante un tiempo.

Los vendedores podían hacer que cada comprador tuviese un modelo a su gusto. Aun así, estos modelos nunca pudieron competir con el Camaro ZL1 diseñado especialmente para competir en la NHRA Super Stock de vehículos de carreras. En su delantera había un motor completamente de aluminio que entregaba casi 500 CV, que era el más potente jamás fabricado por un Chevrolet para el público;

pesaba sólo 227 kg y era el mismo que el del Chevy de 5.359 cc de bloque pequeño. Tenía una garantía de cinco años u 80.000 km. El ZL1 aumentaba el precio de un coche estándar considerablemente y la marca fabricó 69 de ellos para carreras. Su alto precio hizo difícil su venta y el ZL 1 todavía se ofrecía en los primeros años 70.

En 1970 todos los Camaro sufrieron una gran transformación adoptaron un perfecto estilo inspirado en el europeo que iniciaba una nueva tendencia para la siguiente década. El nuevo Camaro era 5 cm más largo, sus puertas 12,5 cm más grandes y su conducción más refinada gracias a su mejor insonorización. En 1971 se le practicaron pequeñas variaciones exteriores, pero eran los motores los que tendrían que cambiar. Y es que GM decidió que todos sus modelos funcionarían con gasolina sin plomo, lo que significa menor compresión y potencia. De esta manera el modelo superior, el Z28 con su motor de

5.733 cc pasó de una compresión de 11:1 a 9:1 y sus caballos bajaron de 360 a 330.

En los 70 era en general difícil fabricar coches con buenas prestaciones. En 1972, una huelga de 174 días en la planta de Chevrolet en Ohio ponía las cosas aún más peor. Se tuvieron que desguazar 1.100 Camaros no finalizados porque no cumplían con las normas federales sobre seguridad con los parachoques de aquel año e incluso se rumoreaba que el nombre Camaro dejaría de existir.

En 1973 se suspendió la fabricación de la legendaria versión SS, con lo que que el verdadero Camaro era el Z-28 a pesar de que la sustitución de sus amortiguadores hidráulicos por otros sólidos le restaron potencia. Otro síntoma de que el carácter Camaro y por supuesto el perfil de sus compradores estaba cambiando fue que el aire acondicionado se incluyó por primera vez como accesorio. Con ello también se

La respuesta de Chevrolet al Ford Mustang fue este convertible de 1967 que ofrecía con motores de seis cilindros, V-8, Super Sport y Rally Sport. Chevrolet vendió diez veces más ocupes que convertibles.

explica que el nuevo Type LT estuviese equipado con un «pack» de lujo en el que se incluía un motor V8 poco potente y muchos accesorios. Como solía ocurrir en esta época, la neutralización de tales deportivos popularizaron su atractivo e impulsaron sus ventas. En 1979 Chevrolet obtuvo su mejor récord de ventas con este modelo: alcanzó las 282.571 unidades vendidas.

Motor: V8, 5.733 cc
Potencia: 224 kW (300 CV)
De 0 a 100 km/h: 8 s
Velocidad máxima: 209 km/h
Producción total: 2.636.007

CHRYSLER MODEL B

1924–25

Walter Percy Chrysler se las arregló para empezar a fabricar coches en los años 20 y pudo sobrevivir en los años 30. Su primer modelo fue presentado en el Commodore Hotel de Nueva York el mes de enero de 1924. Su precio resultaba muy atractivo y era un coche innovador destinado a un público general. No fue nada raro

que a finales del mismo año se hubiesen vendido unas 32.000 unidades, un récord para ser el primer año de venta al público en el muy competido mundo del automóvil.

Su motor tenía la culata en forma de L y muy alta compresión. Era un motor potente que entregaba 68 CV a 3.200 rpm,

lo que indica unas altas prestaciones y una confortable velocidad máxima de 113 km/h. Sus pistones eran de aluminio, la lubricación se efectuaba a presión, los frenos eran hidráulicos en las cuatro ruedas y el eje delantero era acertadamente tubular. El Model B también optó a la deportividad, venciendo en varias carreras.

El Model B lideró el camino de Chrysler a ser el primer fabricante americano en competir en la carrera de las 24 Horas de Le Mans.

Motor: 6 cilindros, 3.294 cc
Potencia: 51 kW (68 CV)
De 0 a 100 km/h.: n/d
Velocidad máxima: 113 km/h
Producción total: 32.000

CHRYSLER C300

1955

Motor: V8, 5.425 cc
Potencia: 224 kW (300 CV)
De 0 a 100 km/h: 9 s
Velocidad máxima: 206 km/h
Producción total: 1.725

El Chrysler C300 se tiene por el primer deportivo. Su motor era un Hemi V8 de 5.425 cc con dos carburadores de cuádruple cuerpo y un árbol de levas de competición, amortiguadores sólidos, un colector de escape especial y dos tubos de escape de gran diámetro. Todo ello

ayudaba a aumentar sus prestaciones hasta los 300 CV. No sólo su motor era especial sino también su transmisión automática Powerfitte, que garantizaba un cambio de marchas suave mientras que su suspensión, muy dura, complementaba sus neumáticos de carreras Blue Streak y ayudaba a que el coche se mantuviese en la carretera. En su frontal lucía una parrilla modelo Imperial.

El C300 fue un coche exclusivo que sólo se ofrecía en tres colores:

Este Chrysler fue el más carismático, estaba dotado de un potente motor Hemi V-8 diseñado para el C 300. Este modelo combinaba su parrilla en forma de cáscara de huevo del modelo Imperial con el New Yorker New Port de dos puertas y techo duro de impresionante éxito.

negro, rojo y blanco. Su interior, tapizado en piel, era de serie, y el coche sólo podía adquirirse como un dos puertas de techo duro.

Parte de su imagen de deportivo le venía dada por la falta de espejos retrovisores en las puertas. Se suponía que el conductor de un C300 debía estar tan atento a lo que tenía delante y no necesitaba mirar hacia atrás. En verdad el C300 era un coche lo suficientemente rápido para ganar los títulos NASCAR Grand National y el AAA de coches de carreras. La leyenda del Chrysler *letter cars* y la de los deportivos había nacido.

CHRYSLER IMPERIAL

1956–63

Motor: V8, 6.769 cc
Potencia: 257 kW (345 CV)
De 0 a 100 km/h: 9,8 s
Velocidad máxima: 201 km/h
Producción total: 171.000

Chrysler recreó su coche insignia, el Imperial, en 1956 y lo hizo un modelo independiente. El nuevo Imperial estaba diseñado por Virgil Exner, el actualmente famoso diseñador que dio un estilo propio a los modelos de posguerra de la Chrysler Corporation. Se distinguía por su largo capó, las cortas medidas del maletero, su atrevida parrilla y sus luces de cola separadas. Quienes pudiesen costearse un Imperial, adquirirían lo que Chrysler llamó «el mejor coche fabricado actualmente en América».

En 1957 el diseño, de nuevo de Virgil Exner, le dibujó líneas más largas y delgadas que contrastaban radicalmente con los diseños de líneas bulbosas y rotundas de los fabricantes de coches del momento. La majestuosidad de las aletas finales del Imperial era sutil y hasta grácil comparada con los automóviles de los rivales. Sus laterales libres de cromo eran un avance para su tiempo y sus ventanas curvadas fueron verdaderamente un éxito de la marca. Se ofrecía con las carrocerías de dos y cuatro puertas con techo duro, sedán con pilares y un bonito convertible. El Imperial tenía un motor V8 avanzado que entregaba 325 CV y disponía de un botón Torquefite de selección de caja de cambios automática.

Cada año el Imperial aparecía con algún cambio de diseño y en 1961 éste se concentró en las largas aletas traseras. Crhysler aseguró que estas aletas daban en el túnel de viento una gran estabilidad a altas velocidades. A pesar de su lujo e indiscutibles prestaciones, este Imperial sólo tuvo una

Su diseño se cambió totalmente en 1955. Este sedán de cuatro puertas duró más de un año. La corona del Imperial Eagle estaba entre las dos partes de la parrilla frontal, y las luces traseras, en las aletas, eran únicas de este modelo.

fabricación limitada del que sólo se vendieron 12.249 unidades antes de que renaciera a mediados de los 60.

CHRYSLER 300F

1960–1961

Motor: V8, 6.769 cc
Potencia: 279 kW (375 CV)
De 0 a 100 km/h: 7,1 s
Velocidad máxima: 233 km/h
Producción total: 1.212

El 15 de febrero de 1960 Chrysler dio a conocer su «sexto en una serie de éxitos», el 300F. Era un *letter car* de muy altas prestaciones.

Su motor de 6.769 cc entregaba 375 CV bajo su atractiva carrocería. Disponía de un sistema de inducción de colectores de escape con tubos de inducción de 76 cm situado sobre el carburador que alimentaba cada bloque de cilindros más allá de la cubierta de *rocker* de la cabeza de los cilindros opuestos. La nueva inducción aumentaba la potencia en 3,5 CV, por lo que era menos potente que el modelo del año anterior, pero al menos añadía 61 Nm al par de torsión a 800 rpm o menos. Se ofreció un motor especial para aquellos conductores que quisiesen unas mejores prestaciones, un motor de 400 CV con una transmisión manual de cuatro velocidades Point a Mousson procedente del gran coche francés Facel Vega.

La carrocería era también nueva, con una construcción monocasco. Su parrilla trapezoidal era visualmente impresionante y sus fabulosas aletas de cola acababan con las luces traseras en un corte final tipo bumerán. En su interior cabían cuatro personas justas sus asientos se dividían por una consola que lo recorría de delante atrás. El salpicadero, abovedado, tenía una burbuja de cristal en la que parecían flotar todos los indicadores.

Fue uno de los coches de más altas prestaciones de los Estados Unidos jamás fabricado. La maniobrabilidad del coche era poco interesante.

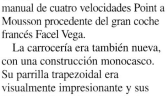

El diseño del 300F fue de aceptación universal en 1960. La rueda de recambio encastrada en la cola duró sólo un año, aunque en 1962 fuese la divisa del 300G.

CHRYSLER NEW YORKER

1940–62

Chrysler ofreció como complemento a su serie C-23 de 1939 tres modelos distintos que compartían el mismo motor, chasis y plataforma: Imperial, Saratoga y New Yorker. Este último se vendió como un modelo de lujo con tapicería en dos tonalidades y un equipamiento de alta calidad. La guerra interrumpió su fabricación en 1942 y volvió a introducirse acabada la contienda sin ningún cambio hasta 1959. En 1951 apareció con la distancia entre ejes más larga y un motor V8 que se estandarizó.

Cuando en 1955 Chrysler desarrolló el Imperial con una línea unitaria y única, el New Yorker se convirtió en el modelo superior. Se ofreció como un sedán, un dos puertas, un convertible y un familiar. La siguiente evolución llegaría en 1957, cuando se le añadieron aletas. Bajo el capó se encontraba un motor muy conocido de 6.425 cc que entregaba 325 CV. Fue un coche del que la publicidad decía era el más atractivo en su generación. En 1959 su gran motor ya no se producía por el coste de fabricación. En 1961 se realizaron unos pequeños cambios de diseño que le hicieron estar menos equipado. Fue también el último año para las una vez atractivas alas de la marca pues ésta optó en 1960 por diseños más sencillos.

Motor: V8, 6.425 cc
Potencia: 242 kW (325 CV)
De 0-100 km/h: 10 s.
Velocidad máxima: 193 km/h
Producción total: 40.000.

El New Yorker, aquí como cupé convertible, dio lugar a las prominentes aletas traseras en 1957, especialmente porque muchos clientes pedían zonas montadas con dobles aletas para enfatizar su aerodinámica.

CHRYSLER LEBARON

1977–80

En 1977 Chrysler introdujo en el mercado un modelo de tamaño medio con carrocería M llamado LeBaron. La serie de coches con carrocería M se basaban en el Plymouth Volare y compartían muchas piezas. Con este modelo, Chrysler quiso ganar más ventas en el mercado de los coches de lujo; pretendía competir con el Mercedes Benz y el Cadillac Seville. Estaba destinado a ser la estrella de la marca, pesaba 1.588 kg y tenía unos ejes de 286 cm. El LeBarón se ofrecía en carrocerías de dos y cuatro puertas y con motores de 6 cilindros o V8; su modelo superior se llamaba Medaillon.

A partir de 1978 el modelo aumentó en practicidad con la versión familiar de nombre Town & Country cuyos laterales estaban grabados con paneles de madera de cedro.

De hecho este modelo nunca alcanzó los niveles de las marcas de lujo contra las que competía. Por eso se ofreció en 1980 una versión más alta llamada 5th. Avenue, pero su atractivo era limitado. 1981 fue el último año para las carrocerías M familiares y cupés además de la tracción a las ruedas traseras que ofrecía el modelo. De esta manera apareció en la misma década un LeBaron más compacto y barato de fabricar igual a los demás grandes coches americanos; el futuro estaba en la tracción delantera.

Motor: V8, 3.687 cc
Potencia: 97 kW (130 CV)
De 0 a 100 km/h: 12 s
Vel. Máx.: 185 km/h
Producción total: 360.000

El modelo familiar del LeBaron intentó recrear los coches de Chrysler con paneles de madera de los años 40. En 1982, el plástico sustituyó a la madera y tuvo un desastroso resultado estilístico.

CHRYSLER (GB/FRANCIA) 180 — 1970–80

En 1970 Chrysler compró el Routes Group británico y la Simca francesa con el propósito de centralizar ambas compañías y competir en Europa con Ford y Vauxhall y Opel de General Motors. Su primera intentona fue el Simca/Chrysler 150 aparecido en 1970. Se trataba de un coche de tamaño medio bastante raro diseñado conjuntamente en Francia y Gran Bretaña (Coventry). En principio se quería que fuese el nuevo Humber el coche que devolviese a Simca al mercado de los coches medianos y de buen precio.

Se fabricó en Francia y su descuidado diseño fue de Hillman Evenger con una tradicional suspensión McPherson. Su versión con motor de 1,6 l sólo se vendió en Francia mientras que en Inglaterra la de 1,8 a partir de 1972 se ofreció con motor de 2 l y caja de cambios automática.

A pesar de vivir unos diez años era un coche adusto y poco distinguido. Cuando Talbot compró Chysler sus ventas descendieron y se dejó de fabricar.

Motor: 4 cilindros, 1.812 cc
Potencia: 72 kW (97 CV)
De 0 a 100 km/h: 13,6 s
Velocidad máxima: 159 km/h
Producción total: 60.000

CHRYSLER (GB/FRANCIA) ALPINE — 1975–86

En los años 70 Simca quiso subir al mercado de los coches más grandes y lanzó el Alpine. Fue un coche basado en el Simca 1000 de 1967, usaba la misma plataforma pero con una distancia entre ejes más larga 259 cm, la misma suspensión independiente y los motores de 1.294 y 1.442 cc, versiones del 1100, todo envuelto en una carrocería de turismo de cinco puertas.

Apareció en Europa a finales de 1975 y en Gran Bretaña a principio de 1976. Los primeros modelos se importaron de la factoría de Simca junto a Poussy, Francia, y a finales de 1976 ya se ensamblaba en Coventry, Inglaterra. El Alpine fue un coche

Su carrocería de turismo era igual a la de un viejo Simca, lo que no impidió que fuese coronado como el coche del año. Nunca rentabilizó este éxito ni se convirtió en un competidor del Cortina.

inusual por su novedosa carrocería ya que todos los demás fabricantes, como Ford y su Cortina, de gran éxito, sacaban al mercado sedán de tamaño medio. Llegó a coronársele como coche Europeo del año 1976.

Práctico y cómodo, el sonido de su motor podía ser elevado, ya que tenía poca potencia para el tamaño del coche. Su tracción a las ruedas delanteras hizo también que fuese un coche difícil de maniobrar. Se vendieron 30.000 unidades en un año, un resultado no muy bueno que no pudo arreglar la incorporación de un sedán ni la del nuevo Talbot Solara en 1980 que atrajo a pocos compradores.

Motor: 4 cilindros, 1.294 cc
Potencia: 48,5 kW (65 CV)
De 0 a 100 km/h: 16,9 s
Velocidad máxima: 144 km/h
Producción total: 108.405 Chrysler y 77.422 Talbot.

CHRYSLER (GB/FRANCIA) SUNBEAM

Motor: 4 cilindros, 928 cc
Potencia: 31 kW (42 CV)
De 0 a 100 km/h: 25 s
Velocidad máxima: 123 km/h
Producción total: 104.547 Chrysler
y 116.000 Talbot

El lanzamiento del Chrisler Sunbeam se produjo dos años después de su concepción. Apareció en el mercado a finales de 1977 con un diseño anguloso y fresco, de frontal familiar pero con los faros escamoteables, en la trasera unas luces muy parecidas a las del Alpine y un final en inusual pendiente en el que la ventana se abría con goznes. Sus características eran de alto nivel, con frenos delanteros de disco y encendido electrónico.

Se podía escoger entre motores de 1.295 y 1.598 cc procedentes del Avenger y que tenían buenas prestaciones. El modelo más básico tenía un motor Hillman Imp de 928 cc de aleación. A sus seguidores les gustaba la versión Ti con llantas de aleación, grandes alerones y dos carburadores Webber para un motor de 1,6 l.

Sea como fuere, sus prestaciones derivaban del motor Sunbeam-Lotus de 160 CV en su versión de 2,2 l con llantas de aleación, una caja de cambios de cinco velocidades ZF y unas distintivas franjas de colores negro y plata. El Sunbeam fue de Talbot en 1980 y continuó fabricándose hasta 1981, cuando cerró la factoría de Linwood en Escocia.

Fue un buen utilitario de mediados de los 70. La pena es que sólo se abriese el cristal de la ventana trasera y no todo el portón. Incluso así, estaba bien equipado y se ofrecían versiones de altas prestaciones. Pero éste, el de la foto, es el modelo más básico de la serie.

CHRYSLER (GB/FRANCIA) HORIZON

Chrysler necesitaba sustituir el obsoleto Simca 1100, pero en vez de ello lo usó como base para un nuevo coche, el Horizon. Apareció en el mercado en 1977 con muchos de los refinamientos del Alpine. Se usaba el motor original del 1100 con 1.118 cc, uno de 1.294 cc y otra versión de 1.442 cc, todas procedentes del Alpine y con una transmisión manual de cuatro velocidades.

Era más largo y ancho que el 1100, por lo que tenía un interior amplio y confortable. Al igual que el Alpine, el Horizon salió al mercado como un coche totalmente nuevo a pesar de su origen e incluso se le votó en el galardón del mejor coche del año 1978 que ganó, como el del «world car», bajo las marcas de Plymouth y Dodge. Era un coche eficaz y seguro pero, de alguna manera, un poco anodino.

Motor: 4 cilindros, 1.118 cc
Potencia: 44-51 kW (59-68 CV)
De 0 a 100 km/h: 15 s
Velocidad máxima: 152 km/h
Producción total: 50.000 Chrysler
y 51.320 Talbot

CISITALIA 202

1947–52

El emprendedor italiano Piero Dasio decidió, acabada la Segunda Guerra Mundial, concentrar los esfuerzos de su empresa en los coches de carreras. Para su primer monoplaza Cisitalia se basó en el Fiat con motor 1100 modificado para que entregara más de 60 CV. Se fabricaron 50 unidades que dominaron su categoría. En 1947 vehículos de esta marca finalizaron la carrera de la Mille Miglia en los puestos 2º, 3º y 4º. La marca creyó que los coches ya tenían la imagen que necesitaban y fabricó versiones para el gran público.

Al 202 se le asocia actualmente con el exitoso diseño de Pininfarina más que con las prestaciones del propio coche. Con su eje delantero basado en el del Fiat 1100 y un chasis multitubular, el coche fue diseñado por Dante Giacosa, de la propia Fiat. A diferencia de sus motores ordinarios, su carrocería era extraordinaria y todo se vendía

a un precio desorbitado, al ser fabricado a mano.

El modelo Gran Sport Cupé es tan atractivo que actualmente se expone uno de ellos en el Museo de Arte Moderno de Nueva York. Un honor que llegó demasiado tarde para salvar a Cisitalia, que no podía con los gastos de fabricación del coche. Dusio renació en Argentina, pero sus coches no eran lo mismo.

En general se fabricaron 170.202 unidades, 60 de ellas cabriolé.

Motor: 4 cilindros, 1.089 cc
Potencia: 37 kW (50 CV)
De 0 a 100 km/h: 17 s
Velocidad máxima: 129 km/h
Producción total: 170.202

Su atractiva y bonita carrocería sólo podía ser obra de Pinin Farina que vistió un motor mucho más ordinario de carreras basado en un Fiat 1100. La versión cupé era de largo más atractiva que la del raro cabriolé.

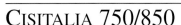

CISITALIA 750/850

1961–64

Motor: 4 cilindros, 735 cc
Potencia: 22 kW (29 CV)
De 0 a 100 km/h: 18 s
Velocidad máxima: 140 km/h
Producción total: n/d

La historia de Cisitalia no es muy feliz. Después del glorioso 202 y el intento fallido de Piero Dusio de formar un equipo de competición, su única opción era volver a Italia desde Argentina. Y así lo hizo volviendo a usar un motor Fiat de 1.100 cc como base para sus coches. Fue el anterior manager de su equipo de carreras, Carlo Abarth, quien le mostró el camino a seguir.

Después de que el diseño avanzado del Porsche de carreras sucumbiese a la falta de fondos, Abarth se hizo cargo del equipo y lo colmó de éxitos. Esto dio dinero a Abarth para fabricar sus propias remodelaciones y deasarrollar sus propios coches basados en Fiat.

El hijo de Piero Dusio, Carlo, creyó que la respuesta estaba usando el eje delantero de Fiat, pero una versión no exitosa del Fiat 1900 y otros intentos frustrados sobre el 1100 hicieron que su producción se parase entre 1958 y 1961

Cisitalia volvió para hacer un último intento con el Tourism Special. Esencialmente fue dar una nueva carrocería a un Fiat 600 con la opción de un motor de 735 o de 847 cc. Es innegable que su diseño era atractivo, con algunas reminiscencias del mejor estilo

Pininfarina. Por alguna razón su fabricación nunca fue continuada y se ofrecían demasiada carrocerías. A diferencia de Abarth, Cisitalia no ofrecía unas prestaciones tan maravillosas en sus coches de carreras con pedigrí y las ventas cayeron inexorablemente.

Cisitalia abandonó los días de gloria con este modelo menos ambicioso pero aún elegante de base Fiat. Usando el motor más inferior de Fiat su marcha era bastante suave, pero el mercado estaba saturado por MG, que se producía en serie y era más barato.

CITROËN C4

1929–31

André Citroën puso sus primeros coches en el mercado el año 1919 y a mediados de los años 30 su empresa sería una de las más grandes de Europa. En 1926 tomó la drástica decisión de sustituir todos sus modelos por un solo coche con hasta 27 carrocerías posibles. Así nació el B14, que duró unos tres años antes de ser reemplazado por el C4.

Teniendo en cuenta la posterior reputación de Citroën como una marca innovadora, el C4 fue un coche muy común a pesar de tener servodirección. Se ofrecía con dos distancias entre ejes y 16 carrocerías diferentes además de otras siete versiones, la mayoría

Los clientes de Citroën podían escoger entre diferentes carrocerías del C-4, y los ingleses tenían sólo una fábrica. Aunque André Citroën no lo aprobaba, la factoría de Slough en Inglaterra lo fabricaba únicamente para catar el gusto de los británicos.

de las cuales influidas por el diseño americano. Su motor de 1.628 cc con válvulas laterales era totalmente nuevo y estaba diseñado por el ex jefe de ingenieros de la casa francesa de coches de lujo Delage.

Aunque el C4 no tenía apenas nada nuevo, su hermano mayor con motor de 6 cilindros tuvo éxito desde el principio. Se fabricaron coches tanto en Francia como en una factoría de Slough, Inglaterra, que fabricó las

particulares carrocerías cupé deportivo y sedán.

En 1932 apareció el C4G, más potente pero sin servofreno. El nombre de C4 acaba de resucitarse en el nuevo modelo de coche pequeño de la marca.

Motor: 4 cilindros, 1.628 cc
Potencia: 22 kW (30 CV)
De 0 a 100 km/h: n/d
Velocidad máxima: 90 km/h
Producción total: 243.068

CITROËN 10CV

1933–34

El 10CV fue uno de los últimos Citroën convencionales y representó una parada antes de dar los últimos retoques al Traction Avant, el coche que transformó la imagen de Citroën. Se tardaría aún un año y por eso, entre tanto, apareció el 10CV, un coche de lo más ortodoxo.

Se basaba en el C4, del que usaba su tracción a las ruedas de atrás y el motor de 4 cilindros y válvulas laterales. Su diseño continuaba siendo de calidad aunque la parrilla se volviese más redondeada y se acentuase la aerodinámica. Quizá lo más notable fue su carrocería unitaria, que utilizaba unos accesorios americanos, y el uso por primera vez del abeto como insignia en la parrilla.

Se ofreció en multitud de carrocerías. La serie incluía motores de 8 y 15 CV para tres modelos de los que se podía escoger entre 69 variantes.

Las dos versiones diferenciadas del 10CV eran la Light 12 con una distancia entre ejes corta y la Big 12, en la que podían acomodarse sin problemas hasta siete pasajeros. Los clientes británicos tenían unos modelos más prácticos, fabricados en su planta de Slough con una caja de cambios de cuatro velocidades

sincronizadas y un sistema eléctrico de 12 V.

El 10CV se fabricó sólo durante dos años antes de que Citroën sacase al mercado su revolucionaria tracción delantera.

Motor: 4 cilindros, 1.767 cc
Potencia: 27 kW (36 CV)
De 0 a 100 km/h: n/d
Velocidad máxima: 100 km/h
Producción total: 49.249

CITROËN 2CV

1948–90

El Citroën 2CV se mantuvo sin cambios durante un largo periodo de tiempo; el de la foto data de últimos de los 70. Aparte de los faros delanteros cuadrados y otros detalles, cambió muy poco respecto a su antecesor de abajo.

Motor: 2 cilindros, 602 cc
Potencia: 21 kW (28,5 CV)
De 0 a 100 km/h: 32,7 s
Velocidad máxima: 114 km/h
Producción total: 3.873.294

Debería haber podido transportar a dos granjeros, 50 kg de patatas, una caja de huevos y aun volver habiendo gastado sólo 1 l cada 30 km. Hubiese podido hacer todo esto por las carreteras rurales con más curvas de Francia. Debería ser fácil de conducir y de mantener: «No se hubiese roto ningún huevo de la caja ni siquiera conduciendo por un terreno muy bacheado, debieron ser cuatro ruedas debajo de una sombrilla.»

En estos días de grandes prestaciones y alta tecnología, la receta del 2CV escrita por el director de Citroën, Pierre Boulanger, en 1936 parecía muy sencilla, casi infantil, a la vez que, de alguna manera, atrevida. En aquella época fue un gran reto de ingeniería introducir tantos adelantos en un coche destinado a venderse a muy buen precio a las clases más bajas de Francia. No tenía otro rival más que el carro y el caballo.

No se sabe si Boulanger supo predecir el inmenso éxito y fama que obtuvo su utilitario, que recibió el nombre de 2CV y fue uno de los mejor diseñados de todos los tiempos. Era un coche

muy básico, práctico, resistente y lleno de personalidad.

El equipo de diseño empezó a trabajar en él justo después de la explicación de Boulanger e iba tomando forma casi en secreto. Tenía tracción delantera como el otro gran Citroën, el Traction Avant; todo lo demás era tan simple como posible en una carrocería de aluminio ondulado. Apareció a finales de 1939, cuando el estallido de la Segunda Guerra Mundial era inminente, y los prototipos del modelo fueron escondidos de los nazis cuando invadieron Francia.

Acabadas las hostilidades se continuó con el proyecto y se refinó sustituyendo su carrocería de aluminio por otra de acero.

Apareció por fin en 1948, siendo deseado por casi todo el mundo y ganándose apodos como «Oui Monsieur».

Sea como fuere aquellos que lo despreciaban y no lo entendían se equivocaban. Las masas con intención de motorizarse pusieron en su corazón ese coche excéntrico y se hicieron miles de pedidos en los días que se expuso en el Salón del Automóvil de París.

Su fórmula era increíblemente simple. El Dos Caballos tenía un motor débil pero duro, con un justo cubicaje de 375 cc, que se refrigeraba por aire, y tracción a las ruedas delanteras. Su suspensión, de un único amortiguador en cada rueda, estaba interconectada e hizo que el Dos Caballos se inclinase

mucho en las curvas sin que el conductor perdiese ni un instante su control. Su techo era de lona y podía enrollarse por completo hasta la ventana de atrás.

Era lógico que se realizasen mejoras en un coche tan básico. En 1954 apareció con un motor de 425 cc y en 1956, una ventana trasera más grande. De 1958 a 1966 se lanzó una atrevida versión 4x4 (el 2CV Sahara) con dos motores y dos transmisiones para usar la reductora. En 1960 se le hicieron leves retoques de diseño, se le quitó el techo ondulado y se le pusieron más accesorios, pero el coche aún mantenía su esencial encanto. En 1963 apareció con un motor de 602 cc y en 1982 se le instalaron frenos de disco, y no era que el lento 2CV los necesitase.

El 2CV se fabricó durante 42 años y se vendieron millones de ellos; fue triste el día en que se dejó de fabricar, era el 22 de julio de 1990. Este modelo ha llegado a ser una leyenda que ha cruzado todas las fronteras sociales y ha ganado amigos en todo el mundo gracias a su naturaleza rara. Hoy día este pequeño coche francés sin pretensiones goza todavía de multitud de admiradores.

No era muy atractivo en sus primeros tiempos, pero millones de clientes se acercaron a él e hicieron que su línea fuese apreciada. El de la foto es un Citroën C3 de perfil con sus pequeños espejos retrovisores.

CITROËN TRACTION AVANT

1934–57

Resulta irónico que el modelo que dio a Citroën renombre mundial fuera el que causase la bancarrota de su marca e indirectamente la muerte de André Citroën. El Traction Avant era un coche avanzado a su tiempo, mediados los 30, pues fue el primer coche fabricado en serie por una gran empresa con tracción en las ruedas delanteras.

El Traction Avant había costado tanto que Citroën fue comprada por la empresa de neumáticos Michelin en 1934 y André Citroën murió de cáncer poco después.

Además de su tracción delantera, este modelo era también muy destacable por su construcción unitaria y su suspensión independiente. Esta combinación mecánica se dio en un coche que sentó precedente en la manera de conducir y de maniobrar.

Como con cualquier cosa que resulte poco familiar, empezó a haber problemas iniciales. Fue con el longevo motor de 1.911 cc aparecido en 1935 cuando el Traction Avant empezó su andadura. Su serie incluía una practica versión Commerciale con portón trasero, el Big 6, que iba equipado con un motor de 6 cilindros y 2.866 cc. Pero fueron el Light 15 y el Big 15, de mayor distancia entre ejes, los que más se vendieron.

Motor: 4 cilindros, 1.911 cc
Potencia: 42 kW (56 CV)
De 0 a 100 km/h: 22,1 s
Velocidad máxima: 122 km/h
Producción total: 806.793

Fue el primer gran coche de Citroën, un modelo de exhibición gracias a la tecnología de su tracción delantera. Comenzó una tendencia que siguieron la mayoría de los Citroën. Su diseño era interesante, muy innovador, original y fresco.

CITROËN BIJOU

1959–64

Incluso para una marca tan innovadora como Citroën, el Bijou era un modelo extraño. Se fabricó en su planta de Inglaterra y no era más que un 2CV revestido con una carrocería que sedujese a los británicos.

Su diseñador fue Peter Kirvin-Taylor, el mismo del Lotus Elite.

Por desgracia la fibra de vidrio de fabricación pseudofrancesa sólo se encontraba en Lotus y de hecho su diseño fue poco práctico y desgarbado.

Por otra parte era más pesado que el 2CV y en consecuencia de prestaciones más pobres, pues apenas podía alcanzar una velocidad máxima de 80 km/h. Por si fuera poco se vendía más caro que el Mini, aparecido ese mismo año. Sus únicas ventajas eran que no se oxidaba y que apenas gastaba combustible.

En cinco años sólo se vendieron 207 Bijous, lo que representa el mayor fracaso de Citroën.

Motor: 2 cilindros, 425 cc
Potencia: 9 kW (12 CV)
De 0 a 100 km/h: n/d
Velocidad máxima: 81 km/h
Producción total: 207

CITROËN DS

Incluso hoy día la forma estilizada del DS resulta atractiva; en 1955 debió parecer extraordinaria. El modelo de la fotografía, posterior a 1968, ya tiene sus faros delanteros en las aletas; todo el grupo óptico giraba en consonancia con las ruedas para iluminar en las esquinas.

No es exagerado decir que el Citroën DS maravilló al mundo cuando apareció en el mercado en el Salón del Automóvil de 1955: en 45 min se recibieron 749 pedidos y al final del primer día 12.000 clientes habían escrito su nombre en la lista del nuevo y llamativo Citroën Déesse (diosa en francés)

Rara vez se ha tenido un interés tan grande por un coche nuevo. Pero el avanzado Citroën era extraordinario para su tiempo (recordemos que Europa aún estaba sufriendo la austeridad de la posguerra). En contraste con lo que ofrecían otras marcas, el DS parecía en realidad de otro mundo. Mientras las demás marcas continuaban con un diseño cuadrado y recto, la forma de tiburón, larga y estilizada, del DS estaba a años luz. Bajo su carrocería tenía complicados sistemas hidroneumáticos para que con el embrague, la dirección asistida, los frenos y la suspensión «autoelevante» hiciesen que su conducción fuese muy suave y sin comparación. La altura del coche se regulaba desde su interior y no había necesidad de usar un gato para cambiar una rueda; su suspensión podía soportar la marcha incluso con tres ruedas.

Todo el mundo estaba esperando algo especial de Citroën que reemplazase al Traction Avant, pero pocos estaban preparados para este tipo de coche. El DS fue una sorpresa mayúscula a pesar de su larga génesis. La idea de fabricar un gran Citroën nació en 1938, pero la Segunda Guerra Mundial destruyó toda esperanza de fabricarlo en 1940. El diseñador italiano Flaminio Bertoni diseñó un primer proyecto de su carrocería en 1945 que poco a poco fue refinándose hasta llegar a la sección mecánica.

Citroën estaba trabajando en la suspensión hidrodinámica desde 1939, pero no fue hasta los 50 cuando empezó a mostrarse efectiva. Se instaló en el Traction Avant 15H, que fue más un coche de pruebas que no uno de fabricación comercial. Durante todo este desarrollo estaba quedando claro que la alta presión de una bomba hidráulica, dirigida por el motor, podía dar mucho mejor comportamiento que una simple suspensión.

Cuando el DS empezó a fabricarse, el motor de 1.911 cc era la única parte obsoleta del vehículo y un anticlímax en comparación con el resto de vehículos. Su motor refrigerado por aire ya se había

planeado con anterioridad, pero su desarrollo estaba parado.

Los primeros DS tuvieron algunos problemas iniciales que hicieron temer el fracaso de su triunfo técnico. Al principio su hidráulica pareció no ser fiable. Pero en 1957 la mayoría de esos problemas ya se habían resuelto.

Para aquellos conscientes de lo que vale el dinero o los tecnófobos,

se fabricó una versión sencilla, la ID, en 1956. Tenía la misma imagen, pero era menos efectista, con un interior más espartano, un motor menos potente y la dirección y los frenos convencionales.

En 1958 apareció una versión Safari con una distancia entre ejes más larga y una inmensa capacidad de carga. En 1960 se lanzó el descapotable, un DS sin techo diseñado por el último de los carroceros tradicionales franceses, Chapron, que creó un cabrio muy *chic*. El sedán de nombre Pallas, de 1965, era aún más lujoso y todavía había otros muchos tipos especiales de carrocería que incluían versiones presidenciales.

En 1965 se potenciaron los motores hasta el 2.175 cc para el DS21 y de nuevo en 1972 hasta 2.347 cc para el DS23. En 1968 el modelo sufrió una alteración inesperada, las anteriores aletas delanteras servían ahora para instalar sus faros delanteros. Debajo de una cubierta los grupos ópticos del coche miraban en la dirección de las ruedas delanteras.

El DS fue la prueba de un diseño original que duró veinte años con sólo unos retoques para que se mantuviese a la cabeza de sus rivales contemporáneos. A pesar de que era un coche de lujo y de que su precio era superior a muchos de sus contrincantes por su complicada naturaleza, el DS tenía todavía una imagen fresca y moderna comparada con la de sus competidores cuando fue sustituido en 1975.

Motor: 4 cilindros, 2.175 cc
Potencia: 81 kW (109 CV)
De 0 a 100 km/h: 14,8 s
Velocidad máxima: 171 km/h
Producción total: 1.445.746

El interior de este vehículo era una obra maestra del *chic* francés. Su volante con un único brazo se convirtió en una característica de la marca mientras que el diseño del salpicadero estaba a años luz de los de su época.

CITROËN AMI

1961–79

Cuando pareció que el público era reticente con el 2CV, Citroën intentó resucitarlo para aumentar sus ventas y el Ami fue lo que le salió. Este modelo no tiene ya la original ventana trasera que se abría hacia el interior, que fue suprimida por otra normal en los retoques de estilo de 1968.

Teniendo en cuenta el grado de idolatría que alcanzó el Citroën 2CV resulta un poco extraño que en las décadas de los 50 y de los 60, la marca tuviese problemas para vender un coche económico para todo el mundo excepto para los franceses.

Para remediarlo la empresa fabricó varios modelos basados en el mítico 2CV para impulsar sus ventas, que tuvieron un éxito dispar.

El Ami 6 era más potente que el 2CV gracias a su motor plano de 2 cilindros y 602 cc; su diseño era

muy excéntrico, mezcla de 2CV y DS y con la trasera parecida a la del Ford Anglia, gracias a su ventana de atrás inclinada a la inversa.

Las ventas en Francia fueron altas, pero su diseño poco convencional pareció no convencer del todo a sus

clientes. Así que Citroën decidió en 1969 reinstalarle una ventana trasera convencional y aburrida, renovarle la parrilla y ponerle delante frenos de disco. Además se le puso el nombre de Ami 8

El Ami normal era rápido, pero en 1972 Citroën le instaló un motor de 1.015 cc procedente del GS que entregaba 6l CV. El Ami Super también tuvo un diseño no sólo impresionante, sino también atípico.

Motor: 2 cilindros, 602 cc
Potencia: 16 kW (22 CV)
De 0 a 100 km/h: 44 s
Velocidad máxima: 112 km/h
Producción total: 1.840.159

CITROËN DYANE

1967–85

Motor: 2 cilindros, 602 cc
Potencia: 23 kW (31 CV)
De 0 a 100 km/h: 31,7 s
Velocidad máxima: 126 km/h
Producción total: 1.443.583

Se ofrecieron dos versiones, el Dyane 4 con un motor de 425 cc y el Dyane 6 de 602 cc y casi el doble de potencia que alcanzaba una velocidad máxima de 126 km/h.

Las ventas llegaron casi al millón y medio de unidades, pero el Dyane se dejó de fabricar en 1985, cinco años antes que el 2CV.

El Dyane tenía un portón trasero y un techo de lona que al principio lo cubría totalmente. A partir de 1968 se le pusieron frenos delanteros de disco.

En 1967 el 2CV se aproximaba a sus veinte años de vida y Citroën se sintió en la necesidad de remplazarlo. VW había ya intentado acabar con el Escarabajo y British Leyland quiso reemplazar su Mini. Era difícil dejar de fabricar el 2CV, pero al final se decidió deponerlo y fabricar el Citroën Dyane.

Este modelo usaba el mismo chasis de su antecesor, pero estaba vestido con una nueva carrocería más moderna y práctica que aún guardaba algunas reminiscencias de aquél. Su diseño era más anguloso, sus faros estaban incorporados en las aletas, se había incorporado un portón y los asientos de atrás eran abatibles para obtener un mayor espacio de carga. La lona que cubría el techo se mantuvo igual a la del 2CV. De hecho el Dyane se convirtió en un familiar en cierta forma convertible.

CITROËN MEHARI 1968–86

Otro modelo derivado del 2CV, pero esta última creación de Citroën no pretendía que se tomase en serio. El Mehari se parecía más a un Mini Moke o a un Volkswagen Thing, simplemente divertido y de recreo. Se le describió como un coche todo terreno.

Su carrocería cuadrada tipo caja estaba hecha de plástico reforzado capaz de resistir pequeños golpes pero apenas resistente al fuego.

Su frágil techo (y laterales) podían desmontarse en minutos. Fue muy popular en áreas de clima cálido, pero totalmente inútil en las de clima frío.

Su potencia le venía dada por cortesía del motor del 2CV con 602 cc refrigerado por aire. Se ofrecieron, aparte de la versión estándar, una «van» y una 4x4. Sólo se construyeron versiones con volante a la derecha.

Motor: 2 cilindros, 602 cc
Potencia: 23 kW (31 CV)
De 0 a 100 km/h: 40 s
Velocidad máxima: 108 km/h
Producción total: 143.747

CITROËN GS 1970-85

Motor: 4 cilindros, 1.220 cc
Potencia: 45 kW (45 CV)
De 0 a 100 km/h: 14,9 s
Velocidad máxima: 154 km/h
Producción total: 2.473.997

Con el GS, Citroën intentaba alcanzar nuevos niveles de refinamiento en el mercado de los coches pequeños. El GS, tal como quería Citroën, no se parecía a nada más, sólo quizá a otro Citroën. El jefe de diseño, Robert Opron, fue el responsable de su imagen estilizada y lineal con ecos en miniatura del DS y el SM, pero era un coche que exhibía a pesar de todo su propia naturaleza. En un principio estaba equipado con un motor de 1.015 cc, refrigerado por aire; el futurista GS también disponía de una suspensión hidroneumática realmente suave.

En 1972 se lanzó al mercado una versión con un motor de 1.222 cc que a partir de 1979 se le sumaría la opción de otro de 1.299 cc.

Toda la serie se actualizó aquel mismo año y el GS pasó a llamarse GSA. Era un coche más largo, tenía parachoques de plástico, un interior totalmente remodelado y un cómodo portón trasero.

El GS más fascinante fue sin duda el Birotor fabricado de 1973 a 1975 que estaba equipado con un motor Wankel rotativo, pero al igual que les pasaba a los demás fabricantes, tuvo dificultades para hacerlo efectivo. La mayoría de los

Los coches pequeños siempre han sido considerados como los hermanos pobres de los grandes y más caros. Pero Citroën intentó que no fuera así con su modelo GS de 1970. Su diseño lineal era el típico de la marca francesa, al igual que su complicado sistema hidráulico.

847 Birotor fueron devueltos por la marca y destruidos. Un caso raro de coche demasiado peculiar incluso para Citroën.

CITROËN SM

1970–75

Para crear el SM, Citroën se basó en uno de sus coches más avanzados de la época, el DS, al que reformó para una nueva década, le añadió un interior más lujoso y al que equipó con un motor de 2,7 l V6 diseñado por el fabricante italiano Maserati.

Citroën había comprado Maserati en 1968 e inmediatamente se puso a fabricar el prestigioso supercoche GT. Un complicado motor con un árbol de levas cuadrangular Maserati V8 con 2 cilindros casi literalmente quitados de en medio y con la típica tracción delantera de Citroën. El DS

aportaba la mayoría de los puntales básicos porque se le acoplaron elementos hidráulicos extra para hacerlo aún más avanzado. El diseñador Robert Opron fue el responsable de su aspecto anguloso y agresivo creando un merodeador de las carreteras de líneas muy puras

que parecía estar dispuesto a devorar cualquier cosa que se pusiese en su camino.

Salió al mercado en 1970 y fue tenido como un alarde técnico. Pero pronto empezaron a aparecer problemas de fiabilidad que minaron su imagen y que con la crisis del petróleo de 1973 pusieron el coche en peligro. Cuando Peugeot compró Citroën en 1975, el SM fue uno de los primeros coches en desaparecer.

Motor: V6, 2.670 cc
Potencia: 134 kW (180 CV)
De 0 a 100 km/h: 9,3 s
Velocidad máxima: 217 km/h
Producción total: 12.920

Ha sido uno de los coches más gloriosos de todos los tiempos y representaba lo que debería ser para Citroën un supercoche. Su carrocería en forma de cuña era futurista en los años 70 y tenía una buena velocidad de crucero acompañada de una mecánica muy original.

CITROËN CX

1974–91

Motor: 4 cilindros turbo, 2.473 cc
Potencia: 125 kW (168 CV)
De 0 a 100 km/h: 8,6 s
Velocidad máxima: 206 km/h
Producción total: 1.042.300

El Cx fue el último de los fantásticos coches tradicionales de Citroën. Un año después de su aparición en el mercado Peugeot compró Citroën y fue el único en el que vieron perspectivas de futuro tanto en su diseño como en su fabricación.

Fue muy difícil reemplazar el DS, pero el CX demostró y confirmó que Citroën era uno de los fabricantes de coches más excéntricos. Este coche, de diseño derivado del GS y bien motorizado, era grande e impactante. Tenía, entre sus innovaciones, una suspensión hidroneumática autoelevable, frenos hidráulicos y una dirección asistida «Vari-Power» autocentrante. Su ventana trasera, cóncava, se mantenía limpia simplemente gracias al aire que producía su marcha y su interior futurista era lo nunca visto.

Al principio estaba equipado con motores de 1.985 o de 2.175 cc

que procedían del DS, pero pronto llegaron otras versiones como la diésel y una turbo con 2.500 cc de potencia que se llamó GTI. El gran abanico de versiones familiares se conocían como Safaris y las versiones de mayor distancia entre

ejes llamadas Prestige eran las escogidas por los presidentes franceses.

La oxidación de su carrocería le dio mala reputación y minó su imagen. Los nuevos CX de la serie 2 estaban mejor construidos.

El Cx fue un Citroën puro. Su preciosa línea aerodinámica y todos sus usuales elementos le dieron cierta apariencia a la que se sumaron unas pocas nuevas ideas. Muchos lo ven como el último coche con el carácter de la marca.

CLAN CRUSADER

1971–74

Motor: 4 cilindros, 875 cc
Potencia: 38 kW (51 CV)
De 0 a 100 km/h: 12,5 s
Velocidad máxima: 161 km/h
Producción total: 315

Paul Haussauer, un ex empleado de Lotus, empezó a fabricar deportivos en fibra de vidrio, siguiendo las directrices de su anterior director. La mecánica del Crusader se basaba en la del Sunbeam Imp Sport de motor trasero. Coventry Climax de 875 cc unido a una caja de cambios totalmente sincronizada de cuatro velocidades y una quinta marcha desmultiplicada, todo envuelto en una cubierta de aleación.

Delante tenía suspensión independiente igualmente sacada del Imp, pero la de atrás era de brazos semirígidos y muelles helicoidales. Esta combinación favoreció que tuviera un chasis bien nivelado y ágil de sólo 381 cm de largo y un peso de 578 kg. Además también era rápido, confortable y económico

ya que sólo gastaba un litro cada 14 km.

El Crusader no sólo tenía buenas prestaciones sino que tenía buen aspecto; cada centímetro de este cupé respiraba aire de Lotus y era casi tan caro como uno de ellos.

Su precio básico era de 1.118 £, pero las tasas e impuestos lo subían a 1.400 £. En 1971 un MG Midjet costaba menos de 1.000 £. Fue este precio el que provocó la desaparición de este pequeño deportivo.

Se parece al Lotus, por lo que no es de extrañar que fuese diseñado y fabricado por antiguos empleados de la marca. Esto explica que su carrocería fuese de fibra de vidrio y que usase el tren motriz trasero y de poco peso de Hillman Imp.

CLYNO 10.8

1922–28

Motor: 4 cilindros, 1.368 cc
Potencia: 10 kW (14 CV)
De 0 a 100 km/h: n/d
Velocidad máxima: 80 km/h
Producción total: 35.000

Clyno fue una vez la tercera empresa automovilística más importante de Gran Bretaña junto a Austin y Morris. Defendía orgullosamente ser la marca con los coches a precio más bajo del mundo con las mismas características y con un valor mucho más alto. Esta empresa la fundaron Frank y Ailwyn Smith en Northamptonshire, Inglaterra. Ambos diseñaron y fabricaron un rodillo de transmisión con variables niveles de dirección para máquinas con transmisión por correa. Ellos lo llamaron *inclined pulley* o abreviado *clined* y más tarde se conoció como Clyno. Empezaron a fabricar motocicletas en 1909, pero un colapso en el mercado de estos vehículos los llevó a la bancarrota y tuvieron que volver al automóvil.

El primero de sus modelos, diseñado por Georg Stanley y A. G. Booth, salió al mercado en 1922 con un motor Coventry Climax de 4 cilindros, 1.368 cc y 14 CV

de potencia, una caja de cambios de tres velocidades, iluminación eléctrica y un precio de 250 £. Se diseñó con la meta de competir directamente con el Morris Oxford. Los pedidos fueron más numerosos de lo que se esperaba y en 1923 cesó

la fabricación de motocicletas y el precio del coche bajó a las 238 £.

Clyno fue modernizando su modelo y su gama hasta que salió el 10.8 Familiar Model. La marca volvió de nuevo a la bancarrota el año 1929 y con ella el 10.8.

Fue fabricado para rivalizar con el Morris Oxford y probó ser de un éxito fugaz. El espacioso habitáculo de la versión Family era práctico y accesible y estableció su propio hueco entre los fabricantes de los años 20.

CONNAUGHT L2

Connaught fue una empresa situada en Surrey, Inglaterra, especializada en fabricar deportivos y coches de altas prestaciones. Sus directores fueron Rodney Clark y Kenneth McAlpine, considerado como el mejor piloto de carreras *amateur* de Bugatti. Ambos decidieron fabricar sus propios coches de competición y el primero que apareció fue el llamado L-type, un deportivo biplaza que utilizaba numerosos componentes del motor Lea Francis de 1.767 cc, como un motor de 4 cilindros, cortas barras de presión y cámaras hemiesféricas de combustión muy fácil de modificar. Además su chasis tenía los dos ejes con balancines que podían cambiarse para correr en circuitos. Fabricaron dos coches que dominaron en las carreras, un éxito que animó a la marca a entrar en la Fórmula 2 y en los Grandes Premios y a fabricar un modelo derivado del L-2 urbano.

El único coche de calle de Connaught era muy parecido al de carreras. Tenía su motor Lea Francis modificado para entregar 73 CV, un magnífico capó inclinado hacia delante y unas aletas de descenso súbito que le daban un acertado aire deportivo.

A partir de 1951 se ofreció el modelo L3R con aletas redondeadas y suspensión por barra de torsión, pero no tuvo éxito en las ventas. En total sólo se fabricaron 27 Connaught de calle y la empresa quebró en 1959.

Motor: 4 cilindros, 1.767 cc
Potencia: 73 kW (98 CV)
De 0 a 100 km/h: 12 s
Velocidad máxima: 161 km/h
Producción total: 27

CORD L-29

Motor: 8 cilindros, 5.275 cc
Potencia: 93 kW (125 CV)
De 0 a 100 km/h: 14 s
Velocidad máxima: 129 km/h
Producción total: 5.000

El emprendedor Errett Lobban Cord que ya contaba con las marcas Auburn y Duisenberg entre sus empresas automovilísticas, decidió crear su propia marca. Era ya propietario de la empresa de motores Lycoming y Cord encargó al ingeniero de automóviles Harry Miller el diseño de un coche que llamaría L-29.

Tuvo que modificar su motor de 8 cilindros en línea Lycoming porque el diseño del L-29 estaba pensado para un vehículo de

La tracción delantera de un vehículo obliga a controlar el peso en la delantera, por eso sus frenos delanteros de tambor se montaron en el interior junto al diferencial y no en el exterior.

tracción delantera. Se le cambió de posición de tal manera que la cola del embrague miraba hacia delante y estaba conectado a una caja de cambios de tres velocidades de eje transversal y tracción delantera. Este concepto era muy novedoso en Estados Unidos, mientras que en Europa el Citroën Traction

La innovadora tracción a las ruedas delanteras lo hizo muy atractivo para los carroceros ya que su chasis bajo les permitía crear unos diseños fenomenales. Sea como sea, este sedán convertible de 1930 fue un producto en serie y es sin embargo muy bonito.

Avant ya lo usaba hacía cinco años, así que fue el primer coche americano en implantar la tracción en las ruedas delanteras. Tuvo otros elementos innovadores ya que Miller tuvo que usar una suspensión delantera avanzada para poder soportar el nuevo y complejo sistema.

Un De Dion significa que una sólida cruz de tubo estaría suspendida sobre cuatro ballestas con láminas en cuarto de elipse mirando hacia delante.

Esta técnica tan impresionante no caló en los clientes, que creyeron que tal complejidad en un coche podía causar averías frecuentes.

Sus prestaciones fueron decepcionantes: los 2.087 kg de peso hacían que sólo alcanzase los 129 km/h de velocidad máxima. Poco después vino la crisis del 29, que llevó al cese de su producción.

CORD 812

1936–37

Motor: V8, 4.729 cc
Potencia: 142 kW (190 CV)
De 0 a 100 km/h: n/d
Velocidad máxima: 177 km/h
Producción total: 2.320

Tres años justos después de que el Cord L-29 se dejase de fabricar, la marca decidió fabricar un coche más ortodoxo, que serían los modelos 810 y 812. Gordon Buehrig fue el responsable del sensacional y distintivo diseño con los faros delanteros escondidos bajo unas cubiertas en las aletas frontales.

Su conducción, suave y futurista, era una proeza técnica. En principio fue un proyecto para la marca Duisenberg y se decidió que fuese un Cord con el nombre de 810.

Su atractiva carrocería monocasco combinaba perfectamente con el chasis. Bajo su capó llamado *coffin-nose* había un motor V8 con un complejo montaje de tracción delantera procedente del desafortunado L-29.

Se modificó la suspensión delantera colocando ballestas con láminas transversales y grandes

conexiones colgantes. La transmisión aportaba cuatro velocidades hacia delante conectadas a un sistema selector que trabajaba por vacío eléctrico. Esto quiere decir que sólo se necesitaba una pequeña columna de dirección para cambiar de velocidad. A partir de 1936 su potencia se vio aumentada por un turbocompresor Schwitzer-Cummins hasta los 190 CV que equipó el 812, cuyo tubo de escape tenía en su exterior cromados y plateados muy elaborados. En lo

Aquí está el ejemplo de cómo debe fabricarse una carrocería monocasco, con una caja de cambios electroneumática y faros delanteros que se esconden en las aletas frontales. Los tubos de escape cromados y plateados de este modelo descapotable indican que se trata del modelo turboalimentado.

comercial estos preciosos coches no tuvieron demasiado éxito y se dejaron de fabricar sólo dos años después.

CROSSLEY SPORTS 2-LITRE

1929–31

Motor: 6 cilindros, 1.990 cc
Potencia: 45 kW (60 CV)
De 0 a 100 km/h: 17,5 s
Velocidad máxima: 124 km/h
Producción total: 700

Crossley, de Manchester (Inglaterra), construyó en el siglo XIX motores a gas de cuatro tiempos y evolucionó

en la fabricación de motores hasta 1904. Después de producir coches de alta calidad y motores de avión durante la Segunda Guerra Mundial se dedicó fabricar coches robustos y de alto nivel en las décadas de los 20 y 30. Su primer modelo de 6 cilindros salió al mercado en 1925, y en 1928 apareció otro modelo de

motor menos potente, de 1.990 cc y 15,7 CV.

La versión de 2 l deportiva se montó sobre el mismo chasis de 15,7, pero el motor se modificó con un árbol de levas revisado y una inducción que le llevaban a entregar 60 CV de potencia y no los 45 del estándar.

Su radiador era redondeado estilo Bentley y tenía las líneas definitorias de todo deportivo clásico inglés de la época. Era capaz de gastar un litro de combustible en 7,5 km, costaba 625 £ el turismo descapotable y 550 la versión sedán de 15,7 CV.

DEUTSCH-BONNET HBR

Motor: 4 cilindros, 851 cc
Potencia: 41 kW (55 CV)
De 0 a 100 km/h: 21 s
Velocidad máxima: 144 km/h
Producción total: n/d

Charles Deutsch y René Bonnet fueron dos entusiastas que decidieron fabricar sus propios deportivos y coches de carreras basados en Citroën. Empezaron a presentar sus primeros cupé en el Salón del Automóvil de París de 1952, y en 1955 pudieron ofrecer toda una gran gama. El modelo estándar HBR de lujo se ofrecía en versiones de dos y cuatro plazas; estaba equipado con un motor de 750 cc y 2 cilindros, una versión turbo de 1.100 cc o un 1.300. Estos coches facilitaban por encargo un chasis Dina-Panhard y carrocería de fibra de vidrio. Su imagen era fresca y a la moda, con un frontal caído hacia delante en el que se escondían los faros delanteros. Su baja altura, 127 cm, favorecía la aerodinámica y el peso.

En 1957 había dos motores en opción, uno básico de 750 cc y otro de 851 cc, ambos con 2 cilindros.

Los clientes podían señalar cómo querían su propio coche, pero un día los socios se separaron y la empresa se vendió.

DAF 33

La versión Dutch del 2CV, Escarabajo o Mini hecha por DAF en su gama de coches pequeños culminó en el 33, innovador y tan apreciado como los demás iconos europeos. DAF empezó a hacer automóviles con un único sistema de transmisión en 1959. El motor del DAF 600 estaba refrigerado por aire, tenía 2 cilindros de cuatro tiempos y se actualizaba continuamente. Por eso en 1963 el 600 se sustituyó por el modelo 31, que a su vez fue reemplazado en 1965 por el 32. La última incorporación a esta evolución fue el 33 de 1967.

Este coche tenía como accesorio el techo solar y los guardabarros de las ruedas traseras. Lo más destacable fue la transmisión Variomatic por la que una velocidad se adaptaba a todo tipo de carretera. Su doble sistema de transmisión por correa y embrague centrífugo eliminaba las tensiones del conductor.

Las líneas básicas de su carrocería continuaban siendo las del DAF 600 aunque con los años se habían vuelto más angulosas y alargadas. El 33 aún mantenía el motor de 776 cc de 2 cilindros y refrigeración por aire, pero ahora entregaba 32 CV. Este pequeño coche pesaba sólo 660 kg.

Su único valor estaba en la llamada transmisión Variomatic de tipo automático que de hecho no tenía velocidades. Estaba constituida por un embrague centrífugo unido por una correa a un sistema de dos grupos de ruedas metálicas y cónicas ajustables de forma individual al motor y al lado de una rueda trasera.

Motor: 2 cilindros, 746 cc
Potencia: 24 kW (32 CV)
De 0 a 100 km/h: 43 s
Velocidad máxima: 113 km/h
Producción total: 312.367

DAIHATSU COMPAGNO

1963–70

Este es el modelo que encendió la chispa de una revolución y dio paso a la invasión de los mercados automovilísticos occidentales por parte de Oriente. Era un coche simple, pequeño y bien proporcionado dotado de una caja de cambios totalmente sincronizada y un alegre motor de 4 cilindros.

y caja de cambios sincronizada de cuatro velocidades. En 1965 se aumentó su potencia a los 998 cc y 55 CV.

La serie se amplió con un sedán de cuatro puertas y un familiar basado en el chasis del sedán. La versión más interesante era el convertible, que tenía un motor más poderoso gracias a su carburador de doble cuerpo que catapultaba su potencia hasta los 65 CV y alcanzaba una velocidad punta de 145 km/h.

Era preocupante tener que revisar las ruedas cada 160 km, ya que en caso contrario podían salir despedidas. Daihatsu recibió parte del imperio Toyota en 1967 y se responsabilizó de la sección de coches pequeños.

Daihatsu fue la primera marca japonesa que exportó un vehículo a muchos países occidentales en los años 60, y el Compagno fue ese modelo. Era además su primer coche con cuatro ruedas de serie. Daihatsu recurrió al legendario diseñador italiano Vignale para conseguir un coche sin tanto cromo ni tanto desorden como en sus contemporáneos japoneses.

Cuando salió al mercado el Compagno parecía bastante básico. Se trataba de un coche de dos puertas con un motor refrigerado por agua de 797 cc, 4 cilindros, tracción trasera

Motor: 4 cilindros, 797 cc
Potencia: 41 kW (55 CV)
De 0 a 100 km/h: 35 s
Velocidad máxima: 113 km/h
Producción total: 120.000

DAIMLER FOUR-WHEELER

1896

Motor: 2 cilindros (capacidad desconocida)
Potencia: 3 kW (4 CV)
De 0 a 100 km/h: n/d
Velocidad máxima: 32 km/h
Producción total: n/d

La Daimler Motor Company se creó en Inglaterra de manos de F. R. Simms, que quería explotar las patentes y los diseños del pionero Gottlieb Daimler. En la compañía con sede en Coventry había parte del imperio de bicicletas de Harry J. Lawson. Éste había predicho el futuro en Francia y Alemania y creía que estaba en la motorización. Los primeros Daimler catalogados se fabricaron en Bad Constatt, Alemania, y en París como Panhards.

El secreto de su éxito estaba en desarrollar motores de combustión muy veloces gracias al invento del carburador de pulverización. La influencia de Panhard se notaba además en los Daimler británicos al tener estos válvulas de admisión automática, volante inclinado, tubo de ignición, cajas de cambio de cuatro velocidades hacia delante y una hacia atrás, dirección por cadena y neumáticos macizos.

El faetón se vendía entre 398 y 418 £, por lo que se describía como un «private Omnibus». Llegó a ser el primer Daimler fabricado en grandes cantidades. Por entonces Gottlieb Daimler era todavía uno de los directores de la empresa inglesa y no dejó de serlo hasta 1898.

El primer coche fabricado en Inglaterra se debió al talento del pionero Gottlieb Daimler. Se le describió como una peculiar vagoneta de dos cilindros y 6 CV, y fue la primera ofrecida por la «Great Horseless Carriage Company».

DAIMLER 45

1919–25

Acabada la Primera Guerra Mundial, Daimler volvió a sus negocios automovilísticos fabricando coches de chasis inmenso y carrocería lujosa. El 45 a veces recibía simplemente el nombre de Special. Su motor de 80 CV llamado «Silent King» era de válvulas en taqués, por lo que resultaba muy silencioso.

El chasis, por sí sólo, costaba ya entre 850 y 1.275 £. Estaba equipado con una suspensión delantera semielíptica, de tres cuartos la trasera, con un eje y un tornillo sin fin colgante.

Los primeros grandes motores de 6 cilindros funcionaban a través de un embrague cónico, pero a partir de 1920 se usó un sistema de discos para controlar la caja de cambios de cuatro velocidades cuya palanca estaba a la derecha del conductor.

Acoplar carrocerías de limusina sobre estos chasis significa que el coste de producción no podía ser menor de 2.000 £. Daimler y sus colaboradores externos fabricaban sus propias carrocerías sobre unos armazones y se colocaban sobre el chasis con cola. El 45 fue siempre el favorito de la aristocracia, y su chasis servía igualmente para las réplicas George V que en 1924 se convirtió en coche oficial. Disponía de un enorme motor de 8.500 cc y 57 CV.

Cabían múltiples combinaciones de chasis y carrocería, por lo que no había ningún modelo 45 estándar. Tampoco se dispone de una lista porque sus archivos se destruyeron en la Segunda Guerra Mundial.

Motor: 8 cilindros, 4.952 cc
Potencia: 60 kW (80 CV)
De 0 a 100 km/h: n/d
Velocidad máxima: 104 km/h
Producción total: n/d

El 45, también conocido como el Special, tenía un motor «silent King» con válvulas en manguitos. Su carrocería la fabricaba Hooper, especialista en coches de la realeza.

DAIMLER DOUBLE SIX

1926–30

Motor: 8 cilindros, 7.136 cc
Potencia: 112 kW (150 CV)
De 0 a 100 km/h: n/d
Velocidad máxima: 129 km/h
Producción total: 500

La realeza, los ricos y los jefes de Estado pedían coches suaves y que expresasen su potencia silenciosamente. Esto impulsó a Daimler a sacar al mercado el Double Six con un motor de 7,1 l y V12, el primero que se fabricaba en Gran Bretaña.

El encargo se le hizo a Laurence Pomeroy, jefe de ingenieros de Daimler. Su motor deriva del preexistente 25/85 Six cuyos cilindros estaban agrupados en cuatro bloques de tres con cabeza extraíble. En esencia eran dos motores de 6 cilindros en uno. Y por eso se le llamó Double Six. Cada bloque tenía una inclinación de 60° con su propio distribuidor, un carburador cuádruple y un árbol de levas excéntrico para regir los taqués de sus válvulas de acero.

En 1928 apareció un modelo menos potente de 3,7 l V12 basado en unos bloques 16/55 que se llamó Double Six 30. Tras él vino el conocido Double Six 50 con un motor de 7,1 l. Ambos se distinguieron por tener la parrilla dividida en vertical por una franja cromada.

Los coches fabricados con este chasis eran enormes, llenos de dignidad y muy silenciosos, características dirigidas a las altas clases sociales que los prefiriesen a los Rolls-Royce. En 1931 salió una segunda generación con motores monobloque de 5,3 y 6,5 l.

El primer coche británico con motor V12 apareció en 1929. El Double Six tenía una carrocería de featón hecha por Weymann, pero la más solicitada fue la sedán. El Double Six fue el que instauró la parrilla acanalada.

DAIMLER DB 18

1939–50

Un DB18 Sports Special de la posguerra por la carretera y con la carrocería cupé de morro bajo. Era un coche muy pesado y apenas deportivo, pero de conducción tranquila.

Laurence Pomeroy, jefe de ingenieros de Daimler, pensaba que sus coches eran demasiado grandes, pesados y que era difícil que diesen placer al conducir o incluso que corriesen en las carreras. El primer indicio de cambio en esta dirección fue el lanzamiento del Light Straight Eight, un sedán de cuatro puertas capaz de alcanzar 137 km/h. Pero fue la llegada del más pequeño «Fifteen» en 1935 con su suspensión independiente la que inició de veras los cambios. Su motor creció de los 2,1 l a los 2,5 en 1938 y se le rebautizó con el nombre de DB 18.

En 1939 demostró su competitividad en los campeonatos nacionales de rallies. El «Dolphin» era el DB 18 deportivo con cámaras de combustión en forma de cuña, dos carburadores de alta

compresión y un tubo de escape modificado, para poder entregar 90 CV en vez de sus previos 64.

La Segunda Guerra Mundial interrumpió su desarrollo, pero el DB 18 apareció casi inmediatamente después de que saliera al mercado el Dolphin con un árbol de levas en cabeza. El

sedán estándar de cuatro puertas y el convertible, muy bonito, de dos se sumaron en 1948 a un Special Sports, modelo con carrocería de capó inclinado hacia abajo creado por Tickford.

En los 50, el DB 18 se convirtió en un coche más tranquilo y entró en el abanico de los Consort.

Motor: 6 cilindros, 2.522 cc
Potencia: 67 kW (90 CV)
De 0 a 100 km/h: 28 s
Velocidad máxima: 115 km/h
Producción total: 3.390

DAIMLER DE 27

1946–51

Motor: 6 cilindros, 4.095 cc
Potencia: 82 kW (110 CV)
De 0 a 100 km/h: 29 s
Velocidad máxima: 127 km/h
Producción total: 255

Uno de los nuevos modelos de Daimler que aparecieron en 1946 fue el DE 27, con motor de 4,1 l y 6 cilindros. Este modelo se tuvo por la alternativa pobre del de 4,6 l de 8 cilindros en línea DE 36 que se lanzó al mercado al mismo tiempo. En ambos se hicieron importantes mejoras respecto a los modelos antiguos que tenían una dirección con tornillo sin fin. Ahora el chasis estaba equipado con el primer diferencial hipoide de Daimler.

Aunque el DE 27 era grande también estaba perfectamente proporcionado. Su motor, al estar en la parte de atrás del chasis, no necesitaba ningún saliente. En aquellos tiempos, había estado comprando otras compañías entre las que estaban las dos más longevas y respetadas del país como Backer y Hooper. Estas

compañías podían trabajar con su tecnología fabricando limusinas sobre el nuevo e impresionante chasis de Daimler con 381 cm de distancia entre ejes.

De hecho, el DE 27 llegó a ser uno de los modelos más versátiles. Hooper fabricó la carrocería de una

Comparado con el estándar de los coches británicos de posguerra, éste era un coche muy macizo, pero también muy bien proporcionado. Daimler hizo con él una limusina con una distancia entre ejes aún más larga, el Daimler Hire, que se llamó DH 27.

ambulancia sobre el chasis de un DE 27, pero tuvo que cambiarse todo el tren motriz para asegurar que su suelo fuese bajo y plano. Eso explica por qué el árbol de transmisión se instaló en un lateral en vez de en el centro de la carrocería.

DAIMLER CONQUEST

1953–57

El Conquest era de conducción alegre, especialmente la versión Century más potente. El interior era todavía el tradicional de Daimler, lleno de piel y de madera, pero su carrocería era propensa a la oxidación.

Daimler vendía la serie Consort para aquellos clientes que pedían coches compactos. El nuevo Conquest era un nuevo indicador de que Daimler intentaba salir de la idea que de él se tenía. El lanzamiento del sedán se anunció el mismo día de la coronación de

la reina Isabel II. Fue un coche que seguía el diseño tradicional Daimler, pero montaba sus faros en el guardabarros y tenía una ligerísima franja en los laterales señalando cierta progresión. Estaba dotado con un nuevo motor de 6 cilindros y 75 CV, con suspensión

delantera independiente y barras de torsión laminadas detrás, diferentes a los demás modelos que empleaban muelles helicoidales

El *roadster* Conquest Century, más agresivo, fue el primer auténtico deportivo de Daimler desde 1908. Su carrocería, de

aleación, tenía un parabrisas envolvente, puertas extraíbles y aletas en la cola. No era en verdad un coche atractivo, pero un cupé posterior lo mejoró.

Por si este coche era demasiado deportivo, la marca también ofrecía un Drophead Conquest de dos puertas con una capota parcialmente eléctrica. Entre tanto el modelo sedán, más apasionante, llamado Century, tenía en su motor dos carburadores que le permitían entregar unos útiles 100 CV. Fue impactante su presencia en las carreras de sedán con un resultado decoroso durante un tiempo.

Motor: 6 cilindros, 2.433cc
Potencia: 56 kW (75 CV)
De 0 a 100 km/h: 24 s
Velocidad máxima: 132 km/h
Producción total: 9.749

DAIMLER SPORTSMAN

1954–57

Motor: 6 cilindros, 4.617 cc
Potencia: 104 KW (140 CV)
De 0 a 100 km/h: n/d
Velocidad máxima: 152 km/h
Producción total: 75

El Daimler Regency original, un escalón superior al Consort, intentó formar una nueva generación de limusinas, pero la idea nunca pasó a mayores. Daimler decidió repetir con los mismos elementos sacando al mercado una Regency II que básicamente no era más que un nivel superior del Conquest. El modelo completamente nuevo fue el sedán Sportsman.

Con una distancia entre ejes de 290 cm, compartía la suspensión delantera por muelles helicoidales

Era más elegante que el anguloso Empress. Lo que le hizo especial fue su ventana trasera envolvente y sus frenos totalmente hidráulicos, en vez de los hidromecánicos, además de una superdirecta para hacer que su velocidad de crucero fuese aún más confortable.

y las ballestas con láminas semielípticas detrás. Se benefició claramente de un motor de 6 cilindros en línea y 4,5 l mayor que el de la primera limusina Regency. Su velocidad máxima rondaba los 152 km/h y sus frenos eran totalmente hidráulicos en vez de hidromecánicos como los de la Regency.

El diseño era diferente al de la limusina estándar. Tenía cuatro faros frontales, una ventana trasera envolvente e incluso unas aletas traseras algo prominentes. Se ofreció además con una velocidad superdirecta y finalmente llegó una transmisión automática en 1957. A pesar de ello se mantuvo el tradicional sistema de

transmisión y una caja de cambios con preselector de velocidades.

El Sportsman fue tan interesante que se fabricaron más unidades que de todas la versiones de la Regency II juntas. Al final Daimler comprobó que los grandes sedán podían ser deportivos, lo que le serviría para el futuro Majestic.

DAIMLER MAJESTIC

1958–62

Alguien describió al Majestic Major, «un coche funerario a 200 km/h». Fue verdaderamente rápido y cómodo; se vendió más que los otros Majestic ya que entre 1960 y 1968 se fabricaron 1.180 unidades.

BSA (Birmingham Small Arms), la propietaria de Daimler, vio que esta marca no levantaba cabeza y que necesitaba urgentemente nuevos modelos. Se hicieron algunas propuestas raras como usar un Vauxhall de base para el nuevo Daimler.

Sea como fuere, un modelo, el Majestic, significó un cambio de dirección en la empresa. El motor Daimler de 6 cilindros incrementó su tamaño; su compresión era de 7,5:1 con un árbol de levas de aluminio en cabeza y una admisión revisada que aumentaba su potencia a los 10 CV más que el de 3,5 l de los modelos anteriores, alcanzando los 147 CV. Su diseño fue una variación de la limusina 104 con una atrevida carrocería algo ladeada y un capó bastante inclinado. Su velocidad máxima era de 161 km/h, su aceleración era impresionante y tenía frenos de disco.

En 1960, el Majestic se alargó 15 cm y se le instaló un motor de 4,5 l V8 de 220 CV que le dio excelentes prestaciones. Más

tarde se le puso dirección asistida y una caja de cambios automática, lo que hizo que fuese aún más fácil de conducir y de maniobrar.

El Majestic Major se vendió hasta 1968 y fue el último coche totalmente Daimler; luego vendría ya el modelo más calmado muy basado en Jaguar, el DS 420.

Motor: V8, 4.561 cc
Potencia: 164 kW (220 CV)
De 0 a 100 Km/h: 10 s
Velocidad máxima: 193 km/h
Producción total: 2.120

DAIMLER SP 250 «DART»

1959–64

Motor: V8, 2.548 cc
Potencia: 104 kW (140 CV)
De 0 a 100 km/h: 10,2 s
Velocidad máxima: 194 km/h
Producción total: 2.650

El SP 250 representó un gran cambio respecto a las limusinas, sedán y *roadsters* de carrocería especial que siempre había fabricado Daimler. Fue un modelo peculiar dirigido directamente al mercado de los deportivos. El nuevo director, ex diseñador de motores de Triumph, fue el responsable de este cambio.

Este SP 250 es un tardío modelo de la serie C, con su chasis y carrocería rígidos de la serie B pero con más cromo. El de la fotografía tiene también la que fue opcional capota dura de fibra de vidrio. Luciría mejor con los neumáticos pintados.

Desde un principio se le llamó «Dart», pero cuando el fabricante americano Dodge protestó se le rebautizó como SP 250, nombre algo más parecido a los de Daimler. Su chasis y las

suspensiones eran muy parecidas a las del Triumph TR3A. Su motor, totalmente nuevo, era un V8 de 2,5 l y aleación ligera que mantenía muchos de los principios mecánicos de las motocicletas.

Disponía además de frenos de disco, una rareza para la época. Era potente, económico y competitivo, pero también algo controvertido. Su diseño no gustaba a todo el mundo: tenía prominentes aletas traseras y faros delanteros y además, como novedad en Daimler, una carrocería en fibra de vidrio.

Su carrocería no era al principio adecuada para un coche de altas prestaciones, así que pronto se hicieron modificaciones. Los modelos B de 1961 tenían un chasis y una carrocería rígidos y los de la serie C de 1963 unos mejores embellecedores. Sea como fuere, desde que Jaguar comprase Daimler, nunca quiso tener dentro un competidor del E-Type, por lo que la fabricación del SP 250 cesó en 1964.

DAIMLER V8 250

1962–69

Cuando Jaguar se apoderó de Daimler fue necesario fabricar un modelo híbrido que permitiese sacar provecho a ambas de la imagen de la marca. Así se creó un sedán con un motor de 2,5 l bautizado en 1968 como V8 250.

Jaguar tomó lo mejor de su gama de modelos para combinarlos. Puso como base el Mark 2, un sedán muy bulboso y de aspecto compacto a pesar de los 475 cm de longitud. Normalmente su motor era el del legendario Jaguar XK con dos árboles de levas en vez del pequeño Daimler V8, un golpe maestro. El motor antes se había usado en los deportivos SP 250 y se ajustaba perfectamente al chasis

ágil del Jaguar. El resultado fue más interesante y apasionante que el ya existente Jaguar Mark 2 2.4, acelerando agresivo hasta los 177 km/h.

Jaguar podía potenciar más su V8 250 ya que Daimler estaba considerada como una marca de ricos compradores, muy

interesados en el refinamiento, el lujo y el prestigio. Así que Daimler continuó con su estándar transmisión automática, más embellecedores cromados y una distintiva parrilla dividida. Con todo ello se consiguió el Daimler más vendido desde la posguerra hasta nuestros días. Cuando se

cambió el diseño del Daimler 250 V8 sólo se le hicieron unos parachoques más delgados.

Motor: V8, 2.548 cc
Potencia: 104 kW (140 CV)
De 0 a 100 km/h: 13,8 s
Velocidad máxima: 177 km/h
Producción total: 17.620

El motor Daimler V8 fue diseñado por Edward Turner, y Sir Williams Lyons proporcionó la carrocería del Jaguar Mark II. Juntos consiguieron una perfecta combinación de diseño y velocidad. Muchos de estos modelos tenían transmisión automática.

DAIMLER SOVEREIGN

1967–69

Si hubiese algún signo de Daimler en los concesionarios de Jaguar, éste sería el nuevo Jaguar 420 que se «daimlerizó» para crear el Sovereign. En 1967, el Sovereign 420 mantuvo del Jaguar S-Type la trasera y algunas secciones y tuvo

además la cola del jaguar 420G algo más larga. El nombre de Sovereign ya se utilizó cuando al principio se usaron modelos motorizados por Jaguar y al final de la independencia técnica y de diseño de Daimler. Las diferencias entre el Jaguar 420 y el

Sovereign eran sólo estéticas. La delantera tenía la conocida parrilla rasgada con su insignia repetida en la manilla del maletero, la letra D adornaba el centro de los tapacubos planos y cromados, y más decoración en el interior.

El Sovereign fue un gran coche. Sus cuatro faros daban una pista de cómo sería la próxima generación del sedán Jaguar XJ. Bajo el capó se escondía el motor de 4,2 l de un Jaguar XK pero con la inscripción de Daimler en la cubierta. Dicho motor hizo que el coche fuese rápido, y su limitado diferencial y el doble circuito de frenos le facilitaban una buena maniobrabilidad en la conducción y un poder contenido. El nombre de Sovereign ha estado durante décadas asociado a los sedán de Daimler.

Motor: 6 cilindros, 4.235 cc
Potencia: 182 kW (245 CV)
De 0 a 100 km/h: 9,9 s
Velocidad máxima: 197 km/h
Producción total: 5.700

Este es el Jaguar 420 con retoques lujosos de Daimler: la tradicional parrilla rasgada y la manilla del maletero, así como el centro de sus tapacubos, tienen inscrita la D, y además en su interior el nivel de lujo es superior. Eso es todo lo que separa a ambos modelos.

DAIMLER DS420

Motor: 6 cilindros, 4.235 cc
Potencia: 183 kW (245 CV)
De 0 a 100 km/h: 15 s
Velocidad máxima: 169 km/h
Producción total: 3.717 limusinas
y 802 chasis

El 420 se fabricó con la intención de que fuese el rival de la limusina Rolls-Royce Phantom V de la que era bastante similar en anchura, longitud y amplitud interior.

Su motor era un Jaguar de 4.235 cc con dos carburadores y transmisión automática; pesaba 2.087 kg.

La parte trasera del habitáculo era un sofá con un apoyabrazos central plegable y dos laterales, además de dos asientos opcionales también plegables unidos o separados por una divisoria central. El habitáculo del chófer tuvo desde 1968 hasta 1983 un solo asiento, y

dos envolventes a partir de 1992. La división central estándar era una simple ventana de cristal corredizo.

En 1972 cambió la configuración de las ventanas. Las de más atrás se combinaron para formar una única ventana de abertura en mariposa que evitaba la entrada de agua y la oxidación. En 1979, la parte delantera incorporó rejillas cuadradas e intermitentes. Dejó

Esta fue la limusina preferida por los británicos durante más de treinta años. Se basaba en la plataforma del Jaguar 420 G. Tenía suspensión independiente y carrocería de Hooper. Su fabricación pasó a principios de los 80 a Vanden Plas.

de fabricarse cuatro años después de que finalizase su producción oficial, en 1988.

DAIMLER DOUBLE SIX

Aunque fuese un Jaguar con otro nombre, el Double Six era muy atractivo para los clientes tradicionales de Daimler que no quisieran algo ostentoso como un «Jag». El magnífico motor V12 lo cedía Jaguar como la oportunidad

de revivir aquel maravilloso nombre de preguerra. Y no sólo eso: Daimler le dio finalmente a Jaguar la oportunidad de competir con Rolls-Royce, aún considerado como el mejor fabricante de automóviles del mundo.

En 1973, la revista británica «Motor» realizó una comparación directa entre el Daimler Double Six Vanden Plas en su modelo superior con el Rolls-Royce Silver Shadow que costaba el doble. En ella los dos coches rivalizaban entre sí y

aunque Rolls tenía unos mejores acabados y un interior más confortable, el Double Six tenía mejores prestaciones, mejor maniobrabilidad y era de conducción más tranquila en carreteras escabrosas.

En 1973 apareció un serie II y en 1979 un serie III. Se quería mejorar el consumo de combustible y por eso se instaló en 1981 un motor HE (High Efficiency). El precioso Double Six continuó fabricándose hasta 1992 porque el V12 no se acopló en el nuevo Jaguar XJ 40.

Motor: V12, 5.343 cc
Potencia: 188 kW (253 CV)
De 0 a 100 km/h: 8 s
Velocidad máxima: 222 km/h
Producción total: 14.500

Daimler revivió el famoso nombre de Double Six cuando pudo utilizar el motor V12. El de la foto es un ejemplar de los que se fabricaron entre 1972 y 1973. Se trata de una versión Vanden Plas con una más larga distancia entre ejes. De ella sólo se fabricaron 342 unidades.

DARRACQ 4-LITRE

1936–39

Motor: 6 cilindros, 3.996 cc
Potencia: 104 kW (140 CV)
De 0 a 100 km/h: 15 s
Velocidad máxima: 161 km/h
Producción total: n/d

En 1920 Darracq formó parte del grupo English Sunbeam Talbot, conocido por sus siglas STD. Los modelos que fabricó este grupo fueron en progresivo declive hasta

que fue comprado por el Rootes Group en 1935. Antonio Lago, uno de sus empleados, se puso al mando de la empresa y transformó sus productos y su imagen.

Obtuvo un motor de 4 l diseñado por Walter Becchia con cilindros de cámara semiesférica, una alta compresión y válvulas en cabeza que entregaba 140 CV; fue su pieza maestra. Montó este motor sobre

un chasis corto de 294 cm con suspensión delantera independiente y un armazón con cruces diagonales.

El aspecto en carretera de sus sedán de dos puertas y de los cupés de frontal inclinado era excelente, especialmente si estaban diseñados por carroceros como Figoni o Falaschi.

Se trataba de un deportivo que tuvo que ser inevitablemente

modificado para correr en carreras. Usó un chasis corto de 264 cm que impresionó en el Gran Premio de Francia, en el que sus coches finalizaron en primer, segundo y tercer lugar, y en las Tourist Trophy.

Estos coches se conocieron en Gran Bretaña como Darracqs o Talbot Darracqs y en Francia como Talbots.

DATSUN FAIRLADY

1962–69

Motor: 4 cilindros, 1.982 cc
Potencia: 101 kW (135 CV)
De 0 a 100 km/h: 10,3 s
Velocidad máxima: 173 km/h
Producción total: 40.000

El Fairlady fue el primer intento de Nissan en la construcción de deportivos. Aunque muy iguales en diseño y fabricación a los MGB, apareció de hecho dos años antes que el modelo inglés; fue presentado en el Salón del Automóvil de Tokio en 1960.

A diferencia del MG tenía el chasis separado de la carrocería, la suspensión delantera era por muelles helicoidales y doble espoleta. La trasera era un eje «vivo» colgando de ballestas semielípticas.

Al principio tenía un motor de 1.499 cc y sólo 71 CV que alcanzaba los 100 km/h en 15 s, mucho más que los coches británicos contemporáneos. Por eso se mejoró su motor en 1963 consiguiendo que produjera 85 CV, pero los frenos, aún de tambor en sus cuatro ruedas, eran

incapaces de soportar la presión extra para poderlo parar.

El nuevo motor de 1964 hizo que se tomase al Datsun Fairlady más en serio. Tenía 1.596 cc y 96 CV, la primera velocidad sincronizada y frenos delanteros de disco. En 1967 apareció la última versión con un motor de 1.982 cc con un árbol de levas totalmente nuevo y 135 CV.

Su estilo elegante se correspondía con sus prestaciones, pero la inminente aparición de MG hizo aparecer signos de preocupación,

Las primeras versiones del Fairlady eran dóciles, pero a partir de 1967 el Fairlady Sports 2000 como el de la foto estaba equipado con un motor más serio de 2 l que le daba mucha potencia. Todavía popular, este modelo ofrecía como opción llantas de aleación.

especialmente con los cupés 2+2 Silvia que quisieron competir con el MGB GT. Aunque del Fairlady se fabricaron pocas unidades, había encontrado la fórmula del éxito.

DATSUN 240Z

Ver un 240Z original como éste por la carretera era sensacional, un compendio del Jaguar E-Type y del Porsche 911 a excepción de sus vulgares tapacubos de serie. En su interior los acabados también parecían de poca calidad. Lo mejor sin duda eran sus altas prestaciones.

El resultado fue un motor ágil y suave que entregaba 112 CV con 2.392 cc. Esta potencia estaba conectada por una caja de cambios de cinco velocidades a una muy bien diseñada suspensión trasera. Otros puntales se encontraban también en el frontal junto a una precisa dirección de piñón y su maniobrabilidad, que fue la admiración del momento. Su motor también equipaba al modesto sedán Nissan Cedric, un 6 cilindros en línea que roncaba como el de un gran deportivo. De casi nada sirvió que la marca decidiese ofrecer una caja de cambios de tres velocidades automática pues no consiguió reducir el atractivo de este enérgico y ágil deportivo. No es muy sorprendente que el SCCA (Sports Car Club of America) dominase durante diez años la fabricación de coches tipo C. Venció cada año en la década de los 70 y obtuvo un notable éxito en la IMSA (International Motor Sports Association).

El 240Z fue el coche más vendido de los 70 alcanzando las 150.076 unidades, muchas de las cuales se exportaron a los Estados Unidos donde se vendía a 3.526 $. Su increíble demanda hizo subir los precios hasta los 4.000 $ en 1970. El 240Z se conocía en el mercado japonés como el Fairlady Z, tenía un motor de 2 l, y entregaba 130 CV.

Mucho más atrevido fue el Fairlady Z432 equipado con un motor único de dos árboles de levas en cabeza que entregaba 160 CV y era la admiración hasta de los japoneses. Su versión de carreras daba unos 200 CV. De este modelo sólo se fabricaron 419 unidades.

Es indudable que el Datsun 240Z cambió para siempre el paisaje del mercado de los deportivos y cualquier prejuicio en contra de los coches japoneses. Se convirtió en un ídolo tan grande que Nissan volvió a fabricarlo en los años 90 vendiéndolo sólo en los Estados Unidos.

Motor: 6 cilindros, 2.396 cc
Potencia: 112 kW (151 CV)
De 0 a 100 km/h: 9 s
Velocidad máxima: 201 km/h
Producción total: 150.076

Casi sin darse nadie cuenta los japoneses han llegado a ser los terceros en el *ranking* mundial de fabricantes de coches detrás de los Estados Unidos y de Alemania, pero tienen la fama de crear coches nada apasionantes. A pesar de que el de los deportivos británicos había sido desde siempre un mercado de referencia, sobre todo en el lucrativo de los Estados Unidos, las cosas empezaban a cambiar. Nissan se había construido una buena reputación fundada en la fiabilidad y las prestaciones de su Fairlady, no en su estilo. Dado que el Jaguar E-Type se quedó anticuado, el Austin-Healey desapareció y sólo el MGC se mantuvo bregando, algo estaba a punto de cambiar en el mercado, algo como la aparición del Datsun 240Z.

El 240Z tenía un motor de 6 cilindros en línea derivado del agresivo sedán Cedric No sólo eso, la maniobrabilidad de los Z era excepcional ayudada por su suspensión independiente en las cuatro ruedas que la hacía más precisa que la de cualquier otro rival de su tiempo.

El inmediato y asombroso interés de este coche se debió a su precioso aspecto, a su brillante conducción y a su muy buen precio. Fue crucial conseguir un buen diseño para hacerlo atractivo. Se le veía como un Jaguar E-type con estilo oriental; dotado de una delantera muy larga y una trasera cortada, su diseño despertó controversias, no porque fuese feo, sino por saber a quién le correspondería el mérito de tal coche.

Albrecht Goertz, diseñador del precioso BMW 507 en los años 50, fue contratado por Nissan como consultor de diseños a principios de los 60. Los abandonó a finales de la década, pero la empresa continuó desarrollando el coche. Según los archivos de la empresa el equipo que desarrolló los coches Z fue: Jefe de diseño, Yoshihiko Matsuo; diseño interior, Sue Chiba; diseño exterior, Akio Yoshoda; ingeniería mecánica, Mr. Hidemi Kamahara y Tsuneo Benitani.

El motor destinado al 240Z se consiguió añadiendo dos cilindros más al motor con árbol de levas en cabeza del Datsun 1600, que a su vez era una copia de los primeros motores que equiparon en los años 60 los Mercedes 220 de 6 cilindros, pero con 4 y notablemente menos agresivo.

DATSUN 260Z

Motor: 6 cilindros, 2.565cc
Potencia: 104 kW (139 CV)
De 0 a 100 km/h: 9,9 s
Velocidad máxima: 193 km/h
Producción total: 472.573

La estricta normativa sobre emisiones contaminantes de los Estados Unidos originó la entrada en el mercado del 260Z. El motor, más grande que el del 240Z, tenía 2,6 l pero su potencia se quedaba en 139 CV. Para muchos esto marcó el principio del fin del verdadero coche Z, pero la verdad es que Nissan empezaba a ser realista. Y no sólo eso, a sus clientes sus modelos les gustaban cada vez más. En 1975 se llegaron a vender hasta 63.963 unidades de un único modelo. Seguramente ocurrió que Nissan mejoró su atractivo incorporando a su gama un cupé 2+2 equipado con dos asientos plegables detrás, lo que implica que esta parte tuviese que ser adaptada para ello.

El exterior era idéntico al del 240Z a excepción de ciertos detalles como el aumento de los parachoques a finales de 1974 para cumplir con las nuevas normas de seguridad.

En 1975, aún en pugna con las normas sobre la emisión de gases, Nissan sustituyó los carburadores de sus coches Z por inyectores de gasolina Bosch L-Jetronic, lo que hizo que su motor fuese ahora de 2,8 l y su potencia aumentase hasta los 149 CV.

En 1977 se le incorporó una caja de cambios de cinco velocidades con

El 260Z tenía idéntico aspecto que el 240Z, pero, como se ve en este perfil, su distancia entre ejes era más larga y su ventana trasera corregida. Un propietario disgustado con sus tapacubos los ha cambiado por otros más atractivos.

superdirecta y su potencia volvió a subir hasta los 170 CV. Una vez más los Z obtuvieron récords de ventas asegurando ser el deportivo preferido por todo el mundo.

DATSUN 280ZX

Motor: 6 cilindros, 2.753 cc
Potencia: 104 kW (140 CV)
De 0 a 100 km/h: 11 s
Velocidad máxima: 180 km/h
Producción total: 414.358

El 280ZX fue esencialmente el resultado de grandes cambios en el diseño del 280Z. Fue más largo, más ancho y ligeramente más pesado. Compartía el motor del 280Z, pero su suspensión trasera era semioscilante e independiente y sus frenos, de disco en las cuatro ruedas. Estaba claro que este modelo era más un GT de alto nivel que un deportivo compacto. Sus mayores lujos hicieron que su nombre pasase del 280Z al 280ZX.

Para muchos de sus entusiastas hubiesen sido más apropiadas las letras XL dada su longitud y el cambio del carácter Z, pero este fue el modelo que deseaba el público y en 1979, el 280ZX volvió a obtener un récord de ventas para los coches Z con 86.007 unidades vendidas.

Se introdujo como opción un nuevo techo con una barra en T, lo que resultó muy popular. Nissan empezó a ver que las prestaciones se reducían: en una década la velocidad máxima se había reducido en 16 km y tardaba dos segundos más en alcanzar los 100 km/h. En 1981 apareció en los Estados Unidos el mismo modelo con un motor turboalimentado, pero fue un arreglo muy básico. Su peso aumentó cuando se ofreció una carrocería 2+2 y los coches Z perdieron todo su carácter y original elegancia.

Las prestaciones de este coche en Europa se debían aún a un motor de aspiración, mientras que en Estados Unidos existían los turboalimentados.

DE DION BOUTON 6HP POPULAIRE

1904

Motor: Monocilíndrico
Potencia: 6 kW (8 CV)
De 0 a 100 km/h: n/d
Velocidad máxima: 64 km/h
Producción total: n/d

La empresa De Dion Bouton apareció en 1880 cuando el conde De Dion fabricó una serie de vehículos a vapor que iban de una bicicleta a un ómnibus. A finales de siglo el conde trabó relaciones con Monsieur Bouton, que diseñó un motor de gasolina con un único cilindro que entregaba 3,5 CV de potencia.

La popularidad de este motor fue tan grande que en 1903 ya se habían fabricado 40.000 y había aumentado su tamaño. En 1902 ya entregaba 8 CV y lo usaba el modelo K en combinación con un motor delantero y un capó llamado «coal scuttle» muy parecido al de los Renault de la época.

Un elemento inusual de estos primeros coches y que duró hasta la Primera Guerra Mundial, fue el pedal de desaceleración con el que reducía progresivamente la velocidad del coche. El conductor

también podía usar el freno de transmisión. Este modelo era conocido por su gran fiabilidad, por lo que atrajo a muchos médicos que lo creyeron imprescindible en distritos rurales.

Otra característica suya notable fue que su motor monocilíndrico era muy suave y desarrollaba su mayor potencia a 1.600 rpm. El abanico de ofertas de este modelo aumentó cuando la marca empezó a fabricar motores de 2 cilindros.

Para publicitar este modelo la empresa hacía hincapié en que procuraba tal disfrute que sus propietarios despedirían a sus chóferes para sentarlos detrás y en actitud perezosa.

DELAGE D6

1946–54

Motor: 2.988 cc
Potencia: 97 kW (130 CV)
De 0 a 100 km/h: 14 s
Velocidad máxima: 137 km/h
Producción total: 250

Se pueden buscar los orígenes del D-6 en los modelos D6-70 y D6-75 de los tiempos de preguerra. Fueron turismos, sedán y especiales con un diseño básicamente Delahaye acoplado a unos motores de 2.729 o de 2.800 cc. De hecho Delage había sido de Delahaye desde 1935. En 1946 se relanzó con el modelo D-6 equipado con un motor de 3 l, una caja de cambios eléctrica Cotal de

cuatro velocidades hacia delante y una hacia atrás, además de frenos hidráulicos.

Para la mayoría de los coches se ofrecía primero el chasis y luego el comprador elegía la carrocería que más le gustase. El D-6, como la mayoría de los coches de preguerra europeos, sólo se ofrecía con conducción por la derecha, ya que parecía más seguro cuando se circulaba por los pasos alpinos. Aunque el D-6 parecía demasiado pesado y poco potente para tener una imagen deportiva, ganó en el TT de 1938 y ocupó el segundo

lugar en las 24 Horas de Le Mans de 1939 y 1949. Delage pudo continuar fabricando reproducciones del Delahaye, pero el gobierno francés abandonó y llevó a la bancarrota la industria automovilística de su país.

Aun siendo la actualización de un modelo de preguerra, el chasis demostró mantener su popularidad con carroceros especialistas. Pero no siempre fue un éxito; por ejemplo, el de la fotografía es un ejemplar poco distinguido y recargado D-6 cupé de 1947 con la carrocería de Vesters y Neinrinch.

DELAHAYE 135M

1936–52

Motor: 6 cilindros, 3.227 cc
Potencia: 89 kW (120 CV)
De 0 a 100 km/h: 14 s
Velocidad máxima: 161 km/h
Producción total: 2.000

Parecía que Delehaye sería otro de los pequeños fabricantes de turismos convencionales bien construidos y acabados. Todo cambió en 1935 cuando ingenieros de la marca tomaron un motor de sus camiones comerciales y lo instalaron sobre el chasis de uno de sus coches.

Así nació el 135, que se ofeció en carrocerías cupé de dos puertas, cabriolé y un sinfín de especiales. Su motor de cuatro apoyos y 6 cilindros podía entregar según su modificación entre 95 CV con un solo carburador hasta 110 con tres carburadores Solex. El modelo Cupé des Alpes tenía la suspensión delantera con ballestas transversales, frenos Bendix, ruedas con fijación central y una transmisión eléctrica Cortal opcional frente a una caja de

cambios de cuatro velocidades no sincronizadas.

El modelo con más motor fue el 135 MS. Tenía 3.557 cc y entregaba 130 CV y estaba instalado en un biplaza destinado a competición y que venció en Monte Carlo en 1937 y 1939, y en Le Mans 1938 entre otros éxitos. El MS volvió acabada la guerra, pero eran tiempos difíciles para los pequeños fabricantes franceses. Muchos de ellos tuvieron que reducir drásticamente sus proyectos a efectos del

gobierno francés. El chasis se aprovechó para fabricar algunos bonitos cupés, pero este tipo de coches ya no cautivaban.

Desarrollado a partir del modelo Type 135, la versión de carreras entregaba unos impresionantes 160 CV que demostraron ser muy efectivos en los circuitos. El de la foto es un modelo de 1936 y perteneció al legendario piloto británico de carreras Rob Walker.

DELAHAYE 148

1937–52

Motor: 6 cilindros, 3.557 cc
Potencia: 67 kW (90 CV)
De 0 a 100 km/h: 21 s
Velocidad máxima: 129 km/h
Producción total: n/d

El 148 fue en esencia un coche con la misma mecánica y estructura que el 135, pero mucho menos deportivo y potente.

Acoplado sobre un chasis con una distancia entre ejes de 335 cm estaba un motor de 3.557 cc y 6 cilindros en línea. La mayor diferencia con el 135 estaba en su motor, ya que éste tenía una compresión más baja y un solo carburador que entregaba 90 CV. Por eso este modelo se ofreció con carrocerías como sedán o

limusinas en vez de extravagantes deportivos. Del 145 derivó el feo pero interesante 168 de 1939 con una carrocería Renault Viva Grand Sport sobre el chasis del 148 que sólo se conseguía en Francia.

El 148 reapareció después de la guerra, pero no con las mismas carrocerías de antes sino con unos diseños más interesantes. Se

fabricaron fabulosos modelos Art Decó, sobre todo los carrozados por Henri Chapron que lucían unas aletas redondeadas y voluptuosas además de un capó decorado con «tomas de aire». Pero no hubo suficientes pedidos para chasis así y la producción de todos los modelos excepto de uno finalizó en 1951.

DELAHAYE 175

Motor: 6 cilindros, 4.455 cc
Potencia: 93-104 kW (125-140 CV)
De 0 a 100 km/h: 12 s
Velocidad máxima: 177 km/h
Producción total: 150

Delahaye presentó su primer coche de posguerra en el Salón del Automóvil de París de 1946. A diferencia de la mayoría de los fabricantes, Delahaye optó por crear modelos como el 175, que causó sensación por su atractivo y su precio. La marca lo destinaba al lucrativo mercado de la exportación y lo fabricó tanto para la conducción por la derecha como por la izquierda. Por otra parte también se podía escoger con diferentes distancias entre ejes.

Su motor derivaba del viejo de 6 cilindros del 135. Disponía de siete puntales, cubicaba 4,5 l y dependiendo de las transformaciones

(de hasta tres carburadores) podía entregar de 125 a 140 CV y estaba

conectado a una caja de cambios electromagnética Cotal, lo que hacía

Un Type 175S con carrocería realizada por Figón y que fue construido en 1949. Bajo un capó largo y de diseño se encuentra un motor de tres carburadores. Debía de haberse fabricado una versión Delage de este coche, pero nunca se puso a la venta.

que fuese un coche muy rápido. Además disponía de un eje tubular y unos frenos hidráulicos.

Sea como fuere, el diseño del chasis no combinaba muy bien con la suspensión delantera independiente tipo Dubbounet y la trasera De Dion, La cima de esta serie la copaban muchos estilos de éxito dispar, aunque todos eran espectaculares y dinámicos. Pero en cuestión de ventas tanto este como su otro modelo el 180 fueron sonoros fracasos.

DELAHAYE 235

Motor: 6 cilindros, 4.455 cc
Potencia: 113 kW (152 CV)
De 0 a 100 km/h: 10 s
Velocidad máxima: 193 km/h
Producción total: 400

Cuando todo parecía tocar a su fin, Delahaye sacó al mercado, en 1951, el Type 235. La idea de la marca era reemplazar el viejo 135, pero en realidad su chasis era exactamente el mismo, lo que quiere decir que continuaba con los frenos de tambor mecánicos que ya probaron ser inadecuados en 1950, sobre todo en el que se pretendía fuera el modelo superior.

Al menos su diseño sí era totalmente nuevo; su carrocería, estándar y muy elegante, se debía a la empresa Antem y a Letourneur. Era la de un cupé de dos puertas con un capó largo y grande con una parrilla estilo americano, muy de la época y llamativa. El motor, potenciado, entregaba ahora 152 CV con lo que era un coche muy rápido capaz de alcanzar en línea recta una velocidad de 193 km/h.

No sorprende que el Delahaye 235 celebrase las glorias de sus triunfos en carreras como el de ostentar el récord en cruzar África desde Ciudad del Cabo hasta Argelia. Sea como fuere, nadie enloqueció con esta transformación del 135 ni se mostró muy convencido de pagar un precio muy alto por él, así que se vendieron 400 unidades antes de su desaparición.

En los años finales de esta marca se produjeron grandes mejoras en el chasis y en el motor dejando la carrocería a otras empresas. Este 253M de 1953, un cupé particularmente elegante, lo carrozó Chapron y ha sido un exitoso participante en las competiciones *concours*.

DeLorean DMC-2

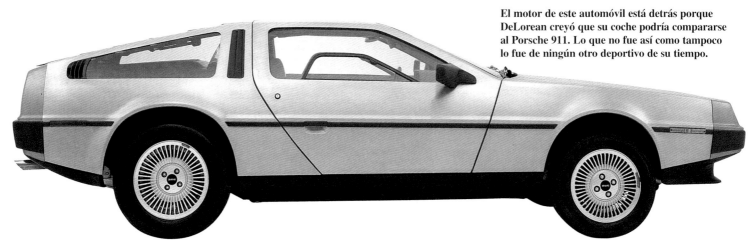

El motor de este automóvil está detrás porque DeLorean creyó que su coche podría compararse al Porsche 911. Lo que no fue así como tampoco lo fue de ningún otro deportivo de su tiempo.

Motor: V-6, 2.849 cc
Potencia: 98 kW (132 CV)
De 0 a 100 km/h: 10,2 s
Velocidad máxima: 194 km/h
Producción total: 8.583

La estrella de General Motors John Z. DeLorean desafió la industria automovilística cuando se decidió a fabricar sus denominados deportivos «éticos» en una factoría de Dunmurry, Irlanda del Norte. Ninguna otra marca provocó tal escándalo y controversia, lo que no ayudó al éxito esperado del DMC-2.

Estaba dotado de un motor trasero originario de Peugeot-Renault-Volvo de aleación, V6, de 2.849 cc con un sistema de inyección Bosch K-Jetronic, lo cual era suficientemente convencional. Más ambiciosa fue la versión superior diseñada por Lotus y con un chasis doble con armazón y suspensión independiente en las cuatro ruedas.

Medía 157 cm de ancho y sus ruedas delanteras eran 2,5 cm más delgadas que las traseras para favorecer su maniobrabilidad y minimizar los subvirajes. O al menos esa era la teoría porque su pesado motor V6 colocado detrás, influía mucho en su maniobrabilidad y sus prestaciones.

El diseño de Giorgetto Giugiaro se realizó en plástico y cristal reforzado de alta calidad con un revestimiento de acero inoxidable y pulido que le daba un aspecto sensacional sobre todo con sus puertas abiertas hacia arriba, pero era frágil. La visión de DeLorean de lo que sería un deportivo ético, no se hizo realidad a excepción de sus prototipos.

De hecho, DeLorean Motor Company no pudo ir por un camino menos ético, sucumbiendo a las acusaciones de sus acreedores a los que debía 60 millones de libras.

DeSoto Model K

Motor: 2.867 cc
Potencia: 41 kW (55 CV)
De 0 a 100 km/h: n/d
Velocidad máxima: 97 km/h
Producción total: 100.000

La Chrysler Corporation lanzó en 1928 la marca DeSoto que ya el primer año obtuvo el récord de ventas con 81.065 unidades y lo mantuvo durante tres décadas hasta la aparición del Ford Falcon. Su nombre deriva del explorador español Hernando de Soto. Ofrecía una opción más a los modelos rivales de Pontiac y Oldsmobile.

El modelo K tenía un motor de 6 cilindros en línea y se ofrecía en multitud de carrocerías, incluyendo *roadsters* y sedán. Era un coche bien construido con un motor delantero y forma de L que entregaba 55 CV, disponía de frenos hidráulicos de alta calidad marca Lockheed, parachoques Lovejoy y una dirección Hotchkiss. Sus compradores creyeron hacer un buen negocio por un precio de 845 $.

DeSoto nació durante los exitosos años de la motorización que acabaron con la depresión de 1930. Empezaron los tiempos difíciles para los fabricantes de coches, pero Chrysler la soportó mejor que muchos otros y DeSoto la ayudó mucho.

En un corto espacio de tiempo el modelo K hizo que las ventas subiesen y que tuviera la suficiente autoconfianza para añadir a la serie una nueva versión con un motor de 8 cilindros a un precio de ganga. Este modelo hizo que DeSoto se mantuviera.

El DeSoto Six, roadster de la serie K, no cambió demasiado en sus años de producción. Desde sus frenos hidráulicos, su radiador con borde cromado y plateado hasta su rueda de repuesto en la cola, todo era muy moderno y más siendo una ganga.

DeSoto Airflow

1934–37

Motor: 6 cilindros, 3.958 cc
Potencia: 75 kW (100 CV)
De 0 a 100 km/h: 20 s
Velocidad máxima: 121 km/h
Producción total: 31.797

DeSoto superó la crisis de los años 30 gracias a dos razones, primero porque Chrysler no consideró oportuno tener a dos de sus marcas, Dodge y DeSoto, compitiendo entre sí con un mismo precio, por lo que DeSoto se encareció aunque no llegó al precio de la marca madre, y por otra parte porque desde 1934 DeSoto adoptó el controvertido diseño de líneas rectas Airflow.

Su diseño tan radical mostraba unos guardabarros que apuntaban al interior de la carrocería y unos faros delanteros que formaban parte de ella. El capó se inclinaba hacia abajo frente al eje delantero y tenía tomas de aire horizontales. Su chasis monocasco hacía que la serie fuese realmente atractiva, incluso demasiado para sus compradores, por eso DeSoto se las arregló para vender más Airflows que Crhysler, unos

15.000 frente a 11.000 de la marca madre. Pero entonces DeSoto fabricaba exclusivamente coches de este estilo. Entre 1935 y 1936 DeSoto sólo vendió 11.797 coches, lo que impulsó la entrada de otra serie más convencional llamada Airstream en 1935. La forma del

radiador se parecía más a una V. El Airflow III, de 1936, cambió mucho más su diseño incorporando nuevos parachoques, luces traseras y un interior mejorado, pero fue demasiado tarde para recuperar sus escasas ventas.

Este coche se vendió en Gran Bretaña con el nombre de Chrysler Croydon. El piloto de carreras Harry Harzt consiguió unos 32 récords de velocidad en un SE y condujo de Nueva York a San Francisco gastando sólo unos 33 dólares en gasolina.

DeSoto Fireflite

1956–61

Motor: V8, 6.277 cc
Potencia: 190 kW (255 CV)
De 0 a 100 km/h: 9 s
Velocidad máxima: 193 km/h
Producción total: 95.000

En 1955 la ventas de DeSoto remontaron de forma espectacular con la presentación del «Forward Look» de la Chrysler Corporation ideado por el estilista Virgil Exner. Los coches con este diseño llevaron las aletas traseras a su última expresión y eran mucho más atractivos que cualquiera de los modelos con ellas de los años 50. DeSoto ya no era un coche aburrido y soso, el Fireflite se

convirtió en el coche más carismático de toda la gama equipado con un resistente motor de 255 CV. Sus ventas aumentaron aún más con los cambios de diseño efectuados en 1957 cuando sus aletas incluso se agrandaron.

Bajo su capó había un motor de 5.588 cc V8 que rendía 295 CV gracias a sus carburadores de cuádruple cuerpo y se ofrecía en carrocería sedán, cupé de dos puertas y familiar con seis asientos

que se llamó Shooper y el Explorer, de nueve.

En 1959 DeSoto fue la última marca del grupo en usar un chasis Chrysler. En 1960 ya utilizaba su propio chasis monocasco, pero las ventas no le correspondieron y bajaron. El que fuera modelo insignia de la gama, el Fireflite, decayó y se dejó de fabricar en noviembre de 1960.

Desde entonces DeSoto y en particular el Fireflite

se convirtieron en un icono de los años 50, sólo porque Richie Cunningham condujo uno en «Happy Days».

El de la fotografía es un DeSoto Fireflite de dos puertas Sportsman cupé de techo duro. Son de notar los detalles de color de sus laterales llamados «Beauty Pannels» que eran de serie tanto en este modelo como en el convertible. Su interior estaba todo tapizado en piel, pero el asiento eléctrico del conductor era una opción y costaba 70 $ extra.

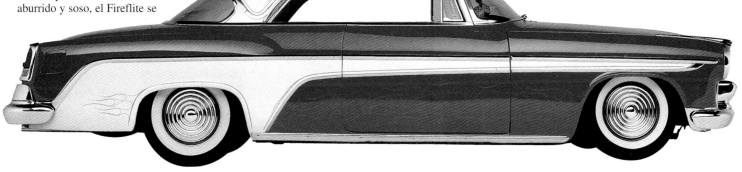

DE TOMASO VALLELUNGA

1965–67

Motor: 4 cilindros, 1.498 cc
Potencia: 75 kW (100 CV)
De 0 a 100 km/h: 10 s
Velocidad máxima: 176 km/h
Producción total: 50

Alejandro de Tomaso nació en Argentina, pero escapó de la dura situación política emigrando a Italia en 1955. Una vez allí dio rienda suelta a su pasión por los coches de carreras y empezó a conducir un OSCA para los hermanos Maseratti. Pero De Tomaso era ambicioso y quiso fabricar sus propios coches. A partir de 1959 se concentró en la Fórmula 1 y ya en 1962 empezó a trabajar en sus propios modelos.

El primero de ellos fue un biplaza descapotable con un chasis de vigas de acero prensado, un subarmazón tubular y un sistema de suspensión independiente con muelles

Su nombre proviene del de una carrera italiana y su aspecto era destacable. Pero al Vallelunga le falló la idea de hacer que el motor fuese parte del chasis, pues la suspensión trasera soportaba el peso de la caja de cambios, lo que dificultó su maniobrabilidad.

helicoidales y espoletas. Su motor central de 4 cilindros procedía del Ford Cortina y estaba modificado para producir 75 CV. Se pretendía que muchos fabricantes comprasen su diseño y lo pusiesen en

fabricación, lo que no ocurrió. Así, en 1965, Giorgietto Giugiaro, que trabajaba en Ghia, recibió la propuesta de vestir el biplaza con una atractiva carrocería cupé. Así nació el Vallelunga, un coche con

aspecto verdaderamente bonito, pero duro de conducir y con un chasis con poca rigidez cerca del eje motriz, de problemas difíciles de solucionar, por lo que fue rápidamente sustituido.

DE TOMASO MANGUSTA

1966–72

Carroll Shelby había estado desarrollando para De Tomaso un coche con motor V8 de Ford llamado 70P. Tenía que ser para un coche de carreras con motor central. De Tomaso era ahora la propietaria de la fábrica de carrocerías Ghia y su jefe de diseñadores, Giorgietto Giugiaro, había fabricado un fantástico deportivo que la empresa italiana Iso había rehusado. De Tomaso utilizó ambos diseños y creó el Mangusta.

El primer prototipo apareció en 1966 vestido con una carrocería de fibra de vidrio, que pronto se sustituyó por otra carrocería Ghia de acero con algunos paneles de aluminio. De hecho fue un coche de carreras medianamente adaptado a la carretera pues el habitáculo resultaba caluroso, estrecho e incómodo. Era extraordinariamente veloz y con un gran poder de

aceleración, especialmente porque el mayor peso estaba situado sobre el eje trasero. Su diseño era sensacional. La parte trasera se dividía en dos y subía para así tener un mejor acceso a su vasto motor V8, que era tan impresionante ver como conducir, pero su maniobrabilidad dejaba que desear. Sólo se vendió durante cuatro años.

Motor: V8, 4.727 cc
Potencia: 227 kW (305 CV)
De 0 a 100 km/h: 7 s
Velocidad máxima: 249 km/h
Producción total: 400

El primer coche fabricado por De Tomaso recibió el nombre de Mangusta. Su diseño era agresivo, con cuatro tubos de escape y unas llantas de aleación con ocho radios. La visibilidad de las ventanas de atrás era prácticamente nula.

DE TOMASO PANTERA

Motor: V8, 5.769 cc
Potencia: 246 kW (330 CV)
De 0 a 100 km/h: 5,5 s
Velocidad máxima: 256 km/h
Producción total: 9.500

La leyenda dice que Elvis Presley disparó a su Pantera por despecho y que muchos propietarios se sintieron frustrados durante años. Lo cierto es que el pantera ha sido uno de los coches de más calidad y atractivo de todos los tiempos y se fabricó durante más de 20 años.

De Tomaso sustituyó al Mangusta por otro deportivo igual de brutal e incómodo, el Pantera. Tenía, en términos de ingeniería, un chasis rediseñado por Giampaolo Dallara; la distribución del peso todavía tendía hacia atrás, pero ahora sólo el 57 por 100 de éste recaía sobre el eje trasero. Su maniobrabilidad, en consecuencia, había mejorado mucho y era menos traumática que la de su antecesor.

Por otra parte también era más cómodo de conducir, tanto el conductor como el pasajero tenían más espacio para los codos, e incluso también un poco de sitio para su equipaje, pero lo más importante fue la instalación de serie del aire acondicionado en el caluroso habitáculo. El coche se ofrecía con tres potencias: 280, 310 y 330 CV.

De Tomaso sabía que un supercoche italiano estaba obligado a tener un buen aspecto, por lo que el diseño fue encargado

a Tom Tjaarda, de Ghia, que reinterpretó lo único de los deportivos italianos con motor central y le dio un aspecto brillante. Respecto a la técnica el Pantera era un coche simple con una carrocería unitaria de acero y chasis monocasco, por lo que era relativamente fácil de construir. Además De Tomaso se había asegurado una gran fabricación y un buen servicio de publicidad de la mano de la todopoderosa Ford.

El contrato entre ambos, muy complejo, incluía el control de Ghia, y Ford aceptaba venderlo a través de los concesionarios junto con su Lincoln Mercury en los Estados Unidos. Esto igualmente implicaba que Ford podía aportar una versión más potente con su motor V8, ya que de lo contrario sería volver al Mangusta. El aumento de su capacidad

aseguraría sus prestaciones y la transformación del motor aseguraría también que la fiabilidad no representaría ningún problema. Al menos eso decía la teoría.

El experimento empezó lo suficientemente bien para esta unión histórica entre un pequeño fabricante italiano de supercoches y una corporación automovilística de las más grandes del mundo. En 1972 se fabricaron 2.506 Panteras, pero al año siguiente bajaron a 1.604. Estaba claro que había ciertos problemas. Uno de ellos fue la inminente amenaza de la crisis del petróleo, que implicaba la pérdida de interés en los supercoches con un sediento y caro motor V8; luego se sumaban las regulaciones de control de emisiones contaminantes que hizo que su potencia inicial de 285 CV bajase a 266 y en tercer lugar que

El Pantera II tenía un motor Ford V8 todavía más potente, unos parachoques nuevos que le añadían peso y mayor longitud. Los frenos se hicieron más eficaces gracias a los discos ventilados delante y sobredimensionados detrás.

en 1974 se ofreció una versión menos potente. A todo ello se sumó que la calidad de construcción del Pantera era pobre. Sus propietarios se quejaron de la oxidación, del calor excesivo en su interior, el ruido y en general de la pobre calidad del producto. Lógicamente Ford le retiró su apoyo y acabó las importaciones. Pero esto no acabó con el Pantera.

A pesar de que la fabricación bajó al nivel de las 50 unidades al año, el modelo continuaba existiendo. En Europa se continuaban vendiendo la versión estándar de 300 CV y la GTS de 330 con muy notables guardabarros, además de la GT4 con un motor de 500 CV.

Desde su inicio el Pantera se había mantenido firme con la potencia de sus motores cambiando sólo las opciones y practicando algunos cambios de diseño para mantener su imagen al día. Este inmovilismo fue un crédito al concepto original hasta que en 1990 recibió su primer gran repaso general, e incluso entonces su diseño sólo suavizó sus líneas, mantuvo su estructura original y su brillante y brutal a la vez que simple y original motor V8 Pantera.

DE TOMASO DEAUVILLE

1971–88

Este lujoso y gran sedán aún se vendía en los años 80, pero se fabricaron muy pocas unidades. La marca quiso incluso vender una segunda versión de cuatro puertas basada en este modelo y de nombre Quatroporte III con la única diferencia de una mayor distancia entre ejes, ya que mantenía la misma suspensión.

Para ello usó el motor V8 del Pantera y dio la opción de instalar una caja de cambios manual o automática de origen Ford americana. La carrocería de Ghia era buena y la suspensión independiente era acertada con las dos espoletas delanteras y traseras.

Fue un muy buen intento, pero no lo suficientemente bueno para un mercado que de hecho pedía cierta sofisticación. Como nadie quería un rumoroso motor Ford V8, faltaba una mejor red de concesionarios y no se vendió en los Estados Unidos, el Deauville tuvo que sucumbir ante las escasas ventas.

Motor: V8, 5.763 cc
Potencia: 246 kW (330 CV)
De 0 a 100 km/h: 8,6 s
Velocidad máxima: 241 km/h
Producción total: 355

Alejandro de Tomaso podía haber sido uno de los mayores oportunistas del mundo del automóvil y el Deauville es uno de los mejores ejemplos de explotar una idea. Retrocediendo hasta finales de los 60 se ve al Jaguar XJ6 como el último sedán deportivo de lujo que se dejó de fabricar. A De Tomaso le gustó tanto lo que vio que decidió copiar lo básico de su diseño, ya que la distancia entre los ejes del Deauville era más corta, su peso de 159 kilos menos y más ancho. La idea de De Tomaso era fabricar un coche más confortable, más glamoroso y menos complicado y sofisticado que el de Coventry.

DE TOMASO LONGCHAMP

1972–90

Motor: V8, 5.763 cc
Potencia: 224 kW (330 CV)
De 0 a 100 km/h: 6,7 s
Velocidad máxima: 241 km/h
Producción total: 410

De este modelo se ofreció una versión GTS con una caja de cambios manual de cinco velocidades de corta vida frente a los convertibles Spider que se fabricaban en cinco factorías.

El Longchamp dejó de fabricarse sólo porque nunca consiguió la calidad de construcción, la conducción dinámica o un aspecto lo suficiente bueno para competir con sus rivales de mayor prestigio.

En la foto se ve un Longchamp de 1989 con sus anchos guardabarros y detalles de color en su carrocería. Por desgracia este modelo nunca tuvo gran atractivo para el público y no llegó a reemplazarse.

El Longchamp fue un nuevo intento de De Tomaso de emular otro modelo de éxito, en este caso, el Mercedes Benz 450 SLC. Se le anunciaba como un gran turismo 2+2 cupé que podía transportar a sus pasajeros de forma confortable y lujosa. A tal efecto De Tomaso decidió recortar las medidas del Deauville y asegurar que el diseño fuese adecuadamente germánico.

Ghia fabricó la estructura del coche y De Tomaso acabaría de fabricarlo en sus talleres de Módena. A pesar de su base más corta, estaba provisto del mismo motor V8 y de la misma suspensión. A De Tomaso le gustó tanto su Longchamp que fabricó una réplica de él en Maserati. El coche que encargó, un Kyalami, no era más que un Longchamp con un motor Maserati V8 con árbol de levas rectangular.

DKW MEISTERKLASSE

1950–54

Este vehículo debió ser el primer coche DkW para pasajeros de la posguerra mundial. Se fabricó en los novísimos talleres de Dusseldorf a mediados de los 50 con un nuevo diseño basado en la carrocería aerodinámica y de acero del modelo de la preguerra F-9. Al principio no estaba claro si se iba o no a fabricar ya que los inicios de su diseño se hicieron en el lado equivocado del telón de acero. Tras este proyecto hubo un gran movimiento del espionaje inteligente, subterfugios y fuga de cerebros para llevar esos inicios a Occidente.

Por eso, la tecnología usada para su creación fue obsoleta. El chasis fue un variación del suministrado por Auto Union y con un motor de dos tiempos y 2 cilindros que procedía del F-8 anterior a la guerra. Se le llamó F 89 P y se ofreció como sedán. Ayudó a que el pueblo alemán tuviese de nuevo un medio económico con que viajar.

Cuando los compradores alemanes empezaron a ser más prósperos y volvieron a confiar en su economía apareció una nueva versión de cuatro asientos con carrocería Karmann y otro convertible de Hebmuller e incluso un cupé.

Más tarde se ofreció un familiar con una carrocería de acero y madera dando como resultado un aspecto muy maderero que sería después sustituida por otra totalmente de acero.

El diseño moderno, aerodinámico y armonioso de su carrocería marcó el de los siguientes coches de la marca hasta los años 60, mientras tanto DkW continuaba usando sus ruidosos, contaminantes y lentos motores de dos tiempos.

Motor: 2 cilindros, 684 cc
Potencia: 17 kW (23 CV)
De 0 a 100 km/h: 45 s
Velocidad máxima: 100 km/h
Producción total: 59.475

DKW (AUTO UNION) 1000 S COUPÉ

1958–63

A finales de 1957 renacerá una conocida marca de nombre Auto Union con el lanzamiento al mercado del modelo 1000 Coupé de Luxe. Su estilo y su mecánica fueron muy parejos con los del DkW 306 ya que fue una evolución suya.

Su motor se potenció de los 900 a los 981 cc entregando inicialmente 44 CV.

Sea como fuere, este coche en particular no llamaba la atención ni daba ganas de conducirlo, pero el 1000 S representaba para la marca un giro hacia la buena dirección. Estaba equipado con un motor más potente de 1.000 cc y su diseño más deportivo y sofisticado, gracias en parte a su parabrisas envolvente, le hacía más atractivo.

El modelo 1000 pareció en seguida obsoleto al ser muy igual al modelo F-9 de la preguerra y los motores de dos tiempos también se mostraban anticuados y poco fiables. En concreto si se usaban para viajes cortos padecían problemas en el árbol de levas debido a la corrosión y el motor se calaba. Además su consumo era de 8,5 km/l.

Muchos entusiastas lo ven como quizá el último de los verdaderos modelos DkW. El 1000 se dejó de fabricar en serie el año 1961 y en 1963 salió el F-102 que marcó el estilo de futuros Audi, pero igualmente tenía un motor de dos tiempos.

Motor: 3 cilindros, 981 cc
Potencia: 33 kW (44 CV)
De 0 a 100 km/h: 25 s
Velocidad máxima: 135 km/h
Producción total: 6.640

DKW 306 MONZA COUPÉ

1956–69

Dos pilotos de carreras que corrían con el DkW 306 en Europa consiguiendo numerosas victorias decidieron dotarle de una carrocería deportiva. Gunther Ahrens y A. W. Mantzel diseñaron un coche rompedor de récords basado en su DkW 306 vestido con una carrocería de plástico ligero especialmente fabricada por Dannenhauer & Stauss

Su motor de 980 cc se modificó para obtener 50 CV y poder participar en las carreras, pero algunas otras empresas se las arreglaron para que entregase 100 CV.

Lograron un buen número de récords de velocidad en larga distancia en el circuito italiano de Monza en diciembre de 1956. Fabricaron una edición limitada de aproximadamente 230 unidades de este modelo tan poderoso, que recibió el nombre, muy apropiado, de Monza.

El vendedor de DkW en Heidelberg, Fritz Wenk, consiguió que se fabricasen en unos talleres locales Massholder y más tarde por Schlenk en Stuttgart. Éstos usaron un motor de 55 CV y 980 cc que podía alcanzar los 161 km/h y que se caracterizaba por su muy buena maniobrabilidad. Se fabricaron unos cuantos prototipos descapotables de nombre Spyder que nunca se vendieron.

Motor: 3 cilindros, 980 cc
Potencia: 37 kW (50 CV)
De 0 a 100 km/h: 25 s
Velocidad máxima: 135 km/h
Producción total: 230

DKW MUNGA

1956–68

La suerte sonrió a Auto Union en 1954, cuando se aseguró un contrato con el ejército federal alemán para proporcionarle un vehículo que tuviese buenas cualidades todo terreno. Para conseguirlo debió competir duramente con Porsche y Borgward.

Este vehículo, de nombre Munga, empezó a fabricarse de inmediato al año siguiente y duró unos trece años, hasta 1968, cuando expiró el contrato con el ejército federal. Se caracterizaba por un diseño práctico y sencillo de carrocería hecha con paneles de bordes planos y un parabrisas también plano. La mayoría eran también descapotables y disponían de una capota de lona.

Aunque al Munga se le designó como F91/4, a partir de 1962 se le describió oficialmente como un «Multi-Purpose Universal Off Road Vehicle with All-Wheel Drive». No sorprende que la mayoría de la gente se refiriera a él con su acrónimo alemán, Munga.

El Munga tenía al principio el tradicional motor de 3 cilindros, 896 cc y dos tiempos. Su potencia de 40 CV era a todas luces insuficiente y por eso a partir de 1958 se le aumentó la potencia a 55 CV, lo que le ayudó a superar mejor sus condiciones. Se fabricaron algunos prototipos con motor V6 que nunca llegaron a producirse.

Motor: 3 cilindros, 896 cc
Potencia: 30 kW (40 CV)
De 0 a 100 km/h: n/d
Velocidad máxima: 97 km/h
Producción total: n/d

DKW (Auto Union) 1000 SP Roadster

1958–65

El Auto Union 1000 SP Roadster fue uno de los modelos dinámicamente más exitosos de la Europa de posguerra. A pesar de algunas limitaciones en la fabricación se produjeron 6.640 *roadsters* y cupés de diseño inspirado en los coches americanos, concretamente los detalles tomados de su contemporáneo el Ford Thunderbird fueron especialmente

logrados. También fue un coche de imagen muy conseguida gracias a que estaba muy bien proporcionado y con un motor muy adecuado a los modelos europeos. Algo que no cumplían otros muchos fabricantes de la época con coches alados, toscos y muy a la moda.

El 1000 SP se presentó por primera vez como un cupé en 1957 y en 1961 apareció el

Roadster, una versión preciosa de la que se fabricaron relativamente pocos ya que sólo se vendieron unos 1.640. Compartían el chasis, el tren motriz delantero y las suspensiones independientes con espoletas bajas y láminas transversales. A partir de 1963 se le instalaron frenos delanteros de disco. Su motor de 980 cc, 3 cilindros y dos tiempos, también usado por Saab, se

modificó para que entregara 41 CV. Su carrocería la fabricaron los carroceros de Baur en Stuttgart.

Motor: 3 cilindros, 980 cc
Potencia: 41 kW (55 CV)
De 0 a 100 km/h: 25 s
Velocidad máxima: 140 km/h
Producción total: 6.640

DKW Junior

1959–63

Salió al mercado en 1959 como un modelo típico de la marca con su motor de 3 cilindros y de dos tiempos, pero incorporaba como novedad las suspensiones por barras de torsión tanto delantera como trasera. El diseño del Junior usaba elementos estilísticos de influencia americana como una cola con aletas y la parrilla del

radiador tipo «shark»; también tenía un parabrisas envolvente muy a la moda.

En 1961 surgió un nuevo Junior con un motor algo mayor de 796 cc y 39 CV. Ya no había necesidad en él de mezclar previamente aceite y gasolina, pues disponía de un sistema automático que inyectaba aceite

en el carburador. También cambió su diseño cuando incorporó faros circulares a ambos lados de la parrilla.

Este modelo probó ser el primer coche exitoso de la marca en el mercado; gracias a sus ventas, se construyó una planta totalmente nueva en Ingolstadt, para su fabricación. Una planta que desde

1962 ya se convirtió en el cuartel general de Audi.

Motor: 3 cilindros, 741 cc
Potencia: 25 kW (34 CV)
De 0 a 100 km/h: n/d
Velocidad máxima: 113 km/h
Producción total: 237.605

Dodge Type A

1924–26

Cuando las ventas de Dodge caían de forma alarmante y era imperioso actualizar la gama de vehículos para sacar la empresa adelante y despertarla de este letargo, Dodge decidió introducir en sus modelos la carrocería totalmente de acero en el modelo Type A. Se ofrecía en carrocería *roadster* de dos puertas o sedán de cuatro.

Era importante que no cesaran sus mejoras, así que se alargó la distancia entre ejes para obtener un mayor espacio interior, se bajaron

todas sus cotas para que no pareciese demasiado voluminoso y se sustituyeron las suspensiones de cuarto de elipse por las semielípticas. En su interior se bajaron los asientos, se cambió la altura del cambio de marchas y se adelantaron los pedales para disponer de un todavía mayor especio para las piernas. Sus clientes también podían pedir una versión de lujo con la parrilla del radiador niquelada y plateada; los parachoques, el margen del

parabrisas y los estribos eran plateados.

En 1924 el Type A ayudó a Dodge a recuperar el lugar que antes ocupaba, el número 3 en el *ranking* de los fabricantes de coches estadounidenses. Fue cuando la marca expandió sus centros de producción e hizo que el Type A se fabricase en Walkerville, Ontario,

A partir de 1925 se le practicaron más cambios técnicos, como la actualización de su motor,

nuevas ruedas de 20 pulgadas y un parabrisas de una pieza. A Dodge se le conoció entonces como un fabricante de coches baratos y para las masas, al igual que Ford y Chevrolet.

Motor: 4 cilindros, 3.480 cc
Potencia: 26 kW (35 CV)
De 0 a 100 km/h: n/d
Velocidad máxima: 88 km/h
Producción total: 810.861

Dodge Victory Six

1928–29

En el Salón del Automóvil de Nueva York se presentó de forma muy espectacular el Dodge Victory Six, que pronto se convertiría en el coche más deseado entre los compradores. Este éxito fenomenal se debió a sus asombrosas prestaciones, su diseño impresionante y quizá lo más importante, lo ajustado de su precio.

Su carrocería era obra de Budd Manufacturing y se caracterizaba por una moldura que rodeaba la

parte alta de la carrocería a modo de cinturón. Se ofrecieron dos modelos, el 130 y el 13, a los que luego se les instalaron ruedas más grandes para tener más altura sobre el suelo, lo que hacía del 13 un coche ideal para transitar por caminos difíciles.

Su equipamiento estándar incluía frenos internos hidráulicos, lubricación del chasis y pistones de aluminio. Las versiones Deluxe y deportivas tenían los parachoques, el dibujo de los neumáticos y rueda

de repuesto en el lateral como opción.

El Victory Six se vendió hasta 1929 manteniendo siempre pocos cambios ya que los coches fabricados en 1928 tenían que ser rápidamente vendidos debido a las calamitosas condiciones derivadas del *crac* del 29. Los precios bajaron estrepitosamente para aumentar las ventas y se sumaron a la gama nuevos diseños de carrocería más bajos y largos con puertas 7,5 cm más anchas y

ventanas traseras más pequeñas en los sedán.

Fue éste un período de grandes cambios para la marca que no tardaría en ser comprada por Chrysler, por lo que tuvo que cambiar su nombre de Dodge Brother por el más simple de Dodge.

Motor: 6 cilindros, 3.410 cc
Potencia: 43 kW (58 CV)
De 0 a 100 km/h: n/d
Velocidad máxima: 103 km/h
Producción total: 58.500

DODGE D-8 — 1938

Se le llamó «Beauty Winner» y pertenecía a la serie de Dodge de 6 cilindros. Empezó a fabricarse en 1935 y empezó una era en la que Dodge sólo usaba este tipo de motores. En esa época era uno de los cinco grandes fabricantes de los Estados Unidos. Se le bautizó como D-8 en 1938 aprovechando unos retoques en su diseño, como una nueva parrilla del radiador con franjas más estrechas en el centro y cada uno de los lados, los faros frontales se instalaron en las alas delanteras y finalmente se le puso un emblema de los Dodge Brothers encima de la parrilla.

Su carrocería era toda de acero tipo «silent-safety» con el techo, la trasera y las puertas como piezas únicas. Los asientos delanteros eran ahora ajustables. El equipamiento de serie incluía una ignición Autolite, frenos hidráulicos, un parabrisas entero y dos luces traseras. El mejor montaje del motor hizo al D-8 más calmado, el embrague autolubricado hizo ganar tiempo en las estaciones de servicio y su depósito de 73 l le dio una mayor autonomía. Dodge ofreció este modelo con siete carrocerías diferentes incluida una limusina de siete asientos con una distancia entre ejes más larga y una pantalla divisoria entre el conductor y los pasajeros. Fue un coche fiable, sofisticado y confortable que se vendió bastante.

Motor: 6 cilindros, 3.568 cc
Potencia: 65 kW (87 CV)
De 0 a 100 km/h: 26 s
Velocidad máxima: 124 km/h
Producción total: 109.747

DODGE CHARGER — 1967–69

Motor: V8, 7.211 cc
Potencia: 279 kW (375 CV)
De 0 a 100 km/h: 7,2 s
Velocidad máxima: 217 km/h
Producción total: 201.088

El Charger de 1967 era un MPV, un vehículo multiusos que se pretendía emplear en los circuitos como base para los coches trucados y el que tuvo unos de los motores Dodge más potentes de la marca, el 440 Magnum y el 428 Hemi. Pero su trasera inclinada lo hacía inestable en los circuitos y la NASCAR le autorizó a poner un pequeño alerón trasero.

El nuevo Charger R/T de 1968 acentuaba aún más la doble intención del coche reduciendo sus ángulos y haciéndole un diseño más voluptuoso; es el coche que persiguió Steve McQueen con su Mustang en la película *Bullit*.

En 1969 le dieron unos pequeños retoques; la versión estándar había cambiado tanto que parecía otro modelo que aumentase la gama de la marca. Pero todavía se usaba el motor de 7.211 cc con 375 CV Magnum como el más básico. A la serie se le sumó el Dodge Charger 500 con más elementos aerodinámicos, como una parrilla al mismo nivel que la delantera para ayudar al coche en las carreras. Pero aún no llegó a los niveles extremos del Dodge Charger Daytona con frontal cónico de fibra de vidrio y un ala trasera maciza de dos pies de altura. Se fabricaron unas 500 unidades de este modelo

En 1967 un Charger de nueva carrocería cambió su primer aspecto de cupé tosco al de una máquina de imagen resuelta y decidida que se llamaba por aquel entonces estilo *semifastback*. Su agresividad se ajustaba a sus extraordinarias prestaciones, que le llevaron a ser una leyenda.

siguiendo las normas de homologación y que en circuitos podía alcanzar los 322 km/h.

DODGE CHALLENGER

1970–74

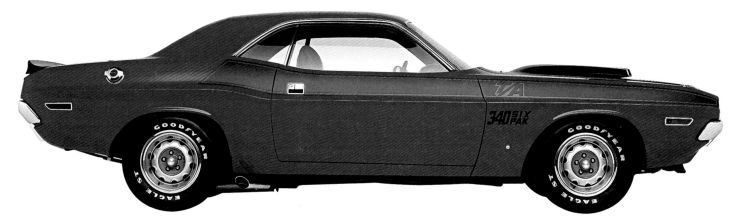

Motor: V8, 7.202 cc
Potencia: 279 kW (375 CV)
De 0 a 100 Km/h.: 6 s
Velocidad máxima: 209 km/h
Producción total: 188.606

Chrysler Corporation tardó su tiempo en responder al increíble éxito del Ford Mustang, el Chevrolet Camaro y el Pontiac Firebird. A pesar del buen hacer del Dodge Charger, el coche era demasiado grande y no tenía el mismo atractivo que aquéllos para

un mercado de masas. El Challenger y su modelo hermano, el Plymouth Barracuda, fueron los que se suponía tendrían que cambiar la situación.

El Challenger era una reinterpretación del Mustang venida a menos. Un coche de buen ver que se podía adquirir como convertible o cupé en un modelo estándar o versión R/T con el que la marca ofrecía algo más al comprador entusiasta, que quería algo más que simple imagen.

Se fabricó durante más de cuatro años en los que fue cambiando su motorización. Primero fue un 6 cilindros, luego un V8 de 5,7 l y 150 CV que sería modificado para dar pie al legendario Hemi de 7 l y 425 CV, el estándar fue el de 7,2 l y 375 CV. A diferencia del Mustang en los Swinging Sixties, el Challenger consiguió gran éxito gracias a su consumo contenido y la calidad de su construcción. En 1970 la crisis energética y las nuevas reglas de

Dodge respondió a la popularidad de las series de coches de carreras Trans American sacando al mercado el Challenger T/A en 1970. Su motor era un V8 de transmisión manual de cuatro velocidades, un capó abultado, alerón trasero y decoración adhesiva. Sólo se fabricaron 1.000 de ellos.

emisión de gases contaminantes hicieron que el coche se dejase de fabricar.

DODGE DART

1960–76

Motor: V8, 5.572 cc
Potencia: 205 kW (275 CV)
De 0 a 100 km/h: 6,3 s
Velocidad máxima: 196 km/h
Producción total: 5.000.000 aprox.

El Dart representó para Dodge la entrada en el mercado de los coches compactos, pero lo hizo en 1960 cuando en él ya estaba el

Plymouth Valiant de diseño mucho más extremado. El vehículo se estableció como una máquina de buenas prestaciones que se ofrecía en tres modelos: el Séneca, el Pioneer y el Phoenix. Entre sus motores había un V8 de 5.211 cc con dos o cuatro cuerpos o un V-8 de 5.916 cc con 310 CV. Los tres eran asequibles con el paquete de

opciones D500 que usaba el último de los motores referidos.

En 1963 fue relanzado al mercado convertido en un verdadero compacto por su distancia entre ejes más corta, pero con una carrocería menos atractiva y sin opción al motor V8 para las versiones de techo duro o convertible. En 1964 el Dodge Dart

GT mostraba mejores prestaciones gracias a su motor Chrysler de 4.474 cc V8 que entregaba 180 CV. En 1968 apareció un nuevo GTS que usaba un motor de 5.572 cc V8 de 275 CV u otro opcional de 6.276 cc V8 de 300 CV.

Para 1971 se lanzó el Dodge Demon, totalmente nuevo, basado en el Plymouth Duster, que se ofrecía como un familiar de dos puertas con prestaciones medias. Los compradores optaron por el Demon 340, el sucesor espiritual del Dodge Dart GTS. Los Dart sucumbieron ante la legislación de emisiones contaminantes.

El Dodge Dart de 1963, con sus cambios de diseño y con la carrocería de un sedán de dos puertas, podía haber sido un compacto, pero era un poco más largo que el Lancer al que reemplazaba. Se fabricaron 51.000 de ellos en su primer año de vida, todos con un motor de 6 cilindros. La serie 170 permitió que hubiera un modelo básico de entrada.

DODGE CORONET

1949–73

Motor: V8, 7.210 cc
Potencia: 279 kW (375 CV)
De 0 a 100 km/h: 6,6 s
Velocidad máxima: 197 km/h
Producción total: 2.500.000

El Dodge Coronet tuvo siempre buenas prestaciones y empezó su andadura desde la cima de la gama de la marca como coche de lujo. Se le cambió todo el diseño en 1953 bajándole el chasis y ofreciéndose en dos medidas, un sedán de cuatro puertas, un modelo de techo duro y dos puertas, y el llamado «Red Ram V8» 140 CV. En 1956, el Dodge Coronet D500 se calificó para las carreras NASCAR usando un motor de 5.162 cc V8 que entregaba 260 CV pero cuyo exterior era igual al estándar. El D501 con 340 CV aparecido un año más tarde fue tan bueno como cualquier otro Coronet, pero se dejó de fabricar momentáneamente en 1959.

Su nombre volvió a sonar en 1965 cuando reapareció convertido en un Dodge de tamaño medio equipado con un motor 426 Hemi de 425 CV limitados, pero que de

hecho producía 600. Se ofreció en sedán, biplazas, convertibles y familiares. En 1967 sufrió un completo cambio de estilo añadiendo tanto detrás como delante entradas de aire simuladas y franjas de carreras. Otra variante, el Coronet R/T, fue importante para

la serie. Nuevos cambios se produjeron en 1968 con la introducción en ella del precioso «Coke Bottle» de líneas curvas.

En 1970 de nuevo se le dio una nueva imagen, pero fue la época en que se vendían más coches deportivos y la marca se concentró

En la foto un Coronet R/T de 1969 estándar de techo duro y cupé de aspecto muy deportivo.

más en promocionar los sedán y el Charger. El Coronet simplemente desapareció.

DUAL GHIA

1956–58

Motor: V8, 5.162 cc
Potencia: 172 kW (230 CV)
De 0 a 100 km/h: 9 s
Velocidad máxima: 193 km/h
Producción total: 117

El contratista de Haulage Eugene Casaroll fundó la empresa Dual Motors en Detroit para fabricar coches basados en el concepto de los modelos de Virgil Exner Dodge Firebomb/Firearrow de principios de los 50. Así, cuando Chrysler no quiso fabricar este

diseño, Casaroll simplemente compró el Firebomb y lo fabricó él mismo. Rediseñó toda su ingeniería instalándole un motor Dodge D500 de 5.126 cc. Por su parte el diseñador Paul Farago añadió espacio extra para pasajeros y equipaje haciendo el concepto inicial más práctico.

Lo que no lo era tanto fue construirlo, ya que su chasis tenía que enviarse a Turín donde Ghia fabricaba las carrocerías a mano. Su interior era exquisito, todo

estaba cubierto por cuero Connolly. Merece la atención el detalle de usar enganches cromados y plateados para fijar los embellecedores.

Todo este trabajo de ensamblaje transcontinental y costoso y la calidad de sus acabados no se reflejaba en el precio. Un Dual Ghia costaba 7646 $, menos que un Cadillac de su tiempo. Fue una sorpresa que las estrellas de Hollywood incluido Frank Sinatra lo adquiriesen por ser rápido y

tener estilo. Pero Casaroll no pudo soportar las perdidas acumuladas y sólo pudo fabricar 117, aunque nada privó al Dual Ghia de volver en 1961.

Todos los Dual Ghia fabricados fueron convertibles excepto dos, pero debajo de su lustrosa carrocería había un ordinario chasis de Dodge algo modificado. Por increíble que parezca para un coche de tanto lujo, la dirección asistida era una opción.

DUESENBERG MODEL J

1929–37

No hay dos Duisenberg iguales en el mundo. Este Rollstone Sport sedán fue hecho fabricar entre 1933 y 1936 por su rico propietario. Los anteriores modelos J eran más distinguidos, pero en aquellos años la marca estaba a punto de cerrar.

Motor: V8, 6.882cc
Potencia: 149 kW (200 CV)
De 0 a 100 Km/h.: 10 s
Velocidad máxima: 193 km/h
Producción total: 470

Fred y August Duesenberg fundaron en 1920 su propia empresa, conocida por sus coches de carreras. E. L. Cord la compró cuando tuvieron problemas financieros y ayudó a los hermanos para fabricar un último modelo, el Model J, que se le considera el «King of the Classics» desde su presentación en 1928.

Su motor era un Lycoming de 8 cilindros en línea, 32 válvulas con doble árbol de levas y cigüeñal niquelado que entregaba 200 CV. A pesar de su peso, 2,540 kg, y tamaño, el Model J era ágil y agradable de conducir, y los clientes podían especificar cómo querían su carrocería.

La versión más alta de la serie fue el SJ sobrealimentado de 1928 que entregaba 320 CV, pero que gracias al colector de escape llamado «rams horn» éstos superaban los 400. Esta inmensa potencia se traducía en una velocidad máxima de 225 km/h, muy notable para la época.

Incluso con estas características era un coche que se podía conducir con mucha suavidad, igual que una limusina. Entre sus clientes se encontraban muchos ricos y famosos como Gary Cooper y Clark Gable, que encargaron sendas versiones de chasis corto llamadas SSJ. En 1935 apareció una versión menos potente de nombre JN, que se introducía en la innovadora serie Cord 800 y que cayó en manos del inestable imperio industrial de E. L. Cord. Por desgracia no se fabricó ningún otro de estos «King» después de 1937.

EDSEL

1957–60

Motor: V8, 3.655 cc
Potencia: 110 kW (147 CV)
De 0 a 100 km/h: 12 s
Velocidad máxima: 174 km/h
Producción total: 111.000

Fue uno de los grandes desastres de la historia del automóvil y dejó a Ford unas pérdidas de 300 millones de dólares. El Edsel nació de la necesidad de Ford por tener un coche en el mercado medio al que pudiesen aspirar aquellos que quisiesen algo más que un coche básico. Se creó un nuevo nombre de acuerdo con el padre del II Henry Ford, Edsel, que llenó el espacio vacío que había entre el Lincoln y el Mercury.

En teoría los buenos valores del Edsel Ranger y el Pacer eran más caros que los del Ford, pero el Edsel Corsair y Citation fueron más costosos que el Mercury. Los modelos tenían el mismo aspecto, pero las versiones superiores disponían de un motor más grande, un V8. Se gastó mucho en publicidad, las ventas fueron a un ritmo muy lento y los vendedores incautos que pidieron demasiados se vieron en bancarrota.

Se sacaron al mercado en una época en la que los compradores habían empezado a pedir coches pequeños. Muchos clientes consideraron su parrilla en forma de «collar de caballo» de mal gusto.

Los modelos caros se dejaron de fabricar en 1959 para introducir la versión llamada Villager, pero fue demasiado tarde. Ni siquiera los cambios en su diseño del año 60 y ser una serie de tan sólo dos modelos, el Ranger y el Villager, pudieron salvar la marca.

Este Edsel Citation de 1958 convertible se basó en un chasis Mercury y tenía unos embellecedores mejores que los Edsel Corsair. Un año más tarde este modelo se dejaba de fabricar y la gama de la marca tuvo que cambiar su diseño rápidamente.

ELVA COURIER

1958–65

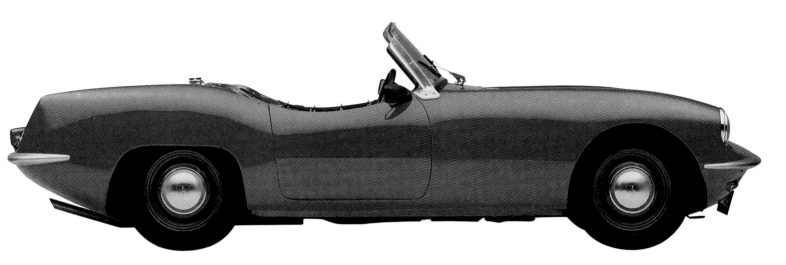

Motor: 4 cilindros, 1.499 cc
Potencia: 49 kW (66 CV)
De 0 a 100 km/h: 9 s
Velocidad máxima: 121-209 km/h
Producción total: 500

El exitoso propietario de un garaje, Frank Nichols, tenía afición por los coches de carreras y ansiaba fabricarlos a bajo precio. Esta idea probó ser acertada en el Reino Unido y fue particularmente atractiva para conductores noveles de los Estados Unidos que querían competir en las series de la SCCA.

Su nombre deriva del francés *elle va* y se convirtió en el primer Courier de carretera que aseguró la empresa internacionalmente el año 1958.

El Mk II Courier tenía un armazón tubular de carreras, un motor y una caja de cambios Riley de 1,5 l que más tarde se cambiarían por las de MGA y un eje trasero rígido con muelles helicoidales. Encima tenía una bonita carrocería de *roadster* o de cupé. El Mk II se exportó exclusivamente a los Estados

Unidos a partir de 1960 y pudo comprarse en Gran Bretaña sólo como un «kit».

En 1962 el modelo cupé del Mk II cambió de la mano de Trojan que le proporcionó un armazón tubular anguloso y adelantó la posición del motor, con lo que nació el Mk III, un coche más difícil de maniobrar y lo hizo más incómodo.

El Mk IV volvió a tener el motor en su posición original y añadió la suspensión trasera independiente. Se ofrecieron muchas versiones del

Este modelo de 1959 no necesitaría demasiados cambios para ser elegido un coche de carreras. Su motor MGA le daba la potencia ayudado por un sistema de transmisión de cuatro velocidades. El interior, muy espartano, tenía asientos de piel.

modelo cupé incluso con motor del Ford GT y del MGB, pero su fabricación fue ralentizándose hasta pararse en 1965 cuando apenas se vendía.

EMW 327

1948–53

Acabada la Segunda Guerra Mundial, los primeros alemanes en emprender la fabricación de automóviles fueron los BMW que se quedaron con la mayoría de sus plantas en la otra parte del telón de acero, en el lado soviético. Los primeros coches de la posguerra fueron tres Type 321 ensamblados a mano con piezas

superpuestas. En Navidad de 1945 se sumaron a ellos otras 68 unidades.

Al año siguiente Autovelo, la empresa automovilística estatal a la que pertenecían, emprendió un proceso de reorganización del sector de fabricación de coches y motocicletas del sector del Este. La idea fundamental fue dar la

impresión de que los viejos BMW volvían al negocio.

En 1947 salieron de sus fábricas unos 2.000 coches y a mediados de 1948 otros 4.600; fue cuando la empresa reintrodujo el modelo de la preguerra 327 cupé y convertible, modelos que más tarde modificarían su diseño con parrillas grandes y chapuceras y

faros rectos. Parece que la empresa fue obligada a cambiar su nombre por el de EMW, Eisenach Motoren Werke.

Motor: 6 cilindros, 1.971 cc
Potencia: 41 kW (55 CV)
De 0 a 100 km/h: 30 s
Velocidad máxima: 125 km/h
Producción total: n/d

EMW 340

1948–53

La aparición del EMW 340 coincidió con la época en que la empresa tuvo que cambiar de nombre. La compañía estatal Autovelo infringía claramente la normativa sobre marcas llamando a sus modelos como BMW.

En consecuencia, tras cierta presión legal, la rama de BMW AG en Eisenach se disolvió el 28 de

septiembre de 1949, y quedó como única propietaria del nombre BMW la empresa situada en Munich.

La importancia de esto radica en que al menos la mitad de los coches fabricados en Eisenach se exportaban al Este. Autovelo cambió el nombre y no sus modelos y escogió el acrónimo EMW, que viene de Eisenach Motoren Werke.

Autovelo también tuvo la precaución de cambiar las secciones azules de la delantera por otras mucho más apropiadas en rojo.

Al igual que el EMW 327 su potencia radicaba en el motor de la preguerra de 1971 cc de 6 cilindros y una carrocería basada en el sedán 326 también anterior a la guerra. Los modelos, aun siendo

elegantes y con estilo, tenían una gran influencia de los Estados Unidos en unas parrillas nada apropiadas con el coche.

Motor: 6 cilindros, 1.971 cc
Potencia: 37 kW (50 CV)
De 0 a 100 km/h: 32 s
Velocidad máxima: 124 km/h
Producción total: n/d

ENZMANN 506

1957–68

Motor: 4 cilindros, 1.192 cc
Potencia: 42 kW (56 CV)
De 0 a 100 km/h: 20 s
Velocidad máxima: 121 km/h
Producción total: 100.

Diseñado y comercializado por Garage Enzmann de Schupfheim, en Suiza, fue uno de los primeros coches basados en el tren de tracción del Volkswagen Escarabajo. Enzmann no vendió este coche como suyo. Su empresa compró muchos nuevos Escarabajo para aprovechar sólo lo que necesitaba, es decir, la plataforma y el motor. Luego encargaban a comisión a un constructor de barcos llamado Staempfi la carrocería de fibra de vidrio.

El resultado fue un coche muy atractivo, pero poco ortodoxo y parecido a un bote; no tenía puertas y la posición trasera de su motor hacía innecesaria una parrilla para el radiador. Su parachoques no era más que un arco náutico de protección. Se ofreció con un techo duro extraíble que parecía la carlinga de un avión con su parte trasera voladiza sobre la cubierta de su motor trasero. Fue un modelo que cambió muy poco con los años ya que su motor de 1.192 cc demostró ser suficiente para él. De todas maneras se le instaló un motor Okrasa que tenía un mayor rendimiento y prestaciones que le hacían tener una velocidad máxima de 161 km/h.

Fue un automóvil muy caro de producir y se vendió poco en su momento. Sólo se fabricaron 100 unidades.

Enzmann probó lo que podía hacerse con una plataforma y un tren motriz de Volkswagen Escarabajo. No fue un coche de fabricación barata, pero era un deportivo. El Karmann Ghia era más bonito y más barato.

EXCALIBUR

1964–79

Motor: V8, 4.738 cc
Potencia: 215 kW (289 CV)
De 0 a 100 km/h: 7 s
Velocidad máxima: 201 km/h
Producción total: 1.848

El Excalibur fue con diferencia el mejor y más exitoso coche nostálgico. Brooks Stevens poseía una empresa líder en el diseño industrial y una pasión extrema por los coches de carreras y el estilo europeo. A pesar de intentar fabricar coches de carreras basados en los chasis Kaiser y en varios motores que irían de los Willys a los Jaguar, no lo consiguió, y en 1964 concibió un coche de carretera al que llamó Studebacker SS, en esencia una réplica de alta calidad de su contemporáneo Mercedes SSK, basado en el chasis del Lark Daytona convertible vestido con una carrocería de fibra de vidrio.

Studebacker retiró su apoyo al proyecto, pero la impresionante respuesta del público frente al coche en el Salón del Automóvil de Nueva York, hizo que Stevens lo fabricase él mismo. En 1966 el motor del Excalibur fue el del Chevrolet Corvette V8 y se ofreció en un sedán de cuatro puertas.

En 1970 la fabricación había caído en manos de los hijos de Stevens, David y William, que basaron su Excalibur II en un chasis y un motor mayor, el del Chevrolet 350 V8. Fue muy inteligente por su parte limitar la producción a no más de cinco coches por semana y así mantener los pedidos y sus beneficios.

El Excalibur serie III, de 1975, derivaba directamente del SS original y estaba movido por un gran bloque 454 V8. Fue un coche perfecto para los que ansiaban ser diferentes.

El *roadster* Excalibur SSK de 1965 serie I es el coche más ansiado de todos por muchas razones. No sólo porque tenía el puro estilo de los años 30, sino por sus prestaciones de deportivo, era uno de los más rápidos del momento y sólo se fabricaron unos 265.

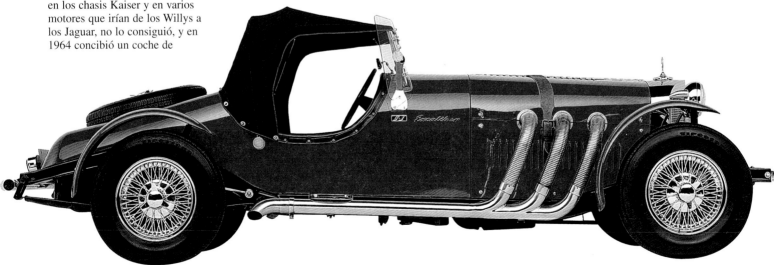

FACEL VEGA FV

1954–58

Motor: V8, 5.801 cc
Potencia: 262 kW (325 CV)
De 0 a 100 km/h: 8,5 s
Velocidad máxima: 209 km/h
Producción total: 357

La empresa de Jean Danino, Forges et Atelliers de Construction d'Eure et Loire, más conocida como Facel, fabricaba productos metálicos de alta calidad. Acabada la guerra obtuvo fama como

carrocera de Panhard, Simca y Ford France. Danino tenía el sueño de fabricar sus propios coches GT, lo que le movió a crear Facel Vega.

El Vega estableció la mediocritud de sus modelos. Bajo su capó se escondía un motor de 4,5 l DeSoto V8 que entregaba 180 CV, suficiente para una caja de cambios de dos velocidades automática con opción a una transmisión manual de cuatro velocidades, más cara.

Estaba soldado a un chasis tubular con armazón y suspensión delantera con muelles helicoidales y doble espoleta y un eje trasero sobre ballestas semielípticas. Lo más atractivo del coche fue la calidad de su carrocería en la que podían sentarse cuatro pasajeros con cierta comodidad. También se ofreció una versión rápida que alcanzaba los 209 km/h y que era verdadera sensación.

Con los años se fueron sumando motores en opción empezando por el de 4,5 l al de 5,8 l Chevrolet V8. En 1957 apareció una versión revisada con una caja de cambios de tres velocidades y servofrenos que actualizaron el modelo, los frenos de disco vendrían más tarde como opción. Fue un buen primer intento de Facel, pero necesitaba de algo mejor para subsistir.

FACEL VEGA HK500

1958–61

Motor: V8, 6.286 cc
Potencia: 268 kW (360 CV)
De 0 a 100 km/h: 8,5 s
Velocidad máxima: 225 km/h
Producción total: 4.554

El HK500 fue la actualización del Vega FVS tal como se deduce por sus cuatro faros tapados a pesar de tener la misma distancia entre ejes de 267 cm. Su carrocería era menos redonda que la anterior y la parrilla delantera inclinada hacia delante le daba un aspecto alegre

y vivo. Bajo este vestido estaba lo mejor del coche, su enorme motor de 360 CV y 6,3 l.

Era una máquina imponente, sobre todo si se le añadían las opciones de la dirección asistida y los frenos de disco que fueron más tarde de serie. Se le compara con los cupés italianos de gran motor, a los que el HK500 habría batido con sus prestaciones. El problema estaba en su maniobrabilidad, ya que era muy pesado, pero aun así este modelo hizo ver a la marca como un

No hubo nunca una explicación apropiada para el nombre del nuevo modelo, HK500, pero éste fue el coche pesado más poderoso. En la foto aparece a velocidad de crucero. No sorprende que su fabuloso aspecto ayudase a vender muchas unidades en los tres años que se mantuvo en el mercado.

fabricante de coches de altas prestaciones y con un diseño y acabados que muchos otros fabricantes ya establecidos deberían imitar. En particular, tanto Bristol como Jensen empezaron a instalar motores de tamaño parecido o idéntico al Chrysler V8 para equipar sus propios cupés.

Los coches Facel Vega fueron siempre más caros que sus rivales europeos; tanto su interior como su exterior eran exquisitos. Tenía muchos elementos decorativos en cromo y el habitáculo, cubierto con piel y madera de nogal, superaba cualquier intento de acercamiento que hiciesen los británicos.

FACEL VEGA EXCELLENCE

1958–64

Al original de techo duro se le sumó una limusina de cuatro puertas con las traseras pendulares. Su interior estaba tapizado en piel y tanto sus embellecedores como fijaciones eran de primera calidad.

Jean Danino tuvo siempre la intención de ampliar y realzar la gama de los Facel Vega. Con esta idea presentó en los Salones del Automóvil de París en los años 1956 y 1957 un prototipo de coche de cuatro puertas que en teoría se empezó a vender en 1968. Se le llamó Excellence porque Danino esperaba que por su aspecto fuese el coche de los jefes de Estado y los magnates.

Este Facel Vega se adelantó al parecido Lincoln Continental, que fue el preferido de los presidentes americanos y que compartía un detalle en su diseño muy evidente; ambos carecían de pilar en las puertas.

Las puertas de delante colgaban al modo convencional de la delantera, mientras que las traseras se acoplaban con las delanteras cuando ambas se abrían del todo.

Era obvio que el coche tenía que ser largo, pesado y reforzado, pero no fue suficiente. Cargado hasta los topes, el Excellence literalmente se combaba en su parte central. Por eso sus puertas no podían abrirse ni cerrarse, lo que era un problema serio para sus ricos compradores.

El Excellence obtuvo un motor más potente y fue más veloz, pero tampoco lo suficiente para convencer a sus compradores de todo el mundo de que esta era la limusina que querían. Los últimos ocho modelos sufrieron cambios de diseño perdiendo sus aletas y el parabrisas delantero envolvente.

Motor: V8, 5.801 cc
Potencia: 264 kW (355 CV)
De 0 a 100 km/h: 8,8 s
Velocidad máxima: 209 km/h
Producción total: 230

FACEL VEGA FACELLIA

1959–63

Motor: 4 cilindros, 1.647 cc
Potencia: 85 kW (114 CV)
De 0 a 100 km/h: 13,7 s
Velocidad máxima: 183 km/h
Producción total: 1.258

Fue un intento de la marca de entrar en un mercado más amplio y provechoso. Fabricar un convertible más pequeño con un motor de 4 cilindros daba esperanzas de que atrayese a los compradores de deportivos ingleses como el Austin Healey, Triumph o MG. El precio era muy importante para ser competitivo. A pesar de estar basado en el tradicional Facel Vega V8, el Facellia era mucho menos alto y su distancia entre ejes más corta.

Su diseño fue similar al de los grandes de la marca con sus faros redondos únicos sobre los de niebla con la misma carcasa que los del Mercedes. Además la eficacia de su aerodinámica le ayudaba a correr 8 km/h más rápido.

Los primeros en aparecer fueron los convertibles con un techo duro opcional y después, en 1961, los cupés. El Facellia era un envoltorio impresionante con grandes prestaciones, un bello diseño y un manejo preciso. Lo que le hizo sucumbir fue su motor diseñado en el Reino Unido por la empresa Westlake pero fabricado por Portá-Mousson en Francia que también proporcionaba las cajas de cambio manuales; era muy poco fiable.

Se tardó en solucionar problemas como las válvulas, que se quemaban. Cuando se arreglaron, las ventas ya se habían visto bastante afectadas. Este modelo fue el que obligó a Facel Vega a entrar en recesión a mediados de los 60.

El Facel Vega asequible tenía un frontal muy característico que le apartaba de los modelos con motor V8; su parrilla central era más cuadrada y las laterales más bajas. Los acabados de su interior eran de alta calidad y piel.

Facel Vega Facel II

1961–64

Motor: V8, 6.282 cc
Potencia: 291 kW (390 CV), manual;
261 kW (360 CV), automático
De 0 a 100 km/h: 8,3 s
Velocidad máxima: 240 km/h
Producción total: 184

Sí, otra vez, Facel Vega cambió el diseño de otro de sus modelos, el HK500, para fabricar un nuevo coche. Usó el mismo chasis de 264 cm de distancia entre ejes y un motor V8 Chrysler potenciado hasta 390 CV. El Facel Vega era muy parecido a su original cupé de dos puertas y cuatro asientos, sólo cambiaba su fabricación de líneas más afiladas.

En efecto, Facel mantenía la carrocería original, pero rediseñó el habitáculo y las puertas y reemplazó los pilares de apoyo del parabrisas delantero tipo «dog-leg». Tenía más superficie acristalada y los pilares eran más angulosos, el techo más plano y la ventana trasera considerablemente más grande. Su frontal era más pequeño que el anterior y la parrilla más estrecha y cuadrada. Sus faros delanteros cuadrados Marshall estaban dispuestos en vertical rodeados por una carcasa oval y el intermitente entre ambos faros, lo que le daba una imagen parecida a la de Mercedes.

Muchos clientes optaron por la caja de cambios automática Torquefite en su Facel II, que ya no tenía el botón de activación característico y reducía la potencia del motor a 350 CV. Disponía de frenos de disco Dunlop, lo que era esencial en un coche de tal potencia y eran de serie. Entre otras opciones estaban los neumáticos pintados Borrani que le daban un atractivo especial.

Fairthorpe Atom

1954–57

Motor: 2 cilindros, 646 cc
Potencia: 26 kW (35 CV)
De 0 a 100 km/h: 25 s
Velocidad máxima: 120 km/h
Producción total: 44

Fairthorpe la fundó el vicemariscal de aviación Don «Pathfinder» Bennet. No sorprende que la empresa estuviese envuelta en un principio en la industria aérea y que más tarde fuese una de las pioneras en las carrocerías de fibra de vidrio.

Su primer coche se llamó Atom y la marca lo describió en su publicidad como *A very low total weight for what is in effect a reasonably spacious car.*

El problema estaba en que el Atom tenía una forma extraña parecida a la de los conocidos coches burbuja económicos europeos del momento. Era difícil explicar que «la poca velocidad y su precio son el único atractivo del coche, mientras que la suspensión independiente a las cuatro ruedas y la carrocería de plástico son atractivos adicionales».

La carrocería era en verdad más atractiva que la gama de motores de motocicleta con transmisión en cadena que los equipaban. Un Anzani de 322 cc y un BSA de 250 cc hacían que el coche alcanzase una velocidad máxima de 121 km/h.

El modelo que le siguió, el Atomota, era aún más convencional,

Este es el raro modelo Atom en su estilo original Mark I con sus faros delanteros montados encima de los guardabarros. Detrás, el motor de 102 cilindros de motocicleta BSA se encargaba de su potencia.

con un eje trasero rígido y una caja de cambios apropiada para un coche automático y de cuatro velocidades. Se vendió en el mercado como un *kit car*, lo que indicaba la intención de la marca.

FAIRTHORPE ELECTRON

1956–65

Éste es el Electron Minor dotado de un motor Triumph de dos carburadores en vez del Coventry Climax del modelo más caro. En la lista de opciones lo más interesante era un techo duro y un compresor de sobrealimentación.

Después del cuestionable diseño del Atom, Fairthorpe acertó con el Electron con carrocería de fibra de vidrio diseñada por Microplas-Mistral. Ésta se acopló a un armazón de la propia marca y se le instaló un motor Coventry Climax rápido, de 90 CV, capaz de mover sólo 508 kg. El coche era muy maniobrable y, considerando su sofisticado motor, se vendía a muy buen precio. El público pensó que se trataba de otro modelo basado en el Ford Ten destinado a competir en las carreras. En 1957 se le instalaron frenos de disco, pero las ventas no subieron.

El Electron Minor, del mismo año, fue descrito de forma desacertada como el coche del pobre que quería un Electron. Fue el precio lo que le dio su pronta popularidad, ya que su diseño no convencía. Compartía el chasis con el del Electron «mayor», su suspensión delantera y el motor, de doble carburador, provenían de Triumph y cubicaba 948 cc y entregaba 50 CV. En 1963 se le instaló un motor Spitfire de 1.147 cc y en 1969 otro de 1,3 l, ya hacía tres años que estaba dotado de frenos de disco y había la opción de incorporarle un compresor de sobrealimentación, que ayudó a la transformación del automóvil. Por cierto que el rediseñado Minor causó sorpresa general y estuvo a la venta hasta 1973.

Motor: 4 cilindros, 1.098 cc
Potencia: 67 kW (90 CV)
De 0 a 100 km/h: 10 s
Velocidad máxima: 177 km/h
Producción total: 30

FERRARI 166

1947–53

Motor: V12, 1.995 cc
Potencia: 104 kW (140 CV)
De 0 a 100 km/h: 10 s
Velocidad máxima: 201 km/h
Producción total: 75

El Type 166 fue la evolución de uno de los primeros tres fabricados en 1947 diseñados por Giaochinno Colombo. Fueron el Type 125 con un motor de 1,5 l V12, que luego se potenció con un motor de 1.900 cc y adoptó el nombre de Type 190 a finales de 1947, y el Type 166 con un motor de 1.995 cc que ganó el Gran Premio de Turín.

Su motor entregaba unos 140 CV, lo que le hacía parecer muy avanzado junto con su caja de cambios de cinco velocidades. De todas maneras su construcción fue muy básica: constaba sólo de un chasis tubular con una suspensión delantera con muelles helicoidales y doble espoleta y un eje trasero rígido sobre ballestas semielípticas.

Esta construcción simple no le privó de alzarse como el dominador de las carreras en 1949 venciendo en Le Mans y en la Mille Miglia, lo que se explica por la potenciación de su motor hasta los 160 CV, y tuvieron en su nombre las siglas MM. Los modelos destinados a la competición se llamaron Sport y los demás simplemente Inter.

A finales de 1950 se habían fabricado 40 modelos Type 166 con carrocerías encargadas a empresas como Ghia, Vignale y Bertone; en 1953 se entregaron 32 MM y tres Sport. El 166 fue el coche que estabilizó Ferrari como marca y facilitó a Enzo la construcción de una fábrica en Maranello.

Los primeros coches de Ferrari fueron unos *roadster* como el de la foto, una berlinetta cupé de carrocería fabricada por Touring y con llantas de Borrani. En esencia ésta es la tercera versión del 166 Inter con una parrilla sombreada con rayas y pequeñas luces de posición delanteras.

FERRARI 195

Motor: V12, 2.341 cc
Potencia: 97 kW (130 CV)
De 0 a 100 km/h: 11 s
Velocidad máxima: 177 km/h
Producción total: 25

Las primeras unidades del 195 no eran más que modificaciones del 166 destinadas únicamente a las carreras. La única intención de Ferrari en estos tiempos era batir en ellas a Alfa Romeo y, por desgracia, el 195 no tuvo mucho éxito.

Su motor se había potenciado hasta los 2,3 l mediante el aumento del diámetro en unos 5 mm.

El Inter o versión de carretera, entregaba unos 130 CV con su único carburador Weber, mientras que el de carreras, el Sport, entregaba 160 o más si usaba un triple carburador Weber; su velocidad máxima fue de 177 km/h.

Por otra parte la distancia entre ejes del 195 era mayor, de 250 cm,

con tal de aumentar su velocidad máxima.

Como era habitual en aquellos tiempos, el chasis del 195 daba oportunidad a otros varios carroceros a poner su diseño. Se ofrecieron sobre todo turismos biplaza, berlinetas cupé de competición y convertibles y la mayoría de ellos por Pininfarina y Vignale. Aunque sólo se fabricaron unas 25 unidades de este modelo, los que se expusieron en el Salón del Automóvil de París en 1952,

fueron los primeros Ferrari con conducción por la izquierda.

Este 195 Inter con carrocería de Ghia se se consideró menos atractivo que el de Vignale; ambos se esforzaron para ver quién diseñaba un interior más opulento. Bajo su capó, la mayoría de sus motores equipaban un solo carburador Weber.

FERRARI 340 AMERICA

Motor: V12, 4.101 cc
Potencia: 164 kW (220 CV)
De 0 a 100 km/h: 8 s
Velocidad máxima: 193 km/h
Producción total: 22

Los muy pocos Ferrari 340 America que se fabricaron lograron formar una sucesión de vehículos a partir del chasis original del 166, 195 y 212 además de apuntar al mercado norteamericano. El 340

tenía un motor más grande, de bloque largo V12 de 107 cm. Fue diseñado por Aurelio Lampredi, sustituyendo uno de 3,3 l, cubicaba 4.101 cc y fue al principio usado en competición, luego se le sustituyó por otro de 4,5 l.

Al igual que el original V12 diseñado por Colombo, éste tenía dos válvulas inclinadas por cilindro y ballestas tipo horquilla con el centro muy separado para favorecer

el mayor desplazamiento posible. Otras innovaciones del 340 fueron el árbol de levas con tornillo sin fín con púas y las lumbreras de las válvulas separadas, lo que contribuyó a que desarrollase 220 CV. Su embrague monodisco iba conectado a una caja de cambios de cinco velocidades.

Las carrocerías, a menudo diseñadas por Vignale, tenían una delantera muy larga y la trasera

muy corta, y algunas Barchetta descapotables eran responsabilidad de Touring. Apareció una versión dirigida especialmente a la competición, la conocida como Mexico, ya que fue diseñada para la Carrera Panamericana.

Este modelo tenía una carrocería diseñada por Miccheloti, cuya distancia entre ejes era mayor, unos 260 cm, y su motor entregaba unos 280 CV.

FERRARI 212

1951–53

Motor: V12, 2.562 cc
Potencia: 97 kW (130 CV)
De 0 a 100 km/h: 11 s
Velocidad máxima: 177 km/h
Producción total: 80

El 212 fue de nuevo una variación del 166/195 caracterizada por un motor aún más grande. El diámetro del V12 se amplió a 68 mm para cubicar 2.562 cc. Mantenía el mismo par que su original, la última versión del 166, lo que hacía innecesario

cambiar su cigüeñal e impedía una mayor entrega de caballos, no así de la velocidad. El motor de un solo carburador Weber de los Inter entregaba 130 CV, pero el modificado de competición con su triple carburador, al menos 150.

El 212 Sport tenía un chasis recortado a 223 cm, algo muy notable dado que el 166 la tenía de 241 cm. El motor Export entregaba 170 CV, lo que, hacía alcanzar los 242 km/h.

No había nada comparable al 212 estándar puesto que los compradores podían pedir exactamente lo que querían.

El 212 Inter tenía tres posibles sufijos dependiendo de la longitud de sus chasis: E, EL y EU. Por otra parte las versiones Inter podían disponer de un motor Export y la carrocería también podía encargarse al carrocero que el comprador desease como Ghia o Touring. Sea como fuere, hoy está claro

que Pininfarina fue el carrocero favorito.

Aquí está la Barchetta diseñada por Touring que empleaba un armazón tubular de acero para soportar una carrocería no estructural de aleación ligera. La potencia aumentada del motor V12 original impactó profundamente en los Estados Unidos y consiguió establecer la marca en este país.

FERRARI 250 EUROPA

1953–55

Motor: V12, 2.963 cc
Potencia: 149 kW (200 CV)
De 0 a 100 km/h: 9 s
Velocidad máxima: 217 km/h
Producción total: 21

Fue un modelo presentado por primera vez en el Salón del Automóvil de París el año 1953 y suponía el reemplazo del modelo 212. En vez de ser una adaptación de un coche de competición, el

Europa estaba especialmente diseñado para la carretera y apuntaba el camino a seguir por la marca en un futuro. A pesar de que era la versión final del 166, el Europa estaba muy relacionado con el modelo America por su parecida carrocería, los motores más pequeños y los precios más bajos. Su larga distancia entre ejes derivaba de la del Type 375, por lo que era más confortable, refinado y adecuado para su conducción en

carretera. Ambos fueron los Ferrari más grandes del momento.

Su motor era una versión más pequeña del 2.963 cc del Lampredi V12 exclusiva para este modelo, que entregaba 200 CV y que estaba conectado a una caja de cuatro velocidades sincronizadas.

Los carroceros italianos ofrecieron sus propias interpretaciones del Europa dando

lugar a cupés; no así Vignales, que se decantó por el cabriolé. La carrocería estándar del modelo era parecida a la del America, la de un elegante 2+2 de Pininfarina. El Europa se exportó mucho a America, pero por raro que parezca los compradores de Ferrari no estaban preparados para adquirir deportivos refinados y civilizados de uso diario, por lo que sus ventas fueron reducidas.

FERRARI 250 GT

1954–62

Motor: V12, 2.953 cc
Potencia: 179 kW (240 CV)
De 0 a 100 km/h: 7 s
Velocidad máxima: 202 km/h
Producción total: 1.811

La serie del 250 fue muy importante por varias razones: fueron los primeros Ferrari fabricados en cantidad, los primeros en tener versiones con frenos de disco, los pioneros en incluir cuatro asientos y los primeros Ferrari con ciertas posibilidades comerciales con un motor central además de mostrarse como un vencedor en diversas competiciones.

El 250 GT Europa tenía un motor de 2.953 cc V12 que entregaba 240 CV. En 1956 fue sustituido por el 250 GT Boano & Ellena. Los primeros 75 de estas carrocerías de Pininfarina se fabricaron por Boeno en Turín y los restantes 49 los hizo Ellena a partir de 1957. El modelo estándar estaba equipado con un motor de

2.953 cc V12 que entregaba 220 CV y estaba equipado con frenos de disco. En 1958 se ofreció la carrocería de Pininfarina en el 250 GT cupé con la misma distancia entre ejes de los que se construyeron 343 con un motor que entregaba 235 CV.

En 1960 llegó el primer Ferrari de cuatro asientos, un 2+2 / GTE

diseñado por Pininfarina. Su motor de 179 CV se movió hacia delante para dar más espacio a los pasajeros. Fue el Ferrari más vendido de todos hasta la fecha con 950 unidades fabricadas. El último 250 GT nació en 1962 y se llamó Lusso. Su distancia entre ejes era más corta, de 240 cm, pero mucho más bello y lujoso. Lo fabricó

Este es un modelo cupé especial basado en el 250 GT y una verdadera joya de Pininfarina. La trasera es parecida a la del 375 MM con sus aletas aerodinámicas y su portón trasero que incluso levantaba la ventana de atrás.

Scaglietti en una versión familiar con un motor de 2.953 cc y 250 CV.

FERRARI 250 GT BERLINETTA «TOUR DE FRANCE»

1955–59

Motor: V12, 2.953 cc
Potencia: 194 kW (260 CV)
De 0 a 100 km/h: 7 s
Velocidad máxima: 202 km/h
Producción total: 84

Ferrari consiguió lo que quería con esta versión del 250 GT, ganar carreras. El 250 GT Berlinetta «Tour de France» se llamó así de forma no oficial por los éxitos cosechados en esta prueba de carretera en 1957, 58 y 59. Fue

un modelo creado especialmente a partir de las experiencias del 250 Mille Miglia y el 250 Europa. El primero de esta serie fue simplemente un 250 GT Europa fabricado para la competición con carrocería de aluminio diseñada por Pininfarina en 1955, pero no se llevó a la práctica hasta un año más tarde. Entre abril y junio de 1955, Pininfarina fabricó otros tres 250 GT de aspecto parecido al del 250 MM.

En 1956 Scaglietti, carrocero especialista, desveló su propio prototipo con distintivos de paneles 14-oquedades en los bajos de los guardabarros delanteros. La fabricación de este 250 GT orientado a la competición fue en realidad el responsable de que Scagliatti estuviese en Módena. Sea como fuere, Zagato fabricó una carrocería especial tipo cupé para que sus compradores pudieran usarlo en carretera.

En el motor, de 3 l y V12, fue potenciándose con los años y pasando de sus 240 CV hasta los 260 cuando el modelo alcanzó la cima de su éxito en las carreras.

Un Ferrari 250 Berlinetta con su característica zaga y las inusuales tomas de aire. Los modelos posteriores tenían una línea del techo más alta, llamada Ellena. El ejemplar de la foto está decorado para la competición.

FERRARI 410 SUPERAMERICA

1956–59

Su motor era más grande que cualquier otro Ferrari anterior y su diseño efectuado por Pininfarina en 1959 incluía las tomas de aire típicas del momento.

Motor: V12, 4.963 cc
Potencia: 253 kW (340 CV)
De 0 a 100 km/h: 8 s
Velocidad máxima: 257 km/h
Producción total: 38

Desmarcándose del 375, este Ferrari anguloso estaba dirigido al mercado americano y se diseñó para que fuera el más rápido y el mejor de su categoría. Con esto en mente Ferrari le instaló el motor más potente y grande que podía fabricar, uno de 4.963 cc V12 de 340 CV que ya había utilizado el 375 de competición llevándole a la victoria en Le Mans. Dicho motor estaba acoplado en un chasis totalmente nuevo con suspensión delantera independiente con muelles helicoidales igualmente usada en los 250 GT. Los modelos de la serie II salieron en 1957 con una distancia entre ejes más corta de 259 cm en vez de 279. Sólo se fabricaron ocho unidades de esta serie incluyendo la versión «superrápida» de 380 CV.

Ferrari tuvo que concentrarse en el éxito y el beneficio del 250 GT, por lo que tuvo un corto periodo sabático antes de volver a las andadas en el año 1959 como la serie III equipada con un motor de 4.963 cc y 400 CV de la que sólo se vendieron 14 unidades ya que era un Ferrari desorbitadamente caro. El mercado de los deportivos de lujo pedía fiabilidad y este coche era un purasangre muy agresivo, al que pocos compradores perdonaron sus averías.

FERRARI 250 GT SWB

1959–63

Motor: V12, 2.953 cc
Potencia: 209 kW (280 CV)
De 0 a 100 km/h: 6 s
Velocidad máxima: 241 km/h
Producción total: 250

Se presentó en el Salón del Automóvil de París el año 1959 con una distancia entre ejes más corta, de 240 cm. El 250 GT Berlinetta adoptó los sufijos SWB. Fue el primer Ferrari en tener frenos de disco y su motor V12 estaba totalmente rehecho, las bujías recolocadas, los muelles y las válvulas de admisión ayudaron a que su potencia ascendiera a los 280 CV. Las primeras 21 unidades fueron de competición, lo que quiere decir que la carrocería era toda de aleación y no de acero, con lo que el coche pesaba 91 kg menos. Pronto obtuvo récords de prestaciones en competición logrando el cuarto y quinto puesto en las 24 Horas de Le Mans de 1960 y en las 12 Horas de Sebring. Su chasis, más corto y rígido, acentuó las diferencias haciendo que sus pilotos dijesen de él que era un coche muy bien nivelado, con un agarre impresionante y una frenada genial.

La versión de carretera del Lusso no apareció hasta 1960 con una carrocería de acero, pero con el capó, la puerta del maletero y las puertas de aleación. La belleza y decisión de sus carrocerías se debía a su corta distancia entre ejes y a Pininfarina. En 1959 apareció el Spyder California con carrocería de Scaglietti, otra gran interpretación de lo que es actualmente un diseño clásico.

La carrocería del SWB fue una combinación de paneles de aleación y de acero. Su distancia entre ejes más corta le daba un aspecto más deportivo y las entradas y salidas de aire le eran vitales.

FERRARI 400 SUPERAMERICA

1959–64

Motor: V12, 3.967 cc
Potencia: 253 kW (340 CV)
De 0 a 100 km/h: 8 s
Velocidad máxima: 257 km/h
Producción total: 48

El nuevo 400 Superamerica debutó en el Salón del Automóvil de Bruselas de 1960 con la idea de reemplazar al 410. Usaba un chasis más corto, del 250 GT, y un motor más grande de 3.967 cc versión del menos potente V12 diseñado por Colombo. Era un poco más ligero que el V12 del 410 y por tanto también algo menos pesado; el uso de culata estaba derivado del 250 GT y con su triple carburador Weber entregaba 340 CV, lo que se notaba en la velocidad del coche, que alcanzaba los 257 km/h y condicionaba el uso de un chasis rígido.

La suspensión era por espoletas y muelles helicoidales delante y de eje rígido detrás. Su transmisión

de cuatro velocidades tenía también una marcha superdirecta y sus frenos eran de disco en las cuatro ruedas.

Se fabricaron menos de 50 unidades, la mayoría de ellas con carrocería de Pininfarina en varios

diseños como cupé o cabriolé. A partir de 1962 la mitad de los coches fabricados tenía una distancia entre ejes más alargada.

El coche era bueno en teoría, pero fue de nuevo mal juzgado en los Estados Unidos. Era muy caro y

El 400 Superamerica era una máquina cara e indulgente; la mayoría de ellos se vendieron en ese continente.

no mucho más atractivo o veloz que el 250 GT.

FERRARI 330 GT

1963–67

Motor: V12, 3.967 cc
Potencia: 224 kW (300 CV)
De 0 a 100 km/h: 7 s
Velocidad máxima: 230 km/h
Producción total: 950

A finales de 1963 Ferrari empezó a vender el 250 GTE 2+2 equipado con el nuevo motor 330; los cincuenta modelos de este tipo pronto se llamaron 330 America. En enero de 1964 apareció un modelo totalmente nuevo, el 330 GT, cuyo espacio interior era más grande gracias a los 5 cm de mayor longitud en la distancia entre ejes; los actualizados frenos de disco tenían dos circuitos, uno delantero y otro trasero.

Su diseño también había cambiado. No está entre los mejores de Pininfarina: los faros delanteros cuadrados le daban un aspecto tosco y llamativo, por eso a los 18 meses se las reemplazaron por dos redondos en cada ala.

El 330 indicó que la intención de Ferrari era complacer al cliente tanto como le fuera posible. De esta manera rediseñó el frontal, le puso dirección asistida y aire acondicionado además de una lista de accesorios. Lo que no hizo fue instalar una transmisión

automática, cosa que sí hizo el importador americano Luigi Chinetti. Consiguió la transmisión Hydromatic de General Motors, la que usaba para el Chevrolet Corvette, e incluso obtuvo una

asistencia no oficial de la empresa americana. A pesar de que la conversión funcionaba de manera muy suave, Maranello se resistió a fabricar el que sería su primer modelo oficial automático.

No todo el mundo estaba impresionado por el diseño de este cupé de cuatro plazas. Pero a partir de 1965, se le cambiaron los cuatro faros delanteros cuadrados por dos redondos y el frontal.

FERRARI 250 GTO

Motor: V12, 2.953 cc
Potencia: 224 kW (300 CV)
De 0 a 100 km/h: 6 s
Velocidad máxima: 274 km/h
Producción total: 39

Es indudable que el Ferrari 250 GTO ha llegado a ser el coche más deseado, coleccionable y reverenciado de todos los tiempos. Entre 1962 y 1964 sólo se fabricaron 39 de ellos y sobrevivieron menos aún los que se dedicaron a la competición en circuitos. Naturalmente la rareza es uno de sus valores, pero es que además fue uno de los coches con un palmarés de trofeos en carreras más importante de toda la historia.

La razón que movió a Ferrari a fabricar el GTO es obvia: su nombre Gran Turismo Omologato quería decir que este modelo sería la versión homologada del coche de competición 250 GT SWB. Lo verdaderamente sorprendente es que Ferrari consiguiese convencer a las autoridades deportivas, de que el GTO era sólo una evolución del ya existente SWB cuando en realidad parecía ser un diseño totalmente diferente.

Otra sorpresa es que el GTO debió ser técnicamente ilegal ya que Ferrari nunca fabricó las 100 unidades requeridas para poder participar en las carreras. Así, aunque Ferrari mantuvo el 250 SWB

con su corta distancia entre ejes, no tardaría en cambiarlo incorporándole un armazón tubular de acero que lo abrazase y unas fijaciones que le diesen más rigidez. Se mantuvo su eje independiente, pero estaba bien fijo por dos brazos oscilantes longitudinales y articulaciones de Watt. Como resultado el coche tenía un equilibrio y un aplomo excepcional en los circuitos. Su motor era el V12 que Colombo diseñó para el 250 TR con pocas variaciones, sólo unas válvulas más grandes y lubricación con bomba en seco situada bajo su capó. Se proponían superar los 100 CV por litro y se dijo que cualquier motor que no entregase entre 296 y 302 CV en el banco de pruebas debería rehacerse.

Ferrari observó que a pesar de que el SWB había sido un coche rápido su aerodinámica no le correspondía y por eso, y sin modificar su chasis, se le confió una nueva carrocería de Giotto Bizzarrini. Así nació su característica forma, nada que ver con la de diseño. Paso a paso se fue viendo la forma del GTO que hoy día tiene tanta fama precisamente por su bonito diseño, su bajo frontal y su trasera alta. Realmente llamaba la atención y su alerón integrado en la cola era toda una innovación para un coche de

carretera. Sea como fuere, Ferrari nunca tuvo la intención de que su GTO estuviese demasiado lejos del de competición, los modelos tenían que estar legalizados y tener en su cuadro de mandos un velocímetro.

Su magnífico motor V12 y su soberbia aerodinámica combinadas le dieron al coche la fenomenal velocidad punta de 274 km/h. Pronto le comportaron grandes éxitos en las competiciones con resultados espectaculares: venció en las 12 Horas de Sebring, la Targa Florio, Spa y Le Mans, donde también acabó en segundo lugar los años 1962 y 1964. Ferrari igualmente ganó el Campeonato del Mundo de GT en 1962, 63 y 64.

Hoy día se discute vivamente sobre el significado de GTO, alguien defiende que significa Gran Turismo Omologato, lo que vendría a ser básicamente un 250 preparado para competir. Sus numerosas tomas de aire y el alerón trasero hacen que sea muy difícil estar en desacuerdo con esta idea.

Sólo se fabricaron tres GTO con un motor de 4 l y 390 CV a 7.500 rpm que necesitaron incorporar un feo abombamiento en el capó para poder instalarlos. En 1964 aparecieron tres unidades de la serie GTO II/ 64 que necesitaban ruedas y neumáticos más anchos para continuar siendo competitivos, además de una carrocería totalmente nueva como la del contemporáneo 250 LM (las cuatro primeras series tuvieron esta carrocería). El motor de estos últimos modelos entregaban 300 CV a 7.700 rpm.

Bizzarrini y Piero Longo fabricaron igualmente algunos deportivos ligeros de competición basados en componentes del 250 SWB. Fueron automóviles raros, muy aerodinámicos y en *van-style*. Sea como fuere, los días del GTO de competición estaban contados. Actualmente tiene una plaza asegurada en la historia del automóvil, lo que explica que los coleccionistas de clásicos paguen cantidades de seis cifras por uno de ellos.

Las tres entradas de aire en el frontal de este 250 GTO de 1962 ayudaban a refrigerar el motor V12 y alimentar los seis carburadores Weber. Los círculos blancos sugieren que este modelo aún se utiliza en competiciones, tal como era la intención de Enzo Ferrari.

FERRARI 275 GTB

1964–66

Motor: V12, 3.286 cc
Potencia: 209 kW (280 CV)
De 0 a 100 km/h: 7 s
Velocidad máxima: 246 km/h
Producción total: 735

Ferrari tuvo que reemplazar el 250 GT y lo hizo con un magnífico diseño. El 275 GTB fue un Ferrari de carretera con ciertos detalles de los de carreras debajo de su carrocería, como un chasis con suspensión trasera independiente y una caja de cambios transaxial. La bella carrocería de Pininfarina parecía combinar todos los mejores elementos del GT y del GTO como la cola cortada. Sus faros delanteros con carcasa formaban parte del llamado «frontal corto». A partir de 1965 también se ofreció una versión con «frontal largo».

El chasis del 275 GTB debió ser nuevo, pero el armazón tubular de acero era muy similar a los de los primeros Ferrari. Su motor era una evolución del V12 con un mayor calibre de los cilindros y una lubricación por bomba en seco que ofrecía un par mucho más alto en la gama media. Sus tres carburadores dobles hacían que

entregase 280 CV, pero la opción de los seis carburadores, también ofrecida, alcanzaba los 320.

Lo más interesante de este modelo fue la transmisión transaxial, por la que la caja de cambios de cinco velocidades estaba montada junto al eje trasero. Su efecto se notaba en la

distribución del peso y en el mayor espacio interior.

A partir de 1966 se ofreció el 275 GTB/4 equipado con una versión del motor de 3,3 l con dos árboles de levas. Se trataba de un Ferrari particular que causaba sensación tanto al verlo como al conducirlo.

Este es un modelo de GTB con «frontal largo» con una entrada de aire pequeña para el radiador. Así se mejoraba la eficacia aerodinámica de este coche ya de por sí rápido con su peso muy bien distribuido gracias a la caja de cambios trasera. Se fabricaron un total de 206 unidades con este frontal.

FERRARI 500 SUPERFAST

1964–67

Mucho menos atractivo que el 400 Superamerica, se presenta una unidad de la Serie 2 con sus oquedades en las aletas frontales. Lo que no se puede ver es su caja de cinco velocidades sincronizadas. Fue el final de una serie de producción limitada de Ferrari.

Motor: V12, 4.962 cc
Potencia: 298 kW (400 CV)
De 0 a 100 km/h: 6 s
Velocidad máxima: 280 km/h
Producción total: 37

El 500 Superfast fue el que sustituyó al 400 Superamerica. Apareció por primera vez en el Salón de Ginebra

de 1964 equipado con un nuevo motor de 4.962 cc V12 producto de la interesante colaboración de Colombo con Lampredi que entregaba 400 CV. Tal como indica el nombre de 500 Superfast era capaz de superar los 274 km/h y según se aseguraba podía superar los 161 km/h en segunda velocidad.

La carrocería era una evolución del «cupé aerodynamico» de Pininfarina usado en el 400 Superamerica, pero no fue uno de los diseños más exitosos o coherentes. El chasis era como el del 330 GT.

Las primeras 25 unidades del 500 Superfast disponían de la caja de cambios de cuatro velocidades

del 400 Superamerica y podían optar a la de cinco velocidades especial para él. Se fabricaron unas doce series del modelo caracterizadas por las oquedades de las aletas frontales y su caja de cambios de cinco velocidades. Fueron coches fabricados en 1966 y acabado este año se dejaron de fabricar. Sólo se consiguieron 37 unidades, lo que quiere decir que este intento de Ferrari para romper el mercado norteamericano no funcionó como se esperaba. Ferrari había ofrecido muchos accesorios de lujo y elementos para ricos. Pero no había suficientes multimillonarios para comprarlo.

FERRARI 365 GT 2+2

1967–71

Sus asientos traseros tenían un tamaño decente, y el maletero era igualmente grande, por eso este Ferrari tiene un portón trasero tan amplio. Sus elegantes llantas Cromodora eran de serie, pero las diseñadas por Borrani eran siempre una opción.

Ferrari reemplazó su 330 2+2 con el modelo más grande y lujoso que nunca antes había fabricado, el 365. Su distancia entre ejes se mantuvo en 264 cm, pero su longitud total fue la nada desdeñable de 448 cm. Esto quiere decir que el 365 era un cuatro plazas con un buen maletero reflejando los pedidos de menos deportividad y más practicidad que hacían sus clientes. Su equipamiento estándar incluía el aire acondicionado, elevalunas eléctricos y, por primera vez en un Ferrari, dirección asistida.

Todos sus extras hicieron que el coche fuese grande y pesado; pesaba 1.588 kg, por lo que su maniobrabilidad era difícil y sus prestaciones muy respetables. Su motor, de 4,4 l V12, disponía de un solo árbol de levas en cabeza y entregaba 320 CV; su velocidad máxima era superior a los 241 km/h y aceleraba de 0 a 100 en 7 s exactos. Fue el Ferrari más potente hasta el momento. A diferencia del 275 GTB, su caja de cambios de cinco velocidades estaba montada delante junto al motor e incorporaba un nuevo eje trasero.

El 365 GT fue un Ferrari muy destacable que pudo convencer a todo tipo de compradores al ser a la vez un gran turismo y un deportivo. No sorprende que durante su producción representase más del 50 por 100 de las ventas de su marca.

Motor: V12, 4.390 cc
Potencia: 238 kW (320 CV)
De 0 a 100 km/h: 7 s
Velocidad máxima: 254 km/h
Producción total: 801

FERRARI DINO

1967–74

Motor: V6, 2.418 cc
Potencia: 145 kW (195 CV)
De 0 a 100 km/h: 8 s
Velocidad máxima: 227 km/h
Producción total: 4.064

Aunque Enzo Ferrari se mostrase en contra, Ferrari fabricó un coche con motor V6 como tributo a su hijo menor Alfredino, al que puso por nombre Dino hasta mediados de los 70. A partir de 1967 el Dino 206 GT estuvo equipado con un motor transversal de 1987 cc fabricado por Fiat.

El bonito diseño de su carrocería, hecho por Pininfarina, fue realizado por Scarglieti con un armazón de acero cubierto con paneles de aleación y finalmente ensamblado en Maranello. Con su reducido tamaño, bajo peso y acertado equilibrio, el Dino se tuvo por un coche para verdaderos conductores.

En 1969 se lanzó al mercado el 246 GT equipado con un motor de 2.418 cc en un bloque de fundición que entregaba 195 CV. Este aumento de potencia no pudo compensar el incremento de peso de su bloque de fundición, la mayor distancia entre ejes y la carrocería de acero, lo que redujo sus prestaciones.

Otras modificaciones fueron la mayor capacidad del depósito de gasolina, elevalunas eléctricos y rueda fijadas con cinco tornillos. El 246 GTS, de 1972, tenía una carrocería targa con techo extraíble con las ventanas traseras reducidas a simples entradas de aire con tres listones, lo que se introdujo como parte de su renovación de diseño.

La fabricación de ambos modelos duró hasta 1973 cuando ya se habían vendido 2.732 GT y 1.180 GTS.

Este 246 se diferencia del anterior 206 por el cierre del depósito de gasolina y las llantas de aleación aseguradas con un perno, reemplazadas por otras más tradicionales. Por otra parte toda su carrocería fue reforzada para conseguir una mayor rigidez y maniobrabilidad.

FERRARI 365 DAYTONA

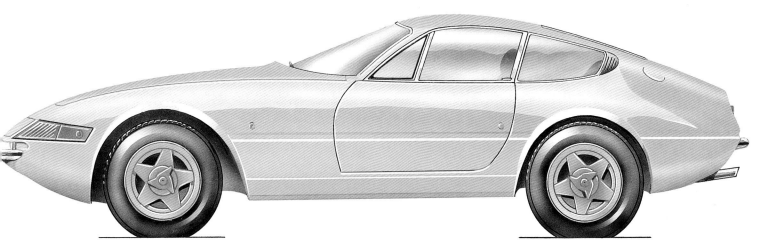

Motor: V12, 4.390 cc
Potencia: 262 kW (352 CV)
De 0 a 100 km/h: 5,4 s
Velocidad máxima: 278 km/h
Producción total: 1.423

Cuando los rivales serios como Lamborghini empezaron a fabricar máquinas con motor central, Ferrari se mantuvo con su ya establecido motor delantero V12 y tracción a las ruedas de atrás. No había razón aparente para cambiar especialmente cuando el modelo superior de toda la gama, el 365 GTB/4, sustituto del 275 GTB y GTB/4, era sensacional. Se le llamó Daytona en honor a los tres primeros puestos que copó la marca al final de las 24 Horas de Daytona en 1967. Era un nombre muy familiar en los Estados Unidos, donde Ferrari esperaba que fuese más atractivo, pero éste fue siempre un nombre no oficial que nunca apareció en revistas ni en el propio coche.

El Daytona fue un coche pesado, de más de 1.600 kg, pero su potencia era suficiente para compensarlo. Su motor 4,4 l V12 con árbol de levas directamente en cabeza no era nuevo y derivaba del famoso diseñado por Colombo que equipaba los primeros modelos. Sea como fuere, los ingenieros de Maranello se las arreglaron para aumentar su potencia pasándolo de los iniciales 3,3 l del 275 GTB/4 a uno de 4,4 l. El primero en

Había asientos deportivos de piel, con aire acondicionado y un instrumental completo en el interior del Daytona, pero no tenía radio de serie.

probarlo fue el 500 Superfast, el más potente jamás fabricado por la marca capaz de entregar 352 CV y producir un par de 429 Nm. Era un motor suave y flexible cuyos compradores no parecían ser conscientes de su alto consumo, 1 l cada 5 km.

Fue con mucho el GT de frontal mejor diseñado de todos los tiempos, Su carrocería diseñada por Leonardo Fioravanti en los estudios de Pininfarina, era bonita y aerodinámica y pretendía que un motor macizo y voluminoso pareciera pequeño ya instalado en su capó. La solución fue alargar el capó e instalar el motor tan atrás como fuese posible, lo que hizo tener al coche una clara línea de tiburón. Por primera vez en el mercado europeo los faros delanteros estaban escondidos detrás de unos paneles vidriados; en los Estados Unidos y otros países, empero, se

escondían en la carrocería. Fioravanti desarrolló un nuevo diseño con la intención de hacerle un frontal más alargado para el cual se limitó a recortar la trasera hasta la mínima expresión.

La base del Daytona era el 275 GTB /4 con suspensiones independientes en ambos trenes. De esta manera, para nivelar todo el coche adaptó una caja de cambios transaxial en el eje trasero y un rígido tubo de par la conectaba al motor. Esto no significa que el cambio de marchas no fuera impecable permitiendo demostrar al coche sus grandes prestaciones. El 365 GTB/4 podía alcanzar los 278 km/h de velocidad punta y llegar a los 100 km/h en sólo 5,4 s, lo que le hacía mucho más rápido que su rival directo, el Lamborghini Miura. Además tenía nuevos frenos de disco situados detrás de las llantas de aleación, de

El Daytona causó sensación en su lanzamiento el año 1968 pues era más grande, mejor, más rápido y bonito que el 275 GTB/4 al que reemplazó. Sus prestaciones fueron impresionantes, pero era capaz de mostrar docilidad en tráfico denso, fue un buen rodador y su maniobrabilidad era extraordinaria en conducción deportiva.

nuevo diseño y cinco brazos muy diferentes a las del Miura.

Entre 1969 y 1973 se fabricaron 122 versiones Spyder descapotables del 365 GTB/4. Sus prestaciones eran las mismas que las del cupé aunque la mayoría estaban equipadas con llantas normales. Sea como fuere, un número no especificado pero cuantioso de cupés tuvo el aspecto de Spyder durante el éxito de los coches clásicos en los años 80 que lo revalorizó. Otro modelo especial fue la Berlinetta de competición con carrocería de aluminio y un motor modificado capaz de entregar 405 CV.

Todos los diseños y los elementos de ingeniería se unieron para ofrecer un coche de muy buen agarre, perfectamente nivelado y fantásticamente lleno de nervio. En verdad fue un coche difícil de conducir a baja velocidad; al no tener dirección asistida su maniobrabilidad era mala, pero todo esto cambiaba cuando corría, tal como Ferrari siempre quiso. Obviamente el Daytona evolucionó muy bien durante sus seis años de vida aunque no se le practicasen cambios sustanciales. No se puede modificar algo que ya va muy bien.

FERRARI 365 GTC/4

1971–72

Motor: V12, 4.390 cc
Potencia: 253 kW (340 CV)
De 0 a 100 km/h: 7 s
Velocidad máxima: 241 km/h
Producción total: 500

El 365 GTC estuvo muy poco en producción, pero fue un modelo verdaderamente popular que reemplazó al 365 GT 2+2 y al 365 GTC. Pronto tuvo un inmenso éxito alcanzando la mitad de la fabricación de los modelos de Ferrari con motor delantero. En él se combinaban parte de los entonces modernos modelos de la marca como el chasis del Daytona y la suspensión independiente. La caja de cambios montada delante ya se usaba en el revisado motor de 4.390 cc V12 con seis carburadores Weber montados en el exterior de la V a los lados de los cilindros de cabeza y así reducir el peso de todo el vehículo. La lubricación por bomba húmeda fue parte esencial de este motor revisado que entregaba 340 CV. Igualmente usaba los frenos de discos ventilados del Daytona, pero no así su suspensión trasera autoportante, el aire acondicionado y la dirección asistida que procedían del 365 GT/4 2+2

Su diseño, de Pininfarina, fue el de un cupé 2+2 de dos puertas que mantenía algunas características del Daytona, pero tenía un frontal más achaparrado, sus faros delanteros eran escamoteables y sus llantas, al igual que el Cromodora, de aleación y de cinco radios. Se fabricaron un total de 500 unidades antes de que se dejase de fabricar en 1972 y fue el último de los grandes 2+2 de carretera. El 365 GTC/4 representó el final de una era: los futuros Ferrari sería de dos o de cuatro plazas.

El 365 GTC/4 fue básicamente un Daytona menos salvaje. Tuvo más espacio interior, pero su estilo fue criticado por su angulosidad. La verdad es que su aspecto era mucho mejor y su capó tan bajo y largo fue posible gracias a que sus seis carburadores Weber se dispusieron en los laterales.

FERRARI 308 GT4

1973–80

El GT4 fue el primer Ferrari equipado con un motor V8 de 2.927 cc. Esta característica motivó el nombre de 308 que indicaba que su motor era de 3 l y V8.

El Dino 308 GT4 fue presentado por primera vez en el Salón del Automóvil de París el año 1973 sin ningún emblema de la marca. Era un cupé 2+2 de dos puertas con una carrocería no de Pininfarina, la favorita de Ferrari desde 1953, sino de Bertone, que colaboraba por primera vez con Ferrari. El nuevo motor, transversal, estaba justo detrás de los asientos. Su chasis tubular era una versión más alargada que el del 246 GT.

Muchos entusiastas se mostraron críticos con una carrocería tan cuadriculada que parecía menos atractiva que la clásica de los modelos anteriores. Este aspecto no dañó las ventas, se vendieron 2.826, ni tampoco iba en perjuicio de su maniobrabilidad, que era muy equilibrada y agresiva.

Su motor V8 tenía cuatro carburadores Weber que entregaban en Europa 250 CV y podía alcanzar los 100 km/h en poco más de 6 s; su velocidad máxima era de 241 km/h.

A partir de 1977 ya se emplearon emblemas de Ferrari y cayó el nombre de Dino, aunque todavía figurase escrito en el maletero.

Motor: V8, 2.927 cc
Potencia: 186 kW (250 CV)
De 0 a 100 km/h: 6,4 s
Velocidad máxima: 241 km/h
Producción total: 2.826

Bertone se inició en el diseño de carrocerías para Ferrari con este modelo, el 308 GT4; incluso sus primeros modelos no dispusieron de los anagramas de Dino. Su carrocería alargada indicaba que se trataba de un coche de cuatro plazas. Fue un modelo de transición para Ferrari, que formaría la base de algunos clásicos de la marca en los 70 y 80.

FERRARI 308 GTB/S

1975-81

El primer Ferrari V8 diseñado por Pininfarina significó el debut de las tomas de aire que caracterizarían los futuros Ferrari. Los modelos vendidos en los Estados Unidos tenía los parachoques más largos.

Si el GT4 había disgustado a los entusiastas de Ferrari, éstos no tuvieron que esperar demasiado para que llegase el verdadero sustituto del voluptuoso 246 GT. Ferrari desveló su último modelo 2+2 en el Salón del Automóvil de París de 1975, basado en la mecánica del 308 GT4 y que recibió el nombre de 308 GTB. Su chasis era una versión recortada del 308 GT4 y la misma distancia entre ejes que el original 246 GT pero con más anchura. En Europa el motor adoptó la lubricación por cárter seco. La carrocería, diseñada por Pininfarina, estaba hecha totalmente en fibra de vidrio a excepción del capó de aluminio.

Fue esta carrocería la que atrajo todas las primeras miradas y el artífice de esta maravilla era Leonardo Fioravanti, el que ya diseñó el Dino, y con el que lógicamente tenía cierto parecido. Es verdad también que las dimensiones y las características de los posibles compradores de deportivos eran más o menos idénticas. Ambos coches tenían una baja línea de estabilidad, un frontal elegante, una forma por lo general

El interior de un Ferrari 308 GTB/S tenía, además de la tradicional palanca metálica del cambio, un cuadro de instrumentos bastante plano y rectangular.

impecable y un parabrisas inclinado, como cortado a pico. De esta manera el capó plano y los puntales volantes sólo servían para enfatizar la situación central de su motor. Los faros delanteros emergentes ayudaban igualmente a la aerodinámica de un frontal con rejillas en el capó y entradas de aire laterales. Sus ventanas eran grandes y le daban un aire de ligereza.

Pero lo mejor del modelo no era lo que se veía, sino su conducción. Su motor transversal V8 tenía un par y una potencia más que suficiente y el coche era suave de conducir y con un cambio de marchas perfecto. La máxima potencia de un coche europeo,

255 CV, era suficiente para hacer que alcanzara los 248 km/h de velocidad punta y acelerase de 0 a 100 en algo más de 6 s. Grandes prestaciones para un motor atmosférico de 2.926 cc y V8 apoyado por su agilidad y ligereza.

Muchas pruebas indicaban que la maniobrabilidad del 308 GTB era la adecuada y muy buena, por lo que no sorprende que su conducción fuese estable. Al igual que todos los grandes Ferrari, era desagradable conducirlo a bajas velocidades, pero especial cuando ésta subía, para lo cual estaba diseñado.

En 1976, después de haber fabricado 712 unidades, se cambió su carrocería por otra de acero y al año siguiente apareció el GTS. Se presentó en el Salón del Automóvil de Frankfurt del año 1977 con un techo extraíble y un poco más de nervio para compensar. El panel del techo podía esconderse detrás de los asientos posteriores y los paneles huecos que remplazaron las ventanas traseras eras sus características esenciales. Al mismo tiempo, la lubricación por cárter seco europea fue sustituida por el sistema de cárter húmedo. Las últimas unidades perdieron un poco de su potencia debido a las modificaciones hechas para un mayor control de emisiones. La producción del original GTB se

paró en 1979 habiendo vendido 2.897 unidades.

En 1980 los motores del GTB y el GTS recibieron una inyección Bosch K-Jetronic y un sistema de ignición Marelli Digiplex electrónica; los dos incorporaron a sus nombres una i. La potencia de los nuevos motores bajó a 214 CV en el mercado europeo y a 280 en el de los Estados Unidos. El mercado italiano disponía de un modelo con un motor de 2 l que entregaba 170 CV. En 1982 apareció una versión con un motor turbo e inyección que entregaba 164 CV y permaneció a la venta después de que los originales ya hubiesen desaparecido de los mercados europeo y estadounidense aquel mismo año. Por aquel entonces se habían fabricado ya 494 GTBi y 1.749 GTSi.

Quienes pensaron que Ferrari estaba concentrándose en la Fórmula Uno y no en producir deportivos tuvieron que recordar al 308 para encontrar algunos éxitos aunque no en los circuitos. Jean Claude Andruet obtuvo ciertos grandes éxitos en rallies con este modelo además de en el Tour de France de los años 1981 y 1982.

Motor: V8, 2.926 cc
Potencia: 190 kW (255 CV)
De 0 a 100 km/h: 6 s
Velocidad máxima: 248 km/h
Producción total: 5.140

FERRARI 400 GT

1976–79

Motor: V12, 4.823 cc
Potencia: 253 kW (340 CV)
De 0 a 100 km/h: 7 s
Velocidad máxima: 241 km/h
Producción total: 502

Ferrari presentó en el Salón del Automóvil de París del año 1976 el que fuera su primer coche automático, el 400 A. Básicamente no era más que un 365 GT4 2+2 de mismo chasis y suspensiones. Su tamaño era como el del Jaguar XJ6 y su diseño, medianamente revisado, de Pininfarina, ayudó a hacerle una forma más compacta. Mantuvo sus faros delanteros ocultos, lo que hizo que pareciese un Daytona actualizado (lo que no era nada malo). Bajo su capó se escondía un motor V12 de 4.823 cc.

Su transmisión fue la de General Motors GM 400 Hydramatic que usaban los Cadillac, Rolls-Royce y Jaguar de la misma época. Fue un coche perfecto para el mercado estadounidense, pero nunca se exportó allí debido a los altos costes que suponía adaptarlos a la legislación.

Una versión manual, el 400 GT, se lanzó al mercado por el mismo año. Su aspecto era idéntico al del automático con un nuevo alerón delantero y unas luces traseras mejoradas. Lo más importante para la credibilidad de Ferrari fue que tuviera prestaciones de impresión, así que logró alcanzar los 241 km/h de velocidad punta.

Uno de sus aspectos menos destacables era el consumo, que en el GT rara vez mejoraba los 3,5 km por litro. Al menos al GT podría considerársele un coche práctico al ser un verdadero cuatro asientos aunque el espacio para las piernas de los de atrás fuera estrecho.

FERRARI 512 BB

1976–85

Motor: V12, 4.942 cc
Potencia: 253 kW (340 CV)
De 0 a 100 km/h: 7 s
Velocidad máxima: 282 km/h
Producción total: 1.936

Ferrari había sido superado. En los años 70 sus vecinos de Módena, los Lamborghini y los Maserati, ofrecían coches sofisticados de motor central equiparables al modelo más alto de la gama Ferrari, el caduco Daytona con motor delantero. El coche que Ferrari fabricó para remediar este problema fue el 365 GT4 BB. BB significa Berlinetta Bóxer y bóxer indica que sus cilindros están opuestos en horizontal, como en los coches de Fórmula Uno de la época.

El motor de 4,4 l iba perdiendo potencia progresivamente debido a los controles de emisión, así que Ferrari los aumentó a 5 l con la consecuente pérdida de 20 CV y el aumento de par en 39 Nm. El máximo de revoluciones también bajó de 7.750 a 6.500 rpm. Con el sistema de cárter seco tenía ahora una aceleración respetable pero menor velocidad máxima. Ferrari llamó a este vehículo el 512 BB: 5 designaba los litros de su motor, y 12 sus cilindros.

Sus prominentes tomas de aire detrás de las puertas servían para refrigerar los frenos de disco y estaba pintado en dos tonalidades descendentes para que la parte de abajo acabase en negro, lo que le daba una imagen más agresiva que el 365 acentuada además por las cuatro luces traseras y no seis.

El 512 BB se fabricó hasta 1980; en 1981 obtuvo la inyección. Aunque no fue uno de los grandes Ferrari su motor bóxer se mejoró más tarde para hacer el del Testarossa.

El 512 BB fue el sucesor del Daytona, el modelo de motor delantero de Ferrari. Su diseño de Pininfarina y su motor de 12 cilindros le acercaban a él, pero no así su motor bóxer plano y los paneles de fibra de vidrio negros en la parte baja de la carrocería.

FERRARI 400I/412I

Motor: V12, 4.942 cc
Potencia: 253 kW (340 CV)
De 0 a 100 km/h: 6,7 s
Velocidad máxima: 249 km/h
Producción total: 2.558

En 1979 los motores de la serie 400 obtuvieron el sistema de inyección Bosch K-Jetronic y fueron designados como 400i. Esta técnica reducía de hecho su potencia a 310 CV. La mejorada suspensión trasera autoportante absorbía los latigazos de aceleración con más suavidad que cualquier otro modelo anterior. Se quería un modelo dirigido al confort y lujo, por lo que estaba la opción de equiparlo con aire acondicionado para los asientos delanteros y de atrás. Se fabricó hasta 1985 y se vendieron 884 modelos automáticos y 424 manuales.

El 412 fue una versión más evolucionada de su original 365.

La instalación de un sistema de inyección Bosch k-Jetronic en el 400 GT se debió a la intención de exportar el modelo a los Estados Unidos. El 412 posterior tenía una imagen muy parecida pero con el maletero más grande.

El diseño era básicamente el mismo que el del 400i, aunque el maletero era más largo y el interior mejorado con interruptores sensibles al tacto y asientos controlados eléctricamente. Su motor, de 4.942 cc, redujo su potencia a los niveles de antes de la instalación del sistema inyector del 400, a los 340 CV. Más tarde apareció una versión de 325 CV con catalizador de gases. La transmisión automática de GM era ahora de serie, pero aún era una opción la manual de cinco velocidades.

La innovación técnica más importante de este modelo fue la instalación de los frenos ABS, primer Ferrari y el primer coche italiano que lo equipaba. Gracias a él el 400 fue un modelo poco vistoso que dejó de fabricarse en 1989.

FERRARI 328 GTB/GTS

Motor: V8, 3.195 cc
Potencia: 201 kW (270 CV)
De 0 a 100 km/h: 6,4 s
Velocidad máxima: 262 km/h
Producción total: 7.412

Aproximadamente una década más tarde de la aparición de la exitosa serie 308, era sólo cuestión de lógica ver que la marca debía evolucionar y mejorarla con un nuevo y exitoso vehículo. Ferrari expuso en el Salón del Automóvil de Frankfurt de 1985 un 308 con un diseño medianamente retocado. El cambio más notable fue el de unos parachoques más prominentes del color de la carrocería, lo que le daba un aspecto más abultado acentuado además por un alerón delantero y unas entradas de aire aún más grandes. Por otra parte era un poquito más largo que su antecesor, ya que su chasis también se alargó 1 cm.

También se potenció su motor, el diámetro y la carrera para obtener una capacidad de 3.195 cc y 270 CV. Todavía estaba situado de forma transversal detrás de los dos asientos. El QV Quattrovalve en cabeza se tomó del anterior motor V8 con un par de 301 Nm. Ferrari pudo ahora atestiguar que su nuevo *best seller* alcanzaba una velocidad punta de 257 km/h.

Este deportivo tenía una imagen sensacional y ofrecía una experiencia soberbia al volante. Durante su periodo de fabricación sólo se produjeron pequeños retoques como la mejora de las manecillas interiores de las puertas; lo más destacable fue la opción de los frenos ABS, a partir de 1988.

Las ventas del modelo GTS superaron con creces las del GTB: se vendieron un total de 6.068 GTS y 1.344 GTB.

No es que hubiera demasiada diferencia exterior entre el 308 y su sucesor el 328 a excepción de los parachoques del mismo color que la carrocería y un alerón delantero que en realidad era de serie. El modelo de la fotografía es el GTS con el panel del techo extraído.

FERRARI 288 GTO

Motor: V8, 2.855 cc
Potencia: 298 kW (400 CV)
De 0 a 100 km/h: 4 s
Velocidad máxima: 306 km/h
Producción total: 273

También basado en el 308, el 288 GTO estuvo marcado por grandes diferencias y su diseño persiguió la homologación del coche como de carreras en el entonces nuevo grupo B. Su motor de inyección tenía una capacidad reducida a 2.855 cc para tener el máximo permitido de 3 l, dos turboalimentadores IHI e *intercoolers* Behr y entregaba una potencia de 298 CV con una velocidad punta de 306 km/h. Su situación era diferente a la del 308: era longitudinal aprovechando que su chasis tubular se había alargado 11 cm y que era más ancho tanto delante como detrás. Otras modificaciones se efectuaron para reducir su peso y aumentar su rigidez. Disponía de una suspensión

Cuando se lanzó el GTO en la Exposición de Ginebra de 1984, era el coche de carretera más veloz del mundo y el modelo Ferrari más innovador.

con doble válvula, muelles helicoidales, amortiguadores coaxiales Koni y barras de torsión.

La carrocería era básicamente igual a la del 308 con numerosas entradas de aire extras y fabricada con diversos materiales ligeros como el Nomex, el Kevlar, el aluminio y la fibra de vidrio y así reducir al máximo el peso del coche. Otros elementos remarcables del 288 fueron las luces cortas en la parrilla

Como coche homologado para las carreras, el 288 GTO de producción limitada será siempre recordado como uno de los más grandes Ferrari de todos los tiempos. El GTO se reconoce de inmediato por sus espejos retrovisores en alto, entradas de aire para refrigerar el motor detrás de las ruedas y las líneas volátiles de Pininfarina.

delantera, sus retrovisores de ala y la ventilación de detrás de las ruedas traseras.

Para conseguir la mencionada homologación se necesitaba haber fabricado 200 unidades y entre 1984 y 1985 se fabricaron 273 de ellas con este objetivo.

De hecho nunca se llevó a cabo esta meta de las carreras y los 288 GTO que se fabricaron se quedaron como coches de carretera muy especiales y de grandes prestaciones y maniobrabilidad de las que sólo disfrutaron unos pocos.

FERRARI TESTAROSSA

Motor: V12, 4.942 cc
Potencia: 291 kW (390 CV)
De 0 a 100 km/h: 5,8 s
Velocidad máxima: 291 km/h
Producción total: 7.177

El remozado diseño del 512 BB dio lugar al Testarossa que tuvo un gran impacto en el Salón del Automóvil de París el año de su presentación, 1984. El diseño de Pininfarina, muy ancho, estaba dominado por unas grandiosas entradas de aire que refrigeraban los radiadores traseros.

El chasis fue alargado y modificado del 512 BB y mantenía las esenciales dos estabilizadoras pero ahora con dos muelles helicoidales detrás para soportar el aumento de peso del motor. Una mayor anchura y unos neumáticos 240/45 y 280/45 ayudaban al Testarossa a correr por la carretera.

El motor cubicaba 4.942 cc como el 512 BB, pero ahora tenía cuatro válvulas por cilindro, un sistema de inyección Bosch K-Jetronic y un encendido electrónico Marelli entregaba 390 CV. Todo esto podía mover este supercoche con total

agresividad alcanzando una velocidad máxima de 290 km/h y una aceleración de 0 a 100 km/h de menos de 6 s.

La impetuosa carrocería del Testarossa ha sido muy copiada y admirada por aquellos que querían hacerse notar comprando uno de ellos. Además de sus prominentes entradas de aire, se debe citar que las luces de atrás estaban cubiertas por una rejilla negra y una banda de este color recorría la parte baja del faldón trasero y la rejilla delantera.

El Cx de 0,36 parecía demasiado alto, pero se explicó que era porque la forma de su carrocería estaba diseñada para una máximo empuje hacia abajo. Este grande y ruidoso Ferrari parecía reunir las aptitudes de los coches de los 80.

Su motor central se mantenía frío gracias a sus dos radiadores, uno a cada lado del vehículo y refrigerados a su vez por dos características tomas de aire laterales. Toda la parte trasera de encima de sus aletas puede levantarse para observar y acceder al motor.

La toma de aire delantera ventila los frenos delanteros del automóvil y el sistema del aire acondicionado. Es un modelo de frontal muy ancho, de 197 cm, el más ancho de todos los fabricados en aquellos tiempos.

FERRARI F40

Motor: V8, 2.936 cc
Potencia: 356 kW (478 CV)
De 0 a 100 km/h: 3,9 s
Velocidad máxima: 323 km/h
Producción total: 1.315

El F-40 no sólo fue creado para celebrar los 40 años de Ferrari, sino también para competir con el Porsche 959 por el título de coche más rápido de todos los tiempos. El F-40 se presentó al público en verano de 1987 con un diseño y una mecánica lo más cercana posible a la de un coche de carreras puesto en la carretera, ya que Ferrari nunca quiso ponerlo sobre los circuitos.

Tanto el motor como el chasis estaban basados en el 288 GTO. El motor V8 cubicaba 2.936 cc, tenía cuatro válvulas por cilindro, dos turbo IHI e intercoolers Behr que aumentaban su eficacia y le ayudaban a conseguir sus 478 CV. Su compresión era de 7,8:1, pero los turbocompresores la aumentaron excepcionalmente en 16 psi.

Este V8 fue una creación exótica fabricado con un material compuesto de nombre Silumin con fundas de aleación y abrazaderas; encima tenía dos árboles de levas

con transmisión por correa con los dos bloques de cilindros. Lo mejor de todo es que esta obra de arte se podía ver a través de un capó hueco y de plástico en el centro del coche. Si toda esta potencia no era suficiente para ciertos compradores, se ofrecía otra versión aun más potente con turbocompresores más capaces y árboles de levas mejorados que podían entregar otros 200 CV más.

El chasis del F40 mantuvo la distancia entre ejes y la suspensión básica del GTO, pero era más ancho tanto detrás como delante. Las llantas eran de 43 cm de ancho tipo Cromodora, 17 pulgadas detrás, calzando 335/35 Pirelli P-Zero y delante llantas de «sólo» 13 pulgadas con neumáticos 254/40. Debido a su baja altura sobre el suelo algunos modelos disponían de suspensión de altura variable.

La carrocería era un armazón tubular de acero revestido, totalmente diseñado por Pininfarina, en el que se usaron piezas de fibra de carbono, Kevlar, aluminio y en panal; era perfecta, aerodinámica, funcional y sobre todo ligera. El F40 pesaba sólo 1.089 kg, lo que se traducía en una

muy notable relación peso/potencia de menos de 3 kg/CV. Esta proporción aumentaría cuando se le instalaron ventanas de plástico en vez de cristal, a excepción del parabrisas. De hecho muchos de los primeros modelos tenían las ventanas laterales clausuradas, pero algunos propietarios que lo usaban asiduamente prefirieron las de uso manuales.

La carrocería estaba salpicada de entradas y tomas de aire para refrigerar los frenos y el motor y alimentar los turbocompresores. Estos trucos aerodinámicos hicieron que el F40 hirviese en carretera, especialmente la maciza aleta trasera hecha a mano y que hubiese sido ilegal de haber entrado el coche oficialmente en las carreras.

Su extravagante atractivo exterior contrastaba con un interior no muy lujoso en el que se apreciaban muchos elementos de Kevlar, pero muy poca moqueta, lo que era muy característico de las carreras. La única concesión de confort en el habitáculo fue el aire acondicionado de serie.

Ferrari había creado el coche más rápido de todos los tiempos, capaz

Enzo Ferrari quiso celebrar los 40 años de su marca fabricando el F-40, verdadera referencia, un coche de carreras apenas modificado para la carretera. Bajo su capó de plástico hueco escondía un motor con dos turbos, cuatro árboles de levas y 32 válvulas para un motor V8.

de alcanzar los 100 km/h en menos de 4 s, de romper la barrera de los 322 km/h con su velocidad punta de 323 km/h. Durante un tiempo fue el coche más rápido del mundo iniciando a su vez una guerra con otras marcas sobre supercoches pequeños con el Lamborghini Diablo y el Jaguar XJ220. Además el F40 fue reconocido por algunos expertos de la industria como un puro ejercicio de prestaciones. Al menos un fabricante de coches de Fórmula Uno pensó que podía ser mejor y respondió creando el McLaren F-1 de primera tecnología ganador de las 24 Horas de Le Mans.

Para el eterno desencanto de sus entusiastas, los planes de Ferrari de fabricar sólo 450 unidades cambiaron muchas veces llegándose a fabricar 1.315 unidades.

FERRARI MONDIAL T

1989–93

A pesar de su largo capó hueco, el Mondial T tenía el motor central y aún se las arregló para tener en su interior cuatro asientos. El aquí fotografiado es una versión moderna llamada Quattrovalvole ya que tenía cuatro válvulas por cilindro. Se ofrecía igualmente en versión Cabriolé.

El Mondial T, presentado en 1989, combinaba de forma efectiva elementos del antiguo Mondial basado en el 308 GT4 con el nuevo 348. Su exterior, sin embargo, no parecía tan considerable. Sus entradas de aire en la trasera, rediseñadas, eran más pequeñas, rectangulares y delgadas, mientras

que sus parachoques y las manecillas de las puertas eran ahora del mismo color que la carrocería. En su interior los asientos traseros eran plegables para tener mayor espacio para las maletas.

Al igual que el 348 TB, el Mondial T equipaba un motor longitudinal notablemente más bajo

en el chasis que su predecesor. Por eso su transmisión estaba montada detrás del árbol final y su chasis tubular de larga distancia entre ejes fue modificado para soportar el motor y la transmisión recolocados.

Se realizaron varias actualizaciones del modelo para hacerlo más seguro y más fácil de

conducir que el anterior Mondial. Se le montaron frenos ABS de serie, un control de dirección y dirección asistida en el último piñón de la cremallera.

A menudo se vio menos preciado por los entusiastas, pero era un verdadero Ferrari con un motor de 3.405 cc derivado del 348 con cuatro válvulas por cilindro, que usaba gasolina sin plomo y tenía una potencia superior a aquél de 300 CV.

El coche no fue una simple solución intermedia, sino un gran vehículo de cuatro asientos.

Motor: V8, 3.405 cc
Potencia: 224 kW (300 CV)
De 0 a 100 km/h: 6,3 s
Velocidad máxima: 254 km/h
Producción total: n/d

FIAT 514

1929–32

Motor: 4 cilindros, 1.438 cc
Potencia: 26 kW (34,5 CV)
De 0 a 100 km/h: n/d
Velocidad máxima: 88 km/h
Producción total: 36.970

El modelo 514 se debe a un motor nuevo de 1,4 l ya que por lo demás se fabricó sobre casi la misma distancia entre ejes del anterior 509. Se le tenía como un coche apagado pero un familiar muy fiable, con una ignición de seis voltios, una caja de cambios de cuatro velocidades, frenos mecánicos y freno de mano a las cuatro ruedas. Durante los años de fabricación fue actualizándose con amortiguadores hidráulicos, que sustituían los originales de fricción, entre otros avances. El diseño de su carrocería, ya fuese en berlina, cupé, cabriolé royal, torpedo o spider, tenía diferentes distancias entre ejes. El 514 L fue el elegido para las funciones de taxi y de furgoneta. Los carroceros Mulliner ofrecieron en Gran Bretaña un sedán de serie. También

se ofrecía un 515 derivado del 514 con un armazón con brazos en X y frenos hidráulicos.

No todos los 514 eran de conducción aburrida. Hubo tres versiones deportivas que podían alcanzar los 113 km/h. El 514 S usaba un motor apenas modificado

sobre un chasis estándar, mientras que el 514 MM (Mille Miglia) utilizaba un motor más deportivo sobre un chasis más largo de furgoneta. El 514 CA (Coppa delle Alpi) disponía de un motor aún más deportivo sobre un chasis estándar. Las llantas de radios eran de serie.

Siempre tenido por un coche lento, fue utilizado, sobre todo, como taxi. En la foto se ve una versión más interesante del 514, un descapotable de cuatro puertas. Se trata de un ejemplar de los primeros años ya que sus llantas no fueron instaladas hasta finales de 1931.

FIAT 508

1937–48

Motor: 4 cilindros, 1.089 cc
Potencia: 24 kW (32 CV)
De 0 a 100 km/h: 40 s
Velocidad máxima: 116 km/h
Producción total: 11.947

La serie Balilla, también conocida como 1100 o 508C, tuvo un motor nuevo de 1.089 cc que entregaba 32 CV sobre la carrocería y chasis de un Topolino alargado (ver la siguiente entrada). De hecho parecía un 1500 alargado con las

mismas manecillas de las puertas medio escondidas y sin pilares. La más larga distancia entre ejes del 508 L y una versión descapotable se sumaron a las demás carrocerías con tal de hacerlo más atractivo, basándolo en el MM cupé de carreras de 1938 cuyo motor rendía 31 CV y fue el campeón en su categoría.

El 508 C sirvió durante la guerra siendo fabricado entre 1939 y 1945 con una carrocería tipo Jeep. El

modelo Coloniale, mucho más grande y destinado a ser un coche de directivos, se fabricó hasta 1943. Ambos modelos disponían de un motor de 30 CV y 1.089 cc con una transmisión de cuatro marchas.

Acabada la guerra volvieron a fabricarse el 508C y el 508L con casi las mismas características. El 508, muy parecido al 1100, estaba destinado a la familia y el último era más glamuroso y deportivo. Se

dejó de fabricar en 1948 y su lugar lo ocupó el 1100 hasta que apareció el totalmente nuevo 1100-103 a principios de los 50.

Fue uno de los Fiat más exitosos de la preguerra no sólo fabricado en Italia, sino también con licencia en Francia, Alemania, Checoslovaquia y Polonia. En su mayoría eran del tipo sedán, pero también hubo unos pocos cabrio tan atrayentes como el de la fotografía.

FIAT TOPOLINO

1936–48

Motor: 4 cilindros, 569 cc
Potencia: 10 kW (13 CV)
De 0 a 100 km/h: n/d
Velocidad máxima: 84 km/h
Producción total: 131.000

El Fiat «baby», el 500, más conocido por Topolino fue con mucho el vehículo de serie más pequeño del momento. Tenía dos asientos justos, un motor de 13 CV y 569 cc, su distancia entre ejes

era de 200 cm y fue concebido con la idea de motorizar al pueblo italiano. No sorprende que tuviese un éxito fabuloso.

El coche se mantuvo en producción hasta 1948 en su forma original y fueron vendidas más de 100.000 unidades. Durante todo ese tiempo, se le practicaron relativamente pocos cambios, de los que el más notorio fue el de la suspensión, que pasó de ser

independiente con ballestas de láminas transversales a cuarto de elipse a mediados de 1938.

Tras el parón de la Segunda Guerra Mundial, el 500 volvió a fabricarse como 500 B, muy parecido al anterior en lo exterior, pero no en el interior. Su motor tenía 3,5 CV de potencia más, y los frenos, la suspensión y el equipamiento eléctrico se habían mejorado. En 1948 apareció una

versión familiar, el 500 Giardinetta-Belvedere, que era un coche pequeño y muy práctico dada su capacidad de transportar a cuatro personas. Su carrocería estaba hecha de acero, madera y plástico.

En 1949 se le practicaron dos nuevos cambios y llegó el 500 C con un nuevo frontal y un motor con la culata de aluminio. Estos modelos fueron los primeros Fiat con sistemas de calefacción.

FIAT 1100

Motor: 4 cilindros, 1.089 cc
Potencia: 24 kW (32 CV)
De 0 a 100 km/h: 40 s
Velocidad máxima: 116 km/h
Producción total: 327.496

El 1100 era esencialmente el 508 C con una nueva parrilla, que se convirtió en la quintaesencia del coche familiar italiano: espacioso, práctico y fiable. Se fabricó en varias versiones como berlina, berlina descapotable con techo de lona, una cabriolé para taxi y otra con una mayor distancia entre ejes. En 1949 apareció otra versión más glamurosa, la del 1100 S, un deportivo biplaza cupé con motor de 51 CV y 1.089 cc. El 1100 probó ser una buena base para muchos carroceros, incluido Cisitalia que diseñó la preciosa versión GS. Un cupé diseñado por Pininfarina, el 1100 ES, también muy atractivo, tenía la mecánica del 1100 S del año 1947 muy efectiva.

El 1100 aumentó su categoría en 1949 cuando se le actualizó convirtiéndose en el 1100 E o se le alargó la plataforma siendo el 1100 EL. Visualmente sólo se le apreciaba un gran cambio: la rueda de repuesto se había trasladado del exterior de la puerta del maletero al interior del mismo. La palanca del cambio se acercó a la columna de dirección desde su anterior posición en el suelo y la transmisión se actualizó con la sincronización de la segunda, tercera y cuarta velocidad. Los legados de la serie Balillla / 500 / 1100 evolucionaron hasta convertirse en los Fiat de tamaño mediano.

FIAT 8V

Motor: V8, 1.996 cc
Potencia: 78 kW (105 CV)
De 0 a 100 km/h: 12,6 s
Velocidad máxima: 193 km/h
Producción total: 114

Sorprendió a todos la decisión de Fiat de apartarse de su reputación de fabricante de utilitarios cuando lanzó su buque insignia, el 8V. Con el tiempo ganó la decepción porque el prototipo se mostró lento y voluminoso y al final tuvo que desaparecer. El motor de 2 l y V8 no tuvo una buena aplicación en Fiat, por lo que la solución fue crear un deportivo que se presentó en el Salón del Automóvil de Ginebra de 1952. Su aspecto era soberbio y su carrocería, de diseño inspirado en las líneas de Pininfarina, estaba hecho en la propia casa Fiat por Dante Giacosa, el jefe de diseño. La aerodinámica era eficaz, lo que ayudó al jefe de los probadores de Fiat a conseguir el récord de velocidad a más de 193 km/h.

Siata estaba concentrado en fabricar coches en Lingotto por los talleres experimentales de Fiat. Bajo

Tal como se vio en el Salón del Automóvil de París el año 1952 el 8V era un cupé futurista que atraía a multitudes aunque fuesen pocos quienes pudieran comprarlo.

su carrocería estaba un 1100 tradicional con suspensión independiente y una maniobrabilidad inusualmente agresiva.

FIAT 1100 MK II

El 1100-103 debió tener el mismo tren motriz que el viejo 1100, pero su carrocería era totalmente nueva. El conocido motor de 1.089 cc daba motricidad a las ruedas traseras mediante una caja de cambios de cuatro velocidades con una palanca de cambio en columna. Lo más interesante del 103 TV (Turismo Veloce) fue la entrega de 37 CV.

A una versión inicial le siguió una familiar de nombre Familiare en 1954 y en 1955 le siguió un elegante 103 TV «Transformabile» *roadster*. Otra vez este modelo se consideró ejemplo del coche italiano familiar durante dos décadas.

La segunda generación de modelos iniciada en 1956 tenía más potencia, 39 CV. El 103 D, de 1957, tenía un maletero más largo, una parrilla mejorada y y mejores frenos. Al mismo tiempo apareció el 103 H Lusso de 37 CV. El nuevo 1100 D de 1963 era un sedán y un familiar de líneas más claras. El número de 1100 no hacía referencia a su cubicaje ya que éste subía hasta los 1.221 cc y entregaba 41 CV.

El último 1100 de 1968 fue el 1100 R que volvió al motor de 1.089 cc e instaló frenos de disco delanteros. Pronto sería sustituido por el 128 con tracción en las ruedas delanteras. El 1100 continuó su vida en la India bajo el nombre de Premier Padmini.

El 1100 tuvo el aspecto de un coche de preguerra. Fiat dijo empero que tenía el diseño de la nueva aerodinámica y que era un coche brillante y económico.

Motor: 4 cilindros, 1.089 cc
Potencia: 30 kW (40 CV)
De 0 a 100 km/h: 30 s
Vel. Máx.: 124 km/h
Producción total: 1.019.378

FIAT 600

Motor: 4 cilindros, 633 cc
Potencia: 22 kW (29 CV)
De 0 a 100 km/h: 40 s
Velocidad máxima: 106 km/h
Producción total: 2.695.197

El 600 tenía una carrocería monocasco con dos pilares en B con puertas de bisagra tipo «suicida» que se abrían hacia delante y en cuyo habitáculo cabían cuatro personas. Su motor de 633 cc, 16 CV y refrigerado por agua estaba situado detrás de los asientos y tenía tracción trasera. Su suspensión era independiente.

Un año después apareció la versión sedán con un techo solar de lona en toda su longitud. Más importante fue el lanzamiento de un nuevo tipo de vehículo, el Multipla, que sería el primer coche del mundo para el transporte de pasajeros en tamaño pequeño. Tenía tres filas de asientos en las que cabían seis pasajeros y los dos últimos podían doblarse en el suelo dando lugar a una gran superficie de carga. Para soportar el previsible aumento de peso se actualizaron los frenos, la suspensión y la dirección.

Se le hizo una revisión a fondo el año 1960, lo que le supuso el nombre de 600 D. Tenía un motor más potente de 767 cc y 22 CV. En 1964 sus puertas ya se abrieron hacia delante y en 1965 obtuvo nuevos faros delanteros y un mayor depósito de gasolina.

Increíble pero cierto: en el 600, un coche más pequeño que el Topolino, cabían cuatro personas.

FIAT 1800

Motor: 4 cilindros, 1.795 cc
Potencia: 56 kW (75 CV)
De 0 a 100 km/h: 19 s
Velocidad máxima: 145 km/h
Producción total: 30.000

Una nueva serie de coches de alto nivel con motor 1800 y 2100 representaban los nuevos automóviles de alta gama de Fiat en el año 1959. Ya fuese equipado con un motor de 1.795 cc y 75 CV o de 2.054 cc y 82 CV, éste fue el primer Fiat que usó las barras de torsión en su suspensión delantera y también el primero en tener el motor con 6 cilindros en línea.

La versión familiar y la berlina sedán fueron diseñadas por Pininfarina. A partir de 1960 el motor 1800 se sumó a los dos de la serie y el coche se equipó con los más variados accesorios de lujo como techo solar, radio con antena eléctrica, neumáticos con una línea blanca y calefacción en las ventanas de atrás.

Pero Fiat pudo, a pesar de todo, convencer a muy pocos clientes de fuera de Italia de que estaba fabricando auténticos coches de prestigio dado su nivel medio de refinamiento y la precaria calidad de fabricación.

A partir de 1962, se ofreció un motor 1500 en una carrocería de 1800, lo que no significa que el coche fuese menos respetado por los compradores.

El 1800 fue el primer coche grande de Fiat que quiso tentar al publico frente a Mercedes, lo que no era imposible pero sí muy difícil.

FIAT 850

Motor: 4 cilindros, 843 cc
Potencia: 28 kW (37 CV)
De 0 a 100 km/h: 27 s
Velocidad máxima: 125 km/h
Producción total: 2.670.913

El Fiat 850 nació a partir del Fiat 600. Era un coche de dos puertas con motor atrás que mantenía muchos aspectos mecánicos de su original. Aparte de su habitáculo más espacioso y nuevo, su motor, también de reciente factura, cubicaba 843 cc, tenía 4 cilindros y estaba refrigerado por agua. Se vendieron dos versiones del sedán, la Normale con un motor de 47 CV y la Super de 28.

En 1965 se rediseñó el modelo y se incorporaron carrocerías Cupé y Spider. El primero fue diseñado por Centro Stile Fiat y fabricado por Fiat, pero el Spider fue diseñado y fabricado por Bertone.

El motor modificado del Cupé entregaba 49 CV y el del Spider 37; los frenos de disco remplazaron los de tambor. En 1966 se ofreció una versión semiautomática sin pedal de embrague. Igualmente se ofreció un modelo familiar que reemplazó el viejo modelo 600 Multipla, pero que continuaba con sus tres hileras de asientos. Se fabricó hasta 1976 con un motor de 903 cc desde 1970.

A partir de 1968 se vendió el 850 Special, un sedán con el motor del Cupé y frenos de disco. El distinguido Sport Spider tenía entonces dos faros delanteros verticales, rectos, pero el Sport Cupé cuatro faros redondos. Ambos modelos disponían de un motor de 903 cc y 52 CV.

A pesar de su motor trasero el 850 tenía una conducción muy suave y ofrecía mucho más espacio que el 600 en el que se basaba. Este de la foto fue uno de los primeros registrados en el Reino Unido con sus neumáticos de raya blanca.

FIAT NUOVA 500

Motor: 4 cilindros, 499 cc
Potencia: 13 kW (18 CV)
De 0 a 100 km/h: 45 s
Velocidad máxima: 100 km/h
Producción total: 3.678.000

El sucesor del legendario Topolino se convirtió en el Fiat más famoso de todos los populares. Probablemente el atractivo de este vehículo fue la facilidad con que alcanzaba su velocidad máxima de 98 km/h y su sorprendente consumo de 19 km por litro. Su maniobrabilidad fue buena, y su dirección maravillosa.

El Nuova 500 tenía una carrocería muy parecida a la del 600. Su motor trasero daba tracción a las ruedas de atrás, su suspensión era independiente y sus puertas se abrían hacia atrás. Fue el primer coche de Fiat en refrigerarse por aire, tenía 2 cilindros, cubicaba 479 cc y entregaba 13 CV. La caja de cambios era manual de cuatro velocidades y su palanca estaba montada a ras de suelo. Al principio el coche no tuvo el éxito esperado por Fiat, por lo que la marca decidió ofrecer dos versiones: la Economica de 15 CV y la Normale. La primera era básicamente la original Nuova 500, pero su motor estaba potenciado y el precio reducido. El Normale también tenía su motor potenciado además de otros accesorios modernos como la apertura de las

ventanas y un asiento posterior más útil.

En 1958 Fiat introdujo en el mercado la versión Sport inspirada en algunas modificaciones extraídas de su experiencia en los circuitos, donde obtuvo los puestos primero, segundo y tercero en las 12 Horas de Hockenheim. Al modelo se le actualizó el motor potenciándolo hasta los 499 cc, un árbol de levas, válvulas en la culata y el sistema de alimentación revisados; así se consiguió que entregase 21,5 CV. Se ofrecía con una distintiva línea roja en los bajos de cada lado, lo que hacía a la versión Sport difícil de olvidar. Otro elemento de

modernidad fue la resistencia de su techo, opuesta a la lona enrollable de las primeras unidades. El Sport se ofreció en versión descapotable a partir de 1959.

La versión familiar llamada Giardiniera apareció en 1960. Tenía una distancia entre ejes más larga y se diferenciaba de la del sedán por tener el motor en horizontal. Al año siguiente llegó el 500D con el motor de 499 cc procedente del Sport que se había dejado de fabricar, pero que entregaba una potencia reducida de 18 CV.

Al 500D lo reemplazó el 500F en 1965 con unos cambios notables, como la apertura de las puertas hacia delante y una transmisión mejorada. En 1968 se sumó a la serie el Lusso, con diversos toques de coche grande y de lujo como asientos reclinables y hasta moqueta sin contar con el renovado abanico de accesorios en su interior y los embellecedores exteriores de los parachoques.

Uno de los aspectos más interesantes del 500 fue el gran número de versiones que salieron de un coche tan pequeño, como las deportivas de Abarth y las otras

En el interior del 500 los asientos eran poco más que tela cosida sobre cintas de goma, las ventanas traseras eran fijas y las delanteras disponían de una ventanilla giratoria para la ventilación.

El 500 representaba el transporte en un nivel muy básico y accesible en un gran abanico de versiones. Este original modelo de dos puertas fue uno de los más vendidos.

muchas carrocerías que le pusieron diversas fábricas italianas famosas. El Fiat Gamine de Vignale fue un *roadster* pequeño y elegante; el Ghia Jolly tenía el techo extraíble y los asientos de mimbre; Siata fabricó una miniatura clásica descapotable de estilo clásico. Por otra parte el 500 fue un coche conocido en todo el mundo ya que fue fabricado por SEAT en España, Motor Holdings en Nueva Zelanda y NSU-Fiat de Weinsburg en Alemania.

La última versión de este coche apareció en 1972 con el nombre de 500R y un motor de 594 cc con la potencia reducida a 18 CV procedente del Fiat 126. El R compartía la plataforma con el que sería su sucesor y adoptó el nuevo emblema de la marca. En él se cambió el calzado y otros pocos detalles. Los sencillos frenos de tambor nunca fueron actualizados y las cajas de cambio no sincronizadas ofrecían a menudo desagradables conciertos sinfónicos.

Las ventas empezaron a decrecer y la llegada del Panda forzó lo inevitable, aunque se continuó fabricando en Sicilia.

FIAT 124 SPIDER

1966–79

Motor: 1.438 cc
Potencia: 67 kW (90 CV)
De 0 a 100 km/h: 12 s
Velocidad máxima: 170 km/h
Producción total: 198.000

El deportivo italiano más exitoso de todos los tiempos fue un Fiat. El 124 Sport Spider se vendió en grandes cantidades tanto en Europa como en los Estados Unidos durante más de 20 años. Su plataforma era la de un chasis de berlina recortado y su carrocería diseñada por Pininfarina; el montaje corrió a cargo de Fiat. La original serie AS estaba equipada con un motor de 90 CV y 1.438 cc, doble árbol de levas en cabeza y una transmisión de cinco velocidades.

Los mejorados modelos BS, de 1969, adoptaron pronto un motor de 1.608 cc equipado con dos carburadores Weber 40 que entregaba 110 CV. Su capó necesitaba dos abultamientos para poder alojarlos. Su bonito diseño, un motor con carácter, una buena maniobrabilidad y un comportamiento agresivo fueron las razones más importantes para convencer a sus compradores.

La versión más rápida del Fiat Spider fue el Abarth Rally dotada

de dos carburadores 441DF que entregaba 128 CV y un diferencial de deslizamiento limitado, suspensión trasera independiente revisada, el capó y el maletero de aleación compuesta y las puertas de aleación de aluminio. Apenas se vendieron 100 unidades.

El modelo estándar fue menos apasionante que el Spider, que se

vendió sólo en los Estados Unidos a partir de 1974. El Spider americano tuvo que ser modificado para cumplir con la normativa sobre emisiones, por lo que en 1976 sólo entregaba 87 CV. Se le puso un motor más potente de 1.995 cc de inyección que le aportó unos algo escasos 102 CV.

Este pequeño deportivo perfectamente proporcionado, el 124 Spider, tiene el mismo chasis del Cupé pero recortado. Nunca se hizo para conducir por la derecha, por lo que no se vendió en el Reino Unido; el de la foto es un modelo importado desde los Estados Unidos y restaurado.

FIAT DINO

1966–73

Se presentó en el Salón del Automóvil de Turín el año 1966 causando sensación en el público y la prensa. Tenía la carrocería diseñada por Pininfarina, pero la otra sorpresa fue que Fiat iba a hacer una reelaboración del motor de carreras de Ferrari. Este motor de 1.997 cc V6 con un árbol de levas cuadrado y tres carburadores dobles Weber 40CNF entregaba 160 CV y estaba equipado con una caja de cambios de cinco velocidades y un diferencial con deslizamiento limitado.

La fabricación por Fiat no se debió a ningún accidente ya que Ferrari necesitaba tener un motor derivado del suyo deportivo para así conseguir los 500 necesarios en doce

Este coche tiene un diseño muy diferente al del Cupé. Las líneas del de esta fotografía diseñadas por Pininfarina corresponden a las de la primera versión. El Cupé tenía una distancia entre ejes más larga que le permitía ser con más razón un 2+2.

meses que le permitían competir en la Fórmula Dos. En 1967 apareció el Dino Cupé diseñado por Bertone con la misma mecánica que el Spider pero con una distancia entre ejes recortada.

La segunda generación del Dino salió en 1969 con un nuevo motor en un bloque de fundición en vez de uno de aleación de 1.977 cc. Este motor más potente cubicaba 2.418 cc y entregaba 180 CV. Además se había cambiado la suspensión trasera por un sofisticado sistema de brazo articulado derivado del 130. La estrecha colaboración necesaria entre ambas marcas hizo que Fiat acabase fusionándose con Ferrari. El Fiat no tuvo la sensación de bienestar del Ferrari, lo que se notó en las ventas.

Motor: V6, 2.418 cc
Potencia: 134 kW (180 CV)
De 0 a 100 km/h: 8 s
Velocidad máxima: 208 km/h
Producción total: 7.577

FIAT 130

1969–77

Motor: V6, 3.235 cc
Potencia: 123 kW (165 CV)
De 0 a 100 km/h: 10 s
Velocidad máxima: 189 km/h
Producción total: 19.385

El nuevo buque insignia de Fiat en 1969 que reemplazaba el viejo 2300 fue el 130. Su motor era un 2.866 cc totalmente nuevo V6 con sus cilindros en un ángulo de 60° y entregaba 140 CV, la culata era la del Ferrari Dino y usaba una correa de transmisión dentada en vez de cadenas para así soportar la mitad de los árboles de levas. Equipado con un motor tradicional delantero y tracción a las ruedas traseras, el 130 disponía de una transmisión automática de serie y una manual de cinco velocidades ZF como opción. Su suspensión, independiente en las cuatro ruedas, comprendía barras de torsión delante y muelles helicoidales detrás. Era espacioso pero pesado y no muy rápido y además su elevado precio no consiguió atraer a los posibles compradores de Mercedes.

En 1970 se potenció su motor con 20 CV más, justo un año antes de que se le cambiase el motor por otro de más potencia, de 3.235 cc, que entregaba 165 CV dotado de transmisión automática. La única pista visual de estos cambios estaba en la sustitución de sus cuatro redondos faros delanteros por dos alargados y rectangulares.

Debutó en el mercado como un nuevo Cupé diseñado y fabricado por Pininfarina. Tenía el mismo motor y la misma plataforma que la carrocería sedán, su diseño anguloso no podía pasar inadvertido y fue mucho más apreciado que aquél.

Pininfarina consiguió un coche contemporáneo de los años 70, mucho más atractivo en esta versión Cupé que en la sedán, algo sosa. El motor Ferrari V6 sin duda le ayudó mucho.

FIAT 127

1971–83

Motor: 4 cilindros, 903 cc
Potencia: 35 kW (47 CV)
De 0 a 100 km/h: 17 s
Velocidad máxima: 137 km/h
Producción total: 3.779.086

Fue votado como coche del año 1971 y llevó a Fiat a la era moderna adoptando la tracción delantera de su hermano mayor, el 128, del que empleaba la mayoría de la mecánica. Su motor de 903 cc derivaba del 850 Sport. Sus prestaciones eran muy vivas y su maniobrabilidad muy eficaz. Al principio sólo se ofreció como un dos puertas, aunque de hecho sólo tuvo sentido como un tres puertas.

La serie II aparecida en 1977 tenía un frontal totalmente rediseñado y un nuevo motor de 1.049 cc fabricado en Brasil que se utilizaba en las pequeñas unidades a la venta. Se ofrecía con tres niveles de acabado: L, C y CL. El 127 Sport se unió a la gama en 1978, con su motor de 1.049 cc modificado para que entregase 70 CV y con frenos mejorados, una barra antivuelco mayor, un interior más deportivo y el exterior más atractivo. El 127 de cinco puertas, en el acabado C, llegó en 1980 con un motor de 903 cc. A él siguió una versión de nombre Panorama con un motor de 1.301 cc diésel.

Las versiones de gasolina de la serie III aparecidas en 1981 tenían ya otra imagen. El Sport tenía el motor de 1.301 cc y 75 CV y Fiat estuvo orgullosa de las grandes cifras de venta que obtuvo.

Fue el primer supermini del mundo; tenía una distribución interior muy elocuente y fue muy popular en Europa y en Hispanoamérica. Las últimas versiones tenían una parrilla que ocupaba todo el frontal y unos parachoques negro mate.

FIAT 126

1972–87

El Fiat 126 apareció por primera vez en el Salón del Automóvil de Turín el año 1972 como el sucesor lógico, aunque no entrañable, del legendario 500. Su motor respecto a aquél estaba potenciado hasta los 594 cc, mantenía el mismo tren motriz y había cambiado por completo su carrocería. Si el 500 era más bien de líneas redondeadas, el 126 era más anguloso y pronto fue ofrecido con un techo enrollable de lona.

Sus prestaciones eran tan pobres como su nivel de refinamiento. En 1977 incorporó un nuevo motor de 652 cc y 24 CV. En 1987 sufrió una profunda remodelación con un motor de 704 cc refrigerado por agua que entregaba 26 CV y fue bautizado con el nombre de 126 bis. Ahora, con su motor horizontal en vez de vertical, era capaz de alcanzar los 113 km/h. Esta gran reforma consiguió que tuviera un mayor espacio para el equipaje en la parte de atrás y le permitió una carrocería de tres puertas con los asientos de atrás plegables. El 126 bis se fabricó en Polonia por la compañía FSM hasta septiembre del año 2000, donde prosperó como el coche más barato y básico de Europa.

Motor: 4 cilindros, 594 cc
Potencia: 17 kW (23 CV)
De 0 a 100 km/h: 62 s
Velocidad máxima: 104 km/h
Producción total: 1.970.000

El 500 renació vestido con una carrocería mucho más angulosa, con las mismas medidas que el Mini pero con un menor espacio interior y una conducción marcadamente menos divertida.

FIAT X1/9

1972–89

Motor: 4 cilindros, 1.498 cc
Potencia: 63 kW (85 CV)
De 0 a 100 km/h: 10 s
Velocidad máxima: 180 km/h
Producción total: 180.000

Fiat pensó que sería lógico reemplazar su 850 Spider con la mecánica derivada del 128. Bertone, sin embargo, tenía otras ideas como poner el motor central en vez de delante.

De hecho, el Fiat X1/9 se mostró muy aparte de los tradicionales deportivos pequeños. Salió al mercado en 1972 totalmente nuevo, con un motor de 1.290 cc modificado para entregar 75 CV en Europa y 66 en América del Norte. Su motor estaba situado detrás de los asientos y la tracción era trasera. La suspensión utilizaba el sistema MacPherson y sus frenos eran de disco en las cuatro ruedas. La posición baja de los asientos, su motor central, sus faros ocultos y su techo tipo targa extraíble hicieron del X1/9 un coche de aspecto y conducción parecida a la de un Ferrari de tamaño medio.

En 1978 se le incorporó un motor de 1.489 cc y 85 CV procedente del

Fiat Ritmo conectado a una caja de cambios de cinco velocidades con el que mejoró sus prestaciones. Por otra parte también cambiaron los parachoques para así cumplir con la normativa americana de seguridad vial, lo que echó a perder la claridad de sus líneas. En 1983 la fabricación del X1/9 fue sólo responsabilidad de Bertone que le denominó Bertone X1/9 aunque fue vendido en la red de concesionarios Fiat hasta que se paró su fabricación en 1988 cuando los pequeños deportivos ya no despertaban tanto interés.

El X1/9 de la fotografía presenta un modelo con los prominentes parachoques para cumplir la normativa federal americana sobre la seguridad vial. A partir de 1981 la responsabilidad del automóvil recayó por completo en Bertone.

FIAT STRADA 130TC

1984–87

La clave más certera de que se trataba de un coche de grandes prestaciones estaba en el emblemático escorpión de su parrilla y del portón de su maletero, el de Abarth. El Abarth 130TC salió al mercado en junio de 1983 con la idea de reemplazar al 125TC y fue entendido como el último Ritmo o Strada deportivo, tal como se conocía en algunos países europeos. Bajo su capó se encontraba el motor Abarth de 1.995 cc con doble árbol de levas en cabeza y dos carburadores 40 DCOE que le permitían entregar 130 CV. Este motor tan carismático tenía potencia más que suficiente para superar a cualquier automóvil deportivo de su categoría ya fuese el Ford XR3 o el legendario VW Golf GTI.

Era una delicia usar su cambio de marchas ZF de relación cerrada que hacía que el coche fuese capaz de acelerar de 0 a 100 km/h en menos de 8 s. Sus frenos actualizados y su suspensión dura aseguraban su efectiva y certera maniobrabilidad y su excepcional equilibrio. Su interior equipaba una instrumentación extra con asientos Recaro, un volante ajustable en tres posiciones que recordaba a sus conductores que no estaban conduciendo un aburrido 105TC.

A partir de 1985, un ligero cambio de imagen le aportó un parachoques delantero nuevo y más bajo, una parrilla más pequeña y unos embellecedores laterales de goma, los únicos cambios visibles. El comúnmente subestimado 130TC se dejó de fabricar como los demás Ritmo/Strada en 1987.

Motor: 4 cilindros, 1.995 cc
Potencia: 97 kW (130 CV)
De 0 a 100 km/h: 7,9 s
Velocidad máxima: 188 km/h
Producción total: n/d

Este 130TC de 1984 fue lo mejor que desarrolló Fiat como deportivo de conducción muy agresiva y sin refinamiento alguno. Pero esto no importa realmente cuando se trataba de un coche dirigido a obtener las más altas prestaciones.

FORD AG TAUNUS

1948–71

Motor: 4 cilindros, 1.698 cc
Potencia: 56 kW (75 CV)
De 0 a 100 km/h: 15 s
Velocidad máxima: 161 km/h
Producción total: 2.500.000

Ford AG se estableció en Alemania el año 1925 con la idea de importar vehículos y fabricarlos bajo licencia. Acabada la Segunda Guerra Mundial volvió a los negocios en 1948 fabricando modelos de diseño años 30 como el Taunus Standard, Special y Deluxe, un automóvil que procuró el transporte básico de la familia en el país.

A partir de 1952 apareció una nueva generación de coches sin apenas adornos caracterizados en su nombre con una M indicativa de Masterpiece. El nuevo 12M disponía de una carrocería más moderna y un motor de 1,2 l que entregaba 38 CV. En 1955 se sumó a la serie el 15M con un motor de 1,5 l y 55 CV que compartía el tren motriz y estructura con el Consul fabricado en el Reino Unido. En 1957, de nuevo rediseñado, fue bautizado como 17M disponiendo de un motor de 1,7 l que representaba el modelo superior de la serie. A partir de 1960 obtuvo una nueva y muy atractiva carrocería y en 1962 el 12 M se benefició de un motor V4 de 1,4 l compacto y potente que le mantuvo como uno de los más vendidos en Alemania.

En 1966 el Taunus sufrió los últimos cambios en su carrocería e incorporó dos motores de 2,3 l y de 2,6 V6. El modelo Cortina, similar al Taunus, se apropió de los pequeños motores de cuatro cilindros en los años 70, mientras que los mayores en V pasaron a ser los modelos Consul y Granada.

El modelo de la fotografía es un Taunus 12M de 1963. Tiene el privilegio de ser el primer coche de Ford que utilizaba la tracción delantera y que estuvo en fabricación unos 16 años hasta la entrada del Fiesta. Por otra parte también fue el primer modelo que usó el motor V4.

Ford OSI 20M

Motor: 4 cilindros, 1.998 cc
Potencia: 67 kW (90 CV)
De 0 a 100 km/h: 10 s
Velocidad máxima: 172 km/h
Producción total: n/d

La empresa italiana OSI (Officine Stampaggi Industriali) de Turín ganó su reputación en el diseño de sus propios coches basados fundamentalmente en modelos Alfa Romeo y Fiat.

OSI presentó en el Salón del Automóvil de Ginebra del año 1966 un interesante deportivo cupé con un tren motriz evolucionado del Ford Taunus 20M. La reacción que se produjo ante este bonito coche que podría haberse fácilmente llamado Latin, fue tan fuerte que Ford de Colonia y la italiana OSI decidieron lanzar al mercado el 20M TS en serie limitada.

El OSI estaba totalmente basado en el Ford P5 20 TS del que usaba el mismo motor, la transmisión, los ejes, los frenos y la dirección. Se ofreció con los dos motores V6 del Taunus, tanto el de 2 l de 90 CV como el de 2,3 l de 108 CV. Sus prestaciones eran muy aceptables y su maniobrabilidad alentadora si no abiertamente deportiva

El problema subyacente era que la combinación entre OSI y el

Taunus no consiguió una imagen acertada de lo que iban a ser coches relativamente caros y fabricados a mano.

Simplemente no había mercado para ellos y era muy difícil venderlos a través de la red de concesionarios de Ford.

Por estas razones, en 1968, Ghia, que fuera el carrocero rival de OSI, hizo detener la producción del cupé.

Ford GB Modelo T

Motor: 4 cilindros, 2.890 cc
Potencia: 15 kW (20 CV)
De 0 a 100 km/h: n/d
Velocidad máxima: 68 km/h
Producción total: 300.000

El legendario Modelo T tuvo un gran éxito en Gran Bretaña gracias a su fiabilidad, resistencia y fácil adquisición. Se ensambló en el Reino Unido desde 1911 en Trafford Park, Manchester, con las piezas directamente importadas de los Estados unidos. Este lugar,

Trafford Park, tuvo un papel importante en la fabricación de Ford antes de que la producción se realizara en serie, en 1913, convirtiéndose en la más importante planta de la marca, en Detroit y que aquel mismo año empezaría en Manchester.

El modelo T volvía a ser un coche básico, con un motor resistente de 4 cilindros y válvulas laterales. El motor de 3 l. que entregaba 20 CV tenía

velocidades epicíclicas accionadas a pedal, lo que hacía fácil su conducción; eran dos velocidades hacia delante y una hacia atrás. Su suspensión, tanto delante como detrás, era de ballesta transversal semielíptica y sólo tenía frenos en dos de sus ruedas que probaron su eficacia.

Se ofreció en numerosas carrocerías llamadas Roadster, Tourer, Fordor y Town Car. Muchas otras marcas se aprovecharon de su chasis para

fabricar sus propios cupés y convertibles de tren motriz delantero. A nadie sorprendió que, en 1911, el 41 por 100 de todos los vehículos registrados en Gran Bretaña fuesen Ford.

En la fotografía, un modelo T tipo Tourer de cuatro puertas que pudo haberse ensamblado en Trafford Park, junto a Manchester, a partir de 1913, pero antes de 1916, ya que en esta fecha la placa del radiador era de color negro.

FORD GB MODELO A

1928–31

El de la fotografía es un modelo A Tourer americano de gran motor con 4 cilindros que era muy caro en Inglaterra. A pesar de haberse modificado para su uso en Gran Bretaña y preferir la marca fabricarlos con el techo duro, nunca alcanzó el éxito del Modelo T.

El modelo T no podía ser eterno aunque el viejo Henry estuviese convencido. A pesar de que el modelo A fuese otro éxito de ventas en los Estados Unidos, no fue un coche fácil de aceptar en Europa ya que venía equipado con un gran motor de 4 cilindros y válvulas laterales que cubicaba 3.285 cc. Aunque se mostraba un buen coche en los espacios abiertos estadounidenses, su gran motor nunca podría sobrevivir en Gran Bretaña, donde los coches se clasificaban de acuerdo con la capacidad de sus motores. Para solucionarlo se montó un motor más pequeño de 2.043 cc y se le dio el nombre de Modelo AF. Su precio fue 5 £ más caro que el de 3 l, pero no consiguió reducir su alto consumo de gasolina. Su suspensión de ballestas transversales, gran altura sobre el suelo y la suavidad de su caja de cambios de tres velocidades hicieron de él un coche imparable y resistente. Se ofrecía en carrocerías como *roadster*, turismo de dos y de cuatro puertas, cupé de techo fijo

y convertible además de varios sedán siempre construidos al gusto del consumidor.

A pesar de todo este fue un coche difícil de vender en Europa, pues la fábrica recién abierta en Dagenham, Essex, Inglaterra sólo facturó cinco modelos en sus tres primeros meses debido a que en 1931 su demanda era muy baja.

Motor: 4 cilindros, 2.403 cc
Potencia: 30 kW (40 CV)
De 0 a 100 km/h: n/d
Velocidad máxima: 105 km/h
Producción total: 14.516

FORD GB MODELO Y

1932–39

Ford tenía que mover ficha muy rápido para poder superar el fracaso del Modelo A, por eso apareció en el mercado en un tiempo récord el modelo Y. Lo hizo en un año recién salido del tablero de dibujo. Sin la llegada del Y la fábrica de Dagenham seguramente hubiera tenido que cerrar debido a la crisis. Este modelo le dio a Ford casi la mitad del mercado de coches de 8 CV, debido entre otras cosas a su precio, unas 100 £, lo que era mucho menor que el de rivales como Morris.

Los modelos fabricados en Dagenham eran sedán de dos y cuatro puertas con el llamado «short radiator look» y parachoques rígidos. En 1933

Este es un modelo Y de después de 1933, en una carrocería convencional de sedán de dos puertas; se reconoce por su parachoques rígido. También se ofrecían las versiones de cuatro puertas e incluso Jensen, el carrocero inglés, fabricaba turismos no aprobados por la marca.

su parrilla del radiador era más grande y sus parachoques tenían una atractiva curvatura central. El tablero de instrumentos se pasó de una posición central al frente del conductor, detrás del volante. Otras mejoras eran el engrase activable con el pie y un parabrisas con apertura central. Era capaz de alcanzar casi los 100 km/h y lo suficientemente rápido para ser un coche de su tiempo. No sorprende que el modelo fuese el primer coche de muchos británicos.

Motor: 4 cilindros, 933 cc
Potencia: 17 kW (23.4 CV)
De 0 a 100 km/h: n/d
Velocidad máxima: 100 km/h
Producción total: 157.668

FORD GB ANGLIA/PREFECT/POPULAR

Motor: 4 cilindros, 933 cc
Potencia: 22 kW (30 CV)
De 0 a 100 km/h: n/d
Velocidad máxima: 97 km/h
Producción total: 701.553

El nombre de Anglia debutó en 1939 como resultado de la revisión del viejo 7Y. La guerra interrumpió la fabricación de automóviles hasta 1945 cuando empezó de nuevo. Los modelos con la especificación De Luxe tenían los frenos muy grandes. En 1948 Ford reintrodujo en el mercado el 7Y con una nueva parrilla y un maletero más prominente. De un día para otro el Anglia se convirtió en el coche más barato de todos, incluso sus compradores no recibían ninguna opción extra.

El Prefect, más lujoso y el primer Ford con un nombre en vez de un número, nació en 1938 derivado del 7W al que se rediseñó con una parrilla más moderna y un capó tipo cocodrilo. Al igual que con el Anglia, el original se reintrodujo una vez acabada la guerra, en 1948, con unas grandes

aletas frontales, faros delanteros integrados y una parrilla vertical.

A partir de 1953, el Ford Popular o el «pop» superó al Anglia y al Prefect como el coche más básico de la gama Ford. Se trataba de un

Anglia de 1949 con un motor de 1.172 cc y ninguna otra característica más, ni tan sólo intermitentes. Incluso así los conductores fueron quienes hicieron que permaneciera en el mercado hasta 1959.

El Anglia E04A de arriba a la izquierda se diferencia del E93A contiguo, de 1949, por sus pescantes y su parrilla. Abajo, un Prefect E93A de cuatro puertas posterior a 1940.

FORD GB V8 PILOT

El V8 Pilot E71A de la izquierda fue el primer modelo nuevo que se fabricó después de la guerra. Abajo se ve un V8 40, modelo americano que fue el primer coche fabricado en Europa, concretamente en Colonia y en Cork.

Sus frenos Girling activados por pedal representaban un paso atrás en el tiempo y la palanca de cambios en la columna era la más obvia prueba de la influencia americana. Es interesante decir que el Pilot fue el único Ford británico con apoyos hidráulicos.

El V8 Pilot fue muy popular como carrocería sedán y como coche de policía; su chasis también se utilizó para otras carrocerías comerciales como un *pick-up* raro de la firma Reynolds en Dagenham o un familiar con carrocería de paneles de madera o todo de acero. Los motores V8 nunca tuvieron, a pesar de todo, mucho futuro en Gran Bretaña.

La Ford de Gran Bretaña lanzó su primer modelo posterior a la guerra, el Pilot, a un mercado expectante. Tenía la carrocería del modelo V8- 62 de la preguerra con un capó y un radiador en alto. De todas maneras, aunque su diseño no fuese actual, sí lo era su motor de 2,5 l. Por desgracia el modelo era lento y Ford tuvo que cambiarlo rápidamente por el clásico 221 de capó plano V8 y 30 CV de potencia, fabricado en grandes cantidades para vehículos militares. No resultó un coche muy frugal para haber sido lanzado en época de restricciones de carburante, pero personajes como los médicos lo veían adecuado, pues era refinado, robusto y fiable.

Motor: V8, 3.622 cc
Potencia: 63 kW (85 CV)
De 0 a 100 km/h: n/d
Velocidad máxima: 133 km/h
Producción total: 35.618

Ford GB 100E

1953–62

La serie Anglia/Prefect representó la salida de Ford de los métodos tradicionales de fabricación al ser éste el primer modelo pequeño monocasco. El modelo iniciador, el Anglia, fue una única carrocería de dos puertas, mientras que el más elevado, el Prefect, tenía cuatro puertas.

Bajo su capó se escondía un motor de 1.172 cc con válvulas laterales. La suspensión MacPherson, vista por primera vez en la serie Consul/Zephyr, significaba que su maniobrabilidad estaba asegurada y convirtió al pequeño utilitario en un coche de carreras.

Tanto el Anglia como el Prefect sufrieron retoques en su diseño el año 1957 haciéndoles unas ventanas traseras más grandes, unas nuevas luces traseras y una nueva parrilla. Estos retoques y la transmisión automática les dieron

Con la llegada del 105E Anglia, el viejo 100E cambió su nombre por el del nuevo Popular con faros delanteros y luces traseras más simples y redondas. El de la fotografía es el de la versión De Luxe que tenía un saliente en el techo, refuerzos en los parachoques, luces de posición separadas de los faros delanteros y unos embellecedores especiales cromados.

una pincelada de sofisticación, pero aun así se vendieron muy pocos.

El atractivo del Prefect y del Popular era demasiado básico y no podía servir para el transporte, por lo que el Escort comercial de tres puertas y el familiar Esquire lo ampliaron todavía más. Este último presentaba el interesante recurso estilístico de franjas de madera.

El Prefect se ofrecía en categoría De Luxe con cromados, un interior en dos tonos y una guantera que se podía cerrar, lo más necesario para una familia a mediados de los 50 en los viajes. La aparición del Nuevo Anglia hizo que el 100E se rebautizara con el nombre de Popular en 1960.

Motor: 4 cilindros, 1.172 cc
Potencia: 27 kW (36 CV)
De 0 a 100 km/h: 29 s
Velocidad máxima: 112 km/h
Producción total: 626.453

Ford GB Consul/Zephyr/Zodiac

1950–66

La aparición del Consul/Zephir en el Olimpia Motor Show del año 1950 hizo que Ford desvelase uno de sus diseños más avanzados de la época. El coche combinaba una carrocería monocasco con el primer motor Ford con válvulas en cabeza

y suspensión independiente MacPherson. que aún hoy se utiliza. Ford también usaba sistemas eléctricos de encendido de seis y doce voltios de serie. La mayor diferencia entre el Consul y el Zephir estaba en su frontal y en la distancia

El sedán Mark I Zephir se diferenciaba del Consul por su frontal. Las más altas prestaciones del Zephyr Zodiac, con pintura en dos tonos y embellecedores dorados y plateados, le separaban de otros modelos.

entre ejes 10,2 cm más larga del Zephir, lo que ayudaba a una mejor colocación de su gran motor de 6 cilindros. En 1953 aumentaron las prestaciones de ambos modelos.

En 1956 se rediseñó toda su carrocería dándole más espacio, n estilo más americano y se potenciaron sus motores. Los modelos convertibles se pusieron de inmediato a la venta y en 1959 sufrió sus primeros retoques de diseño con un techo más bajo y unos interiores mejorados. En 1966 se aumentó la calidad de toda la gama con los Mk II, que se llamaron Zephir y Zodiac.

El Zephir fue el rival del sedán Jaguar, que era más barato. El Zephir 4 reemplazó al Consul con su motor de 6 cilindros, el primero que oficialmente llegó a los 161 km/h. En 1962 se dio más espacio a las piernas de los pasajeros de atrás, lo que provocó cambios en su estructura. En 1965, la versión más lujosa de la serie indicaba lo decidida que estaba Ford por luchar en el mercado de los coches de lujo.

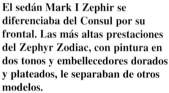

Motor: 6 cilindros, 2.553 cc
Potencia: 81 kW (109 CV)
De 0 a 100 km/h: 13,4 s
Velocidad máxima: 166 km/h
Producción total: 942.217

FORD GB ANGLIA 1959–67

Anglia Super de ruedas totalmente metálicas y dos embellecedores laterales también metálicos. Desde 1963 tuvo bajo su capó un motor de 1.200 cc que pronto también se utilizaría en el nuevo Ford Cortina.

A mediados de los años 50 Ford abrió la puerta de su centro de investigación en el corazón del centro automovilístico británico en Birmingham. Sólo una vez salió un automóvil de este centro creativo, el 105 Anglia, que probó ser un despunte de Ford.

Lo más obvio era la influencia del estilo americano, lo que no sorprendía ya que era obra del diseñador de Ford USA Elwood Engel, responsable de las pruebas en el túnel de viento. Aletas traseras, parabrisas en pendiente opuesta y faros delanteros

protegidos hacían que el coche sobresaliera. Aunque su dirección fuese de circulación de bolas, su maniobrabilidad era realmente tan impresionante como todas las prestaciones del vehículo.

Una de los mejores detalles del New Anglia era su motor con

válvulas en cabeza de gran respuesta y de superficie cuadrada conectado a una transmisión de cuatro velocidades, la primera en un coche Ford. Lógicamente este eje motriz se convirtió rápidamente en el favorito en los círculos de las carreras cuyo coche corría con un único asiento en la Fórmula Junior. En 1962 se sumaron a la gama las versiones familiares, que alcanzarían mucha popularidad. El modelo Super tenía un motor más potente de 1.200 cc y una caja de cambios totalmente sincronizada. Esto hizo que el Anglia se considerase un gran vehículo y que se vendiese en gran cantidad a conductores primerizos.

Motor: 997 cc
Potencia: 29 kW (39 CV)
De 0 a 100 km/h: 21 s
Velocidad máxima: 128 km/h
Producción total: 1.083.960

FORD GB CONSUL CLASSIC/CAPRI 1961–64

Su aspecto fue del todo americano, pero el sedán de dos y cuatro puertas Consul Classic y el deportivo Capri se diseñaron y fabricaron en Dagenham, Inglaterra. La intención de fabricar un modelo Classic se debió a que se quiso ocupar el hueco existente entre el Anglia y el Consul de más nivel.

Su motor y la caja de cambios eran las mismas que en el motor de 1.340 cc usado en el Anglia pero modificadas para un coche de más categoría. Lo más grande del Classic fue su maletero, con una capacidad de 0,6 m³. El Classic representó un gran esfuerzo, especialmente cuando en 1962 se le puso un motor de 1.250 cc para que tuviese mejores prestaciones, pero su fabricación duró poco ante el descarado éxito del Cortina.

El bonito Capri no era más que un Classic con un techo en

pendiente y tenía el mismo gran maletero y sutiles aletas. El modelo más notable fue el GT de 1963 con carburadores dobles, un tubo de escape de cuatro ramas, válvulas de escape más grandes

y un mejorado árbol de levas que transformaron el motor de 1.500 cc. A pesar de ello el Capri nunca se vendió muy bien y sus ventas siempre fueron pobres frente a las estándar de Ford.

El Classic y el Capri fueron pioneros entre los coches con cuatro faros delanteros. Visto de perfil, el Classic tenía el parabrisas trasero inclinado al revés, lo que ya se había visto en el Anglia 105E.

Motor: 4 cilindros, 1.340 cc.
Potencia: 45 kW (57 CV)
De 0 a 100: 13,7 s
Velocidad máxima: 153 km/h
Producción total: 24.531/6.868

FORD GB CORTINA

Este cortina fue un modelo preparado virtualmente para las carreras; se trata de un Mk I Lotus equipado con llantas de aleación ligera.

Motor: 4 cilindros, 1.198 cc
Potencia: 37 kW (49 CV)
De 0 a 100 km/h: 15 s
Velocidad máxima: 153 km/h
Producción total: 4.299.669

El Cortina cambió para siempre la cara del mundo automovilístico en Gran Bretaña. Fabricar un auténtico coche familiar de tamaño medio ayudó también a muchas generaciones a llegar a tiempo a sus citas. Su cometido fue la de ser puente entre los coches pequeños y los grandes, pero creó rivalidad entre las Ford de Alemania y la de Gran Bretaña. Cuando el director de la británica, Sir Patrick Hennessy, descubrió que el Ford Cardinal, de tracción delantera, se

fabricaba en Alemania con la ayuda de Ford USA, empezó a idear el proyecto Archbishop. Estaba un año atrás de su rival utilizando una plataforma convencional para tracción trasera y adaptando los innovadores cálculos de la aviación para el ahorro de peso en la carrocería a los coches sin perder nada de su integridad estructural.

El diseño del coche lo realizó el americano Roy Brown, que previamente había hecho lo propio con el desafortunado Edsel.

Se lanzó al mercado en 1962 con un nombre inspirado en el local de los JJ.OO. de invierno de 1960; el Cortina llevó así el nombre de Consul en el capó durante sus dos

primeros años. Cuando se incorporó a la gama, con cierta competencia de los BMC 1100/ 1300, sólo hubo un ganador. El Cortina era más grande, más barato y daba un mejor rendimiento. Los coches de la BMC fueron aún los coches preferidos por los británicos durante un tiempo, pero el Cortina demostró ser un campeón en la exportación y en un año se vendieron más de 250, todo un récord para la época. Había llegado el llamado «Dagenham Dustbin» que así se llamaba cariñosamente al Cortina.

Al principio sólo se ofrecía con un motor de 1.200 cc y carrocerías de dos y cuatro puertas, pero pronto también se puso a la venta con un motor de 1.500 cc.

Para sacar brillo a la imagen anodina pero digna, corriente pero de carácter alegre de Ford, ésta se puso en contacto con la marca de deportivos Lotus de Chesnut. Las carrocerías del Cortina se enviarían allí para que se equiparan con motores con dos árboles de levas, suspensiones deportivas y puertas, capós y maleteros de aleación ligera. Este modelo llegó a ser reconocido en los circuitos.

En 1966 el Cortina tuvo una carrocería más cuadrada y ancha y un nuevo motor de 1.300 cc y cinco soportes de fijación. Como antes, también hubo diferentes niveles de acabado, que se iniciaban con el Mk II llamado Base, el De Luxe Super, el GT y el Lotus Cortina como el más alto de la serie a pesar de que sus accesorios fuesen convencionales, los paneles no fuesen de aleación ligera y fuese

La primera, la segunda y la tercera generación de Cortinas como estos dominaron las listas de ventas.

fabricado en Dagenham y no en Lotus. En 1967 se equipó con un nuevo motor de 1.600 cc y el modelo recibió el nombre de 1600E. La E era de Ejecutivo, como ejemplo de lo que soñaba cualquier conductor ambicioso. Con su motor GT, suspensiones de Lotus, ruedas anchas y deportivas de Rostyle y salpicadero de madera barnizada, el Cortina consiguió a finales de 1967 ser el coche más vendido de Gran Bretaña.

El Cortina mejoró de nuevo en 1970 cuando el Mk III adquirió un diseño totalmente americano de mano de Harley Copp. Como todos los modelos contemporáneos de los Estados Unidos su carrocería tenía el diseño llamado «Coke bottle» por sus líneas curvas. El Cortina se había convertido en el coche deseado por los compradores de la marca y con otra jerarquía propia: el Base, el X, el XL, el GT y el GLX, que disponía de un nuevo motor de 1.600 cc con doble árbol de levas en cabeza o de un 2000 Pinto.

El último Cortina, de 1976, sufrió otra nueva restilización inteligente, esta vez por Uwe Bahnsen, que también diseñó el más radical Sierra, su sucesor. El Cortina Mk IV no podía ser más cuadriculado y tenía más superficie acristalada, lo que daba la impresión de tener más espacio en el habitáculo. El Modelo GT fue reemplazado por el S y las opciones de su motor fueron un 1.300, un 1.600 y un 2.000 cc hasta que en 1977 se añadió a esta lista el de 2,3 l V6. En 1980 su diseño tomó un aire más fresco gracias a sus ventanas más grandes, pero no tardaría en cambiar de nuevo. Aun así el Ford Sierra tendría muchas piezas del Cortina.

FORD GB CORSAIR

1963–70

Ford se esmeró mucho en su Corsair o «Buccaneer» como se conocía en la empresa. Superviviente tras dos años de venta al público la marca decidió dejar de fabricar un coche muy convencional y que actualmente tendría un aspecto raro. Su esquinado frontal característico era lógicamente heredado de otros Ford como el Taunus de Alemania o el Thunderbird de los Estados Unidos. Su meta fue llenar el hueco existente entre el Cortina y el Zephir, lo que nunca consiguió. A sus compradores no les gustaba su incómoda carrocería de dos puertas y sus reiteradas renovaciones sólo incorporaron un circuito eléctrico impreso en el panel de control, una novedad industrial.

Su motor de 1.498 cc fue cambiado por un 1.663 cc V4 nuevo y otro de 1.996 cc que ralentizó el coche y encareció su mantenimiento pues eran motores menos eficaces que los anteriores. La mayoría del peso del coche estaba en las ruedas delanteras, lo que no inspiraba una conducción fiable. Ford sacó al mercado los modelos GT y 2000E con motores retocados y grandes accesorios para tentar a los compradores. Las ventas aumentaron, pero los clientes siempre prefirieron el Cortina. Especialistas como Abbot convirtieron al Corsair en un familiar y Cryford fabricó convertibles, pero no consiguió aumentar las ventas y se dejó de fabricar en 1970.

Motor: 4 cilindros, 1.498 cc
Potencia: 45 kW (60 CV)
De 0 a 100 km/h: 14 s
Velocidad máxima: 158 km/h
Producción total: 331.095

El modelo más elitista de la serie, el Corsair 2000E, tenía de serie un techo de vinilo que reemplazaba el extraíble del GT.

FORD GB GRANADA

1972–85

Motor: V6, 2.495 cc
Potencia: 61 kW (82 CV)
De 0 a 100 km/h: 9 s
Velocidad máxima: 193 km/h
Producción total: 1.486.049

Cuando Ford decidió reemplazar la serie Mk IV del Zephir/Zodiac a principios de los 70, se quiso reducir un gran coche a medidas de un compacto. Los primeros niveles de entrada se llamaban Consul y se equipaban con un motor de 2 l V4 o de 3 l V6. La cima de la serie fue el Granada con motor de 2,5 o de 3 l que se ofrecían con un nivel de acabado Base o GXL dotados de transmisión automática y un techo de vinilo. Los modelos familiares se sumaron a la serie añadiendo practicidad y en 1974 apareció el cupé de cuatro asientos reales con trasera inclinada. De todas formas fueron las altas prestaciones del Ghia a las que aspiraban las clases medias.

Uwe Bahnsen hizo a finales de los 70 un nuevo diseño muy inteligente del modelo con líneas muy rectas que lo pusieron por un instante al día. Sólo se fabricaba en Alemania con motores de 2,3 l y de 2,8 l V6 con opción a un sistema de inyección en esta última. También se llegó a ofrecer una versión diésel. La versión familiar fue especialmente exitosa por su gran superficie de carga y sus líneas limpias. El Granada con acabados Ghia fue aún más popular, siendo un coche para ejecutivos y se le veía a menudo conducido por chóferes. Pocos fabricantes podían ofrecer el mismo nivel de equipamiento, refinamiento, espacio y economía de mantenimiento. En 1981 sufrió unos ligeros retoques que sólo sirvieron para aumentar su atractivo y su popularidad.

En 1984, este coche tenía una parrilla con huecos del mismo color que la carrocería, que acabó siendo plateada. Sus accesorios impresionaban: disponía de aire acondicionado, computadora de viaje, cierre centralizado, luces de niebla halógenas, faros delanteros con limpiaparabrisas y techo solar.

FORD GT40

1966–69

Motor: V8, 4.737 cc
Potencia: 250 kW (335 CV)
De 0 a 100 km/h: 6 s
Velocidad máxima: 274 km/h
Producción total: 133

A principios de 1963 Ford quiso acercarse a Ferrari con la intención de comprarla. Se acercó mucho, pero al final no pudo en el último momento cuando Ferrari se negó y los directivos de Ford montaron en cólera. De inmediato decidieron formar su propio equipo de carreras y fabricar sus propios coches que conseguirían batir a Ferrari en la legendaria carrera de las 24 Horas de Le Mans. Se escogió el Reino Unido para su fabricación gracias a su reputación como centro de la industria automovilística.

Aunque fue diseñado en el cuartel general de Ford en Dearborn, la carrocería de fibra de vidrio se moldeó en Inglaterra y se ensambló en el Advanced Vehicle Factory de Slough. Su corazón estaba basado en un motor Lola V8 diseñado para el prototipo por Eric Broadley. John Wyler fue el elegido para coordinar toda su fabricación y el programa de carreras.

El coche recibió el nombre de GT40 debido a que su altura era menor de 40 pulgadas (120 cm). Bajo su bonita carrocería de plástico había un pesado chasis de acero monocasco con un motor V8 de 4,2 l de Ford puesto en el centro y conectado a una transmisión Colotti. Todos los modelos se equiparon con un motor de 4,7 l V8 con transmisión ZF. La suspensión delantera era independiente con muelles helicoidales y doble espoleta, mientras que la trasera también tenía muelles helicoidales y brazos oscilantes más bajos que se unían arriba y que más abajo disponían de sus espoletas. Las cuatro ruedas tenían frenos de disco capaces de parar al coche cuando corriera a su máxima velocidad en carrera, 322 km/h.

Se fabricaron algunos modelos de carretera para ricos compradores en 1965. Tenían un interior de lujo e incluso cajas para equipaje en el lugar del motor. El posterior Mark III sólo se fabricó como coche de carretera; tenía los faros delanteros cuadrados y un cambio de marchas central en vez de uno a la derecha como los de carreras. En los años

60 estos coches costaban la sustanciaosa cifra de 6.450 £.

El primer GT40 que corrió en Le Mans lo hizo en 1964, pero ninguno de ellos pudo acabar la competición aunque el piloto Phil Hill consiguió la vuelta más rápida. La siguiente generación de GT40 tenía ya los motores de 4,7 l, pero lo más importante fue que el nuevo programador de carreras fue Carroll Shelby. En 1965, el Mark II GT40 tenía un motor de 7 l V8 y al año siguiente los llamados modelos J en los Estados Unidos disponían de un chasis en panal. Ninguno de ellos estaba a punto para competir en el evento decidido: Le Mans. En 1966 un grupo mixto de GT40 Mark I y Mark II obtuvo resultados fantásticos. Tres Mark II cruzaron la línea de meta en una primera victoria histórica.

En 1967, la factoría de Ford en Slough fue comprada por la JW Automotive Engineering que en

Estas fotos muestran al Mark III de 1967 que sólo se ofrecía para carretera. Su interior estaba lleno de accesorios como compartimentos de carga en el lugar del motor. Sus faros delanteros eran cuadrados y su palanca de cambio, central en vez de estar a la derecha como en los de carreras.

parte era propiedad de John Wyler y que se concentró en suministrar piezas a los GT40 de carretera mientras que Ford llevó a sus GT40 J a Le Mans a vencer en 1967.

Ford decidió retirarse de las competiciones estando en la cima del éxito. Uno de los clientes de alto nivel de estos coches fue ni más ni menos que Grady Davis, el presidente de Gulf Oil. Él vio la necesidad de reponer al GT40 en las carreras y conminó a la marca a que preparase un equipo de tres coches. Éstos, con un motor ligero de 5 l, tuvieron el nombre de Mirage y fueron pintados de color azul cielo, el color distintivo de la Gulf Oil. Estos coches GT40 P/1075 ganaron la misma carrera en 1968 y luego la del año próximo.

Por raro que parezca costaba mucho vender un GT40 y más cuando se quedó obsoleto en las carreras, y es que el de carretera tampoco era fácil de mantener, Desde entonces numerosos «kit-car» han fabricado cuantiosas copias pues el verdadero GTO actualmente no tiene precio.

FORD GB ESCORT

Motor: 4 cilindros, 1.993 cc
Potencia: 82 kW (110 CV)
De 0 a 100 km/h: 8,6 s
Velocidad máxima.: 175 km/h
Producción total: 2.906.144

En los años del Swing, los 60, estaba claro que el viejo Anglia tenía que ser reemplazado y Ford empezó a pensar en un nuevo modelo ya en 1964 que pudiese ser fabricado y vendido en Europa. De hecho el que Ford estuviese allí se hizo precisamente con este imperativo. De esta manera, aunque estuviese diseñado en el Reino Unido, su caja de cambios sincronizada lo estuvo en Alemania, y las plantas de fabricación estuvieron igualmente una en Halewood, Inglaterra, y otra en Saarlouis, Alemania. El coche en cuestión fue el Escort.

Se trataba de un recién llegado espacioso, fiable y de precio atractivo que sólo se ofrecía con dos puertas. Se le montó una nueva suspensión delantera cuando aún no hacía un año de su aparición y se sustituyó por una MacPherson con válvulas; fue el primer Ford con dirección de cremallera. Sus motores eran todos versiones reelaboradas de anteriores pero ahora disponían de un cigüeñal de cinco brazos y cilindros de flujo cruzado. Se instaló un nuevo motor de 1.098 cc en los modelos básicos con acabados Basic, De Luxe y Super. Más tarde a este último se le equipó con un motor de 1.298 cc y al GT con una culata nueva, un árbol de levas de alto empuje y un carburador Weber doble que en conjunto entregaba 72 CV.

Ford se mostraba claramente serio con las prestaciones de sus versiones cuando introdujo un Twin Cam (doble árbol de levas) en sus pequeños deportivos y el tren motriz de un Lotus Cortina que puesto en la carrocería de un Escort pesaba 136 kg menos. Fue fabricado en Halewood y las mecánicas actualizadas se instalaban en una carrocería especialmente preparada con pasos de rueda generosos. No sorprende que Ford dominase totalmente el mundo de los rallies internacionales y que actualmente estos modelos sean aún competitivos en los rallies *amateurs*. Ford, sin embargo, recaudó millones de libras con las versiones más básicas de este modelo. Las versiones familiares aparecieron en 1969 junto con las carrocerías de cuatro puertas.

Ford instauró un Advanced Vehicles Operation en Avekey para fabricar sus coches especiales a mano. Su primer proyecto fue el RS1600 dotado de un motor de 16 válvulas con dos árboles de levas Cosworth. Inspirado en la victoria en el Campeonato Mundial de Rallies del año 1970 apareció en Méjico una versión con un mayor motor de 1.558 cc que le dio más fiabilidad y después un RS2000 con motor de 2 l con emblemas y abombamientos Pintado en los laterales. Este modelo tenía menos agresividad y fue fabricado en Alemania.

El Escort Mark II tuvo el nombre en clave de «Project Brenda» en todo su proceso de fabricación, que empezó en 1972 y fue en su mayoría europeo. Su nueva carrocería se debió al arquitecto de toda la nueva generación de Ford, Uwe Bahnsen. Era un coche a la moda, anguloso, espacioso, y airoso. Con una gran superficie acristalada, disponía de motores de 1.000, 1.300 y 1.600 cc en su gran espacio bajo el capó.

En 1979 Ford obtuvo nueve récords y cinco victorias entre las que se cuenta el RAC Rally Lombard. Aunque fuese Hannu Mikola quien ganase más veces, fue Bjorn Waldegaard, con su RS2000, el que consiguió coronarse con el primer Campeonato del Mundo de Rallies.

Los niveles de acabado fueron los L, los GL y Ghia además del Sport y GT. Ford nunca abandonó su programa de deportes.

El RSI 1800 disponía de un doble árbol de levas BDA con una homologación especial. Se modificó hasta tener una capacidad de 2 l con una suspensión actualizada, una caja de cambios ZF de relación cerrada y un eje mayor. Con este modelo Ford ganó el Campeonato del Mundo de Rallies de 1979. El Mark II Mexico y el RS2000 no tenían tanta especialización, El Mexico tenía un motor de 1,6 l que entregaba 95 CV pero no se vendió mucho. El RS 2000 se distinguía por su frontal de plástico, sus cuatro faros delanteros y un gran alerón.

Siempre fueron los Escort básicos los que tuvieron más ventas. El familiar de tres puertas fue siempre muy popular, tanto que Ford reintrodujo este nombre para denominar al más bajo de la serie, que carecía de lujos y al que más tarde se le sumó el Popular Plus. Tras unos leves retoques en 1978 la serie había aumentado a base de ediciones especiales que hicieron que el modelo nunca pareciese pasado de moda ni obsoleto.

FORD GB FIESTA

1976–83

Motor: 957 cc
Potencia: 35 kW (47 CV)
De 0 a 100 km/h: 19 s
Velocidad máxima: 127 km/h
Producción total: 1.750.000

Este modelo fue un verdadero hito en la historia de Ford Europa pues se separaba de los anteriores modelos, tan precavidos. El Fiesta fue el primer supermini y su primer modelo con motor transversal y tracción en las ruedas delanteras. El diseñador de esta carrocería de tres puertas tan atractivo fue Tom Tjaarda que trabajaba para los estudios Ghia en Italia. Por suerte para Ford el desarrollo de este pequeño modelo, cuyo nombre en clave era «Bobcat», coincidió con la crisis del petróleo, por lo que fue muy oportuno lanzar al mercado un coche de este tamaño con uno de los motores más pequeños que nunca fabricó la marca.

El Fiesta apareció el año 1976 equipado con un motor de 975 cc de compresión variable o de 1.117 cc.

Con el tiempo se le añadiría el motor de 1.298 cc que aseguró su éxito en el mercado de su categoría. Los niveles de acabado iban del Base (más tarde llamado Popular) al L, LS y Ghia, el más alto. En 1979 se celebró la venta de un millón de unidades.

Ford tuvo en cuenta las posibilidades deportivas del modelo y añadió un modelo con motor de 1.600 cc llamado Fiesta XR2 en 1982, un deportivo de bolsillo con estilo y prestaciones que dio a Ford una imagen en Europa de fabricante de coches asequibles y fiables.

El Ford Fiesta Ghia de 1981 representó la cúspide de la gama de coche pequeño de tres puertas. Disponía de embellecedores, lunas tintadas, llantas de aleación, tableros de madera y cuentakilómetros multifuncional.

FORD GB COSWORTH SIERRA

1986–90

Motor: 4 cilindros, 1.993 cc
Potencia: 152 kW (204 CV)
De 0 a 100 km/h: 8 s
Velocidad máxima: 233 km/h
Producción total: 5.000

El Ford Sierra, tan familiar y modesto, no parecía tener una buena base deportiva, pero eso fue exactamente lo que Ford consiguió de él, un sedán dominador en las carreras de los años 80. La normativa del Grupo A exigía

la existencia de al menos 500 unidades en el mercado para poder inscribirlo y Ford escogió una carrocería de tres puertas para su Cosworth.

Es verdad que no parecía un coche estándar cuando apareció con su gran toma de aire frontal, el alerón trasero en «cola de ballena» y ventilaciones en el capó. Más tarde incluso se acentuó su agresividad. Estaba dotado de un motor de 2 l turbo modificado por

Cosworth Engineering capaz de entregar 200 CV aunque podía retocarse aún más hasta conseguir más de 300 para carreras. Aston Martín Tickford fabricó uno de ellos con un motor de 224 CV que podía transformarse para poder entregar 550 CV.

El Cosworth se convirtió en una leyenda de los circuitos, en los que salió tantas veces victorioso que las autoridades tuvieron que cambiar las reglas para así dar opciones a

los demás. A partir de 1988 Ford incorporó la carrocería de cuatro puertas, y después de 1990 la tracción a las cuatro ruedas. Con ellos Cosworth entró en el mundo de los supercoches de cuatro puertas llegando a rivalizar con el mejor de los sedán alemanes, el BMW M5.

Pintado de negro el RS500 fue la serie limitada más poderosa y preparada para las carreras gracias a Cosworth y a la carrocería de Sierra de tres puertas. Tal como indica el nombre sólo se fabricaron 500 unidades con el único cometido de poder clasificarse en el Grupo A de las carreras.

FORD GB CAPRI

Motor: V6, 1.297 cc
Potencia: 42 kW (57 CV)
De 0 a 100 km/h: 7 s
Velocidad máxima: 204 km/h
Producción total: 1.497.445

De regreso al año 1969 el «car you always promised yourself» fue, según Ford, el Capri. Representaba de muchas maneras la versión europea del Ford Mustang de rotundo éxito. Es decir, tenía un aspecto inmejorable, conducción alegre y divertida y además era asequible. Se diseñó en el centro de investigación de Ford en Dunton, Essex, con el nombre en clave de «Colt» y se trataba de un coche estrecho de cuatro asientos con un motor poco adecuado de 1,3 l que luego aumentó a 1,6 y a 2 l y que por último equipó un gran motor de 3 l. Se dio más importancia al aspecto del coche, por lo que tuvo bastantes accesorios y niveles de acabado que dividieron su serie en las clases X, XL, XLR y E. Se ha calculado que hubo más de 900 versiones posibles en Gran Bretaña entre 1968 y 1987. El Capri era el coche de aquellos conductores que aspiraban a un coche más caro y mejor equipado.

El 3000 GT de 1969 montaba un motor Zodiac V6 modificado que necesitaba el abombamiento del capó para su colocación. Incluso hubo ediciones limitadas como el RS2600 de alta velocidad, que sólo se vendió en Alemania, y el RS3100. No sorprende, por tanto, que el Capri ganase en dos

ocasiones el Campeonato Europeo de Turismos y tuviese gran éxito en las carreras.

Proyecto Diana fue el nombre en clave de la segunda generación del Capri que se lanzó en 1974. Sus ventas habían bajado en toda Europa y el Capri II fue más práctico gracias además a un mayor portón trasero. Era más grande, pesado y menos agresivo que su antecesor, pero ello no importó a sus clientes que compraron 183.000 unidades en su primer año. Las ventas se frenaron de nuevo: en Gran Bretaña, donde se encontraba su mayor mercado, hasta se dejó de fabricar y se pasó a Colonia en Alemania. Los Estados Unidos también dejaron de importar

Capris, lo que no tenía nada que ver con la emulación del Mustang.

«Carla» fue el último nombre de la evolución del Capri y se consiguió un mejor aspecto del coche desde 1960. Tenía cuatro faros delanteros redondos, un capó más perfilado, parachoques negros envolventes y un interior mejorado que le ayudaron a ser más atractivo.

El único modelo realmente deportivo fue el S, que en esencia era una versión con muchos accesorios. En el exterior se distinguía por una franja lateral, llantas de aleación y alerón trasero. En su interior había un volante más pequeño que el anterior, de 36 cm, y la opción de asientos Recaro. Un techo solar, una caja de cambios de

El Capri 3100 se vendía pintado de color rojo Sebring con sus distintivas franjas laterales y un gran alerón trasero que ayudaba en gran medida a su estabilidad, llantas de aleación y parachoques negros mate. Su motor era un V6 potenciado que daba al coche prestaciones deportivas.

cinco velocidades y asientos deportivos llegaron en 1983.

Ya no habría vuelta a los gloriosos RS. La mejor versión del estándar Capri fue la 2.8i que apareció en 1981. Estaba equipada con un motor de 2,8 l V6 que entregaba 160 CV y se vendía con techo solar, llantas de aleación de diseño especial, volante deportivo y asientos Recaro; la caja de cambios de cinco velocidades sólo fue de serie en 1983. Un año más tarde la versión Special tuvo las llantas de aleación con radios, una parrilla coloreada y diferencial de deslizamiento limitado a partir de 1985.

El Capri más excluisivo fue el equipado con un motor Turbo de 205 CV Tickford modificado por Aston Martín entre 1983 y 1984. Se entregaba en blanco con llantas de aleación coloreadas y un interior tapizado de piel, elementos de nogal y moquetas de terciopelo. Los 1.038 Capris de la hornada final de 1987 se llamaron Capri 280. Era característico su color verde oscuro, sus llantas de aleación de 38 cm RS y el interior de piel con ribetes color burdeos. Fue el final de un gran coche.

FORD GB RS200

Motor: 4 cilindros, 1.802 cc
Potencia: 186 kW (250 CV)
De 0 a 100 km/h: 6 s
Velocidad máxima: 225 km/h
Producción total: 200

El Mundial de Rallies cambió su normativa creando una nueva categoría, el grupo B. A principios de los 80 los fabricantes estaban diseñando los últimos modelos rallies *off-road* y el Ford RS200 era uno de ellos. Para entrar en este grupo sólo se necesitaban fabricar 200 unidades de carretera y Ford lo hizo.

Ford Motorsport diseñó el nuevo coche de manera efectiva con la inestimable ayuda del especialista Tony Southgate.

El equipo contó con un cupé biplaza de motor central denominado BDT y procedente del BDA que equipaba a muchos de los victoriosos Escort pero dotado con un turbo. Se basaba en el RS1700T.

Su chasis de tracción a las cuatro ruedas fue diseñado por FF y contaba con tres diferenciales viscosos. El chasis propiamente dicho era de fibra de carbono, kevlar y tubos de acero. La suspensión era independiente en las cuatro ruedas y ajustable en altura.

El RS200 se fabricó en ambas conducciones, izquierda y derecha.

Fue ideado en 1983 y salió al mercado en 1985, demasiado tarde para entrar en el reciente grupo B. El gran número de accidentes e incidentes hizo ver a los directivos que era un coche peligroso, lo que tuvo como resultado 200 mini supercoches sin vender, el peor negocio de la década.

FORD MODELO T

Motor: 4 cilindros, 2.896 cc
Potencia: 15 kW (20 CV)
De 0 a 100 km/h: n/d
Velocidad máxima: 72 km/h
Producción total: 15.000.000

«You can have any colour you like, so long as it is black», dijo Henry Ford para explicar por qué el Model T era tan barato. Al principio las primeras unidades se ensamblaron en la planta de Piquete Avenue de Detroit el 1 de octubre de 1908. En los siguientes 19 años fabricó 15.000.000 de coches, el único que lo ha conseguido junto con el VW Escarabajo. En todo este tiempo apenas cambió nada y Henry Ford consiguió su gran éxito fabricando un auténtico coche de masas.

«Quiero fabricar un coche para las grandes multitudes», dijo Ford, y salió de la planta secreta de diseño para cambiar para siempre la industria del automóvil. Se podía adquirir por 825 $ un coche ligero de unos 544 kg, bastante potente y con 4 cilindros que entregaba 20 CV. Era muy fácil de conducir, sólo tenía dos velocidades y una transmisión «planetaria» controlada con el pie. En su primer año se vendieron más de 10.000 «Tin Lizzies», todo un récord.

El Model T fue un muy buen coche cuyo chasis era un armazón de madera especialmente fuerte

Se trata de una carrocería Tourabout que se ofrecía en dos versiones *roadster* en las que los asientos delanteros no tenían puertas. Las llantas de serie del Model T tenían los radios de madera y sus márgenes eran desmontables. En 1925 las ruedas metálicas fueron ya una opción.

sobre el que la aleación de acero y vanadio se mostró crucial. Los muy escasos cambios que sufrió este modelo durante su largo período de fabricación se debieron a que sus elementos eran intercambiables y así el coche podía seguir su senda. La suspensión con ballestas de láminas transversales permitía al chasis y a las ruedas un buen manejo en las numerosas carreteras sin asfaltar de los Estados Unidos en aquella época. La gran variedad de carrocerías hizo aceptar la teoría

El Ford Model T Touring data de 1914, cuando el propio Ford se las arregló para reducir el tiempo de fabricación de un chasis de 12,5 horas a 1,5: había nacido la fabricación en serie. Ese año se fabricaron más de 300.000 Model T.

de que había un Model T para cada cliente, ya fuese un rápido deportivo o una furgoneta o *pick-up* para carga. Henry Ford creó un mercado propio.

La creciente demanda del nuevo Ford hizo cambiar sus métodos de fabricación. Se tuvo que fundar en 1910 una nueva planta de fabricación en Highland Park diseñada por el entonces líder de la arquitectura estadounidense, Elbert Khan. Esta fábrica de cuatro pisos estaba organizada siguiendo de arriba abajo todo el proceso

de producción. La fabricación se incrementó un ciento por ciento los tres años siguientes: pasó de los 19.000 en 1910 a los 34.500 en 1911 y los 78.440 en 1912.

Ford estaba decidida a reducir continuamente el precio de su vehículo, por eso cuando en 1912 costaba 575 $, era uno de los coches más baratos del país. Las ganancias decrecieron estrepitosamente cuando en 1914 se vendieron por sólo 99 $, pero las ventas crecieron hasta las 248.000 unidades en 1913 y 1921 el Ford T

copaba el 60 por 100 del mercado de coches nuevos en los Estados Unidos. Las plantas de producción de Ford en todo el mundo fabricaban el T a un ritmo de locura y el único problema de Henry Ford era saber cómo hacer frente a tanta demanda. Esta situación empezaría pronto a dar problemas porque la marca se limitaba sólo a fabricar este modelo. Los clientes apreciaban el precio del producto pero pedían cada vez más un poco de sofisticación. Chevrolet en particular apuntó a sus mismos

clientes ofreciéndoles coches con más diseño y más actualizados con, por ejemplo, una caja de tres velocidades silenciosa.

Chevrolet empezó a quitar ventas a Ford y en 1926 las ventas de éste se paralizaron. El 25 de mayo de 1927 Ford anunció de forma inesperada que dejaba de fabricar su Model T; hacía justo seis meses que la planta de Highland Park había cerrado. Ford tuvo que hacerlo porque curiosamente no tenía ningún otro modelo de reemplazo y necesitaba tiempo para diseñarlo.

FORD MODEL A 1927–31

Motor: 4 cilindros, 2.043 cc
Potencia: 30 kW (40 CV)
De 0 a 100 km/h: n/d
Velocidad máxima: 105 km/h
Producción total: 3.562.610

A pesar de tener la suspensión en ballestas con láminas transversales heredada del T, el Model A era mucho más sofisticado. Estaba propulsado por un motor de 2 l y 4 cilindros capaz de alcanzar una velocidad de 105 km/h; tenía

además un sistema eléctrico para un moderno limpiaparabrisas de vacío, caja de cambios de tres velocidades y excelentes frenos en sus cuatro ruedas. Se conducía muy fácilmente, era refinado y confortable y los compradores apreciaron su mecánica fiable y resistente.

Lo más importante para Ford fue su precio y la posibilidad de quitar ventas a Chevrolet. A partir de 1930 el Model A fue incluso

mejor, tenía la parrilla del radiador plateada y la carcasa de los faros delanteros más baja, aletas más anchas, la línea del capó más alta y el diámetro de las llantas más pequeño y el de los neumáticos más grande. También se ofrecieron nuevas carrocerías, entre ellas la elegante Victoria Cupé.

El Model A nunca fue un gran éxito de ventas durante todo su periodo de fabricación, pero consiguió vender más de tres

El A era algo aparte respecto al Model T al que reemplazó y su diseño estaba claramente influenciado por los Lincoln contemporáneos. Estos primeros modelos se ofrecieron en multitud de colores contrastados.

millones de unidades. Esto significa que aún se veían algunos de ellos en las carreteras de los Estados Unidos por los años 50.

FORD 40 SERIES

1933–34

Motor: V8, 3.622 cc
Potencia: 56 kW (75 CV)
De 0 a 100 km/h: 18 s
Velocidad máxima: 140 km/h
Producción total: 485.700

Henry Ford hizo historia en 1932 con el anuncio del motor Ford V8. No era el único del mercado, pero combinado con la típica política de precios de la marca, podría ser un producto muy destacable. En 1933

Ford lo acopló al nuevo modelo 40 cuyas carrocerías ofrecían un gran abanico de posibilidades.

Tenía una distancia entre ejes más larga que los anteriores, de 284,5 cm, y un chasis en doble X. Era un coche con mucho estilo, de aletas traseras y frontal ancho, su radiador también tenía un nuevo diseño a barras verticales inclinadas hacia atrás para unirse con el parabrisas, también inclinado; por

otra parte la carcasa de sus faros delanteros tenía forma de bellota. Sus parachoques de una sola pieza eran muy atractivos, sobre todo por la profunda V de su parte central. El cliente podía comprarlo en el color que quisiera, pero las aletas siempre serían negras encima de los 43 cm de la llanta.

En el interior del coche se veía un nuevo salpicadero con un bonito abultamiento en el que se

agrupaban los instrumentos justo delante del conductor. El motor V8 funcionaba de maravilla con su nuevo sistema de inyección y una refrigeración mejorada, además de una compresión más alta y una culata de aluminio, y entregaba 75 CV.

Aquellos clientes que no pudiesen afrontar la versión V8 podían acceder a la de 4 cilindros en línea.

FORD FAIRLANE SKYLINER

1956–59

Motor: V8, 4.453 cc
Potencia: 142 kW (190 CV)
De 0 a 100 km/h: 12 s
Velocidad máxima: 177 km/h
Producción total: 48.394

El Fairlane debió su nombre a la mansión que Henry Ford tenía en Dearborn. Apareció en 1955 siendo el modelo más alto de toda la gama y el más grande. Se ofrecía con seis carrocerías diferentes incluyendo el usual sedán, el Crown Victoria con techo de plástico, el Victoria con techo de acero o el convertible Sunliner. El más destacado de la serie fue, empero, lanzado en 1957 con el nombre de Ford Fairlane 500 Skyliner.

Este modelo tenía el primer techo retráctil del mundo. Cumplía

A diferencia de los excesos y lujos en los coches de los años 50, el Ford Fairlane 500 Skyliner era simple y menos equipado. Sus pequeñas aletas traseras y las luces únicas acentuaban el aspecto desordenado de este modelo.

con una idea sorprendente, pero en la práctica resultó muy complicada y a veces problemática. Y no sólo eso, era un modelo caro que costaba 400 $ más que el convertible Sunliner. Los estilistas de Ford diseñaron el techo para ser más corto que el de los otros modelos de la serie y su sección frontal tenía que plegarse de manera apretada en el hueco del gran maletero. A pesar de ello el Skyliner todavía acababa con una

Uno de los modelos de Ford más novedosos fue el Fairlane 500 Skyliner. El truco de este modelo es que su techo de acero podía doblarse y encajar en el maletero. El nombre de Skyliner y su concepto continuaron con la llegada del Galaxie en 1959.

puerta del maletero más alta y larga.

Otra diferencia con los demás Skyliner estaba en su motor V8 de serie y un tanque de gasolina recolocado detrás del asiento de atrás. Encima de éste también había un pequeño habitáculo

para el equipaje cuando la capota estaba bajada. El Skyliner se convirtió por poco tiempo en el Galaxie del 58, pero aun así el complicado techo tuvo que desaparecer. El 500 es actualmente un clásico muy buscado por su diseño.

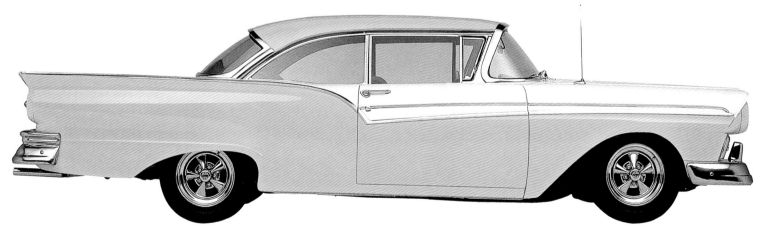

FORD THUNDERBIRD

Motor: V8, 5.113 cc
Potencia: 168 kW (225 CV)
De 0 a 100 km/h: 9 s
Velocidad máxima: 182 km/h
Producción total: 447.660

El Thunderbird fue la efectiva respuesta de Ford al Chevrolet Corvette y a la invasión británica liderada por el Jaguar XK120. Su nombre se decidió de acuerdo con el de un tótem sagrado de los indios Pueblo. Se introdujo en el mercado el año 1955 mostrando estilo y refinamiento y equipado con un motor V8. Sólo se ofrecía como convertible de techo enrollable y unas ventanas envolventes al igual que su parabrisas como opción. Debajo había un motor deportivo que iba mucho más allá de los modelos Mainline y Fairline.

En 1956 se adaptó un motor V8 de 5.113 cc y 225 CV, y al año siguiente se ofrecieron nuevas versiones con un mismo motor V8 con bloque en Y que llegaría a ser su motor estándar. El E-code 312 V8 equipaba dos carburadores de cuatro cuerpos y se limitó a una entrega de 270 CV. El F-code 312 V8 tenía sólo uno de ellos, pero disponía de un compresor de sobrealimentación centrífugo potenciado por McCulloch. El motor del F-code entregaba 300 o 340 CV si se optaba por un «kit» de carreras NASCAR. Aquel mismo año sufrió unos ligeros retoques que hicieron lo que los entusiastas llaman el clásico Thunderbird.

En el año 1958 apareció una nueva generación de Thunderbirds de cuatro plazas y carrocería cupé

de techo duro que se sumaba a la convertible. Su diseño era ahora más cuadriculado y tenía un ancho pilar de soporte para el techo que le valió un nuevo apodo, el de «squadbird». Por otra parte fue un modelo de carrocería monocasco pionero en el uso de asientos anatómicos. Se planeó una versión de techo duro retráctil, pero se abandonó dados los problemas que tuvo el Fairlane Skyliner.

Todas sus motorizaciones eran nuevas incluyendo la de 5.768 cc V8 y el Lincoln de 7.046 cc V8 que entregaba 350 CV y ayudó a aumentar las ventas. 1960 fue el último año de esta segunda generación que sólo incluyó la llamada Golden Edition con un techo duro especial y el primer coche de posguerra americano con techo solar de acero plegable.

La tercera generación de Thunderbirds llegó en 1961 y su

nuevo diseño le hizo merecedor del sobrenombre de «Projectile Birds». Su frontal era muy apuntado y sus faros cuadrados; sobre sus grandes luces traseras discurrían ligeras aletas y su techo duro era de suaves contornos. El chasis había sido remodelado para facilitar una conducción más suave y una mejor maniobrabilidad. En su interior el salpicadero se curvaba en sus bordes junto a los paneles de las puertas y su pionero volante «Swing Away» podía pivotar a un lado mientras se aparcaba el coche. Sólo se ofrecía con un único motor de 6.391 cc V8 y 300 CV.

En 1962 volvió el Thunderbird de dos plazas. Un *roadster* deportivo con carrocería con cubierta de fibra de vidrio diseñada por Bud Kaufman que cubría el asiento trasero transformando el anterior coche de cuatro plazas en otro *roadster* de dos. Disponía

Arriba, un Thunderbird de 1962. Se trata de un deportivo con reposacabezas unidos a la línea de la carrocería, con ello se intentaba recuperar el atractivo de los modelos originales de dos plazas. El modelo fotografiado debajo es de 1957 con unos parachoques menos prominentes y con menos forma de misil.

de carrocería que incluía los reposacabezas que seguían su línea hacia atrás, lo que no ocurría en la versión convertible. Este modelo incluso tenía un espacio con bar para el copiloto y ruedas pintadas. Las aletas posteriores tenían una altura superior para permitir una mejor suspensión en las ruedas de atrás.

Ford aumentó la pasión de sus entusiastas ofreciendo un M-code con un motor de 6.391 cc FE V8 de 253 CV equipado con tres carburadores de dos cuerpos tipo Holley y un colector de escape de aluminio que mantenía el nivel de los carburadores a la misma altura. Sólo se fabricaron 145 Thunderbirds con la opción M-code con los 120 Sport Roadster.

El Thunderbird se fabricó hasta 1963 manteniendo los motores del Sport Roadster y los M-code 390. Se ofreció una nueva opción, la Landó de techo duro con paneles de madera simulada en la parte trasera del techo; era un modelo que se vendió durante muchos años incluso cuando el modelo se veía convencional, menos deportivo y con su imagen de icono perdida. El coche que simbolizó el Rock & Roll y durante una década había muerto.

FORD FALCON

Este modelo de 1964 estaba equipado con un motor V8, asientos anatómicos, tapacubos radiales y alerones trasero y delantero; la entrada de aire, el cuentarrevoluciones cubierto y las llantas de aleación eran modificaciones.

Motor: V8, 4.261 cc
Potencia: 194 kW (260 CV)
De 0 a 100 km/h: 9 s
Velocidad máxima: 197 km/h
Producción total: 2.700.697

Con el Falcon, Ford entró en el mercado de los coches compactos. Fue un coche de diseño simple y elegante con mucho atractivo. Aunque era un modelo un metro más corto que todos los de la gama, su interior era muy espacioso tanto el de dos como el de cuatro puertas. Su motor, muy suave, tenía 6 cilindros y en 1963 su carrocería le ayudó a ampliar sus posibilidades con una versión convertible y otra de dos puertas y techo duro.

Otra incorporación relevante fue la de los motores V8. El Ford Falcon Futura Sprint fue parte esencial del programa Total Performance equipado con un motor de V8 de gran potencia, aunque fuese el Mustang el modelo más efectivo de este programa y provocase la desaparición progresiva del Sprint. En 1964 el Falcon ganó peso y se le practicaron retoques estilísticos que le hicieron ser más abombado. En 1966 se dejaron de fabricar el convertible y el dos puertas de techo duro.

El modelo más lujoso de la serie sería el Futura, que aún se ofrecía como cupé deportivo a pesar de no ser tan atractivo como su original. En 1969 la gama se conoció con el nombre de Falcon y también con el de Torino. El primero de ellos desaparecería en los años 70. Fue un triste final para un modelo que una vez llegó a ser popular.

El modelo de abajo es un Falcon Sprint de 1964 pintado para la competición.

FORD GALAXIE

La mejor contribución de Ford a un mayor rendimiento en los caballos de un motor es el Galaxie. Inicialmente tenía más potencia que su competidor el Chevrolet Impala, pero no se vendió tan bien por su diseño, algo simple, su pobre aerodinámica y su peso. El Galaxie ayudó, empero, a la desaparición de la era de los coches ultrapotentes con el diseño de su modelo final.

A pesar de algunas decepciones Ford no cesó de instalarle motores cada vez más grandes llegando a montar en unos pocos modelos el motor más potente jamás fabricado en Detroit, el Cammer 427 que entregaba 675 CV, prohibido por las autoridades de la NASCAR.

El modelo Galaxie fue remodelado en 1965 adquiriendo unas formas más angulosas y unos faros delanteros muy juntos, además de una mejorada suspensión delantera más dura. Ford entendió en seguida que los compradores que quisieran un coche de altas prestaciones escogerían un modelo más compacto, así que a partir de 1967 acentuó el lujo del coche, lo que quiere decir aumento de tamaño y peso en vez de potencia.

En 1968 se fabricó un modelo aparte en la serie de XL, el GT, que ya no equiparía los tradicionales asientos anatómicos ni el motor V8 estándar. A pesar de su nuevo diseño deportivo con una trasera más pendiente que obligaba a hacer la ventana de atrás más pequeña y tener unos faros más disimulados, el Galaxie no dejó de ser uno de los grandes y sosos coches Ford de los años 70.

El Ford Galaxie de 1968 de techo duro y cupé deportivo podía hacerse casi al gusto del cliente con llantas de aleación y llamas pintadas. Abajo se ve un modelo anterior de 1963 convertible de dos puertas de la serie seguramente XL con un motor V8 totalmente rediseñado.

Motor: V8, 6.386 cc
Potencia: 224 kW (300 CV)
De 0 a 100 km/h: 9,5 s
Velocidad máxima: 196 km/h
Producción total: 4.726.105

FORD MUSTANG

Motor: V8, 4.727 cc
Potencia: 202 kW (271 CV)
De 0 a 100 km/h: 8,3 s
Velocidad máxima: 193 km/h
Producción total: 2.385.039

Lee Iacocca, manager general de Ford, siempre había creído en el éxito de un pequeño deportivo americano lo que dio luz verde al llamado «pony car». Al principio se diseñó como un deportivo biplaza europeo a pesar de que Iaocca sabía de la importancia de sus ventas, por eso el Mustang se basó en el Falcon compacto para reducir los gastos de producción y le montó un motor de 6 cilindros o bien V8. En principio su nombre derivaba del P51 Mustang, un caza militar y se ofrecía con un asiento posterior y bastantes opciones.

A mediados de 1964 Ford sumó a la serie un 2+2 deportivo de trasera inclinada como inicio de una carrocería cupé de techo duro y un convertible. Sus fans adoraban el nuevo motor de 271 CV V8 que fue adaptando sus prestaciones al fantástico aspecto de su carrocería. Por otra parte, para aquellos que querían más, Ford colaboró con Carroll Shelby en el Shelby GT 350 con un motor que cubicaba 4.736 cc y entregaba 306 CV en su modo estándar y 360 en el de carreras GT- 350 R. Ambos Shelby se destinaron a las carreras y sólo podían adquirirse de color blanco.

En 1967 se produjo una profunda revisión del modelo: su nuevo diseño le hacía ser más agresivo, tenía más placas de metal, una nueva parrilla, un panel de cola cóncavo y un techo en pendiente para el cupé.

Ahora su motor de 6.391 cc tenía más espacio para su bloque y podía sustituir el de 4.727 cc. Los Mustang modificados por Shelby fueron más estrafalarios cuando apareció el GT 500 con su motor revisado de 7.001 cc V8 fueron los últimos Shelby Mustang que fabricó la empresa Shelby-American.

Fue restilizado en 1969, su carácter de coche ágil y robusto cambió. Ahora medía 9,5 cm más y pesaba 64 kg más. El modelo Match I se ofrecía con un motor V8 de 5.752 cc y el modelo Cobra Jet con uno de 7.014 cc ambos con tres tipos de acabado. La última versión fue la Super Cobra Jet con toma de aire de madera, un cigüeñal mejorado y unas bielas más rígidas. Los modelos «Drag Pack» se vendieron con un tarado limitado de 3,9:1 o 4,30:1 en el eje trasero y sin aire acondicionado.

El más elevado de la serie Mustang, el Boss, recibió este nombre por el apodo que daba su diseñador, Larry Shimoda al presidente de Ford Semon Knudson. El Mustang Boss se fabricó para poder entrar en las carreras de la NASCAR equipado de serie con el kit de carrera: un motor de 7.030 cc V8 con inducción de aire, con un colector de escape conectado a una caja manual de cuatro velocidades y un eje Tracktion-Lok de 3,91:1. También se incluía un refrigerador de aceite, una batería montada en el maletero y una suspensión de carreras.

En 1971 el Mustang vio alargada su carrocería unos 5 cm, ensanchada unos 7 cm y con un aumento de peso de 45 Kg. La demanda había hecho desaparecer los modelos Shelby y Boss, así que se redujo la potencia de sus motores y sólo el

Arriba vemos un cupé deportivo de techo duro con caracteres de GT. Esto es con un motor V-8, dirección de relación rápida, frenos delanteros de disco, luces antiniebla empotradas en la parrilla y una instrumentación más inteligible. El modelo de abajo es un convertible de dos puertas del año 1968.

Match I Mustang continuó ofreciendo las prestaciones que le dieron fama. Los problemas alcanzaron su punto más bajo en 1974. La normativa sobre emisiones de gases contaminantes limitó tanto las prestaciones de los motores que el 351 V8 rendía sólo 156 CV. Además las nueva regulación federal hizo que los parachoques resistieran impactos de hasta 8 km/h.

El nuevo diseño del Mustang aparecido en 1974 abandonó cualquier intención de mantener sus altas prestaciones. La velocidad máxima de un motor 2,8 y 6 cilindros era de 164 km/h y sólo podía alcanzar los 100 km/h en 13 s. Era increíble tener que limitar tanto al Mach I V6 hasta el punto de no alcanzar los 161 km/h. De hecho el motor de 5 l V8 sólo entregaba 133 CV y su aspecto tampoco ayudaba, su parrilla llamativa, los parachoques de acuerdo con la legislación, sus anchos faros delanteros y una carrocería demacrada daban evidencia de ello. Ford, a pesar de todo, celebró el récord de ventas del Mustang II conseguido en 1974 con 338.129 unidades. En cinco años se consiguieron vender 1.107.718 unidades, lo que hizo del Mustang algo más que un nombre.

FORD TORINO

Motor: V8, 7.022 cc
Potencia: 250 kW (335 CV)
De 0 a 100 km/h: 8 s
Velocidad máxima: 217 km/h
Producción total: 2.024.189

La gama de los Fairlane sufrió una profunda remodelación y fue de nuevo puesta en el mercado en 1962 para competir en el exigente mercado de los coches potentes. Pesaba menos que el inmenso Galaxie, pero disponía del mismo motor, el Fairlane, con el que,

junto con éste, pronto se convirtió el Torino, en una leyenda.

En 1968 apareció una nueva y brillante serie del Torino cuyo modelo GT equipaba un motor V8 de 4.949 cc, asientos envolventes, consola central en el salpicadero, adhesivos, franjas laterales y embellecedores especiales, así como tapacubos de lujo. Las opciones de este coche potente eran un motor de 6.391 cc V8 u otro de 7.022 cc también V8 de 390 CV. Sus carrocerías podían

ser deportiva, de techo duro y convertible. Un año más tarde entró en la serie el modelo Cobra con un motor estándar de 7.022 cc V8 del Cobra Jet que entregaba 335 CV.

En 1969 se sumó a ella el Torino Talladega diseñado para las carreras de la NASCAR. Se basó en una carrocería de dos puertas con techo duro, un frontal muy ancho, parrilla empotrada y un parachoques posterior mejorado. Esto aumentaba su aerodinámica pero lo alargaron 15 cm. En 1970 cambió de nuevo su

Ford Torino Cobra de 1971 con techo deportivo cupé y una transmisión manual de cuatro velocidades, suspensión deportiva, un capó negro con cierres y el nombre Cobra grabado.

diseño siendo más grande, lo que marcó la tendencia que en 1972 le orientó a ser un coche de lujo. Las versiones Cobra y el convertible fueron desapareciendo paulatinamente y el GT sólo se quedó como nombre.

FORD PINTO

Un sedán de dos puertas del año 1971. En su primer año de vida se vendieron 352.402. El Runabout llegó un poco más tarde con un portón trasero, asientos de atrás plegables y más enmoquetado.

transmisión automática y en el modelo familiar. El motor de 2,3 l fabricado en los Estados Unidos con 4 cilindros fue aún más popular. En 1976 apareció el modelo Stallion de aspecto deportivo cuyo modelo básico se llamó Pony MPG dotado del más mínimo lujo. En 1979 se le puso un frontal nuevo y se ofreció con un mayor paquete de opciones en las que se incluyó el Pinto Cruising Wagon y el deportivo ESS. Fue el final de los coches económicos.

Ford fabricó un coche que rivalizara con los subcompactos de importación y las pequeñas máquinas fabricadas en los propios Estados Unidos, tales como el AMC Gremlin o el Chevrolet Vega. Fue el Ford Pinto, uno de los modelos de más éxito en el período de la crisis

del petróleo de los años 70. Se ofreció con una carrocería de dos puertas para después seguir con un Runabout de portón inclinado. Su motor era un británico de 1.600 cc o un alemán de 2 l, con una transmisión automática de tres velocidades Cruise-O-Matic.

Un familiar se añadió a la serie en 1973 y al año siguiente las nuevas normas respecto a los parachoques lo hacían parecer una coraza.

Aunque era un coche económico tenía como opción un motor 2,8 l V6 sólo adquirible con una

Motor: 4 cilindros, 1.599 cc
Potencia: 56 kW (75 CV)
De 0 a 100 km/h: 18 s
Velocidad máxima: 131 km/h
Producción total: 3.150.943

FORD VEDETTE

1947–54

Motor: 2.158 cc
Potencia: 49 kW (66 CV)
De 0 a 100 km/h: n/d
Velocidad máxima: 144 km/h
Producción total: 100.000

La factoría francesa de Poissy fabricó en 1947 un coche diseñado en los Estados Unidos tres años antes. Tenía una parrilla claramente influenciada por los americanos, que abarcaba todo el ancho del coche, un parabrisas partido y una trasera en pendiente. Fue muy diferente a cualquier modelo contemporáneo europeo. Un coche tan americano no es de extrañar que bajo su capó tuviese un motor de 2.158 V8 cuyo diámetro de las válvulas hacía que fuese poco fiable.

El Vedette se vendió en un principio sólo como un sedán de cuatro puertas hasta que en 1949 aparecieron los cupés y los convertibles. Facel incluso fabricó un cupé deportivo al que llamó Comte.

En 1953 el modelo adquirió un nuevo parabrisas de una sola pieza y se eliminó su zaga redondeada para hacerle un maletero propiamente dicho. En 1953 se potenció su motor hasta 2.355 cc y su compresión, con lo que se ayudaba a que sus caballos pasasen de los 66 iniciales a los 80.

Este es uno de los primeros Vedettes de estilo americano diseñado por Bob Gregorie con un portón trasero de líneas muy finas.

Ese mismo año, más tarde se le montó un motor de 4 l y 95 CV, pero el coche ya era lento, caduco y caro de mantener. Ford ya tenía su reemplazo listo, pero su coche con carrocería monocasco nunca llegó a producirse.

FRAZER NASH SUPER SPORTS

1928–30

Archie Frazer Nash abandonó la fabricación de ciclocoches GN para fundar en 1924 su propia marca de coches basados en lo que había aprendido en GN. Tenía un buen chasis y un motor de 4 cilindros convencional refrigerado por agua. El resultado fue un coche básico pero muy efectivo que venció en carreras ganando fama.

Sus modelos no tenían demasiado confort, pero disponían de una transmisión única llamada «Chain gang» que consistía en una cadena, unos piñones y un embrague *(dog)* por separado en cada velocidad. Su sólido eje trasero era el responsable de su buena maniobrabilidad, un cambio de marchas impecable y una soberbia tracción. Su peso, muy bajo, hacía que el coche gozase de una excelente relación peso-potencia a pesar de que el Super Sports sólo rindiese 47 CV y obtuviese fantásticos resultados en carrera. El sólido eje trasero hacía que su trasera fuese muy estrecha, de sólo 107 cm, y su dirección muy dura, pero a sus compradores les gustaba su deportividad. Todos los coches que se fabricaron a continuación adoptaron este motor HE *(high efficiency)* que entregaba 52 CV.

Motor: 4 cilindros, 1.496 cc
Potencia: 35 kW (47 CV)
De 0 a 100 km/h: n/d
Velocidad máxima: 109 km/h
Producción total: n/d

FRAZER NASH TT REPLICA

1932–38

El Frazer Nash TT Replica debe su nombre a los continuos éxitos que obtuvo en las carreras del British Tourist Trophy en los primeros años 30. Fue uno de los más populares Nash de todos los tiempos.

Uno de los Nash más populares fue el TT Replica, llamado así por sus grandes éxitos en los Tourist Trophy de los primeros años 30. Fue un verdadero pura sangre en todos los sentidos con sus líneas muy rectas, un radiador puesto hacia atrás, aletas redondeadas y un depósito de combustible cuadrado en la parte trasera. Como los otros modelos de la marca también disponía de la transmisión Chain Gang con una cadena separada y los piñones con su velocidad correspondiente.

Fue un modelo de buen ver muy maniobrable, con un eje trasero sólido y una dirección de piñón, lo que le permitía tomar las curvas a su velocidad máxima y controlar el giro de sus cuatro ruedas.

Muchas de sus especificaciones procedían de su experiencia en circuitos como Shelsey, Bolonia, Exeter, Colmore y Nurburg. No había un coche igual en la calle ya que sus propietarios podían hacérselo a su gusto especificando el motor deseado, su potencia y el acabado de su carrocería.

La mayoría de ellos equipaba un motor Meadows de cilindros con dos válvulas en cabeza por cada uno de ellos y unos pocos tenían un doble árbol de levas Blackburn. Con el añadido de un turbo podía desarrollar hasta 150 CV.

Motor: 4 cilindros, 1.496 cc
Potencia: 46 kW (62 CV)
De 0 a 100 km/h: 8,8 s
Velocidad máxima: 130 km/h
Producción total: 85

FRAZER NASH LE MANS REPLICA

1948–53

Nash decidió montar un motor Bristol BMW en sus coches de carreras sin dejar su exitosa transmisión por cadena; sería un modelo altamente competitivo en carreteras rápidas y en circuitos. Montabas como siempre una dirección con piñones y un motor que entregaba 120 CV con un triple carburador. Pesaba sólo 690 kg y le daba más viveza que el anterior «High Speed».

Un comprador llevó uno de los modelos a competir en Le Mans en 1949 y obtuvo; un sorprendente tercer puesto, a partir de aquí el modelo pasó a llamarse Le Mans Replica. Gracias a su suspensión delantera independiente con láminas transversales la maniobrabilidad del coche fue ligera y muy precisa. El coche venció en muchos circuitos tanto en Gran Bretaña como en el extranjero.

Durante la posguerra Nash adoptó una imagen menos agresiva que sus predecesores, lo que no afectó a su característica deportividad (el Le Mans Replica era muy rápido, con grandes prestaciones, una maniobrabilidad muy exacta y gran fiabilidad en carrera).

Tal como era habitual en los modelos de la marca, los coches estaban hechos a mano, por lo que no había dos coches iguales de los fabricados en Isleworth, Middlesex, Inglaterra, y además los compradores siempre podían modular tanto su motor como las suspensiones, el color y los detalles de la carrocería a su gusto.

En 1952 se fabricó un modelo aún más ligero y delgado, el Le Mans Replica Mk II y al año siguiente, el último de su fabricación, se mejoró instalándole un eje trasero tipo De Dion.

Motor: 6 cilindros, 1.971 cc
Potencia: 89 kW (120 CV)
De 0 a 100 km/h: 8,9 s
Velocidad máxima: 185 km/h
Producción total: 34

GHIA L.6.4

1960–62

Estaba basado en el diseño del Dart hecho por Virgil Exner. El L.6.4 fue el segundo intento de Ghia para vender coches con su propia marca; el primero fue el italoamericano Dual-Ghia Firebomb, que hizo exactamente lo que su propio nombre indica y que sucumbió debido a su pobre fiabilidad.

Lo construyó Casaroll & Company como un cupé de gran tamaño con un parabrisas panorámico, muchos cromados y una parrilla imponente, lo que indicaba cierta influencia del estilo americano. De hecho el coche se vendió en los Estados Unidos, donde Frank Sinatra compró uno.

Bajo el capó de este Ghia hecho a mano fabricado en Turín, se escondía un motor V8 de Chrysler con sus propias particularidades, lo que significa que era capaz de alcanzar los 224 km/h.

Sólo se fabricaron 26 unidades de este modelo entre 1960-62, algo nada sorprendente dado el alto precio al que se vendía, pues era un coche de producción muy cara por su alta tecnología. Hoy día sólo sobreviven unos pocos ejemplares, así que es una rareza por la que se piden precios desorbitados, en el caso extraordinario de que se ofrezca alguno a la venta.

Motor: 8 cilindros, 6.279 cc
Potencia: 250 kW (335 CV)
De 0 a 100 km/h: 8 s
Velocidad máxima: 224 km/h
Producción total: 26

GHIA 450SS

1965–68

El carrocero italiano Ghia usó el Plymouth Barracuda como base para este su 450 SS que se hizo en una serie muy limitada a partir de 1965. Este modelo se podía adquirir en unos atractivos cupé dos puertas, compartía el motor V8 del Plymouth.

El Ghia 450SS fue una inspiración de la Californian Bert Sugarman, que consiguió una carrocería Ghia del Fiat 2300 S y la conminó a que construyese para ella coches deportivos. Ghia accedió y empezó a fabricarlos en 1965.

El 450SS fue un poco menos que una nueva carrocería para el Plymouth Barracuda ya que equipaba su mismo motor Chrysler Commander V8 bajo el capó, pero el modelo de Ghia era un coche de belleza espectacular y de líneas muy limpias.

Ghia quiso fabricar tanto una versión cupé como una convertible muy atractiva gracias a su capó casi plano que le hizo entrar en el mundo de los clásicos. El único fallo de su carrocería estuvo en los dobles faros delanteros y el excesivo uso del cromo en los parachoques. Era inevitable que Ghia vendiese el coche en los Estados Unidos.

Se fabricaron muy pocas unidades debido a su muy alto precio, ya que en aquellos tiempos era cuatro veces más caro que el Barracuda. Hoy día sólo sobreviven unos pocos ejemplares en posesión de colecciones privadas.

Motor: 8 cilindros, 4.490 cc
Potencia: 175 kW (235 CV)
De 0 a 100 km/h: 8,9 s
Velocidad máxima: 200 km/h
Producción total: 12

GHIA 1500GT

1962–67

Ghia, convencida de que había mercado para ella en el de los cupé de dos puertas, optó por basar su modelo 1500GT en el eje motriz del Fiat 1500 y empezó a fabricarlo en 1962.

Su diseño era simple y muy bonito con un capó plano y largo, unas líneas suaves y estilizadas y un parabrisas trasero muy airoso. De hecho el Ghia 1500GT es visto como el menos potente y también menos actualizado de los cupés clásicos de su época.

Sus prestaciones no se correspondían demasiado con su imagen externa; su velocidad máxima era de 160 km/h, su agarre en carretera no era tampoco muy destacable y su capacidad para tomar las curvas en velocidad, por ende, tampoco.

Y a pesar de ello el 1500GT era un coche muy práctico para tenerlo y disfrutarlo. Teniendo en cuenta su modesto origen era un coche razonablemente accesible.

Se fabricaban a un ritmo de cinco carrocerías al día, lo que era impresionante teniendo en cuenta que se fabricaban a mano. La corrosión y los compradores que deseaban grandes prestaciones en su conducción han hecho que hoy día sólo se conservasen unos pocos de los 925 que de él se fabricaron.

Motor: 4 cilindros, 1.481 cc
Potencia: 63 kW (84 CV)
De 0 a 100 km/h: 12 s
Velocidad máxima: 168 km/h
Producción total: 925

GILBERN GT

La única marca automovilística de Gales que perduró fue Gilbern. Su modelo, Gilbern GT usaba varios motores, incluso un MGB a partir de 1963. Su carrocería era de fibra de vidrio, y el coche, de buena calidad.

Originario de Pontypridd, en el sur de Gales, el GT se podía adquirir como un kit o como una composición, pero también, últimamente se ofreció como una opción para aquellos posibles compradores que quisiesen ahorrar dinero frente a las tasas. Cualquiera de estas maneras de compra facilitaba a muchos clientes la entrada en el mercado de los coches deportivos.

Bajo su carrocería de fibra de vidrio había un chasis tubular y un eje motriz del Austin A35, del BMC o del MG. A pesar de ser un motor de tamaño pequeño las prestaciones del Gilbern GT eran razonablemente admirables gracias a montar opcionalmente un compresor de sobrealimentación Shorrok a un motor Austin estándar de la serie A que hacía que los originales 42 CV se convirtiesen en 68.

Se vendieron coches con un motor de 1.098 cc Conventry Climax, uno de 1.588 cc y otro de 1.622 cc de MGA. A partir de 1963 también se ofrecía con un motor de 1.798 cc prestado por MGB.

La carrocería del Gilbern GT tenía un diseño limpio y sin pretensiones, con dos puertas muy anchas que facilitaban el acceso a un asiento de utilitario en la parte de atrás, lo que le hacía capaz de transportar a cuatro personas.

Motor: 4 cilindros, 948 cc
Potencia: 31 kW (42 CV)
De 0 a 100 km/h: 17,4 s
Velocidad máxima: 147 km/h
Producción total: 166

GILBERN GENIE

El Gilbert Genie fue una versión más angulosa del GT dotada de un chasis más resistente que le permitía competir como gran turismo con el Jansen, por ejemplo, pero a un precio menor.

Sus motores se actualizaron con el uso del Ford V6 de 2,5 l o de 3 l. Algunos de ellos incluso incorporaban un sistema de inyección que procuraba una potencia de 123 CV y una velocidad máxima de 192 km/h.

Por desgracia al Gilbern Genie le fallaba el chasis, pues tenía tendencia a doblarse cuando estaba cargado. Sea como fuere, Gilbern fabricó de nuevo un coche que no solamente se podía comprar, sino también lo suficientemente avanzado no para tener un modesto mantenimiento.

Motor: 6 cilindros, 2.595 cc
Potencia: 83 kW (112 CV)
De 0 a 100 km/h: 10, 7 s
Velocidad máxima: 176 km/h
Producción total: 174

GILBERN INVADER

El Gilbern Invader, sucesor del Gilbern Genie, tenía un chasis más rígido y una suspensión mejorada, pero compartía su línea afilada y sus pretensiones deportivas. El Invader era en muchos aspectos algo más refinado que el Genie, por ejemplo tenía mejores acabados y era más cómodo de conducir.

Sólo usaba el motor Ford de 3 l V6 que ya usaba el Genie, con una caja de cambios de tres o cuatro velocidades de serie o una transmisión automática como opción Sus prestaciones eran enérgicas, con buena aceleración y velocidad máxima.

El Mk II tenía unos detalles diferentes, como las manecillas en las puertas, y el MK III, ya muy cambiado, era mucho más bajo, con pasos de rueda anchos, una cola mejorada y una parrilla frontal muy ancha. Por otra parte obtuvo la suspensión delantera del Ford Cortina y el eje trasero suelto

Motor: 6 cilindros, 2.994 cc
Potencia: 107 kW (144 CV)
De 0 a 100 km/h: 10,7 s
Velocidad máxima: 192 Km/h
Producción total: 561

del Ford Taunus, con lo que la calidad de conducción y su maniobrabilidad mejoraron de forma ostensible.

La marca ofreció también una inusual versión familiar basada en el Mk II de la que sólo se fabricaron 105 unidades entre 1971-72.

El Invader fue el último modelo fabricado por Gilbern, que cesó su producción en 1974.

El Gilbern Invader fue el modelo más refinado de la marca, estaba motorizado con un Ford V6 alegre y tenía la opción de montar una caja de cambios automática. Estaba basado en el Mk II y sólo se fabricaron de él 105 unidades de la versión familiar entre 1971 y 1972.

GINETTA G4

1961–69

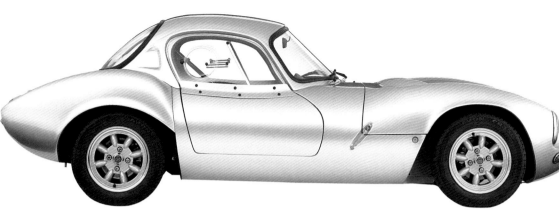

Motor: 4 cilindros, 997 cc
Potencia: 29 kW (39 CV)
De 0 a 100 km/h: n/d
Velocidad máxima: 144 km/h
Producción total: 500

Ginetta estableció sus prestigiosos deportivos fabricando coches básicos pero con unos chasis excepcionalmente escogidos cubiertos con una atractiva carrocería de fibra de vidrio.

Los hermanos Walklett empezaron a fabricar sus propios coches Ginetta en Woodbridge, Inglaterra, antes de trasladarse a Witham, Essex, en 1958 y lanzaron al mercado su primer modelo, llamado G2. Pero fue el G4 el primero vendido en cantidad y que, como la mayoría de ellos, se vendieron por grupos de piezas para que su comprador se fabricase su propio coche y evitar el pago de las obligadas tasas.

Debajo de su carrocería deportiva de fibra de vidrio había un armazón tubular equipado con muelles helicoidales delante y un eje trasero suelto; opcionalmente se podían pedir frenos de disco delanteros.

Su potencia se la daba el modesto motor del Ford Anglia 105 E de 997 cc que luego sería el del Ford Cortina de 1.498 cc Su razonable proporción peso/potencia, permitía al G4 ser especialmente competitivo sobre todo en carreras de club.

En 1963 apareció una versión con la cola cortada y un eje trasero de BMC en vez del de Ford, la serie II. La serie III volvió a ser del todo diferente con un chasis mejorado, espoletas delanteras del Triumph Herald y unos faros delanteros emergentes. El modelo se reintrodujo en 1981 en una versión del todo revisada que obtuvo un gran éxito, el G27.

El G4 fue el primer coche de Ginetta vendido en masa. Una de sus versiones aún se vende hoy día.

GINETTA G15

1967–73

Se presentó en el Salón del Automóvil de Earls Court en Londres el año 1967. Este pequeño y bonito coche de nombre G15 fue el más vendido de la marca. Estaba equipado con un motor de aluminio de la empresa Hillman Imp (montado delante del eje trasero) conectado con la excelente caja de cambios de Imp, la suspensión delantera, los frenos de disco y la dirección del Triumph Spitfire. La suspensión trasera independiente se tomó de nuevo de Imp.

Toda esta mecánica se montaba sobre un armazón tubular de poco peso cubierto por una carrocería de fibra de vidrio con capacidad para dos asientos. Unos pocos G15S

El G15 se convirtió en el Ginetta más popular de los de la marca. Su suspensión delantera derivaba de la del Triumph Spitfire, lo que le daba una dirección muy precisa y una maniobrabilidad perfecta.

se fabricaron con un motor potenciado a 998 cc que alcanzaba la impresionante velocidad máxima de 184 km/h.

Su ligereza y pequeñez facilitaron sus grandes prestaciones, pero también un consumo más que moderado. Se fabricó por más de

seis años con una larga lista de opciones tan lujosas como techo solar (o calefacción).

Su precio era de 799 £ si se adquiría en forma de kit y hoy son unos coches muy buscados. Por desgracia los cambios en la tasación y la introducción del IVA (VAT) en

1973 suprimió esta forma de venta y Ginetta sufrió las consecuencias.

Motor: 4 cilindros, 873 cc
Potencia: 41 kW (55 CV)
De 0 a 100 km/h: 12,9 s
Velocidad máxima: 152 km/h
Producción total: 796

GINETTA G21

La evolución gradual del diseño de los vehículos de esta marca resultó notable con el G21, muy parecido al que hizo Michelotti para el Triumph GT6 si observamos su frontal y su cola.

El coche usaba un chasis tubular de acero con muelles helicoidales y una suspensión con espoletas delante por un subarmazón con la tracción en las ruedas de atrás. Al igual que los anteriores coches de la marca el G21 tenía una carrocería hecha a mano de fibra de vidrio rígida y ligera. Su potencia le venía dada por un motor Ford

de 3 l V6 o por un Rootes Sunbeam Rapier de 1.725 cc mucho más común y que se potenció por la empresa Holbay para que desarrollase 95 CV.

El Ginetta G21 se vendió sólo con una carrocería cupé biplaza que no consiguió rivalizar de veras con su mayor oponente, el MGB, que además tenía la ventaja de su portón trasero. Con la imposición del VAT (IVA) en 1973 se suprimió la venta de coches por «kits». La mayoría de los 170 ya estaban fabricados por completo para su venta.

El G21 tenía un motor Ford V6, un Rootes Rapier o un Rapier 120, cajas de cambio y superdirectas. El capó y sus aletas formaban todo el frontal y ambos pendían juntos. En la parte de atrás había un asiento infantil y su trasera estaba muy cortada lo que continuaba la tradición de las traseras en pendiente.

A pesar de su diseño atractivo, no tener un portón trasero implicó para él un menor grado de practicidad frente a sus rivales como el MGB GT. Muchos de los modelos vendidos lo fueron ya fabricados y no por «kits».

Motor: 4 cilindros, 1.725 cc
Potencia: 59 kW (79 CV)
De 0 a 100 km/h: 59 CV
Velocidad máxima: 180 km/h
Producción total: 170

GINETTA G32

Todavía se basaba en un chasis con caja de sección de acero y una carrocería de fibra de vidrio, el G32 fue el último coche que fabricó la compañía antes de verse obligada a vender los talleres de Scunthorpe, Inglaterra, en 1989.

Sus suspensiones frontales eran de muelles helicoidales con doble brazo delante y puntales en la trasera, tomadas del Ford Fiesta, que hacían que su maniobrabilidad fuese firme. Su motor y su caja de cambios eran los del Ford Fiesta XR2i de 1.597 cc montados en el centro y modificados para procurar la tracción trasera; con ello el G32 disfrutaba de mucha fuerza y una gran aceleración.

El diseño de este bello cupé de dos puertas era muy actual gracias

a su perfil en cuña, sus faros escamoteables y una zaga corta y graciosa. Como siempre los acabados eran de la máxima calidad. En 1990 apareció una versión descapotable y su fabricación tuvo que cesar en 1992. La marca Ginetta aún produce coches en Sheffield.

Su suspensión delantera se componía de doble brazo y muelles helicoidales y puntales traseros procedentes del Ford Fiesta XR2i. El motor central le daba al G32 una maniobrabilidad que congeniaba con su aspecto exótico.

Motor: 4 cilindros, 1.597 cc
Potencia: 82 kW (110 CV)
De 0 a 100 km/h: 8,2 s
Velocidad máxima: 192 km/h
Producción total: n/d

GLAS GOGGOMOBIL

1955–69

Este invento de Hans Glas fue su primer intento para fabricar automóviles. Tenía un motor de 2 cilindros y capacidad para cuatro pasajeros y fue muy popular en toda Europa ya que se vendía a un precio mucho más barato que el VW Escarabajo.

Su motor de dos tiempos de 250 cc trasero daba suficiente potencia a este coche tan pequeño, pero tenía unas prestaciones pobres, especialmente cuando estaba cargado. Más tarde se le montaron unos motores superiores, el T300 y el T400 que lo mejoraron.

Sufrió cambios menores durante todo su largo periodo de fabricación y en 1964 se le sustituyeron las puertas que se abrían hacia atrás por las que se abrían hacia delante.

Se ofrecía como un biplaza TS Cupé desde 1956 caracterizado por una ínfima parrilla y un parabrisas trasero envolvente con mucho estilo. Era una versión menos práctica que la sedán en la que podían caber hasta cuatro personas en una longitud de sólo 305 cm tipo 2+2. Se ofreció una versión descapotable, la TS300 Cabriolé que se fabricó entre 1957 y 1958 de la que sólo se fabricaron siete unidades.

Su nombre deriva del nieto de Glas apodado «Goggo» y es hoy día un motivo de culto a la marca.

Motor: 2 cilindros, 247 cc
Potencia: 10 kW (14 CV)
De 0 a 100 km/h: n/d
Velocidad máxima: 75 km/h
Producción total: 280.709

De nombre derivado del nieto de Glas apodado «Goggo» este coche con motor de 2 cilindros de dos tiempos era capaz de sentar en su interior a cuatro pasajeros. Sus últimas unidades ya eran de la BMW, que al final compró la marca.

GLAS 2600 V8

1965–67

Resulta de una buena configuración de dos 1300GT de 4 cilindros unidos para formar un V8 con un único cigüeñal y equipar el coche más ambicioso de la marca Glas.

Basado en la misma plataforma del modelo 1700 de la marca, disponía de un eje trasero suelto tipo De Dion suspendido sobre ballestas semielípticas y suspensión delantera automática semiportante.

Su diseño se debía al carrocero italiano Frua, que adoptó para su trasera una forma que recibiría el sobrenombre de «Glaserati». Era un vehículo decorado con numerosos cromados y estaba dirigido al mercado de los prestigiosos coches alemanes con los que se correspondía en precio.

BMW se apropió de su producción después de 1966

instalándole un motor V8 y un nuevo nombre, BMW-Glas 3000, que fabricó bajo sus auspicios como coche de lujo hasta que dio entrada a su propio modelo, el BMW 2800 CS a finales de los 60.

Por desgracia Glas había sido el instigador de su propio final apartándose de la fabricación de coches más utilitarios, con los que había obtenido un éxito relativo.

El último vehículo fabricado por Glas podía montar un motor de 2.800 o 2.982 cc V8 debajo de su carrocería diseñada por Frua y con un eje trasero de De Dion.

Motor: 8 cilindros, 2.580 cc
Potencia: 104 kW (140 CV)
De 0 a 100 km/h: 8,7 s
Velocidad máxima: 195 km/h
Producción total: 300

GOLIATH GP 700

1950–57

Goliath fue una de las marcas alemanas de líneas atractivas y baratas, con carrocería de aspecto moderno pero con maquinaria de antes de la guerra, pues su motor era de 2 cilindros y de dos tiempos, transversal y con tracción a las ruedas delanteras, un chasis tubular anticuado y una obsoleta transmisión por cadena. El coche fue un éxito ya que servía para el transporte diario de la gente común en toda la Europa de posguerra.

Las primeras unidades del GP 700 tenían muy poca potencia pero pronto se le cambió la carburación por la inyección mejorando su rendimiento y su fiabilidad; tal tecnicidad era para la época una gran innovación.

A partir de 1955 se aumentó la capacidad del motor a 886 cc, lo que dio al modelo mayor velocidad, pero todavía se tenía que mezclar aceite y gasolina en muchos de ellos.

Se ofreció en tres carrocerías: un sedán de dos puertas, un familiar y un convertible del que sólo se fabricaron pocas unidades y que hoy día es una rareza.

La imagen tan moderna en el modelo GP700 no se correspondía con su mecánica de preguerra. La versión convertible de dos puertas era particularmente rara.

Motor: 2 cilindros, 688 cc
Potencia: 18 kW (24 CV)
De 0 a 100 km/h: n/d
Velocidad máxima: 94 km/h
Producción total: 36.270

GOLIATH 1100

1957–61

El 1100 marcó un giro en la fabricación de Goliath; incorporaba un motor de 4 cilindros refrigerado por agua con una caja de cambios sincronizada y una suspensión por muelles helicoidales totalmente nueva. Los atractivos Goliath 1100 cupé se presentaron en el Salón de Ginebra del año 1958.

y se continuó con el uso de carburadores.

A partir de 1958 el modelo adoptó el nuevo nombre de Hansa debido a la incorporación en su diseño de finas aletas traseras. Se ofreció en cuatro carrocerías: sedán, familiar, cupé y convertible recortado. El cupé no era nada más que un sedán con el techo ligeramente más corto, pero su aparición estaba dirigida a competir con el Volkswagen Karmann Ghia que era más caro. Se vendieron en total más de 40.000 unidades de todas las versiones durante sus cuatro años de vida.

Al igual que los demás fabricantes de automóviles de la época Goliath se esforzaba en mejorar sus pasadas mecánicas de preguerra. El 1100 fue el primero en iniciar esta evolución en muchas otras marcas usando un nuevo sistema de refrigeración por agua y un motor de 4 cilindros en línea y de cuatro tiempos junto con una caja de cambios de cuatro velocidades todas sincronizadas. Además su suspensión delantera, que era de ballestas, se sustituyó por otra de muelles helicoidales que mejoraban la conducción y la estabilidad. Curiosamente no se optó por un sistema de inyección

Motor: 4 cilindros, 1.094 cc
Potencia: 30 kW (40 CV)
De 0 a 100 km/h: 19 s
Velocidad máxima: 125 km/h
Producción total: 42.695

GORDON KEEBLE GK1/1T

1964–66

Su carrocería de Bertone contribuyó a que el Gordon Keeble fuese uno de los coches de cuatro plazas más rápidos de su tiempo, alcanzando una velocidad punta de 217 km/h y con un inmenso poder de aceleración. Problemas en la fabricación motivaron su desaparición en 1966.

Este invento de John Gordon y Jim Keeble fue el primero en presentarse como prototipo en el Salón del Automóvil londinense de 1960 y no fue comercializado hasta 1964 rebautizado como GK1 y conocido igualmente como International Tourer.

Su acertado diseño se debió a Giuggiaro, que por entonces sólo tenía 21 años y era ya diseñador

jefe de Bertone y luego se iría a Ghia para fundar su propio estudio.

Tenía un motor barato americano V8 de altas prestaciones que le otorgaba una buena maniobrabilidad, en parte también gracias a su suspensión trasera tipo De Dion y a un chasis de compleja sección esquinada con un armazón.

Un año después de su aparición se habían fabricado 80 unidades. Problemas con las piezas y con la financiación hicieron que nunca se llegase a producir con con todo su potencial. En 1966 se fabricaron otros 19 coches, pero bajo una nueva dirección, y la compañía tuvo que cerrar unos meses más tarde. Aún hoy existen unas 90 unidades con carrocería de fibra de vidrio y a prueba de corrosión.

Sólo se fabricaron 99 Eastleigh, cerca de Southampton. Algunos con carrocería de fibra de vidrio, con lo que eran resistentes a la corrosión. Su índice de supervivencia es alto.

Motor: 8 cilindros, 5.395 cc
Potencia: 224 kW (300 CV)
De 0 a 100 km/h: 7,5 s
Velocidad máxima: 217 km/h
Producción total: 99

GRAHAM 97

1938–39

El fabricante de coches para la clase media americana de los últimos años 20 Paige-Detroit no sufrió la influencia de la Depresión económica y sólo pudo salvarle la intervención de los carismáticos hermanos Graham (Robert, Joseph y Ray) en 1927. Esta ayuda provocó el cambio de nombre: ahora se llamarían Graham-Paige durante tres años, hasta 1930,

cuando adoptarían el nombre más corto de Graham.

La serie «Sharknose» de 1938 se tenía más por un efecto publicitario que por su atractivo, y eso que era un coche totalmente fiable y de buena conducción. Actualmente estos coches tienen muchos seguidores en los Estados Unidos, donde tuvieron mucho éxito.

Por desgracia, y a pesar de la pronta incorporación de una caja de cambios de cuatro velocidades «twin top», los Blue Streak de las nuevas tendencias de 1932 y el motor de 8 cilindros en línea de 1934, no pudo salvar a la empresa de su desaparición.

Acabada la Segunda Guerra Mundial la sección de fabrica de coches de Graham-Paige fue

absorbida por Kaiser y los hermanos Graham se dedicaron fundamentalmente a la maquinaria agrícola.

Motor: 6 cilindros, 3.560 cc
Potencia: 19 kW (25 CV)
De 0 a 100 km/h: 19 s
Velocidad máxima: 139 km/h
Producción: n/d

GSM Delta

Wester de Witt. Su modelo Delta tenía un chasis con un armazón de tubos de acero y el motor del Ford Anglia modificado o también del Coventry Climax más potente usado en las carreras.

Su carrocería era la de un descapotable o la de un cupé que tendría un parabrisas trasero del Ford Anglia. Ambas versiones compartían las finas aletas posteriores parecidas a las del Daimler Dart, un coche en cuyo desarrollo se vio involucrado el propio Niekirk.

El Delta fue un coche de éxito en las carreras de clubes de los años 60 en Sudáfrica, donde también se vendió una versión mejorada de nombre Flamingo.

GSM usó un chasis rígido, una carrocería ligera y un motor Ford para fabricar un biplaza de nombre Delta que tuvo su éxito en las carreras y no tanto en su versión de coche de calle.

Originario de Ciudad del Cabo, Sudáfrica, la fabricación de deportivos biplaza basados en Ford también tuvo su sede en Inglaterra, concretamente en West Malling, Kent. Durante el año

1960 antes de su clausura por falta de capital. Luego volvió a trasladar toda su producción a Sudáfrica hasta 1964.

GSM (Glass Sport Motor) fue creada por Bob van Niekirk y

Motor: 4 cilindros, 997 cc
Potencia: 42 kW (57 CV)
De 0 a 100 km/h: n/d
Velocidad máxima: 161 km/h
Producción total: 35 en GB

Gutbrod Superior

Este coche era avanzado a su tiempo gracias a su suspensión delantera con doble brazo, pero a la vez estaba anticuado en el uso de un motor de dos tiempos. Como en muchos coches de posguerra el moderno diseño servía para disimular las carencias mecánicas.

Los fabricantes de maquinaria agrícola Gutbrod fundaron la marca de motocicletas Standard en 1926 y empezó a fabricar el Standard Superior con motor trasero en 1933 antes de sacar al mercado el Gutbrod Superior en 1950.

Como muchos otros coches de posguerra estaba equipado con un anticuado motor de dos tiempos y 2 cilindros con tracción en las ruedas delanteras. El resto de su mecánica sí que estaba puesta al día, por ejemplo su suspensión delantera combinaba los muelles helicoidales con dobles espoletas, y la trasera, más convencional, usaba un eje vasculante. Todo ello estaba montado sobre la plataforma del chasis. El Superior fue esencialmente un cupé de dos

puertas con bulbosas aletas frontales, un parabrisas delantero plano y unos faros delanteros ovales a cada lado de una parrilla de aspecto nada convencional. El cupé se ofrecía igualmente con el techo enrollable de lona, pero también podían comprarse

carrocerías sedán, familiar, convertible y un muy raro *roadster* deportivo fabricado por Wendler.

Después de 1971 se montó un motor de 663 cc en un coche siempre de muy buena factura que ahora tendría mejores prestaciones.

Motor: 2 cilindros, 593 cc
Potencia: 15 kW (20 CV)
De 0 a 100 km/h: n/d
Velocidad máxima: 96 km/h
Producción total: 7.726

HANSA 3500 PRIVAT

1936–39

La empresa Hansa se fundó en 1913 por dos hombres, August Sparkhorst y el Dr. Robert Allmers, que situaron sus talleres en Bielefeld, Westfalia. Al año siguiente pactaron con Lloyd de Bremen para crear la Hansa Lloyd a pesar de que Hansa se mantendría independiente.

Los primeros modelos de la Hansa se vieron muy influidos por los coches franceses de la época incluido el Alcyon. De esta manera, ya antes de la guerra, Hansa fabricaba coches bajo licencia para la British Royal Force.

En los años 20 se unió con otras empresas automovilísticas para formar un consorcio de nombre GDA (Gemeinschaft Deutscher Automobilfabriken) y entre ambas guerras mundiales fabricó coches con motores de 4, 6 y 8 cilindros, a gusto de sus clientes.

El Privat estaba dotado con un motor de 6 cilindros con válvulas en cabeza y con capacidad para 3.485 cc, un cigüeñal de cuatro bielas y dos carburadores SU montado sobre la plataforma de un chasis de acero prensado con piezas laterales en forma de cruz. La suspensión de sus cuatro ruedas eran independientes. Es interesante destacar su sistema Vogal de lubricación en el chasis y los frenos hidráulicos en las cuatro ruedas.

El último de sus coches, fabricado en 1939, se llamaba Borgward.

Motor: 6 cilindros, 3.485 cc
Potencia: 67 kW (90 CV)
De 0 a 100 km/h: 24 s
Velocidad máxima: 120 km/h
Producción total: n/d

HEALEY 2.4 WESTLAND

1946–50

El Westland de carrocería de aleación fue uno de los más potentes coches de cuatro asientos de la posguerra.

Raro a la vez que muy buscado en cualquiera de sus versiones, fue uno de los coches británicos de cuatro asientos más rápidos de la posguerra. Su atractivo venía por su carrocería de aleación con madera en la parte superior que pesaba alrededor de 1.000 kg y combinaba con un chasis con sección de caja rígida y un motor Riley con árbol de levas en cabeza. Su maniobrabilidad era previsible en sus reacciones, gracias a la suspensión de muelles helicoidales en las cuatro ruedas con brazos oscilantes delante. Además también tenía frenos hidráulicos, una rareza en los coches británicos de los años 40.

Fue la versión *roadster* la más deseada, pero también se ofrecía un sedán Elliot (uno de los sedán cerrados británicos más rápidos de la época, y un cupé de frontal bajo y laterales rectos conocido como Sportsmobile que entregaba 104 CV de potencia pero que no fue popular.

También hubo algunas carrocerías especiales hechas por Duncan e incluso por el diseñador italiano Bertone.

Motor: 4 cilindros, 2.443 cc
Potencia: 67 kW (90 CV)
De 0 a 100 km/h: 12,3 s
Velocidad máxima: 168 km/h
Producción total: 64.

HEALEY SILVERSTONE

1949–51

El Healey Silverstone tenía sus faros delanteros detrás de la parrilla, un parabrisas retráctil y una rueda de recambio en horizontal que hacía las veces de parachoques trasero.

Se presentó en el verano de 1949. El Healey Silverstone era un deportivo con aletas circulares y un número inusual de elementos de diseño, como un parabrisas retráctil, siempre manteniendo una sección que actuase como deflector de viento, dos faros delanteros empotrados en una parrilla inclinada y una rueda de recambio que se veía de forma horizontal en la trasera ya que actuaba como parachoques posterior.

Su alargada carrocería de aleación fabricada por Abbey Panels indica que el coche pesaba muy poco y que los 104 CV que entregaba su motor le daban un extraordinario poder de aceleración y una velocidad máxima de 180 km/h.

A principios de 1950 apareció la primera versión del Silverstone, la serie D, que sería sustituida por la serie E con una carrocería ligeramente más ancha, una delantera más larga y un mayor espacio de carga en el maletero. La serie E también se podía distinguir de la D por la forma de sus parachoques y la toma de aire en la cima de su capó.

A pesar de que su volumen de fabricación era bajo, su éxito en las carreras fue muy alto en 1950 hasta que finalmente fue sustituido por el Nash-Healey en 1951. Actualmente los ejemplares de Silverstone son muy caros y ansiados entre los coleccionistas del coche clásico, ya que se han descubierto varias falsificaciones.

Motor: 4 cilindros, 2.443 cc
Potencia: 77 kW (104 CV)
De 0 a 100 km/h: 11 s
Velocidad máxima: 180 km/h
Producción total: 105

HEALEY G-TYPE

1951–54

La versión Healey del Nash-Healey estaba dirigida por completo al mercado americano donde se conocía como 3 l Sports Convertible o más comúnmente como Alvis-Healey o G-Type. Que era más conservador y ligeramente más austero se veía en su parrilla más pequeña y clara que la del Nash. Además de en sus parachoques se veían en general menos cromados y su tapicería de piel y de nogal, eran más adecuados para los británicos.

El motor Alvis TB 21 no necesitaba los abombamientos en el capó que tenía el Nash. Sea como fuere la anchura de su carrocería y su peso denotaban que el G-Type era la versión menos potente, tanto que no pudo competir con coches como el Jaguar XK 120, que era más barato, más rápido y más bonito, lo que dio al traste con sus aspiraciones al éxito.

En total sólo se vendieron 25 unidades que actualmente le hacen ser un coche raro de ver y muy deseado por aquellos que buscan la exclusividad de los deportivos británicos de últimos de los años 50.

El Healey G-Type no fue nunca un competidor del Jaguar XK 120, que era más rápido. Su parrilla era más elegante que la de su primo hermano el Nash-Healey.

Motor: 6 cilindros, 2.993 cc
Potencia: 79 kW (106 CV)
De 0 a 100 km/h: 11,4 s
Velocidad máxima: 160 km/h
Producción total: 25

HEINKEL

1956–65

Conocido con el amable apodo de coche burbuja, el coche de tres o cuatro ruedas del profesor Ernst Heinkel se lanzó al mercado un año después del BMW Isetta para satisfacer el éxito de este tipo de coches a mediados de los 50. Ambos eran muy similares, pero el de Heinkel, una firma sita en Stuttgart, instaló una serie de mejoras que superaban el de BMW. El de Heinkel era más ligero, tenía capacidad para cuatro personas y mejor aspecto.

Se fabricó de forma integral; sus frenos delanteros eran hidráulicos y tenía sólo una puerta delantera en la

Fue muy popular y estaba bien fabricado. Se produjo en Alemania, Gran Bretaña, la República de Irlanda y Argentina.

que, a diferencia del BMW, no incorporaba el volante. También se fabricaron estrechos vehículos de cuatro ruedas.

Cuando finalizó la fabricación de estos coches en Alemania, su diseño se vendió a la empresa de la República de Irlanda Dundalk Engineering, y a partir de 1961 Trojan lo fabricó también en Gran Bretaña. Por otra parte se fabricaron igualmente unas 2.000 unidades en Argentina. Actualmente sobreviven muchas de aquellas unidades dada su gran calidad de construcción.

Motor: 1 cilindro, 197 cc
Potencia: 7 kW (9 CV)
De 0 a 100 km/h: n/d
Velocidad máxima: 83 km/h
Producción total: 29.000

HILLMAN 11HP

1919–25

William Hillman, fabricante de bicicletas, fundó la empresa Hillmann Motor Car Company en 1907. En su primer año ya encargó a Louis Coatalen el diseño de su primer coche para la carrera Tourist Trophy. Eliminado de la carrera tras sufrir una avería en su motor de 4 cilindros y 24 CV, Coatalen se unió a la fábrica Sunbeam y Hillman continuó fabricando coches con motores de hasta 9,7 l y 6 cilindros, uno de 6,4 l y 4 cilindros y uno de 1.357 cc monocasco de 4 cilindros que después se potenciaría a 1.593 cc y 11 CV antes de volver a reducir su capacidad a 1.496 cc. La última versión desarrollaba 18 CV o 25 si se trataba del deportivo.

Una versión similar de motor con las válvulas laterales se usó en el modelo llamado Speed de 1921 que tenía unos pistones de aleación ligera en fundición y un cigüeñal y el volante aún más livianos. Estaba equipado con la caja de cambios de tres velocidades propia de la marca y se cambiaron las relaciones para que el coche superara los 96 km/h.

Se bajó la fabricación para cumplir con la demanda del motor de 11 CV. Estos pequeños Hillman fabricados en Coventry tuvieron mucho éxito antes de dejar de fabricarse en 1925.

El Hillman 11HP, que se fabricó en Coventry, con ruedas de madera como era tradición y una carrocería descapotable con dos asientos, fue muy popular. Se fabricó hasta 1925.

Motor: 4 cilindros, 1.593 cc
Potencia: 8 kW (11 CV)
De 0 a 100 km/h: n/d
Velocidad máxima: n/d
Producción total: n/d

HILLMAN 20 STRAIGHT EIGHT

1929–31

Entre 1926 y 1928 Hillman concentró sus esfuerzos en crear un modelo espacioso con un motor de válvulas laterales y una caja de cambios de cuatro velocidades, el Fourteen. En 1929, ya propiedad de Rootes, la marca decidió sacar al mercado un modelo aún más grande dotado con un motor muy capaz de nombre 20 Straight Eight que tenía 2,6 l y 8 cilindros en línea.

Quizá se le conociese mejor con el nombre de Vortic, un sedán muy espacioso de cuatro puertas famoso por su silencio de marcha e impresionante capacidad de aceleración en marchas cortas.

A veces conocido como Vortic, el Hillman atraight Eight era famoso especialmente por su suavidad de marcha y flexibilidad en velocidades cortas y porque podía transportar a cuatro pasajeros.

El Straight Eight se describió en la revista contemporánea *The Autocar* como «un interesante coche con un buen motor y un equipamiento aceptable... y en funcionamiento se comparaba a los mejores transatlánticos.». También se hacía referencia a su buen agarre en carretera y sugería que no se notaría el atropello de nadie debido a sus parachoques ajustables.

El coche también estaba equipado con servofreno de vacío montado en las llantas y el tradicional capó Hillman de tres piezas.

Motor: 8 cilindros, 2.597 cc
Potencia: 15 kW (20 CV)
De 0 a 100 km/h: n/d
Velocidad máxima: 112 km/h
Producción total: n/d

HILLMAN MINX PHASE I

El Minx Phase I tuvo un uso militar al coincidir su fabricación con el inicio de la Segunda Guerra Mundial, por lo que aparece en muchas películas. En aquellos años su fabricación era una novedad y el público se lanzó a comprarlo una vez acabada la guerra.

El Minx fue el primer coche británico que utilizó el capó del «águila», es decir, en el que los laterales transcurren a la misma altura que la parrilla. Por otra parte, tal como pasaba con los coches fabricados recién acabada la guerra, se actualizaba la motricidad con un motor con válvulas laterales, ballestas semielípticas y frenos Bendix. Sólo quedaba por renovar la caja de cambios montada en la plataforma.

Por otra parte se ofrecía un sedán de cuatro puertas que se abrían hacia atrás; en 1946 se sumó a la serie un elegante cupé de dos puertas y un familiar basado en el Comer además del convertible.

El Phase II reemplazó al Phase I con sus faros integrales y frenos hidráulicos, pero usaba una obsoleta palanca de cambios. Su diseño era igual de austero.

La construcción parcialmente monocasco fue una revolución en el año de su lanzamiento, 1939. Agunos de ellos se fabricaron para los militares.

Motor: 4 cilindros, 1.185 cc
Potencia: 26 kW (35 CV)
De 0 a 100 km/h: n/d
Velocidad máxima: 104 km/h
Producción total: n/d

HILLMAN MINX SERIES I

La moderna Serie I Minx duró sólo un año antes de ser reemplazada por la Serie II, de mejor imagen en 1957, con su nueva parrilla más superficial y unas líneas mejor definidas. Se dejó de fabricar en 1963, siendo ya la serie III C.

suelo y asientos delanteros separados, al contrario de los entonces tradicionales bancos, cosa que no tenía la versión Deluxe. En 1957 apareció la versión familiar, poco antes del lanzamiento de la Serie II que se diferenciaba por su parrilla superficial. La serie III, que se fabricó desde 1958 a 1959, disponía de un motor de 1.494 cc, La Serie III A tenía aletas traseras, una nueva parrilla, mejores frenos y la opción de una transmisión automática. La Serie III B de 1960 recibió el eje trasero Hypoid. Por último, la Serie III C obtuvo un motor aún más potente de 1.592 cc y 57 CV.

En 1956 apareció un nuevo Hillman Minx que de hecho sólo era una versión cuatro puertas del Sunbeam Rapier que había sido anunciado el año anterior. La Serie I era mayor que los previos Minx y por lo tanto con un interior más espacioso, pero también más pesado. Sea como fuere, también ganó más potencia, por lo que el coche aún podía alcanzar sus 128 km/h de velocidad máxima. Se ofrecía con un gran abanico de acabados, incluyendo un Special con una caja de cambios en el

Motor: 4 cilindros, 1.390 cc
Potencia: 38 kW (51 CV)
De 0 a 100 km/h: 27,7 s
Velocidad máxima: 128 km/h
Producción total: 500.000

HILLMAN SUPER MINX

1961–67

Anunciaba una nueva década. Apareció con sus faros delanteros en la carrocería, con pequeñas aletas en su trasera y con ambos parabrisas de clara influencia americana y además la misma mecánica que usaba el Minx anterior. Sólo incorporaba una palanca de cambios central y las opciones de una transmisión automática Smith Easidrive y una distancia entre ejes 5 cm mayor. También se ofrecía el familiar con muy atractivo cupé que sólo se fabricó entre 1962 y 1964.

La Serie II de 1962 tenía los frenos delanteros de disco, la opción de una caja de cambios automática Borg Warner y asientos delanteros separados y no el tradicional banco. La Serie III, de 1964, tenía unos parabrisas delantero y trasero más grandes, una línea del techo más clara y un salpicadero con efecto de chapa de madera. La Serie IV, de 1965, tenía el nuevo motor de 1.725 cc y una superdirecta opcional.

La Serie III A fue la más popular de todas gracias a su combinación de aspecto clásico y prestaciones.

Es raro encontrar un buen descapotable de la Serie III A, por lo que son muy buscados e incluso el mismo sedán, con sus ventanas sin marco, se ha convertido rápidamente en un objeto de deseo entre los coleccionistas.

Motor: 4 cilindros, 1.592 cc
Potencia: 58 kW (78 CV)
De 0 a 100 km/h: 22,5 s
Velocidad máxima: 128 km/h
Producción total: 135.000

La influencia americana es obvia con sólo mirar sus neumáticos pintados, sus faros delanteros cubiertos, las aletas posteriores y los parabrisas envolventes. La Serie III tenía más superficie acristalada y un salpicadero con madera.

HILLMAN IMP

1963–76

El Imp hubiese podido tener más éxito que el Mini. Tenía el formato de un coche con motor trasero, suspensión independiente en las cuatro ruedas, un parabrisas trasero con apertura y los asientos traseros abatibles. Nunca tuvo éxito en el mercado británico.

alegre. Era pues avanzado, montaba suspensión independiente a las cuatro ruedas y tenía un práctico parabrisas trasero que parecía un portón y por el cual se podían doblar los asientos traseros.

El Super Imp de 1965 consiguió más lujos y el California de 1967 tenía forma de cupé sin portón. Las otras dos versiones cupé son especialmente buscadas, el Chamois de 1967-1970, y el Sunbeam Stiletto de 1967-1972, que tenían una potencia de 51 CV y un carácter deportivo, una suspensión dura, servofrenos, y unos espectaculares faros.

A pesar de que su diseño se originase a mediados de los 50 para contrarrestar la influencia en el mercado del Ford 105 E y del Mini, problemas con los permisos de fabricación en una nueva planta en Linwood, cerca de Glasgow,

Escocia, hicieron que no se llevase a cabo su producción hasta 1963. Se fabricó a toda prisa por la mayoría de los ex fabricantes de barcos locales. Pronto el Imp mostró problemas de fiabilidad, lo que provocó la pérdida de opciones con

su competencia, una pena ya que era un coche pequeño muy completo.

Siguiendo la tendencia de los fabricantes de coches europeos de colocar el motor detrás, optó por un Coventry Climax de aleación que pesaba muy poco y era realmente

Motor: 4 cilindros, 875 cc
Potencia: 28 kW (37 CV)
De 0 a 100 km/h: 25,4 s
Velocidad máxima: 130 km/h
Producción total: 440.032

HILLMAN MINX/HUNTER 1966–67

Motor: 4 cilindros, 1.496 cc
Potencia: 45 kW (60 CV)
De 0 a 100 km/h: 17, 8 s
Velocidad máxima: 138 km/h
Producción total: 470.000

A pesar de la intervención del gurú del diseño automovilístico británico William Towns, el Hillman Minx era potente pero muy humilde en todos los aspectos. Las versiones siguientes ya adoptaron el nombre de Hunter, entre ellas la versión sedán de cuatro puertas.

Es difícil imaginarse hoy día por la calle un Hunter de laterales planos sin retroceder a la fecha de su lanzamiento en 1966, cuando se presentó como una revolución en el diseño automovilístico; incluso el diseñador de los asientos de Aston Martín, William Towns, se vio involucrado en su desarrollo. Fue el primero de una familia pionera a la que se le unió una versión Singer Vogue y los familiares Minx y Singer Gazelle. Tenía algunos puntos del Ford Cortina, pero era más barato de producir y más ligero que cualquier Hillman anterior.

Sea como fuere, sus suspensiones McPherson con puntales, los frenos delanteros de disco, la superdirecta e incluso la opción de una transmisión automática no consiguieron sumar atractivo a este coche básicamente tan humilde. El motor estándar de este sedán de cuatro puertas y el familiar era un razonablemente eficaz Routes de 1.725 cc que rendía 61 CV, pero pronto tuvo la opción, en 1967, de uno de 1.496 cc

El Mk II del mismo año sufrió ligeros retoques en su diseño y tuvo que esperar hasta 1968 para conseguir unos frenos de disco de serie. El nombre de Minx murió de hecho en 1970 cuando empezó a conocerse como Hillman Hunter. De éste apareció en 1972 la versión GLS con un motor deportivo de 93 CV y ruedas cromadas al estilo Rostyle que fue un éxito.

HILLMAN AVENGER 1970–81

El Avenger fue otra oferta potente pero humilde de Hillman que por entonces había caído en las manos de Chrysler. Se le equipó con una nueva generación de motores con suspensión de puntales MacPherson delante y axial detrás que no solucionó muchos de sus problemas.

Para ganar compradores se ofrecieron más opciones deportivas, incluyendo un modelo GT con dos carburadores, frenos de disco delanteros, instrumentalización más elaborada y suspensión más dura para ayudar a su maniobrabilidad.

En 1972 se lanzó al mercado la versión GLS, que tenía el mismo motor del GT pero con unas ruedas en Rostyle, servofrenos y un techo de vinilo a la moda. La versión de dos puertas del GT también tenía un techo parcialmente en vinilo para darle más atractivo.

En 1973 viendo que las emisiones de gases privaban el rendimiento del motor se decidió pasar de un 1.250 cc a un 1.300 y de un 1.500 a un 1.600. El coche se rebautizó como un Chrysler en 1976 y como un Talbot en 1979 cuando la compró Peugeot. Fue un modelo conocido en todo el mundo con infinidad de nombres; en algunos países se vendió como Dodge y Plymouth.

Motor: 4 cilindros, 1.248 cc
Potencia: 39 kW (53 CV)
De 0 a 100 km/h: 19,8 s
Velocidad máxima: 134 km/h
Producción total: 826.353

El técnicamente inspirado pero de aspecto muy humilde Avenger no transmitía emociones al volante. Se vendió en todo el mundo con diferentes nombres.

HINO CONTESSA

1961–70

Hino hubiese podido ser un pura sangre del automovilismo tipo Nissan, Honda o Toyota, pero fue comprada por esta última en 1966 eliminando por completo una experiencia de cuatro años justos.

Habiendo participado previamente en el ensamblaje del Renault 4CV. La empresa se atrevió a fabricar el Contessa en 1961 basando casi toda su mecánica en el pequeño modelo francés con cuyo motor tenían mucha familiaridad.

El diseño del sedán de cuatro puertas, tan cuadriculado y con poca superficie acristalada parecía ser un atractivo coche de la Europa del

El Hino Contessa, de aspecto muy cuadriculado, se fabricó en Japón siguiendo las tendencias europeas de poner el motor detrás. El de la foto es el Contessa I que se fabricó hasta 1964.

Motor: 4 cilindros, 893 cc
Potencia: 26 kW (35 CV)
De 0 a 100 km/h: n/d
Velocidad máxima: 115 km/h
Producción total: n/d

Este. Mejor el diseño que hizo Michelotti de la versión cupé de dos puertas que apareció en 1962 cuyas ventas por desgracia decayeron al poco de nacer. La misma empresa de diseño italiana se responsabilizo del nuevo Contessa en 1964 que tendría un motor más potente de 1.251 cc
Nunca se fabricaron demasiadas unidades de esta marca, incluso sobre viven pocos de ellos fuera de Japón.

HISPANO-SUIZA TYPE 15T

1911–14

Poca gente confiaba en que España podría ser prolífica en la fabricación de automóviles, pero el ingeniero suizo Marc Birkigt tuvo que ir al país a trabajar en una empresa de ingeniería. Era conocedor de las condiciones del sistema de carreteras europeo y decidió adaptar un exitoso coche de carreras a la carretera.

El resultado fue un deportivo pionero con un motor «big flexible four» de 4 cilindros similar en el diseño a un Vauxhall o un Bentley hoy es visto como uno de los mejores del mundo. El aspecto delicado del Hispano-Suiza Type 15T incorporaba otros elementos innovadores como una caja de cambios de tres velocidades conectada con el motor, una transmisión diferente a la de cadena y una suspensión semielíptica.

Se ofrecieron varias carrocerías de las que la más popular era un biplaza corto de ruedas muy anchas con ajuste central. A finales de 1911 Hispano-Suiza trasladó su producción de Barcelona a París, donde el modelo 15T se continuó fabricando hasta el estallido de la Primera Guerra Mundial.

Motor: 6 cilindros, 6.597 cc
Potencia: 45 kW (60 CV)
De 0 a 100 km/h: n/d
Velocidad máxima: 128 km/h
Producción total: n/d

HISPANO-SUIZA H6

1919–34

El Hispano-Suiza H6 montaba un motor del ingeniero suizo Mark Birkigt cuya innovadora mecánica disponía de sistema de frenado servoasistido que luego copiaría Rolls-Royce.

El público, que había visto cómo la marca se dedicaba a fabricar motores de avión durante la Primera Guerra Mundial, esperaba ver cuál sería el primer coche de Mark Birkigt después de ella. El H6 no decepcionó en su presentación en el Salón del Automóvil de París el año 1919, pues fue uno de los técnicamente más avanzados de su época.

Fue el propio Birkigt quien diseñó la mecánica de su vehículo con un sistema de frenado servoasistido en las cuatro ruedas que más tarde copiaría Rolls-Royce

para sus propios vehículos. Además, el H6 representaba un esfuerzo supremo de la técnica que logró un motor bello en la composición de sus componentes, un chasis de acero prensado superior y una carrocería inmejorable. Tal era la calidad

de su construcción que sólo unos pocos podían afrontar el precio de este deportivo de cuatro asientos fabricado en París.

El H6 era tanto un coche de carretera como de carreras en circuitos. En 1924 Birkigt lanzó al mercado el H6C Sport y el modelo

Boulogne con un motor potenciado casi hasta los 8 l y obtuvieron varios éxitos en las competiciones.

Motor: 6 cilindros, 6.597 cc
Potencia: 101 kW (135 CV)
De 0 a 100 km/h: n/d
Velocidad máxima: 139 km/h
Producción total: n/d

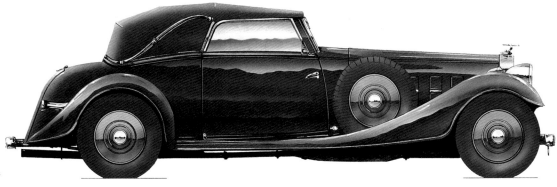

HISPANO-SUIZA J12

1932–38

El macizo corazón de 9.424 cc V12 del J12 fue en realidad un motor de avión refinado por el propio Birkigt, que formaría un coche no menos impresionante.

El J12 fue uno de los sedán más potentes y técnicamente más avanzado de su época capaz de alcanzar sin dificultades los 161 km/h de velocidad, pero también fue uno de los coches franceses más caros y opulentos de todos los tiempos. Fue el «elefante blanco» que hacía sombra hasta al prestigioso Bugatti Royale.

A pesar de que el Hispano-Suiza tenía una distancia entre ejes de 4,01, su espacio interior se reducía al de un biplaza justo dado el tamaño de su motor y el de su caja de cambios de tres velocidades. Esta transmisión se mostraba insuficiente en recorridos ondulados o algo montañosos.

Bastantes carroceros europeos fabricaron diversos diseños para él; de ellos, el más elegante era el turismo biplaza de líneas delicadas Saoutchick. La empresa fabricó poco después el Type 68 bis con un motor de 11,3 l V12, que entregaba más de 250 CV.

Motor: 12 cilindros, 9.424 cc
Potencia: 142 kW (190 CV)
De 0 a 100 km/h: n/d
Velocidad máxima: 161 km/h
Producción total: n/d

HONDA S800

1966–70

Motor: 4 cilindros, 791 cc
Potencia: 52 kW (70 CV)
De 0 a 100 km/h: 13,4 s
Velocidad máxima: 152 km/h
Producción total: 11.400

La tecnología de la motocicleta fue básica para la mayoría de los intentos de la marca Honda en la fabricación de automóviles. Su primer modelo fue el S500 de 1963 con tracción a las ruedas traseras por cadena y su máxima potencia a 8.000 rpm.

Este deportivo de 3 m de largo, se fabricaba con el chasis separado de la carrocería tal como era típico en la época y equipaba frenos de disco delanteros y suspensión independiente.

Más tarde se le montó una tracción convencional en las ruedas traseras y un eje posterior suelto con brazos oscilantes y un puntal Panhard. Fue un buen coche para su tiempo pues se vendía más barato que el Mini Cooper, pero le condenó su cambio de marchas y su excesivo consumo. Teniendo en cuenta su pequeño motor el S800 entregaba 70 CV, tenía un buen poder de aceleración con una suspensión dura y una buena maniobrabilidad.

Entre sus carrocerías había un atractivo convertible con un techo practicable de lona y un cupé con

El motor del S800 tenía dos árboles de levas en cabeza, dos válvulas de escape por cilindro y cuatro carburadores laterales Kei-Hin. El mayor rendimiento lo entregaba en las 8.000 rpm, pero era capaz de llegar a las 11.000.

portón trasero que aumentaba su practicidad. Hoy día hay toda una serie de entusiastas de este coche, principalmente en Japón.

HONDA N600

El Honda N600 fue la evolución del N360 y el modelo superior de la marca en la serie K correspondiente a los coches pequeños. El primero de ellos se lanzó al mercado en 1966 equipado con un innovador motor delantero de 345 cc de 2 cilindros y refrigerado por agua.

Al igual que su hermano menor, el N600 tenía una mecánica radical para su tiempo y un motor de aleación de 599 cc. Sea como fuere, nunca pudo competir con el Mini ni con el VW Escarabajo.

Su maniobrabilidad era excepcional y la dirección muy exacta y precisa; los motores podían alcanzar hasta casi las 10.000 revoluciones dándoles a sus usuarios una extraordinaria flexibilidad en carretera. Su precio era muy variable, pero usado en el extrarradio de las ciudades era muy rumoroso y por ello no muy apacible conducirlo fuera de la ciudad, terreno que en realidad era el suyo. Al igual que su hermano el N600 tenía un motor de 2 cilindros delantero, con tracción delantera y refrigerado por aire.

Este modelo sólo se ofreció en versión sedán. Actualmente existen unas pocas unidades fuera de Japón y únicamente en manos de coleccionistas especializados.

El N600 era un coche miniatura de cuatro asientos muy interesante. Tenía una maniobrabilidad muy correcta y unas buenas prestaciones dadas por su rumoroso motor de 2 cilindros, pero su nivel de acabados era paupérrimo.

Motor: 2 cilindros, 599 cc
Potencia: 31 kW (31 CV)
De 0 a 100 km/h: 29,3 s
Velocidad máxima: 136 km/h
Producción total: n/d

HONDA Z600

El modelo Z600 con su graciosa imagen era conocido como el Z cupé en Japón y disponía de numerosos elementos de acabado cuando fue lanzado en 1970.

o con unas franjas negras laterales que le imprimieran un carácter deportivo como opción «go faster»

Sólo en el mercado japonés se vendía desde 1972 un modelo de techo duro con puertas sin marco, pero la inmensa mayoría sólo disfrutaba del modelo cupé de cuatro asientos y dos puertas. Aunque se le describiese oficialmente como de cuatro asientos los traseros eran realmente incómodos.

El coche se hizo famoso tras obtener un récord en economía de gasolina, publicado por la revista *Motor*.

Este coche de aspecto peculiar empezó a fabricarse en Japón con un motor de 345 cc y el nombre de Z Coupé, pero a Europa sólo llegó la versión superior, el Z600 con el motor del N600 modificado.

Disponía de unos acabados y detalles que pertenecerían a otro tipo de coches de su misma época, entre ellos una consola central parecida a la de un avión. Se ofrecía en color naranja brillante

Motor: 2 cilindros, 599 cc
Potencia: 24 kW (32 CV)
De 0 a 100 km/h: 32,6 s
Velocidad máxima: 120 km/h
Producción total: n/d

HORCH TYPE 853

1936–39

August Horsch, fabricante de vehículos de lujo se convirtió en un pionero de la industria alemana. Primero trabajó para Mercedes como vendedor desde 1900. No fue hasta 1920 cuando ganó suficiente reputación como fabricante de coches apoyado por directivos que abandonaron Mercedes para fundar Audi en 1932.

En 1923 Paul Daimler trabajó para él como diseñador de motores; el primero de los que fabricó, en 1926, fue el de 8 cilindros y con doble árbol de levas que se mejoró en los años 30. Más tarde, y con sólo un árbol de levas formó la base del 853.

En realidad estos coches sólo eran una segunda marca de Mercedes y fueron vendidos en cantidad a la alta jerarquía nazi que los usaba como coche oficial. Algunos de ellos tenían los ejes rígidos, otros suspensión delantera independiente y los últimos 950/1951 una suspensión trasera De Dion.

El V8 y el de 8 cilindros en línea continuaron en producción durante toda la Segunda Guerra Mundial, pero acabada ésta sus ventas cayeron y tuvo que cerrar el mismo año al caer en manos de los rusos y entrar en la antigua Alemania del Este.

El fabricante alemán Horsch entregaba, en los años 30, vehículos extremadamente elegantes y de lujo, entre ellos el 853. El exótico *roadster* fue muy demandado.

Motor: 8 cilindros, 4.946 cc
Potencia: 75 kW (100 CV)
De 0 a 100 km/h: n/d
Velocidad máxima: 160 km/h
Producción total: n/d

HOTCHKISS 2050

1950–54

El fabricante de coches de lujo Hotchkiss consiguió fama ya antes de la Segunda Guerra Mundial, pero fue en los años 50 cuando casi cerró por bancarrota por motivos de mercado.

Su motor de 6 cilindros en línea escogido para el elegante 2050 tenía efectivamente un diseño de preguerra parecido al 686 de 1946 y al 686 S49. El coche, con una suspensión delantera independiente con muelles helicoidales y dos carburadores Zenith, fue rebautizado con el nombre de 2050 en 1950 o 1350 si disponía de un motor de 4 cilindros.

Se ofreció con cuatro carrocerías: la Anjou, un sedán de cuatro puertas, una limusina, el convertible Antheor diseñado por Chapron y el magnífico Grand Sport de dos puertas y motor de 130 CV aún hoy muy buscado por los coleccionistas dispuestos a pagar altos precios. Sus últimos retoques le hicieron tener un parabrisas en V y unos faros delanteros entrados.

La marca Hotchkiss malgastó mucho dinero intentando mejorar la plataforma de un coche con chasis de aluminio y motor de 4 cilindros que llamó Grégorie del que se fabricaron 180 unidades antes de que apareciese Delahaye y tuviese que dedicarse a la fabricación de camiones.

A pesar de fabricarse al norte de París, el elegante Grand Tourer de 6 cilindros de Hotchkiss fue de hecho muy parecido en carácter a los coches británicos de calidad y producción limitada.

Motor: 6 cilindros, 3.485 cc
Potencia: 75 kW (100 CV)
De 0 a 100 km/h: n/d
Velocidad máxima: 141 km/h
Producción total: n/d

HRG 1.5-LITRE

La marca HRG debe su nombre a sus tres fundadores, E. A. Halford, G. H. Robins y H. R. Godfrey, que fabricaron coches de mecánica muy básica pero muy queridos por los entusiastas de las carreras, en las que obtuvo grandes éxitos.

El deportivo de dos plazas 1.5 se fabricó en los talleres de Tolworth, en Surrey, Inglaterra. Sus coches siempre tuvieron un diseño muy decidido, cediendo poco margen a estilo, con un panel corrido y puertas recortadas. Su radiador cromado en la parte superior se puso hacia atrás

Con sus aletas circulares, las puertas recortadas y la posición de la conducción expuesta, el HRG ofrecía bien poco al confort. A pesar de todo consiguió tener sus admiradores, sobre todo por su flexibilidad, sus prestaciones y su impecable maniobrabilidad.

siguiendo la moda clásica, dejando a la vista el eje tubular frontal, las ballestas de cuarto de elipse delanteras y los cables de sus eficaces frenos de tambor. En la trasera la suspensión era por láminas semielípticas deslizándose hasta unos topes (en muñones).

El HRG 1.5-Litre estaba equipado con un motor Meadows de 4 cilindros, dos carburadores SU y un magneto Cintilla. Su caja de cambios no estaba sincronizada.

Lo mejor del coche era su flexibilidad, por lo que fue muy apreciado por los clubes de carreras junto con su tremenda capacidad de maniobra tanto en carreteras rápidas, onduladas, triales o rallies.

Motor: 4 cilindros, 1.497 cc
Potencia: 43 kW (58 CV)
De 0 a 100 km/h: 18,4 s
Velocidad máxima: 145 Km/h
Producción total: 26

HRG 1500

Aunque el HRG 1500 tuviese una imagen muy similar a la del 1.5, la diferencia estaba en la ligera remodelación de su motor Meadows que le dio un toque de refinamiento. Se le incorporó una caja de cambios sincronizada y un cigüeñal de tres bielas Singer. Una versión más reducida con un motor de 1,1 l compartía el diseño de su carrocería, pero su distancia entre ejes era más corta.

Al igual que muchos otros coches de la época las especificaciones y los niveles de acabado eran cosa de los compradores, por lo que nunca se fabricaban dos coches iguales. La última docena de los 1500 llevaban las siglas WS y equipaban un motor Singer SM.

Acabada la Segunda Guerra Mundial la marca experimentó con un nuevo diseño más moderno y más bajo llamado Aerodynamic. Su anchura estaba soportada por arcos y propulsado por un motor de 65 CV, y no tuvo ningún éxito a pesar de que se fabricaron 35 unidades entre 1946 y 1947.

Después de 1956 la empresa decidió no fabricar más vehículos

a motor y se involucró en trabajos de ingeniería general. Actualmente HRG es una marca muy deseada que gusta sobre todo a puristas y cuyos pedidos se pagan a un precio desorbitado.

De aspecto un poco diferente al coche de preguerra, el HRG 1.5-Litre, el HRG 1500 compartía su increíble versatilidad, pero era más refinado y algo más rápido que su predecesor, un factor que le hizo tener un éxito inmediato en las carreras.

Motor: 4 cilindros, 1.496 cc
Potencia: 45 kW (61 CV)
De 0 a 100 km/h: n/d
Velocidad máxima: 152 Km/h
Producción total: 173

HRG Twin Camshaft

1955–56

Cansada de los comentarios de que fabricaba coches anticuados HRG cambió su tradición y se embarcó en la producción de un deportivo totalmente nuevo, el Twin Camshaft (dos árboles de levas). Su imagen era la de un deportivo de carreras ligero montado sobre un chasis de dos tubos, con suspensión independiente en las cuatro ruedas, frenos de disco en todas ellas y novedosas llantas de magnesio.

De acuerdo con su nombre, el motor cubicaba 1.497 cc, era una modificación de otro de la propia marca con doble árbol de levas en un bloque Singer SM. Su gran ligereza hizo que el pequeño descapotable de carreras fuese un rayo desde la misma línea de salida capaz de alcanzar sin problemas los 184 km/h.

Aunque la marca depositó todas sus esperanzas en futuros éxitos del nuevo coche, los pedidos eran pocos y fue generalmente ignorado por los propios entusiastas de HRG. No es nada sorprendente que sólo se vendiesen cuatro unidades antes de que la empresa dejase de fabricar coches.

Motor: 4 cilindros, 1.497 cc
Potencia: 80 kW (108 CV)
De 0 a 100 km/h: n/d
Velocidad máxima: 184 km/h
Producción total: 4

Hudson Eight

1935–39

El magnate del departamento de ventas de Detroit Joseph J. Hudson, fundador de la empresa Hudson, ofreció sus primeros coches en 1909. Su primer modelo fue el Model 20 con un motor de sólo 20 CV que cubicaba 2.534 cc y que tuvo un éxito inmediato.

Hudson murió en 1912, pero la compañía avanzó y el mismo año apareció su primer vehículo de 6 cilindros, el 6-54, de 54 CV que se podía adquirir con diferentes carrocerías. En 1914 la Hudson se autoproclamó la fábrica de motores de 6 cilindros más grande del mundo.

En 1916 ya no fabricaban motores de 4 cilindros y Hudson adaptó un modelo de 4.739 cc que llamó Super Six y al que no practicó cambio alguno hasta los años 30, cuando fue superado por los coches con motor de 8 cilindros en línea.

Respecto a su diseño era un coche fácil de distinguir gracias a su exagerada parrilla cromada en cascada, pero también a su «Electric Hand», una palanca de marchas eléctrica que equipó de forma opcional a partir de 1935 y su «safety engineered chasis» con frenos hidráulicos y un sistema mecánico auxiliar para emergencias que se montó en 1936.

Antes de la Segunda Guerra Mundial Hudson llegó a ser el fabricante de motores más importante de América; los coches que fabricó en la segunda mitad de los años 30 se distinguían por su parrilla cromada.

Motor: 8 cilindros, 4.162 cc
Potencia: 84 kW (113 CV)
De 0 a 100 km/h: n/d
Velocidad máxima: 128 km/h
Producción total: n/d

HUDSON HORNET

Motor: 6 cilindros, 5.047 cc
Potencia: 119 kW (160 CV)
De 0 a 100 km/h: 12 s
Velocidad máxima: 177 Km/h
Producción total: n/d

Después de la Segunda Guerra Mundial, Hudson fabricó sus coches tipo construcción monocasco que se llamaron «Step down» ya que al entrar el conductor pisaba literalmente los faldones estructurales de la carrocería. El Hornet salió a la venta en 1951 provisto de laterales suaves y lisos, una estructura totalmente nueva y parabrisas de una sola pieza.

Su potencia le venía de un motor propio derivado de uno antiguo de 5.047 cc y 6 cilindros. El coche adquirió fama cuando demostró ser invencible en las carreras.

Aunque todo el mundo usaba motores V8, Hudson se mostró fiel a sus tradicionales motores de 6 cilindros hasta que en 1954 apareció la opción de un motor Twin H con un árbol de levas «caliente», cabeza de aleación y una compresión aumentada que entregaba hasta 170 CV de potencia.

De hecho las ventas del Hudson habían alcanzado su cima en los años 50 y la marca no pudo llevar a cabo su proyecto de renovación instrumental en un modelo compacto llamado Jet por falta de dinero. De esta manera ya se preveía que se uniría a la marca Nash para formar, en 1954, la American Motors. El nombre de Hudson desapareció por completo en 1957.

La convencional carrocería dos puertas del Hornet tenía una trasera menos inclinada que el de cuatro puertas. Después de 1954 se le añadieron aletas en su cola.

HUMBER 16/50

Thomas Humber empezó en 1898 en unos talleres de Coventry y de Beeston en Warwickshire hasta 1908. En la década de los 20 la empresa obtuvo el reconocimiento como fabricante de coches de calidad y prestigio. En 1926 se aventuró a entrar en el mercado de los vehículos comerciales comprando la empresa Commer Cars de Luton.

En 1928 el propietario de un garaje, distribuidor comercial y hombre de negocios Billy Rootes planeó unir Humber con la empresa Hillman para crear una empresa más eficaz en Humber Road, Coventry. Por aquel entonces los contribuyentes estuvieron de acuerdo en ello y en 1930 aparecieron en el mercado sus primeros coches, entre los que se encontraba el 16/50 tipo familiar. Este modelo, conocido como el «médium six», desbancaba al 14/40 y se ofrecía en una carrocería descrita como «dual purpose» con inteligentes parabrisas plegables.

La fabricación de su motor con tubos de entrada sobre las válvulas

de escape duró dos años justos antes de que las inversiones de Root tuviesen como resultado un motor totalmente nuevo de 1,7 l, válvulas laterales y 9 CV más, el 16/60.

Estaba dotado con modernos elementos. Su aspecto tradicional, sus embellecedores y acabados de alta calidad junto a su precio lo hicieron accesible a las clases medias.

Motor: 6 cilindros, 2.110 cc
Potencia: 37 kW (50 CV)
De 0 a 100 km/h: n/d
Velocidad máxima: n/d
Producción total: 8.183

HUMBER SUPER SNIPE I

No aportó nada en la mecánica y de hecho, el Humber Super Snipe I de la posguerra no fue más que una actualización del Snipe de 1938, que a su vez fue una versión de lujo del Hillman 14.

A efectos visuales el Super Snipe tenía un porte más altivo dado por una parrilla y los faros delanteros cromados, un capó largo, un parabrisas plano y unas puertas delanteras que se abrían hacia atrás.

Todos los modelos Humber de la posguerra disponían de frenos hidráulicos y una moderna suspensión delantera independiente en vez de la de tecnología por cable. Los maleteros se extendían

más allá de la línea de la trasera y de forma adicional un techo solar metálico corredizo.

A pesar del impresionante tamaño de su motor de un poco más de 4 l y 6 cilindros, el Humber Super Snipe nunca fue muy rápido debido al peso de su carrocería, pero aun así alcanzaba los 130 km/h de velocidad máxima.

Entre sus versiones había una de nombre Pullman con una distancia entre ejes 30 cm más larga que la del Super Snipe. Sólo se vendieron 500 de estas limousinas entre 1945 y 1948.

El lujoso Super Snipe fue el primer coche de posguerra ofrecido por Humber. A pesar de sus 100 CV el peso de su carrocería hizo que no tuviera grandes prestaciones.

Motor: 6 cilindros, 4.088 cc
Potencia: 75 kW (100 CV)
De 0 a 100 km/h: 24,5 s
Velocidad máxima: 130 Km/h
Producción total: 3.909

HUMBER IMPERIAL II

El grande y nuevo Humber mantenía ciertas referencias del diseño de los coches de preguerra. Lanzado a últimos de los 40, aún en los 50 mantenía su delantera tipo «cocodrilo» pasada de moda, parabrisas planos *(pillbox)*, pasos de rueda y elementos modernos como una carrocería ancha con faros delanteros integrados. Su mecánica era también obsoleta con

el uso de un cambio de marchas en columna y un motor con válvulas laterales. La única concesión a la modernidad fue su suspensión delantera independiente con láminas transversales llamada «Evenkeel».

El Imperial se basó en la limousina Pullman con una distancia entre ejes de 330 cm y sin separación entre el chófer y los pasajeros. Se fabricó hasta 1954, fecha en la que

ya tenía un motor con válvulas en cabeza, una conducción mejorada y unos frenos más efectivos.

El modelo compartía su eje motriz con la mayoría de otros anteriores, el Super Snipe II y III que se fabricaron entre 1948 y 1952. Entre los modelos Imperial se ofreció una limusina Touring y a partir de 1949 un convertible de dos puertas elegante pero de aspecto pesado.

El imponente Humber Imperial debió su nombre a sus 330 cm de distancia entre ejes y se mantuvo en fabricación con ciertas mejoras hasta 1954.

Motor: 6 cilindros, 4.138 cc
Potencia: 84 kW (113 CV)
De 0 a 100 km/h: 26,2 s
Velocidad máxima: 131 Km/h
Producción total: 4.140.

HUMBER HAWK III

1948–50

Ya habían desaparecido los paneles lisos tradicionales cuando llegó la carrocería ancha del Humber Hawk. Debajo de su línea exterior se escondía un arcaico motor con válvulas laterales y cambio de marchas en la columna de dirección.

helicoidales en vez de la anticuada de láminas transversales, lo que le ayudó a mejorar su conducción y a darle en general un toque de refinamiento.

El Hawk costaba nuevo 799 £ y sus ventas se mantuvieron siempre a un mismo nivel en sus nueve años de fabricación. Su sucesor más inmediato fue el Hawk MK IV que apareció en 1950 con un necesario motor de 2.276 cc, neumáticos más anchos y un cambio de velocidades más alto.

Raymond Loewy fue el responsable de todos los diseños del modelo Hawk. Claramente tuvo una influencia visible en los faros delanteros salientes en las alas, un ancho parabrisas y un frontal bulboso.

Aparte del nuevo chasis más corto, lo que significa menos maletero y un peso de 1.250 kg, el Humber Hawk se mostraba anticuado en el uso de las secciones laterales y de un motor de 4 cilindros y válvulas laterales

bajo su capó que databa de los primeros años 30; además mantuvo la antigua palanca de cambio de marchas.

Con el tiempo incorporó una nueva suspensión delantera independiente con muelles

Motor: 4 cilindros, 1.944 cc
Potencia: 42 kW (56 CV)
De 0 a 100 km/h: 30, 7 s
Velocidad máxima: 110 km/h
Producción total: 10.400

HUMBER SUPER SNIPE/IMPERIAL

1958–67

La nueva generación del Super Snipe no fue en realidad nada más que un Hawk monocasco actualizado 18 meses después de su lanzamiento y con un motor de 2,6 l desarrollado con la colaboración de

Armstrong Sideley con cámaras de combustión esféricas, válvulas opuestas y una moderna respiración. En su exterior se veía un nuevo capó, una ancha parrilla cromada rodeada por luces laterales y la

moda, venida de América, de una carrocería en dos tonos. Se ofrecía con una caja de cambios de tres velocidades de serie con opción a una supervelocidad, una transmisión automática y dirección asistida.

La Serie II de 1959 tenía un motor de 3 l y frenos delanteros de disco, mientras que la Serie II de 1960 disponía los faros delanteros de forma horizontal en cada ala delantera. En 1963 la Serie IV aumentó la potencia de su motor a 133 CV y aumentó la superficie cromada; al año siguiente apareció el SV con una línea del techo más afilada, dos carburadores y dirección asistida. El modelo Imperial no fue más que un SV de techo negro y transmisión automática de serie.

El Humber Super Snipe con motor de 6 cilindros heredó la carrocería del Hawk, pero con un nuevo capó, una parrilla a lo ancho y cromada con luces laterales y la opción de una pintura en dos tonos.

Motor: 6 cilindros, 2.651 cc
Potencia: 83 kW (112 CV)
De 0 a 100 km/h: 19 s
Velocidad máxima: 144 km/h
Producción total: 30.031

HUMBER SCEPTRE I/II

1963–67

Humber estaba siendo poco a poco engullida por el imperio de Root y el Super Snipe fue el último modelo diseñado en exclusiva por la marca. El Humber Sceptre sólo fue una reestilización del Hillman Minx o del Singer Vogue con una línea del techo ligeramente modificada y un parabrisas delantero envolvente. El diseño frontal y trasero de este modelo con sus faros delanteros cuadrados, la parrilla cromada como sus embellecedores laterales y las luces en los márgenes era parecido al Sunbeam Rapier, ya que de hecho fue desarrollado como tal hasta el último paso de su desarrollo. Incluso tenía el motor de 80 CV y dos carburadores del Rapier.

Nuevo en él era el moderno salpicadero, los frenos delanteros de disco, la supervelocidad autolimitada y un interior de calidad que le hizo ser uno de los coches más elegantes de la familia de los Super Minx de aquellos tiempos.

El MK II de 1965 ya equipaba con el cigüeñal de cinco bielas del grupo Root, un motor de 1.725 cc con la opción de una transmisión automática. El diseño frontal también lo copió del Hillman Super Minx.

Motor: 4 cilindros, 1.592 cc
Potencia: 60 kW (80 CV)
De 0 a 100 km/h: 17,1 s
Velocidad máxima: 141 km/h
Producción total: 28.996

HUMBER SCEPTRE

1967–76

Antes de su lanzamiento el reciente grupo Root-Chrysler decidió reducir los modelos de su gama. Eliminó las dos series más añejas de tamaño medio, los grandes Hawk/Super Snipe/Imperial y los reemplazó por un modelo suave aunque ligeramente anónimo de nombre Arrow. Con él apareció en 1967 el nuevo Sceptre con suspensión con puntales MacPherson y un motor de 1.725 cc con dos carburadores, una dirección del Sunbeam Rapier, un frontal con cuatro faros delanteros y unos tapacubos modernos en sus ruedas. En su interior sus nuevos asientos delanteros reclinables se sumaron a una mayor presencia de la madera de nogal, aunque los modelos de lujo de la serie tuvieran un techo de vinilo negro y dos luces de marcha atrás.

El coche, popular sobre todo entre los hombres de negocios, disponía de una supervelocidad de serie y la opción de transmisión automática. El último Sceptre se fabricó en 1976 y con él murió el nombre de Humber.

Motor: 4 cilindros, 1.725 cc
Potencia: 61 kW (82 CV)
De 0 a 100 km/h: 13,1 s
Velocidad máxima: 161 km/h
Producción total: 43.951

El último modelo diseñado totalmente por Humber, el Sceptre, tenía unas parrillas laterales envolventes y cuatro faros delanteros. Se podía comprar al principio con un motor de 1.592 cc y más tarde, después de 1965, de 1.725 cc.

HUPMOBILE CENTURY

La marca Hupmobile la fundaron Bobby Hupp y E. A. Nelson en 1908 y su primer coche fue un 2,8 l fabricado en Detroit con una transmisión de dos velocidades que tuvo un éxito inmediato.

Fue un coche que se fabricó hasta 1925 cuando se convirtió en el primer coche americano a precio asequible con un motor de 8 cilindros. Un año más tarde fue sustituido por otro con un motor de 3,2 l y 6 cilindros con válvulas laterales y con una caja de cambios con tres velocidades hacia delante.

En 1929 Hupmobile adquirió otra marca, la Chandler, y empezó a fabricar modelos a bajo precio en la fábrica que ésta tenía en Cleveland y también en Detroit.

El Century fue un coche elegante con la parrilla alzada, ruedas con radios de madera, faros delanteros insertados y cuatro puertas en el que podían sentarse cómodamente cinco personas. Se le conoció como el «top gear» porque podía acelerar fácilmente de una velocidad de paseo a su velocidad máxima, pero también tenía una conducción silenciosa y suave.

El último avance de la marca fue la versión con tracción trasera del Cord 810/812. Éste no logró recuperar su economía, que se había empobrecido por sus escasas ventas. La marca decidió al final dejar de fabricar coches y dedicarse a aprovechar las piezas para fabricar productos de cocina y eléctricos.

Motor: 6 cilindros, 3.505 cc
Potencia: 19 kW (25 CV)
De 0 a 100 km/h: 37 s
Velocidad máxima: 107 km/h
Producción total: 47.253

INNOCENTI SPIDER

Tom Tjaarda de Ghia fue el responsable del bonito diseño del Innocenti Spider, con su parrilla ancha y líneas ordenadas. Se dejó de fabricar en 1966 cuando apareció el Cupé, que utilizaba su mismo eje motor.

Cuando Innocenti, fabricante del famoso *scooter* Lambretta, se aventuró a entrar en el mundo de los coches en el año 1960, lo hizo fabricando bajo licencia y en Milán el Austin A40 y parecía lógico que en un futuro se dedicase a la producción de deportivos. El resultado fue el pequeño Spider, un Austin-Healey Sprite con nueva carrocería diseñada por Tom Tjaarda, empleado del equipo de Ghia en la ciudad de Turín.

Desde finales de 1961 se ofreció con un techo duro extraíble y en 1963 al Spider se le montó un motor Austin más potente de 1.098 cc que entregaba 58 CV a 5.500 rpm y con los cuatro frenos de disco de serie.

El Spider se dejó de fabricar en 1966 cuando fue sustituido por el nuevo C (o cupé) fabricado por el vecino de Ghia, OSI, que usó el mismo eje motriz que el Spider hasta 1968.

Actualmente el Spider aún se puede ver en las carreteras italianas, aunque cada vez menos. Sea como fuera es indiscutible que éste fue una versión popular del MG Midget/Sprite.

Motor: 4 cilindros, 948 cc
Potencia: 32 kW (43 CV)
De 0 a 100 km/h: 12 s
Velocidad máxima: 136 km/h
Producción total: 6.857

INNOCENTI MINI

El Mini empezó a fabricarse en Milán el año 1965, cuando obtuvo la licencia de fabricación del 850

La gran diferencia entre los modelos italiano y británico estaba en sus especificaciones, entre las que se encontraban las ventanillas traseras abatibles, la manillas de las puertas alzables y más equipamiento.

En su exterior los modelos Innocenti tenían una única parrilla con el emblema de la marca y luces traseras un poco diferentes.

La versión Cooper del Mini llegó en 1966, y el Mk II de 1968 tenía un motor con una alta compresión. El primero de ellos era más rápido que la versión Longbridge y tenía un salpicadero en toda su amplitud con cinco

relojes en vez de tres como tenía el inglés. El Mk III apareció en 1970 con ventanillas oscilantes y en 1972 se vendía una versión de 1.300 cc

El Export 1300, que se fabricó entre 1973-76, fue quizá el más vigoroso e incluía más instrumentación en los últimos modelos. Este modelo se contraponía a la racionalización

del British Leyland, lo que sería un perjuicio para el Cooper británico de 1971, aunque como marca el Mini sería votado Coche del Siglo.

Motor: 4 cilindros, 1.275 cc
Potencia: 57 kW (76 CV)
De 0 a 100 km/h: 10, 9 s
Velocidad máxima: 152 km/h
Producción total: 450.000

INNOCENTI MINI 90/120

Muy adelantado en muchos sentidos a su tiempo este Mini tenía un portón trasero y los asientos posteriores abatibles, lo que sentó precedente en posteriores modelos de este tipo. Fue, sin duda, un coche muy interesante. El 90 tenía un motor de 998 cc y el 120 de 1.275 cc, que era una modificación del que usaba el Mini Cooper.

Su fabricación estuvo en parte financiada por British Leyland que

usaba la misma plataforma, pero ahora la marca volvió al diseño italiano de Bertone. Bajo la carrocería el eje motor era el del Mini a excepción de las válvulas de escape, las llantas de 30 cm y el radiador frontal.

Aunque ideal como vehículo urbano, este pequeño coche probó ser incómodo para el transporte de pasajeros. Por otra parte también se presentaron problemas en la

construcción y de falta de rigidez. Sea como fuere, sufrió una remodelación de su zaga que facilitó el acceso al maletero y además tenía el asiento trasero abatible, lo que le otorgaba una gran superficie de carga.

La firma italiana De Tomaso compró Innocenti en 1976 cuando British Leyland cayó en bancarrota y se le montó un motor japonés de Daihatsu desde 1982.

El 90/120 ayudó al deseo de los italianos por los coches pequeños. Pero su diseño cuadriculado y bien definido rompió con la tradición y fue una opción contrastada con el muy apreciado Fiat 500.

Motor: 4 cilindros, 998 cc
Potencia: 37 kW (49 CV)
De 0 a 100 km/h: 13,4 s
Velocidad máxima: 140 Km/h
Producción total: 220.000

INTERMECCANICA ITALIA

1965–71

La marca Intermeccanica Italia surgió de las cenizas del intento abortado que fue el Griffith Omega basado en TVR, un cupé diseñado por el ex diseñador de Bertone Franco Scaglione. Frank Reisner, un húngaro que vivía en los Estados Unidos y el hombre detrás del proyecto Omega, tenía 150 chasis y carrocerías fabricados en Italia y he aquí el origen de la marca. Las influencias americano-italianas tanto en lo referente al diseño (especialmente la línea del techo y las alas traseras agresivas) como a las motorizaciones escogidas por Reisner, el V8 del Ford Mustang, eran muy notables. Aunque raro, se ofreció también la opción de una transmisión automática obviamente dirigida al mercado americano.

En 1967 apareció una versión convertible derivada del cupé de nombre Torino.

Sus últimos modelos tenían una carrocería de fibra de vidrio y aparecieron los cupés con las siglas IMX.

Fueron coches de muy bello diseño con ciertos toques de refinamiento como pequeños cromatismos en los parachoques.

Las sospechas sobre la calidad de su construcción probaron ser ciertas y sólo se vendieron 1.000 unidades.

Motor: 8 cilindros, 4.949 cc
Potencia: 149 kW (200 CV)
De 0 a 100 km/h: 8,8 s
Velocidad máxima: 200 km/h
Producción total: 1.000

INTERMECCANICA INDRA

1971–75

El representante alemán de Intermeccanica, Eric Bitter, sugirió que el poseedor Reisner debería escoger los trenes motrices de Opel en vez de los americanos que se utilizaron antes y que Bitter procuró rápidamente para el Indra.

El Opel Admiral/ Diplomat fue el tipo básico. El Indra tenía una plataforma más corta y la carrocería, de nuevo diseñada por el italiano Scaglione que esta vez prefirió fabricarla en acero; su suspensión trasera era De Dion y su dirección asistida. Los motores Opel eran de 2,8 l y 6 cilindros o de 5,4 l V8.

El Intermeccanica Indra se ofrecía como cupé y como un convertible realmente exótico del que se fabricaron 127 unidades.

El nivel de equipamiento y sobre todo el diseño del Indra gustó mucho a pesar de que su pobre calidad de construcción fue un problema para la marca.

Reisner abandonó la fabricación de coches y se fue a vivir a California una vez se dejó de fabricar en 1975. Bitter por su parte se dedicó a fabricar sus propios deportivos.

Motor: 6 cilindros, 2.784 cc
Potencia: 142 kW (190 CV)
De 0 a 100 km/h: 8,2 s
Velocidad máxima: 203 km/h
Producción total: n/d

INVICTA 4.5-LITRE

1929–35

En 1924 Noel Macklin y Oliver Lyle fundaron la marca Invicta destinada a fabricar coches de lujo que combinasen los niveles de construcción británica con las prestaciones y la flexibilidad de los motores americanos. Los talleres de Invicta ocuparon el garaje de tres coches de la familia de Macklin en Chobham, Inglaterra.

El 4.5-Litre «flat iron» fue uno de los más famosos de Invicta. Tenía un capó ribeteado con el emblema de la marca y unas prestaciones de miedo. Su chasis podía ser de dos tipos basados en el S-type, generalmente con una carrocería ligera de competición, el alto y el más bajo. Donald Healey ayudó a desarrollar el coche ganando el rally de Montecarlo en 1931.

Aunque coloquialmente se le conocía como el «100mph» Invicta, el estándar del modelo alcanzaba 144 km/h. Más tarde se potenció su motor hasta los 140 CV, con lo que pudo alcanzar de forma indudable la mágica cifra de los 161 km/h.

Por desgracia la depresión económica afectó mucho al Invicta y tuvo que dejar de fabricar sus coches con sólo 77 unidades vendidas. Macklin tuvo que venderlo a Earl Fitzwilliam, que dio nuevas alas a Invicta hasta 1946.

El chasis bajo y la carrocería ligera hicieron un coche difícil de conducir e incómodo, pero con una asombrosa habilidad para tomar las curvas, lo que le hizo ser un muy buen coche de competición.

Motor: 6 cilindros, 4.467 cc
Potencia: 86 kW (115 CV)
De 0 a 100 km/h: n/d
Velocidad máxima: 161 km/h
Producción total: 77

INVICTA BLACK PRINCE

1946–50

La marca Invicta duró hasta sólo cuatro años después de la guerra, cuando fue comprada por AFN Ltd. Una de las razones de esta compra fue el fracaso de su modelo Black Prince equipado con un motor de base Meadows con doble árbol en cabeza, 3 l y 6 cilindros en línea, nueva transmisión semiautomática y la novedad de estar acoplado sobre apoyos hidráulicos. No tenía una caja de cambios propiamente dicha, con lo que la potencia se transmitía por un convertidor de par hidráulico. Su suspensión era totalmente independiente, con barras de torsión delante.

Su diseño se debió a W. G Watson, que había sido el responsable de los primeros Invicta de los años 20 y se ofreció a un precio de 3.000 £ que a finales de su periodo de fabricación, en 1950, fueron casi 4.000.

Como consecuencia, a pesar de las inversiones económicas y el valiente uso de tecnología nunca antes probada, se vendieron muy pocos modelos. Frazer Nash, compró, más como gesto de

buena voluntad que con algún interés económico, a AFN Ltd. los coches que no se vendieron y aquellas piezas que no se utilizaron.

El lúgubre Black Prince fue un fracaso para Invicta a pesar de que incorporaba varias innovaciones técnicas como la suspensión independiente en las cuatro ruedas.

Motor: 6 cilindros, 2.997 cc
Potencia: 18 kW (24 CV)
De 0 a 100 km/h: n/d
Velocidad máxima: n/d
Producción total: n/d

ISO RIVOLTA

1962–70

El elegante Iso Rivolta de cuatro asientos fue el primer paso de la marca italiana en el mundo de los GT; era más barato que el Ferrari, equiparable, igualmente rápido y con una maniobrabilidad firme gracias a su suspensión trasera tipo De Dion.

fabricada por Bertone. Bajo su capó había un motor americano V8 que le dio un buen poder de aceleración y buena velocidad máxima, capaz de alcanzar fácilmente más de 224 km/h.

Se vendía a menos de dos tercios del Ferrari más barato de la época y fue un éxito comercial al ser a la vez rápido y práctico al tener cuatro asientos. Actualmente sólo sobreviven unos cuantos de estos exóticos deportivos italianos de los años 60 con una carrocería de acero muy delgada y desprotegida que fue víctima de la corrosión.

Motor: V8, 5.357 cc
Potencia: 224 kW (300 CV)
De 0 a 100 km/h: 8 s
Velocidad máxima: 224 km/h
Producción total: 797

La empresa italiana Iso, conocida fabricante de neveras y motores de *scooter*, empezó a fabricar coches en 1950. Su primer modelo fue un coche muy bulboso que más tarde fabricaría bajo licencia BMW. El

Rivolta fue su primer intento en el mundo de los GT y sus credenciales fueron impecables. Su carrocería la diseñó un joven Giugiaro y su chasis el ingeniero de Ferrari Giotto Bizzarrini.

El Rivolta se parecía en muchos aspectos al británico Gordon Keeble, ya que tenían la misma sección de caja en el armazón con la suspensión trasera De Dion y una carrocería elegante de acero

ISO GRIFO

El Iso Grifo apareció en el mercado un año después del Rivolta con un chasis más corto y una carrocería cupé de Bertone verdaderamente lograda con un capó largo, una trasera escalonada, un parabrisas trasero envolvente y cuatro faros delanteros en una parrilla frontal muy superficial.

De nuevo empleaba el motor V8 derivado del Corvette que podía entregar entre 300 y 365 CV que le hacían tener una fascinante velocidad punta de 256 km/h. Fue polémico para un supercoche de este tipo el uso, incluso en competición, de una transmisión automática como opción a una caja de cambios manual de cuatro o cinco velocidades.

En 1968 se potenció su motor con la idea de competir con el Ferrari Daytona y el Maserati Ghibli alcanzando los 7 l de capacidad y los 390 CV para un vehículo que Iso decía podía alcanzar los 273 km/h. Su aceleración era igualmente espeluznante, pues con su primera velocidad llegaba a los 112 km/h. En su exterior un abultamiento en su capó distinguía este formidable motor de 7 l de sus hermanos pequeños.

En vistas del final de su fabricación, en 1970, el Grifo sufrió cambios en su frontal ahora más labrado y con faros escamoteables, lo que realzaba su ya desde un principio buen aspecto.

A partir de 1970, la serie 2 del Grifo, diseñada por Gandini, obtuvo un frontal más conseguido con unos faros escamoteables. Este cupé fue en general más popular que el Spider.

Motor: 8 cilindros, 5.359 cc
Potencia: 224 kW (300 CV)
De 0 a 100 km/h: 7,4 s
Velocidad máxima: 241 km/h
Producción total: 504

El macho Iso Grifo combinaba la potencia de un coche deportivo con el bonito diseño italiano de los GT. La plataforma de su chasis, los frenos de disco en sus cuatro ruedas y la suspensión trasera de De Dion se correspondían con la carrocería de Bertone. Un motor V-8 de General Motors le proporcionaba potencia.

ISO FIDIA

El Iso Fidia fue un reemplazo rediseñado del Rivolta, pero ni mucho menos tan elegante.

Cuando la gama de Iso empezó a crecer se vio en la necesidad de fabricar un gran turismo de cuatro puertas y cuatro asientos para rivalizar con el Maserati Quattroporte. El resultado fue el impresionante Fidia. Su motor era un potenciado V8 de Chevrolet y el chasis el mismo que el del Rivolta, la carrocería estaba diseñada en esta ocasión por Ghia.

A pesar de su alto nivel de equipamiento y su tamaño el Fidia era un coche rápido que alcanzaba los 221 km/h de velocidad máxima con su motor Ford de 5,8 l y 325 CV. El motor Chevrolet Corvette se había montado en el Ford V8 el año 1973.

Por desgracia la pobre calidad de construcción del modelo y su alto precio (era tan caro como un Rolls-Royce Silver Shadow) hizo que no tuviese éxito. Apenas se fabricaron 200 unidades antes de que la marca entrase en bancarrota durante la crisis del petróleo de 1974. De todas maneras aún se vendieron algunos modelos hasta 1979 bajo el nombre de Ennezeta.

Motor: 8 cilindros, 5.359 cc
Potencia: 224 kW (300 CV)
De 0 a 100 km/h: 8,1 s
Velocidad máxima: 205 km/h
Producción total: 192

ISO LELE

Usaba, al igual que todos los coches Iso, un chasis basado en el del Corvette. El Lele era un Rivolta de cuatro asientos y aspecto más anguloso que se dejó de fabricar poco después de su aparición en 1969. La carrocería la hizo Marcello Gandini, de Bertone, pero le faltaba un poco más de estilo o innovación por más que fue práctico y capaz de transportar a cuatro pasajeros.

Bajo su capó tenía un motor Chevrolet V8 que le proporcionaba más potencia que el Rivolta y que como el Fidia, el Lele luego optó, a finales de 1973, por el Ford de 5,8 l y 325 CV de potencia. Al igual que los demás Iso disponía también como opción de una transmisión automática en

Usaba básicamente el mismo eje motor que los otros Iso, su carrocería estaba diseñada por Bertone y disponía de un motor V8 americano proporcionado por Chevrolet y Ford.

vez de la caja de cambios de cuatro o cinco velocidades de serie.

En 1973 Iso sacó al mercado una edición especial de nombre Marlboro con la intención de aumentar las ventas, pero no duró mucho y tampoco consiguió su propósito de vender el caro Lele, especialmente en un periodo en el que las ventas de los supercoches caían irremisiblemente.

Sólo se vendieron 317 unidades de este modelo, lo que indica una coincidencia con el declive de la marca en 1974.

Motor: 8 cilindros, 5.359 cc
Potencia: 224 kW (300 CV)
De 0 a 100 km/h: 7,3 s
Velocidad máxima: 224 km/h
Producción total: 317

ISUZU 117 COUPÉ
1968–81

La mayoría suele asociar a Isuzu con los fabricantes de resistentes todo terreno para uso agrícola con un alto nivel de habilidad pero escaso lujo e imagen. Pero la marca japonesa tuvo un pequeño hueco en el mundo de los deportivos diseñados por el mejor equipo italiano, el de Giugiaro, que entonces trabajaba para Ghia en Turín y que produjo una carrocería para un pequeño cupé. De hecho los entusiastas de los coches italianos lo podían confundir con un Ferrari Dino más pequeño con sus líneas claras, los estrechos parachoques cromados y la parrilla con sus cuatro faros delanteros.

En lo mecánico compartía el tren motriz con el sedán Florian que se

fabricó con un motor de 1,6 l y que luego, en 1970, fue de 1,8 con dos árboles de levas en cabeza. La versión XE dispuso incluso de motor de inyección aumentando la potencia hasta los 140 CV.

A pesar de que se fabricaba en los primeros años 80 pocos se exportaron oficialmente a Europa.

El precioso Isuzu 117 Coupé tenía un motor de 1.800 cc con doble árbol de levas y dos carburadores.

Motor: 4 cilindros, 1.584 cc
Potencia: 67 CV
De 0 a 100 km/h: 8 s
Velocidad máxima: 161 km/h
Producción total: n/d

JAGUAR 1.5-LITRE
1935–49

Cuando Bill Lyons empezó a fabricar motocicletas con sidecar a principio de los años 20 en sus

talleres Swallow en un callejón de Blackpool, Inglaterra, no podía ni imaginar que sería el responsable de uno de los nombres más evocadores de la historia

automovilística de Gran Bretaña. La fabricación de Jaguar empezaría en 1931 cuando Lyons se trasladó a Coventry para empezar a fabricar los deportivos

y los sedán SS de sensacional aspecto. El Jaguar 1.5-Litre apareció cuatro años antes del estallido de la Segunda Guerra Mundial, primero con un motor de 4 cilindros con válvulas laterales que se consideraba avanzado a su tiempo. Menos moderna era en cambio la retención del eje fijo delantero y sus frenos de tambor accionados a pedal.

Contrariamente a lo que indica su nombre el motor fue de hecho uno de 1.776 cc montado en un gran capó y cuyas prestaciones fueron pésimas. La mala aerodinámica hizo además que su velocidad máxima fuese sólo de 112 km/h. A pesar de ello, el Jaguar 1,5-Litre era extremadamente atractivo y elegante podía adquirirse como un sedán de cuatro puertas o, más tarde, un cupé, ambos con capacidad para cinco pasajeros. La mayoría se exportaron a los Estados Unidos, especialmente los exóticos cupés fabricados entre 1947 y 1948.

El Jaguar 1.5-Litre tenía un novedoso eje trasero tipo Salysbury con un túnel de transmisión más bajo, lo que permitía un mayor espacio interior.

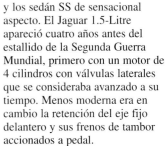

Motor: 4 cilindros, 1.776 cc
Potencia: 49 kW (66 CV)
De 0 a 100 km/h: 25, 1 s
Velocidad máxima: 112 km/h
Producción total: 13.046

JAGUAR 3.5-LITRE «SS100»

La publicidad dijo de él ser «The car with the 1.100 £ look» aunque costara 325 libras. El carismático Jaguar SS no tuvo muy buena acogida entre los entusiastas de este tipo de coches; que lo tuvieron por barato y de baja calidad. No fue hasta más tarde, cuando la marca adquirió prestigio se descubrieron sus verdaderas cualidades tanto de diseño como de prestaciones.

El primer SS100 nació en 1935 con un chasis más corto que el de los sedán SS y con un motor Standard de 2.663 cc con válvulas laterales y 6 cilindros. Más tarde se le montó otro totalmente nuevo y muy potente de 3.485 cc que le permitía alcanzar la mítica velocidad de los 161 km/h, algo particularmente raro para la época.

Tuvo pocas concesiones para el confort, por lo que lo más memorable del 100 estaba en su diseño y sus prestaciones, sobre todo en las anchas aletas delanteras y los dos grandes y carismáticos faros delanteros.

El 3.5 Litre-SS100 aportó mucho a la reputación de Jaguar justo antes de la Segunda Guerra Mundial; de él sólo se fabricaron 118, por lo que hoy se pagan precios astronómicos por uno de ellos.

El SS100 fue admirado por su flexibilidad y su poder de aceleración. Fue uno de los coches más rápidos de su época, con una velocidad máxima aceptada de 161 km/h.

Motor: 6 cilindros, 3.485 cc
Potencia: 93 kW (125 CV)
De 0 a 100 km/h: 10,4 s
Velocidad máxima: 161 km/h
Producción total: 118.

JAGUAR MK V

Apareció en el mercado poco después del final de la Segunda Guerra Mundial. El Mk V fue un modelo provisional destinado a ser reemplazado sólo dos años después por el Mk VII, pero fue una buena conexión entre los coches de antes y después de la guerra. En él se veía una extraña mezcla de estilos moderno y clásico: moderno serían por ejemplo sus faros integrados en el ángulo interior de las alas frontales pareciendo su separación, la línea curva del techo y la tapa de las ruedas traseras; clásico sería su parabrisas estrecho y sus obsoletos pasos de rueda. Quizá Jaguar quiso con él probar la opinión del público sin intención de disgustar a los más tradicionalistas.

El chasis nuevo del Mk V tenía la plataforma de todos los grandes sedán de la marca en los años 50. Tenía como innovaciones los frenos hidráulicos y la suspensión delantera independiente que el ingeniero de Jaguar William Heynes evolucionó de la técnica de las barras de torsión de baja tensión originales de Citroën.

Podía montar un motor de 2.664 o 3.485 cc, ambos de 6 cilindros.

Jaguar consiguió con él establecer nuevos listones a superar, pero sólo pudo vender 1.001.

Motor: 6 cilindros, 2.664 cc
Potencia: 77 kW (104 CV)
De 0 a 100 km/h: 17 s
Velocidad máxima: 139 km/h
Producción total: 10.466

El MK V fue una mezcla de estilos con unos grandes parachoques y unas anchas aletas frontales con una suspensión delantera nueva diseñada por William Heynes.

JAGUAR MK VII

1950–54

A pesar de que su motor tuviese 6 cilindros dos árboles de levas en cabeza ya usado en el XK 120 y un chasis que únicamente era una modificación del Mk V al que reemplazaba (no pudo haber un Mk VI pues Bentley ya había utilizado el nombre), el Mk VII tuvo un éxito espectacular.

No sólo fue un coche espacioso, muy lujoso y extremadamente elegante, sino además capaz de alcanzar fácilmente los míticos 161 km/h. Su precio también era muy atractivo, sólo 1.276 £, lo que estaba muy bien para un coche de tanto lujo.

Habían desaparecido todos los elementos clásicos del diseño. Tenía una forma más redondeada, muy ancha, con las ruedas traseras tapadas y con los faros delanteros totalmente integrados en las alas. La pobre transmisión automática de dos velocidades de 1953 fue reemplazada al año siguiente por una opción con supervelocidad. El Mk VIIM de ese mismo año incorporaba un motor más potente y parachoques cromados envolventes.

El Mk VIII de 1956 tenía una parrilla de nuevo diseño, pintura en dos tonos, embellecedores laterales cromados, un parabrisas delantero de una pieza y carecía de tapa en las ruedas posteriores.

Motor: 6 cilindros, 3.442 cc
Potencia: 121 kW (162 CV)
De 0 a 100 km/h: 14, 3 s
Velocidad máxima: 161 km/h
Producción total: 37. 181

El Jaguar Mk VII tenía una buena maniobrabilidad y prestaciones para su tamaño, incorporaba servofreno en sus cuatro ruedas.

JAGUAR MK IX

1958–61

Presentaba muy pocas diferencias externas con el Jaguar Mk VIII y bastantes bajo su elegante piel de cuatro puertas. Era nueva la versión de su motor Jaguar de 3,5 l XK con dos carburadores que a su vez fue una modificación del que usaba el D-Type en las carreras. Esto facilitó al Mk IX mejorar mucho su velocidad punta.

Otras mejoras mecánicas fueron la incorporación de la dirección asistida de serie y los frenos de disco en las cuatro ruedas. La mayoría de los coches tenían transmisión automática de serie pero también había la opción de montar una manual de cuatro o cinco velocidades. También se ofrecía generalmente pintado en dos tonos separados por un finísimo embellecedor cromado en los laterales.

Se fabricaron un total de 10.000 unidades en la fábrica de Coventry, Inglaterra; sólo durante los tres primeros años de vida y a pesar de sus problemas de oxidación inherentes a los grandes

La joya del Salón del Automóvil de Jaguar de esta época, todavía existen hoy día numerosos ejemplares de este coche de generosas proporciones y avanzado a su tiempo.

El Mk IX fue el primer Jaguar con discos de freno y dirección asistida de serie y también fue el primero en usar un motor fabuloso de 3,8 l y 6 cilindros.

Motor: 6 cilindros, 3.781 cc
Potencia: 166 kW (223 CV)
De 0 a 100 km/h: 11, 6 s
Velocidad máxima: 184 km/h
Producción total: 10.009

JAGUAR XK120

En el Earls Court Motor Show de 1948 en Londres el Jaguar XK 120 se convirtió en la base de muchos sueños después de la Segunda Guerra Mundial. Bellamente construido y muy rápido, fue el coche de la nueva esperanza pasado el periodo de austeridad de la posguerra.

Por lo que respecta al diseño este *roadster* de dos puertas, líneas simples y ligeras, cola inclinada y laterales deliciosamente exóticos no tenía parangón en aquella época como tampoco lo tenían sus prestaciones. Su corazón era un poderoso motor totalmente nuevo de 3,4 l, dos árboles de levas en cabeza, dos carburadores SU y 6 cilindros en línea que se montaría en muchos de los siguientes Jaguar y que sobrevivió hasta bien entrados los 90. El motor llegó cuando ninguna otra fábrica producía en serie motores con dos árboles de levas. Su conducción podía ser tranquila, pero tal como su nombre indica podía también llegar fácilmente a los 192 km/h. Otras versiones como la SE posterior con dos árboles de levas de gran empuje, dos tubos de escape y 180 CV eran aún más rápidas.

Para demostrar las asombrosas cualidades del coche Jaguar lo llevó a Bélgica, a Jabbeke, un banco de pruebas en línea recta y equipado con un parabrisas de carreras con el que registró una velocidad de 213 km/h, y sin el parabrisas, las ventanas laterales ni capó la velocidad fue de 203 km/h. Así en seguida adquirió reconocimiento como uno de los coches más rápidos de mundo. Incluso la normalmente revista moderada *The Autocar* no se opuso al entusiasmo que generó esta

noticia: «Al intentar plasmar en una imagen verbal la posición suprema que ocupa el XK 120 de dos plazas, se siente la tentación de extraer en superlativo, del vocabulario automovilístico, todos los adjetivos relacionados con las prestaciones, y recurrir al empleo de cursivas e incluso de mayúsculas»

El XK120 fue elogiado por ser tan flexible y casi se podría decir que tenía dos caracteres, pues pasaba de una conducción tranquila a una rápida y ágil en un minuto y se comportaba de un modo impecable tanto en el tráfico de la ciudad como fuera de ella. Su gran maniobrabilidad estaba acompañada por su exacta dirección y su confortable suspensión, que permitía tomar las curvas con total confianza.

En 1951 apareció una versión acogedora de «cabeza fija» del Jaguar XK 120 con un techo bulboso que recordaba al de los Bugatti de 1930. El SE de la foto dispone de ruedas con radios y faros extra en su frontal.

No eran tan impresionantes sus frenos de tambor, propensos a perder efectividad (a menos que el coche tuviese medidas especiales para solucionarlo) debido a la falta de refrigeración, algo que los modelos más nuevos ya solucionaban con una carrocería más moderna. Aunque de tamaño pequeño el Jaguar XK120 era un coche práctico dotado de un útil maletero sólo estorbado por la rueda de recambio.

Lyons vio este coche como de serie limitada con una fabricación al principio pensada para 200 unidades. Seguramente por eso las primeras tenían la carrocería con un armazón de madera de abedul y paneles de aluminio. No estaba preparado para el gran éxito y en 1950 tuvo que acelerar la producción, hacerlo en serie y fabricar; la carrocería de acero; sólo pudo producir 240 unidades en la factoría de Coventry.

En 1951 apareció una elegante versión de techo duro con una línea del techo bulbosa sin duda inspirada en la de los cupés Bugatti de los años 30, un parabrisas más hundido y ventanas que se podían subir. En 1953 se ofreció un extraordinario cupé de frontal bajo con un interior más lujoso y un salpicadero veteado de nogal. Aunque se planeó una versión XK100 menos potente y más popular con un motor de 71 95 y 2 l, nunca llegó a fabricarse.

Los primeros *roadster* con carrocería de aleación doblan actualmente el precio de los de carrocería de acero.

Motor: 6 cilindros, 3.442 cc
Potencia: 119 kW (160 CV)
De 0 a 100 km/h: 12 s
Velocidad máxima: 196 km/h
Producción total: 12.055

JAGUAR C-TYPE

1951–54

A este modelo también se le conocía como Jaguar 120C. Se trataba de un biplaza alargado con parabrisas de avión y una carrocería de aluminio que se fabricó sólo para ganar Le Mans, lo que consiguió en 1951.

Las interioridades del vehículo incluían un nuevo chasis de tubos de acero, dirección de cremallera, suspensión delantera dura y trasera por barras transversales de torsión. El motor de dos árboles de levas tenía una culata, un nuevo árbol de levas y una compresión más alta de 9:1 capaz de entregar 204 CV. Por otra parte los componentes de su mecánica procedían directamente del XK120.

Tras su victoria en Le Mans, las prestaciones deportivas del C-Type se acentuaron con un equipamiento que incluía la inclusión de dos carburadores y un puntal de Panhard para ayudar a una mayor estabilidad de la suspensión. Además también ganó unos frenos de disco más efectivos en las cuatro ruedas.

Aunque sólo se fabricaron 54 unidades de las que algunas fueron a parar a manos particulares, el C-Type nunca fue un coche de carretera. Hoy día es una de las réplicas favoritas entre los fabricantes.

El Jaguar C-Type fue uno de los más ilustres coches de carretera de todos los tiempos gracias a su carrocería ligera, sus prestaciones y un fabuloso chasis. Incluso Fangio tuvo uno de ellos.

Motor: 6 cilindros, 3.442 cc
Potencia: 152 kW (204 CV)
De 0 a 100 km/h: 8,1 s
Velocidad máxima: 230 km/h
Producción total: 54

JAGUAR XK140

1954–57

El Jaguar XK140 fue el resultado de la mejora de un buen coche, el fabuloso XK120. El 140 tuvo versiones aún más potentes dado su motor con doble árbol de levas, dirección de cremallera, una superdirecta opcional y un interior mejor equipado. También se ofreció una rara versión con transmisión automática.

En su exterior sólo se apreciaban pequeñas diferencias con su predecesor, aparte de su parrilla del radiador ligeramente modificada (tenía un par de varillas cromadas más) y unos parachoques más resistentes. Era también un poco más ancho, sobre todo los cupés, con lo que aumentaba su peso y la necesidad de mayor potencia compensatoria, por lo que obtuvo un motor de 190 CV. Lo que no se cambió de ninguna manera fueron los frenos mediocres y la dura dirección.

Al igual que con el XK 120, se ofreció una versión más potente de nombre SE y motor con una culata procedente del C-Type que entregaba 210 CV, pero era bastante raro.

Se vendió con tres carrocerías, un *roadster*, un cupé y un cupé de frontal bajo; estos últimos sólo tenían un pequeño banco por asientos traseros.

El XK140 perdió mucha de la limpieza de su predecesor. Tenía un embellecedor cromado que recorría todo su lateral y unos grandes parachoques que sustituían los delicados del XK120. La solución de mover el motor más hacia delante del armazón sirvió para mejorar el equilibrio del coche.

Motor: 6 cilindros, 3.442 cc
Potencia: 142 kW (190 CV)
De 0 a 100 km/h: 8,4 s
Velocidad máxima: 200 km/h
Producción total: 9.051

JAGUAR XK150

Fue un vehículo más pesado que sus antecesores y su aspecto sólo lo apuntaba con unas líneas no tan airosas como las del XK120.

El Jaguar XK150 subió la línea distintiva de su cintura y tenía un parabrisas envolvente de una pieza. Al mismo tiempo se volvía más refinado, confortable y de conducción menos vigorosa.

El mismo banco en los asientos traseros y la mayor oferta con transmisión automática de Borg

Warner subrayaron la intención que Jaguar tenía de hacer de él un gran turismo en vez de un verdadero deportivo.

Equipado con frenos de disco Dunlop en sus cuatro ruedas la conducción sería más segura que la de los anteriores XK.

El cupé de frontal bajo con su capó de bellas líneas y bien decorado no lograba, a pesar de ser, como el maletero, de aluminio, bajar de los 1498,6 kg de peso.

Jaguar lógicamente necesitaba motores más potentes.

Los 210 CV del Blue Top derivaban del de 190 que se usaba con anterioridad y que alcanzaba los 200 km/h. En 1958, ante las acusaciones de que el coche era poco potente y ágil, Jaguar sacó la versión S, cuyo motor entregaba 250 CV, y a partir de 1959 todos sus modelos equiparon un motor de 3,8 l que aumentaba aún más la potencia a los 220 CV (265 en las versiones S).

A pesar de compartir el mismo motor con dos árboles de levas y el sólido chasis, el tercero y último miembro de la serie XK era más un coche familiar que un deportivo fuera de serie. Fue el primer Jaguar con frenos de disco.

Motor: 6 cilindros, 3.442 cc
Potencia: 142 kW (190 CV)
De 0 a 100 km/h: 8,4 s
Velocidad máxima: 198 km/h
Producción total: 9.398

JAGUAR D-TYPE 1957

Motor: 6 cilindros, 3.442 cc
Potencia: 183 kW (245 CV)
De 0 a 100 km/h: 7 s
Velocidad máxima: 288 km/h
Producción total: 45

Se anunció su llegada en 1954 y se convirtió en el sucesor espiritual del C-type, y hoy se le ve como el deportivo más evocador de su generación. El D-type tenía un motor de 6 cilindros como

los otros Jaguar de la época, pero apenas tenía parecido con su predecesor al ser más pequeño, más ligero y de concepción más moderna.

En concreto el D-type era un coche monocasco totalmente nuevo y de aleación de magnesio con la suspensión y el motor en un armazón tubular. Las tradicionales llantas de radios se sustituyeron por las de discos de aleación

y se le montó una nueva caja de cambios de cuatro velocidades especialmente desarrollada para él.

Visualmente se le distinguía por sus líneas alargadas y la curiosa aleta justo detrás del conductor (con fantásticas cualidades aerodinámicas), ambas producto de Malcom Sayer, que encontró un sistema para reducir el área frontal montando un cárter seco y separando de delante el depósito del radiador.

El D-type estaba llamado a triunfar en numerosas carreras, incluidas las de Le Mans de 1953, 1955, 1956 y 1957.

El especialista en aerodinámica Malcom Sayer fue el responsable de la gloriosa línea del D-type; el uso de un cárter seco y el decantar el motor unos 8° consiguió rebajar la altura del capó.

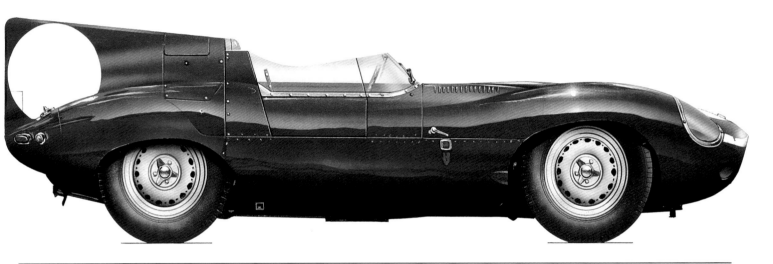

JAGUAR XKSS 1957

Los cínicos dirían que el XKSS sólo se fabricó para vender las unidades restantes del D-type destinado únicamente a las carreras. Otros dirían que la marca quiso fabricar un fenomenal coche de carretera troquelando una puerta en la parte central del D-type, reduciendo la aleta, instalando un parabrisas a todo lo

ancho y ofreciendo un techo rudimentario. Sea como sea el Jaguar XKSS fue un sensacional biplaza capaz de alcanzar los 240 km/h que no daba a penas concesiones al lujo.

Por desgracia las esperanzas de que su éxito durara mucho tiempo desaparecieron cuando se incendió la fábrica de Jaguar en Coventry

destruyendo varios de ellos y de piezas de ensamblaje. Y lo que es más, Jaguar empezaba a cambiar de intención sobre su producción, es decir, quería prestar más atención a la fabricación de sedán deportivos. Por suerte para sus entusiastas en las carreras el tema del XKSS se solucionó con la aparición de E-type años más tarde.

Sólo se fabricaron 16 unidades del Jaguar XKSS, por lo que hoy es un coche muy raro que, como el C-type, es un coche de réplica.

Motor: 6 cilindros, 3442 cc
Potencia: 186 kW (250 CV)
De 0 a 100 km/h: 5,2 s
Velocidad máxima: 238 km/h
Producción total: 16.

JAGUAR MK I 1955–59

Ensombrecido por el posterior MKII, el MKI con motor de 2,4 l del año 1955 fue la punta de lanza de Jaguar en el mundo de los pequeños coches de lujo. Fue el primero de la marca fabricado con estructura monobloque que se identificaba por su aspecto robusto, el delgado marco de las puertas, las tapas de las ruedas traseras, los hondos paneles laterales y los anchos parachoques cromados y envolventes.

Bajo su capó había una versión recortada del motor Jaguar de 6 cilindros y doble árbol de levas que podía pedirse con transmisión automática y supervelocidad o con la pobre transmisión automática de 1957. La suspensión era independiente con ballestas y «bobinas».

Al motor de 2,4 l se le unió el de 3,4 en 1957 que entregaba 156 CV y le daba al MKI una velocidad

máxima más que respetable de 192 km/h. Esta versión más potente se distinguiría más tarde de sus antecesores por su ligeramente parrilla más ancha, la desaparición de las tapas de las ruedas traseras y las llantas de radios. Los frenos de disco en las cuatro ruedas se montarían en todos los modelos y poco después la versión con motor de 2,4 l también tendría la misma parrilla que la del motor de 3,4.

De las 37.397 unidades fabricadas 19992 disponían del motor de 2,4 l y las restantes 17.405 el de 3,4. El MKI se sustituyó por el MKII a finales de 1959.

Motor: 6 cilindros, 2.483 cc
Potencia: 83 kW (122 CV)
De 0 a 100 km/h: 14,1 s
Velocidad máxima: 162 km/h
Producción total: 37.397.

JAGUAR MK II

Fue el coche preferido de los atracadores de bancos de los años 60 y ganó muchos adeptos por su maniobrabilidad y prestaciones. El Mk II representó una gran mejoría sobre el Mk I gracias a su mayor superficie acristalada (el parabrisas trasero era mucho más grande), un interior mejorado, un eje trasero algo más ancho (para mejorar el agarre en el carretera), una parrilla diferente y frenos de disco en las cuatro ruedas de serie. Por otra parte sus motores también eran más potentes; entre ellos se encontraba el fabuloso de 3,8 l con doble árbol de levas procedente del XK que le hizo ser uno de los sedán más rápidos de su tiempo. Actualmente estos coches tan potentes están inevitablemente más buscados que los de motor más pequeño.

En 1965 se equiparon con una caja de cambios sincronizada y a partir de 1966 se vendió una especificación reducida con plástico Ambla sobre los asientos en vez de piel y sin faros antiniebla A partir de 1967 el Mk II se ofreció con la opción de dirección asistida, lo que ayudó a mejorar la conducción de este coche tan pesado.

Un grupo de leales entusiastas aseguró que el Mk II es hoy día tan deseado como en su tiempo.

El Mk II llegó a ser el Jaguar más exitoso de todos antes de la llegada del XJ6 en 1968.
La misma marca hizo la réplica de su modelo en los años 90 y la llamó el «new» S-type.

Motor: 6 cilindros, 3.781 cc
Potencia: 164 kW (220 CV)
De 0 a 100 km/h: 8,5 s
Velocidad máxima: 200 km/h
Producción total: 83.980

JAGUAR 240/340

Este modelo reemplazó al Mk II en 1967, era más barato y ligeramente menos opulento que su antecesor. Sus asientos estaban tapizados con plástico Ambla en vez de con piel, sus tapacubos eran diferentes y en su parrilla podían instalarse los faros antiniebla.

A los puristas de la época no les gustó esta racionalización del coche e incluso hoy día el 240/340 no tiene tanto favor por parte de sus aficionados. Sea como fuere su imagen era mejor que la del modelo al que reemplazaba, sobre todo por los elegantes parachoques cromados que sustituían a los del Mk II, y lo que es más importante, era más rápido y su potencia había pasado de los 120 a los 133 CV.

Fue una pena que la opción con motor de 3,8 l con doble árbol de levas se dejara de fabricar cuando ya se habían entregado unos

cuantos. Algunos de sus propietarios les incorporaron sus propios faros antiniebla e incluso les pusieron asientos de piel, pero era imposible sustituir los parachoques por los del Mk II.

Los 240/340 fueron versiones pobres del Mk II con asientos tapizados con plástico Ambla en vez de piel. Ambos modelos tenían una dirección pesada y lenta no asistida.

Motor: 6 cilindros, 2.483 cc
Potencia: 99 kW (133 CV)
De 0 a 100 km/h: 12,5 s
Velocidad máxima: 170km/h
Producción total: 856.428

JAGUAR E-TYPE

Si preguntásemos cuál es el deportivo más evocador y hasta sensual de todos los tiempos, nadie dudaría de que el Jaguar E-type estaría en los puestos más altos de la lista. Ansiado por las estrellas del *pop*, la realeza y también los pilotos de carreras, el E-type acogió el espíritu *swing* de los años 60 y entró en el mundo de los coches de leyenda. Por aquellos años, hasta finales de 1975, sus prestaciones e imagen cumplían con los estándares de seguridad americanos.

El bello perfil estilizado del E-type no fue producto de la casualidad sino del trabajo del especialista en aerodinámica Malcom Sayer, que fue también el responsable de los primeros coches de carreras D-type.

En el origen del coche estaba un prototipo ligero que corrió la carrera de Le Mans en 1960, pero fue en el Salón del Automóvil de Ginebra de marzo de 1961 cuando el E-type debutó ante el público causando admiración tanto su carrocería cupé como la descapotable, que se venderían en julio de aquel mismo año.

El E-type no sólo era admirable sino también excepcionalmente rápido, alcanzando los 240 km/h en las pruebas que se le realizaron. El motivo de tales prestaciones era su famoso motor de 3,8 l XK de doble árbol de levas; por otra parte su agarre era impresionante debido a su suspensión independiente con nuevas espoletas y ballestas y podía además conducirse de forma relajada y confortable. Su motor de 3,8 l que usó entre 1961 y 1964 tenía unas líneas más claras y un mejor rendimiento que el de la versión de 4,2 l. Podía adquirirse en una carrocería descapotable admirable o con una cupé menos llamativa pero más práctica.

La Serie I de 1964 estaba equipada con el motor de 4,2 l XK de par aumentado, mejores frenos y caja de cambios, sistema eléctrico e instrumental. Sin lugar a dudas este fue el mejor E-type de todos, ya que estaba técnicamente avanzado a su tiempo y mantenía toda su pureza.

En 1966 apareció un tercer modelo, el 2+2, con una distancia entre ejes 23 cm más larga, un techo más afilado y ligeramente más alto y unos 110 kg más de peso. Nunca tuvo el éxito de sus compañeros de serie a pesar de mayor espacio.

Dos años después la normativa de seguridad provocó modificaciones como el destape de sus faros delanteros, unos parachoques más grandes y unas luces traseras y delanteras también más grandes debajo de los parachoques y el capó también perdió su forma característica. Al mismo tiempo también se le

¿Fue uno de los mejores coches de todos los tiempos? Quizá sí, pero la última Serie III del E-type no era particularmente bonita ni tampoco destacaba por su conducción. Su motor V12 se mostró muy poco económico y fiable.

practicaron ciertas innovaciones tecnológicas como el montaje de dos ventiladores eléctricos para la mejora de su refrigeración, mejores frenos, dirección asistida y la opción de transmisión automática en el 2+2 e incluso la de aire acondicionado.

La transformación final del Jaguar E-type en su Serie III de 1971 incluyó la aparición del nuevo motor de aleación V12 de 272 CV con un gran par y una increíble aceleración. En aquellos años sólo se podía adquirir con dos carrocerías, la *roadster* y la 2+2, ambas con el chasis más largo.

Por desgracia todos los adelantos técnicos que se le fueron incorporando como la dirección asistida de serie, los frenos de discos ventilados y la opción de transmisión automática en los dos modelos ocasionó ciertos problemas de diseño. Unos arcos deportivos de mucho vuelo, cuatro tubos de escape muy trabajados, una horrible parrilla con forma de huevo y más cromados hicieron perder encanto y elegancia al E-type. El icono de los años 60 se había transformado obligado por las estrictas normas de seguridad y perdiendo su imagen, se había convertido en una frágil imitación de su propio origen. ¡Incluso algunos de ellos se pintaron en rosa! El 80 por 100 de los últimos modelos se exportaron a los Estados Unidos.

El primer diseño, más puro, del Jaguar E-type era tremendamente atractivo.

Motor: 6 cilindros, 4.235 cc
Potencia: 197 kW (265 CV)
De 0 a 100 km/h: 7,1 s
Velocidad máxima: 218 km/h
Producción total: 72.507

JAGUAR MK X

El Mk X fue el coche más ancho de los fabricados en Gran Bretaña y necesitó de un motor más potente para mejorar las prestaciones y mantener todos sus lujos.

El Type X ostentaba, con 193 cm de ancho, el dudoso título de ser el coche británico más ancho de todos los tiempos hasta la llegada del Jaguar XJ 220 en 1992, un coche igualmente pesado. Su forma de cigarro ayudó a verlo poco compacto. Además de por sus 5,2 m de largo su altura tampoco hacía fácil salir o entrar de su interior tan espacioso y confortable, por lo que fue clasificado dentro de los cruceros de lujo.

Sorprende en un coche de este tamaño la facilidad con que maniobraba dado el movimiento que tenía que hacer toda su carrocería. Parte de ello se debía a que tenía la misma suspensión independiente en las cuatro ruedas que los otros Jaguar, en concreto la del Mk II delante y la del E-type detrás.

Entre sus detalles de refinamiento estaban los frenos de disco asistidos en las cuatro ruedas tipo Kelsey Hayes y la dirección asistida de serie.

Al principio estaba equipado con un motor de 3,8 l procedente del XK 150, luego montó el nuevo de 4,2 l con el soberbio par medio de 1964 y al mismo tiempo una caja de cambios totalmente sincronizada.

Motor: 6 cilindros, 3.781 cc
Potencia: 197 kW (265 CV)
De 0 a 100 km/h: 12,1 s
Velocidad máxima: 192 km/h
Producción total: 25.212

JAGUAR S-TYPE

El S-type fue sin duda alguna mejor que el Mk II no sólo por su mejor manejabilidad gracias a la suspensión trasera independiente y a sus frenos de disco en las cuatro ruedas, sino que además tenía mejor imagen gracias a adoptar la misma cola que el Mk X. De hecho el S- type tenía un punto de *marketing* inteligente al estar a medio camino entre los dos coches.

De los dos motores con que se ofrecía el favorito fue el de 3,8 l, dado su poder de aceleración y su capacidad para ir de crucero incluso superados los 192 km/h. De los 25.171 modelos fabricados 10.036 tuvieron el motor de 3,34 l y los 15.135 el de 3,8. En 1965 adoptaron una caja de cambios sincronizada de serie y una popular transmisión automática tipo Borg Warner; además y al igual que el Mk II, se racionalizó usando tapicería de plástico Ambla en vez de la de piel.

Por raro que parezca el S-type nunca obtuvo el reconocimiento merecido y ha sido obviado por los

seguidores de la marca. Por eso su precio es mucho más barato que el de los más buscados Mk II a pesar de que el S-type tuviese mejor maniobrabilidad.

El S-type se basaba en el Mk II, pero tenía una trasera más larga parecida a la del Mk X. Adoptó los faros delanteros tapados del X y suspensión trasera independiente.

Motor: 6 cilindros, 3.781 cc
Potencia: 156 kW (210 CV)
De 0 a 100 km/h: 10, 2 s
Velocidad máxima: 195 km/h
Producción total: 25.171

JAGUAR 420

El Jaguar 420 apareció en 1966 para llenar el hueco que había entre el Mk II y el Mk X e intentar recuperar las ventas. De alguna manera se basaba en el S-type e incorporaba detalles del Mk X como los cuatro faros delanteros y una parrilla anticuada.

le permitían alcanzar fácilmente los 200 km/h. Estaba equipado con una caja de cambios Jaguar manual de cuatro velocidades o con la opción de una transmisión automática Borg Warner de tres velocidades. Además incorporó componentes procedentes de otros modelos de la marca, por ejemplo su interior era muy parecido al del S-type y su doble circuito Girling en sus frenos de disco en las cuatro ruedas derivaba del X-type.

Aunque el 420 parecía ser un recurso provisional, hoy día se le tiene como un modelo propiamente dicho mucho más práctico que el mastodóntico 420 G.

La reencarnación final del Mk II fue el Jaguar 420, que sólo era una versión ligeramente más lujosa que el S-type y que equipaba un motor de 4,2 l. Visto desde el parabrisas trasero el diseño era idéntico al del S-type, pero tenía una parrilla algo más cuadrada con cuatro faros delanteros que recordaba al Mk X.

El motor de 4,2 l procedía del Mk X pero estaba modificado y sólo tenía dos carburadores SU y no los tres de aquél. El 420 tenía aún los 245 CV de su motor, que

Motor: 6 cilindros, 4.235 cc
Potencia: 183 CV
De 0 a 100 km/h: 9,9 s
Velocidad máxima: 200 km/h
Producción total: 9.801

JAGUAR XJ6/12

El XJ6 se fabricó durante 23 años y fue el primero que empezó a racionalizar el uso de diferentes chasis para reducir los costes de producción. Fue un gran coche con alto nivel de refinamiento.

El XJ6 fue el sedán que podía hacer todos lo de los anteriores sedán de Jaguar, pero con más gracia y elegancia. De diseño inspirado por el propio William Lyons mostraba una línea atemporal. La Serie I se ofrecía inicialmente con una distancia entre ejes corta hasta 1972 cuando apareció la más larga. Fue en este año cuando se montó el fabuloso motor V12 que ofrecía un gran refinamiento pero también un gran consumo.

La Serie II apareció en 1973 con unos parachoques más altos, una parrilla más pequeña y con los parámetros de la normativa de seguridad americana. En 1975 se ofreció la opción de un motor de 3,4 l. Las versiones cupé sin puntales para el techo XJ6C y XJ5.3C también apareció ese mismo año basada en una plataforma de corta distancia entre ejes. Todos los modelos tenía el techo de vinilo negro de serie no hermético.

Cuatro años después Pininfarina ayudó a Lyons a actualizar el diseño original agrandando las ventanas, aplanando el techo y añadiendo un frontal más sutil. Aunque todavía usaba los motores de la Serie II, su refinamiento y la calidad de construcción había mejorado ostensiblemente. La serie XJ6 se sustituyó por la XJ40 en 1987, pero la versión V12 no aparecería hasta 1991.

Motor: 12 cilindros, 5.343 cc
Potencia: 212 kW (285 CV)
De 0 a 100 km/h: 8,8 s
Velocidad máxima: 237 km/h
Producción total: 328.800

JAGUAR XJS

1975–93

Usando la plataforma corta del XJ12, el XJS se convertiría en el sucesor espiritual del E-type, pero su controvertido diseño hizo que nunca obtuviese el reconocimiento del público.

Se esperaba que el XJS fuese el sucesor espiritual del muy apreciado E-type, pero a pesar de que su conducción era fabulosa, no fue bien acogido debido al aspecto del perfil, los raros apoyos volantes y su interior estrecho. Sus parachoques de plástico y la carencia de parrilla tampoco hicieron nada para conseguir admiradores. Heredó la suspensión, los frenos y el fabuloso motor de inyección V12 del XJ6 y se montó todo en una plataforma de corta distancia entre ejes. El XJS fue un gran turismo capaz de alcanzar los 245 km/h de velocidad máxima.

En 1983 apareció la versión con motor de 6 cilindros con dos árboles de levas en cabeza 24 válvulas y 3,6 l, estaba equipada con una caja de cambios manual

y de hecho era más rápido desde parada que el V12 ya que llegaba a los 100 km/h en 7,1 s. El abanico de motores se extendió en 1991 con el de 4 l con catalizador y en 1993

el de 5,3 l fue sustituido por el de 6. Además del cupé también se ofrecía un atractivo cabrio y un XJR-S muy modificado cuyo motor entregaba 333 CV.

Motor: 12 cilindros, 5.343 cc
Potencia: 212 kW (285 CV)
De 0 a 100 km/h: 5,5 s
Velocidad máxima: 245 km/h
Producción total: 145.490

JEEP CJ-7

1978–86

El departamento de Defensa de los Estados Unidos fabricó un vehículo de uso general en la Segunda Guerra Mundial. En inglés uso general obedece a las siglas GP y de ahí su nombre.

El CJ-7 cambió muy poco respecto a su antecesor y estaba equipado con un chasis de acero resistente y suspensiones con ejes «vivos» suspendidos sobre ballestas semielípticas.

El diseño de su carrocería también debía mucho a la tradición y sus faros se dispusieron en el lado interior de las alas justo antes de la parrilla de franjas verticales. A diferencia de su primo de tiempos

de guerra, pero manteniendo el aire de los años 70 en que apareció, el CJ-7 incorporó cromados de vinilo y anchos pasos de rueda. La tracción estaba en las ruedas de atrás, pero podía sumarse otra delante cuando circulaba por terrenos cenagosos y resbaladizos transformándolo en un verdadero 4x4.

En 1980 American Motors adquirió la Jeep Corporation vendiéndola a la Chrysler en 1987. Actualmente la misma marca fabrica un modelo muy parecido al CJ-7 que ha adquirido popularidad entre aquellos que buscan un todoterreno con aires retro.

En los últimos años 70 el Jeep se diferenciaba un poco de aquellos originales de 1940, pero usaba el mismo chasis rígido con una suspensión de ejes «vivos» sobre ballestas semielípticas. El motor de este vehículo podía ser de 4,2 o de 5 l siempre V8.

Motor: V8, 4.235 cc
Potencia: 82 kW (110 CV)
De 0 a 100 km/h: 14,1 s
Velocidad máxima: 149 km/h
Producción total: n/d

JENSEN PW

1946–52

Allan y Richard Jensen fueron unos carroceros que decidieron fabricar sus propios coches en 1934. Sacaron su primer coche con su nombre equipado con un motor Ford V8 de 3,6 l un año más tarde. Jensen sobrevivió a la guerra a pesar de los problemas financieros y fabricó su elegante PW (seguramente de Post War) en dos carrocerías: un sedán de cuatro puertas y un cupé de frontal bajo a partir de 1948.

Su grande y cara carrocería estaba montada sobre un chasis con brazos tubular originario del modelo HC de antes de la guerra, pero incorporaba numerosas novedades técnicas para su tiempo como suspensión delantera de ballestas independientes y frenos hidráulicos de lujo en sus cuatro ruedas.

La potencia de este coche le venía dada por un motor Meadows de 8 cilindros en línea, pero problemas de vibración hicieron que se cambiase por un 4,2 l Nash de la preguerra justo cuando se habían fabricado 15 unidades. A partir de 1949 se ofrecieron con motores del Austin A135.

Sólo unos cuantos de estos coches se fabricaron en la factoría en West Bromwich adurante unos seis años. Se vendieron 19 unidades y actualmente sólo sobrevive un convertible.

El plutocrático Jensen PW se fabricó como un sedán deportivo y como un convertible; disponía de un chasis con brazos tubulares y suspensión independiente.

Motor: 6 cilindros, 3.993 cc
Potencia: 97 kW (130 CV)
De 0 a 100 km/h: n/d
Velocidad máxima: 152 km/h
Producción total: 19

JENSEN INTERCEPTOR

1949–57

El primer Jensen Interceptor apareció en 1949 como un convertible de dos puertas sobre un chasis modificado de Austin.

Gracias a su grandes dimensiones externas el Jensen obtuvo fama por el confort de sus pasajeros sentados en un banco delantero abatible para facilitar el acceso a los pasajeros de atrás y un generoso espacio para las piernas.

Al igual que el PW su motor era un Austin de 6 cilindros de 3.993 cc del A 135 que permitía al Interceptor alcanzar los 161 km/h.

En 1951 apareció una versión con un techo cubierto por una lona. La supervelocidad le llegó de serie en 1952 y a partir de 1953 se bajó el capó.

A pesar del escaso éxito del PW, Jensen introdujo en el mercado el primero de sus Interceptor. Empezó a fabricarse como un cupé de dos puertas montado sobre el chasis modificado de un Austin, pero luego se ofreció como un sedán de cuatro puertas. Se pretendía que fuese un gran turismo, pero su diseño no gustaba, especialmente su peculiar frontal con una parrilla en forma oval, los faros delanteros colgados sobre ella y una toma de aire justo encima del capó.

Motor: 6 cilindros, 3.993 cc
Potencia: 97 kW (130 CV)
De 0 a 100 km/h: 13,7 s
Velocidad máxima: 161 km/h
Producción total: 88

JENSEN 541

El Jensen 541 fue un revelación cuando apareció por primera vez en público el año 1953 con su diseño estilista y evocador de Eric Neale y un parabrisas panorámico. Sea como fuere, se tuvo que esperar dos años antes de que el coche se vendiera. Por entonces la marca ya había decidido hacer una carrocería de fibra de vidrio en vez de la de acero. Debajo de ella había un nuevo tipo de chasis con

brazos tubulares y secciones de caja sobre una plataforma plana y con una suspensión delantera de origen Austin con espoletas. Austin también proveía los trenes motrices como el motor de 4 l y la caja de cambios. Un alerón móvil en la posición de la parrilla controlaría la toma de aire por el radiador y se cerraría por completo cuando hiciera mal tiempo. A partir de 1956 tuvo una puesta

a punto con una versión de 150 CV y llantas de radios que fue el primer coche británico en incorporar frenos de disco en sus cuatro ruedas.

En 1957, el Jensen 541 R apareció con el mismo motor de 150 CV, dirección de cremallera y un maletero que se abría. El 541 S de 1960 era un poco más ancho y más largo y disponía de un diferencial limitado de serie.

La carrocería estilizada del Jensen 541 fue diseñada por Eric Neale. Este coche tenía un Cx de sólo 0,39. El Jensen 541 R de 1958 fue uno de los coches más rápidos de su tiempo.

Motor: 6 cilindros, 3.993 cc
Potencia: 97 kW (130 CV)
De 0 a 100 km/h: 12,4 s
Velocidad máxima: 174 km/h
Producción total: 546

JENSEN CV8

De carrocería de fibra de vidrio y diseño controvertido el Jensen CV8 tenía un deportivo motor americano. Se ofrecía con tracción Ferguson en las cuatro ruedas desde 1965 y en 1966 disponía de frenos de disco en las cuatro ruedas.

El Jensen CV8, sustituto efectivo del 541 S, utilizaba el mismo chasis del PW y su carrocería en fibra de vidrio. Su nuevo diseño provocó cierta controversia debida a sus faros delanteros en diagonal y los rediseñados frontal y cola.

Eran nuevos el gran motor V8 y una transmisión automática Torqueflite con la que alcanzaba una velocidad de 208 km/h y hasta 224 cuando adoptó el motor de 6,3 l en 1964.

El Mk II que apareció en 1963 tenía parachoques Selectaride, pero

el Mk III de 1965 tenía mejores frenos y los asientos de delante abatibles entre otros muchos elementos de refinamiento en su interior.

El CV8 tenía una dirección difícil y un consumo muy elevado; además era caro: valía 3.861 £ cuando apareció, por lo que se vendieron muy pocos.

De todas maneras hoy día tiene muchos seguidores y aún sobreviven varios ejemplares ayudados por el hecho de que estaban hechos con fibra de vidrio resistente a la corrosión y un motor americano a prueba de balas.

Motor: V8, 5.916 cc
Potencia: 227 kW (305 CV)
De 0 a 100 km/h: 8,4 s
Velocidad máxima: 206 km/h
Producción total: 499

JENSEN INTERCEPTOR

El Interceptor de 1966 tenía un perfil muy atractivo con un capó plano y largo y una zaga tipo barco. Era excepcionalmente rápido, capaz de acelerar de 0 a 100 km/h en menos de 7 s.

La carrocería estilizada y de gran turismo del Interceptor fue al principio hecha en Italia a la espera de que las piezas de ensamblaje llegaran a West Bromwich. En él se distinguían importantes innovaciones como el parabrisas trasero curvo y ancho, el potente motor V8 y un precio exclusivo. Al nuevo Interceptor se le consideraba más apreciado que muchos Ferrari.

La versión FF (Ferguson Formula) que corrió en las carreras entre 1966 y 1971 tuvo fama por ser el primer coche fabricado en serie con tracción en las cuatro ruedas que usaba una transmisión desarrollada de los tractores por el propio Harry Ferguson. Combinada con el sistema de frenos inspirado en el de los aviones Maxeret de Dunlop, al coche se le conoció como uno

de los más rápidos y seguros de la carretera. La FF podía identificarse frente a los otros Interceptor por las dos tomas de aire y su distancia entre ejes ligeramente más larga.

El interceptor se ofrecía como un cupé, un raro convertible y otro tipo de cupé de aspecto realmente

raro. La versión FF sólo se vendía con el cristal trasero elevable. El Mk II de 1969 tenía un frontal mejorado y el Mk III de 1971, llantas de aleación. La versión SP que se vendió entre 1971 y 1973 disponía de un motor de 7,2 l y huecos en el capó.

Motor: V8, 7.212cc
Potencia: 287 kW (385 CV)
De 0 a 100 km/h: 6,9 s
Velocidad máxima: 240 km/h
Producción total: 6.727

JENSEN-HEALEY

El convertible deportivo de Jensen fue un invento de su nuevo propietario americano, Kjell Qvale, quien encargó a Donald Healey y a su hijo Geoffrey la tarea.

La familia Healey hizo el diseño de un coche que en realidad tomaría prestados muchos componentes de otros fabricantes. Lotus, por ejemplo, le suministraba los motores de 16 válvulas y Vauxhall las suspensiones y las direcciones

(derivadas de su Viva); la caja de cambios la entregaba el grupo Root.

Los apasionados prototipos tuvieron que adecuarse a lo que en realidad era, un coche muy insulso con elementos mejorados. El motor Lotus no se mostró fiable y la carrocería se oxidaba muy rápidamente. La caja de cambios de cinco velocidades Getrag se incorporó al modelo para solucionar ligeramente sus problemas; estos

últimos coches fueron los mejores, De todas maneras, el coche había obtenido clase y nunca fue lo que Qvale realmente quiso, un coche de rápido crecimiento.

Al final, el anonimato del Jensen-Healey, su falta de carisma y la crisis global del petróleo empujaron al coche y a la marca a su desaparición. El nombre de Jensen resucitó de este desastre y actualmente fabrica deportivos.

El aspecto anodino fue aún menos atractivo con los parachoques de plástico que usaba para cumplir con las normas de seguridad americanas.

Motor: 4 cilindros, 1.973 cc
Potencia: 104 kW (140 CV)
De 0 a 100 km/h: 8,8 s
Velocidad máxima: 200 km/h
Producción total: 10.926

JENSEN GT

Motor: 4 cilindros, 1.973 cc
Potencia: 104 kW (140 CV)
De 0 a 100 km/h: 9 s
Velocidad máxima: 192 km/h
Producción total: 473

El Jensen GT seguía la tendencia de fabricar turismos con un portón trasero, tal como el Volvo P1800 y el Relliant Scimitar. A pesar de sus intentos por aumentar la practicidad de su vehículo, el interior resultó terriblemente estrecho.

A mediados de los 70 había un interés creciente por los deportivos que también podían servir como prácticos familiares; así se vendieron por ejemplo el Scimitar GTE o el Volvo 1800 ES. El Jensen GT seguiría una idea parecida, estaba basado en el Jensen-Healey pero tenía el techo un poco más alto y un portón trasero.

Donald Healey también decidió separarse de Jensen en aquel momento, así que el nuevo coche sería simplemente el Jensen GT.

A pesar de su intento por la practicidad, su interior de 2+2 era estrecho y el asiento trasero era más como un banco que no un intento serio para sentar a niños cómodamente. Para compensar Jensen puso al coche componentes de lujo como una tira de nogal en el salpicadero, elevalunas eléctricos y las opciones de tapicería de piel y aire acondicionado.

Los primeros problemas vinieron cuando la situación con Healey estaba casi solucionada. El GT era mejor coche que el Jensen-Healey e iba también equipado con una caja de cambios Getrag de cinco velocidades. El GT nunca abandonó su idea, pero parecía muy caro en comparación con sus rivales fabricados en serie.

JOWETT 8HP

Benjamín y William Jowett empezaron a fabricar sus propios coches en Bradford, Inglaterra el año 1906. Uno de sus primeros modelos fue un biplaza ligero con un motor de 816 cc y dos cilindros, un vehículo que se fabricó durante 44 años, de 1910 a 1954.

La capacidad del motor Jowett se aumentó acabada la Primera Guerra Mundial hasta los 907 cc y su trabajador motor de dos cilindros ganó reputación por su buen funcionamiento y su fiabilidad. Por otra parte también probo tener un consumo reducido.

En 1920 se le montó un encendido y llegó la versión con cuatro asientos. En 1929 aparecería el sedán. Los Jowett de los primeros años 30 continuaron fieles a su motor de dos cilindros, recibieron los más diversos nombres relativos a la vida salvaje. Entre ellos estaba el Kestrel de 1934 con dos carburadores Weasel

La imagen austera del Jowett 8HP fabricado entre 1937 y 1940 se identificaba con el símbolo del ocho redondeado en la base de su parrilla cromada del radiador, la velocidad máxima era sólo de 80 km/h.

y a partir de 1935 una caja de cambios de cuatro velocidades y un mecanismo de embrague centrífugo.

El año de los motores de 4 cilindros fue 1936, pero los de 2 se continuaron implantando con una capacidad ahora de 946 cc y rindiendo 17 CV.

Motor: 2 cilindros, 946 cc
Potencia: 13 kW (17 CV)
De 0 a 100 km/h: n/d
Velocidad máxima: 80 km/h
Producción total: n/d

JOWETT BRADFORD

1946–54

Gran parte de la tecnología del Jowett Bradford, como el motor de 2 cilindros plano, sus ballestas de carro o los frenos por cable, eran casi del siglo anterior, como también lo eran su carrocería de aleación sobre madera de abedul y una caja de cambios de tres velocidades de origen agrícola.

Se podía comprar con una carrocería para cuatro o seis pasajeros con una ventana cada uno, pero la versión más común fue la carrocería de furgoneta ligera. Era un coche ideal para esta función y ganó una excelente reputación como herramienta de trabajo.

Sus prestaciones eran lógicamente pobres y su conducción muy pesada, lo que no ponía en entredicho su atractivo. Parte de su encanto fue su resistencia y aguante, ya que servía para todo. Era un coche práctico, fiable y resistente cuyos pedidos no cesaron hasta el final de su existencia a mediados de los 50.

Hoy día el modelo Bradford cuenta entre los entusiastas de los coches comerciales y aún existen muchos de sus modelos.

Motor: 2 cilindros, 1.005 cc
Potencia: 19 kW (25 CV)
De 0 a 100 km/h: n/d
Velocidad máxima: 85 km/h
Producción total: 40.995.

JOWETT JAVELIN

1947–53

Fue un nuevo coche en el sombrío periodo de posguerra. Tenía un perfil aerodinámico totalmente nuevo diseñado por Gerald Palmer, un motor de 4 cilindros en línea, la suspensión delantera avanzada por barras de torsión independiente y la dirección de cremallera. Su moderna construcción monobloque la fabricó la empresa local Briggs Motor Bodies de Doncaster, Inglaterra.

El resultado final no fue un coche de aspecto diferente, sino que además podía transportar una familia de seis miembros gracias a la inusual configuración de su motor, situado muy delante de su habitáculo. De buena maniobrabilidad y conducción, podía rodar a una velocidad de crucero de 128 km/h.

El Jowett Javelin nunca tuvo el éxito que mereció en parte por su

precio, más caro que un Austin normal, y en parte por los problemas que tuvo al principio con la fiabilidad de su motor y después con el suministro de carrocerías.

Los planes para fabricar un modelo de dos puertas con tres filas de asientos de tres plazas y un Spider nunca se llevaron a cabo a pesar de que se intentó en 1948.

Se inspiró en el Lincoln Zephyr de líneas curvas. Su motor de 4 cilindros en línea le aportó un centro de gravedad muy bajo y en consecuencia un excelente agarre.

Motor: 4 cilindros, 1.485 cc
Potencia: 37 kW (50 CV)
De 0 a 100 km/h: 22,2 s
Velocidad máxima: 133 km/h
Producción total: 22.799

JOWETT JUPITER

El Júpiter fue un vehículo técnicamente avanzado que gracias a su armazón tubular ganó notoriedad y éxito en las carreras, como cuando ganó Le Mans en 1950 dentro de la categoría de 1,5 l.

Jowett decidió fabricar un descapotable con elevalunas eléctricos y un parabrisas partido sobre un chasis tubular avanzado que llamaría Jupiter. Su eje motriz sería el mismo que el del Javelin, la carrocería de aluminio prensado sobre un armazón tubular y era prácticamente fabricado a mano.

La clave de este modelo fue su ancho frontal de una pieza que ocho años más tarde usaría el Austin–Healey «frogeye»

Sprite que, como el Jowett, separó el espacio para la capota plegada del maletero sólo accesible abatiendo los asientos del habitáculo.

Jowett tenía lógicamente algunas reservas sobre la practicidad de esta idea y en 1952 el Jowett Júpiter Mk IA tenía ya su propio maletero con unas aletas reformadas y más potencia.

El Jupiter tuvo éxito en Le Mans los años 1950 y 1952 y también en el Montecarlo International Rally entre muchos otros. En los últimos meses de 1953, y a pesar de los problemas financieros de la marca, apareció un nuevo prototipo llamado R4 de competición que se presentó con una corta distancia entre ejes, un nuevo chasis y una carrocería biplaza. Se fabricaron sólo tres de ellos y la empresa desapareció el año siguiente.

Motor: 4 cilindros, 1.485 cc
Potencia: 45 kW (60 CV)
De 0 a 100 km/h: 16,8 s
Velocidad máxima: 134 km/h
Producción total: 899

KAISER MANHATTAN

Henry J. Kaiser fue un multimillonario americano que hizo fortuna fabricando barcos y casas en serie antes de dedicarse a los coches esperando que sus habilidades de emprendedor le diesen aún más dinero. Su sueño nunca se convirtió en realidad y ninguno de sus proyectos fue un éxito.

La Manhattan fue la primera de sus series hecha con la colaboración del diseñador Howard «Dutch» Darrin. El coche era impresionante, con una «cintura» baja y pintado con vivos colores. Técnicamente también estaba avanzado a su tiempo, contando con numerosas medidas de seguridad y una dirección más exacta en comparación con otros modelos americanos de su época.

Su exótico equipamiento incluía el plástico, lo que hacía que su carrocería pareciese de piel de cocodrilo. En 1953 al modelo

se le pintó el techo con un efecto bambú.

A pesar de su éxito individual la falta de un potente motor V8 fue el motivo principal de su desaparición en 1955.

Tenía una buena conducción y maniobrabilidad para su tamaño, pero el uso de un motor de 6 cilindros en vez del de 8 que exigía la norma del momento le hizo impopular para el público.

Motor: 6 cilindros, 3.707 cc
Potencia: 86 kW (115 CV)
De 0 a 100 km/h: n/d
Velocidad máxima: 138 km/h
Producción total: 202.856

KAISER-DARRIN

Con la reputación de ser el resultado de una disputa entre el carácter enfermizo de Kaiser y del creativo Darrin, fue este último quien se gastó el dinero para conseguir una carrocería deportiva biplaza de fibra de vidrio y estilizada en su estudio de California. El resultado fue el Kaiser-Darrin, un coche con un frontal como unos labios fruncidos y unas puertas inusuales dentro de las alas delanteras. Los primeros Darrin carecían de intermitentes y el maletero no tenía bisagras, sino que era

corredizo. Es también interesante saber que fue el primer coche equipado de serie con cinturones de seguridad.

Todos ellos se montaron sobre un chasis modificado hecho por la propia Kaiser, como su dirección y los componentes de su suspensión. La potencia se la entregaba un débil motor Willys de 6 cilindros y 90 CV que se cambió en los que no se vendieron, unos 100, por uno de la Chrysler V8 que le hacía alcanzar los 224 km/h.

El techo de la versión Landau tenía una posición intermedia en

su desarrollo móvil y podía ser cambiado por un techo duro dándole al coche un perfil a tener en cuenta.

A pesar de su diseño disparatado y su temperamento alegre, sólo se fabricaron 435 modelos de los que muchos no se vendieron. Sus puertas efectistas eran ruidosas y sus prestaciones tampoco eran en principio nada del otro mundo, y lo que es peor, el Kaiser-Darrin era más caro que el más rápido y glamuroso Chevrolet Corvette.

Motor: 6 cilindros, 2.638 cc
Potencia: 67 kW (90 CV)
De 0 a 100 km/h: 15,1 s
Velocidad máxima: 157 km/h
Producción total: 435

El diseño imaginativo de las carrocerías Darrin fue resultado de los constructores de barcos Glasspar. Sus controvertidas puertas correderas tenían la desafortunada tendencia a encallarse. El interior de la versión convertible era menos estrecho que el del escalonado e inclinado cupé.

LADA 2100 SERIES

En 1966 el fabricante italiano Fiat colaboró con el entonces gobierno soviético para suministrar las pautas necesarias y expertos en la construcción de coches. El primer automóvil que salió de los talleres de Togliattigrad fue el VAZ 2101, básicamente un Fiat 124 con un

motor de 1,2 l y árbol de levas en cabeza.

Se convirtió en un superventas de y que se exportó después a los países del Este, donde se llamaría Lada y tendría la especificación de 1200. También se ofrecían las versiones 1300, 1500 y 1600.

Sus precios eran baratos, pero la pobre calidad de construcción y la falta de desarrollo hicieron que Lada nunca tuviera el mismo éxito que en su país de origen.

Su carrocería clásica y cuadriculada de los años 60 aún se vende con el nombre de Riva, pero

las importaciones cesaron mayoritariamente en 1997.

Motor: 4 cilindros, 1.198 cc
Potencia: 46 kW (62 CV)
De 0 a 100 km/h: 16,6 s
Velocidad máxima: 139 km/h
Producción total: n/d

LAGONDA 11 — 1913–16

La quintaesencia de esta marca británica debe de hecho su existencia a un divo americano de la ópera. Wilbur Gunn viajó a Inglaterra a finales del siglo XIX esperando encontrar el éxito en los escenarios, pero en vez de eso se dedicó al mundo del motor. El nombre de la marca fue ligeramente engañoso pues de hecho es el de la ciudad de Ohio de donde procedía el divo, Lagonda

Creek, y no de cualquier pista continental.

Gunn empezó en 1905 a fabricar motocicletas antes de iniciarse en los coches de tres ruedas y luego a los de cuatro en 1907. Antes de la Primera Guerra Mundial su fábrica en Staines, Middlesex, se había ya especializado en el campo de los coches con altas prestaciones y grandes motores que se vendían muy bien en la Rusia imperial.

Poco después la marca revisó su política y empezó a fabricar coches ligeros como un *roadster* biplaza de 11 CV de construcción integral que de hecho sirvió para darle peso.

Su simple pero efectivo motor con válvulas longitudinales balanceándose activando las válvulas de entrada, válvulas de escape laterales y una bomba de aceite en el pico de salida hizo que

tuviera destacables éxitos en competiciones como Brooklands, pero nunca tuvo, a pesar de ello, oficialmente la categoría de deportivo.

Motor: 4 cilindros, 1.100 cc
Potencia: 8 kW (11 CV)
De 0 a 100 km/h: n/d
Velocidad máxima: n/d
Producción total: n/d

LAGONDA 3-LITRE — 1929–34

Recién acabada la Segunda Guerra Mundial, Lagonda reelaboró su motor de 1.099 cc llamado «11» e instaló un 1.420 cc en sus modelos a partir de 1921. En 1926 la marca había cambiado por completo de dirección con su nuevo modelo 14/60 equipado con un motor de dos árboles de levas en cabeza, 2 l y potentes frenos Rubery, un coche que se veía destinado a competir en el mercado del Morris. Fue un coche caro, lo que afectó a sus ventas.

Lagonda se había decidido a entrar en el campo de los deportivos a finales de los años 20 cuando lanzó al mercado un coche con un motor de 3 l y 6 cilindros. Tenía los guardabarros redondeados tradicionales, dos grandes faros delanteros montados uno a cada lado de la parrilla también redondeada y *running boards*. Lagonda quiso fabricar un coche grande sin complicaciones mecánicas innecesarias, por lo que empleó

un motor Meadows con válvulas en cabeza, una barra de presión, un cigüeñal de siete apoyos y dos carburadores SU. La suspensión era de ballestas semielípticas y sus frenos se activaban con unas barras delante y unos cables detrás.

Ambos tuvieron un buen equipamiento y eran fáciles de mantener; el Lagonda 3–Litre fue también un buen predecesor del gran Lagonda de 4,5 l Rapide V12 de antes de la guerra.

El aspecto conservador del 3-Litre equipaba el tradicional cambio de marchas de la marca a la derecha y la tercera y cuarta velocidad lo más cerca del conductor. La versión deportiva con faldones de carreras apareció en 1929.

Motor: 6 cilindros, 2.931 cc
Potencia: 15 kW (20 CV)
De 0 a 100 km/h: 40 s
Velocidad máxima: 125 km/h
Producción total: 570

LAGONDA 2.6-LITRE

1946–53

Apareció justo antes de que Aston Martín comprara la marca en 1947. Su chasis y su motor los diseñó W. O. Bentley y tenía una dirección de cremallera y suspensión independiente en las cuatro ruedas.

Milagrosamente rescatado de la liquidación en 1935 por Allan Good, que pagó 67.000 £ por la empresa, el futuro de Lagonda continuaba incierto hasta que el propietario de Aston Martín la compró en 1947. Por entonces ya se ofrecía el nuevo 2.6-Litre sedán diseñado ni más ni menos que por el director técnico W. O. Bentley.

Era mucho más pequeño que los anteriores Lagonde de los años 30 y tenía un chasis en secciones cruciformes con suspensión independiente en las cuatro ruedas, ejes oscilantes y barras de torsión detrás, dirección de cremallera y frenos traseros interiores.

Se ofreció en dos carrocerías: un sedán de dos puertas y un convertible estilizado de cuatro asientos ambos con los faros semiinsertados en la carrocería, una parrilla curva y cromada y aletas delanteras abiertas.

El Mk II de 1952 presentó unos cuantos cambios menores tanto en su exterior como en su interior, siempre de diseño. Sólo se vendieron 550 de estos coches de lujo en sus siete años de fabricación.

Motor: 6 cilindros, 2.580 cc
Potencia: 78 kW (105 CV)
De 0 a 100 km/h: 17,6 s
Velocidad máxima: 144 kmh.
Producción total: 550

LAGONDA RAPIDE

1961–64

Un motor excelente, una suspensión sofisticada y una carrocería de aluminio hecha a mano parecía ser el secreto del éxito, pero no. Fue un fracaso dada la desproporción de su pequeño habitáculo respecto al coche en sí y sobre todo el diseño de su frontal.

El impresionante nuevo sedán de Lagonda de cuatro puertas no tenía parangón, pero un público entusiasta no aceptó el tratamiento del diseño de frontal y la cola de Touring. Y no sólo eso, el habitáculo, pequeño, no guardaba las proporciones con un coche de inmenso capó y grandes paneles laterales.

La plataforma del chasis del Lagonda Rapide era más larga de las que usaba el Aston Martín DB4 y tenía una suspensión trasera con barras de torsión De Dion en vez de la de muelles de aquél. Por otra parte también disponía de un motor de 4 l de Tadek Marek del que derivaría el del DB5 de tres años más tarde. Montaba de serie la transmisión automática de Brog Warner y tenía la opción de una caja de cambios manual sincronizada.

Lo que prometía como un coche bonito con carrocería de aluminio hecha a mano, un maravilloso motor deportivo y un circuito dual de frenos de disco en sus cuatro ruedas, resultó decepcionante. Incluso hoy día es un vehículo impopular.

Motor: 6 cilindros, 3.995 cc
Potencia: 176 kW (236 CV)
De 0 a 100 km/h: n/d
Velocidad máxima: 224 km/h
Producción total: 54

LAMBORGHINI 350GT

El 350 GT tenía unos pilares en las ventanas muy estrechos para facilitar una gran visibilidad y unos inusuales faros delanteros ovales arriba casi colgando de su frontal. Mientras el diseño en general de coche era nítido el área de la zaga era estéticamente decepcionante.

Ferruccio Lamborghini se dedicaba a fabricar aparatos de aire acondicionado y tractores diésel refrigerados por aire y tenía una obsesión con los coches que le llevó a competir en la Mille Miglia de 1948. Quiso comprar Ferrari, pero recibió una respuesta negativa de Maranello y empezó a crear su propio feudo para fabricar sus propios deportivos, convenciendo a algunos de los mejores ingenieros de Ferrari para que le siguieran en su proyecto.

El 350GT fue el primer coche de su marca. Giotto Bizzarrini, ex ingeniero de Ferrari, se responsabilizó del chasis y de su soberbio motor V12 y Touring de Milán de la carrocería ligera de aluminio. Otro ingeniero estrella, Giampaolo Dallara, introdujo unas cuantas innovaciones técnicas como los frenos de disco Girling, dirección de ZF, una transmisión de cinco velocidades y un diferencial Salisbury en la parte de atrás.

A pesar de ser muy rápido, flexible y exhibir una excelente maniobrabilidad, al Lamborghini 350GT le faltaba finura debido en parte a las relaciones de marcha. Sin embargo, que el 350 inició el camino hacia el éxito.

Motor: 12 cilindros, 3.463 cc
Potencia: 201 kW (270 CV)
De 0 a 100 km/h: 6,8 s
Velocidad máxima: 243 km/h
Producción total: 120

LAMBORGHINI 400GT

El 400GT, todo de acero, era muy parecido al 350GT a excepción de sólo dos paneles. La gran diferencia fueron los dos asientos extra que lo convertían en un 2+2 y una mayor altura para ganar más espacio para la cabeza.

Los estilistas de Touring en Milán cambiaron el diseño del 350GT para convertirlo en un 2+2 con un par de asientos detrás muy estrechos y con un espacio reducido para la cabeza. Por razones de precio y para empezar con lo que podía ser una fabricación en serie en su factoría de Sant'Agata Bolognese, Lamborghini decidió hacer la carrocería de acero en vez de aleación, aunque tanto el capó como el maletero serían de aluminio. Al final el coche fue muy parecido al 350GT a excepción de sus faros cuadrados y de la línea del techo con portón.

Para soportar el aumento de peso de su carrocería de acero, que comportaba unos 150 kg de más, tuvo que aumentarse la potencia de su motor, un mejor par y capacidad. El V12 con seis carburadores *twin-choke* Weber era muy suave y su velocidad máxima, en la que se mostraba impasible pero muy ruidoso, era de 248 km/h. También se ofrecía una carrocería convertible biplaza que se vendió poco.

Con Touring en problemas las últimas carrocerías las fabricó una empresa llamada Marazzi.

Motor: 12 cilindros, 3.929 cc
Potencia: 238 kW (320 CV)
De 0 a 100 km/h: 7,5 s
Velocidad máxima: 248 km/h
Producción total: 273

LAMBORGHINI MIURA

Es casi imposible describir con palabras la sensualidad del Lamborghini Miura. Su simplicidad quita le respiración y logró conjugar el *glamour* y exuberancia de los años 60. El Miura fue de verdad un coche bonito diseñado para la «beautiful people»

Los ingenieros de la marca Giampaolo Dallara y Paolo Stanzani eran ambos entusiastas de las carreras a quienes impresionó el éxito del Ford GT- 40 y del Ferrari 250LM con motor central y propusieron sus planes para hacer un coche de carretera basado en una tecnología similar a la de los de carreras. La marca lo aprobó y se puso en marcha para llevar a cabo el que sería el Miura, nombre de una ganadería de toros bravos porque el propio Lamborghini había nacido bajo el signo de Tauro.

Con la empresa Touring yendo a la bancarrota los diseñadores rivales, los Bertone, ficharon a un nuevo diseñador joven, Marcello Gandini, para dibujar una carrocería de aluminio que se acoplara al chasis del Miura y el resultado fue la belleza en estado puro.

La plataforma del chasis se completaba con un motor transversal V12 situado justo detrás del conductor. Fue presentado en público en el Salón del Automóvil de Turín con un chasis monocasco de acero y una suspensión con dos brazos y ballestas tanto detrás como delante y una barra antivuelco en caja vértice.

Bajo y ancho, el Miura tenía una trasera inclinada con la cola colgante y en la parte también colgante del frontal se incluían el radiador y los faros. La distribución del peso era casi perfecta, 45:55, gracias al cuidadoso posicionamiento de la rueda de repuesto y el depósito de gasolina en la parte delantera del coche.

Entre sus destalles de distinción se incluyen los faros retráctiles alineados con la carrocería y, en los primeros, unos pequeños párpados encima y debajo de los faros, un parabrisas muy inclinado que servía para tostar a sus ocupantes cuando circulaban cara al sol, pequeñas ventanas, grandes puertas y entradas de aire en la alas traseras para enfriar los frenos de atrás.

Como si el diseño por sí mismo no fuera suficiente, muchos coches se pintaron de naranja o de verde, muy de moda en los años 60. El habitáculo del Miura era estrecho y funcional, y en concreto el cambio de marchas era especialmente duro. La postura del conductor era incómoda debido a la posición del motor justo detrás de él o ella, lo que implica un tremendo calor y un ruido ensordecedor. No había demasiados compradores a los que les gustara el ruido de este motor V12 tan refinado.

Como es de suponer el espacio para el equipaje en el Miura era muy limitado, sólo el de un estante delante de los ocupantes, pero luego se pusieron huecos en sus puertas que ayudaron a solucionar el problema.

Bob Wallace, de Nueva Zelanda, un mecánico directivo de carreras fue el encargado de la evolución del coche y el Miura recibió los aplausos de los entendidos del motor que despotricaban de su

El Miura recibió una suspensión reforzada y ruedas más anchas para combatir la tendencia a subir del frontal cuando se circulaba a grandes velocidades.

maniobrabilidad, conducción y capacidad de frenada. Al mismo tiempo aparecieron problemas en su construcción, como que la dirección era quizá demasiado suave, el chasis se doblaba cuando se conducía de manera deportiva y el frontal tendía a levantarse.

Lamborghini aseguraba que su velocidad máxima era de 272 km/h, pero en realidad sólo la versión S de 1969 podía alcanzar los 276 con la suspensión trasera revisada. Por esta época se mejoraron las condiciones del conductor adecuando su habitáculo y poniéndole por primera vez aire acondicionado.

En 1971 apareció la versión SV, de aspecto más agresivo y con el

La pureza de formas del Miura fue la esencia de su perdurable belleza. La configuración de su motor central fue pionera para su tiempo.

chasis reforzado, unos pasos de rueda más anchos para acomodar las nuevas ruedas y ganar estabilidad. Para compensar estos cambios se tuvo que aumentar la potencia del motor unos 15 CV.

Hoy el Miura es un objeto de deseo que se tiene por uno de los coches más asombrosos de todos los tiempos.

Motor: 12 cilindros, 3.929 cc
Potencia: 261 kW (350 CV)
De 0 a 100 km/h: 6,7 s
Velocidad máxima: 272 km/h
Producción total: 775

LAMBORGHINI ISLERO

1968–70

Motor: 12 cilindros, 3.929 cc
Potencia: 242 kW (325 CV)
De 0 a 100 km/h: 6,3 s
Velocidad máxima: 200 km/h
Producción total: 225

El Islero estaba destinado a tener un papel de «ejecutivo exprés» aunque más tarde la versión S tuviera unos pasos de rueda más anchos y mayor potencia.

El Islero ocupó el espacio vacante de 400 GT y Ferrugio Lamborghini se apropió de uno de ellos. Su diseño era más de un «ejecutivo exprés» que de un pura sangre de carreras. Era más un 2+2 que un cuatro asientos y su nombre venía de un toro que mató a un famoso torero en los años 40. Se basaba en el mismo chasis cuadrado del primer 350GT, pero era más ancho y ligeramente más corto.

Su diseño se debió a Marazzi, una empresa nacida de los trabajadores que quedaron tras quebrar Touring. Equipaba faros retráctiles con tapa, y unos delicados parachoques cromados que daban al coche un aspecto limpio y discreto.

Bajo su gran capó estaba el motor V12 de la misma marca, con el que obtenía muy altas prestaciones.

La versión S nació como respuesta a las críticas de que el coche era demasiado suave, por lo que se le equipó con ruedas y pasos de rueda más anchos, faros antiniebla, entradas de aire deportivas detrás de las ruedas delanteras y una potencia aumentada de 350 CV entre otros cambios en esta misma dirección.

LAMBORGHINI ESPADA

1968–78

El aspecto estilizado del Espada con su motor V12 delantero fue un verdadero cuatro asientos G al que la línea inclinada de su techo limitaba mucho el espacio para la cabeza de los ocupantes de atrás.

El concepto que tenía Marcello Gandini de un coche de cuatro asientos presentado en el Salón de Ginebra de 1967, el Marzal, fue básico para la creación del Espada de Bertone con su motor frontal V12, plataforma del chasis de acero y carrocería integral.

Era un coche ancho y corpulento al que el diseño de Gandini lo hacía aparentar estilizado visto desde cualquier ángulo gracias a su capó bajo y a su trasera inclinada. Las anchas puertas convencionales sustituyeron las del Marzal, que se abrían hacia arriba, y el uso del cristal en la sección de cola permitió que mirar hacia atrás fuera más fácil que en cualquier otro supercoche.

Los ocupantes tenían todo tipo de lujos, como la tapicería en piel o decoración de nogal. Los ocupantes de los asientos de atrás tenían poco espacio para las piernas. Lo peor del coche era la posición del conductor; parecía que se había prestado poca atención a la localización de los indicadores e instrumentos. Algunos conductores se quejaron de que no podían alcanzar el freno de mano cuando llevaban abrochado el cinturón de seguridad.

En 1969 se aumentó el espacio para la cabeza y se ofreció una edición especial con techo de cristal que recordaba al Marzal.

Aunque su peso era considerable y sus proporciones de carretera, el Lamborghini Espada podía alcanzar fácilmente los 248 km/h.

Motor: 12 cilindros, 3.929 cc
Potencia: 261 kW (350 CV)
De 0 a 100 km/h: 6,9 s
Velocidad máxima: 248 km/h
Producción total: 1.217

LAMBORGHINI JARAMA 1970–78

El Lamborghini Jarama disponía de faros frontales semiescondidos y una trasera escalonada e inclinada. Por desgracia su peso y su pobre calidad de construcción provocaron su desaparición.

El Jarama sustituyó al Islero. Fue un 2+2 que se complementaba con el Espada; de hecho ambos compartían varios elementos, pero éste era más corto. Obtuvo casi las mismas críticas que aquél sobre la pobre posición del conductor y su dura dirección.

Su diseño, de Gandini, dio al Jarama una imagen agresiva con los faros delanteros semiocultos, una gran toma de aire para enfriar el motor y un capó totalmente plano si no fuese por ella. De nuevo su nombre se asociaba con el toreo, pues Jarama es una región española famosa por esta actividad.

Marazzi ensambló las carrocerías mientras que Bertone fabricaba los paneles de acero. Aun siendo un coche corpulento el Jarama pesaba unos 1.630 kg que obligaron a incrementar la potencia hasta los 350 CV.

El Jarama S, a veces también conocido por 400GTS, apareció en el Salón de Ginebra de 1972 con

un habitáculo muy mejorado e incluso más potencia, 365 CV, y tenía la dirección asistida y la transmisión automática Torqueflite del Espada en la lista de opciones.

El Jarama, que nunca fue muy popular, fue el último de la marca con motor delantero y hoy permanece como una joya escondida.

Motor: 12 cilindros, 3.929 cc
Potencia: 261 kW (350 CV)
De 0 a 100 km/h: 6 s
Velocidad máxima: 260 km/h
Producción total: 327

LAMBORGHINI URRACO 1970–79

Durante algún tiempo Lamborghini quiso incluir en su gama coches más pequeños, lo que no ocurrió hasta la llegada del Urraco (toro pequeño) en 1970. En realidad el coche no fue particularmente pequeño ni exitoso.

El ingeniero Paolo Stanzani siguió en muchos aspectos la estela del Miura montándole un motor central transversal, pero el resto fue del todo nuevo. Estaba equipado con un motor V8 más barato y de mecánica más simple; su diseño, de Bertone, más limpio, tenía faros retráctiles, un portón trasero y un habitáculo alargado. Era evidente que se quería hacer

El Urraco, un coche bien proporcionado, cuyo nombre significa toro joven, tenía un motor central V-8. Este vehículo fue un intento de Lamborghini para hacer un coche «pequeño» que rivalizara con el Ferrari 308 Dino.

un coche práctico con un generoso maletero, pero extrañamente se accedía abriendo el capó del motor para acceder a la tapa del depósito de gasolina. La posición del conductor mereció de nuevo críticas, ya que necesitaban unos brazos muy cortos y unas piernas muy largas para poder maniobrar con comodidad.

Su fabricación no fue muy bien hasta 1972 y al año siguiente volvió a bajar. En 1974 apareció la versión P300 con un mayor motor V8, una suspensión mejorada y un interior prácticamente igual hasta la aparición de un motor de 2,5 l en 1976.

Motor: 8 cilindros, 2.463 cc
Potencia: 164 kW (220 CV)
De 0 a 100 km/h: 7, 2 s
Velocidad máxima: 232 km/h
Producción total: 776

LAMBORGHINI COUNTACH

Este supercoche que sería icono de los años 70 nació en el Salón del Automóvil de 1971, pero la fantasía de Bertone no se hizo realidad hasta 1974. El Lamborghini Countach siguió el camino del bello Miura con su motor central a la vez que intentando evitar cualquier defecto utilizando todo un grupo de nuevas soluciones. El V12 de 4 l ya no estaría en posición transversal sino justo detrás del conductor y delante de las ruedas traseras, de ahí la denominación LP400: 4 l Longitudinale Posteriore. La leyenda dice que su nombre viene de la impresión que produjo a un ingeniero de Sant'Agata Bolognese cuando lo vio por primera vez y de su expresión de admiración ¡Countach! que generalmente decía a las chicas guapas.

Paolo Stanzani, que había trabajado con Dallara con el Miura, se había convertido en el jefe de diseño y de ingenieros tras la marcha de Dallara y contrató a Massimo Parenti para ayudarle. Los primeros modelos tenían un chasis semimonocasco que pronto se sustituiría por la construcción compleja de un armazón espacioso y tubular cubierto por planchas de aluminio. La mayoría de los

Los alerones delanteros y traseros así como la mayor anchura de los pasos de rueda eliminaron la pureza de sus líneas y no mejoraron su excepcional agarre a la carretera. El Countach aún permanecería impresionando.

elementos de su tren motor eran los mismos que en el Miura. Ni que decir tiene que la maniobrabilidad y la conducción del Countach eran de otro mundo; no sólo fue el coche de serie más rápido del mundo sobre el papel sino también, gracias a la configuración central de su motor y a su fantástico agarre, uno de los coches más explosivos y emocionantes que quizá se puede tener la suerte de ver.

El diseñador de Bertone Marcello Gandini basó mucha de la explosividad del Countach en los coches de carreras de los años 60 y en vez de diseñarlo bonito como el Miura buscó acentuar su fiereza. Tenía un frontal corto y achaparrado con faros retráctiles escondidos, un parabrisas muy inclinado y rectangular y puertas que se abrían subiendo con las bisagras delante. Con el tiempo se le incorporó un alerón trasero de función más que nada decorativa ya que al ser tan bajo no había peligro de que se levantara, de hecho sólo añadió peso y aerodinámica.

La forma de sus ventanas laterales no aceptaba ningún mecanismo de apertura, así que se dividieron en horizontal pudiéndose sólo abrir la parte superior. Algunos comentaristas de la época dijeron que en caso de accidente los ocupantes las romperían de una patada para poder salir.

El habitáculo de los primeros modelos reflejaba el futurismo de su exterior, pues su volante sólo tenía un brazo y había muchos testigos de alarma delante del conductor. Cuanto más se fabricaba más convencional era su interior, pues dispondría de mucho plástico negro y un gran túnel central.

La evolución del Countach empezó con una forma pura de cuña que con el tiempo se vería alterada con retrovisores, alerones, tomas de aire adicionales y extensiones de los pasos de rueda. La ley federal de Estados Unidos impuso la instalación de parachoques de baja velocidad en los modelos avanzados.

Hasta 1978 sólo se fabricaron 23 unidades y entonces llegó el

El Countach llegó a ser el supercoche de los años 70. Tenía la dirección, la suspensión y los frenos del Miura, pero su carrocería era de aluminio y tenía un motor V12 longitudinal detrás del conductor.

LP400S con un chasis mejorado, una suspensión óptima y unos neumáticos más anchos de perfil bajo Pirelli P-7 que le daban un mayor agarre que los anteriores Michelin; en consecuencia y a efectos estéticos se tuvo que ensanchar los pasos de rueda. Era una versión más ligera con mayor aerodinámica y menor potencia.

Cuando los hermanos Mimran obtuvieron el control de la marca se montó un motor más grande de 4.754 cc V12 en el LP500S que entregaba una potencia de 375 CV. Años más tarde esta cilindrada aún aumentaría a 5.167 cc con un cilindro de cuatro válvulas en cabeza para el Countach Quattrovalvole que entregaba 455 CV y alcanzaba una velocidad máxima de 295 km/h. En 1990 apareció la versión Anniversary que celebraba los 25 años de su concepción y dejó de fabricarse ese mismo año siendo ya una leyenda viva.

Motor: 12 cilindros, 3.929 cc
Potencia: 287 kW (385 CV)
De 0 a 100 km/h: 5,2 s
Velocidad máxima: 288 km/h
Producción total: n/d

LAMBORGHINI SILHOUETTE

1976–77

El biplaza de nombre Silhouette se presentó en el Salón del Automóvil de Ginebra del año 1976 con un techo tipo targa llamado «Baby Countach» y basado en el Urraco nunca tuvo demasiado éxito.

Lamborghini fabricó el Silhouette con carrocería targa para intentar romper el mercado de los descapotables, de hecho éste fue el primer Lamborghini de techo abierto. Su carrocería Bertone tenía un cierto parecido con la angulosa del Countach y unas llantas tipo dial de teléfono. De hecho algunos comentaristas le llamaron «Baby Countach», pero el Silhouette no fue más que un Urraco P300 rediseñado con dos asientos en vez de cuatro y un chasis un poco más alargado para el nuevo panel extraíble del techo.

A pesar de tener mejor aspecto y ser más refinado que el Urraco, el Silhouette sucumbió a su falta de desarrollo y pobre calidad de construcción y fiabilidad. Quizá lo peor fue que la marca, para ahorrar dinero, no hizo ningún esfuerzo para adaptar el coche a los requerimientos de la normativa de seguridad de los Estados Unidos limitando así sus ventas en un mercado donde hubiese sido un éxito.

Un año después de su creación el Silhouette se dejó de fabricar habiendo vendido solamente 52 unidades.

Motor: 8 cilindros, 2.996 cc
Potencia: 197 kW (265 CV)
De 0 a 100 km/h: 5,6 s
Velocidad máxima: 250 km/h
Producción total: 52

LAMBORGHINI JALPA

1981–91

El nombre de Jalpa se remonta a los primeros tiempos de la marca y se recupera el nombre de otro conocido toro de lidia. Derivado del Urraco y muy parecido al Silhouette, el coche tuvo un exitoso motor V8 de la marca pues de él se vendieron más de 200 en uno de los diez años en que se mantuvo su producción.

Visualmente su frontal largo, las tomas de aire de la parte superior de las alas traseras y su cola recordaban un poco al Countach. El único gran cambio estaba en las ruedas, cuyas llantas de aleación y de las más atractivas estaban diseñadas por Campagnolo. El coche sancionado tras la compra de los hermanos Mimran con menos inversión en su exterior consiguió una actualización de su mecánica de la mano del ex ingeniero de Maserati Giulio Alfieri, que incrementó el par del motor V8 ya existente haciéndolo más refinado que el anterior.

Mientras tanto se mantenía sin la dirección de cremallera asistida, lo que no era un gran problema ya que la distribución de su peso con su frontal ligero era de 43:57.

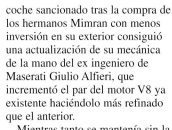

El Jalpa continuó con la teoría del Silhouette, pero incorporaba cambios mecánicos y un interior muy mejorado. Su motor V8 le hizo ser uno de los superventas de Lamborghini con una velocidad máxima acreditada de 233 km/h.

Motor: 8 cilindros, 3.485 cc
Potencia: 190 kW (255 CV)
De 0 a 100 km/h: 6,5 s
Velocidad máxima: 233 km/h
Producción total: n/d

LANCHESTER TWIN-CYLINDER

1900

La marca Lanchester la fundaron los hermanos George y Frederick, que obtuvieron su reputación durante los tiempos del rey Eduardo instalando numerosas innovaciones técnicas. Sólo ellos dos, no emplearon a nadie, fueron los responsables de sus propios trabajos, incluso de la muy efectiva caja de cambios de dos

velocidades más una hacia atrás, un magneto de encendido de baja tensión y un eje *worm-drive*.

El primer coche de Lanchester apareció en 1895 con un motor monocilíndrico de 5 CV. En 1900 se cambió por uno de posición horizontal con 2 cilindros opuestos de 8 CV. El motor tenía dos cigüeñales superpuestos cada

uno con su propio volante y rotando en sentidos opuestos.

Éstos estaban en consecuencia engranados y unidos a dos pistones por seis bielas. Era cuando el motor funcionaba con una rotación en pleno sentido contrario que se mantenía perfectamente equilibrado y sin vibraciones. Este motor se usó en otros coches Lanchester hasta

1905, cuando la marca ya había desarrollado una suspensión *cantilever* y un preselector epicíclico de tres velocidades.

Motor: 2 cilindros, 4.035 cc
Potencia: 6 kW (8 CV)
De 0 a 100 km/h: n/d
Velocidad máxima: n/d
Producción total: n/d

LANCHESTER 40

1919–31

El Lanchester 40 se vendió poco en comparación con su rival el Rolls-Royce, que era el coche más refinado de la época. Fue el preferido del duque de York, el que fuera rey Jorge VI.

Fue una máquina majestuosa de larga distancia entre ejes y una carrocería tipo limousina. Su velocidad máxima era de 104 km/h debido a su peso y tamaño, pero eso no le preocupaba al comprador

que quería viajar con dignidad y refinamiento.

Los propios hermanos Lanchester se responsabilizaron de la mayoría de los elementos mecánicos, incluso de los frenos

de las cuatro ruedas en 1924. Frenos que a pesar de no ser hidráulicos estaban asistidos por un servo activado desde la caja de cambios.

Se ofrecía en varias carrocerías que se modificaron casi por completo en 1921, incluso la de carreras que ganó en Brooklands y en otros eventos de larga distancia. El 40 se vendió hasta 1931 cuando fue sustituido por el Straight Eight.

El Lanchester 40 apareció para rivalizar con Rolls-Royce dada su calidad de construcción, su excelente técnica y su perfecto refinamiento.

Motor: 6 cilindros, 6.178 cc
Potencia: 75 kW (100 CV)
De 0 a 100 km/h: n/d
Velocidad máxima: 104 km/h
Producción total: n/d

LANCHESTER 21

1923–31

El 21, tal como se conoció este modelo, tenía un motor con un árbol de levas en cabeza, 6 cilindros y 2.982 cc que se vendió como Sporting 40 hasta 1929. Apodado como «pup» rivalizó con el «baby» Rolls-Royce Twenty, que era 50 £ más caro. El 21 sólo era un 40 a escala un poco menor, dispuesto con una caja de cambios de cuatro velocidades con piñones mientras que el Rolls tenía una transmisión de tres velocidades. Por otra parte también tenía los frenos delanteros con tambores de gran diámetro y de aluminio unidos con hierro muy cableados para la tensión circunferencial y la dispersión de calor. En 1931 problemas económicos llevaron a Lanchester

a unirse con Daimler y acceder al mercado de los coches más baratos. La factoría se trasladó a Coventry y poco después ya sólo salieron de ella Daimlers con la reseña de Lanchester, lo que acabaría con el tiempo en su desaparición en 1956.

Frederick Lanchester se dedicaría al diseño de elementos eléctricos y mecánicos hasta su muerte en 1946. Su hermano George abandonó la empresa para unirse a Alvis y moriría en 1970.

Motor: 6 cilindros, 2.982 cc
Potencia: 16 kW (21 CV)
De 0 a 100 km/h: n/d
Velocidad máxima: 104 km/h
Producción total: n/d

Era un 40 a escala menor; sus últimos modelos tenían la opción de instalar servofreno en sus cuatro ruedas. Su precio estaba orientado a competir con el Rolls-Royce Twenty y alcanzaba una velocidad de 104 km/h.

LANCHESTER 14/LEDA

1950–54

Después de que Daimler comprase Lanchester en 1910, el grupo BSA compraría la marca a Daimler en 1931. De esta manera el Lanchester 14 se convertía en el que sería el precursor de la operación Daimler Conquest de 1953, pero con la parrilla del Lanchester y un nuevo motor de 4 cilindros y 60 CV en vez del de 6 cilindros de aquél. Su carrocería, hecho con acero

prensado, se fabricaba casi toda a mano; los coches destinados a Gran Bretaña incorporaban un armazón de madera y los que se exportaban, llamados Leda, de acero. Debajo de ella había un chasis con una sección en caja y una suspensión delantera independiente con barras de torsión, volante de fluidos, frenos hidromecánicos y

una lubricación automática del chasis y las partes centrales.

Se ofrecía con tres carrocerías diferentes: un sedán, un «drophead» y un cupé, pero también se planearon otros dos tipos de nombre Daufin y Sprite que no llegaron a buen término.

El 14 fue un coche poco destacable y de diseño relativamente poco inspirado.

El nombre de Lanchester no se había usado en ningún coche desde 1955 con el fallido proyecto Sprite y fue rescatado por Jaguar para un modelo de 1960.

Motor: 4 cilindros, 1.968 cc
Potencia: 45 kW (60 CV)
De 0 a 100 km/h: n./d
Velocidad máxima: 120 km/h
Producción total: 2.100

LANCIA LAMBDA

1928–31

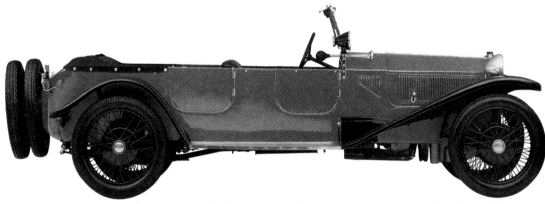

Vincenzo Lancia pensó en fundar su marca cuando estaba viajando en barco y se interesó en cómo se había fabricado éste. El casco era mucho más rígido de lo que nunca antes había sido un coche con el chasis separado de la carrocería y Lancia empezó a pensar en cómo

aplicar las técnicas de la construcción del casco de un barco en los coches. En 1919 patentó la idea que luego sería conocida como de construcción monocasco.

El primer coche en ponerlo en práctica fue el Lancia Lambda de 1923. Un coche que aunque parecía

convencional en la superficie su técnica de construcción era revolucionaria. El Lambda fue en consecuencia muy resistente y tenía un perfecto agarre a la carretera, nada que ver con los de su época. Su compacto motor V4 le daba buenas prestaciones.

El Lambda fue el pionero en usar la tecnología monocasco en los años 20, pero tanto los fabricantes como los clientes se quejaron de lo difícil que era cambiar las carrocerías, por lo que tuvo que volver a la construcción convencional del chasis en 1928.

Las series 8 y 9 del Lambda, fabricadas entre 1928 y 1931, tuvieron su diseño monocasco ideado para que sus constructores tuviesen más fácil acoplar las carrocerías. La capacidad del motor y su desarrollo se habían aumentado como para contrarrestar este posible paso atrás tecnológico.

Motor: V4, 2.569 cc
Potencia: 51 kW (69 CV)
De 0 a 100 km/h: n/d
Velocidad máxima: 120 km/h
Producción total: 4.403

LANCIA APRILIA

1936–49

Comparado con los demás vehículos europeos fabricados en serie, el Aprilia se mostraba mucho más avanzado. Según su tabla de especificaciones, fue fabricado en los últimos años 50 y no en los 30, y llegaría a ser el modelo más esencial de la marca.

El Lancia Aprilia dio un empuje al uso de las carrocerías monocasco y estaba equipado con suspensión independiente en sus cuatro ruedas, frenos hidráulicos y un diseño limpio y sin puntales. Su moderno diseño se confeccionó con ayuda del túnel de viento, lo que le dio una muy buena aerodinámica, superior a la de su época. Su motor era un pequeño V4 con árbol de levas en cabeza y 1.352 cc de capacidad muy alegre, tanto que el Aprilia podía

superar muchos de los deportivos supuestamente superiores.

Se ofrecía con tres distancias entre ejes diferentes y dos con un chasis convencional para aquellos compradores que quisieran acoplar sus propias carrocerías. Al final de la Segunda Guerra Mundial el Aprilia volvió a fabricarse ahora con un motor V4 de 1.486 cc de capacidad. El último de ellos salió de la factoría en octubre de 1949 con una nota escrita a mano por uno de los empleados rindiendo homenaje a uno de los coches italianos más innovadores.

Motor: V4, 1.352 cc
Potencia: 36 kW (48 CV)
De 0 a 100 km/h: 22,8 s
Velocidad máxima: 132 km/h
Producción total: 27.642

Los carroceros italianos acoplaron maravillosas carrocerías sobre el chasis del Aprilia, pero los compradores que se decidieron por los estándar de la marca no se quedaron muy atrás, consiguieron un coche de fabricación monocasco y pudieron escoger entre tres distancias entre ejes diferentes.

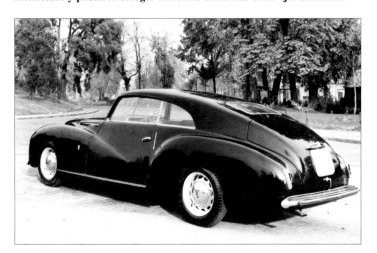

LANCIA AURELIA

1950–58

El Aprilia fue un coche difícil de mejorar, pero su sucesor tenía un diseño y un motor tan dinámico como él. La mayor innovación que aportó fue su motor V6 de aleación diseñado durante la Segunda Guerra Mundial. Los grupos de cilindros se colocaban en ángulo de 60° dándole un equilibrio perfecto y suavidad. El Aurelia mantuvo la fabricación monocasco y la suspensión independiente en las cuatro ruedas de su predecesor, pero además su diseño ganó en estilización gracias a la ayuda de Pininfarina. El peso hizo que, a pesar de tener un motor más potente, fuese más lento que el Aprilia.

La versión sedán se llamó B10 y la limousina B15, pero la que llamó más la atención fue la B20 GT coupé cuyo motor de 2 l V6 tenía dos carburadores y un elegante diseño de Pininfarina.

El mismo diseñador originó el elegante B24 Spider convertible de 1955 que usaba un motor nuevo de 2.451 cc V6. El nombre de Spider no duraría mucho.

Un año más tarde se modificó un poco su imagen (perdió su parabrisas envolvente original) y pasó a llamarse GT 2500 Convertible.

Motor: V6, 1.991 cc
Potencia: 52 kW (70 CV)
De 0 a 100 km/h: 18 s
Velocidad máxima: 148 km/h
Producción total: 16.897

Uno de los diseños más memorables de Lancia fue el del Aurelia B20 Gran Turismo (der.) de líneas muy aerodinámicas y un motor potente. Por otra parte Pininfarina realizó el diseño del B24 Spider convertible que apareciera en 1955.

LANCIA APPIA

1953–63

El Appia fue el modelo económico de Lancia para los 50 y principios de los 60 que sustituía al Ardea. A pesar de que era más pequeño y barato que el Aurelia, el Appia (homónimo de una carretera romana) compartía muchos aspectos con su hermano mayor en un grado más básico.

El Appia tenía un motor muy nuevo de pequeña capacidad V4 con los cilindros en un ángulo de 10°. No era un motor muy potente, pero las prestaciones del coche sorprendían gracias a que sus puertas, el portón del maletero, el capó y las aletas traseras eran de aluminio y le hacían ser muy ligero.

En 1956 apareció una Serie II con una cola más pronunciada, un maletero más generoso y en general una mejora de imagen. Los asientos individuales delanteros se sustituyeron por

banquetas y se le aumentó la potencia para que pudiera correr más. En 1959 la Serie III

entregaba 53 CV y adaptó una nueva parrilla horizontal. Se ofreció en versiones furgoneta,

ambulancia y «pick-up» diseñadas por carroceros como Vignale, Farina, Lombardi, Viotti y Scioneri. El más especial de todos fue el Zagato GT cupé con su forma rara pero muy estilizado de los que sólo se vendieron 721 unidades. El Appia se dejó de fabricar en 1963.

Era pequeño y barato, lo que no le quitaba estilo. Sus primeros modelos tenían una parrilla vertical, pero en 1959 ésta se cambió por otra más ancha y actualizada para los años 60.

Motor: V4, 1.090 cc
Potencia: 32 kW (43,5 CV)
De 0 a 100 km/h: 23 s
Velocidad máxima: 132 km/h
Producción total: 107.245

LANCIA FLAMINIA   1956–70

Aunque se quería remplazar al Aurelia, el aristocrático Lancia Flaminia (otro nombre de carretera romana) aparecería dos años antes de que su predecesor se dejase de fabricar. Fue un coche muy diferente al rotundo Aurelia, ya que Pininfarina decidió diseñarlo más anguloso, incluso con pequeñas alas en su trasera que le daban cierto toque americano. Con el motor del Aurelia incapaz de evolucionar, Lancia instaló uno nuevo de 2.458 cc V6 con una suspensión delantera nueva con espoletas y muelles helicoidales.

Apenas se cambió nada hasta 1959 cuando apareció una nueva serie con pretensiones deportivas. A un cupé muy elegante basado en el Pininfarina Floride II le acompañó un fabuloso Flaminia GT cupé y un convertible con una distancia entre ejes sustancialmente recortada y unos faros delanteros cuadrados muy efectivos en el frontal.

Zagato puso también de su parte diseñando bonitos y rápidos

cupés biplaza llamados Sport y Supersport.

A partir de 1963 todos los Flaminias se actualizaron adoptando un motor de 2.775 cc V6; los cupés y convertibles se modificaron para que tuvieran más potencia.

Hubo diferentes versiones del Flaminia, pero una de las más logradas fue la convertible diseñada por Touring en Milán. Por otra parte también se fabricaron cuatro versiones limusina para el uso del gobierno italiano.

Motor: V6, 2.458 cc
Potencia: 82 kW (110 CV)
De 0 a 100 km/h: 14,5 s
Velocidad máxima: 169 km/h
Producción total: 12.685

LANCIA FLAVIA   1960–74

A nadie sorprendió que el nuevo Lancia de tamaño medio lanzado en 1960 llevase el nombre de una carretera romana, lo que sí sorprendió fue el diseño de su mecánica. El Flavia fue el primer

modelo de Lancia con tracción en las ruedas delanteras y el que se apartó del motor con cilindros en V para adoptar el de aleación con 4 cilindros en línea tipo bóxer de aleación. Además estaba equipado

con frenos de disco en sus cuatro ruedas, con asistencia en vacío y un sistema hidráulico dual para mayor seguridad.

Pero su diseño, hecho en la misma casa, era convencional

y anguloso a pesar de que sus faros cuadrados le añadiesen un poco de estilo. Pininfarina lo mejoró en su versión cupé en 1961 y Vignale diseñó un atractivo convertible en 1962; como es normal Zagato fue quien robó el protagonismo con su Flavia Sport de 1963, el único Sport estilizado muy individual y de apariencia extraña.

El Flavia sedán se fabricó durante 14 años en los que se fue aumentando el tamaño del motor hasta los 1,8 l y los 1.991 cc. El sedán cambió su diseño en 1967 y de nuevo en 1969 cuando también se actualizó la versión cupé.

Lancia se introdujo con el Flavia en el mundo de los coches con tracción delantera en los años 60. Fue también uno de los pocos coches de la época que disponía de cinturones de seguridad en los asientos delanteros.

Motor: 4 cilindros, 1,5 l
Potencia: 58 kW (78 CV)
De 0 a 100 km/h: 18,7 s
Velocidad máxima: 154 km/h
Producción total: 106.476

LANCIA FULVIA

El reemplazo del pequeño Appia en 1963 fue el Fulvia, que equipaba un V4 totalmente nuevo, pero el mismo tren motor, suspensión y frenos de disco. Su diseño era también muy parecido al de su hermano mediano el Flavia que parecía mejor.

Una vez la versión sedán se había establecido, Lancia empezó a ofrecer diferentes variantes. La primera de ellas fue el Fulvia cupé de 1962, cuyo diseño no se parecía en nada al del sedán. El cupé compacto, fabricado sobre una plataforma recortada, tenía un diseño atractivo. Un año más tarde llegó la HF (High Fidelity) cupé que no tenía parachoques y sí más potencia, paneles de aluminio y ventanas de plexiglás. Fue un coche más para carreras que de carretera.

Zagato recibió también su oportunidad para diseñar un derivado del Fulvia en 1967. De su esfuerzo salió otro cupé, como era norma, de diseño totalmente diferente a los demás, sobre todo en su frontal con una

rara disposición de los faros delanteros.

Los cambios realizados en él hasta 1973, cuando se dejó de fabricar, incluyeron un nuevo diseño, motores más grandes y potentes y una nueva caja de cambios de cinco velocidades.

Los cupé estándar del Fulvia como el de la foto tenían un frontal de aspecto resuelto gracias a sus faros. El Zagato Sport era incluso más expresivo debido a su trasera inclinada, a los originales faros delanteros rectangulares y a su carrocería ligera de aluminio.

Motor: V4, 1.288 cc
Potencia: 65 kW (87 CV)
De 0 a 100 km/h: 15,6 s
Velocidad máxima: 164 km/h
Producción total: 339.653

LANCIA STRATOS

El Fulvia se distinguió en el mundo de los rallies y no hubo ningún sustituto suyo en el mundo de la competición hasta que en 1970 Cesare Fiorio, director de esta sección, vio un *concept car* de Bertone en el Salón del Automóvil de Turín del año 1970. Su forma en cuña y su diseño futurista y bajo le impresionó. Al año siguiente vio una versión rediseñada con el motor central V6 del Ferrari Dino. Fiorio supo que ya tenía su nuevo coche de rallies.

Usar el motor del Dino fue posible gracias a la compra de Lancia por parte de Fiat en 1970 y el control que poco después obtuvo de Ferrari. El resto del coche era una construcción monocasco de acero con paneles de fibra de vidrio. El Stratos sólo se fabricó para ganar el Campeonato del Mundo de Rallies y para ello necesitaba homologar 500 unidades de carretera.

Durante todo el año 1970 el Stratos dominó todos los rallies y ganó el campeonato tres años seguidos. Necesitaba un piloto experto que supiese sacar lo mejor del coche y pudiese batir a cualquier competidor.

El Lancia Stratos se fabricó entre 1973 y 1975, aunque algunos de los modelos de carretera se pudieran comprar como nuevos hasta 1980.

Uno de los modelos Lancia más extremos y sorprendentes fue el Stratos, con su exagerado perfil en cuña que subrayaba sus prestaciones y la combinación entre la fibra de vidrio con el motor Ferrari que le hizo una leyenda.

Motor: V6, 2.481 cc
Potencia: 142 kW (190 CV)
De 0 a 100 km/h: 7 s
Velocidad máxima: 225 km/h
Producción total: 492

LANCIA BETA

1972–85

Probablemente el Lancia Beta más interesante fue el HPE, un deportivo con decoración negra en el panel de atrás y tablillas cubriendo el parabrisas trasero.

La reputación de Lancia empezó a tambalearse o mejor, a perderse, bajo el dominio de Fiat. Con el Beta se hicieron públicos los problemas de corrosión de los vehículos de la marca y los compradores empezaron a fijarse en coches que no se disolvieran en vez de en modelos de aspecto impresionante como el de este Lancia cuando entró en la gama.

El Beta fue el primer modelo de Lancia en aparecer una vez comprada por Fiat. Usaba un nuevo motor de ésta con doble árbol de levas en posición transversal y tracción delantera. En sus años de fabricación el Beta se equipó con motores de 1.297, 1.438, 1.592, 1.756 y 1.995 cc

El primero de ellos se lanzó al mercado como un sedán con portón trasero y un diseño limpio y atractivo que de hecho parecía un familiar. El cupé, más corto, se vendía en 1973 diseñado por Zagato y, a pesar de ser menos personalizado que los anteriores, era muy atractivo.

El Lancia Beta Spider de 1975 se basaba en el cupé y tenía un techo de convertible y targa. Ese mismo año apareció el Lancia Beta HPE (High Performance Executive), un deportivo de diseño muy estilizado.

Motor: 4 cilindros, 1.756 cc
Potencia: 82 kW (110 CV)
De 0 a 100 km/h: 10,7 s
Velocidad máxima: 175 km/h
Producción total: 387.365

LANCIA BETA MONTECARLO

1975–84

El nombre de Montecarlo se debía a la victoria de Lancia en el Rally de Montecarlo el año 1975. A pesar de ostentar el nombre de Beta, no tenía nada que ver con este modelo. Sí que utilizó componentes de él, pero se colocaron de una manera totalmente diferente

El Montecarlo se concibió como un Fiat, un hermano mayor del deportivo X1/9. Fue Pininfarina quien hizo todo su diseño y se planeó equiparlo con un motor de 3 l V6, pero la crisis del petróleo hizo rechazar esta idea, así que cuando apareció con el nombre de Lancia lo hizo con el motor Beta de 2 l.

El mercado de Estados Unidos obtuvo versiones Scorpion con un motor de 1.756 cc que rendía 80 CV y tenía unas prestaciones pobres.

El Beta Montecarlo tenía muy poco en común con las otras versiones Beta. Fue deseado como un Fiat, después sugerido como Abarth y luego recibió por defecto el nombre de Lancia.

Serios problemas con los frenos y la maniobrabilidad hicieron que se parase la producción en 1978 y reapareciese modificado en 1980 con una nueva parrilla y nuevas llantas de aleación que indicaban sus nuevas series, pero éstas no se vendieron en los Estados Unidos.

Motor: 4 cilindros, 1.995 cc
Potencia: 89 kW (120 CV)
De 0 a 100 km/h: 9,8 s
Velocidad máxima: 193 km/h
Producción total: 7.595

LANCIA GAMMA

El nacimiento del Gamma fue tan difícil como su proceso de fabricación. El cupé era interesante, pero su diseño, de Pininfarina, muy anguloso, y sus fallos mecánicos son lo que la mayoría del público recuerda de este modelo.

El primer Lancia Gamma apareció en 1910 y en 1970 la marca se unió con Citroën para empezar juntas a trabajar en la segunda serie de modelos con este nombre, el de la tercera letra del alfabeto griego.

El Gamma no fue uno de los mejores productos Lancia. El acuerdo «Technical Information Sharing» finalizó en 1972, cuando el presidente galo Charles de Gaulle se puso nervioso por la cantidad de información pasada a los italianos. Por eso Lancia desarrolló el coche en solitario desechando los componentes del Beta y empezando todo de nuevo con un motor de 4 cilindros en línea y 1.999 cc sólo para el mercado italiano y otro de 2.484 cc para la exportación, ambos con tracción delantera.

El diseño del sedán y del cupé corrió a cargo de Pininfarina, quien aspiró a alcanzar con él el mercado de los ejecutivos. El sedán tenía una imagen poco agraciada, pero el cupé era muy atractivo. Ninguno de ellos tenía una buena conducción ni estaba bien construido. Un error en el diseño hizo que los cinturones del árbol de levas se desatasen y provocaran un desastre. Por otra parte también se recalentaba. Si el Gamma hubiese sobrevivido a estos errores, habría sucumbido a otro gran problema, la oxidación. Aunque en 1981 apareció con un motor de inyección, las ventas nunca cumplieron con las expectativas.

Motor: 4 cilindros, 2.484 cc
Potencia: 104 kW (140 CV)
De 0 a 100 km/h: 9,7 s
Velocidad máxima: 195 km/h
Producción total: 22.085

LANCIA DELTA HF TURBO

La vuelta de Lancia a los rallies fue en un coche nuevo, impresionante y potente. Se empezó a trabajar en el Delta a mediados de los 70 equipándolo con un motor de 1.301 y otro de 1.498 cc diseñados por Lampredi de Fiat y con una carrocería con portón trasero de Giorgio Giugiaro que acababa de tener un gran éxito con el VW Golf.

El coche se presentó en público en septiembre de 1979. Se esperó a que se estableciese una versión estándar para luego lanzar otras más interesantes. De ellas la más lograda, al menos hasta la llegada de la Integrale, fue la Delta HF Turbo. Este modelo no sólo tenía tracción en las cuatro ruedas sino también un motor turbo de 1.995 cc con dos árboles de levas en cabeza e inyección electrónica, una auténtica flecha.

En su exterior se diferenciaba muy poco de los demás Delta menos potentes, lo que probablemente le daba más atractivo. Aparte de las llantas de aleación, las tomas de aire en el capó y los dos faros delanteros a cada lado del frontal y otros suplementarios bajo los parachoques, el HF Turbo podía fácilmente tomarse por un Delta de lo más común, al menos hasta que el conductor apretase el acelerador. El HF Turbo sólo se fabricó durante un año y antes de ello ya había sido reemplazado por otras versiones incluso más potentes.

El Lancia Delta HF Turbo tenía un diseño muy diferente del Stratos y se basaba en un modesto coche con portón trasero al que tracción a las cuatro ruedas y un turbocompresor hicieron más apasionante.

Motor: 4 cilindros turbo, 1.995 cc
Potencia: 123 kW (165 CV)
De 0 a 100 km/h: 6,6 s
Velocidad máxima: 209 km/h
Producción total: n/d

LANCIA DELTA INTEGRALE

**Lancia fabricó el Delta Integrale para así obtener las 5.000 unidades fabricadas que eran requisito indispensable para homologarse; debajo de ellas había un puro coche de rallies.
El diseño «house brick» del Delta se realzó con las extrusiones del Integrale.**

El Delta fue escogido como la base de la nueva apuesta de Lancia en los rallies y el HF 4x4 se las arregló para lograr el Campeonato del Mundo de Rallies de 1987. Un éxito que no fue suficiente para Lancia, así que en octubre de aquel mismo año salió el Delta Integrale, es decir, completo en italiano. Una buena descripción para un coche desarrollado con tracción a las cuatro ruedas con tracción HF Turbo. De él se tuvieron que fabricar 5.000 unidades para poder homologarse y correr en los rallies.

A pesar de la angulosidad del diseño y su apariencia nada aerodinámica el Integrale tenía una maniobrabilidad electrizante y una velocidad máxima cercana a los

240 km/h, todo en un coche de aspecto modesto con portón trasero. Aunque con un kit de carrocería deportiva y pasos de rueda muy anchos.

Desde 1990 se vendía una versión 16 válvulas y en 1991 llegó la Integrale Evoluzione aún más potente, con una mejor suspensión

y un alerón trasero que mejoraba su estabilidad. En 1992 aparecería el Evoluzione 2. El Integrale ganó el Campeonato del Mundo de Rallies para marcas de 1987 a 1992 dando gran publicidad a la marca. El modelo se dejó de fabricar en 1994 sin ningún sustituto a la vista.

Motor: 4 cilindros turbo, 1.995 cc
Potencia: 138 kW (185 CV)
De 0 a 100 km/h: 6,4 s
Velocidad máxima: 209 km/h
Producción total: n/d

LANCIA THEMA 8.32

Lancia formó equipo con otros fabricantes europeos para elaborar el Thema, un sedán de tamaño medio de mediados de los 80 producido en colaboración con Saab, Fiat y Alfa Romeo que a su

vez lanzaron el Saab 9000, el Fiat Chroma y el Alfa Romeo 164.

Lancia sacó su variante en noviembre de 1986. Aunque visualmente era muy similar a las otras, el Thema tenía motores y

¿Es un Lancia, un Saab, un Fiat o un Alfa Romeo? De hecho era un poco de los cuatro. El Thema fue el resultado de una colaboración entre estas marcas, y su modelo superior, de altas prestaciones y lujo, fue el 8.32.

suspensiones diferentes. En 1986 aparecería una versión de muy altas prestaciones, la 8.32. Se llamaba así por su motor V8 (muy parecido al Ferrari 308) y 32 válvulas y disponía de inyección de serie y una aleta posterior que podía ser accionada manualmente por el conductor.

A pesar de que su imagen era muy parecida a los demás Thema, éste tenía un interior más lujoso, con madera y tapicería de piel además de detalles hechos a mano para excusar su elevado precio.

En 1988 el Thema 8.32 sufrió, como los demás modelos de la serie, ciertos cambios en su diseño. Se modificaron los ángulos de la parrilla, se rediseñaron los faros y se le añadieron unos faldones laterales que le hicieron parecer más estilizado.

Motor: V8, 2.927 cc
Potencia: 160 kW (215 CV)
De 0 a 100 km/h: 7,2 s
Velocidad máxima: 225 km/h
Producción total: 2.370

LA SALLE V8

1937–39

El La Salle, parte de General Motors, fue inicialmente un coche barato para poder oponerse a Cadillac. Los últimos años de su fabricación vio cómo su carrocería la compartían Oldsmobile y Buick.

El diseñador californiano Harley J. Earl fundó la marca La Salle bajo los auspicios de General Motors en un intento de fabricar coches asequibles y competitivos con Cadillac. Su gran motor V8 hacía que se le apreciase por su gran flexibilidad en su marcha más alta. Estaba equipado con una transmisión excelente montada en la columna de dirección con tres velocidades sincronizadas a partir de la segunda.

A pesar de su tamaño el coche también tenía una notable conducción y maniobrabilidad ayudadas por una suspensión externa e independiente con muelles helicoidales delante que le procuraba suavidad en su marcha y mucho balanceo. Su agarre a la carretera era a pesar de ello sorprendentemente bueno.

Igualmente merecieron comentarios la excelencia de sus

frenos hidráulicos con servo que actuaba acorde con la intensidad de la frenada. Disponía de dos ruedas de recambio puestas al lado del capó y un generoso maletero.

A finales de su periodo de fabricación su carrocería se compartió con Buick y Oldsmobile. El La Salle V8 se dejó de fabricar en 1939.

Motor: 8 cilindros, 5.277 cc
Potencia: 28 kW (CV)
De 0 a 100 km/h: n/d
Velocidad máxima: 149 km/h
Producción total: n/d

LEA-FRANCIS 1.5-LITRE TYPE S

1928–31

Habiéndose hecho un nombre en la fabricación de motocicletas, la empresa Lea-Francis de Coventry, Inglaterra, empezó a fabricar

automóviles. Sus primeros coches fueron pequeños deportivos con un chasis ligero. El modelo 11/22 con motor Meadows fue uno de los

primeros «coches completos» de la marca.

La adquisición de un motor Meadows 1,5 hizo que Lea-Francis

fabricase deportivos más acreditados como el Cozette Hyper turboalimentado de carrocería biplaza de metal o tela.

Con su reducido peso, estrechez y altura de su carrocería biplaza, el 1,5-Litre Type S turbo demostró ser muy rápido ganando sus honores en la primerísima carrera Ulster TT pilotado por Kaye Don. Además de esta carrocería biplaza se ofrecieron una de cuatro asientos, un sedán y una versión deportiva esbelta de nombre Brooklands.

El Hyper, con su distintiva parrilla inclinada hacia atrás, fue uno de los primeros coches ingleses que montó un turbocompresor y que era capaz de alcanzar la impresionante velocidad de 136 km/h.

Motor: 4 cilindros, 1.496 cc
Potencia: 9 kW (12 CV)
De 0 a 100 km/h: n/d
Velocidad máxima: 136 km/h
Producción total: n/d

Lea-Francis 12hp

Lea-Francis cerró su fabricación en 1935 para volver en 1937 sólo para usar el gran número de piezas y elementos de alta calidad que tenía en el almacén antes del inicio de la Segunda Guerra Mundial.

Su elegante 12hp se ofrecía en tres carrocerías diferentes: un sedán ligero de cuatro asientos, un sedán ligero de seis plazas cuya trasera se abría en vertical y un atractivo cupé biplaza cuyas puertas se abrían hacia atrás. La carrocería de todos ellos era de metal sobre madera de abedul.

Su motor de 4 cilindros y dos árboles de levas se diferenciaba de los demás en que éstos estaban muy encima de los bloques de cilindros, en un sitio opuesto al que tradicionalmente se dice «en cabeza» para una mejor refrigeración. Disponía de sólo un plato de embrague, una caja de cambios de tres velocidades, un *propshaft* partido y un eje trasero con un bisel espinal.

En los años 50 Lea-Francis tenía nuevos problemas financieros y tuvo que cerrar hasta volver a aparecer en 1960 cuando sacó el extraño y fracasado Ford Zephyr con un motor Leaf-Lynx. Lea-Francis no reaparecería más hasta 1980 cuando en una alianza con Jaguar fabricaron un *roadster* que tampoco tuvo éxito.

La versión coupé descapotable de dos puertas del Lea Francis 12hp resultó particularmente seductor con sus puertas abriéndose hacia atrás y una carrocería de metal sobre madera de abedul.

Motor: 4 cilindros, 1.498 cc
Potencia: 38 kW (50 CV)
De 0 a 100 km/h: n/d
Velocidad máxima: n/d
Producción total: n/d

Leyland Eight

El magnífico Leyland Eight diseñado por J. G. Parry Thomas durante la Segunda Guerra Mundial se fabricó con la intención de ser el mejor coche del mundo y no se ahorró nada para conseguirlo. Sólo Rolls-Royce era su rival a la vista y

Leyland lo hubiese conseguido si hubiese dado a Thomas el respaldo que pedía en vez de concentrarse en la fabricación de camiones. El coche no hubiera sucumbido a los problemas económicos de la posguerra.

El primer intento de la empresa Leyland de fabricar coches de lujo sin preocuparse por los gastos fue el Eight. Se presentó al público en el Olimpia Show de 1920 y sólo se fabricaron 20 de ellos.

El coche tenía un aspecto robusto con su parilla rectangular alzada, su parabrisas plano con goznes y unas peculiares llantas de disco con tapacubos centrales cónicos. El Eight fue una pieza maestra del detalle técnico que disponía de un control de válvulas de suspensión en ballesta y un inusual árbol de levas direccional. Incluso montaba un primer intento de sistema de frenado por tambores asistidos por un servo en las ruedas de atrás, ya que no tenía frenos delante.

Algunos modelos tuvieron un mejor par, con lo que se aumentaba la capacidad de su motor de 8 cilindros en línea y 7.266 cc. Actualmente sólo sobrevive un único ejemplar de Eight, un deportivo de chasis corto fabricado en 1927 que tomó parte en las carreras de Brookland.

Motor: 8 cilindros, 6.987 cc
Potencia: 149 kW (200 CV)
De 0 a 100 km/h: n/d
Velocidad máxima: n/d
Producción total: 18

LEYLAND P76

Motor: 6 cilindros, 2.622 cc
Potencia: 97 kW (130 CV)
De 0 a 100 km/h: n/d
Velocidad máxima: 168 km/h
Producción total: 22.000

Los coches grandes fueron muy populares en Australia y el P76 se ideó para que compitiera con Holden, Ford o Chrysler. Su tren motor consistía en suspensiones de brazos MacPherson, frenos de disco delanteros y una transmisión automática de tres o cuatro velocidades Borg Warner a escoger.

Aunque su diseño fuese de Michelotti y se pudiese también escoger entre un motor de 6 cilindros Leyland con árbol de levas en cabeza o un Rover V8, el Leyland P76 fue un desastre al que incluso se describió como el «Australian Edsel». Su diseño convencional, los problemas en su fabricación y los informes acerca de su pobre calidad de construcción tampoco ayudaron mucho.

En un intento de rescate salió una versión con una distancia entre ejes corta Force 7 y carrocería cupé. Sólo se vendieron unos pocos. Al final la crisis del petróleo y su falta de atractivo en general acabaron por hacerlo desaparecer en 1974, el mismo año en que el gobierno británico nacionalizase la empresa y le diese el nombre de British Leyland. Se fabricaron un total de 22.000 unidades de las que muy pocas se exportaron fuera de Australia.

El Leyland P76, diseñado por Michelotti, tenía un motor convencional de 6 cilindros y la opción del Rover V8 de aleación. Ni una versión cupé que se añadió más tarde a la serie pudo despertar el interés popular.

LIGIER JS2

El JS2 cupé de fabricación francesa fue ideado por el jugador de rugby internacional, piloto de carreras y multimillonario Guy Ligier. Las siglas JS referían las iniciales del piloto Jo Schlesser, un amigo suyo muerto en un circuito el año 1968.

El Ligier JS2 tenía la plataforma de chasis de acero prensado con una carrocería biplaza coupé de fibra de vidrio. Su motor en posición central era un Citroën SM V6 girado 180º (Ligier también era responsable de la fabricación del motor SM). Disponía además de frenos de disco en las cuatro ruedas y suspensión totalmente independiente. El diseño, que se correspondía con el de la época, tenía los faros delanteros Perspex tapados, un gran parabrisas, la cola cortada y llantas de aleación. Por otra parte también tenía una toma de aire como el Lamborghini Countach encima de la aleta trasera para insuflar aire al motor.

El coche nunca se vendió muy bien a pesar de tener numerosos seguidores en Francia. El propio Guy Ligier obtuvo fama fabricando sus coches de Fórmula Uno.

Motor: V6, 2.965 cc
Potencia: 142 kW (190 CV)
De 0 a 100 km/h: n/d
Velocidad máxima: 245 km/h
Producción total: 150

LINCOLN KB

Este atractivo biplaza deportivo de 12 cilindros de 1932 carrozado por Brunn usaba el chasis del Lincoln KB.

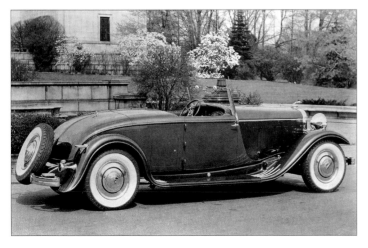

Henry M. Leland fue el responsable del primer Cadillac y luego de la Lincoln Motor Company que empezó a comercializar sus vehículos en 1917. Durante la Primera Guerra Mundial proporcionó motores a los aviones Liberty americanos. En 1922 la empresa fue comprada por Ford.

La amplia serie KB se vio como el arquetipo de los coches americanos de los años 30 y se convirtió en la marca favorita de la Casa Blanca transportando a presidentes de Estado a Estado con todo lujo. La carrocería convertible de cuatro puertas con un capó alargado acababa en la cola con un portón de dos bisagras cromadas. La rueda de recambio estaba delante de la puerta del conductor.

Los frenos eran mecánicos aunque asistidos por vacío, pero los Lincoln recibieron críticas por no tener suspensión independiente. La suspensión longitudinal semielíptica datada en los años 20 se mostraba suficientemente eficaz.

La serie KB se fabricaría hasta 1940 con diversas carrocerías, pero nunca se vendió demasiado en comparación con otros coches como Ford o Chevrolet.

Motor: V12, 7.340 cc
Potencia: 112 kW (150 CV)
De 0 a 100 km/h: n/d
Velocidad máxima: 150 km/h
Producción total: 2.000

LINCOLN ZEPHYR

1936–39

El nuevo Lincoln Zephyr de diseño muy estilizado hecho por Tom Tjaarda, apareció en 1936. Fue uno de los superventas de Lincoln. De los 18.994 que vendió la marca 17.715 fueron Zephyr. Este modelo se convertiría en la base del clásico de Edsel Ford, el Lincoln Continental.

El Zephyr anterior a la guerra se presentó a últimos de 1935 y pudo adquirirse a principios de 1936 como un miembro asequible de la familia Lincoln.

El Zephyr se vio como diseño de éxito de un coche con líneas estilizadas en Estados Unidos indicando la gran preocupación por este estilo que tenían los norteamericanos visible desde las tostadoras de pan hasta otros artículos eléctricos, e incluso edificios de apartamentos. En él se combinaban este diseño con las buenas prestaciones.

Se fabricó con una distancia entre ejes de 317,5 cm y con un motor de 4.784 cc refrigerado por agua V12 en ángulo de 75°. Sus frenos asistidos en vacío eran de serie. Más tarde se incorporarían otros elementos que se asociarían con la marca, como una caja de cambios de tres velocidades con la palanca de cambio en la columna de dirección y un eje trasero Columbia de dos velocidades. El coche también usaba una suspensión de láminas transversales de origen Ford.

Se ofreció en varias carrocerías y diseños como el Le Baron, Brunn (que en 1939 fabricó un coche urbano para la esposa ni más ni menos que de Edsel Ford, el hombre que estaba detrás del Lincoln Continental), Judkin, Dietrich y Willoughby.

El Zephyr fabricado después de este periodo continuó con ciertos toques del diseño de preguerra. Era un coche monolítico, largo, alto y cuadrado hasta que en 1942 se le cambiase el diseño.

Los últimos Zephyr mantuvieron muchos de los detalles de su diseño de preguerra como la altura, la longitud y su forma cuadrada. El uso de tapaderas para las ruedas traseras fue muy popular durante este periodo.

Motor: V12, 4.784 cc
Potencia: 82 kW (110 CV)
De 0 a 100 km/h: n/d
Velocidad máxima: n/d
Producción total: n/d

LINCOLN CONTINENTAL

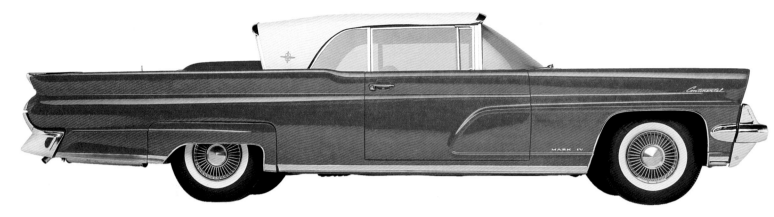

Si el tamaño del Zephyr era impresionante, el público del motor se quedó boquiabierto cuando vio en 1941 al gigantesco Continental. Con su gran capó, una distancia entre ejes que retaría a un Winnebago y gran cantidad de cromados, el Continental sólo podía estar destinado a los ricos y famosos. Su mismo nombre se asocia a Lincoln y su fabricación pasó por varios diseños hasta los últimos años de los 60.

El responsable del primero de ellos fue Edsel Ford, que sintiéndose culpable del oneroso trato que éste recibía de Ford desde su compra a principios de los años 20, decidió fabricar un coche que recuperase la fama de la marca.

Las restricciones económicas hicieron que casi todo su dinero se invirtiera en la carrocería (inaugurando uno de los primeros estudios de diseño de Detroit) obviando la mecánica, que en su mayoría vendría del Zephir. El coche se vendía bien hasta que en 1942 llegó la guerra a los Estados Unidos. Se le hizo una primera revisión después de ella y no dejó de fabricarse hasta 1948.

En 1956 el Continental se rebautizó con el nombre de Mk II cupé diseñado por John M. Reinhardt y volvió a venderse bien para ser un coche hecho casi a mano y mucho más caro que sus competidores en el sector. Su alto

Los últimos Continental fueron menos agresivos; este modelo de 1965 tiene un aspecto considerablemente más sobrio que sus predecesores, más ostentosos. De todas maneras su conducción, el refinamiento y el prestigio de poseer un Continental es aún hoy un placer que no ha disminuido.

precio también indica que se fabricaron pocos. En 1957 salió un atractivo prototipo convertible que nunca se comercializó.

El Mk III de 1957 continuó siendo el gigantesco Continental de siempre cubierto de cromados y apenas visible. Sea como fuere, presentaba también unos ligeros toques de Ford que bajó el precio para así poder competir con otros coches de este tipo. Por entonces se vendía en un gran abanico de carrocerías, como un sedán, un sedán de techo duro, un cupé, un convertible y una limusina.

El Mk IV de 1958-59 presentó pequeños cambios en su diseño y el MK V de 1959-60 parecía menos corpulento. Su encarnación final, que transcurrió entre 1961-69, eliminó las aletas y los desafortunados faros delanteros en diagonal. Se trataba de un modelo más pequeño que se vendía como sedán, convertible de cuatro puertas con techo eléctrico y *clap doors* con las bisagras detrás y cupé.

El Mk IV Lincoln Continental que se ofreció entre 1958-59 era en extremo gigantesco, medía 572 cm de largo y pesaba más de dos toneladas y cuarto. En 1961 su tamaño se redujo de forma significativa.

El presidente J. F. K. fue infamemente asesinado en noviembre de 1963 en un Continental de 1961. A pesar de tener una radio con dos transmisores y unos laterales blindados a prueba de balas, el coche no pudo hacer nada para salvar a sus desventurados pasajeros de atrás. Al coche se le implantó más tarde un techo permanente de acero y actualmente se encuentra en el Museo Henry Ford de Dearborn.

El interior del Mk IV Continental tenía la altura típica y sin gusto de los coches de los años 60 además de asientos de piel, ayuda eléctrica en cualquier control y mucha decoración en madera. El aire acondicionado era tan obligatorio como la dirección asistida, elevalunas eléctricos y cierre automático que se activaba al menor movimiento del coche.

A partir de 1964 tuvo una mayor distancia entre ejes. En 1966 apareció un cupé de dos puertas y un motor más grande de 7.565 cc que entregaba 365 CV. El coche fue un superventas apreciado por su aspecto casi «europeo» y su capacidad de alcanzar los 200 km/h en línea recta. Ni que decir tiene que era menos impresionante tomando curvas.

El nombre de Continental continuó su andadura en la serie de televisión del detective Frank Cannon, que le hizo famoso en 1972 luciendo una parrilla parecida a la del Rolls, faros escondidos y ventanas traseras ovales tipo «ópera».

Motor: 8 cilindros, 7.045 cc
Potencia: 224 kW (300 CV)
De 0 a 100 km/h: 11 s
Velocidad máxima: 192 km/h
Producción total: 384.230.

LLOYD 600 1955–62

No tiene nada que ver con la empresa del mismo nombre, la West German Lloyd era de Borgward.

En los años 50, la carestía del metal debida a la posguerra hizo que los coches de Loyd se fabricasen con paneles de tela extendidos sobre un armazón de madera, lo que no sólo mantuvo los precios bajos, sino también económicos de mantener. Sus motores eran de 2 cilindros refrigerados por aire.

El LP600 era la versión con mayor motor que apareció en 1955. Estaba equipado con un motor totalmente nuevo de cuatro tiempos con árbol de levas en cabeza. Después de la guerra se le

rebautizó con el nombre de Alexander y obtuvo una suspensión totalmente independiente y una caja de cambios de cuatro velocidades con la opción de una transmisión automática Saxomat.

Su poco peso hizo que pronto dominase el mercado y a su principal rival, el VW Escarabajo. De todas maneras al final de la década era un poco más caro, lo que provocó su rápida decaída.

Entre sus carrocerías se ofreció también una de furgoneta llamada LT600 con una fila más de asientos y un convertible, pero de ellos sólo se vendieron un puñado de unidades.

El German Lloyd 600 tenía un motor de 2 cilindros y cuatro tiempos. Alcanzó los 99 km/h y una aceleración superior a la de su principal rival, el VW Escarabajo.

Motor: 2 cilindros, 596 cc
Potencia: 14 kW (19 CV)
De 0 a 100 km/h: n/d
Velocidad máxima: 99 km/h
Producción total: 176.524

LMX 2300 HCS 1969–74

De la plétora de deportivos diseñados en los estudios de diseño italianos en los últimos años de los 60, el LMX fue el que salió al mercado como cupé y como convertible.

Aunque raro la mayor parte de su mecánica era de origen Ford. La suspensión y sus frenos procedían del viejo Zodiac Mk IV y Ford

Taunus donó su motor de 2,3 l V6. Como deportivo, su motor se ofrecía en diversos grados de modificación incluyendo una versión con compresor de sobrealimentación que entregaba 210 CV con una buena aceleración y una impresionante relación de marchas.

Su carrocería estilizada de fibra de vidrio la diseñó una empresa

llamada Eurostyle situada en Turín que le hizo unos faros frontales rectangulares un poco raros, un largo capó estilo americano, unos pasos de rueda anchos y una trasera de aspecto agresivo. A pesar de ello el coche mostraba líneas limpias y tenía una buena imagen algo más exótica que los demás deportivos italianos rivales suyos.

Actualmente sobreviven pocos de los 43 fabricados con motor 2300, pero están realmente muy buscados por los coleccionistas.

Motor: V6, 2.293 cc
Potencia: 80 kW (108 CV)
De 0 a 100 km/h: n/d
Velocidad máxima: 197 km/h
Producción total: 43

LOTUS MK VI 1952–56

Lotus fue concebida por Colin Chapman y su prometida, Hazle Williams, en 1952. Los primeros vehículos de Chapman se basaron en los coches de pruebas de Austin antes de dedicarse a los deportivos en Hersey, al norte de Londres, y más tarde en Chesnut, Herfordshire.

El Mk VI fue el primer Lotus de todos como tal pues tenía muy poco en común con cualquier modelo anterior. Su chasis era de acero con un espacio tubular ligero y resistente, cubierto con paneles de aluminio.

Se vendió en forma de kit con componentes procedentes del Ford Ten/Popular incluyendo el conocido eje trasero rígido. Su suspensión suave combinada con el chasis rígido dieron al Mk VI

un agarre extraordinario que le hizo ser el escogido por los clubes de carreras.

Su potencia le venía de un motor Ford de 1.172 cc con válvulas laterales o del motor Cónsul de capacidad reducida para poder competir en las carreras de 1.500 cc.

El Mk VI se mostró aún victorioso en los años 50 pasado ya un tiempo del cese de su producción.

Motor: 4 cilindros, 1.099 o 1.500 cc
Potencia: 30 kW (40 CV)
De 0 a 100 km/h: n/d
Velocidad máxima: 120 km/h
Producción total: 110

El Lotus Mk VI, de aspecto primitivo, armazón espaciado y carrocería de aluminio, se fabricó después de lograr numerosas victorias en las carreras conducido por el piloto-mecánico Colin Chapman.

LOTUS SEVEN

Quién podía haberse imaginado que el Lotus Seven, con sus faros pelados, su mínima carrocería y una conducción poco cómoda llegase a ser uno de los deportivos más apreciados por los británicos y que se fabricara durante 16 años. En este tiempo se lanzaron al mercado cuatro series antes de que pasase a ser parte de Caterham Cars en 1973 y que ésta aún lo construyese con el mismo carácter del original

El primero de ellos se basó en el mismo chasis que el Mk VI para ser con el tiempo modificado y hecho más rígido a medida que el Seven ganaba potencia y mejoraba sus prestaciones. La suspensión era sobre espoletas y muelles helicoidales-amortiguadores delante y un eje rígido detrás que venía inicialmente del Standard Ten o del Austin Metropolitan y luego del Ford Escort.

Los primeros modelos usaron el mismo motor Ford de 1.172 cc y 40 CV con válvulas laterales que el Mk VI mientras que el Super Seven, fácilmente identificable por sus llantas con radios usaba uno de 75 CV y 1.097 cc Coventry Climax conectado a una caja de cambios BMC de cuatro velocidades. Este último se reemplazó por el motor Cosworth 109E de 95 CV después de 1961. La versión S ya había aparecido en 1960 con sus alas delanteras de GRP plano (Glas Reinforced Plastic). La mayoría usaban cajas de cambio sincronizadas Ford. Los últimos

Los últimos Lotus Seven se diferenciaban muy poco del original de 1950. El S4 que apareció en 1970 fue criticado por su poco agraciado frontal cuadrado y su diseño anguloso.

Seven, los S, tenían un motor de 1,6 l Ford modificado por Holbay o uno de la misma casa con dos árboles de levas tomado del Elan; sólo unos 15 de ellos optaron por él.

No tenía ningún confort en su interior para el conductor y en los primeros ni siquiera se abrían las puertas. El habitáculo era muy estrecho e incómodo, de manera que no podían entrar conductores altos y los que sí podían tenían que adoptar posturas con los codos fuera. Los dos ocupantes sólo tenían como asiento un par de cojines, uno en el suelo y otro en el panel de su espalda. Los primeros modelos tenían la capota de lona y los

limpiaparabrisas como opción y tampoco testigo de gasolina de serie hasta la aparición del S3 en 1968.

El S2 America al menos tenía moquetas como el S3. El Super Seven, por aquellos tiempos, podía incluir calefacción. El S2 tenía un equipamiento más amplio como techo de tela y ventanas laterales. Las largas y estilizadas aletas frontales eran a menudo instaladas a lo retro como las del SI.

El maletero era muy limitado, lo justo para poner la capota plegada y las ventanas laterales. Como en todos los deportivos de los años 30 la rueda de repuesto se montaba en el exterior sobre el portón del maletero.

El S4 significaba una total separación de los anteriores modelos. Tenía un frontal cuadrangular y cónico y la cola con las alas angulosas. La carrocería diseñada por Alan Barrett era de fibra de vidrio y no de aluminio y estaba soldada a un nuevo chasis con suspensión frontal procedente de Europa y con conexiones Watt detrás.

Aunque el coche se vendía bien, Graham Nearn, uno de los nuevos propietarios de Caterham, estuvo lógicamente de acuerdo con que el S4 no tuviese la misma aleación que los modelos precedentes y se le dio carpetazo en octubre de 1972.

Así acabó la larga y exitosa vida de un coche pequeño, ligero, rápido y de buena conducción.

Actualmente la leyenda sigue viva en manos de Caterham basada en el S3. No fue hasta 1995 con la llegada del Lotus Elise que la marca recuperó fama como fabricante de deportivos. Por desgracia su fundador, Colin Chapman murió prematuramente en 1982.

Su buena relación peso/potencia, baja altura y su excelente agarre hicieron que el Lotus Seven ofreciese a sus conductores la esencia de un buen deportivo.

Motor: 4 cilindros, 1.599 cc
Potencia: 86 kW (115 CV)
De 0 a 100 km/h: 7,7 s
Velocidad máxima: 163 km/h
Producción total: 2.477

LOTUS ELEVEN

1956–60

El Eleven, con una carrocería especial de Ghia-Suisse, fue al principio un coche de carreras construido con un complejo armazón espaciado.

El Eleven fue en realidad un coche de carreras convertido en un utilitario. Se le instalaron unos faros y un techo muy sencillo de lona. Su chasis tenía un inteligente armazón espaciado y una carrocería maravillosa, aerodinámica e imaginativa: el frontal pendía para mostrar todo el motor y en la trasera había suficiente espacio para la batería, la rueda de repuesto y un poco de equipaje.

El parabrisas envolvente de plexiglás era tan estrecho que los conductores de altura moderada podían mirar por encima de él. A nadie le importó que el Eleven fuese en realidad un coche de carreras que dominase su escena en los años 50 y tuviese un éxito considerable en Le Mans los años 1956 y 1957.

Se ofreció en tres versiones, la Le Mans con un motor Coventry Climax y un eje trasero De Dion, la Club con el mismo motor y una suspensión con muelles helicoidales y un eje rígido, y la Sport con motor Ford de válvulas laterales y eje trasero rígido. Una Serie 2 salió

en 1957 equipada con una suspensión delantera independiente de espoletas y muelles helicoidales y ejes rígidos traseros.

Se fabricaron varios «specials» basados en este modelo. Ghia elaboró un cupé biplaza muy práctico y Frank Costin, el

responsable del diseño original del Eleven, un *gullwing*.

Motor: 4 cilindros, 1.099 cc
Potencia: 56 kW (75 CV)
De 0 a 100 km/h: 10 s
Velocidad máxima: 200 km/h
Producción total: 426

LOTUS ELITE

1957–63

El Elite o Lotus 14 apareció al mismo tiempo que el Eleven, pero su aspecto era muy diferente a aquél. Fue el primer intento de Chapman para fabricar un verdadero coche de carreras.

El Elite fue el primer coche del mundo en tener una carrocería monocasco de fibra de vidrio. Fue un éxito de la técnica, pero no precisamente de ventas. Su dirección era dura y ruidosa, pero su tremendo agarre llamó la atención de los conductores deportivos.

Era una maravilla técnica, el primero en el mundo que tenía la carrocería monocasco de fibra de vidrio, fabricada por Bristol Aircraft en Inglaterra. Este pequeño y estilizado GT parecía destinado al éxito cuando se presentó en el Salón del Automóvil de Londres en 1957.

Tenía la suspensión delantera independiente de espoletas y ballestas y puntales o apoyos en la trasera; los componentes mecánicos

se aseguraban con fibra de vidrio y trozos de metal insertados en los puntos de montaje. Su conducción era firme pero fabulosamente ágil disponiendo de frenos de disco en sus cuatro ruedas.

Todos sus motores eran Coventry Climax y la versión S2 equipaba como opción dos carburadores. La SE de 1962 entregaba 85 CV y las Super 95, 100 y 105 debían su nombre a la potencia que ofrecían.

El Elite se apreciaba mucho por su bajo Cx, de 0,26, atribuible a su diseñador Peter Kirwan Tylor. Por otra parte también tenía la reputación de ser ruidoso, duro y muy vibrador dada la poca ventilación de su carrocería de fibra de vidrio monocasco. Técnicamente fue un buen coche en muchos aspectos, pero Lotus perdió mucho dinero con él.

Motor: 4 cilindros, 1.216 cc
Potencia: 56 kW (75 CV)
De 0 a 100 km/h: 11,4 s
Velocidad máxima: 183 km/h
Producción total: 1.078

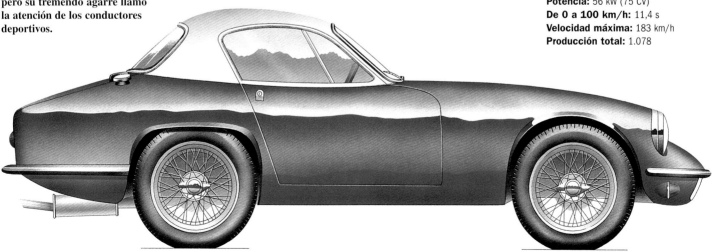

LOTUS ELAN

Fue el Elan el que hizo recuperar a Lotus su fama mundial. De su fábrica en Hethel, Norfolk, salió un verdadero coche con clase.

Lo que le hizo ser tan bueno fue su soberbia maniobrabilidad. Su chasis de acero con secciones de horquilla delante y detrás le dio la rigidez que le faltaba al Elite y la suspensión independiente delantera con espoletas y muelles helicoidales delante derivada de la del Triumph Herald y de apoyos (puntales con válvulas bajas) hizo que fuese un coche ágil y con buena respuesta. Su conducción era también excelente, suave, pero segura y predecible. La dirección fue cortesía de Triumph y Girling proporcionó el sistema de frenos de disco en las cuatro ruedas.

El motor era uno de la propia casa con doble árbol de levas, el bloque y la culata del Ford Cortina y los árboles de levas en cabeza y de aluminio diseñados por Harry Mundy puestos encima. Todo se completaba con una caja de cambios Ford de cuatro velocidades.

Los primeros Elan disponían de un motor de 1.498 cc que entregaba 100 CV y que pronto sería sustituido por otro extremadamente más flexible de 1.558 cc de 106 CV. Este motor era fácilmente identificable por tener el árbol de levas de encima pintado de azul. Su ligereza, lo compacto de su estructura y un peso de sólo 668 kg hicieron que su relación peso/potencia fuese

excelente y pudiese tener altas prestaciones y ser muy capaz de tomar las curvas a gran velocidad.

Aunque su interior no fuese muy lujoso, el salpicadero era muy parecido al del Triumph Herald, el espacio del habitáculo era mayor que los de los otros Lotus y disponía de un maletero suficiente para una escapada de fin de semana. El diseñador e ingeniero de desarrollo de Lotus Ron Hickman diseñó la carrocería, que haría la propia marca. Al principio sólo se ofrecía una carrocería descapotable, pero en 1963 se sumó a ella una de techo duro y en 1965 la de un cupé coincidiendo con la versión S3.

El S2 de 1964 tenía frenos y una instrumentación mejores que los anteriores y el S3, que también se ofrecía en cupé, ganó una más alta *final drive*. Un año más tarde el SE

tendría un motor de 115 CV con servofrenos, ruedas con cierre central y el lujo de moquetas. El S4 de 1968 aumentó la potencia de sus frenos y la anchura de los pasos de rueda para poder montar neumáticos de perfil bajo.

La última encarnación del Lotus Elan apareció en 1971 con la versión Sprint. Su motor, modificado por el especialista Tony Rudd consiguió que diese un 25 por 100 más de potencia. El Sprint era muy rápido y tenía un poder de aceleración mayor que muchos de los deportivos de la época. Usaba un motor de grandes válvulas con dos carburadores Weber en vez de los Stromberg que se montaron para cumplir con la normativa americana sobre la emisión de gases, gastaba menos aceite y era menos estridente que otros motores. Por esta época el árbol

El Lotus Elan fue uno de los primeros deportivos pequeños más destacado de los años 60 Su serie IV de 1968 en la foto se reconocía por sus pasos de rueda un poco más anchos.

de levas azul se pintó de rojo intenso. Tenía una velocidad máxima de 193 km/h y estaba conectado a una caja de cambios de cinco velocidades del Austin Maxi que le daba una mayor relajación de marcha.

Los Sprint se distinguían por su pintura bitonal «Gold Leafe», pasos de rueda ligeramente más extendidos y llantas con cierre central. Es el Elan más buscado de todos.

En 1973 se dejó de fabricar este modelo en Norfolk. Lotus quiso perder su imagen de fabricante de coches en forma de kit como lo fue también el Elan, y decidió fabricarlos de mecánica superior como serían el Elite o el Esprit.

El diseño y el desarrollo del Lotus Elan llevado a cabo por Ron Hickman no salió de la propia marca. Luego Ron se dedicaría al diseño de bancos de trabajo plegables que vendería a Black & Decker, quien lo distribuiría por todo el mundo como el «compañero de trabajo».

Motor: 4 cilindros, 1.558 cc
Potencia: 79 kW (106 CV)
De 0 a 100 km/h: 8,7 s
Velocidad máxima: 185 km/h
Producción total: 9.150

LOTUS ELAN + 2

1967–74

El Lotus Elan +2 de 1967 satisfizo la creciente demanda de un cuatro asientos. Era más largo y más ancho que el original y también pesaba más, pero aún así fue un coche muy divertido de conducir.

El Elan + 2 nació de la cierta presión por fabricar un Lotus de cuatro plazas y el tener un ojo puesto en los carroceros italianos de Frua. El Lotus Elan + 2 nacería en 1964.

Dos pequeños asientos traseros daban pie a su nueva nomenclatura, eran tan pequeños que no cabía un adulto y servían sólo para poner el equipaje de mano. A pesar de tener

580 mm más de largo y 190 mm de ancho que el S4, el + 2 fue más que un Elan mejorado. En el exterior combinaba luces laterales con intermitentes en las aletas delanteras, tenía los faros delanteros escondidos y un habitáculo mejor equipado y ventilado respecto a los modelos anteriores.

Había, eso sí, aumentado de peso y su dirección era más dura, pero todavía era un coche de agradable conducción cuya mejor aerodinámica le ayudaba a ser más silencioso a altas velocidades. Estas mejoras implicaban sólo un menor poder de aceleración.

La última versión del + 2 era en general mejor que su antecesor y

fue el primer coche de Lotus que se ofreció completo además de por kits.

Motor: 4 cilindros, 1.558 cc
Potencia: 88 kW (118 CV)
De 0 a 100 km/h: 8,2 s
Velocidad máxima: 185 km/h
Producción total: 3.300

LOTUS EUROPA

1966–75

El «coche de Europa» de Lotus, de ahí su nombre, fue en muchos aspectos el sucesor conceptual del obsoleto Seven e intentó ser la alternativa más asequible al popular Lotus Elan.

Su mecánica era interesante al estar su motor diseñado por John Fryling en posición central y en altura respecto al asiento trasero. Fue un coche que ganó los elogios y las críticas de la época.

Gustaba el comportamiento de un coche bajo con un elástico motor de Renault 16 modificado en 180º por la propia Lotus y desagradaba el estrecho habitáculo, la poca visibilidad trasera y que las

ventanas de las puertas sólo tuvieran un panel, con lo que el conductor sufría el calor en su interior. La versión S2 de 1968 se esforzó en remediar las últimas críticas mejorando su interior y dotándolo de elevalunas eléctrico.

Las críticas sobre la escasa potencia se solucionaron con la llegada en 1971 de un motor con doble árbol de levas y un habitáculo más espacioso con sitio para los codos y las piernas. En 1972 la versión Special que generalmente aparecía en negro y con las letras doradas JPS del Team Lotus tenía un motor de grandes válvulas que entregaba 126 CV.

El «Lotus for Europe», de donde venía su nombre, era un bonito coche GT con motor central Renault y una caja de cambios girada unos 180º. La suspensión delantera tenía componentes de Triumph.

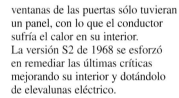

Motor: 4 cilindros, 1.470 cc
Potencia: 58 kW (78 CV)
De 0 a 100 km/h: 10,7 s
Velocidad máxima: 179 km/h
Producción total: 9.230

LOTUS ELITE

1974–80

Visto por Colin Chapman como la entrada de sus coches en el mercado de los lucrativos GT, el Elite representaba un paso adelante de la marca situada en Norfolk.

Permanecía siempre el mismo el chasis y la carrocería con su parabrisas inclinado; el portón trasero y un perfil anguloso merecieron una reacción mixta del público del motor.

La salvación del modelo estaba en su pequeño motor de 1.973 cc de 16 válvulas «907» con dos árboles en cabeza y de aleación que se estrenó en los peores

tiempos de la crisis del petróleo. Más tarde se le sustituyó por un Jensen-Healey que a pesar de pequeños problemas de iniciales le dotó de altas prestaciones, especialmente cuando se le aumentó la potencia a 160 CV.

El nombre Elite se heredó de un modelo pionero anterior que data de 1957, uno de los primeros coches de la firma para carretera.

Se ofreció en cuatro modelos básicos: el 501, el 502 con aire acondicionado de serie, el 503 con dirección asistida y el 504 que desde 1976 se ofrecía con una transmisión automática de Borg Warner.

La versión con motor de 2,2 l apareció en la primavera de 1980 y tenía el número 912. La potencia no varió pero sí mejoró el par e incorporó una caja de cambios de cinco velocidades Getrag.

El propietario de Lotus vio en el Elite su entrada en el sector de los GT dispuesto a competir con por ejemplo Aston Martín. Su motor, de la propia Lotus, tenía dos árboles de levas y 1.973 cc.

Motor: 4 cilindros, 1.973 cc
Potencia: 115 kW (155 CV)
De 0 a 100 km/h: 7,8 s
Velocidad máxima: 200 km/h
Producción total: 2.535

LOTUS ECLAT

1975–80

A veces referido como Elite coupé el Eclat compartía la misma mecánica que el Elite aunque no la carrocería. Sorprendentemente era más ligero, pesaba unos 1.100 kg, 100 menos que aquél, y era más un 2+2 que un cuatro asientos, ya que

en las plazas de atrás el espacio para la cabeza era muy limitado. El Eclat llegó a ser el Lotus más barato de toda la gama en la segunda mitad de los años 70.

Se ofrecieron cinco modelos diferentes: el 520 que era el más

básico, el 521 con una caja de cinco velocidades, anchas llantas de aleación y radio, el 522 con aire acondicionado y otros accesorios, el 523 con dirección asistida y el 524 con transmisión automática.

Al igual que con el Elite, el motor de 2,2 l se instaló en la primavera de 1976, cuando el coche se ofrecía como versión especial con el nombre de Riviera. El panel del techo era extraíble y las llantas, de aleación especial; tenía un alerón muy estrecho debajo del parachoques delantero y otro muy sutil en el maletero de atrás.

El Eclat dejó de fabricarse en el verano de 1982, cuando las ventas aumentaban gracias a la reducción de precios.

El Eclat 2+2 no era en realidad más que un Elite cupé. La edición especial comercializada con el nombre de Riviera tenía el panel del techo extraíble.

Motor: 4 cilindros, 1.973 cc
Potencia: 119 kW (160 CV)
De 0 a 100 km/h: 7,9 s
Velocidad máxima: 208 km/h
Producción total: 1.519

LOTUS ESPRIT

Como era previsible, Lotus volvió a fabricar coches de motor central con el bello diseño del Esprit hecho por Giugiaro, que entonces trabajaba en Italdesign. Se recuperó el tradicional chasis, se instaló el motor 907 en el centro y se usó el eje central y la caja de cambios del Citroën SM.

El S1 sufriría problemas de refrigeración hasta 1979, cuando apareció el S2 con sus neumáticos más anchos, un interior mejorado y un alerón delantero integrado. Al igual que el motor de 1.973 cc también podía optarse por el de 2,2 l. A partir de 1980 todos los modelos exhibieron una maniobrabilidad y un agarre firme.

La versión turbo también llegó en 1980 con un motor de 2.174 cc y un turbo T3 Garret. Al mismo tiempo se endureció la suspensión y se mejoraron las ya de por sí magníficas cualidades de agarre.

El S3, que incluía un turbo modificado, se fabricó entre 1981 y 1987.

Sin duda era un supercoche capaz de retar a cualquiera, pero

sus ventas no fueron buenas por su falta de fiabilidad y sus acabados. Como pasó con el Lamborghini Countach, el S1, en su estado más puro y no adulterado, es el más logrado.

Basado en el gran diseño del estilista italiano Giugiaro, el Esprit fue con su forma de cuña el sucesor del supercoche con motor central en Europa. Una versión turbo de 210 CV apareció en 1980.

Motor: 4 cilindros, 1.973 cc
Potencia: 119 kW (160 CV)
De 0 a 100 km/h: 8,4 s
Velocidad máxima: 200 km/h
Producción total: 2.062

LOTUS ESPRIT SE

Cuando el diseño del Sprit hecho por Giugiaro empezó a parecer anticuado, Peter Stevens realizó en él ligeros cambios de la propia casa que llevaron a la aparición en 1987 de la versión SE y Turbo con una imagen más redondeada. El

resultado fue un coche más pesado pero con mejor aerodinámica que el original.

En un intento de mejorar la calidad de su construcción Lotus cambió su procedimiento de fabricación para darle mayor

Peter Stevens actualizó el Esprit a los 12 años de su aparición, lo que dio lugar a la versión SE que se fabricaría entre 1987 y 1990. Era un coche más pesado pero aerodinámico y mejor acabado. Tuvo un éxito inmediato.

uniformidad y además ahorrar tiempo y dinero.

Mientras tanto su habitáculo no dejaba de ser muy parecido al del Esprit original a pesar de la actualización por parte del estilista Brian Cox.

Las opciones de su motorización fueron las de 2.174 cc y la turbo, que sería reemplazada por la Turbo SE en 1989 con una presión más alta, que entregaba 264 CV y alcanzaba 262 km/h; un eje transversal Renault GTA sustituyó las primeras unidades de Citroën y se recolocaron los frenos de atrás.

El Sprit sufriría otros numerosos cambios en la década de los 90 que darían pie a la aparición de la S4 en 1996, que incluso obtuvo un motor V8 y una carrocería estilizada y con alerones.

Motor: 4 cilindros, 2.174 cc
Potencia: 128 kW (172 CV)
De 0 a 100 km/h: 6,5 s
Velocidad máxima: 221 km/h
Producción total: 385

LOTUS EXCEL

1982–92

El Lotus Excel recibió al principio el nombre de Eclat 3 y más tarde el de Eclat Excel para evitar el gasto y el tiempo de un nuevo proceso de fabricación. Ambos compartían la suspensión y el chasis del Lotus Eclat, pero en él se realizaron varios cambios en el diseño para que pareciese más estilizado y aerodinámico que se predecesor. Por otra parte también obtuvo una mejorada caja de cambios y *final drive* e incorporó frenos de disco en sus cuatro ruedas, todo proporcionado por Toyota.

En respuesta a las quejas de sus compradores por un diseño más agresivo, el diseñador de Lotus Peter Stevens rediseñó el Excel dándole unos retoques sobre todo en la mitad superior, lo que permitía a la marca reutilizar en otras ocasiones la parte inferior. También se modificó el habitáculo del Excel con un salpicadero nuevo y unos testigos German VDO. Los asientos traseros ganaron en espacio para la cabeza, pero no mejoró su accesibilidad.

El SE de 1986 aumentó su potencia hasta los 180 CV y el SA (Sport Automatic) aparecería al año siguiente. Sería el último de los Lotus con motor delantero y su fabricación cesó en 1992.

Los componentes de Toyota equiparon al Lotus Excel, también conocido como Eclat 3 y Eclat Excel. Se vendieron relativamente pocas unidades; de hecho el coche fue sólo una actualización del anterior y sus líneas eran más suaves que las de sus predecesores.

Motor: 4 cilindros, 2.174 cc
Potencia: 119 kW (160 CV)
De 0 a 100 km/h: 6,8 s
Velocidad máxima: 211 km/h
Producción total: 1.327

LOTUS ELAN (FWD)

1989–94

El nuevo Elan debería haber sido el gran sucesor de la saga en los 60. En vez de eso, la recesión económica de principios de los 90 indicaba que este biplaza con motor Isuzu tendría que dejarse de fabricar justo dos años después de su lanzamiento.

De nuevo Peter Stevens se involucró junto con el ex piloto de carreras John Miles en el nuevo diseño de carrocería con suspensión delantera de válvulas. Que fuera un coche con tracción delantera causó cierta conmoción en aquellos años, pero el pequeño e impresionante chasis del Elan y su fabulosa maniobrabilidad ganó adeptos de inmediato. Además de tener una fenomenal conducción también era confortable y espacioso en su interior lleno de espacios para llenar y con una instrumentación bien dispuesta.

De todas maneras el coche resultó caro y las ventas fueron lentas, lo que obligó a Lotus a dejar de fabricarlo en 1991. Pero cuando Bugatti compró el grupo Lotus a General Motors en 1993 y ofreció un indulto temporal al modelo, éste volvió a fabricarse. Sólo se venderían 800 modelos de esta nueva serie, conocida como S2, de neumáticos más anchos y cambios en la suspensión y en el capó.

Todos estos modelos se vendieron a tiempo para la incorporación a la gama en 1995 del Lotus Elise.

El Elan 2+2 fue el resultado de la colaboración entre Lotus y Toyota. Su motor y el tren motriz eran de la misma marca, un DOHC de 16 válvulas; pero la tracción delantera de este coche de diseño achaparrado no convenció a todo el mundo.

Motor: 4 cilindros, 1.588 cc
Potencia: 123 kW (165 CV)
De 0 a 100 km/h: 6,6 s
Velocidad máxima: 220 km/h
Producción total: 4.657

MARCOS GT

1960–64

El peculiar Marcos GT de 1960 fue apodado como «Wooden Wonder» al ser una construcción monocasco de madera. Los posteriores cambios en el diseño introdujeron el uso de la fibra de vidrio.

Jem Marsh y Frank Costin fundaron en la década de los 50 la empresa automovilística Marcos, que utilizaba en sus primeros coches chasis de madera. El aspecto raro del GT con su largo frontal y habitáculo en forma de vaina, uno de sus primeros productos, recibió el mote de «Wooden Wonder» (la maravilla de madera). Este cupé era una construcción monocasco en madera con un cono frontal de fibra de vidrio, el resto sólo eran capas de madera con una forma especial.

Su suspensión delantera era la del Triumph Herald y la trasera un eje rígido de Ford fijado con un *rod* de Panhard. Su motor era un Ford 195E accesible en varias formas. Probó ser un exitoso coche de carreras conducido, por ejemplo, por Jackie Steward.

Los faros delanteros nunca serían un éxito comercial, pero sus cuatro años de fabricación y los intentos de Dennis Adams por hacerlo más atractivo usando más fibra de vidrio en vez de madera consiguieron vender 39 unidades.

La historia del GT acaba bien, ya que hoy día su rareza hace que se paguen a precios muy altos.

Motor: 4 cilindros, 997 cc
Potencia: 31-48 kW (41-64 CV)
De 0 a 100 km/h: 9,1 s
Velocidad máxima: 152 km/h
Producción total: 39

MARCOS 1800

1964–65

En 1984 apareció un Marcos más estilizado con motor Volvo y carrocería de fibra de vidrio diseñada por Dennis Adams sobre un chasis de madera contrachapada. Tenía los faros delanteros cubiertos con una carcasa, el frontal en pendiente, puertas anchas y una cola agresiva influida por la del Ford GT-40. Todo ello crearía la imagen tradicional de los modelosMarcos que llegaría a ser clásica y que duraría toda la vida de la marca.

Dennis Adams creó el clásico diseño Marcos del 1800 que aún hoy tienen los modelos de la marca. Su carrocería de fibra de vidrio se montaba sobre un chasis de madera contrachapada.

El motor de 1800 que lo equipaba era el Volvo P1800, las espoletas delanteras procedían de nuevo de Volvo y atrás tenía un eje semi-De Dion y muelles helicoidales. Se vendía sobre todo en forma de kit a un precio considerablemente alto para la época, pero el coche tenía un buen agarre y se ganó el respeto de un cuantioso grupo de admiradores de los deportivos.

El habitáculo del 1800 era muy estrecho. Sus asientos fijos semiabatibles ayudaron muy poco a la posición del conductor y el ajuste de los pedales era para un conductor más alto que la mayoría. La línea del Marcos 1800 aún persiste, aunque existen unidades originales que sufrieron la putrefacción de su chasis de madera, lo que fue muy caro de reparar.

Motor: 4 cilindros, 1.780 cc
Potencia: 85 kW (114 CV)
De 0 a 100 km/h: 9,1 s
Velocidad máxima: 184 km/h
Producción total: 99

MARCOS 3-LITRE

Aplaudida por su cupé 1800, Marcos se vio impulsada por las críticas a hacer un coche todavía mejor, más potente. Sus peticiones obtuvieron respuesta en 1968 cuando Jem Marsh decidió incorporarle un motor de 3 l V6 de Ford y una transmisión manual de cuatro velocidades con supervelocidad.

El aumento de peso en la delantera fue de hecho una ayuda a la manejabilidad del coche reduciendo la tendencia a subir el frontal. Su velocidad máxima se elevó hasta los 200 km/h.

Un año después de iniciarse su fabricación el eje De Dion trasero fue sustituido por uno rígido con muelles helicoidales. Justo después de sus primeras 100 unidades se cambió su chasis de contrachapado por otro más convencional tubular de acero; era 1970 y el motor Volvo 164 de 3 l se sustituyó por un Ford.

La serie se complementaría con un modelo con un motor de 2,5 l

tomado del Triumph TR6 en 1971. Más tarde apareció el de motor Ford de 2 l, que se fabricó hasta que la marca se colapsó con problemas de producción, de traslado y de exportación.

Motor: 6 cilindros, 2.978 cc
Potencia: 105 kW (140 CV)
De 0 a 100 km/h: 7,8 s
Velocidad máxima: 200 km/h
Producción total: 350

Con el mismo diseño básico del 1800 Marcos decidió aumentar su capacidad hasta los 2.978 cc con un motor Ford V6. Su velocidad máxima ascendería hasta 200 km/h. Sus primeros modelos usaron el mismo chasis de madera que su original, pero más tarde se sustituiría por otro de acero.

MINI-MARCOS

Basado en un prototipo llamado DART, el Mini-Marcos era un coche de fibra de vidrio con un subarmazón frontal y trasero cubierto con placas de metal. Se vendía en forma de kit muy barato, sin apenas elementos de confort para el conductor y era visto por sus compradores como un coche barato de competición en vez de un utilitario. De hecho acabó en una meritoria 15.ª plaza en la carrera de Le Mans de 1966 y fue el único coche británico que la acabó en 1971, un buen mérito para un coche que no era nada más que un Mini modificado.

El coche fue mejorado y refinándose con los años hasta que la marca cayó en bancarrota en 1971. La compró el grupo Rob Walker, que modificó su cola incorporando un portón trasero que mejoraba la practicidad y ventanas que se podían subir.

Entre 1975 y 1981 actuó como modelo básico de Harold Dermott, que fabricó un Midas Bronze muy parecido y también basado en el Mini. El Mini-Marcos ha sido hace poco relanzado en forma de Mk V.

Tal como sugiere su nombre, el Mini-Marcos usaba los mismos subarmazones que el Mini. Fabricado de una manera grosera y con un aspecto poco brillante, fue curiosamente el único vehículo británico que acabó Le Mans en 1971.

Motor: 4 cilindros, 1.275 cc
Potencia: 57 kW (76 CV)
De 0 a 100 km/h: n/d
Velocidad máxima: 168 km/h
Producción total: 1.200

MARCOS MANTIS

El Mantis fue el arquetipo del coche británico vendido en forma de kit. Su diseño era extraño, la carrocería de plástico y tenía un buen motor de 6 cilindros. Ni que decir tiene que sólo se fabricaron unos pocos y todos sufrieron críticas generalizadas. De hecho, parte de la culpa de la desaparición de la marca en 1971 fue suya. La mayoría de las protestas se dirigían sobre todo a su

diseño, que combinaba los ángulos en cuña con las líneas curvas y no era muy agradable de ver.

Sobre su chasis totalmente nuevo estaba el motor del Triumph TR6 con suspensión independiente (del Triumph GT6) y un eje rígido con muelles helicoidales detrás. Su conducción y agarre eran sorprendentemente buenos.

El primer intento de Marcos por fabricar un coche de cuatro

asientos, el Mantis, tenía un interior lujoso y bien equipado, pero el espacio trasero para la cabeza de sus ocupantes era escaso dada la inclinación del parabrisas trasero.

Fue un coche caro a pesar de venderse en kit y atrajo a pocos clientes, sólo a 32, pero su rareza hace que hoy día sea un coche muy valorado.

A pesar del original estilo de Dennis Adams, el Mantis tenía una imagen absurda y fue un desastre de ventas. Su motor, un Triumph TR5, jugó un papel muy importante en la caída de la marca.

Motor: 6 cilindros, 2.498 cc
Potencia: 112 kW (150 CV)
De 0 a 100 km/h: n/d
Velocidad máxima: 200 km/h
Producción total: 32

MARCOS MANTULA

Cuando Jem Marsh volvió a comprar los derechos de Marcos, los nuevos coches eran aún muy parecidos a los primeros GT de Dennis Adams de 1964. En 1981, fecha de su reinicio, una versión de 3 l mantenía aún la sección cuadrada de su chasis tubular de

acero, la suspensión delantera con válvulas y un eje trasero rígido.

A este modelo le seguiría en 1984 el Mantula equipado con un motor Rover V8 ligero con el que tenía unas prestaciones asombrosas. Para soportar el incremento de peso con el aumento

Tenía una entrada de aire más profunda para evitar que el frontal se elevara con la velocidad, pero el Marcos Mantula aún guardaba algún parecido con el diseño que hiciera Dennis Adam del GT en los años 60.

de potencia y la tendencia a levantarse del frontal cuando corría a altas velocidades, tuvo que ponérsele uno nuevo con una toma de aire integral en el capó y faldones laterales.

El Matula se ofrecía como un cupé deportivo de dos puertas biplaza de dos puertas o como un atractivo convertible con una capota de lona de tela plegable. En 1989 se le montó su motor más grande, el de 3,9 l V8 de inyección que comportó el cambio de la suspensión trasera de brazos articulados Panhard a independiente y unos frenos más eficaces. Esta versión se vendió en forma de kit hasta el año 2000.

Motor: 8 cilindros, 3.528 cc
Potencia: 138 kW (185 CV)
De 0 a 100 km/h: 5,4 s
Velocidad máxima: 240 km/h
Producción total: n/d

MARENDAZ 1.5-LITRE

Estos coches los fabricó el capitán Marendaz primero en Brixton, Londres, y luego en Maidenhead, en el condado de Berkshire. Sus primeros modelos se derivaban sobre todo de los coches ligeros de la marca Marseal con la que el capitán tenía relación. Pero a diferencia de aquellos, deportivos sin apenas un diseño inspirado datados en los años 20, los Marendaz eran atractivos, parecidos a los Bentley pero a menor escala y con motores Anzani de válvulas laterales.

Las máquinas porteriores disponían de un motor de 6 l de origen americano con distintivos tubos de escape laterales flexibles que salían de los lados del capó y con la parrilla muy igual a la de Bentley. Aunque sólo se ofrecía con motor Anzani de 4 cilindros sus ventas tuvieron éxito.

Los Marendaz fueron muy laureados en la competición. Entre sus pilotos se encontraba la madre del otro piloto de carreras Stirling

Moss, y otra mujer, Miss Summers, estaba empleada como secretaria en los talleres de Marendaz de Maidenhead.

El nombre de Marendaz sucumbió en la Segunda Guerra Mundial abandonando la fabricación de sus elegantes y muy

aclamados deportivos, actualmente muy buscados.

Motor: 4 cilindros, 1.496 cc
Potencia: 9 kW (11,8 CV)
De 0 a 100 km/h: n/d
Velocidad máxima: 128 km/h
Producción total: n/d

Los coches de Marendaz eran buenos en las carreras; el capitán que dio su nombre se ve en esta foto tras conseguir el récord mundial de las 24 horas. El motor de 1,5 l disponía de amortiguadores en cada una de sus ruedas, una rareza para su época.

MASERATI A6

Los hermanos Maserati empezaron a fabricar coches en 1926. Al final de la Segunda Guerra Mundial su nuevo propietario Omar Orsi, se dio cuenta de que para sobrevivir, la empresa tenía que diversificarse, así que se dedicó a los coches de carretera empezando con el A6 en 1947.

El nuevo «Maser» de la carretera debutó en el Salón de Turín el año 1947 e inició su fabricación al año siguiente.

Los chasis con armazón tubular de acero, suspensión con válvulas delanteras y de eje rígido trasero podían montar la carrocería que eligieran sus compradores. Las más comunes eran las de Pininfarina o Zagato, pero también las fabricaron Vignale, Frua, Guglielmo y Allemano, mientras que Scaglietti hizo las de los de carreras. La mayoría de los A6 fueron cupés con un motor totalmente de aluminio de 1.488 cc y 6 cilindros

basado en un Maserati de carreras de antes de la guerra. Disponía de serie de un carburador, pero también había en opción el de tres carburadores que daba mayor potencia.

Sus coches de competición forjaron la gran reputación de los primeros Maserati de carretera, entre ellos el A6. Algunas de las casas de diseño italianas más renombradas pusieron sus diseños sobre su chasis.

Una versión de competición fue la A6G de 1951 con una mayor caja de hierro de 1.954 cc a la que siguió en 1956 la A6G 2000 con un motor de Fórmula 2 con doble árbol de levas.

Motor: 6 cilindros, 1.488 cc
Potencia: 48 kW (65 CV)
De 0 a 100 km/h: n/d
Velocidad máxima: 145 km/h
Producción total: 61

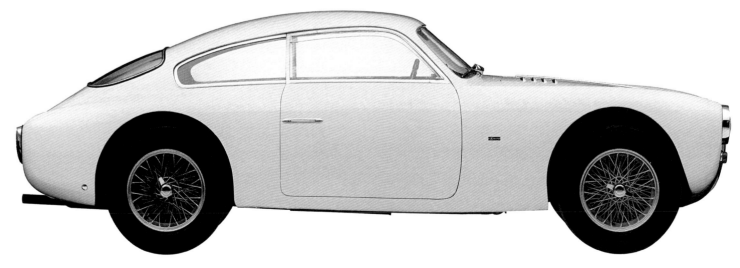

MASERATI 3500GT

El emblema del tridente característico de Maserati se veía prominente en la parrilla del 3500GT. Aunque se ofrecían carrocerías especiales, la mayoría de las carrocerías estándar las diseñaron Touring en los ocupes y Vignale en el convertible.

El 3500GT indicó el ascenso de Maserati a los coches italianos de primera división junto con Ferrari como fabricante de los coches más deseados del mundo.

Presentado en 1957 como sucesor del A6G /2000, el 3500GT fue algo más que eso. Representó la transformación de Maserati de un fabricante de coches de carreras a un constructor muy capaz de coches de carretera. El nuevo y muy estilizado coche tenía unos niveles de fabricación nunca vistos con anterioridad. A pesar de haber vendido 2.223 unidades del modelo cupé y de convertible en siete años, que ya quisieran marcas como Ford o Austin en términos de constructores especialistas, podrían considerarse como cifras casi de línea de montaje.

Aunque la mayoría de los nuevos 3500GT eran totalmente nuevos, algunos de sus componentes eran derivados de anteriores modelos. El sustancial chasis tubular de acero estaba basado en el A6G, tenía suspensión delantera independiente con muelles helicoidales y un eje rígido trasero con ballestas semielípticas. Su motor de 6 cilindros en línea, bastante más potente que el del A6G, podía trazar las bases del 250F Grand Prix y los de carreras 300S y 350S. El jefe de ingenieros Giulio Alfieri mejoró el motor con un doble árbol de levas en cabeza para

convertirlo en un coche de carreteras con tres carburadores Weber y dos bujías por cilindro. Para los no acostumbrados a ver motores, se parecía a uno de 12 cilindros en línea. Cubicaba 3.485 cc y entregaba 220 CV.

Si los motores eran especiales, las carrocerías también. La mayoría de las de los atractivos cupé las fabricó Touring con paneles de aluminio y Superleggera las directrices; Bertone, Allemano y Frua también contribuyeron con sus diseños y Moretti y Boneschi diseñaron sus propias carrocerías.

Mientras Ferrari parecía estar sólo interesada en las prestaciones, Maserati lo estaba en que su 3500GT fuese más práctico y se convirtiese en un gran turismo. Maserati tenían más lujo y equipamiento que los Ferrari.

La marca mejoraba continuamente su modelo hasta

que en 1959 se le instalaran frenos de disco delantero y apareciese la versión Spyder convertible.

El responsable del diseño de la carrocería fue Giovanni Michelotti, que trabajaba para Vignale. Muchas de sus líneas eran las mismas de los otros modelos de cabeza, pero las de Vignale fueron sustancialmente diferentes a las de los cupés de Touring y estaban hechas de acero. Si la ausencia de techo no fuese suficiente para distinguir a los convertibles, todos los Spyder tenían también sus propios números de serie.

En 1961 se produjeron nuevos cambios de importancia en el 3500GT. Para responder a la aparición del Jaguar E-type, que preocupaba a los fabricantes de supercoches, Maserati montó un sistema de inyección de Lucas y originó el 3500GTI; había nacido el primer coche italiano de serie con sistema de inyección.

Irónicamente era el mismo complemento que usaba Jaguar en muchos de sus coches de carreras. Tenía ciertos problemas, pero si funcionaba bien, la potencia aumentaba hasta 15 CV y también su velocidad máxima. Otros cambios de esta época serían la introducción de una caja de cambios de cinco velocidades, frenos de disco en sus cuatro ruedas y un sistema de escape con nuevo trazado. También se eliminaron las luces antiniebla, se revisaron los intermitentes y las luces traseras. A finales de su periodo de producción, en 1964 se le montó una transmisión automática para reforzar el estatus de los GT.

El 3500GT fue de hecho el mayor éxito de Maserati y formará la base de varios modelos posteriores, mejoró la reputación de la marca y dio la confianza suficiente para empezar a fabricar algunos supercoches competitivos con Ferrari.

El 3500GT fue un coche bien equipado. Maserati no enfatizó sólo las prestaciones de sus modelos sino también la opulencia. Esto daba un ambiente más atractivo al de sus equivalentes de Ferrari.

Motor: 6 cilindros, 3.485 cc
Potencia: 164 kW (220 CV)
De 0 a 100 km/h: 8,1 s
Velocidad máxima: 204 km/h
Producción total: 2.223

MASERATI 5000GT

1959–64

La excepcional carrera deportiva de Maserati acabó dramáticamente en 1957 durante la World Sports Race Car en Venezuela, cuando todos los miembros de su equipo, los 450S, fueron eliminados. Esta circunstancia indicaba la mala situación económica y la salida de la marca de este mundo para concentrarse en la fabricación de coches de carretera. El 5000GT fue el resultado directo de la debacle de Venezuela. Maserati poseía una serie de motores V8 con árbol de levas rectangular y con una capacidad de 4.935 cc. Fue la petición del sah de Persia la que hizo que estos motores se montasen sobre el chasis del 3500GT, lo que dio pie al nacimiento del 5000GT.

En el Salón del Automóvil de Turín de 1959 apareció el deportivo. Tenía frenos de disco en sus ruedas delanteras, una caja de cambios de cuatro velocidades y la misma suspensión que el 3500GT. Se entregaba de origen con carburadores Weber, pero desde 1961 se le montaba un sistema de

inyección Lucas. Más tarde obtuvo frenos de disco en sus cuatro ruedas y una transmisión ZF de cinco velocidades. De los 32 ejemplares 21 tenían la carrocería de Allemano y Touring otras cuatro; Pininfarina, Bertone, Frua, Michelotti, Vignale y Monterosa las restantes.

El impresionante 5000GT utilizó de forma efectiva el motor de carreras modificado para la carretera. Sus 370 CV apenas los superaban unos cuantas marcas y su velocidad máxima de 278 km/h fue un verdadero impacto para la época.

Motor: V8, 4.941 cc
Potencia: 276 kW (370 CV)
De 0 a 100 km/h: n/d
Velocidad máxima: 282 km/h
Producción total: 32

MASERATI SEBRING

1962–66

Motor: 6 cilindros, 3.485 cc
Potencia: 175 kW (235 CV)
De 0 a 100 km/h: 8,4 s
Velocidad máxima: 22 km/h
Producción total: 444

El Maserati Sebring fue otro modelo basado en el 3500GT que apareció en 1962. Su agraciado diseño fue creado esta vez por Vignale y montado sobre la misma distancia entre ejes que el 3500GTI convertible. Aunque la mayor parte de la carrocería fuese de acero el capó y el maletero eran de aleación.

Al principio al coche se le llamó 3500GTI, pero casi al instante por el de Sebring en recuerdo de las victorias gloriosas de la marca en los circuitos. Se decía que era un 2+2 pero los asientos de atrás eran muy pequeños. Su principal mercado estuvo en los Estados Unidos, donde tuvo una larga lista de opciones como el aire acondicionado, radio, diferencial de recorrido limitado y una transmisión automática de tres velocidades. De serie equipaba

frenos de disco en sus cuatro en sus cuatro ruedas, inyección y una transmisión manual de cinco velocidades.

Los coches de la serie 2 aparecieron en 1965 con un motor más potente de 3.694 o 4.041 cc. En su exterior se apreciaban muy pocos cambios estéticos. Se taparon sus faros delanteros rectangulares, se rediseñaron las luces traseras y se redujo la toma de aire de su capó.

El Sebring, diseñado por Vignale, utilizaba el motor y el chasis recortado del 3500GT. Era un coche con un buen equipamiento dotado de caja de cambios de cinco velocidades, frenos de disco y sistema de inyección. Sus últimos modelos tuvieron algunos problemas, así que muchos se pasaron de nuevo a los carburadores.

MASERATI MISTRAL

Maserati volvió a usar un 3500GT para nuevo modelo. El prototipo del cupé Mistral apareció en el Salón del Automóvil de Turín del año 1963. Lo hizo equipado con el mismo motor del Sebring pero con el chasis más corto y con un diseño más estilizado y alargado por su sección angulosa y en forma de tubo que mejoraba su manejabilidad.

Un año después del lanzamiento del cupé aparecería la versión convertible Spyder. Ambas carrocerías fueron diseñadas por Frua y fabricadas por Maggiora con paneles de aluminio excepto las aletas traseras del Spyder que eran de acero.

El cupé se hacía ver por su gran portón trasero acristalado y el Spyder tenía un techo duro con una marcada pendiente trasera y pequeñas aletas laterales.

Sobre la mecánica el Mistral tenía una suspensión parecida a la del 3500GT ayudada por frenos de disco en las cuatro ruedas. El motor del cupé cubicaba 3.694 cc y era nuevo, pero el Spyder uno usado y viejo de 3.485 cc. A partir de 1967 se ofreció el Mistral de 4.041 cc con sistema de inyección en todas las versiones

La exclusividad del Mistral se vio comprometida por Pietro Frua al usar un diseño muy parecido al del británico AC 428 para el que

A mediados de los 60 casi todos los coches europeos de categorías usaban frenos de disco y el Mistral no fue una excepción pues tenía estos frenos en sus cuatro ruedas.

hasta se reciclaron algunos paneles del Maserati. A pesar de ello aún se le considera un clásico de belleza indiscutida.

Su fabricación había empezado en 1964 y finalizó en 1969.

Motor: 6 cilindros, 3.692 cc
Potencia: 183 kW (245 CV)
De 0 a 100 km/h: 7,5 s
Velocidad máxima: 233 km/h
Producción total: 948

Frua estaba detrás del diseño del Mistral, tanto de la versión cupé como de la convertible. Igualmente lo fue del inglés AC 428, muy similar, que apareció dos años más tarde.

MASERATI QUATTROPORTE

1963–70

Maserati fue la pionera de una nueva tendencia del automovilismo italiano con el exótico Quattroporte de 1963. El concepto de supercoche sedán combinaba lujo y confort con altas prestaciones y fue más

tarde aceptado por Lamborghini con su Espada y Ferrari con su 365 GT 2+2.

El Quattroporte se presentó en en el Salón de Turín el año 1963 como el coche de cuatro puertas más rápido hasta entonces en el

mundo. Su diseño lo realizó Frua, pero lo fabricó Vignale.

Su potencia le venía de un motor de 4,2 l V8 con árbol de levas rectangular derivado del de un Maserati de carreras. El chasis, totalmente nuevo, tenía el motor

montado en un subarmazón para así reducir el ruido y las vibraciones. La suspensión delantera mantuvo la práctica del momento de las dos válvulas, pero detrás tenía un eje De Dion. Tuvo ciertos problemas de operatividad y en 1966 fue sustituido por un eje convencional rígido con ballestas semielípticas.

En 1969 el Type 107 A Quattroporte sustituyó al original con escasos cambios superficiales (los faros ya se habían revisado en 1967), pero se le aumentó la potencia con un motor de 4,7 l y 30 CV extra.

Aunque en su interior podían sentarse cuatro pasajeros con relativo confort el Maserati Quattroporte de lujo no renunciaba a las altas prestaciones. Su diseño hacía ver un coche sólido y elegante.

Motor: V8, 4.136 cc
Potencia: 194 kW (260 CV)
De 0 a 100 km/h: 8,3 s
Velocidad máxima: 222 km/h
Producción total: 759

MASERATI MEXICO

1965–72

El Mexico intentó sustituir al 5000GT pero le faltaron prestaciones, potencia y mucho del estilo de su predecesor. El diseño de aristas recortadas hecho por Vignale no tuvo la originalidad ni el atractivo del 5000GT.

Motor: V 8, 4.136 cc
Potencia: 194 kW (260 CV)
De 0 a 100 km/h: 7,5 s
Velocidad máxima: 230 km/h
Producción total: 250

El chasis recortado del Quattroporte y un diseño de Micheloti y de Vignale sirvieron para crear el modelo Mexico. Éste reemplazaría al Maserati 5000GT que había dejado de producirse un año antes de su presentación en 1965.

Aparte de su chasis recortado, la mecánica del nuevo Mexico era muy parecida a la del Quattroporte con un motor de 4,1 l V8 y árbol de levas rectangular. Se le montó desde el principio un eje rígido posterior y ballestas con láminas además de frenos de discos ventilados, los primeros de Maserati.

Su carrocería era totalmente de acero directamente soldada sobre el armazón de tubos oval.

A pesar de tener sólo dos puertas, en el Mexico podían sentarse cuatro pasajeros algo estrechos en un coche que aspiraba al mercado de los modelos de lujo, por eso estaba equipado con tapicería de piel, salpicadero de madera, elevalunas eléctrico y otros accesorios similares. A partir de 1969 salió de serie con aire acondicionado y con la todavía opción de la dirección asistida y de una transmisión automática.

MASERATI INDY

Sus faros frontales cuadrados se accionaban con dos motores eléctricos situados debajo de la tapadera del capó. A diferencia de su predecesor, el Sebring, el Indy fue un coche más distinguido, lo que se vio reflejado en sus ventas.

Después de que el Sebring se dejase de fabricar, Maserati introdujo en el mercado un cupé 2+2 mucho más estilizado para sustituirlo. El Indy, diseñado por Vignale, se presentó en el Salón del Automóvil de Turín en 1968, pero empezó a fabricarse al año siguiente después de presentarlo en el de Ginebra en un stand propio.

Tenía un aspecto parecido al del Ghibli, pero en vez de estar diseñado por Giorgietto Giugiaro, fue Vignale quien estuvo detrás del diseño y la fabricación. Al igual que el Ghibli, el Indy tenía los faros retráctiles y escondidos para mejorar sus cualidades aerodinámicas, aunque el portón inclinado trasero era más alto para mejorar el espacio de los pasajeros de atrás.

Bajo su carrocería estaba el mismo chasis del Quattroporte,

Parte del éxito del Indy se debió a la gran lista de opciones de lujo que le dio la marca. Se le podía montar una transmisión automática y un diferencial de recorrido limitado. Los elevalunas eléctricos eran de serie.

ambos unidos por un armazón en una especie de fabricación semimonocasco. Este proceso de construcción fue una novedad de Maserati, por lo que con su falta de experiencia en este tipo de construcción hizo que el coche, tuviese con el tiempo problemas de oxidación.

El motor de 4.136 cc V8 del Quattroporte con árbol de levas cuadrangular y cuatro carburadores Weber fue el de los primeros modelos, pero a partir de 1970 se le aumentó la potencia hasta los 4.930 cc. Este no fue el final de la evolución de su motor, en 1973 el mismo V8 de 4.930 cc ya anunciaba un posterior

Motor: V8, 4.719 cc
Potencia: 216 kW (290 CV)
De 0 a 100 km/h: 7,5 s
Velocidad máxima: 253 km/h
Producción total: 1.138

gran aumento de potencia y prestaciones.

Del Indy se vendieron 1.136 unidades en seis años, lo que es casi una producción en masa para una marca especialista.

MASERATI GHIBLI

1966–73

De todos los coches que ostentaron el lustroso motivo del tridente el Ghibli es el más carismático y estilizado. Aunque por aquellos años estuviese ensombrecido por el Ferrari Daytona y el Lamborghini Miura (se vendió más que cualquiera de ellos) el aspecto espléndido del Ghibli le concedió un lugar entre los supercoches de todos los tiempos.

El Ghibli, como muchos Maserati, optó por un nombre derivado de un viento, en este caso del todo acertado dada su aerodinámica que le permitía alcanzar altas velocidades. El diseño de su mecánica estaba basado en la del anterior modelo, el Mexico, pero usaba un chasis recortado con armazón tubular de acero y un motor de 4.719 cc V8 con árbol de levas rectangular en posición delantera y no central como marcaban las tendencias de otras marcas como Lamborghini. Su motor V8 fue el más potente de todos los fabricados por Maserati, era todo de aleación y tenía cuatro árboles de levas y cuatro carburadores que suministraban combustible a razón de un litro cada 5 km.

El Ghibli también tenía el mismo eje rígido posterior del Mexico con sus ballestas, una configuración muy básica capaz de alcanzar prestaciones extremas. A pesar de que la manejabilidad del coche era muy buena, resultaba difícil controlar la parte trasera yendo a altas velocidades.

De esta manera su mecánica no resultaba muy apasionante, pero su diseño era fantástico. La carrocería, diseñada por Giorgietto Giugiaro, entonces jefe de diseño de Ghia, cortaba la respiración; consiguió bajar la altura del capó aun teniendo éste un cárter seco y mantener un frontal alargado «de tiburón». Sus faros delanteros retráctiles ayudaban a mantener su aspecto ágil, incluso a la luz del día, acabado en una cola elegante y alargada. El Ghibli ayudó a Giugiaro a establecerse como el diseñador de altura que es en la actualidad e hizo que se reconociera al Maserati Ghibli como el más logrado de todos ellos.

El Ghibli apareció en el Salón del Automóvil de Turín de 1966 ocupando el *stand* de Ghia. Fue la sensación del Salón y empezó

a fabricarse al año siguiente como convertible y con el nombre de Spyder que también diseñó Ghia con la intención de atraer al mercado norteamericano, pero se fabricaron muy pocos de ellos. El Ghibli descapotable era atractivo con y sin la capota puesta o incluso con la opción de un techo extraíble, algo de lo que pocos coches eran capaces.

El Ghibli mantenía más o menos siempre las líneas directrices de su modelo original ya que no era necesario reforzar su resistente chasis cupé.

La transmisión automática fue una opción en ambas versiones desde

1968. En 1970 apareció el Ghibli SS que, si no tenía cambios en su exterior, portaba un motor V8 de 4.930 cc no mucho más potente que el anterior, pero con muchas reservas de par, lo que hizo que fuese mucho más flexible.

Las ventas del Ghibli eran buenas y se recibieron quizá más pedidos de los que se podían cumplir. Ferrari y Lamborghini verían con inquietud cómo un coche de mecánica inferior superaba en ventas a sus respectivos Daytona y Miura.

El periodo de fabricación del Ghibli fue competitivamente corto,

El Ghibli fue la joya de la corona de Maserati; estaba destinado a competir con otros grandes como los Ferrari y los Lamborghini. Visto desde todos los ángulos era un gran coche y uno de los diseños preferidos de su diseñador, Giorgetto Giugiaro.

pero Maserati ya había puesto a la venta su deportivo con motor central en 1971 y tendría que retirar en 1973 un coche que se fabricaba desde 1966.

La leyenda del Ghibli permanece aún hoy intacta. Representó el punto más alto de la producción de un coche de carretera por parte de Maserati. Ningún otro de ellos, ni siquiera el Biturbo con su llamativo nombre posterior a 1992, sería tan afamado.

El motor que había bajo el capó del Ghibli no era para apto para cardíacos ni para los de escaso dinero. El V8 se adaptó de muchas maneras en todos los modelos de la gama de la marca y era una pieza muy complicada de montar en un coche kit fabricado con piezas de aleación y con cuatro árboles de levas y carburadores.

Motor: V8, 4.719 cc
Potencia: 253 kW (340 CV)
De 0 a 100 km/h: 9,5 s
Velocidad máxima: 248 km/h
Producción total: 1.372

MASERATI BORA

El diseño de Maserati se volvió más anguloso y acuñado en la década de los 70. Tenía numerosos recursos venidos de Citroën, lo que implicaba un permiso de Maserati para experimentar; por eso el Bora fue el primer coche de Maserati con motor central.

él mismo, que ahora trabajaba para Italdesign, se encargaría del Bora. El resultado fue excelente, una obra de arte. Su construcción era monocasco con carrocería de acero aunque algunos la tenían de aluminio.

En el mercado de Estados Unidos se vendió con un motor de 4.930 cc a partir de 1975 y Europa tuvo que esperar a recibirlo hasta 1977.

Motor: V8, 4.719 cc
Potencia: 231 kW (310 CV)
De 0 a 100 km/h: 6,5 s
Velocidad máxima: 261 km/h
Producción total: 571

Aunque el Bora no dispuso para su diseño del túnel de viento, las líneas estilizadas de Giugiaro le aportaron un Cx de sólo 0,30.

Los años 70 fueron una década difícil para Maserati. De todas maneras no había indicios de un problemático futuro cuando la marca, propiedad desde 1968 de Citroën, presentó en 1971, en el Salón del Automóvil de Ginebra, el precioso Bora.

Este modelo fue un nuevo intento de Maserati para competir con Ferrari y Lamborghini. La configuración de un motor central ya se había probado como exitosa en el diseño de deportivos como el Miura y más tarde el Dino. El Bora sería el primer intento de Maserati de imitarla.

Su motor V8 central longitudinal de 4.719 cc con un subarmazón estaba conectado a un eje transversal ZF de cinco velocidades. La suspensión era independiente con dos válvulas. La influencia de Citroën se notaba sobre todo en sus efectivos frenos neumáticos y los asientos regulables hidráulicamente, los pedales y los faros delanteros retráctiles.

Como Giugiaro consiguió el éxito con el modelo Ghibli,

MASERATI MERAK

1972-83

Si el Bora era la respuesta de Maserati al Lamborghini Miura, el Merak, con su motor menos potente V6, fue su respuesta al Ferrari Dino. El Merak fue de hecho un Bora un poco más ligero con otro motor y unos muy discretos retoques en su diseño

Vistos de perfil el Bora y el Merak eran difíciles de diferenciar; lo más destacable serían las aletas posteriores abiertas del Merak y no las cerradas con cristal del Bora. El frontal es también ligeramente diferente.

para verlo como un nuevo modelo. Respecto a las ventas el Merak tuvo más éxito que su hermano mayor, más potente, y se fabricó durante más tiempo.

El respaldo de Citroën se notaba más en él que en el Bora. Su motor V6, como la instrumentación y el volante, provenía del Citroën SM. Su caja de cambios de cinco velocidades, los frenos neumáticos y el embrague eran igualmente franceses.

En su diseño el frontal era lo menos diferente del Bora, aparte de

las aletas posteriores, que estaban abiertas.

El motor estándar del Merak era de 3 l, pero se fabricó una versión 2000 sólo para Italia. Más apasionante fue la versión SS de 1975 con un motor muy modificado que entregaba 295 CV conectado a una caja de cambios ZF procedente del Bora y con los frenos e instrumentación de Citroën.

El Maserati Merak utilizó la misma carrocería diseñada por Giugiaro para el Bora, pero en vez de usar el tradicional motor V8 se le montó un V6 sin los dos cilindros últimos como el del Citroën SM. Las ventas del Merak casi doblaron a las del Bora.

Motor: V6, 2.965 cc
Potencia: 135 kW (182 CV)
De 0 a 100 km/h: 9,5 s
Velocidad máxima: 214 km/h
Producción total: 1.140

MASERATI KHAMSIN

El Khamsin fue el 2+2 que sustituía al Indy. Su diseño había mejorado con el apoyo del diseñador Marcello Gandini, que siete años antes había realizado el del Miura.

Su mecánica representaba, empero, un paso atrás. La forma de 2+2 evitaba la posibilidad del motor central, así se le montó el motor delante y la tracción detrás con suspensión totalmente independiente con dos válvulas. La potencia le venía del motor tradicional V8 de 4.930 cc con árbol de levas rectangular. Para hacer un frontal largo y lo más bajo posible se optó por incorporar un cárter seco. Citroën aportó sus frenos, el embrague, la dirección asistida, los faros delanteros ocultos y el sistema hidráulico para ajustar los asientos.

Por entonces Gandini trabajaba para Bertone, por lo que el coche se fabricó con una estructura monocasco de la empresa italiana Carrozzeria. Los pasajeros de atrás disponían de menos espacio para la cabeza que su antecesor el Indy. Esta vez no se tuvo muy en cuenta

a los ocupantes, ya que la parte posterior de la carrocería acababa en una cola tipo «Kamm».

A pesar de no ser un superventas, fue todo un éxito, pues el Khamsin mantuvo su fabricación hasta 1982.

Aunque su diseño fuese de Marcello Gandini, el mismo que el del Miura, el Khamsin no fue uno de los modelos más atractivos de Maserati. Optó de nuevo por poner el motor delante y la tracción detrás, rompiendo la tradición.

Motor: V8, 4.930 cc
Potencia: 238 kW (320 CV)
De 0 a 100 km/h: 257 km/h
Velocidad máxima: 257 km/h
Producción total: 421

MASERATI KYALAMI

Peugeot compró Citroën en 1974 y puso de inmediato a Maserati en liquidación. El piloto de carreras argentino Alejandro de Tomaso montó una operación de rescate en 1975 que hizo que la marca volviese a la independencia.

Con las restricciones financieras que se le impusieron desapareció

un poco del espíritu Maserati, que se convirtió en una productora en general en vez de una fabricante de supercoches. El Kyalami fue el primer indicio de que algo estaba por venir.

Su diseño podría resultar familiar, porque no era más que un De Tomaso Longchamp un poco

mejorado, con un frontal rediseñado por Ghia, que le montó faros delanteros cuadrados y el tradicional tridente de la marca. En el interior se apreciaban cambios como el uso de un motor Maserati de 4.136 cc V8 en vez del Ford V8 que equipaba el Longchamp, por lo que era más rápido. A partir

de 1977 se puso como opción un motor de 4.930 cc.

El Kyalami era ahora más rival de Mercedes, BMW y Jaguar que de Ferrari o Lamborghini. Esto quiere decir que los tradicionales clientes de Maserati desaparecieron en manada y que el modelo, con un motor propio, se mostró poco exitoso y con muchos problemas de fiabilidad. El Kyalami se dejó de fabricar en 1983.

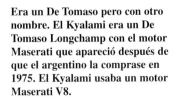

Era un De Tomaso pero con otro nombre. El Kyalami era un De Tomaso Longchamp con el motor Maserati que apareció después de que el argentino la comprase en 1975. El Kyalami usaba un motor Maserati V8.

Motor: V8, 4.136 cc
Potencia: 201 kW (270 CV)
De 0 a 100 km/h: 7,6 s
Velocidad máxima: 237 km/h
Producción total: 150

MASERATI QUATTROPORTE III

El imponente Quattroporte disponía de dos motores como opción; de ellos el de 4930 cc V8 fue el más popular.

«monstruo» de aspecto cohibido. Tal como pasó con el Kyalami, De Tomaso usó elementos propios como base para su nueva marca. Bajo la carrocería del Quattroporte III había un De Tomaso Deauville que eliminó el proyecto de Citroën con la tracción delantera.

El coche podía encargarse con un motor Maserati V8 de 4,1, o de 4,9 l. La mayoría de los clientes optó por la última, que en 1985 sería la única.

Quienes quisieran más lujo también podían solicitar un modelo estándar con carrocería de SD que ofrecía una limusina con estilo. En 1987 el Quattroporte se rebautizó como Royale, lo que no impidió que se dejara de fabricar en 1990.

Citroën resucitó el nombre del Quattroporte para un gran sedán con tracción en las ruedas delanteras y motor V6 justo antes de que se desinteresase por ella en 1975. Este nuevo coche de lujo usaba el mismo motor y la misma suspensión que el SM, pero sólo se fabricaron seis unidades antes de que se abandonase el proyecto; luego se ensamblarían por partes otros siete. Cuando De Tomaso se apoderó de Maserati, aquélla decidiría darle otro rumbo.

Giugiaro fue llamado para diseñarlo y el resultado fue un gran

Motor: V8, 4.930 cc
Potencia: 215 kW (288 CV)
De 0 a 100 km/h: 9,3 s
Velocidad máxima: 198 km/h
Producción total: n/d

MASERATI BITURBO

Es obvio decir que Maserati se había convertido a mediados de los 70 en una mera sombra de su nueva propietaria. Cuando sacó el Biturbo la dirección de Maserati ya no era aquella que quería fabricar supercoches de rabiosa actualidad. El Biturbo, diseñado en la propia casa, tenía un aspecto indefinido y poco apasionante. De hecho parecía más un sedán convencional de los 80 que un modelo de una de las marcas más evocativas de Italia.

Su motor, de 2 l V6 tenía 18 válvulas, dos árboles de levas y dos compresores de sobrealimentación de donde venía su nombre. Con el tiempo se fueron introduciendo sucesivas variaciones tanto de diseño como de motor, con uno de 2,5 y otro de 2,8 l, con *intercoolers*, inyección, catalizadores, etc.

Al original modelo de dos puertas se le unió otro de cuatro en 1982 con el nombre de 420; Zagato diseñó una versión convertible Spyder que apareció en 1984. En 1987 y 1992 se hicieron cambios en el diseño.

El Shamal, de 1989, era un Biturbo de dos puertas con aspecto más agresivo y el Ghibli de 1992 no fue nada más que el continente de un viejo y glorioso nombre. El de Quattroporte reapareció en 1996 para denotar el Biturbo de cuatro puertas. El Ghibli sería reemplazado por el más apasionante 3200 GT en 1998 y el Quattroporte aún se fabrica en la actualidad.

Para quienes sabían que Maserati era algo especial, el Biturbo debió ser otra gran decepción. Se habían esfumado los motores V8 y su diseño no era nada del otro mundo. Se fabricaría hasta 1990 y, propiedad de Ferrari, quiso aún competir con ella.

Motor: V6, 2.491 cc
Potencia: 138 kW (185 CV)
De 0 a 100 km/h: 7,2 s
Velocidad máxima: 201 km/h
Producción total: n/d

MATRA DJET

1964–68

La empresa francesa Matra era más conocida por sus misiles que por sus coches cuando decidió comprar la empresa Bonnet, que estaba a punto de quebrar. Matra, situada en Champigny-sur-Marne fabricó entonces el modelo Djet con motor central basándose en un preexitente coche de René Bonnet con motor Renault.

El Matra-Bonnet Djet 5, su nombre completo, tenía una

carrocería de plástico estrecha con un frontal de líneas puras muy parecido al del último Opel GT, delgadas inserciones cromadas como hechas a pincel en los parachoques, llantas anchas y de acero, el típico diseño de un GT y un razonable maletero.

Su motor del Renault 8, fue modificado para poder entregar 70 CV. Una versión de nombre 5S obtuvo un motor Gordini que

entregaba 95 CV. Se trataba de un motor que en 1966 se actualizaría para darle una capacidad de 1.255 cc y 103 CV que tendría el nombre de Jet 6.

Todos sus nuevos coches se fabricaron para ser conducidos por la izquierda y con carrocería cupé de dos plazas. Una vez Matra aprendió a fabricar armazones y carrocerías empezó a planear la fabricación de coches más grandes.

Motor: 4 cilindros, 1.108 cc
Potencia: 52 kW (70 CV)
De 0 a 100 km/h: 9,8 s
Velocidad máxima: 174 km/h
Producción total: 1.681

MATRA 530

1967–73

La marca Matra se decidió a fabricar una nueva y más refinada versión del Djet en Romarantin a la que llamó M530 y a la que presentó en el Salón de Ginebrade 1967. Su motor era un Ford alemán V4 muy adecuado para la nueva plataforma de acero prensado. El chasis se fabricó a la altura de la cintura y rodeando el motor, como en una construcción monocasco típica de los coches de carreras de la marca.

La carrocería era de plástico y estaba dotado que elementos muy curiosos para la época. Entre ellos los faros retráctiles que se accionaban con una ballesta muy resistente a través de un pedal en el

El Mantra 530 de apariencia Gallic de fibra de vidrio y carrocería 2+2 y un motor Ford V4 engastado en el centro. Los primeros tenían faros que se elevaban y panel del techo extraíble. Los modelos posteriores a 1971 tenían cuatro faros intependientes.

espacio del conductor o un cambio de velocidades para una tracción a las ruedas delanteras con lo que la elección de marchas se hacía al revés: estaría arriba a la derecha y la superior detrás a la izquierda o también que el techo extraíble del targa hacía que el parabrisas trasero, muy parecido a uno delantero, se quedase hacia arriba, entre otras curiosidades.

Tenía un buen agarre a la carretera, pero su motor sólo entregaba 75 CV, muy poco, y era muy ruidoso debido a su posición central.

Motor: 4 cilindros, 1.699 cc
Potencia: 56 kW (75 CV)
De 0 a 100 km/h: 15,6 s
Velocidad máxima: 161 km/h
Producción total: 9.609

MATRA SIMCA BAGHEERA

1973–80

En 1969 hizo una alianza con Renault para acompañarse de otra marca francesa, Simca, y poder desarrollar el Bagheera. Este coche era único, ya que a pesar de su anchura no tenía túnel de transmisión, lo que permitía poner tres asientos delante. Otra rareza

para su tiempo fue que el cristal posterior se abriese, lo que hizo que el modelo fuese un deportivo de tres puertas.

Su chasis era de un armazón espaciado construido con tubos y planchas de acero y su carrocería, de plástico. Debajo de la carrocería

cupé había una suspensión independiente con barras de torsión, frenos de disco en sus cuatro ruedas y un motor Simca de 1,3 l central. De nuevo el problema era la falta de potencia, que daba al traste con las aspiraciones deportivas del coche.

El atractivo Matra Bagheera era el único con tres asientos delanteros. Al principio su motor era un Simca 1100.

Por eso después de 1975 apareció el Bagheera S con un motor de 1.442 cc que permitía alcanzar la respetable velocidad de 184 km/h.

El coche se fabricó hasta que el grupo PSA compró Crhysler-Simca en 1980, fecha en la que ya se conocía la marca como Talbot-Matra. Ese mismo año el Bagheera sería sustituido por el Talbot-Matra Murena. Todos ellos se fabricaron para ser conducidos por la izquierda.

Motor: 4 cilindros, 1.294 cc
Potencia: 63 kW (84 CV)
De 0 a 100 km/h: 9,2 s
Velocidad máxima: 163 km/h
Producción total: 47.802

MATRA RANCHO

1978–84

Con un concepto avanzado en años a su tiempo, el modelo Rancho, de fibra de vidrio, tenía un diseño de coche todo terreno aunque no dispusiese de tracción 4x4, lo que era mucho mejor para circular en carretera. El tren motriz era el de un Simca 1100/Alpine actualizado.

fuera poco los asientos de atrás eran abatibles para así aportar un útil y gran espacio de carga.

Su motor de 1.442 cc era el mismo que el del Bagheera con una plataforma de acero tendente a la oxidación y una carrocería de fibra de vidrio, con una sección de techo alto diseñada especialmente para crear un mayor espacio.

La suspensión delantera combinaba válvulas con barras de torsión y la trasera brazos articulados con barras de torsión transversales.

En 1979 cambió el nombre del coche por el de Talbot-Matra.

El Matra Rancho, con aspecto de todo terreno, nunca recibió el éxito que de él se esperaba. La pobre calidad de construcción, la débil mecánica Simca y las fingidas pretensiones de todo terreno le hicieron ser blanco injusto de las críticas. El Matra Rancho estaba avanzado a su tiempo, creando un nuevo género de vehículos como es el todo terreno y el de los vehículos multiuso tan de moda hoy día.

Disponía únicamente de tracción delantera, no 4x4, pero era uno de los coches más prácticos de su tiempo. Tenía una puerta lateral corredera, un interior a prueba de niños y una altura superior. Por si

Motor: 4 cilindros, 1.442 cc
Potencia: 58 kW (78 CV)
De 0 a 100 km/h: 12 s
Velocidad máxima: 144 km/h
Producción total: 56.700

MATRA MURENA

1980–84

El Murena fue en gran medida sólo la actualización del Bagheera. Su diseño cambiado le hacía tener un frontal más afilado y un Cx de sólo 0,32, impresionante para la época. Las mayores diferencias eran que la carrocería era ahora de acero y no de fibra de vidrio y que la suspensión delantera ya no era por las obsoletas barras de torsión sino por muelles helicoidales.

El motor original de 1,6 l fue el del Renault Alpine, pero más impresionante era el de 2,2 l de Chrysler que entregaba 118 CV y un buen par. La característica de Matra, los tres asientos frontales, se mantenía; la mayoría se fabricaron para ser conducidos por la izquierda, y sólo cinco no lo fueron.

El coche se vendió bajo el nombre de Talbot al ser propiedad del gigantesco grupo PSA. Matra se separaría de él en 1983 para formar parte de Renault, en donde intervino en el desarrollo del Espace MPV,

un coche que marcaría una nueva tendencia y sin duda aprovechando la experiencia de su anterior producto, de nombre Rancho.

El estilizado Murena tenía un Cx de sólo 0,32, lo que era excepcional para la época, con una mejor suspensión por muelles helicoidales en vez de por barras de torsión.

Motor: 4 cilindros, 1.592 cc
Potencia: 88 kW (118 CV)
De 0 a 100 km/h: 9,3 s
Velocidad máxima: 194 km/h
Producción total: 10.613

MAYBACH ZEPPELIN   1931–40

Había fabricado motores de avión durante la Primera Guerra Mundial, y fabricó en 1931 el Maybach D 58 con motor de 8 l V12 al que llamó Zeppelín. Todos ellos disponían de una caja de cambios de siete velocidades.

A finales del siglo XIX Wilhelm Maybach estaba siempre asociado con importantes ingenieros y productos. Entre los primeros se encontraban Gottlieb Daimler, Emil Jellineck y el, conocido por sus aeronaves, señor Zeppelín que había desarrollado un inmenso motor de 21 l para ellos. Fue poco después de la muerte de Wilhelm por neumonía en 1929 que su hijo Karl fundaría la empresa de automóviles Maybach.

Los Maybach fueron coches para los ricos que buscaban limusinas muy caras y de lujo. La W5 de 1927 fue una de las primeras creaciones de Maybach. Estaba equipada con un motor de 6 cilindros y 7 l y su carrocería la montaban los carroceros alemanes Spohn y pesaba 3.500 kg. Tras ella apareció la Zeppelin

en 1931, tan inmensa como la anterior, pero con un motor más adecuado V12.

Dado su gran tamaño y sus gigantescos motores era inevitable que la marca se atreviese a entrar

en el mundo de los vehículos comerciales. La marca ha permanecido hasta hoy (conocida como Motoren Turbinen Union), fabrica pesados motores diésel y está aliada con su vieja amiga Mercedes.

Motor: V12, 7.995 cc
Potencia: 149 kW (200 CV)
De 0 a 100 km/h: n/d
Velocidad máxima: n/d
Producción total: n/d

MAZDA COSMO   1967–72

El atractivo Mazda Cosmo 110S fue el primer coche del mundo fabricado en serie con motor rotativo, ya que el NSU Ro80 aparecería sólo unos meses después. También fue el primer deportivo de una marca que empleó las publicidad para entrar y hacerse un nombre en el mercado europeo.

El interés de la marca por la técnica del motor rotativo empezó a principios de los años 60 cuando obtuvo permiso de la NSU para fabricar motores de Wankel, aunque ya había producido sus propios prototipos mucho antes.

El Cosmo tenía la suspensión trasera tipo De Dion con ballestas de láminas y con muelles y válvulas delante. También tenía tracción en las ruedas delanteras y frenos de disco en ellas.

Mazda tenía interés en los motores Wankel, por lo que llevó a cabo la fabricación del motor de dos rotores del Cosmo en 1967. Técnicamente era muy interesante pero estaba plagado de problemas de fiabilidad.

A pesar de su potencia, la fiabilidad del motor de dos rotores era dudosa, pero recibió importantes lecciones que llevaron a la empresa a realizar mejoras en los modelos futuros.

La versión L10B que se vendía desde 1968 tendría una mayor distancia entre ejes y una parrilla prominente debajo del parachoques. Desde 1969 el Cosmo recibió una mayor potencia y una transmisión de cinco velocidades.

Motor: Wankel de doble rotor, 491 cc
Potencia: 82 kW (110 CV)
De 0 a 100 km/h: 10,2 s
Velocidad máxima: 185 km/h
Producción total: 1.176

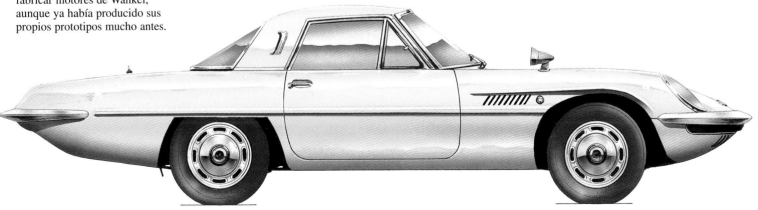

MAZDA LUCE

1966–72

Aunque el primer coche de Mazda se fabricó en 1960, la marca llegó a ser la tercera empresa automovilística de Japón a mediados de la misma década y el modelo Luce sirvió para consolidar su crecimiento, especialmente en el ámbito de la exportación. Este factor indica que el Luce tenía una imagen que gustaba en Europa, donde se vendió como convencionales sedán y familiar diseñados por Bertone ya que en un principio quería que los fabricara Alfa Romeo.

Poco destacable en muchos aspectos, el coche tenía una estrecha parrilla cromada, dos faros delanteros, frenos de disco con servo y un gran nivel de accesorios en su interior. Todos sus motores tenían el árbol de levas en cabeza y cubicaban 1.500 o 1.800, nada destacables pero adecuados en su desarrollo.

La versión cupé del Luce, conocida como la R130, apareció en 1969. Se trataba de un coche en general diferente equipado con un motor de doble rotor Wankel de 655 cc que entregaba 126 CV con tracción delantera y techo duro.

Su gran problema era la fiabilidad, pero Mazda aún tenía que solventar otros numerosos problemas con este tipo de tecnología. Tanto el cupé como el sedán se revisaron en 1972.

Cuando Alfa Romeo rechazó el diseño de Bertone, se vendió a Mazda, que lo usó para su modelo Luce. La versión cupé R130 tenía un motor convencional con árbol de levas en cabeza o un motor rotativo.

Motor: 4 cilindros, 1.490 cc; 655 cc con motor Wankel birotor
Potencia: 69 KW (92 CV)
De 0 a 100 km/h: 19, 3 s
Velocidad máxima: 161 km/h
Producción total: 160.845

MAZDA RX4

1970–77

El tercero y más grande de los motores rotativos de Mazda lo consiguió el RX4; era un motor que correspondería al convencional de 1.800 cc que equipaba el sedán 929 y que debía tratarse con mucho cuidado. Todas las versiones, como la sedán, eran anodinas y su diseño no sería muy duradero. Tuvo mucho éxito en las ventas, pues estuvo equipado con frenos de disco y podía escogerse entre una carrocería sedán, familiar o cupé. Por otra parte la mecánica del RX4 sería siempre totalmente convencional y nada inspirada.

Su motor rotativo originario del RX2 llegó igualmente en 1970 y en 1974 aumentó su capacidad cuando se le equipará con un 2,6 l. En aquellos tiempos el RX4 disponía también de una caja de cambios de cinco velocidades.

Sólo tenía relativo interés en toda la serie el cupé con ventanas sin marco obviamente influido por el estilo americano y que hizo que se pareciera a un Ford Mustang a escala reducida.

Actualmente existen muy pocos ejemplares, por más que entre 1970 y 1977 se fabricasen 200.000, pero muchos de ellos sucumbieron a graves problemas de oxidación.

El RX4 fue la versión con motor rotativo del sedán convencional 929. Se vendió bien, pero era poco emocionante de conducir a pesar de que la versión cupé fuese vagamente más interesante.

Motor: 4 cilindros, 1.796 cc; 573 cc con motor Wankel rotativo
Potencia: 89 KW (120 CV)
De 0 a 100 km/h: n/d
Velocidad máxima: 189 km/h
Producción total: 213.988

MAZDA RX7

Mazda continuaba enfrascada en el uso de los motores rotativos y consiguió solucionar la mayoría de sus problemas de fiabilidad. A finales de los 70 lanzó al mercado el RX7, un 2+2 cupé de marcha suave y motor poderoso y ágil que era divertido de conducir y que tenía una excelente habilidad para tomar las curvas.

Los 105 CV que tenía al principio se aumentaron hasta los 115 en 1981. En 1983 aparecieron una versión de inyección y otra turbo que entregaban 165 CV y alcanzaban un máximo máxima de 220 km/h. El coche tenía buen aspecto y sus faros escondidos y, junto con su elegante cola, le daban un estilo refinado. Su original motor no le privaba de ser convencional en su interior, equipado con una suspensión delantera de puntales y con un eje trasero rígido.

Se fabricaron casi 500.000 ejemplares antes del cese de su producción en 1989, cuando

recibiría su nuevo motor 13B que entregaba 148 CV y un nuevo chasis con una compleja suspensión independiente en sus ruedas traseras. En 1988 llegó la versión convertible, que duraría hasta 1992.

Motor: Rotativo Wankel, 573 cc
Potencia: 78 KW (105 CV)
De 0 a 100 km/h: 8,4 s
Velocidad máxima: 181 km/h
Producción total: 474.565

El RX7 era un coche increíblemente ágil cuyo motor Wankel sería la base de los modelos Mazda en las décadas 80 y 90. El poco peso de este deportivo con motor rotativo ganaría Le Mans en 1991.

El diseño del RX7 iría redondeando sus formas con el tiempo. Como era tan bajo en su distancia hasta el suelo, Mazda no tuvo otra elección que usar faros retráctiles delanteros para cumplir con las normas sobre la altura de los coches.

MAZDA MX5

El MX5 es lo que hubiera tenido que ser el Lotus Elan de los años 60: divertido, fiable y sobre todo asequible. No sorprende que el pequeño Mazda se ganase de inmediato un lugar en los corazones de los entusiastas de los deportivos de todo el mundo.

Su diseño, simple, era atractivo, y los tradicionales niveles de calidad en la construcción y de fiabilidad japoneses en los deportivos de más allá de los 60 eran compatibles con los de Lotus o el Frogeye Sprite. A diferencia de éstos en el MX5 destaca el confort del habitáculo, pues es refinado, está bien equipado, hasta con aire acondicionado, y tiene la opción de un decente techo duro.

El cambio en el diseño del frontal que se tuvo que hacer en abril de 1998 para cumplir con la normativa de seguridad, le hizo perder los característicos faros delanteros retráctiles de la marca, se dio más rigidez y se sustituyó el plástico del parabrisas trasero por el cristal. Su cola también obtuvo un diseño menos agresivo.

Las prestaciones de su motor con árbol de levas en cabeza eran impresionantes y su manejabilidad soberbia gracias a su suspensión independiente de válvulas y muelles en sus cuatro ruedas.

La única crítica sería sólo que su motor de 1,6 l, es un poco débil, por lo que es mejor la de 1,8 l.

Motor: 4 cilindros, 1.839 cc
Potencia: 104 KW (140 CV)
De 0 a 100 km/h: 8 s
Velocidad máxima: 203 km/h
Producción total: n/d

El avispado biplaza de Mazda tiene todo el carisma de los tradicionales deportivos ingleses de los años 60, pero además es muy civilizado, fantástico de conducir y muy fiable. El MX5 recibe en Japón el nombre de Eunos Roadster.

MERCEDES 60

Gottlieb Daimler se asoció en 1883 a Wilhelm Maybach para fabricar el primer motor de combustión interna y en 1886 crearon un coche que se fabricaría en 1890.

El rico diplomático y entusiasta del motor Emil Jellinek se asoció

también a Daimler en 1900 con la intención de persuadir a la empresa para que fabricara coches de altas prestaciones. El resultado aparecería en 1901 equipado con multitud de innovaciones técnicas.

El nombre de Mercedes, el de la hija de Jellinek, se usó por primera vez en los Daimler que se vendían en Francia para así evitar infringir las licencias y se usaría ya en todos los modelos fabricados en Cannstatt a partir de 1902.

Basado en los primeros modelos de la marca Mercedes-Simplex, el 60 apareció con una carrocería descapotable biplaza o de cuatro asientos sobre un chasis separado de acero prensado y una suspensión de ballestas semielípticas con ruedas de madera modelo «artillería».

Este modelo competiría en las carreras de Gordon Bonnet en

Un Mercedes 60 bien conservado de 1903 con carrocería descapotable biplaza. Nótese la cantidad de ruedas de repuesto en la trasera.

El Mercedes 60 con su chasis bajo y un motor con bloque de aleación usaba ya la tecnología que luego han desarrollado la mayoría de los coches modernos. Un mercedes 60 triunfó en la carrera Gordon Bonnet de 1903.

Irlanda después de que un incendio quemase los cinco bólidos y se pidiese a los propietarios que donasen los suyos para tal evento. Uno de ellos, pilotado por el americano Camille Jenatzy, obtuvo una victoria memorable alcanzando una velocidad media de 79,1 km/h.

Motor: 4 cilindros, 9.293 cc
Potencia: 48 KW (65 CV)
De 0 a 100 km/h: n/d
Velocidad máxima: 106 km/h
Producción total: n/d

MERCEDES-BENZ SSK

1928–32

Durante la Primera Guerra Mundial Mercedes fabricó motores de avión hasta que en 1921 Ferdinand Porsche se convirtiese en un tradicional jefe de ingenieros conservador. Por aquel entonces Daimler ya tenía reputación como fabricante de coches muy fiables pero aburridos. La recesión de posguerra forzó a Daimler a colaborar con el fabricante Karl Benz en 1924 y en 1926 surgió la unión de dos empresas con el nombre de Mercedes-Benz.

El legendario SSK derivó del turismo con motor turbo de nombre K que cumplía con el principio de montar un motor grande y «relajado» y una carrocería de turismo larga y descapotable. De todas maneras el coche tenía unos frenos muy pobres, quizá debido al gran énfasis prestado a la potencia.

En la evolución de este modelo hubo tres estadios: el S (Sport) con motor de 6,8 l y carrocería de cuatro asientos, el SS (Super Sport) con el motor de 7,1 l y menor altura de conducción y un SSK (K de *kurtz*, corto) con una distancia entre ejes más corta, más ligero y 225 CV.

Su brillante motor, ágil y potente, llevó a Mercedes a numerosas victorias incluidas las prestigiosas europeas como la Mille Miglia, el Gran Premio de Irlanda de 1930 y las 24 Horas de Bélgica de 1931.

Al SSK le sustituiría el SSKL (L de *leicht*, ligero) con su chasis surcado y un más largo compresor que entregaba 265 CV.

Motor: 6 cilindros, 6.789 cc
Potencia: 168 KW (225 CV)
De 0 a 100 km/h: n/d
Velocidad máxima: 200 km/h
Producción total: n/d

El Mercedes Benz SSK evolucionó de la mano de Ferdinand Porsche y el resultado fue un coche más ligero y con una distancia entre ejes más corta que la de sus predecesores y un motor que entregaba 225 CV. Era un coche ágil que logró numerosas victorias en Europa durante los años 30.

MERCEDES-BENZ 260D

El 260D, con su nombre en código W138, fue el primer coche diésel fabricado en serie y ganó notoriedad al ser el elegido por la espantosa Gestapo, la Luftwaffe y las fuerzas navales nazis durante la Segunda Guerra Mundial. Muchos de los coches de uso civil conseguían carrocerías especiales sin puertas o con capota de lona. Algunos también se modificaron para uso comercial incluyendo ambulancias o transporte de artillería ligera.

Todos tenían el mismo chasis con suspensión independiente del 230. El 260 tenía una conducción muy confortable y gracias a su barato mantenimiento fue el preferido por muchos taxistas.

El innovador motor del 260 podía rodar hasta las 3.000 rpm, algo raro para un diésel; los probadores de la época dijeron

El 260 D fue el primer coche diesel fabricado en serie y el favorito de la Gestapo nazi de la Segunda Guerra Mundial. Según las pruebas de su época sus prestaciones eran muy buenas para ser un diesel.

que su aceleración se correspondería con la de un 3 l de gasolina. Su caja de cambios era manual de tres velocidades y a partir de 1937 se le sumó una cuarta.

Al igual que el 230, el 260 se podía conseguir con carrocería de turismo, de sedán o como landó de techo descapotable.

Motor: 4 cilindros, 2.535 cc
Potencia: 34 KW (45 CV)
De 0 a 100 km/h: n/d
Velocidad máxima: 109 km/h
Producción total: 1967

MERCEDES-BENZ 540K

Hans Nibel sustituyó a Ferdinand Porsche como jefe de ingenieros en 1928 y con él llegó una completa revisión de la gama con unos coches más refinados, entre ellos el 380 turbo de 1933, el magnífico 500 de 1934 y por fin el elegante 540K (K de compresor) turbo de 1936.

Al 540 K se le considera actualmente el paradigma de la forma de los coches clásicos, ya que al menos la mitad de su carrocería le corresponde al capó, y por lo que también se han visto réplicas suyas de los fabricantes de miniaturas desde sus primeros tiempos.

El secreto de su éxito estuvo en su techo plegable tipo cochecito de niño, las estilizadas aletas delanteras, las dos ruedas de repuesto situadas a cada lado del coche y un parrilla recta, cromada y deportiva ya con el actual emblema de Mercedes-Benz.

El formidable 540K tenía un motor de 8 cilindros en línea puesto en la parte trasera de su capó, un habitáculo biplaza con un espacio para el equipaje de mano y detrás el maletero. Fue un coche en verdad extravagante para ser un biplaza.

**El Mercedes 540K era formidable gracias a su motor de 8 cilindros en línea, su largo capó y sus elegantes aletas delanteras.
A pesar de su gran tamaño, sólo tenía capacidad para dos personas.**

Motor: 8 cilindros, 5.401 cc
Potencia: 134 KW (180 CV)
De 0 a 100 km/h: n/d
Velocidad máxima: 161 km/h
Producción total: 444

MERCEDES-BENZ 220

1951–55

La factoría Mercedes sufrió una terrible devastación durante la Segunda Guerra Mundial. Por eso los primeros modelos que salieron al mercado después de ella se basaron en el anticuado modelo 170. El 220 fue uno de estos «nuevos» modelos, pero equipaba un motor de 6 cilindros y un árbol de levas en cabeza.

Respecto a su diseño, el 220 y el 170 eran prácticamente idénticos aparte de los faros delanteros integrados en los guardabarros delanteros y fijados en los lados del capó. Además de su carrocería sedán de cuatro puertas, la serie 220 se ofrecería en modelos de dos puertas cupé cerrado y cabriolé después de 1954. El cupé fue el más raro de ellos y sólo se fabricaron 85 unidades. El chasis además podía comprarse separadamente de la carrocería y encargar ésta a empresas que

Las razonables prestaciones y economía de su motor de 6 cilindros con árbol de levas en cabeza hizo que el 220 fuese una elección popular en la Alemania de la posguerra. La serie se vendía en sedán, coupé y convertible.

transformaran el coche en un ligero vehículo comercial.

Aunque su imagen estaba algo anticuada, el parabrisas plano y de buzón del 220 jugaría un gran papel en los coches que la marca

fabricaría en la década de los 50. Por otra parte ofreció unas prestaciones razonables, buena economía gracias a su motor de 6 cilindros y 80 CV y también una destacable calidad de construcción.

Motor: 6 cilindros, 2.195 cc
Potencia: 60 KW (80 CV)
De 0 a 100 km/h: 19, 5 s
Velocidad máxima: 147 km/h
Producción total: 18.514

MERCEDES-BENZ 220 PONTON

1954–59

Se le dio el nombre de Ponton por su construcción monocasco, el primero de Mercedes. Sustituía al ligeramente más pequeño con motor de 4 cilindros llamado 180, de 1953. El mercedes 220 Ponton tenía una carrocería ancha con los faros delanteros integrados, un motor de 6 cilindros y un capó más alargado tipo «cocodrilo». Por otra parte también tenía las ventanillas traseras que se abrían y un parabrisas delantero envolvente.

Sus frenos servo le llegaron un año después de su aparición y en 1956 salió el 220S Ponton con dos carburadores y más potencia. Ese mismo año se vendería la versión corta llamada 219. El coche se vendía bien y ayudó a conseguir

reputación a Mercedes como fabricante de coches con una mecánica excelente, una fabulosa calidad de construcción y un servicio de venta de primera calidad.

El 220 Porton cupé y el convertible debutaron en el Salón del Automóvil de Frankfurt de 1965 y empezó a fabricarse la versión S con doble carburador en 1956. En 1958 aparecería la versión SE con motor de inyección. Estas versiones son indudablemente los modelos más buscados de toda la serie 220 Ponton dada su rareza, ya que sólo se fabricaron 7.345 cupés y convertibles, por los que se piden precios muy altos.

El nombre provenía de su construcción monocasco. El Ponton se vendía con multitud de detalles de moderno diseño como la carrocería ancha y el capó tipo «cocodrilo». Menos venturoso era su motor de preguerra con válvulas laterales aprovechado del modelo 170.

Motor: 6 cilindros, 2.195 cc
Potencia: 63 KW (85 CV)
De 0 a 100 km/h: 15,2 s
Velocidad máxima: 162 km/h
Producción total: 116.406

MERCEDES-BENZ 300

1951–62

La versión cabriolé del 300 tuvo una carrocería de cuatro asientos que se fabricó entre 1952 y 1956. Fue el sedán de cuatro puertas más sobrio, pero el más bien proporcionado de todos además del preferido por muchos dirigentes políticos.

El 300 fue creado sólo para competir con el BMW 501 y convertirse en el coche de más prestigio y opulencia de la década. Tenía un motor de 6 cilindros en línea, con un árbol de levas en cabeza de aleación, una caja de cambios sincronizada de cuatro velocidades y una suspensión trasera independiente muy cuidada.

El 300B de 1954 tuvo su motor modificado y unos frenos asistidos con servo, mientras que el 300C de 1955 tenía una transmisión automática en opción. Entre 1952 y 1956 se ofrecía igualmente una elegante carrocería cabriolé de cuatro puertas. El fabuloso 300S de 1951 con dos puertas tenía un chasis más corto y se vendía con tres carrocerías: una cupé, una convertible y una *roadster*. La versión SC de 1955 disponía de

inyección directa y una lubricación por cárter seco.

Completando la serie apareció el 300D en 1957 con una distancia entre ejes más larga, una carrocería de nuevo diseño con una posición más elevada, un parabrisas trasero envolvente y ventanas que se bajaban del todo y sin marco.

Fue un coche de serie limitada del que sólo se vendieron 3.008 unidades. Actualmente es muy raro encontrar un cabriolé ya que sólo se fabricaron 65.

Motor: 6 cilindros, 2.996 cc
Potencia: 86 KW (115 CV)
De 0 a 100 km/h: n/d
Velocidad máxima: 161 km/h
Producción total: 12.221

MERCEDES-BENZ 190SL

1954–63

Con sus pasos de rueda en forma de burbuja y su gran parrilla, el 190 SL podía fácilmente describirse como una versión a escala más pequeña del 300SL. De todas maneras sus interiores no podían ser más diferentes.

El 190 tenía un motor de 1,9 l con dos carburadores que entregaba sólo 105 CV, mientras que el del 300 era uno de 6 cilindros muy potente. Su cambio de marchas estaba a ras de suelo, más convencional, y no en la columna

Muy parecido al 300SL a escala reducida, el 190 compartía sólo su atractivo de deportivo aunque su motor de 4 cilindros y 1.897 cc sólo entregase 116 CV. No tuvo un gran número de ventas y además su precio era exagerado.

de dirección. El 190 estaba basado en el 180 con un chasis más corto y unas especificaciones más normales.

Previsto como un éxito de ventas en el mercado de los Estados Unidos, el 190SL fue una opción muy cara y su conducción tampoco era muy convincente, ya que la suspensión independiente en sus cuatro ruedas la hacía muy firme. Ni que decir tiene que no entró en el mundo de la competición.

En 1955 el coche recibió cambios en su diseño y obtuvo servofrenos un año después. Mercedes también ofreció una versión copé con puertas convencionales y un *roadster* con la opción de un techo extraíble.

Motor: 4 cilindros, 1.897 cc
Potencia: 78 KW (105 CV)
De 0 a 100 km/h: 113,3 s
Velocidad máxima: 168 km/h
Producción total: 25.881

MERCEDES-BENZ 300SL

Las puertas en gaviota del 300SL estaban integradas en el complejo armazón del chasis. El eje deslizante de la suspensión trasera independiente ponía al coche en problemas de subviraje, lo que exigía por parte del conductor una gran pericia para corregirlo.

El 300SL (Sport Leicht) debe considerarse como uno de los coches más asombrosos de los años 50 dadas sus puertas clásicas en forma de gaviota y sus sensacionales prestaciones.

Todo empezó con un prototipo de carreras, el W194, que apareció dos años antes con un excelso motor de inyección y 6 cilindros derivado del 300S unido a un chasis multitubular con armazón espaciado. El coche, del que sólo se fabricaron 10 unidades, acabó Le Mans en el primer y segundo puesto y ganó de forma más extraordinaria en la Carrera Panamericana. Como consecuencia de ello y de la falta de dinero, Mercedes decidió fabricar una versión de carretera que saldría al mercado en 1954.

Sus inusuales puertas en gaviota, que al abrirse juntaban ambas ventanas y parte del techo, no eran sólo cuestión de diseño, sino también una medida para preservar la integridad estructural del coche; además combinaban con una ancha sección trasera. Un capó bajo que contribuyera a la aerodinámica del automóvil sólo sería posible con un cárter seco decantado unos 45°.

El W198 se presentó en Nueva York a principios de 1954 con una nueva imagen, sin tanto cromo, y un motor con un sistema de inyección Bosch que entregaba 240 CV.

Muchas de las piezas de la suspensión, de la caja de cambios y del propio motor venían del anterior 300; además tenía unas puertas en gaviota más grandes que el prototipo para una mejor accesibilidad.

Por entonces el coche era el doble de caro que el Jaguar XK140, lo que le hacía ser un coche de ricos y famosos que a pesar de su pedigrí pecaba de una tremenda tendencia al viraje debido al eje rígido oscilante de la suspensión trasera. Conducir un 300SL al límite requería mucha pericia y unos reflejos extraordinariamente rápidos. Además el complejo chasis multitubular implicaba que las reparaciones fueran muy costosas. Sólo se fabricaron 1.400 unidades.

En 1957 fue reemplazado por una versión *roadster* con una mejor suspensión trasera con su eje oscilante y de pívot bajo más predecible que la anterior, puertas convencionales, un armazón modificado y un motor de inyección más poderoso. Este no sería sólo un coche más barato de fabricar, sino también más fácil de mantener por los propietarios.

Su techo se plegaba y se acoplaba en la carrocería detrás de los asientos deportivos; luego se escondía de forma elegante bajo una cubierta deslizante de acero. En 1958 se vendía un techo duro extraíble. Al igual que las puertas en gaviota la carrocería era de acero, pero las puertas, el capó y el maletero, de aleación. Se fabricarían 29 de estos coches con toda la carrocería de aleación exitosos en el mundo de la competición, en el que consiguieron el quinto puesto en la Mille Miglia de 1955.

La velocidad máxima del 300SL variaba según la relación con el eje trasero; generalmente se rechazaba que pudiese alcanzar los 264 km/h y se aceptaba como cifra más exacta los 248 km/h.

Aunque esta versión *roadster* era menos claustrofóbica y fuese más práctico salir y entrar de él y que fuese mucho menos agresivo de conducir, el 300SL había perdido mucha de su pureza original. Fue, empero, un éxito de ventas; se fabricaron 1.878 unidades antes de que se dejara de fabricar en 1962 dando pie al propicio 230SL.

El motor, menos potente, llegó a ser la piedra de toque de los Mercedes que se fabricarían hasta finales de los 60, cuando se le reemplazaría por unos de 3,5 y 4,5 l V8. El uso de las puertas en gaviota quedó como algo típico de este Mercedes 300SL, aunque más tarde el Lamborghini Countach usase una técnica similar con sus puertas de mariposa.

Motor: 6 cilindros, 2.996 cc
Potencia: 179 KW (240 CV)
De 0 a 100 km/h: 8,8 s
Velocidad máxima: 224 km/h
Producción total: 3.258

Los altos laterales indican que el ocupante tenía que hacer un esfuerzo extra para subirse al coche. Después de 1957 la versión roadster *facilitó* las cosas.

MERCEDES-BENZ 300 FINTAIL

1961–65

La angulosa serie Fintail, como se sabe, se inició en 1959 con el 220 diseñado por Karl Wilfred. Tenía los parabrisas delantero y trasero envolventes y las aletas traseras de tiburón que acababan apuntando en la cola.

El 300SE, que apareció en 1961, fue indudablemente el más elegante de la serie. Era muy fácil de distinguir del 220 por su mayor cantidad de cromados. Las diferencias más importantes, empero, estaban debajo de la carrocería. El largo y plano capó escondía un potente motor de 3 l e inyección (entonces indirecta) y frenos de disco asistidos en sus cuatro ruedas.

El coche también incorporaría una transmisión automática de cuatro velocidades

tecnológicamente pionera que luego se montaría en otros modelos. Este fue sin duda uno de los Mercedes más lujosos de todos y también uno de los más caros ya que costaba el doble de los más simples 220. Sea como fuere, el 300 indicó el estereotipo básico de otros modelos que le seguirían. En 1963 salió al mercado el modelo SEL con una distancia entre ejes más larga que aumentó en sus propietarios la sensación de ir sobre una alfombra voladora.

Motor: 6 cilindros, 2.996 cc
Potencia: 119 KW (160 CV)
De 0 a 100 km/h: 10,9 s
Velocidad máxima: 171 km/h
Producción total: 6.750

Las elegantes aletas traseras de los Fintail aparecieron por primera vez en el año 1959 con el 220, pero le quedaban mejor al 300 con su mayor cantidad de cromados, suspensión hidráulica de aire y un precio muy caro.

MERCEDES-BENZ W108/109 S-CLASS

1965–72

La larga distancia entre ejes del W109 daba a sus pasajeros de atrás mayor espacio para las piernas que el más corto W108, pero nada hubo tan interesante que el coche al que reemplazaron con sus aletas y muelles helicoidales sustituidos por suspensión de aire.

Se habían planeado cambios en la casa de Mercedes en Stuttgart; aún fabricándose modelos de la serie Fintail, se estaba dando vida al que sería su sucesora, la nueva serie W108 S-class. Unos coches más anchos, planos y redondeados que serían el futuro de la marca. Todos tenían suspensión independiente en sus cuatro ruedas y también frenos de disco en todas ellas.

Su cigüeñal de siete bielas correspondía a un motor de 2,5 l totalmente nuevo aunque el motor de 3 l era muy poco diferente del que se usó a principio de los años 50. El de 2,5 l se reemplazaría por otro de 2,8 en 1968 con las especificaciones en el coche de 280S/280 SE a las que se sumaría otra versión con una distancia entre ejes más larga de nombre 280SEL.

El coche con motor de 3 l era con mucho más conservador que su predecesor: sus suspensiones eran de muelles helicoidales en vez de por aire que se mantenía en la versión W109 300SEL. En 1968 este motor se redujo a los 2,8 l pero mantenía las mismas especificaciones. El glorioso motor de 3,5 l V8 llegaría en 1969. El de 4,5 sólo se vendió en EE.UU.

La serie escondía pues en sus últimos tiempos un modelo que era un lobo con piel de cordero, el 300SEL 6,3, que a pesar del peso extra de sus eficaces frenos de disco ofrecía muy altas prestaciones.

Motor: 6 cilindros, 1.778 cc
Potencia: 95-186 KW (128-250 CV)
De 0 a 100 km/h: 9,8 s
Velocidad máxima: 206 km/h
Producción total: 56.092

MERCEDES-BENZ PAGODA

1963–71

Este peculiar Mercedes recibió su nombre por la forma del techo en su modelo de techo duro, que le hacía un notable perfil cóncavo. Basado en la preexistente plataforma del 220 pero con una distancia entre ejes más corta, estaba equipado con una suspensión de doble válvula delante y de eje oscilante detrás. Su diseño se debió al escultor y pintor Paul Bracq.

Las versiones cupé y convertible se ofrecían ambas con una caja de cambios manual de cuatro velocidades y una transmisión automática en opción. El 230SL disponía de frenos de disco delanteros, mientras que el 250, con un motor mayor que apareció en 1966, los tenía en las cuatro ruedas y además la opción de una velocidad más.

Ambos modelos, el 250 y el 280 que aparecería en 1968, habían mejorado el par de la primera versión.

Como Mercedes sólo ofrecía el cupé y el convertible, éstos sólo podían adquirirse con techo de lona, duro y de lona o sólo duro, lo que hacía sitio para ocupantes traseros: uno en el 230 SL y dos en el banco del 250 y 280 SL. Fue más

un turismo que un deportivo y marcaría el futuro de todas las prestaciones de los Mercedes venideros, sólo a partir de los magníficos 300SL y 190SL.

Motor: 6 cilindros, 2.778 cc
Potencia: 127 KW (170 CV)
De 0 a 100 km/h: 9,3 s
Velocidad máxima: 204 km/h
Producción total: 48.902

MERCEDES-BENZ W114/115

1968–76

Apreciada por los taxistas de todo el mundo, la nueva serie de pequeño tamaño y básica de Mercedes se mostró duradera y muy exitosa durante sus ocho años de vida. Su forma, del todo nueva, se distinguía por los faros delanteros verticales en las aletas que incorporaban las luces de posición y los intermitentes. La construcción monocasco de la carrocería, la suspensión semioscilante y la eterna parrilla alzada de Mercedes eran convencionales.

Estaba equipado con toda una serie de motores que se iniciaba con uno de 2 l, muchas opciones diésel y uno totalmente nuevo con doble árbol de levas y 6 cilindros en línea. La transmisión automática y la dirección asistida eran opcionales en todos ellos.

Además de las tradicionales versiones se ofrecieron una limusina con una distancia entre ejes más larga llamada 220D, 240D o 230.6 y un atractivo cupé de dos puertas sin marco. Esta última fue ligeramente más corta y más baja que la versión sedán y también más cara. El cupé se entregaba al principio con un

motor de 2,5 l y más tarde con uno de 2,8 l y dos árboles de levas que aparecería en 1971.

Las versiones CE de la serie tenían motor de inyección y más potencia; la dirección asistida vendría de serie en 1975.

Esta serie tenía una construcción monocasco tradicional y un gran abanico de motores, incluidos diésel de 5 cilindros. Su fiabilidad y resistencia le hicieron ser el preferido de los taxistas de todo el mundo.

Motor: 6 cilindros, 2.778 cc
Potencia: 138 KW (185 CV)
De 0 a 100 km/h: 13,7-24,2 s
Velocidad máxima: 198 km/h
Producción total: 1.326.099

MERCEDES-BENZ W107 SL

1974–89

El W107 SL de Mercedes se fabricó durante quince años atrayendo tanto éxito como el Pagoda, pero la normativa de seguridad de los Estados Unidos le forzaron a ser más grande y en consecuencia más refinado. Al principio se podía elegir entre un motor V8 de 3,5 o de 4,5 l, pero ambos se montaron en el deportivo 280SL de 1974 modificados procedentes del 280 SE con doble árbol de levas, inyección y 6 cilindros. Este modelo se fabricaría hasta 1985.

El coche mejoró igualmente la suspensión con unos brazos articulados detrás y dirección asistida de serie. Por otra parte estaba también la opción de una transmisión automática. Al igual que su antecesor, el Pagoda, su techo duro extraíble tenía una forma cóncava distintiva en el centro. La serie fue revisada en 1980; de esta manera llegaron los 280SL/380SL, 500 SL y más tarde el 560 SL. A pesar del grandioso motor de 5,6 l, este último entregaba sólo 227 CV y era económico; de hecho fue el más vendido de esta serie que se dejó de fabricar en 1989.

El W107SL ya era un clásico en el periodo de producción y llegó a fabricarse durante más de dos décadas El techo extraíble opcional tenía la misma concavidad heredada de su antecesor el Pagoda.

Motor: 8 cilindros, 4.520 cc
Potencia: 168 KW (225 CV)
De 0 a 100 km/h: 8,8 s
Velocidad máxima: 214 km/h
Producción total: 107.038

MERCEDES-BENZ SLC

Los modelos de la serie SLC tenían la mecánica idéntica a la del biplaza SL, pero con una distancia entre ejes más larga y con menos atractivo. Un largo periodo de fabricación significa que este modelo no es muy apreciado por los coleccionistas.

en 1975 se le montó inyección mecánica. No era tan atractivo como el SL, pero el SLC no tuvo rival como gran turismo y era capaz de llevar a sus pasajeros a altas velocidades con comodidad. Sus ventanas se podían bajar por completo y no tenían marco. Hoy aún existen muchos ejemplares bien cuidados. Como la del SL, la serie SLC se revisó en 1980 y la última versión, la 280, se dejó de fabricar en 1981.

Se presentó poco después del cupé y del convertible de la serie SLC. Tenía una distancia entre ejes larga y estaba diseñada para acomodar bien a cuatro pasajeros en su interior. Mecánicamente

había muy poca diferencia con el SL, sólo el peso del SLC que apenas influyó en sus formidables prestaciones. Su motor de 4,5 l V8 muy potente entregaba 225 CV y tenía un enorme par.

De nuevo sería este motor el que se llevaría la palma de ventas con más de 30.000 unidades vendidas. Al igual que el SL, el 280 SLC de 1974 disponía de un motor con doble árbol de levas y

Motor: 8 cilindros, 4.520 cc
Potencia: 168 KW (225 CV)
De 0 a 100 km/h: 7,4 s
Velocidad máxima: 214 km/h
Producción total: 56.330

MERCEDES-BENZ W116 S-CLASS

Alguien describió el asombroso nuevo Mercedes-Benz W116 S-Class como el mejor coche del mundo en aquellos años con la única salvedad del Rolls-Royce. De hecho fue un coche fantástico que hizo ganar a Mercedes la fama de fabricante de coches de calidad que siempre tuvo.

Otras claves de esta calidad aparte de la construcción fueron las prestaciones, su soberbia maniobrabilidad, el confort y los inauditos niveles de refinamiento. Su diseño se describía más como majestuoso que como atractivo, aunque su mera presencia en la carretera llamaba la atención.

Su suspensión trasera semioscilante derivaba de la del SL y estaba equipado, dado su tamaño, con dirección asistida. La transmisión automática también era de serie a pesar de que algunos de los 280 se ofrecían con opción manual. El SEL tenía una distancia entre ejes más larga y por lo tanto un mayor espacio para las piernas de los pasajeros de atrás.

El último modelo de esta serie fue el 450SEL que era el doble de caro que el Jaguar XJ12 por aquellos tiempos. La versión 600 con motor V8 dio a este coche fantásticas prestaciones, como pasar de 0 a 100 en 7,3 s, sin dejar de ofrecer los tradicionales niveles de lujo.

Motores excelentes, construcción irreprochable y niveles insuperables de confort hacen de este modelo uno de los mejores coches que el mundo vio en los años 70. La mayoría tenía un motor de 6 cilindros, 2.746 cc, pero los 350 y 450 V8 tenían mejores prestaciones.

Motor: 6 cilindros, 2.746 cc
Potencia: 115 KW (155 CV)
De 0 a 100 km/h: 9,2 s
Velocidad máxima: 189 km/h
Producción total: 437.240

MERCURY MONTERREY

1952–72

Entre los coches baratos con motor V8 de Ford y los lujosos Lincoln de la serie K apareció en 1938 el Mercury Eight con la idea de competir con otros modelos como los de Oldsmobile y Buick. Era un modelo totalmente nuevo ideado por Edsel Ford.

En los últimos años de los Mercury adoptarían el diseño de la cola de los Lincoln que dominó en todos los Estados Unidos durante los años 50 tal y como demuestra el Monterrey de 1952, un coche equipado con un motor anticuado de 8 cilindros en V al que se le había colocado un bloque en Y y que entregaba unos 161 CV de potencia.

El coche tuvo un éxito inmediato promovido sin duda por las estrellas de Holywood como James Dean: era el coche que subía por la colina en la película *Rebelde sin causa*. Otras estrellas del celuloide como Gary Cooper, también escogieron el Monterrey.

Éste se ofrecía en carrocería convertible, cupé sin pilares, un sedán de cuatro puertas o un

familiar. Además sus compradores también podían escoger entre un abanico de 38 colores diferentes.

A pesar de su tamaño y peso el Monterrey disponía de frenos de tambor tanto delante como detrás, lo que no le ayudaba mucho en situaciones comprometidas.

Ford creó el Mercury como una marca de coches para la clase media en los últimos años 30 para rivalizar con los coches de masas de Oldsmobile y Buick. La estrategia hizo que Mercury fabricase coches grandes y nada económicos, como el Monterrey con su motor de 8 cilindros, durante los años 50 y 60.

Motor: 8 cilindros, 6.502 cc
Potencia: 120 kW (161 CV)
De 0 a 100 km/h: 14 s
Velocidad máxima: 161 km/h
Producción total: 174.238

MERCURY COMET

1960–70

Liderada por Henry Ford II, Mercury apostó por tener un diseño más agresivo y sacó en 1960 el Comet. Fue un derivado del Ford Falcon con un motor original de 2.360 cc y 6 cilindros que en 1961 optó por otro más convencional.

El diseño del compacto Comet estaba muy ligado a las líneas de los más grandes y se ofrecía

con tres carrocerías: sedán de dos y cuatro puertas y familiar. Sus ventas tuvieron un buen ritmo, sobre todo las del deportivo S-22 de 1963 con su motor de 2.785 cc y 164 CV que alcanzaba los 100 km/h en 11,5 s. Los asientos delanteros eran anatómicos.

En 1964 al Comet se le rebautizó con el nombre de

Caliente; tenía ya entonces un motor V8 de 200 CV y la opción de tener dirección asistida y servofrenos. Los compradores podían escoger entre deportivos de asientos envolventes y los asientos convencionales de la época. A diferencia de otros sedán americanos la suspensión del Comet era rígida, pero confortable.

Motor: 8 cilindros, 2.785 cc
Potencia: 122 kW (94 CV)
De 0 a 100 km/h: 11,5 s
Velocidad máxima: 150 km/h
Producción total: n/d

El Comet fue el primer coche compacto de Mercury que se vendió con un motor diferente al V8. La versión Luxury Caliente de 1966 tenía una distancia entre ejes más larga que la del modelo estándar.

MERCURY METEOR   1961–63

El Meteor se describió como un coche de tamaño medio dentro de la extensa gama de la marca. Compartía la misma estructura de diseño que el Ford Fairlane pero tenía una mayor distancia entre ejes y unas líneas muy parecidas a las de otros miembros de la familia Ford.

Sus prestaciones estaban dentro de lo común en los modelos de su clase, ya que compartía el motor con el Ford Falcon y el Comet, pero situado más atrás con tal de aportar un mejor equilibrio y evitar la tendencia a hundirse en las frenadas.

El Meteor usaba la suspensión «Cushion Link» compuesta de muelles helicoidales delante independientes y un eje rígido con ballestas semielípticas de cinco láminas detrás. Su peculiar sistema hacía que tanto las ruedas delanteras como las traseras pudiesen moverse hacia atrás,

adelante y hacia abajo en terrenos tortuosos, así como que sus posteriores parachoques de hierro favorecieran su conducción suave.

La calidad de su construcción y la resistencia de sus paneles eran particularmente buenas en los Mercury, y el Meteor no fue una excepción.

El aspecto nada memorable del Meteor incluía diversas complejas innovaciones técnicas como la suspensión «Cushion Link» diseñada para que sus ocupantes tuvieran un viaje cómodo incluso sobre superficies rugosas. La calidad de su construcción era muy alta.

Motor: 6 cilindros, 3.645 cc
Potencia: 108 kW (145 CV)
De 0 a 100 km/h: 15,2 s
Velocidad máxima: 152 km/h
Producción total: n/d

MERCURY CYCLONE   1963–71

Mercury decidió dar a la serie Comet una imagen más agresiva en 1963, por lo que sacó al mercado el Cyclone, un modelo que al principio sólo se ofrecía como convertible pero que en 1968 apareció en versión cupé. Más tarde aparecería una versión con asientos anatómicos y la opción de un techo de fibra de vidrio y entradas de aire simuladas, una versión especial para los que compran por los ojos. Por otra parte también tenía un raro retrovisor de aluminio para

evitar las interferencias que pudiera ejercer el encendido en la radio.

La capacidad del motor del Cyclone aumentó de forma rápida para conseguir más potencia; en 1967 entregaba los 425 CV. En 1969 la versión CJ estaba equipada con un motor Ford Cobra, alerones deportivos, una entrada de aire en el capó y una inducción Ram Air. El Cyclone tenía graves problemas en el eje trasero incluso teniendo un juego especial para mejorar la maniobrabilidad, pero su

Basado en el Comet, el compacto de la marca, el Cyclone fue algo así como un deportivo de su tiempo. La versión de 1965 con los faros agrupados como la de esta foto, obtendría después un aspecto más agresivo y un aumento de potencia que se correspondía con éste.

dirección eficaz hizo que fuese un coche divertido de conducir.

En 1970 estaba destinado al público joven, por lo que presentaba grandes entradas de aire tanto delante como detrás. Un artículo de la época

Motor: 8 cilindros, 7.030 cc
Potencia: 317 kW (425 CV)
De 0 a 100 Km/h.: 8,8 s
Velocidad máxima: 213 km/h
Producción total: 90.023

lo describió como «De largo capó, corta trasera, firme en las curvas y muy deportivo en las rectas.»

Por desgracia su fabricación cesó al poco de empezar la década de los 70 al venderse únicamente 90.000 unidades. El coche se había dejado de fabricar en menos de una década.

MERCURY COUGAR

1966–73

Motor: 8 cilindros, 4.736 cc
Potencia: 156 kW (210 CV)
De 0 a 100 km/h: 10,2 s
Velocidad máxima: 168 km/h
Producción total: 90.236

Mercury quiso vender su propio Mustang, por lo que decidió lanzar al mercado su versión con el nombre de Cougar. Al principio sólo se vendía como un deportivo de dos puertas y techo duro, era un poco más grande que el modelo de Ford, tenía un rendimiento un poco mejor y se vendía un 10 por 100 más caro.

Su caja de cambios manual de tres velocidades era de serie mientras que la de tres velocidades automática, la manual de cuatro o la Borg Warner también de cuatro velocidades eran opcionales. Todos los modelos tenían un motor V-8 aunque su capacidad inicial de 4.736 cc aumentase hasta los 7.030 en el transcurso de su vida.

En los modelos de los años 60 su diseño, muy cuidado, incluía faros delanteros ocultos y parachoques insertados en la carrocería. Con él se llenaba el hueco entre el Ford Mustang y el Thunderbird. A principios de los años 70 éste se complicó instalando una parrilla tipo cascada de agua rara y unos vulgares embellecedores externos.

La versión lujosa, la XR7 tenía un motor de 370 CV y unas decoraciones especiales en el

A pesar de su diseño parejo al del Ford Mustang, el Cougar fue con los años más largo y menos deportivo. Pasados los 70 tuvo problemas serios, por lo que los modelos ingleses fueron los más solicitados.

modelo convertible. La GT-E con su *pack* deportivo y el Eliminator de 1969, tienen aún hoy día grandes entusiastas.

MESSERSCHMITT KR200

1955–64

Hoy día parece absurdo querer fabricar un coche burbuja, pero en los años 50 era muy lógico producir coches básicos, baratos y sin ningún lujo.

El Kabinroller, como se conocía este invento del ingeniero aeronáutico alemán Fritz Fend, se puso en marcha en la fábrica de aviones Messerschmitt en 1953. El KR200 apareció en 1955 y su carrocería tenía una pieza de plexiglás por la que se entraba a su interior. Los pasajeros se sentaban en él igual que en las carlingas de los aviones y su volante no era más que un manillar doble de motocicleta.

El motor de este vehículo, monocilíndrico, cubicaba 191 cc y entregaba 10 CV, pero como pesaba muy poco y su chasis era tubular, podía alcanzar los 100 km/h. Sus frenos se activaban por cable y su suspensión rudimentaria por balancines giratorios *(swing-beam)* era suficiente para muchos y quienes pidiesen una versión descapotable podían acceder convertible.

Los Kabinroller fueron muy populares gracias a su construcción bastante simple y su sencillo mantenimiento.

Actualmente sobreviven muchos ejemplares, por lo que es fácil encontrarlos.

Motor: 1 cilindro, 191 CV
Potencia: 10 kW (10 CV)
De 0 a 100 km/h: n/d
Velocidad máxima: 100 km/h
Producción total: 41.190

Basado en el diseño de la carlinga de un avión, podía transportar a dos pasajeros como en un tándem. Su motor era monocilíndrico y entregaba 10 CV.

MESSERSCHMITT TG500

Aunque la mayoría de la gente se refiere a él como el Tigre, el coche nunca adoptó este nombre. El fabricante de camiones Krupp lo patentó y nunca se opuso a que fuera un diminuto biplaza legendario.

Sus cuatro ruedas le daban más estabilidad que al de tres. Estaba equipado con un motor bicilíndrico de 493 cc Sachs refrigerado por aire, suficiente para que alcanzase los 121 km/h. Era más rápido que muchos de los sedán de su época y mucho más ágil que la mayoría.

La fiera de los microcoches, el Tigre, estaba equipado con frenos hidráulicos, una dirección mejorada y una suspensión similar a la del KR 200. Los pasajeros se sentaban en tándem y mantenía el doble manillar como volante, lo que indica lo hábil que debía ser el conductor yendo a

altas velocidades. Se ofrecía también como cupé de techo bajo, que fue la versión más notoria.

A pesar de que tuvo un éxito inmediato entre sus entusiastas y de que no se dispone de cifras oficiales, se fabricaron muy pocos de ellos; se cree que no superaron los 500.

Motor: 2 cilindros, 493 cc
Potencia: 15 kW (20 CV)
De 0 a 100 km/h: 18,7 s
Velocidad máxima: 121 km/h
Producción total: 450 aprox.

El tigre fue el punto culminante de los coches burbuja; podía alcanzar la velocidad máxima de 121 km/h y su conducción era entretenida a pesar de que la delgadez de las ruedas hace sospechar que no tenía mucho agarre.

MG 14/40

Los primeros MG que aparecieron a principios de los años 20 no eran más que Morris Oxford con una carrocería especial construidos en la fábrica de Cecil Kimber en Oxford, Inglaterra.

Los coches de Kimber, con su famoso emblema del octógono en el frontal, fueron muy populares y el inspiraron el diseño y la fabricación de sus propios deportivos apoyado por Morris.

En 1927 se construyó una nueva fábrica cerca de la de Morris, en Cowley, Oxfordshire, y sus primeros modelos, los 14/40, aparecerían ese mismo año con la mayoría de sus elementos mecánicos Morris.

Coche destinado a conductores apasionados, era capaz de alcanzar los 100 km/h de velocidad máxima con un anticuado motor de válvulas laterales; su buen agarre a la carretera y sus servofrenos indican

que tomaba las curvas y frenaba mejor que cualquiera de los de su tiempo. MG decía que los suyos eran «los coches que no pueden patinar», lo que resultaba un poco exagerado.

El primer modelo independiente de MG respecto a Morris, el 14/40 fue importante históricamente. Comparado con la mayoría de los coches de los años 20 mostraba unas impresionantes prestaciones.

La popularidad del MG hizo que Kimber abriese una nueva fábrica en Abingdon el año 1929. Esta fábrica fue la casa madre hasta que en 1981 British Leyland intentó eliminar el nombre.

Motor: 4 cilindros, 1.802 cc
Potencia: n/d
De 0 a 100 km/h: n/d
Velocidad máxima: 100 km/h
Producción total: 900 aprox.

MG 18/80

William Morris tuvo grandes esperanzas en el sedán Light Six cuando apareció por primera vez en el Olimpia Motor Show de 1927 con nuevo motor Woollard de 6 cilindros en línea con árbol de levas en cabeza diseñado por Prendel con buenos rendimientos; aunque malogrado por sus ingenieros, el coche demostró ser rápido, pero tenía problemas de maniobrabilidad.

Morris, descontento, optó por fabricar un nuevo armazón y así apareció el 18/80, que debutó en 1928 en el Salón del Automóvil de Londres con el nombre de MG Six que era mucho mejor que el Light Six.

El 18/80 fue un verdadero sedán deportivo con un excelente comportamiento en carretera y una elegante carrocería. En 1929 se sumó a su serie un interesante

Mark II con dos carburadores, unos frenos actualizados y de 4 l que se aseguraba podía alcanzar los 130 km/h.

Se fabricaron cinco modelos de carreras en 1930 en la fábrica de Morris; tenía una carrocería ligera y un suave motor de 6 cilindros en línea capaz de superar los 160 km/h. Tuvo un éxito mediocre en este campo.

Aun siendo un turismo grande y elegante Morris fabricó cinco 18/80 para las carreras. Tuvieron relativo éxito y logró el calificativo de deportivo.

Motor: 6 cilindros, 2.468 cc
Potencia: 45 kW (60 CV)
De 0 a 100 km/h: n/d
Velocidad máxima: 126 km/h
Producción total: 736

MG Midget

Antes de trasladarse a Abingdon MG ya se había especializado en grandes sedán deportivos. Pero ahora que tenía espacio para una mayor fabricación, la marca decidió hacer deportivos más pequeños con un motor de 847 cc con árbol de levas

en cabeza evolucionado del Morris Minor.

El bajo costo de sus Midget hizo que este deportivo se popularizase. Su chasis provenía, como el motor, del Morris Minor, pero tenía una suspensión más baja y su peso se mantuvo en los mínimos usando

lona en vez de metal en los paneles de su carrocería.

El Midget original fue sustituido en 1932 por el D-Type Midget que perdió un poco de su atractivo a cambio de cuatro asientos, carrocería metálica y un capó plegable. Las versiones biplaza recibirían el nombre de J-Type Midget y tenían el mismo motor y mecánica. La J2 era sólo un biplaza descapotable y la J1, más grande, disponía de cuatro asientos y un techo metálico.

El C-Type Midget de 1931 vio reducida la capacidad de su motor a 746 cc para competir en las carreras de 750 cc. Se ofrecía una versión con turbocompresor que entregaba 53 CV y alcanzaba los 160 km/h.

Motor: 4 cilindros, 847cc
Potencia: 24 kW (32 CV)
De 0 a 100 km/h: n/d
Velocidad máxima: 105 km/h
Producción total: 5.992

Midget era su nombre y MG su naturaleza. El pequeño de los MG demostró lo divertido que podía ser conducirlo aun siendo un coche tan básico como fuese posible. El Midget llegó a ser un coche popular entre los pilotos de carreras ya que su motor era muy fácil de modificar.

MG Magna

1931–34

Era un poco más grande que el Midget y más confortable, por lo que el Magna estaba dirigido a un público más maduro. Esta circunstancia no le privó de competir en las carreras y en diferentes pruebas.

A principios de los años 30 la gama de MG había empezado a ser confusa dado su gran abanico de posibilidades. El Magna fue fabricado para un mercado más maduro y sofisticado que el del Midget. Tenía un motor de 6 cilindros en línea con árbol de levas en cabeza desarrollado por Wolseley Horne. Aunque tuviese 2 cilindros de más frente a muchos de sus rivales no superaban los 1,1 o los 1,3 l.

Fue un coche decepcionante en su conducción respecto a los demás MG dada su mala maniobrabilidad pues tenía una distancia entre ejes larga y una anchura corta además de una caja de cambios que requería paciencia y concentración.

Al primer Magna se le conoció con el nombre de F-Type y fue sustituido un año después por

el L-Type con una carrocería más ancha y un motor más potente gracias a sus dos carburadores SU. Por otra parte su aspecto había mejorado con los guardabarros más anchos, el nuevo diseño de las

puertas y el frontal más grande. Aun así continuaba con sus problemas en la conducción. El Magna más raro y bonito fue el L-Type Continental Coupé, muy parecido en su aspecto al Bugatti Type 57.

Motor: 6 cilindros, 1.087 cc
Potencia: 28 kW (37 CV)
De 0 a 100 km/h: n/d
Velocidad máxima: 113 km/h
Producción total: 182

MG Magnette

1932–36

Motor: 6 cilindros, 1.271 cc
Potencia: 36 kW (48.5 CV)
De 0 a 100 km/h: n/d
Velocidad máxima: 121 km/h
Producción total: 1.351

El Magnette se ofrecía en todo un abanico de posibles carrocerías. El de la foto es un deportivo de dos puertas con un sistema de escape novedoso, pero igualmente se ofrecían sedán y cupés.

Aun más confuso que la serie Magna, la Magnette iba a serlo todo para sus clientes. Se trataba de un sedán de cuatro plazas y cuatro puertas, un descapotable de cuatro plazas, un sedán de dos puertas o un deportivo de dos puertas equipado con un gran abanico de motores siempre de 6 cilindros

en bloque pequeño compartido con el del Magna. De todos ellos el más interesante fue el Magnette K2, un deportivo biplaza con los guardabarros separados y un techo muy bien plegado.

Toda la serie tuvo un nuevo diseño en 1933 y se le dio el nombre de KN Magnette; disponía

de un mejor equipamiento, unas líneas más suaves en la carrocería y una potencia de 56 CV. Aparte de su nefasta caja de cambios fue un coche de buena conducción y con unos frenos superiores a los normales de la época.

En el Olimpia Motor Show de 1935 apareció el N-Type Magnette con un diseño más escultural, un chasis más rígido y una dirección más exacta.

El Magnete fue la base del K3, que rompería todos los récords. El especial de competición con motor turbo fue el de más éxito de los MG de carreras del momento ganando la Tourist Trophy de 1933 con Tazio Nuvolari al volante y la British Racing Drivers Club 500 Mile. Su velocidad media fue de 171 km/h.

MG P-TYPE

1934–36

El P-Type era una opción relativamente segura para reemplazar el Midget. Sea como fuere, ya daba las pistas para saber cómo serían los MG futuros, con anchas alas que parecían a escala del TC.

No fue fácil para MG sustituir el Midget, por lo que optó por lo más seguro con el PA. Un coche con una distancia entre ejes más larga y un cigüeñal más resistente con tres bielas. Se le mejoró la dirección pero MG, muy inteligente, no cambió el distintivo sistema de escape del Midget y su característica maniobrabilidad.

Uno de los elementos más inusuales del P-Type fue la excelente combinación del cuentarrevoluciones con el velocímetro, que no tenían agujas sino dos grupos de números, una idea muy novedosa, pero que resultó irritante e inútil.

El PA sería sustituido por el PB en 1935 y era aún más entretenido de conducir gracias a la mayor capacidad de su motor. Usaba el mismo bloque que el PA cubicando 939 cc y entregando 43 CV.

MG también aprovechó la oportunidad de equipar a su PB con un cuentarrevoluciones y un velocímetro separados poniendo al conjuntado del PA en los anales de la historia del automóvil. Por otra parte el PB también tenía una caja de cambios más suave respondiendo así a las críticas que recibían los coches de la marca en general.

Motor: 4 cilindros, 847 cc
Potencia: 30 kW (40 CV)
De 0 a 100 km/h: n/d
Velocidad máxima: 121 km/h
Producción total: 2.526

MG SA

1936–39

Otro tipo de MG fue el SA, un cupé gran turismo extremadamente elegante sin ninguna intención de deportividad. Se podía adquirir con diferentes carrocerías, todas muy elegantes y con un diseño vanguardista de suaves líneas curvas tanto en el capó como en el techo. Todas ellas eran de cuatro asientos con mucho espacio para las piernas y muy buen acceso atrás. La opción de turismo descapotable se ofreció a tiempo para el verano de 1937.

Al igual que en el más pequeño MG, el motor del SA era cortesía de Wolseley y entregaba un gran par pero un escaso poder de aceleración. Su dirección, suave y confortable, hizo que fuera una máquina de muy buen conducir especialmente si estaba equipada con la caja de cambios sincronizada que tenía desde finales de 1937.

Una de las incongruencias surgió cuando los ingenieros y los diseñadores de la carrocería no se entendieron bien; el motor de 2,3 l y 6 cilindros en línea era mucho más alto que el espacio para él reservado en el capó, por lo que MG

solucionó el problema diseñando *dashpots* horizontales para los dos carburadores que permitían cerrarse al capó con menos de 2,5 cm de espacio sobrante.

Uno de los pocos MG que no fue comercializado como deportivo. El SA era un turismo elegante construido para el confort y el lujo.

Motor: 6 cilindros, 2.288 cc
Potencia: 46 kW (62 CV)
De 0 a 100 km/h: n/d
Velocidad máxima: 129 km/h
Producción total: 2.738

MG VA

La popularidad del SA indujo a MG a fabricar coches con un motor menor y más baratos usando la misma plataforma. Se ofrecieron turismos tanto descapotables como cubiertos con un habitáculo muy espacioso para cuatro personas. El diseño de la carrocería no entraba como opción. Su precio de 280 £ hizo que el VA fuese una buena opción frente a otras similares de rivales menos impresionantes.

El motor de 1.548 cc procedía del Wolseley 12 y estaba un poco modificado respecto a otros modelos de MG, pero ofrecía casi idénticas prestaciones que las del SA, incluso casi el mismo lujo.

Estaba equipado con un gato hidráulico de serie para evitar el problema del cambio de ruedas en un mal sitio dada su carrocería larga y pesada compuesta por paneles de madera, operación que era todo un desastre. De hecho la flexibilidad de la carrocería fue motivo de críticas tanto en el SA

como en el VA, así como la dureza de la dirección dado el peso de la carrocería y su suspensión de «muñón corredizo» *(sliding trunnion).*

A pesar de estos problemas el VA fue uno de los mejores coches de su clase siendo muy popular.

El VA fue el sucesor del SA. Su pesada carrocería hizo que la maniobrabilidad fuese pesada y su dirección muy dura. Su gato hidráulico sirvió para que los conductores no destrozasen el armazón ni la carrocería usando el manual.

Motor: 4 cilindros, 1.548 cc
Potencia: 39 kW (53 CV)
De 0 a 100 km/h: n/d
Velocidad máxima: 129 km/h
Producción total: 2.407

MG WA

Si no hubiese sido por el estallido de la Segunda Guerra Mundial, el WA hubiese entrado en los anales de la historia del automóvil como el turismo más elegante de su tiempo. Pero por desgracia MG sacó al mercado en mal momento el que sería su buque insignia, en 1938, del que sólo pudo fabricar 369 unidades antes de que la factoría de Abingdon se dedicase

a apoyar en la guerra. De hecho el coche era un SA actualizado y mejorado que había solucionado los problemas de sus predecesores gracias a las inteligentes ideas de los ingenieros.

Su motor perezoso fue rectificado en parte aumentándole su compresión y se le montó un sistema dual de frenos hidráulicos que dio al WA una potencia de

frenada muy similar a la mayoría de los coches de competición de la época e hizo que su conducción fuese un verdadero disfrute.

De nuevo se ofreció en una gran gama de carrocerías elegantes y lujosas en su interior donde MG añadió cantidad de accesorios extra como tapicería de piel, moqueta gruesa y elementos de madera en las puertas. Además el dial de la radio

era de marfil y disponía de una completa caja de herramientas. En verdad viajar en este coche era un relax.

Motor: 6 cilindros, 2.561cc
Potencia: 52 kW (70 CV)
De 0 a 100 km/h: n/d
Velocidad máxima: 137 km/h
Producción total: 369

Fue una pena que la gama de coches lujosos de MG se completase poco antes del estallido de la Segunda Guerra Mundial y tuviese que parar la producción. El WA fue un coche de lujos del que sólo se fabricaron 369 unidades.

MG SERIE T

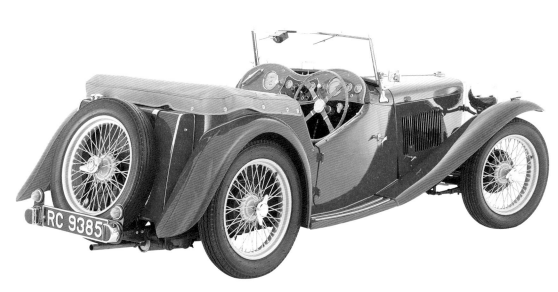

Sus pequeñas medidas y sus líneas de gran turismo provocaron que el TC fuese uno de los deportivos más atractivos de su época.

Los primeros modelos de la serie T aparecieron en 1936, pero el inicio de la Segunda Guerra Mundial hizo que la fabricación se parase durante menos de tres años. La falta de fondos y recursos limitados justo después del conflicto provocó que MG recurriera a sus antiguos modelos para el resurgir de la marca.

El modelo TC, aparecido en 1945, tenía un interior más amplio, una caja de cambios parcialmente sincronizada y era ligeramente distinto al TB que sustituía. Su carrocería era un armazón de madera de fresno y disponía de suspensión en ballesta, pero aun así fue un coche popular sobre todo entre los estadounidenses desplazados en Gran Bretaña. El característico motor y su maniobrabilidad le hizo ser un deportivo tradicional de conducción firme y dirección dura que parecían más un retroceso que un avance.

Conducir un TC nunca fue una experiencia fácil a pesar de su caja de cambios de cuatro velocidades sincronizada a partir de la segunda que no podía usarse con agilidad y unos frenos de tambor muy poco más efectivos que los anteriores por cable.

Aunque la mayoría se vendieron en los Estados Unidos, muchos fueron recomprados por los entusiastas británicos al tener que conducirse por la derecha. El TC ayudó a la rápida recuperación de MG, pero la marca sabía que para mantener su reputación tenía que

evolucionar el coche y no dormirse en los laureles a pesar de que vendiera más de 10.000 unidades en sólo cuatro años.

Los materiales y los fondos eran aún muy limitados; así que el TC de 1949 mantuvo su chasis y el motor XPAG, pero se le montaron una suspensión delantera independiente, un sistema de frenos actualizado y una dirección de cremallera procedente del Y-Type. Estas modificaciones hicieron que el TD

fuese un coche fácil de conducir con una dirección mucho más ligera y precisa que la de sus antecesores.

El TD tuvo el mismo aspecto que el TC pero con unas líneas ligeramente más suaves, unos parachoques cromados y pesados y unas llantas de acero que sustituían las anteriores de plato debido al coste de producción. En 1952 se aumentó la compresión del motor, que alcanzaría una velocidad máxima de 137 km/h y que lo

haría más popular entre los entusiastas de la marca; se vendieron casi 30.000 unidades de nuevo sobre todo en el mercado de la exportación. También se popularizó entre los aficionados pilotos de carreras que recurrieron a empresas de *tunning* para aumentar la potencia del modesto motor XPAG con un turbocompresor Shorrok. El TD sobrepasaría los 160 km/h y entregaría 99 CV.

Los últimos modelos de la serie T, los TF de 1953, tenían las líneas más afiladas de toda la industria del motor del momento, los aros delanteros empotrados en la carrocería y una parrilla del radiador al sesgo además de unos laterales más bajos y largos. En su interior se sustituyó la banqueta delantera por asientos delanteros separados y se recuperaron las llantas de plato.

De nuevo al TF le faltaban prestaciones, tenía más peso debido a los extras y un mismo motor; de hecho era más lento que el coche al que reemplazaba, entregando 57 CV y ofreciendo una velocidad máxima de 127 km/h.

En 1954 se le montó un motor de 1.500 cc que le dio las prestaciones que siempre había requerido un coche así y por lo que es hoy día la versión más buscada. Es un modelo muy raro del que se fabricaron sólo 3.400 unidades antes de que la serie se reemplazara por la MGA de construcción monocasco. Los más tradicionalistas prefieren los coches de la primera época con su estilo impersonal y sus rudas características de conducción.

Motor: 4 cilindros, 1.250 cc
Potencia: 40 kW (54 CV)
De 0 a 100 km/h: 22,7 s
Velocidad máxima: 126 km/h
Producción total: 51.000

Al principio el TC sólo podía comprarse con una banqueta delante, pero la versión de esta fotografía tiene los asientos separados. Fue un coche divertido de conducir y las reducidas dimensiones de su interior hacían un habitáculo muy estrecho con una caja de cambios de difícil acceso.

MG Y-Type

1947–53

MG sacó su primer sedán deportivo de posguerra con piezas recuperadas de otros modelos por el grupo Nuffield. La parte principal de la carrocería, los paneles traseros y las puertas procedían del Morris 8 mientras que el motor 1250 XPAG, de los primeros deportivos de la serie T.

Algunas características de su interior, como la suspensión delantera independiente con muelles helicoidales y una dirección de cremallera, delataban su intención de ser un sedán deportivo. Los últimos modelos fueron diseñados por Alec Issigonis, quien más tarde se aplicaría en el Morris Minor, el Mini y las series 1100/1300 de la BMC.

Todos los modelos de la serie Y tenían un lujoso interior con tapicería de piel y elementos de madera y un intrincado salpicadero. Los posteriores YB disponían de un motor más potente y un eje trasero más simple. A pesar de preserntarse como un sedán deportivo, los Y-Type nunca fueron muy rápidos, incluso el YB sólo podía alcanzar los 114 km/h.

La versión descapotable del modelo YT se ofreció durante poco tiempo en los Estados Unidos. Tenía cuatro asientos y un motor de dos carburadores y sólo se fabricaron 900 unidades.

Debió ser un coche normal, pero estaba adelantado a su tiempo. Tenía suspensión delantera independiente con muelles helicoidales y una dirección de cremallera.

Motor: 4 cilindros, 1.250 cc
Potencia: 36 kW (48 CV)
De 0 a 100 km/h: 27,7 s
Velocidad máxima: 115 km/h
Producción total: 7.459

MG Magnette ZA/ZB

1953–58

Los adelantos de los ingenieros lo hicieron parecer un fenómeno relativamente moderno, pero el primer MG basado en otro fabricante de coches ya había aparecido casi 50 años atrás. El Magnette ZA se apropió de la carrocería del Wolseley 4/44, pero era más atractivo gracias a la parrilla estriada de MG, embellecedores cromados y unos parachoques rectos delante.

El coche también marcaría la primera aparición del venerable BMC de la serie B en un MG. Es un detalle significativo porque más tarde motorizaría los dos deportivos más famosos y de más éxito de la marca, el MGA y el MGB.

El Magnette disponía igualmente de una plataforma actualizada, dirección de cremallera y una suspensión mejorada; los 60 CV que entregaba el motor favorecía

Aunque su carrocería era la del Wolseley 4/44 y por lo tanto se le parecía, el Magnette era y tenía un aspecto más deportivo. Se le había revisado la suspensión, tenía la dirección de cremallera y una caja de cambios de relación cerrada.

sus prestaciones. Una caja de cambios de relación cerrada no sólo le daba mayor capacidad de aceleración que el Wolseley, sino también un mayor placer en la conducción ya que los compradores interesados en el lujo y la sofisticación encontraban en el habitáculo detalles de madera y tapicería de piel.

El ZB, más potente, apareció en 1956 y se ofrecía con la opción Varitone pintado en dos tonalidades y un parabrisas trasero envolvente. Sólo unos pocos modelos obtuvieron una transmisión semiautomática, una novedad, pero también un intento muy efectivo para crear cambios de marcha manuales sin embrague, incómodos de usar en aquellos años.

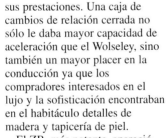

Motor: 4 cilindros, 1.489 cc
Potencia: 51 kW (68 CV)
De 0 a 100 km/h: 22,6 s
Velocidad máxima: 129 km/h
Producción total: 36.600

MGA

Sus líneas limpias y modernas conjugadas con un efecto aerodinámico hicieron al MGA muy popular en Europa y Estados Unidos. Ofrecía dos versiones del motor estándar del BMW serie B además de un especial con dos árboles de levas.

El diseño del MGA fue el primer paso hacia una nueva era de modernidad en la marca de Abingdon. Algunas piezas mecánicas procedían de la gama de BMC como la suspensión delantera independiente y la dirección de cremallera, las primeras que se montaban en un MG.

Lo más moderno del automóvil fueron sus líneas derivadas de un coche especial de 1954 llamado Le Mans basado en un MG TD y construido sobre un chasis alargado con una sección en caja. Su diseño pretendía que el coche tuviera un aspecto aerodinámico.

El chasis era pesado, por lo que a pesar de la imagen ágil del coche era difícil de conducir a altas velocidades y de parar los primeros modelos que únicamente tenían frenos de tambor en sus cuatro ruedas.

Los primeros MGA tenían el motor de 1.489 cc del BMC serie B, que no ofrecía interesantes presentaciones pero era suficiente para que el coche fuese divertido de conducir; se podía montar como opción una serie de accesorios para modificarlo y hacerlo más rápido. El modelo estándar aceleraba de 0 a 100 km/h en 15 s, rápido para un coche de aquellos años, pero el cambio de marchas era difícil, pues las velocidades inferiores a veces necesitaban de un doble embragaje incluso teniendo una caja de cambios sincronizada.

En 1956 se añadió a la serie una versión cupé que ofrecía una mejor aerodinámica pero mantenía un habitáculo estrecho y claustrofóbico además de incómodo. Un problema al que no se prestó atención hasta que en 1960 se le montaron ventanas correderas.

Ambos modelos tenían similares características de conducción y una impresionante maniobrabilidad que llevó al MGA a tener un modesto éxito en las carreras y a su popularización en el mundo de los rallies de aficionados.

BMC lo reconoció y en 1959 tanto el cupé como el *roadster* aumentaron su potencia adoptando un motor de 1.588 cc en vez del de 1.489, que entregaba 80 CV y tenía frenos de disco delanteros.

Conducir hoy día uno de estos últimos deportivos demostraría por qué estos coches gozaron de tal popularidad entre los entusiastas del automovilismo deportivo; el cambio de marchas y la dirección serían incómodos comparados con los de la actualidad, pero el chasis y los escapes tenían todo un carácter.

El motor de 1.588 cc se convirtió en la base de un MGA aún más rápido. Un modelo de carreras con un motor de dos árboles de levas en cabeza destinado a la serie B que contó como opción en toda la serie durante dos años a partir de finales de los 50. Sólo se fabricó el 2111 MGA Twin Cams, un coche increíblemente rápido con un motor de 108 CV y una velocidad máxima de 177 km/h. Este motor fue pronto conocido por los problemas de fragilidad de sus pistones, lo que hizo que pocos sobrevivieran. El modelo Twin Cam se carcterizaba por el poco peso de sus llantas con anclaje central, los frenos de disco en sus cuatro ruedas y un capó ligeramente modificado.

El MGA estándar se mantuvo intacto hasta 1961, cuando se anunció la incorporación a la gama del más moderno Mark II que acabaría con la fabricación del MGA. Sólo se variaron las cubiertas de las luces traseras y se le montó una parrilla más retrasada. Pero bajo su capó el bloque de la serie B había sido sustituido por un motor de 1.622 cc que aumentó su potencia a 86 CV. Sus cuatro ruedas tenían frenos de disco y como opción un *pack* con accesorios de lujo.

Aunque no tan agraciado como el Mk I, el Mk II era mucho más flexible: mayores prestaciones del cambio de velocidades y de manejo, lo que le hizo ser un coche para conductores expertos, aunque ningún MGA ha decepcionado nunca a ningún conductor.

El MGA se dejó de fabricar en 1962 para ceder paso al deportivo británico por excelencia, el MGB, que aunque de diseño moderno nunca consiguió emular la pureza de líneas del MGA.

Un gran velocímetro y cuentarrevoluciones dominaban el salpicadero. Con ellos los amantes de los deportivos se sentían como en casa. Otros relojes indicaban la presión del aceite y la temperatura.

Motor: 4 cilindros, 1.489 cc
Potencia: 54 kW (72 CV)
De 0 a 100 km/h: 15 s
Velocidad máxima: 160 km/h
Producción total: 101.081

MG MIDGET

Bajo su carrocería era idéntico a un Austin-Healey Sprite. Los primeros modelos tenían los parachoques cromados y unos pasos de rueda angulosos.

La actual competitiva industria del motor está diominada por nombres. Si una marca saca su modelo y no tiene éxito con su imagen puede perder millones de dólares y echar a perder horas de trabajo. Actualmente se pagan billones cada día por todo aquello que el público busca en el coche. Fue lo que en realidad pasó con el MG Midget, pequeño deportivo de gran éxito que se fabricó durante 18 años.

El mismo nombre indica que en su interior no se disponía de mucho espacio ni para los pasajeros ni para más de un par de bolsas de la compra, pero este nombre hace olvidar todo. Apareció en 1961 siendo el MG más pequeño de todos; se basaba enteramente en el Austin Healey Sprite, uno de los primeros productos de la asociación entre Austin y Nuffield Motors, que poseía Morris y MG. El hecho de que Austin-Healey y MG hubiesen sido rivales tan enconados en el pasado, hace que sea curioso ver modelos compartiendo componentes y que si bien fue el Austin-Healey «Frogeye» (ojo de rana) el primero en aparecer en el mercado, sea el MG el que tuviera un mayor volumen de ventas.

A últimos de 1961, ya sin el «Frogeye», los ingeniero de Austin-Healey continuaron fabricando coches idénticos al Midget excepto en el nombre.

Sólo los primeros modelos tuvieron una mecánica idéntica a la del «Frogeye Sprite» con su suspensión en ballestas de cuarto de elipse, y un motor de la serie A de 948 cc. A mediados de 1962 el Midget había mejorado con un motor de 1.098 cc y 56 CV con frenos de disco en sus cuatro ruedas. En 1964 se volvió a merjorar con unas ballestas semielípticas más grandes que hicieron que su conducción fuese más confortable y la cola menos «inquieta» en carretera mojadas. Además se le montó un parabrisas delantero más redondeado, ventanas que se subían en vez de correderas y, por primera vez, cierre en las puertas.

En 1966 apareció un Mk III que consiguió las prestaciones que siempre quiso el Midget gracias a un motor de 1.275 cc y 65 CV de la Serie A bajo el capó y la capacidad de alcanzar los 160 km/h. También mejoró en accesibilidad incorporando un portón trasero en vez de un techo extraíble; no hacía mucho que los propietarios de un Midget tenían que consultar el tiempo antes de salir de viaje.

Cuando British Leyland tomó el control de MG en 1968, el coche tuvo un importante papel en la imagen de la nueva marca y el plan fue no interferir demasiado en él, por lo que no cambió hasta 1974. En 1969 sólo le pintaron la parrilla

de negro y le pusieron parachoques más delgados, y en 1972 los angulosos pasos de rueda traseros se sustituyeron por otros más redondeados para facilitar el cambio de rueda. Pero siempre era agradable conducir cualquiera de los modelos fabricados entre 1964 y 1972 cuando aún se conservaba la pureza de líneas del original Midget.

Los nubarrones negros del futuro llegaron de la mano de la legislación sobre medio ambiente y seguridad en el mercado de más éxito, el de los Estados Unidos, que obligaba a realizar cambios. Lo primero que desapareció fue su motor ágil pero contaminante de la Serie A que tuvo que ser reemplazado por el de 1.493 cc con válvulas en cabeza de Triumph. Los 65 CV que proporcionaba favorecían unas buenas prestaciones; si hubiese sido el motor de los primeros Midget habría logrado ser una opción de éxito entre el público, pero las nuevas leyes también implicaban cambios en su imagen que en nada la mejoraban. La regulación sobre la altura de las bombillas de los faros hizo que la altitud del frontal hubiese de tener una altitud de al menos 8 cm; se le tuvieron que instalar parachoques de poliuretano, lo que arruinaba el original aspecto del coche. De forma inexplicable volvieron a aparecer los pasos de rueda angulosos anteriores.

Aunque el Midget continuó siendo un coche divertido de conducir, su nuevo aspecto nada favorecedor, unido a la aparición de nuevos, apasionantes y más prácticos deportivos de otros fabricantes, hizo que sus ventas bajaran en 1979 hasta el punto que tuvo que dejar de fabricarse.

El habitáculo del Midget era confortable aunque nada práctico, no tenía maletero y se caracterizaba por la falta de protección contra el mal tiempo.

Motor: 4 cilindros, 948 cc
Potencia: 34 kW (46 CV)
De 0 a 100 km/h: 20 s
Velocidad máxima: 140 km/h
Producción total: 226.526

MGB

El MGB es sin duda alguna el coche clásico más popular. Se le admira tanto en Europa como en Estados Unidos y existe toda una industria dedicada a su conservación y mantenimiento. ¿Pero cómo llegó un coche con la misma plataforma de vehículos más modestos como los sedán BMC Farina y las furgonetas Serpa a tener un éxito tan formidable?

Aparecieron siendo coches baratos de compra y manutención, tenían una imagen atractiva e invitaban a su conducción por más que su mecánica no fuese muy glamurosa.

Los primeros aparecieron en 1962 con la carrocería *roadster*. Fue el primer MG con estructura monocasco y tenía otras ventajas sobre el MGA, como unas ventanas que se subían, un techo que se plegaba mejor y un interior relativamente espacioso. Su tracción estaba en las ruedas traseras y su suspensión era más efectiva, por lo que conducirlo era un placer en el que se disfrutaba de las mismas prestaciones que los últimos motores de la serie B que entregaban 95 CV.

En 1965 apareció una versión cupé de nombre MGB GT, un práctico 2+2 cuyo portón trasero de apertura lateral añadía una mayor versatilidad a los B. Los asientos de atrás eran sólo una excusa para que se sentasen niños muy pequeños ya que no había espacio para las piernas. Las mejoras que sufrieron en 1967 fueron un cigüeñal con cinco bielas, una caja de cambios

sincronizada, un eje trasero mejorado y diferentes relaciones de velocidades que mejoraban su velocidad máxima. La superdirecta era opcional.

Con la proximidad de los años 70 se incluyeron variaciones en su imagen, como una parrilla mejorada, un interior más suntuoso y unas llantas de diseño Rostyle que le permitieron llegar hasta 1974.

El más potente de los MGB nació después del poco exitoso MGC; disponía de un motor de aleación V8 que usaba Rover cedido por General Motors con un cubicaje de 3,5 l que entregaba 137 CV y que alcanzaba una velocidad máxima de casi 225 km/h. Su precio muy alto y defectos en el manejo hicieron que sólo se fabricasen 2.600 unidades.

La misma legislación sobre seguridad americana que acabó con el MG Midget amenazó con hacer lo mismo con el MGB. Los

modelos posteriores a 1974 tuvieron que adoptar las mismas medidas: se subió la altura sobre el suelo para aumentar la luminosidad de los faros frontales y se instalaron parachoques de poliuretano de serie.

Los primeros modelos no fueron muy agraciados: tenían una manejabilidad razonable, una conducción difícil y un aspecto ilógico. El cupé tenía mejor imagen que el *roadster* después de estas obligadas modificaciones. Los únicos B de esta época que se hacían ver fueron los de la edición limitada GT Jubilee con acabados en British Racing Green y llantas de aleación doradas con una línea exterior y otra elegante en el interior. De él se fabricaron sólo 751 modelos para celebrar el 50 aniversario de la marca.

British Leyland, propietaria entonces de MG, se dio cuenta de que los B necesitaban mejorar los niveles de su conducción. Al ser aún una buena fuente de ventas,

Quizá sea el deportivo más famoso, ya que se vendió en los cinco continentes durante dos décadas.

sobre todo en los Estados Unidos, el coche sufrió una profunda revisión en 1976 que le incorporó una gruesa barra antivuelco para una mejor maniobrabilidad y un interior con un mejor equipamiento y a menudo colores chillones.

Al final ni estos cambios lograron frenar el dominio del Datsun 260 Z en los Estados Unidos. Compradores patriotas británicos resistieron su empuje hasta 1981 cuando el presidente de BL pidió el cierre de la fábrica de Abingdon. Los últimos modelos de MGB incorporaron las siglas LE y en su diseño resaltaban los colores plateado y negro que marcaban el final de una era.

El nombre de MG sobrevivió en los deportivos de Austin. En 1993 la edición limitada RV8 usó la carrocería del MGB por poco tiempo. Los compradores tuvieron que esperar hasta 1995 cuando apareció el MGF antes de que MG se dedicase de nuevo a fabricar coches auténticamente deportivos.

Motor: 4 cilindros, 1.798 cc
Potencia: 71 kW (95 CV)
De 0 a 100 km/h: 12,2 s
Velocidad máxima: 166 km/h
Producción total: 513.272

Los fabricados después de 1970 tenían un gran salpicadero y asientos de colores estridentes.

MGC

El MGC pudo ser sobre el papel un gran coche. Tenía un motor totalmente nuevo diseñado para el Austin sedán de 3 l y el aspecto fenomenal de un MGB de altas prestaciones que era el sucesor del legendario Austin-Healey 300.

A pesar de su moderado éxito en las carreras como Daytona, Le Mans o Sebring, el éxito era demasiada responsabilidad para el MGC.

Su pesado motor alteraba el equilibrio natural del MGB y hacía que el eje posterior oscilase demasiado sobre todo en carreteras de curvas. Por otra parte sus prestaciones eran modestas para lo que se esperaba del sucesor del Healey.

Al C tampoco le ayudaron los exitosos motores V8 que le ofrecieron marcas ajenas y que usaba el Rover de 3,5 l; éste

equipó al MGB dándole mejores prestaciones y una mejor distribución del peso que la del MGC. Al final MG abandonó su modelo C y fabricó su propio V8.

El C tuvo en la casa real británica uno de su clientes más famosos; su Alteza Real el Príncipe de Gales tuvo un modelo de 1968 que condujo hasta bien entrados los 70 y que recientemente ha sido restaurado.

Motor: 6 cilindros, 2.912 cc
Potencia: 108 kW (145 CV)
De 0 a 100 km/h: 10 s
Velocidad máxima: 202 km/h
Producción total: 8.999

El MGC desaprovechó su oportunidad. El motor de 6 cilindros era muy pesado y muchos estuvieron de acuerdo en que hubiese tenido que usar un V8 para mejorar su maniobrabilidad.

MG Magnette III/IV

BMC, propietaria de Austin, Morris, Wolseley, Riley Vanden Plas y MG, hizo versiones de casi todos sus productos. Los Magnette III y IV fueron supuestamente las versiones deportivas del modesto pero cualitativo sedán «Farina» de los años 60. Significa que la versión

MG optó por un motor con un carburador extra que aumentó su potencia; tenía una barra antivuelco y un interior de piel y madera que daba la impresión de superioridad.

El Magnette III tenía un motor de 1.489 cc y el posterior IV de 1.622 con una caja de cambios

automática opcional y pintura de dos tonos. Las diferencias visuales mínimas se centraban en la parrilla del MG y en las luces de los testigos e indicadores. El Magnette no fue un coche caro pero sí muy poco apreciado si lo comparamos con el público que deseaba un MG propiamente dicho.

Motor: 4 cilindros, 1.622 cc
Potencia: 51 kW (68 CV)
De 0 a 100 km/h: 20,2 s
Velocidad máxima: 142 km/h
Producción total: 30.996

MG 1100/1300

Debió ser otro producto reciclado de BMC, pero al final las series 1100/1300 respiraban algo del espíritu tradicional de MG.

Una maniobrabilidad buena, una dirección certera y un motor voluntarioso de 1.098 cc en los primeros modelos indicaban que estos pequeños sedanes

de MG podían conducirse sin descanso.

Las últimas versiones aparecidas desde 1968 fueron las mejores. Tenían un motor de 1.275 cc y dos carburadores derivados del de la popular serie A. El coche registraba una velocidad máxima de 145 km/h y un sonido

característico de su escape. Su interior era mucho mejor que el de sus hermanos más modestos de Morris y Austin. Fue un vehículo barato de comprar y mantener que se ganó la mala reputación de que se oxidaba su carrocería. En Europa se ofrecían modelos de cuatro puertas mientras que en

Estados Unidos sólo se vendieron versiones de dos.

Motor: 4 cilindros, 1.275 cc
Potencia: 52 kW (70 CV)
De 0 a 100 km/h: 15,6 s
Velocidad máxima: 145 Km/h
Producción total: 157.409

MIDAS BRONZE

1978–94

¿Un clásico o un coche de kit? Es difícil calificar a Midas con cualquiera de estas etiquetas ya que le corresponden las dos; fabricaba coches propios y otros con piezas compartidas con otros coches británicos de prestigio de su época.

Puede vérsele como un clásico porque conducirlo es un placer. Fue ideado por el director de producción de McLaren Harold Dermott y modificado por Gordon Murray, que más tarde crearía el McLaren F-1; no es pues de extrañar que el Midas fuese un coche muy divertido de conducir dada su precisa dirección, el equilibrio de su chasis y un diseño aerodinámico que en los modelos más nuevos le daba una gran capacidad para tomar curvas.

Era en su exterior muy parecido al Mini Marcos, basado en el Mini, pero diferente. Su construcción monocasco de fibra de vidrio se parecía a la del Lotus Esprit, mientras que al usar el subarmazón del Mini podía instalar cualquier

motor de la Serie A. Se ofrecieron versiones turboalimentadas con motor derivado del MG Metro con cualidades de deportivo con pedigrí a los que incluso podía superar.

Debe verse como un coche de kit que podía conducirse como uno de competición gracias a su precisa dirección y a su soberbia capacidad para tomar curvas en velocidad.

Motor: 4 cilindros, 1.275 cc
Potencia: 57 kW (76 CV)
De 0 a 100 km/h: 11 s
Velocidad máxima: 161 km/h
Producción total: n/d

MINERVA AK

1927–37

Es algo extraordinario que de una pequeña fábrica de bicicletas en Amberes, Bélgica, pudiese salir, aunque por poco tiempo, uno de los coches más elegantes y lujosos de Europa, el enorme Minerva AK. Durante una década fue el elegido

de los reyes, reinas, estrellas de cine y personajes con horizontes de grandeza. La mayoría de los que se fabricaron en los años 30 se vendieron en Hollywood.

Fue el reconocimiento de los fabricantes de los Estados Unidos

al mercado de los grandes coches de lujo y la decisión de fabricarlos lo que mató a los Minerva. El AK fue quizá el más soberbio de todos ellos tenía una carrocería gigantesca, un interior con tapicería de terciopelo y un motor sobrado

de 5,9 l y 6 cilindros en línea bajo su capó.

La combinación entre la convulsa política europea y la bajada de las ventas en Estados Unidos hicieron desaparecer al AK en 1937. La empresa continuó adelante gracias a su unión con el fabricante también belga Imperia, con lo que sorprendentemente sobrevivió un par de décadas más hasta que cayó en bancarrota en 1958. En esos años fabricaba Land Rovers con un contrato del gobierno británico.

Motor: 6 cilindros, 5.954 cc
Potencia: 112 kW (150 CV)
De 0 a 100 km/h: n/d
Velocidad máxima: 145 km/h
Producción total: n/d

Durante un corto espacio de tiempo Minerva fabricó los coches más lujosos y exclusivos del mundo dirigidos a los ricos y famosos, que lo prefirieron hasta la aparición de Cadillac y Packard que dominarían el mercado de los Estados Unidos.

MINI

Popularizado como la «brujería sobre ruedas» por BMC el Mini es quizá el cuatro ruedas más famoso de los coches exportados por Gran Bretaña. Este pequeño sedán fue diseñado por Alec Issigonis, quien también creó el Morris Minor y la serie 1100/1300 de la propia BMC, una pieza maestra del transporte. En 1959 los coches pequeños estaban reñidos con la practicidad y el impacto del Mini fue en consecuencia impresionante, especialmente por su ajustado precio de lanzamiernto de 496 £, casi 50 menos que el Ford Anglia.

Su tracción delantera y motor transversal era toda una novedad que pronto sería adoptada por la mayoría de los fabricantes mundiales. Su interior era muy espacioso gracias a sus pequeñas ruedas y a sus grandes puertas que le hicieron ser un coche adecuado para la familia. Su practicidad se vio aumentada en 1960 con la aparición de una versión familiar de nombre Countryman.

Los ahorradores de espacio mecánicos incluían una caja de cambios de cuatro velocidades montada junto al cárter y un inusual sistema de suspensión con un cono de goma ideado por Alex Moulton, autor también de los inusuales sistemas Hydroslastic e Hydragas, llenos de fluido o de gas respectivamente, que equiparían posteriores coches de la BMC.

Pero no fue sólo su inteligente disposición espacial ni su bajo

precio lo que hizo del Mini un éxito rotundo. El coche era muy divertido de conducir, su aspecto atractivo, el escape con sonido de deportivo y una dirección precisa y con mucho traqueteo le daban carácter. Incluso en los Mini más modestos se podía conducir con mucha mayor rapidez que lo que sugerían sus estadísticas. Su dirección era maravillosa, su agarre fantástico y su increíble maniobrabilidad favorecían que el Mini pudiese superar a todos sus rivales, incluso a los de mecánica más exótica.

Al principio se vendía como Austin Seven o como Morris Mini Minor, pero todos lo conocían como Mini desde 1961 con la aparición del modelo Cooper (ver pág. sig.).

En 1967, ya con un millón de ventas en su haber, el Mini recibió su primer cambio de diseño: una parrilla diferente, unas manecillas de las puertas y el parabrisas trasero más grandes y en su mecánica una caja de cambios sincronizada y un encendido con llave en vez de con el tradicional botón de arranque en el suelo. También se ofrecía con una transmisión automática, pero no era muy eficaz en su uso.

Los cambios más apreciables se efectuaron bajo su capó cuando se montó, en los modelos superiores, el motor de 1 l de la serie A que entregaba 42 CV y alcanzaba una velocidad máxima de 137 km/h.

British Leyland, el mayor fabricante de automóviles

británico, intentó de forma poco afortunada, actualizar el modelo en 1969 esquinándole el frontal y aplanándole el capó, Parecía un Austin Maxi a escala reducida, pero el Mini Clubman se vendió menos que el modelo estándar y se dejó de fabricar en 1980 dejando paso al original.

A pesar de los nuevos diseños más prácticos como el del Metro de la propia BL, el público británico continuaba enamorado del Mini, que continuaría vendiéndose en gran cantidad. El básico City y el lujoso Mayfair aparecieron en la década de los 80 junto a otras versiones especiales que usaban motores de 1 l y de 1,3 l derivados de la serie A a los

BMC creó de forma inconsciente un sedán pequeño y muy práctico, uno de los mejores coches de todos los tiempos, el Mini.

que luego se sumaría el 1275 GT. A pesar de que las ventas bajaron en los años 90, la cantidad de pedidos se mantuvo lo suficientemente grande para continuar fabricándolos. Incluso cuando BMW se apoderó del grupo Rover (sustituto de BL) a mediados de los 90, el coche siguió en la gama y se le declaró coche del siglo en 1999. Entonces ya estaba en el papel el reemplazo del Mini y cuando ambas marcas se separaron en el 2000, BMW conservó los derechos sobre él y lanzó al mercado su propia interpretación del modelo en el 2001.

Es el diseño de Issigonis el que permanece en el corazón de los entusiastas británicos. Muchas lágrimas se vertieron cuando el 31 de octubre de 2001 salió el último Mini de la fábrica de Longbridge, Birmingham, Inglaterra.

El 621 AOK fue el primer Mini de todos. Este Mk 1 tenía las carcasas de las luces traseras muy pequeñas, los contornos de la carrocería muy pronunciados, una parrilla del radiador redondeada y un botón de encendido en el suelo.

Motor: 4 cilindros, 848 cc
Potencia: 25 kW (33 CV).
De 0 a 100 km/h: 27,1 s
Velocidad máxima: 116 km/h
Producción total: 5.400.000 aprox.

MINI COOPER

El primero y el último de los Mini, el original Cooper S está detrás del modelo Rover de 1998 a efectos de la publicidad.

Molesta con esta decisión BMC volvió al rally en 1967, esta vez con los faros revisados con anterioridad y volvió a ganar. Un coche diseñado al prinicipio para la familia necesitaba de pilotos conscientes y con pericia para convertirlo en una leyenda de la competición como fue el Cooper.

Si bien tuvo éxito en las carreras el Cooper S también fue un excepcional coche de carretera ganándose una fama parecida gracias a su maniobrabilidad y a su agilidad. El momento de su éxito fue en 1969 cuando un trio pintado en verde patriótico, blanco y azul, protagonizaron una huida por turín en la película de culto *The italian Job.*

En 1971 BMC fue comprada por British Leyland, que tuvo sus propias ideas sobre como desarrollar el Mini. Restringió los contactos con Cooper para reducir costos e intentó reemplazar la leyenda con el 1250GT detallado en pág. sig. y que estaba equipado con un motor de serie de 1.275 cc cedido por el sedán BMC 1300.

No fue hasta 1990 cuando reaparecería el nombre de Cooper en un Mini dado el exorcismo al que se sometió el modelo de BL; el nuevo departamento de *marketing* del grupo Rover reconocía la importancia de sus glorias pasadas. El Rover Mini Cooper reapareció con una carrocería de aleación Minilite y un aumento de 30,5 cm de largo. Su motor, que volvería a ser de John Cooper, cubicaba 1.275 cc y estaba equipado con un sistema de inyección. De nuevo el Mini viviría una década de éxito y popularidad que sobrevivió al propio John Cooper.

Faltó tiempo para que la asombrosa maniobrabilidad del Mini fuese observada por los entusisastas de la competición. Cuando el ingeniero y piloto de carreras John Cooper se acercó a BMC con la idea de crear un Mini de competición, la marca mostró rápidamente su conformidad. Al principio montó un motor de 997 cc de la serie A al que Cooper aumentó el recorrido y su agresividad paara que alcanzase los 145 km/h con un gran poder de aceleración. Con tal de poder acceder al *Britsh Salón Champioschip* Cooper preguntó a la marca si podía fabricar con urgencia 1.000 unidades de este modelo y así conseguir la homologación. Sus esfuerzos se vieron compensados en 1962 de la mano de Sir John Withmore: el Mini ganaría nueve campeonatos de once. Aunque un inusual hándicap y el sistema de clasificación indiquen que el campeón fuera Jack Sears con su Ford Galaxie.

La presentación del Cooper S en 1963 fue el principio de un coche de leyenda. Al principio equipaba un motor de 970 o de 1.071 cc, el más conocido de 1.275 cc llegaría en 1964 dotado con dos carburadores, 76 CV y una impresionante velocidad máxima de 154 km/h.

Por aquel entonces BMC ya había conseguido éxitos en rallies con el Cooper que era ya un coche muy usual en los clubes de todo el país. En el Britsh Salón Car Racing Championship se le cambió su imagen de «modesto» en manos de los pilotos Sir John Withmore, John Rhodes y Barrie Wiliams.

La sección deportiva de la marca decidió apartarlo de la competición en 1964 cuando el Cooper acababa de ganar de manera sorprendente el prestigioso Rally de Montecarlo. Y eso que su motor no tenía tanta potencia comparado con otros competidores. El pequeño Cooper demostró ser ideal en las curvas de los rallies y su tracción delantera se mostraba más efectiva en terrenos helados que las traseras de sus rivales.

Para comprobar que su victoria en el rally no fue una casualidad, BMC volvería al año siguiente y lo ganó. En 1966 el Mini acabó en el primero, segundo y cuarto lugar antes de ser descalificado por motivos técnicos. Los faros delanteros se agrandaron y fueron, para los organizadores franceses, demasiado brillantes y dieron la victoria a Citroën.

La mejor cualidad del Mini Cooper estaba en su maniobrabilidad; sus prestaciones eran modestas, pero se podía mantener la velocidad en las curvas.

Motor: 4 cilindros, 1.275 cc
Potencia: 57 kW (76 CV)
De 0 a 100 km/h: 10,1 s
Velocidad máxima: 156 km/h
Producción total: 144.910

Mini 1275GT

El intento de BL por reemplazar el Cooper no tuvo mucho éxito. A los compradores no les convencía mucho el diseño de su frontal, muy similar al del muy poco inspirado Austin Maxi.

Ya con planes para dejar de fabricar el Cooper, British Leyland lanzó al mercado su intento de reemplazo en 1969. Basado en el Mini Clubman y compartiendo su mismo frontal plano y esquinado, el Mini 1275GT se vendió como la futura generación del Mini, pero los compradores tanto de hecho como en potencia no se mostraron muy impresionados.

Mientras sus diminutas llantas Rostyle calzaban unos neumáticos el triple de grandes y unas franjas laterales con nombre 1275GT que le daban una imagen deportiva e imporesionante, al modelo le faltaba algo esencial para ser un verdadero GT, la potencia.

No se sabe a ciencia cierta por qué BL eligió un motor de 56 CV con un único carburador, pero lo cierto es que fue una solución contraproducente.

Volviendo al 1275GT diremos que no fue un mal coche. Era lo suficientemente ágil, tenía la misma maniobrabilidad que el

Mini original y el habitáculo estaba mejor acondicionado que los estándares de la marca ya que disponía de instrumentación en el centro del salpicadero detrás de la

dirección asistida. Hubiese sido mejor con un motor más alegre, de hecho mucho de sus fans se lo buscaron por sí mismos en empresas de *tunning*.

Motor: 4 cilindros, 1.275 cc
Potencia: 44 kW (59 CV)
De 0 a 100 km/h: 13,3 s
Vel. Máx: 145 km/h
Producción total: 117.949

Mini Moke

Con una motorización mínima, el Moke fue al principio diseñado para ser un vehículo militar que pronto llegó a ser de culto como icono de los *Swinging Sixties* londinenses.

El Mini Moke fue el intento de BMC de fabricar un coche militar que resultó ser un verdadero fracaso. Después de invertir una considerable suma de dinero para crear un Mini básico y de mantenimiento contenido destinado al transporte de tropas y personal, el ejército lo rechazó de inmediato debido a su falta de altura sobre el suelo y sus mediocres prestaciones.

BMC decidió venderlo al público como la manera más barata de transporte por carretera. Los puristas apreciaron su imagen espartana y su techo de lona, pero nunca fue un éxito de ventas, al menos no en Gran Bretaña con su clima húmedo e inestable y sus carreteras llenas y contaminadas. Disfrutó de un corto periodo de culto en el que fue como un accesorio de moda.

Su producción aumentó en los países de clima más cálido y de espacios más abiertos como

Australia en 1966, donde el Mini Moke tuvo un gran éxito en el marco del transporte. En 1980 se abrió bajo licencia una fábrica en Portugal que fabricaba expresamente el Moke. En el sur del país aún se puede alquilar alguno de ellos.

El Mini Moke es una verdadera curiosidad y un icono de los 60 en Londres, pero una máquina no muy agradable de conducir con un frontal tan abombado y una posición del conductor muy incómoda.

La versión más rara fue un prototipo que intentaba y de hecho ganó un concurso; se trataba de un Moke con tracción en las cuatro ruedas, de 1966, y que contaba con dos motores, uno para cada eje.

Motor: 4 cilindros, 848 cc
Potencia: 25 kW (34 CV)
De 0 a 100 km/h: 27,9 s
Velocidad máxima: 135 km/h
Producción total: 14.518 (Gran Bretaña)

MITSUBISHI COLT LANCER 2000 TURBO

1979–87

Aquí esta el génesis de todo; los fans del Mitsubishi Lancer Evo tenían que referirse al Lancer Turbo para saber dónde empezó todo.

Si no fuese por sus llantas de aleación o por sus sutiles franjas laterales.Mitsubishi Lancer 200 Turbo no hubiese merecido una segunda mirada. Su diseño convencional de otros muchos modelos de la marca japonesa, encanto estaba en su modestia.

Junto a su diseño poco atractivo había un motor potente de 2 l con árbol de levas en cabeza capaz de entregar 168 CV, suficiente para que el Lancer alcanzara los 100 km/h en el mismo tiempo que un Jaguar XJS y que tuviese una velocidad máxima de casi 210 km/h. No era fácil controlar su potencia pues su turbocompresor era

exageradamente agresivo, tanto que quemaba los neumáticos delanteros y dejaba al conductor batallando para conseguir dominar el gran par del motor y la dirección. El Lancer Turbo nunca pretendió llegar al mercado de masas, sino que quería demostrar la nueva tecnología en motores de

Mitsubishi y cumplir con las ambiciones de la marca en el Campeonato Mundial de Rallies, donde se mostró muy avanzado con los espectaculares modelos Lancer Evo. Pero todo empezó con el original Lancer Turbo, un sedán deportivo del que poca gente ha oído hablar.

Motor: 4 cilindros, 1.997 cc
Potencia: 125 kW (168 CV)
De 0 a 100 km/h: 8,6 s
Velocidad máxima: 205 km/h
Producción total: n/d

MITSUBISHI STARION

1982–90

La respuesta de Mitsubishi al Nissan-Datsun 300 ZX y al Mazda RX-7 se llamaba Starion y apareció en 1982. Se dice que su raro nombre surgió de una confusión en una conversación telefónica entre Mitsubishi y su importador en Gran Bretaña al que le sugirieron el nombre de Stallion.

Sea como fuere, el Starion era un gran coche. La impresionante conexión entre su tracción en las ruedas traseras, la conducción deportiva y la dirección bien equilibrada le hacía ser un coche para conductores apasionados. Tenía el mismo motor que el Lancer Turbo de 1.997 cc pero con más potencia, 177 CV, por

lo que era un coche muy rápido. El turbo, empero, mantenía los problemas que con el Lancer, por lo que Mitsubishi intentó corregirlos en 1989 aumentando la capacidad del motor y el par y reduciendo la potencia. El motor de 2,6 l de los modelos EX los hacía más fáciles de conducir pero les faltaban las apasionantes

prestaciones que hicieron del Starion un coche tan divertido de conducir.

Motor: 4 cilindros, 1.997 cc
Potencia: 132 kW (177 CV)
De 0 a 100 km/h: 6,9 s
Velocidad máxima: 215 km/h
Producción total: n/d

Tenía un nombre raro pero era maravilloso de conducir. El Mitsubishi Starion fue un cupé muy equilibrado y extraordinariamente potente que tuvo problemas con el turbocompresor.

MONICA GT

1974–75

Cuando el *tycoon* de los ferrocarriles franceses Jean Tastevin no pudo encontrar un gran turismo para cubrir sus necesidades decidió fabricarse uno él mismo. Empleó al experto ingeniero británico Chris Lawrence, que fabricó un chasis cupé de cuatro puertas con un armazón tubular que cubrió con una carrocería de acero moldeado a mano. Su suspensión trasera

con un eje De Dion le daba la maniobrabilidad adecuada a un coche tan grande con frenos de disco en sus cuatro ruedas muy efectivos.

Su desorbitado precio hizo que sólo se vendiesen 10 unidades para encargos privados y otros 25 más. A pesar de ser muy ambicioso el proyecto sólo superó un año de existencia debido a la recesión europea y los masivos recortes

Con una gran sección central de sedán y extremos de deportivo, el Monica GT no era nada más que un coche con distinción.

en la industria de la ingeniería. El proyecto Monica lo compraría Panther Cars de Gran Bretaña, pero nunca se llegó a fabricar.

Los modelos fabricados eran impresionantes, tenían un interior muy suntuoso y un motor de

marcha suave de origen Chrysler muy modificado V8 y 5,6 l.

Su imagen extraña recordaba un poco al Lotus Elan +2 y al Jaguar XJ6 sin ser tan elegante pero sí raro.

Motor: V8, 5.560 cc
Potencia: 227 kW (305 CV)
De 0 a 100 km/h: n/d
Vel. Máx: 234 km/h
Producción total: 35

MONTEVERDI 375

1967–77

Si puede encontrar un coche a su medida, fabríqueselo usted mismo. Esto lo que el mantra del hombre de negocios suizo Peter Monteverdi le dijo cuando fabricó los 375.

Muy poca gente ha oído el nombre de Monteverdi referido a coches. Sus modelos fabricados en la década de los 70 eran bonitos y con motores hechos a mano rivalizaban con marcas como Ferrari.

La empresa la fundó el vendedor de coches suizo Peter Monteverdi, que siempre había tenido el deseo de crear su propia marca. Los primeros modelos que fabricó, los 375, tenían la carrocería diseñada por Frua y usaban motores de Chrysler, una muy buena combinación para grandes turismos. Al principio se ofrecieron dos tipos de cupé, un biplaza y un 2+2, a los que más

tarde se unirían un convertible y el 375/4 con una distancia entre ejes 61 cm más larga para convertirse en una limusina de cuatro puertas dirigida a quienes quisieran algo más exclusivo que un Rolls Royce.

Todos los 375 podían pedirse con motores de 6,9 o 7,2 l. V8 de Chrysler y tenían unas buenas prestaciones a pesar de su grande y pesado chasis tubular, una suspensión trasera blanda y una transmisión automática de serie que les hacía ser verdaderos gran turismos con unas pocas pretensiones deportivas. Los deportivos de la marca, Hai, vendrían más tarde.

Motor: V8, 7.206 cc
Potencia: 279 kW (375 CV)
De 0 a 100 km/h: 6,9 s
Velocidad máxima: 250 km/h
Producción total: n/d

MONTEVERDI HAI

1970–72

Tras el éxito de la serie 375, Peter Monteverdi decidió hacer realidad otro de sus sueños, fabricar un coche que rivalizara con el Ferrari 250 y el Lamborghini Miura, pero esta vez lo diseñaría él mismo. Dado que la única experiencia de Monteverdi en la industria del motor había sido sólo en ventas y servicios siempre en coches exclusivos, el Hai fue una apuesta muy atrevida. El asombroso diseño

de la carrocería tenía un bello estilo hecho por él mismo y con tal detalle que fue relativamente fácil pasarlo del papel a la realidad tangible de un prototipo en sólo doce meses.

A diferencia de sus rivales italianos, el Hai estaba extraordinariamente bien equipado con tapicería de piel y aire acondicionado, lo que no le quitaba deportividad.

Su motor de 450 CV estaba sustentado por unos neumáticos relativamente demasiado estrechos que lo hacían difícil de dominar especialmente tomando las curvas con suelo mojado. Peter Monteverdi no ocultó que el coche lo había fabricado él mismo y lo vendía a clientes interesados aunque fuese realmente caro. De hecho sólo se vendieron dos de ellos.

Nadie sabe cuántos Monteverdi Hai se fabricaron, pero se rumorea que sólo fueron dos los rivales del Lamborghini Miura que salieron de la fábrica suiza.

Motor: V8, 6.974 cc
Potencia: 335 kW (450 CV)
De 0 a 100 km/h: 5,4 s
Velocidad máxima: 290 km/h
Producción total: 2

MONTEVERDI SIERRA

1977–84

A mediados de la década de los 80 estalló una ardua batalla entre el gigantesco fabricante americano Ford y el pequeño fabricante de coches por piezas británico Dutton acerca del nombre de Sierra. Dutton aseveraba que él había usado el nombre primero en 1979

en un modelo mediano y que Ford había infringido la patente del nombre.

De hecho Monteverdi fue quien usó el nombre de Sierra antes de los dos contendientes. El Monteverdi Sierra se presentó por primera vez en el Salón del

Automóvil de Ginebra en 1977 siendo el más convencional de la marca hasta el momento. Se basaba en la plataforma de un American Plymouth Volare cubierta con una carrocería con paneles hechos a mano y un interior bien equipado. Se parecía

al Fiat 130 Coupé y al Ford Granada.

Motor: V8, 5.210 cc
Potencia: 134 kW (180 CV)
De 0 a 100 km/h: n/d.
Velocidad máxima: 210 km/h
Producción total: n/d

MORETTI 1000

1960–62

De todas las pequeñas y originales marcas que han existido, Moretti fue una de las mejores. Se fundó en 1945 con el diseño de motocicletas pero luego se pasaría a la fabricación de pequeños coches exclusivos.

Los Moretti eran coches caros, no mucho mejores que los otros contemporáneos, pero los italianos apreciaban lo suficiente su particularidad como para mantener

la marca independiente toda su vida.

Hasta 1957 la propia empresa diseñaba y fabricaba sus propios motores con un árbol de levas en cabeza acoplado a plataformas también diseñadas por ella misma. A partir de entonces sólo usaría chasis de Fiat; los motores, que también venían de Turín, se modificaban por completo.

El Moretti 1000 tuvo uno de los diseños más bonitos de todos los de la marca. Su mecánica se basaba en la del sedán Fiat 1100, pero era un cupé de dos puertas muy anguloso al que se le sumaron más tarde una carrocería convertible, un sedán y un familiar. Moretti más tarde se aventuró a fabricar coches urbanos basados en los Fiat 500 y 126 y un ahuevado aerodinámico basado en el 127.

Moretti cerró finalmente sus puertas a mediados de los 80 después de que la globalización se extendiese por la industria del automóvil destruyendo a centenares de pequeñas marcas en toda Europa.

Motor: 4 cilindros, 980 cc
Potencia: 31 kW (41 CV)
De 0 a 100 km/h: n/d
Velocidad máxima: 123 km/h
Producción total: 1.000 aprox.

MORGAN SUPER SPORTS AERO

1927–32

Motor: V2, 1.098 cc
Potencia: n/d
De 0 a 100 km/h: n/d
Velocidad máxima: 153 km/h
Producción total: 18.000 aprox.

En 1919, la Morgan Motor Company se mudó del garaje de su fundador para ir a una pequeña factoría en Malvern Link, Worcestershire, Inglaterra. Este momento fue crucial en la historia de la empresa ya que accedió así a un espacio mayor para diseñar y fabricar coches de cuatro ruedas.

Pero la aparición del 4/4 tardaría 17 años, nunca nada se ha hecho rápido en Morgan. La empresa continuó fabricando coches de tres ruedas; los más famosos fueron los de carrocería Aero que aparecieron el mismo año de su traslado.

A diferencia de los coches estándar, los Aero tenían una línea estilizada en la cola y un frontal tipo Bullnose.

El Super Sports Aero, aparecido en 1927, tenía una maniobrabilidad excelente y la posibilidad de elegir entre motores de motocicleta de Ford, JAP, Matchless y Blackburn, lo que era ideal para sus modificaciones y *tuning*. Con ellos se ampliaron sus posibilidades de competición, en la que obtuvo éxitos.

Fue un inusual cruce entre coche y moto ya que su acelerador estaba en una palanca sobre el volante y su transmisión en cadena era de dos velocidades.

Los coches de tres ruedas, como el Aero, fueron la especialidad de Morgan durante años. Eran coches rápidos y muy entretenidos de conducir.

MORGAN PLUS 4

1950–68

El Plus Four original disponía de un motor de 2 l y 4 cilindros derivado del Standard Vanguard y era un verdadero deportivo. A pesar de la anacrónica posición del conductor podía ser un coche muy divertido de conducir.

La versión de cuatro asientos del Plus 4 se vendería desde 1951, mientras que los cuatro puertas que aparecerían en 1953 adoptarían la parrilla curva del 4/4 y frenos de disco a partir de 1960.

El motor Vanguard se mantuvo hasta 1958, pero también se ofrecía con un motor más pequeño, pero más alegre TR2 de 2 l a partir de 1954. Ambos motores se sustituyeron en 1961 por un nuevo TR4 de 104 CV y 2.138 cc que hacía que el Plus 4 alcanzase los 169 km/h.

Los últimos Plus 4 fueron Super Sports muy modificados. Se fabricaron 101 de ellos entre 1962 y 1968, todos con carrocería de aleación ligera y dos carburadores Weber. Podían llegar a la espeluznante velocidad de 193 km/h.

El modelo Plus 4 de 1950, con un motor Standard Vanguard, fue el intento de Morgan para reemplazar el eterno 4/4, pero fue un éxito de ventas, por lo que el nombre de 4/4 se reintrodujo en el mercado tras cinco años de ausencia.

El aspecto entre el 4/4 y Plus 4 eran similares. Este último tenía los guardabarros separados y los faros delanteros soldados en una barra. La distancia entre ejes era cuatro pulgadas más larga y los ejes dos más anchos; era, pues, más amplio.

Las diferencias mecánicas, aparte de su motor de 2.088 cc de 4 cilindros, eran la caja de cambios sincronizada y los frenos hidráulicos. Ambos se montarón en el 4/4 cuando reapareció.

Motor: 4 cilindros, 1.991 cc
Potencia: 67 kW (90 CV)
De 0 a 100 km/h: 17,9 s
Velocidad máxima: 155 km/h
Producción total: 4.542

MORGAN 4/4

El Morgan 4/4 tiene el honor de ser el coche con una fabricación más longeva de todos los tiempos ya que sus últimos modelos, que pueden comprarse hoy día, están equipados con un motor Ford Zetec.

Los primeros 4/4 no eran tan rápidos como los actuales. Apareció en 1936 para realizar el sueño de H. F. S. Morgan de fabricar un coche de cuatro ruedas. Los tradicionales modelos de la marca, con armazón de madera de fresno, un eje rígido trasero y una suspensión por ballestas semielípticas se mantendrían hasta hoy día al igual que el chasis tubular. Su fabricación cesó temporalmente en 1939 para concentrarse en la ayuda a Inglaterra durante la guerra. Acabada ésta reapareció con un motor Standard de 1,3 l en vez del anterior Climax.

El 4/4 continuó sin variaciones hasta 1950, cuando volvió a cesar su fabricación para cumplir con los muchos pedidos del nuevo Morgan Plus 4 (ver pág. sig.). Volvería glorioso en 1955 sin experimentar cambios muy visibles. En general tenía los guardabarros y las aletas más anchos y una parrilla más aerodinámica. El 4/4 aún tenía una muy buena imagen actual en comparación con los modelos estilizados de MGB y Austin-Healey.

Los nuevos modelos de 1955 eran muy lentos debido a que su motor de 1.172 cc de Ford con válvulas laterales procedente del Popular 100 E era insuficiente. Fue sustituido en 1959 por el más alegre del Ford Anglia de 997 cc con cuatro válvulas en cabeza al que siguieron el de 1.340 cc y el de 1.498 cc desarrollados para el Ford Classic y el Cortina de los 60. La relación entre el 4/4 y Ford aún dura hoy día a pesar de que en los 80 se ofreció durante un breve espacio de tiempo con un motor Fiat Twin Camshaft.

En 1968 el 4/4 era ya un verdadero deportivo gracias a la incorporación de los motores Crossflow de Ford que le ofrecían posibles modicaciones y una potencia de 95 CV. El 4/4 podía alcanzar por primera vez los 160 km/h. Este motor equiparía la serie 4/4 hasta principios de los 80, cuando fue sustituido por los nuevos motores CVH (Compound Valve Hemi) de Ford que si al principio disponían de un sistema de carburadores, luego fue de inyección que se montó en el XR3i. La elección de los motores Zetec llegó en 1998, y fue la única concesión que se aceptó para su modernización a excepción de un cuentakilómetros antivibrador.

Un Morgan de cuatro asientos se ofreció en 1969 con una mayor practicidad, pero ni se acercaba a la imagen y al atractivo del biplaza, especialmente cuando estaba capotado.

Sea como fuere, conducir un Morgan de forma ágil en suelo

Apareció en 1936 y aún se fabrica hoy día. El 4/4 ostenta el récord de producción más longeva de toda la historia.

mojado precisaba de gran atención por parte del conductor. Incluso sus últimos modelos, ya con su motor Zetec, fabricados con el mismo chasis tubular y armazón de madera de fresno que los originales, son aún más difíciles de conducir debido a su mayor potencia. Su arcaica construcción, la dificultad de conducción y la falta de agresividad puede incluso llevar a la escasa maniobrabilidad cuando las condiciones climatológicas no son favorables.

Actualmente, los 4/4 mantienen el adorable anacronismo de sus motores, permaneciendo alejados de la evolución tecnológica. Esta circunstancia le es favorable ya que un entusiasta de la marca debe esperar más de cinco años para adquirir su pedido. La lista de espera es más larga incluso que las de Aston Martin y Rolls-Royce.

Las primeras versiones del 4/4 tenían el radiador plano.

Motor: 4 cilindros, 1.498 cc
Potencia: 58 kW (78 CV)
De 0 a 100 km/h: n/d
Velocidad máxima: 163 km/h
Producción total: 8.000

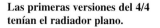

MORGAN PLUS 4 PLUS

Este coche fue la mejor prueba para aquellos directivos de Malvern Link que necesitasen convencerse de que el éxito de sus coches radicaba en su imagen de antigüedad.

En su intento de fabricar un gran turismo auténtico, Morgan fabricó un Plus 4 Plus de elegante carrocería cerrada con un frontal decayente tipo MGA y una cola estilizada. Los avances técnicos aceptados fueron que la carrocería fuese de fibra de vidrio y que los amortiguadores estuviesen llenos de gas. Por otra parte el Plus 4 Plus fue el primer Morgan con ventanas elevables.

A los fanáticos de la marca no les gustó, ya que no obedecía a la esencia de la marca y era mucho más refinado que los demás modelos, pero los clientes de otras marcas lo rechazaban por su mucho traqueteo, la poca calidad de su construcción y su chasis arcaico.

Se dejó de fabricar con sólo 26 modelos construidos y la compañía perdió mucho dinero en el proyecto, pero actualmente el coche es una curiosidad. Sólo sobrevive un puñado de ellos. A pesar de que fue un fracaso supuso un referente para producir los futuros Morgan.

Morgan intentó modernizarse con el Plus 4 Plus, pero no tuvo aceptación porque le faltaba la esencia de la marca, el carácter. Sólo se fabricaron 26 unidades.

Motor: 2.138 cc
Potencia: 78 kW (105 CV)
De 0 a 100 km/h: 14,9 s
Velocidad máxima: 177 km/h
Producción total: 26

MORGAN PLUS 8

El éxito de este coche se debe a que Morgan compró a General Motors en previsión una gran cantidad de motores V8 de 3,5 l. Usó la misma carrocería ligera del 4/4 y así Morgan creó su propio AC Cobra. Su maniobrabilidad sería escasa sobre todo en carretera mojada, pero unas prestaciones increíbles y una conducción inolvidable hicieron del Plus 8 un coche para expertos dada su gran tendencia al subviraje.

A partir de 1977 se ofreció con uuna carrocería de paneles de aluminio en vez de la tradicional de acero, por lo que fue aún más rápido y difícil de controlar, pero Morgan no se pararía aquí y aumentó aún más su potencia. En 1990 se le montó un motor V8 con mayor compresión cedido por Range Rover que cubicaba 3,9 l y entregaba 190 CV. Los modelos más modernos habrían obtenido motores de 4 y 4,6 l que alcanzarían los 240 CV.

Motor: V8, 3.528 cc
Potencia: 142 kW (190 CV)
De 0 a 100 km/h: 5,6 s
Velocidad máxima: 202 km/h
Producción total: 5.000 aprox.

Con su motor Rover V8 y su carrocería de madera de fresno, el Plus 8 fue un coche inolvidable pero difícil de conducir, pues era extraordinariamente rápido.

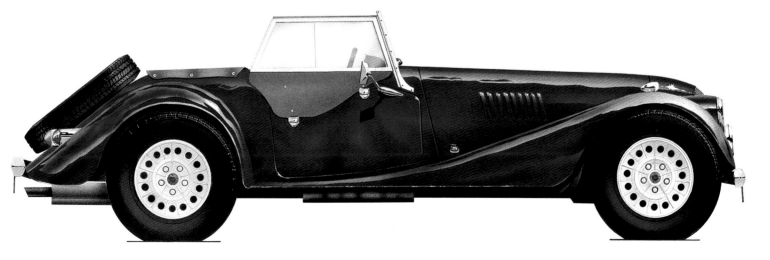

MORRIS BULLNOSE

1919–20

Bullnose fue el nombre genérico de los primeros Morris Oxford y Cowley caracterizados por atractiva parrilla curva del radiador, que tenía una forma muy similar a la de una bala.

William Morris, que luego sería vizconde de Nuffeld, empezó reparando bicicletas, luego fabricaría motocicletas en su ciudad natal de Oxford, Inglaterra, y en 1912 sacó al mercado su primer coche, que fabricó cerca de Cowley. Había nacido la empresa automovilística Morris.

Sus primeros vehículos se caracterizaban por su parrilla de reborde redondeado con su cima parecida a una bala, por lo que se le apodó *Bullnose*. Se ofrecieron dos versiones, la más barata de nombre Cowley y la más cara llamada Oxford, pero ambas estaban dirigidas al mercado de masas y eran muy accesibles. Esto implica que Morris compraba sus componentes y piezas a un precio barato. El público puso al modelo en su corazón y compró tantos como la marca podía fabricar.

La versión Oxford empleaba piezas inglesas, pero para que fuese más barata, Morris compró la mecánica en los Estados Unidos. Los motores, la caja de cambios, la dirección y los ejes procedían de allí y eran más baratos que los fabricados en Gran Bretaña.

La Primera Guerra Mundial paró la producción, y una vez acabada ésta se suministros procedentes de los Estados Unidos ya no se podían comprar. El éxito anticipado de los coches ligeros en América nunca se materializó, por lo que ya no se fabricarían los componentes que Morris necesitaba. Los Bullnose angloamericanos se fabricaron de 1919 a 1920.

Motor: 4 cilindros, 1.495 cc
Potencia: 18 kW (24 CV)
De 0 a 100 km/h: n/d
Velocidad máxima: 89 km/h
Producción total: 282

MORRIS COWLEY

1927–35

Denominado así por la localidad donde se fabricaba, fue uno de los coches británicos más vendidos en los años 20 y 30. Su parrilla deportiva, que le valiera el nombre de Bullnose, se le sustituyó por otra plana rebordeada.

El Bullnose de 1927 tenía ahora la parrilla plana. El diseño del Cowley empezaba a quedar anticuado y fue actualizado con unos nuevos chasis, suspensión y frenos. La característica parrilla rebordeada desaparecería y sería reemplazada por una más moderna pero con menos carácter que la original.

Apenas se cambió la mecánica de los anteriores modelos pero sí la carrocería, que sería de acero y con un diseño basado en el americano. A pesar de su fuerte influencia trasatlántica, el Cowley aún mantendría las líneas básicas del diseño inglés tradicional.

La parrilla plana hacía que el frontal pareciese más corto que el del Bullnose. Fue sustituido en 1932 por otro de diseño más elaborado, con carrocerías y frenos hidráulicos muy mejorados. En esos años las ventas habían bajado y en 1935 se le rebautizó con el nombre de 12/4. Sólo los dos últimos años de su vida se equipó con un motor de 6 cilindros y 1.938 cc siendo aún el primo menor de la versión Oxford. Al igual que el Cowley de 4 cilindros, éste recibiría ese mismo año el nuevo nombre de 15/6. Así se acabó con el nombre tradicional de Cowley, al menos hasta su reaparición en los años 50.

Motor: 4 cilindros, 1.550 cc
Potencia: 20 kW (27 CV)
De 0 a 100 km/h: n/d
Velocidad máxima: 92 km/h
Producción total: 256.236

MORRIS MINOR

Austin lanzó al mercado su modelo Seven en 1923 y revolucionó la industria automovilística británica haciendo accesible la motorización a las masas. Se le podría describir como la versión inglesa del Ford T. Otras marcas británicas intentaron competir con él y no fue hasta 1929 que Morris lo consiguiera con su modelo Minor, el mismo nombre que luciría el gran modelo futuro de la marca.

El modelo de posguerra sería muy diferente al original de 1929.

No tendría un diseño tan básico ni su motor, con árbol de levas en caveza, sería el que Morris adquiriese por cortesía Wolseley. Con la adquisición de una de las marcas más antiguas de Inglaterra Morris obtuvo una mayor capacidad para fabricar el Minor. Se ofrecieron carrocerías sedán, biplaza y cupés deportivos entre varios diseños elaborados por diferentes empresas carroceras.

En 1931 se unió al motor de 847 cc con árbol de levas en cabeza otra versión con válvulas laterales y la misma capacidad. Morris pudo fabricar un Tourer biplaza que se vendería por 100 £ y un descapotable para aquellos que no podían gastar demasiado dinero. Las demás carrocerías eran igualmente asequibles.

Motor: 4 cilindros, 847 cc
Potencia: 15 kW (20 CV)
De 0 a 100 km/h: n/d
Velocidad máxima: 89 km/h
Producción total: 86.318

El Minor se introdujo en el mercado en los años de la depresión y ayudó a Morris a superar la caída de ventas de sus modelos superiores. Fue un coche atractivo cuya versión descapotable era atractiva y no escondía sus pocas pretensiones deportivas.

MORRIS OXFORD

Morris incorporó su elegante modelo Isis con motor de 6 cilindros y 2.468 cc con árbol de levas en cabeza el año 1929. La empresa no olvidó a sus clientes tradicionales y también lanzó un modelo menos caro y potente con motor de 6 cilindros y válvulas laterales con el antiguo nombre de Oxford.

El Oxford Six disponía de un motor de 1.938 cc y frenos hidráulicos y era muy popular. Se vendieron más de 15.500 unidades en un año. En 1932 se sumó a la serie un atractivo Sport Coupé y ese mismo año se modificaron el chasis y el motor y apareció la caja de cambios de cuatro velocidades.

En 1933 obtuvo un motor más potente de 2.062 cc que solucionó los problemas de sobrecalentamiento que tenía el original.

El Oxford Six volvió a modificarse en 1934 con un nuevo chasis y un diseño similar al del Cowley Six. Por otra parte tenía una transmisión de cuatro velocidades sincronizada y la opción de un embrague

automático que era más un truco para vender que una alternativa real al cambio manual.

En 1935 se le cambió el nombre por el de Morris 16, dado que en la serie se sumó un Morris 20 con un motor mayor, pero volvería a aparecer como Oxford MO justo una década después.

El hermano mayor del Cowley fue el Oxford. Desembolsando un poco más de dinero, los compradores conseguían un interior con mejores acabados y unas prestaciones más considerables. Estos fueron unos de los últimos Morris «de diseño alto». En 1935 ya tendrían una mejor aerodinámica.

Motor: 6 cilindros, 1.938 cc
Potencia: n/d
De 0 a 100 km/h: n/d.
Velocidad máxima: 95 km/h
Producción total: 38.590

MORRIS EIGHT

1935–48

Morris debe mucho de su éxito en la década de los 30 al modelo Eight, uno de los más populares de la época en el mercado inglés. Sus elevadas ventas ayudaron a la salvación de Morris en los años de recesión mientras veía cómo caían en bancarrota muchos de sus competidores.

Morris tenía mucha influencia de Ford, tanto en el diseño, muy parecido al modelo Y con motor de 8 CV, como en la mecánica ya, que usaba un motor de válvulas laterales. A diferencia de Ford Morris ofreció versiones de dos y cuatro asientos, lo que añadía un poco más de pasión a la serie.

En 1938 apareció la Serie II, que duró poco y que sólo contaba con

ligeros cambios. La que sí sufriría variaciones más notables sería la Serie E, con una nueva parrilla en cascada y unos faros delanteros muy frágiles en las aletas. Esta nueva imagen era muy revolucionaria para Morris a pesar de que la mecánica no variase más que con la incorporación de la caja de cambios de cuatro velocidades.

Al final de la Segunda Guerra Mundial se volvió a fabricar el Eight, que duraría hasta 1948, cuando se sustituiría por el nuevo Minor.

Motor: 4 cilindros, 918 cc
Potencia: 22 KW (29.5 CV)
De 0 a 100 km/h: n/d
Velocidad máxima: 93 km/h
Producción total: 120.434

Su parrilla en cascada y los faros delanteros en las aletas del Morris Eight se consideraron vanguardistas en los años 30. Pero cuando se dejó de fabricar en 1948, se le veía algo anticuado.

MORRIS MINOR

1948–71

América tuvo el modelo T, Alemania el Volkswagen Escarabajo, Francia el Citroën 2CV e Italia el Fiat 500; Gran Bretaña entró en el afamado mundo de los coches populares con su Morris Minor. El simpático diseño curvilíneo del Moggy (que así se llamaba popularmente) se mantuvo en producción casi un cuarto de siglo, en el que llegó a ser un icono de los británicos como lo son sus rojas cabinas telefónicas, el Big Ben o los taxis negros de Londres.

Los planes para fabricar un nuevo Morris pequeño de posguerra ya se hacían durante ella en secreto violando las reglas del periodo de guerra. Su origen se debió a Sir Alec Issigonis, un joven ingeniero muy dotado de

origen turco que se unió a la marca en 1936. El nuevo Morris tomó forma muy rápidamente, ya en 1943 tenía su propio prototipo en las carreteras circulando con el nombre patriótico de Mosquito de acuerdo con el avión militar británico. Su forma era muy redondeada, de construcción monocasco, y estaba diseñado para montar sólo dos tipos de motor nuevos de cilindros en línea.

Al final la economía hizo que montara un viejo motor Morris de válvulas laterales, a pesar de la oposición de Issigonis. En octubre de 1948 sufrió una actualización que lo hizo más ancho, con una franja delgada en el centro del capó y unos parachoques delgados y también eliminó el nombre de Mosquito para

Un Morris Minor de la primera hornada con los faros bajos dirige a dos modelos más nuevos en este pequeño desfile de uno de los coches más apreciados del mundo.

readoptar el de Minor, que había durado hasta los años 20.

El Minor sería sólo uno de los tres nuevos modelos Morris que se presentaron en el Salón del Automóvil de Londres en 1948 eclipsando los Oxford y los Six, que eran más grandes, y casi amenazaba a los coches de más alta categoría como el Jaguar XK120. Fue loado tanto por el público como por la prensa especializada, que lo definió como un coche cercano a la perfección. Casi la única persona a la que no le gustaba fue al amo de la marca, William Morris, ya Lord Nuffield, que se refería a él como un huevo hervido. Sus clientes, en cambio, lo admiraban y compraron muchos más de 1.200.000 unidades (fue el primer coche británico en alcanzar esta cifra mágica) en sus 23 años de vida.

El Minor se ofrecía al principio como un sedán de dos puertas o un turismo descapotable al que luego se le sumaría, en 1950, una versión sedán de cuatro puertas. Se criticó la nueva posición de sus faros delanteros por encima de las aletas que se hizo en 1951, aunque en los Estados Unidos se hiciera en 1949.

La unión entre Austin y Morris para formar la British Motor

Corporation en 1952 implicó la sustitución del débil motor de válvulas laterales por el mejor de Austin con 803 cc con árbol de levas en cabeza de la serie A, que no gozaba del beneplácito de los ingenieros de Morris opuestos al uso de un motor de la marca «rival». En 1953 se aumentó el abanico de carrocerías con un familiar de nombre Traveller, una furgoneta y un *pick-up* que se añadían al sedán y al descapotable que ya existían.

El Minor cambió su nombre por el de Morris 1000 en 1956 aprovechando un cambio en su diseño (ahora tenía el parabrisas delantero de una pieza y no partido) y en su motor, ahora más potente, de 948 cc que se volvería a potenciar en 1962 hasta los 1.098 cc.

Cuando se dejó de fabricar, en 1971, el Minor se había convertido en toda una institución británica y formaba parte del paisaje social. Al igual que el Escarabajo o el 2CV fue un coche asequible, fiable, agradable de conducir y bien diseñado. Muchos de ellos parecían tener una gran personalidad que se adaptaba a cualquiera. En realidad era un vehículo popular, un verdadero coche de masas.

Motor: 4 cilindros, 1.098 cc
Potencia: 36 KW (48 CV)
De 0 a 100 km/h: 24,8 s
Velocidad máxima: 124 km/h
Producción total: 1.293.331

MORRIS OXFORD MO

1948–54

Motor: 4 cilñindros, 1.476 cc
Potencia: 30 kW (40.5 CV)
De 0 a 100 km/h: 41,4 s
Velocidad máxima: 113 km/h
Producción total: 159.960

Si usted quisiese un Minor más potente y espacioso tendría que optar por el siguiente escalafón de la marca, el Oxford MO. A excepoción de la parrilla apenas se le veía más elaborado que el Minor pues parecía ser sólo una escala mayor de aquél. También era menos interesante y tuvo una vida más corta de seis años frente a los 23 del Minor.

Su potencia le venía de un motor con válvulas laterales y 1.476 cc que podía hacer alcanzar al coche una velocidad de hasta 113 km/h a pesar de que su dirección montada en columna no favorecía las grandes prestaciones. La suspensión delantera independiente por barras de torsión, de efectividad cuestionable, forzó a Morris a implantar en 1950 amortiguadores telescópicos.

Los cambios en el Oxford MO serían mínimos. En 1952 vería la

luz un familiar de nombre Traveller y después se le cambió el diseño de la parrilla y se incorporaron a la serie una carrocería de furgoneta y otra *pick-up*.

El Oxford MO debería haberse llamado Major al ser un Minor heho a mayor escala y cuya serie se amplió con carrocerías como la de furgoneta y *pick-up*. A pesar de su parecido le faltó el atractivo de su hermano menor, por lo que su vida fue 17 años más corta que la de aquél.

MORRIS SIX

1948–54

Wolseley fue una de las empresas propiedad del grupo Morris cuya finalidad era fabricar y vender coches más lujosos y por descontado más caros. Morris por su parte continuaría dedicada al mercado de los coches populares. A finales de los años 40 la empresa se decidió por la política de la estandarización, con lo que ambas marcas compartirían el diseño de sus carrocerías.

Así cuando en 1948 apareció el Wolseley 6/80 también se ofreció un Morris Six con un interior menos confortable y la parrila característica de la marca, además de un motor menos potente que el del Wolseley de 6 cilindros y 2.215 cc. Su árbol de levas en cabeza sólo disponía de un carburador y no dos como el Wolseley. Su conducción era suave y de prestaciones modernas y había dudas de su fiabilidad. Su carrocería curvilínea desde el frontal hasta la cola era idéntica a la del Oxford MO, la versión a escala mayor del Minor.

Mientras el Wolseley acaparaba popularidad y cierta pasión como el coche de la policía, no ocurría lo mismo con el Morris Six. Éste se vendió menos que el primero y se dejó de fabricar en 1954.

El Morris Six tenía un diseño parecido al del Oxford MO y por ende al del Minor, pero con un motor más grande bajo el capó, tanto que éste tenía unas medidas despropocionadas y su parrilla parecía puesta a la fuerza.

Motor: 6 cilindros, 2.215 cc
Potencia: 49 kW (66 CV)
De 0 a 100 km/h: 22,4 s
Velocidad máxima: 138 km/h
Producción total: 12.464

MORRIS OXFORD/COWLEY

1954–60

A pesar de la decoración extra del Oxford poco más había que diferenciarle con el Cowley. Su diseño era muy conservador y aburrido; el Cowley, más barato, era aún peor. Ambos modelos, empero, se vendieron bien. El diseño británico no se revitalizaría hasta la década siguiente.

El Oxford Cowley fue diseñado por Alec Issigonis para fabricarse con carrocería monocasco. El Oxford tenía más embellecedores que el Cowley y tenía un nuevo motor de la Serie B de 1.489 cc. El Cowley, más básico, utilizaba uno más pequeño de 1.200 cc.

Ambos cambiaron su diseño en 1956. El Cowley obtuvo un motor de 1.489 cc igual al del Oxford. Un año más tarde se modificó el Cowley que recibiría una carrocería familiar de nombre Traveller. En 1959 se sumaron los nuevos sedán Farina, pero con el tiempo sólo se mantuvo en producción el Morris Traveller que tenía una gran capacidad de carga. La aparición en 1960 del familiar Farina sustituía al Cowley Traveller.

En 1954 renació el nombre de Cowley después de que desapareciera en los años 30. Morris necesitaba presentar un nuevo sedán de tipo medio que fuese el primer coche en colaboración con Austin, la marca con la que se unió en 1952 la British Motor Corporation (BMC). El Cowley aparecería como la versión inferior del Oxford.

Exceptuando el nombre todo fue responsabilidad del Sir Leonard Lord, quien estaba al cargo de Austin, pero Lord Nuffield se opuso a la empresa. A pesar de esta desunión entre los dos fabricantes más importantes de Gran Bretaña, ambas empresas continuaron fabricando sendos modelos con una norma de estandarización.

Motor: 4 cilindros, 1.489 cc
Potencia: 30 kW (40.5 CV)
De 0 a 100 km/h: 29 s
Velocidad máxima: 122 km/h
Producción total: 167.494

MORRIS ISIS

1954–58

El Morris Isis reemplazó al Six en 1954. Fue un poroducto de la estandarización en la BMC y era un poco más elevado que el Oxford. Su motor era de la serie C de Austin que cubicaba 2.639 cc y tenía 6 cilindros. Gran parte de su carrocería provenía de aquél, pero el capó era más alargado para poder abarcar el motor más grande, la suspensión más rígida y los frenos mejores.

La versión Traveller familiar fue un ejemplo temprano de modelo para el transporte de personas ya que disponía de una fila más de asientos que le permitía ocho pasajeros. También se le añadió más carácter acoplando paneles de madera en el área de carga. Sus prestaciones eran razonables, pero el problema del Isis estaba en su maniobrabilidad, lo que ayudó a mejorar las ventas.

Cuando se rediseñó el Oxford en 1956, el Isis siguió su modelo, pero se dejó de fabricar la versión familiar con las líneas de madera en la parte de carga. El motor también resultó potenciado con una mayor compresión, lo que hizo que entregase 90 CV.

Motor: 6 cilindros, 2.639 cc
Potencia: 64 kW (86 CV)
De 0 a 100 km/h: 17, 8 s
Velocidad máxima: 142 km/h
Producción total: 12.155

MORRIS OXFORD FARINA

1959–71

El nombre refiere a Morris, pero hubo varios modelos Farina que se debían a Austin, MG, Riley o Wolseley. Este modelo recibió este nombre de la casa de diseño italiana Pinfarina, que había sido contratada para modernizar el diseño de los familiares de BMC durante toda la década.

El Oxford Farina (Series V/VI) fue la versión Morris de los sedán de tipo medio de BMC de los 60; a excepción de la parrilla apenas nada lo diferenciaba del de Austin, pero BMC lo vendía para satisfacer a sus leales clientes.

Entre 1959 y 1961, el Oxford tuvo unas aletas traseras prominentes y un motor de la serie B de 1.489 cc. El sedán de cuatro puertas fue un complemento para el familiar práctico llamado Countryman que aparecería en 1960. Un ligero retoque estilístico de 1961 redujo el tamaño de las aletas y aumentó la capacidad del motor cambiándolo por uno de 1.622 cc de la serie B. Ambos modelos apenas se modificaron hasta su sustitución en 1971.

Motor: 4 cilindros, 1.622 cc
Potencia: 45 kW (61 CV)
De 0 a 100 km/h: 21,4 s
Velocidad máxima: 130 km/h
Producción total: 296.255

MORRIS 1100/1300 — 1962–73

La política de nomenclatura de BMC tuvo su apogeo con este modelo de indiscutible éxito. La variante de Morris apareció primero en agosto de 1962 y pronto la siguieron Austin, MG, Wolseley, Riley y Vanden Plas,que siguieron las mismas pautas a excepción de los niveles de acabado.

Alec Issigonis estuvo detrás del 1100, que en esencia sólo era una versión mayor del Mini dotada con un motor de la Serie A montado transversalmente y con tracción en las ruedas delanteras. Su suspensión independiente en las cuatro ruedas disponía de un novedoso sistema Hydrolastic de gas-fluido.

El Mk II 1100 apareció en 1971 y un poco más tarde, ese mismo año, la versión 1300 estaría dotada con un motor de 1.275 cc. Una versión deportiva llamada Morris 1300 GT se presentó en 1969. La MK III de Morris sólo se vendía con carrocería familiar entre 1971 y 1973.

Motor: 4 cilindros, 1.098 cc
Potencia: 36 kW (48 CV)
De 0 a 100 km/h: 22,2 s
Velocidad máxima: 126 km/h
Producción total: 801.966

MORRIS 1800/2200 — 1966–75

Un nuevo intento de Morris para superar la fórmula Mini fue el 1800, aparecido dos años después de su idéntica versión Austin, pero muchos años antes de la lujosa versión de Wolseley.

Usaban todos las mismas piezas: un motor transversal de 1.798 cc de la Serie B, tracción en las ruedas delanteras y suspensión Hydrolastic. El 1800 tenía un interior muy espacioso, pero su equipamiento era básico y su aspecto anodino. Pronto tuvo el mote de «cangrejo terrestre» gracias a su aspecto y a su tendencia a salirse en las curvas.

La versión MK II apareció en 1968 con un mejor diseño e interior. Entre 1969 y 1972 la versión 1800 S equipó un doble carburador SU. Todos los modelos 1800 se sustituyeron en 1972 por los 2200 de motor más potente y a la vez más suave, pero con la

misma carrocería. Su motor era un 6 cilindros de 2.227 cc.

Motor: 4 cilindros, 1.798 cc
Potencia: 60 kW (80 CV)
De 0 a 100 km/h: 17,4 s
Velocidad máxima: 148 km/h
Producción total: 105.271

MORRIS MARINA — 1971–80

El Marina fue uno de los modelos más deseados de los 70, aunque nunca sería fácil reemplazar modelos de tanto éxito como el Morris Minor. El coche no fue tan malo como se suponía, pero tampoco tenía demasiadas virtudes.

Todo en este vehículo era muy convencional, con tracción trasera y la suspensión basadas en las del Minor, muy poco avanzadas cuando salió aquel décadas antes.

Al principio se vendió en dos versiones, un sedán y un cupé, pero luego, en 1972, aparecería una versión familiar. Su motor era un Serie A de 1.275 cc o un Serie B de 1.798 cc. La versión superior era hasta más rápida que la MGB, pero sufría de mucha tendencia al subviraje en las curvas, lo que limitaba el aprovechamiento de sus prestaciones.

En 1978 el Marina cambió por dentro y por fuera manteniendo

su misma carrocería. Se mantuvo su mismo motor de 1.275 cc, pero el de 1.798 fue susytituido por el de 1.695 con árbol de levas en cabeza.

El Marina sería sustituido por el Ital en 1980, un modelo casi idéntico al que sustituía pero diseñado por el conocido italiano Giuggiaro.

«Si British Leyland lanzó al mercado un coche bonito... ese es el Morris Marina.» Tal fue el lema del nuevo sedán de la marca en su presentación en la década de los 70, pero pocos coincidieron con esta expresión de belleza.

Motor: 4 cilindros, 1.798 cc
Potencia: 71 kW (95 CV)
De 0 a 100 km/h: 12,3 s
Velocidad máxima: 161 km/h
Producción total: 953.576

MORRIS 1800/2200 PRINCESS

1975–81

El último gran coche de Morris fue también uno de los más llamativos y de vida muy corta. Apareció como Morris, Austin y Wolseley. Durante sólo unos seis meses cambió su nombre por el de Princess.

Su diseño se debía a Harris Mann, que trabajaba en British Leyland. Creó un sedán cuadrado muy diferente a los otros modelos familiares de la marca. Este diseño tan poco convencional provocó las críticas más dispares, pero en realidad era un diseño muy diferente al de sus rivales. Tenía un interior muy espacioso y conducción suave gracias a su suspensión de Hydragas.

El Morris disponía de un motor de 4 cilindros y 1.798 cc o uno de 2.227 cc de 6 cilindros. La parrilla era muy personal y los faros cuadrados le diferenciaban del Austin y del más lujoso Wolseley.

A últimos de 1975 todos los modelos perderían sus señas de identidad y sólo conservaron el nombre de Princess hasta la fecha de su desaparición en 1981.

Motor: 6 cilindros, 2.227 cc
Potencia: 82 kW (110 CV)
De 0 a 100 km/h: 13,5 s
Velocidad máxima: 169 km/h
Producción total: 225.842

MOSKVICH 400

1946–56

El nombre oficial de Moskvich es Avtomobilny Zavod Imeni Luninskogo Komsomola (Joven Liga Comunista de Automóviles). Su apodo, «Moskvich», significa moscovita y se convirtió en el nombre de la empresa en 1939, cuando lanzó al mercado su primer coche. El Moskvich 10 se basaba en un Opel de los años 20, una relación que se vería igualmente en la futura serie 400 del año 1946.

Los 400 se basaban en el Opel Kadett de 1937, un modelo ideal para el mercado ruso dotado de un sencillo motor con válvulas laterales, una construcción monocasco básica y un bajo coste de producción. Se ofrecía en una versión de cuatro puertas, pero su calidad era tan pobre como su concepción, tenía grandes estrías entre los paneles de su carrocería y una tremenda flexibilidad cuando circulaba por terrenos sin asfaltar.

Su producción se paró en 1956 habiendo vendido más de medio millón de unidades. Su tecnología, basada en los años 30, le hacía ser un coche totalmente obsoleto.

Gracias a su buena relación con Opel, Moskvich fue capaz de lanzar al mercado un coche basado en el Kadett destinado al mercado ruso.

Motor: 4 cilindros, 1.074 cc
Potencia: n/d
De 0 a 100 km/h: n/d
Velocidad máxima: n/d
Producción total: n/d

MOSKVICH 402

1956–58

Sin dinero para invertir ni herramientas para fabricar un coche totalmente nuevo, los intentos de Moskvich para modernizar lo que ya había conseguido estaban condenados al fracaso. El 402, que apareció en 1956, tenía una imagen fresca y dinámica, su carrocería monocasco tenía un diseño actualizado de los años 50, pero su mecánica resultaba arcaica.

Utilizaba la plataforma del 400/Opel Kadett y su misma vieja suspensión por eje rígido y el motor aún era más obsoleto.

El motor Opel de los años 30 con válvulas laterales que entregaba 35 CV estaba equipado con una caja de cambios de tres velocidades, una dirección incontrolable y una marcha dura que hacía que su conducción no fuese muy agradable. Los 402 tenían una cosa buena, que eran indestructibles a tenor de la pobre calidad de los combustibles rusos y sus carreteras.

Moskvich no tenía problemas para vender sus coches en el mercado de su país, pero muchos cuando quería exportar. En 1958, con el desarrollo de su gobierno y la aparición del mucho mejor 407 con culata de aluminio, prestaciones adecuadas y un serio programa comercial en Europa conseguiría un éxito moderado de ventas en los años 70.

Motor: 4 cilindros, 1.288 cc
Potencia: 26 kW (35 CV)
De 0 a 100 km/h: n/d
Velocidad máxima: 96 km/h
Producción total: n/d

MUNTZ JET

1950–54

Cuando el excéntrico ingeniero americano Frank Kurtis decidió fabricar sus propios coches en 1948, el prototipo que apareció resultó interesante. Con las curvas de una bañera invertida y un amplio interior de cuatro asientos, el modelo se mostraba muy práctico; el único problema era su diseño poco atractivo para el mercado americano y las grandes industrias del sector.

A pesar de ello Kurtis vendió su proyecto al rico comerciante de coches Earl Muntz, que entendió que el coche podía entrar en producción y así lo hizo. El Muntz Jet aparecería en 1950 con un motor Cadillac V8 de 5,4 l con válvulas en cabeza que luego se sustituiría por otro menos potente y más barato de 5,5 l con válvulas laterales derivado del Lincoln.

Los paneles de aluminio de su carrocería y el capó de fibra de vidrio mantuvo el peso en los mínimos aceptables y se aseguró que no sufriría de oxidación. Pero

todo ello hizo que fuese un coche caro y difícil de fabricar. Sus ventas fueron respetables para ser una compañía pequeña que duró hasta que Muntz perdió el interés en 1954 y volviese a dedicarse a las ventas de otras marcas.

Se puede adorar u odiar un diseño, pero no se puede negar que este modelo tiene presencia. Fue muy interesante a la vez que práctico, pero inevitablemente también caro. Su motor V8 también le hacía ser rápido.

Motor: V8, 5.424 cc
Potencia: 119 kW (160 CV)
De 0 a 100 km/h: n/d
Velocidad máxima: 180 km/h
Producción total: 394

NAPIER 18HP

1903

El mundo de la automoción y el de la industria debe mucho de su progreso y éxito a hombres como el excéntrico Selwyn Francis Edge, un verdadero innovador. Fue un hombre que creyó en la evolución a través de los experimentos y que haría lo que fuera para saciar su sed de conocimientos de ingeniería. Por otra parte parece también haber tenido una fuerte convicción en su inmortalidad, ya que competía en

El motor de 4,9 l de Napier 18hp fue el primero 6 cilindros de la historia y el primero también en lucir el color British Racing Green. Por desgracia su fiabilidad era muy pobre.

carreras con bólidos muy potentes y con escasa carrocería. En 1902 venció en la prestigiosa Gordon Bennet Trophy con un monstruo colosal de 1,7 l y 4 cilindros diseñado por él mismo. Su mayor contribución a la historia fue sin embargo la pintura, pues fue el primero en pintar sus coches con el British Racing Green. Sus coches nunca se fabricaron en serie, pero esto nunca privó a Edge a ir introduciendo nuevas ideas en el mercado. El 18hp fue el primer coche de la historia con el motor de 4,9 l y 6 cilindros, pero era muy poco fiable. La vibración del propio motor provocaba que el cigüeñal a menudo se rompiera. A pesar del desdén con que era tratado por la gente que llamaba a sus coches «poderosos sonajeros», Napier continuó fiel a sus 6 cilindros. Más tarde sus nuevos coches serían más suaves y fiables.

Motor: 6 cilindros, 4.942 cc
Potencia: n/d
De 0 a 100 km/h: n/d
Velocidad máxima: n/d
Producción total: n/d

NAPIER 40/50

1919–24

Napier también inventó uno de los componentes del motor más comunes en la actualidad. El 40/50, que apareció en 1919, fue el primer coche con carburadores SU que pronto figurarían en casi todos los coches británicos y que daría a la empresa cientos de miles de libras en las décadas venideras.

Fuera de esto, el 40/50 era un coche que no destacaba. Con su motor de 6 cilindros marcaba la nueva tendencia de los coches de Napier. Su diseño se debía al muy cualificado carrocero A. J. Rowledge que abandonó la empresa en 1920 para trabajar en Rolls-Royce. Se trataba de un diseño elegante y nada atrevido con estribos de acero construido por el fabricante de barcos Cunard.

El Napier era un coche caro y uno de los menos imaginativos que no llegó a vender los 500 modelos que ansiaba. Le faltaba el caché social de otros coches de lujo como el Rolls-Royce. Sus escasas ventas llevaron a la empresa a cerrar la producción y concentrarse en el desarrollo de la ingeniería. Su única producción de cuatro ruedas

sería, después de su cese, el Mechanical Horse, diseñado como una tractora ligeramente articulada que fabricaría Scammell y popularizaría British Railways.

El 40/50 se comercializó como coche de lujo, pero sus ventas fueron pocas dado que los clientes preferían otras marcas como Rolls-Royce. Se fabricó sólo durante cinco años.

Motor: 6 cilindros, 6.150 cc
Potencia: 29 kW (39 CV)
De 0 a 100 km/h: n/d
Velocidad máxima: 96 km/h
Producción total: 187.

NASH EIGHT

1930–39

Por increíble que parezca se ofrecían unas 102 versiones del modelo Nash Eight de los años 30. Desde el original Town Sedan hasta el Streamlined Roadster de 1939. A pesar de todas estas variables, todos ellos se fabricaban en torno al mismo tema. Todos disponían de un motor grande y potente de 8 cilindros en línea y estaban construidos sobre un chasis para conducción suave.

Apareció en 1930 con un motor con válvulas laterales y luego con válvulas en cabeza. Otros motores más pequeños, los Six, se usaron para los modelos con carrocerías más pequeñas.

El cambio más notable en la serie vino en 1934 cuando se sustituyó la carrocería primigenia por otra mucho más elegante de diseño vanguardista que incluía un frontal tipo «shark nose», los faros delanteros en las aletas y pescantes. El modelo más común fue el Ambassador, un sedán de seis plazas, y el más original, el Aeroform Fastback de 1935, que tenía una cola con forma de torpedo y un estilo llamado «speedstream» que incorporaba cromados en el capó; su parabrisas tenía forma de V, una agresiva parrilla del radiador y unos pasos de rueda aerodinámicos.

Construido sobre el mismo chasis que los Hudson y los Railton, el Nash Eight se ofrecía en muchas carrocerías. El de la foto es un cupé de cuatro puertas.

Motor: 8 cilindros, 4.834 cc
Potencia: 67 WK (90 CV)
De 0 a 100 km/h: n/d
Velocidad máxima: n/d
Producción total: n/d

NASH HEALEY

1951–54

Sus respetables prestaciones y su diseño hacían que fuese uno de los coches más admirados de su época. No obstante, le faltaba el atractivo que tenían algunos rivales.

Mucho antes de su alianza con Austin, Donald Healey se unió a Nash para fabricar un deportivo dirigido en principio al mercado americano.

El motor y el chasis procedían del Ambassador y entregaba unas respetables prestaciones a pesar de su pesada dirección y sus pobres frenos que hicieron del Healey un coche pesado si se conducía con demasiada deportividad. Su diseño tampoco era demasiado deportivo, por lo que en 1952 Nash encargó a Pininfarina un nuevo diseño que le dio aletas curvilíneas, unos arcos traseros bulbosos y una cola particular. No era uno de los mejores diseños del italiano, pero al menos era suave e inofensivo.

La mayoría de los Nah Healey se vendieron en los Estados Unidos con un motor de 3,8 l del país; muy pocos se fabricaron en Gran Bretaña con un motor menos

agresivo de 2 l marca Alvis bajo el capó y que seguramente algunos propietarios modificaron para hacerlo más potente.

Las ventas eran muy lentas y se dejó de fabricar cuando Healey firmó el contrato con Austin en 1953

en Inglaterra para fabricar su próximo deportivo.

Mientras la marca Austin-Healey caminaba hacia la leyenda, Nash sería cada día más rara y se convertiría en una pieza de interés de la historia del motor.

Motor: 6 cilindros, 3.848 cc
Potencia: 93 kW (125 CV)
De 0 a 100 km/h: 14,6 s
Velocidad máxima: 168 km/h
Producción total: 506

NASH METROPOLITAN

1953–61

El Nash Metropolitan se vendió como Hudson en los Estados Unidos y Austin en Europa, y fue el resultado de la colaboración entre Nash y Austin que propuso Donald Healey. Sobre el papel el Metropolitan parecía un ganador. El presidente de

Nash, George Mason, creyó que un coche pequeño y económico tendría mucho atractivo en los Estados Unidos y unió el diseño norteamericano con la larga experiencia británica en la fabricación de coches pequeños.

Su tendencia a la corrosión, pobre maniobrabilidad y lo poco práctico que era no pareció influir en los compradores del Metropolitan, especialmente en los Estados Unidos, donde se vendieron más de 100.000 unidades de convertibles en un periodo de ocho años.

Fue una pena, pero no tuvo éxito. El Metropolitan tenía mucha tendencia a la corrosión y sus laterales altos y carrocería truncada no se correspondía con la mecánica de Austin de los años 50. Fue un coche como mínimo errático y muy peligroso. Por otra parte tampoco era muy práctico a pesar de su diseño cuadrado. En 1960 se ofreció una carrocería descapotable.

Con todas estas grandes deficiencias el Metropolitan tuvo un éxito sorprendente, sobre todo en los Estados Unidos. En los siete años de su fabricación se vendieron más de 100.000 unidades con varios motores Austin, incluidos los de las series A y B.

Motor: 4 cilindros, 1.489 cc
Potencia: 35 kW (47 CV)
De 0 a 100 km/h: 24,6 s
Velocidad máxima: 121 km/h
Producción total: 104.368

NSU Prinz 4 {1961–73}

El equivalente alemán del Hillman Imp tenía mucho que ver con el popular coche del grupo Root. Su diseño achaparrado y su motor trasero junto con su maniobrabilidad fueron características comunes entre ambos.

El coche alemán fue el primero en salir a la venta y fue todo un éxito para una pequeña empresa del automóvil especialmente en el mercado de su país. Su motor de dos cilindros refrigerado por aire no era muy moderno, pero sí resistente y con el poco peso de su carrocería le daban unas buenas prestaciones.

De hecho el Prinz era un coche muy apacible de conducir, ágil en la carretera y disponía de caja de cambios sincronizada y unos efectivos frenos de disco en sus cuatro ruedas (no en las primeras versiones). Por otra parte también estaba bien diseñado ya que su interior, a pesar del aspecto reducido de su exterior, era muy espacioso y tenía cantidad de huecos para poner equipaje de mano en la parte delantera.

A NSU la absorbería el grupo Volkswagen-Audi en 1969 que dejaría de lado su fabricación.

Se vendió hasta 1973, pero ya no lo comercializaba su marca madre. NSU vio imprudentemente grandes posibilidades al motor rotativo que se aventuró a desarrollar sin obtener mucho éxito.

Con su motor acoplado sobre el eje trasero y su carrocería de poco peso, el Prinz tuvo un comportamiento destacable en carretera. Además tenía una muy buena ingeniería mecánica.

Motor: 2 cilindros, 598 cc
Potencia: 22 kW (30 CV)
De 0 a 100 km/h: 32,2 s
Velocidad máxima: 121 km/h
Producción total: 576.023

NSU Sport Prinz {1958–68}

Si el Prinz 4 podía merecer críticas por su desafortunado aspecto, el Sport Prinz redimió los peros de su hermano. El bonito cupé de dos puertas fue diseñado por el estilista Franco Scaglione que, por aquellos tiempos, trabajaba para Bertone.

El estilizado coche era de pequeñas dimensiones pero eran tan aprovechables como las de un

Aunque se vendió como coche alemán la mayoría de los Sport Prinz se construyeron en Bertone los siete primeros años y en Heilbronn, Alemania, sólo los últimos tres.

deportivo mayor y más veterano. No era muy potente, su motor estándar de 2 cilindros refrigerado por aire sólo entregaba 30 CV,

pero una dirección rápida y precisa combinada con un chasis muy bien equilibrado le daban un excepcional comportamiento en carretera cuando estaba en manos de un experto conductor.

Como el sedán, tenía tendencia a subvirar si se giraba fuertemente

en las curvas, especialmente sobre mojado.

Hoy día aún goza de popularidad y conserva su imagen de frescura, pero fue eliminado por la casa madre en 1968 que quería concentrar sus esfuerzos en los motores rotativos.

Este Sport Prinz de 1964 podía alcanzar los 137 km/h y la marca aseguraba que podía llegar a los 161/100 km del Prinz 4. Su precio era de 699 £ 7 s y 6 d.

Motor: 2 cilindros, 583 cc
Potencia: 22 kW (30 CV)
De 0 a 100 km/h: 31,7s
Velocidad máxima: 123 km/h
Producción total: 20.831

NSU WANKEL SPIDER

Tres años antes de la controvertida aparición del Ro80, NSU ya experimentaba con el motor rotatorio. Este coche se parecía al Sport Prinz, pero escondía en su interior un motor revolucionario.

El Wankel Spider puede tener un lugar entre los automóviles más importantes de la historia, por más que apenas nadie haya oído hablar de él. Este pequeño cabriolé fue el primer coche con motor rotativo, aunque no sería hasta 1967 que coches con este tipo de motor fuesen un éxito de ventas con la llegada del NSU Ro80.

Basado en el bonito cupé Sport Prinz, pero con un techo extraíble para que tuviese un diseño más estilizado, el coche merecía toda la atención a pesar de ser un poco caro. Su motor rotatorio, totalmente nuevo y diseñado por Felix Wankel, tenía 497 cc y estaba montado delante del eje trasero.

Sus prestaciones eran notables pues podía alcanzar los 161 km/h gracias al poco peso de su motor. Su chasis le daba además un buen comportamiento y agarre en la carretera. Todo ello parecía darle el pasaporte del éxito, pero como pasó con todos los primeros motores rotativos, el Wankel Spider tenía muchos problemas de fiabilidad, por lo que se apartaron de él tanto compradores como inversores. NSU debería ser admirada por su valentía para fabricar coches como éste de fenomenal diseño y prestaciones que no se vendió.

Motor: Rotatorio, 497 cc
Potencia: 37 kW (50 CV)
De 0 a 100 km/h: 16,7 s
Velocidad máxima: 148 km/h
Producción total: 2.375

NSU 1000/110/1200

La versión familiar de NSU tenía una carrocería más espaciosa y un motor más grande esta vez de 4 cilindros e igualmente refrigerado por aire. Sus inusuales faros delanteros ovales eran característicos pero extraños en una carrocería con una larga distancia entre ejes y unas aletas de plástico que daban un aspecto raro al modelo 1000. Se ofrecería una versión aún más grande de nombre 110 (no 1100) en 1965 con un motor de 1,1 l y en 1967 saldría la versión con motor de 1,2 l llamada 1200 que en 1970 tendría una transmisión semiautomática como opción. A pesar de sus dimensiones aparentemente reducidas y sus modestos motores, la serie 1000 tenía el espacio de coches más grandes.

El 1000 tenía una versión rara de nombre TT, un sedán deportivo que compartía la misma carrocería que el sedán estándar 1000. Podía acelerar hasta los 161 km/h de velocidad máxima, lo que le hizo popular entre conductores de pericia y pudo vencer en algunas carreras. Su motor trasero, su tracción en las ruedas traseras y el poco peso de su carrocería formaban un cóctel letal si se aumentaba su potencia y caía en manos inexpertas.

Fue esencialmente un Prinz 4 más grande; el 1000 y sus derivados eran un inusual transporte familiar.

Motor: 4 cilindros, 996 cc
Potencia: 30 kW (40 CV)
De 0 a 100 km/h: 20,5 s
Velocidad máxima: 129 km/h
Producción total: 423.704

NSU Ro80

Mucho se habló del Ro80 en el momento de su lanzamiento, pero una serie de problemas en el control de calidad y lo caro de su mantenimiento fueron la clave de su caída.

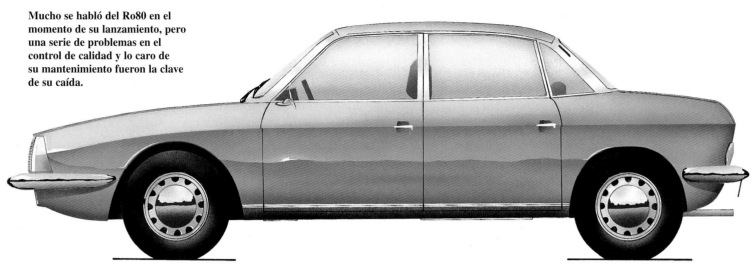

Fue un modelo de dinámica brillante, avanzado tecnológicamente y coronado de inmediato como coche Europeo del Año en 1968. El NSU Ro80 prometía tener mucho éxito y ser muy importante en su época. Pero un año después de su lanzamiento, en 1968, empezó a tener problemas en el control de calidad, en un excesivo consumo de carburante, quejas sobre la garantía y averías varias en su motor.

Por desgracia NSU había dejado que sus clientes hiciesen por sí mismos las revisiones y el motor rotativo de 2 cilindros, si bien, de una gran concepción, era un desastre de la ingeniería ya que muchas piezas necesitaban el recambio en los primeros 48.000 km.

El tiempo ha demostrado que los experimentos con el motor rotatorio no han de ser motivo

de crítica, ya que gracias a la red de especialistas que finalizaron el trabajo iniciado en NSU, hoy día el Ro80 puede hacerse más fiable. De todas maneras este progreso llegó demasiado tarde para la marca cuyo buque insignia llegó a ser motivo de burla en la industria del motor.

Cuando funcionaba era una máquina fantástica, ágil, suave y maniobrable que se mostraba años

adelantada a su tiempo; el Ro80 tenía además innovaciones tecnológicas tales como transmisión semiautomática y una aerodinámica de primera clase.

Motor: Rotatorio, 2 x 497 cc
Potencia: 86 kW (115 CV)
De 0 a 100 km/h: 13,1 s
Velocidad máxima: 181 km/h
Producción total: 37.398

Ogle SX1000

Ogle Design creó el Reliant Scimitar y una carrocería especial para el Riley One-Point-Five, pero fue el SX1000 el más popular de ellos y el más problemático.

Basado en la plataforma del Mini furgoneta y con una carrocería inusual de plástico con

forma bulbosa, el SX1000 podía tener cualquier variante del motor de la serie A de BMC. El 1.275 cc del Mini Cooper S le daba un gran poder de aceleración y una velocidad punta de 177 km/h.

El SX1000 disponía de un equipo de lujo y un interior con

Poco después de su lanzamiento el fundador del proyecto David Ogle murió en un accidente cuando circulaba con su coche a gran velocidad. No sorprende que el público perdiese la confianza en el coche y su producción cesase a los dos años de iniciarse.

la tapicería que el cliente deseara. Ogle ofrecía también la posibilidad de transformar el Mini de un propietario a su gusto si éste podía costear un gasto relativamente caro.

Pero el proyecto se colapsó cuando el propietario de la marca David Ogle perdió el control de su SX1000 y fue asesinado. Lógicamente los clientes empezaron a perder confianza en el coche y la idea murió en sus primeros pasos.

Norman Fletcher dio nueva vida a su carrocería, pero sólo cuatro de sus rebautizados Fletcher GT se fabricaron antes de la desaparición definitiva del SX1000. Otra gran y definitiva idea se convertía en sólo una nota a pie de página en la historia del automóvil.

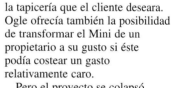

Motor: 4 cilindros, 1.275 cc
Potencia: 57 kW (76 CV)
De 0 a 100 km/h: 11 s
Velocidad máxima: 177 km/h
Producción total: 66

OLDSMOBILE EIGHT

1935–39

El diseño elegante y estilizado de este Oldsmobile Eight corresponde a la profunda reestilización posterior a 1938; es idéntico al del Pontiac De Luxe y el Buick Special.

Oldsmobile fue uno de los primeros fabricantes de coches americanos. Su nombre se debe al de su fundador Ransom Eli Olds, que en 1904 decidió crear su propia fábrica de coches con el nombre de REO. Oldsmobile llegó a ser una de las marcas que formarían General Motors, y como ésta, todos sus productos se consideraban para gente de dinero.

El Eight cumplía con esta consideración ofreciendo un estilo elegante y unos buenos niveles de espacio para los pasajeros a un buen precio. El modelo se ofrecía con dos posibles motores de 8 cilindros en línea y válvulas laterales, uno de 3,9 l y otro de 4,2 l. El más capaz de ellos, el último, alcanzaba los 145 km/h de velocidad punta. Ambos

estaban dotados de caja de cambios totalmente automática. GM fue la primera compañía que ofreció esta tecnología en el mercado automovilístico.

En 1938 se cambió totalmente el diseño del Eight, se le puso un

nuevo frontal mucho más estilizado y sólo se ofrecería con el motor de 4,2 l. Los modelos posteriores compartirían la carrocería con el Pontiac de Luxe y el Buick Special que apuntaban a un público un poco más elevado.

Motor: 8 cilindros, 3.936 cc
Potencia: 60 kW (80 CV)
De 0 a 100 km/h: n/d
Velocidad máxima: 137 km/h
Producción total: 155.618

OLDSMOBILE 88

1949–99

El nombre 88 duró toda la vida de Oldsmobile. El de la foto data de 1960 y muestra la cantidad de cromados y embellecedores asociados con esta época; los modelos posteriores se verían más anodinos a su lado.

Aparecería en 1961 siendo muy diferente a su prototipo, con un diseño convencional y todo un equipo de extras en el que se incluía dirección asistida, elevalunas eléctricos y transmisión automática.

A mediados de 1970 no era más que un nombre aplicado a una versión con un motor potente de los Oldsmobile estándar, sedán muy cuadrados de cuatro puertas que no podían competir con los más estilizados de las dos primeras décadas de su fabricación. El nombre 88 murió en 1999 cuando GM decidió suprimir la marca Oldsmobile.

Se fabricó durante 50 años, por lo que no sorprende que se haya convertido en una leyenda americana. Los modelos originales de 1949 guardaban muy poco parecido con los últimos de 1988 con su diseño estilizado de los años 30, pero el público al iba dirigido fue siempre el mismo. Siendo un

coche de tamaño familiar estaba equipado con potentes motores, lo que indica que el 88 fue siempre un coche rápido tal como demostró en los circuitos de la NASCAR en las décadas de los 50 y 60. Quizá su mejor victoria fue la del primer Daytona 500 en 1959 conducido por el legendario Lee Petty.

También fue importante la presentación en 1953 del 88 Starfire en el Salón del Automóvil de Detroit. El prototipo se inspiraba en el caza a reacción Lockheed Starfire y su carrocería, de fibra de vidrio, tenía un parabrisas delantero envolvente y unas llantas de aspecto siniestro.

Motor: V8, 6.551 cc
Potencia: 257 kW (345 CV)
De 0 a 100 km/h: 8,5 s
Velocidad máxima: 181 km/h
Producción total: 10.000.000

OLDSMOBILE CUTLASS

1961–74

A pesar de publicitarse como un compacto, el Cutlass fue creciendo paulatinamente durante su vida útil. El de la foto es un modelo convertible del año 1970.

Las aletas y el exceso de cromados en los años 50 hicieron que los coches americanos fuesen cada vez más grandes, tanto que al final de la década era imposible comprar un compacto.

General Motors se dio cuenta de ello e introdujo en el mercado un coche destinado a tapar este vacío. El F-85 Cutlass compartía plataforma y los paneles de su carrocería con modelos de Pontiac y Buick, pero sólo Oldsmobile sacaría un cupé Cutlass Supreme y un Cuttlass S que más tarde formarían la base del 4-4-2 (ver pág. sig.).

A pesar de que el *marketing* del Cutlass como compacto crecía rápidamente, en 1964 ya era un coche muy igual a cualquiera de los tres grandes americanos de la época.

Se ofrecía con una gran variedad de motores que iba desde

uno básico de 4 l y 6 cilindros en línea suministrado por Chevrolet a uno de 7,4 l V8 que entregaba 390 CV. El Hurst Oldsmobile de 1972 ofrecería una caja manual de cinco velocidades como opción.

Al igual que el Oldsmobile 88, el nombre de Cutlass subsistió hasta el final de la marca en 1999. Por entonces ya había perdido toda su peculiaridad y se había convertido en un coche más, moderno y sin carácter.

Motor: 6 cilindros, 4.184 cc
Potencia: 155 kW (208 CV)
De 0 a 100 km/h: 10,9 s
Velocidad máxima: 177 km/h
Producción total: n/d

OLDSMOBILE TORONADO

1966–70

La tracción en las ruedas delanteras no parecía muy apropiada para transmitir 385 CV de potencia al suelo, pero eso es lo que hizo Oldsmobile con el Toronado. En verdad todo un hito, ya que este gran Olds fue uno de los más rápidos y deseados supercupés de su tiempo dado su diseño estilizado, sus grandes paneles y su gran motor.

Tenía transmisión automática de serie y disponía de un gran

convertidor de par que paraba a los 385 CV para que no destruyese la caja de cambios y el árbol del motor. La tracción delantera lo hacía más ágil y predecible que la mayoría de los *musclecars* (coches deportivos) de los 60.

La mayoría de los compradores americanos no se percataron de la cantidad de dinero que se gastó GM para desarrollar la tracción en las ruedas delanteras, ni de sus

ventajas, y muchos pensaron que era demasiado arriesgado para optar a ser un éxito de ventas. Otros puntos en su contra fueron el gran consumo de combustible, sus pesados neumáticos y sus ineficaces frenos de tambor. Sea como fuere, se mantiene como icono de la historia americana del motor gracias a los muchos avances tecnológicos que presentó.

Su motor de 7.446 cc le permitía superar a la mayoría de deportivos que rivalizaban con él. Fue uno de los supercupés más rápidos de su tiempo.

Motor: V8, 7.446 cc
Potencia: 287 kW (385 CV)
De 0 a 100 km/h: 8,7 s
Velocidad máxima: 210 km/h
Producción total: 143.134

OLDSMOBILE 4-4-2

1967–71

Si el Toronado fue futurista y muy adelantado tecnológicamente, el 4-4-2 era un *musclecar* más convencional. Apareció en 1967 con la carrocería de un Plymouth Barracuda con un nombre, 4-4-2, que se refería a sus 400 pulgadas cúbicas, su carburador de cuatro cuerpos y sus dos tubos de escape.

En 1968 se introdujo una versión convertible que se sumaría a una carrocería cupé de techo duro con tres volúmenes que completaría, junto con un *fastback* ya existente toda la serie.

Su potencia le venía de todo un abanico de motores que variaban de los 190 CV a los 400; el modelo superior usaría un motor de 7,4 l, el mismo que el Toronado. Su chasis con la convencional tracción trasera era básicamente el mismo que el del sedán Cutlass pero con una suspensión por muelles helicoidales más rígidos indicaba que el 4-4-2 tenía la normal maniobrabilidad de los coches americanos, que eran rápidos en línea recta y difíciles de controlar en una carretera con curvas, especialmente las versiones más altas.

Como todos los coches de este tipo y otros pocos, el 4-4-2 desapareció con la crisis energética de los 70 y la nueva legislación sobre emisión de gases contaminantes americana que obligaba a reducir drásticamente la potencia de sus coches.

El 4-4-2 debía su nombre a sus 400 pulgadas cúbicas, su carburador de cuatro cuerpos y sus dos tubos de escape. Oldsmobile no fue nada tímido a la hora de mostrar sus aspiraciones deportivas. Era rápido en las carreteras rectas, pero problemático con las curvas.

Motor: V8, 6.551 cc
Potencia: 216 kW (290 CV)
De 0 a 100 km/h: 10,3 s
Velocidad máxima: 194 km/h
Producción total: 86.883

OPEL OLYMPIA

1947–52

Acabada la Segunda Guerra Mundial la economía alemana era de subsistencia y el que fuera fabricante de automóviles Opel estuvo forzado a recurrir a diseños pasados hasta disponer del dinero suficiente para fabricar un modelo totalmente nuevo. Incluso las herramientas necesarias para producir su pequeño Kadett habían sido vendidas a los rusos para que pudieran fabricar el primer modelo Moskvich. Estando las cosas así, sólo podía ofrecer una versión reelaborada del Olimpia.

Su suspensión independiente, construcción monocasco y motor con válvulas en cabeza hicieron que el Olympia estuviese adelantado a su tiempo. Era un coche lento y de conducción pesada.

Por suerte cuando apareció en los años 30 fue un coche adelantado a su tiempo con una construcción monocasco, un motor con válvulas en cabeza, un diseño aerodinámico y una suspensión efectiva.

El Olympia no fue un coche magnífico de conducir dada su pesada dirección y su perezoso motor, pero hizo un buen trabajo para Opel y para la economía de su país ya que sus bajos costos de producción hacían posible un asequible precio de venta.

El Olympia se dejó de fabricar en 1952, cinco años después de su presentación. Opel ya había hecho lo suficiente para empezar a fabricar modelos nuevos y apasionantes con ayuda financiera de GM, lo que le aseguraba su futuro. Su reemplazo, el Olympia Record, sería muy parecido a un Chevrolet a menor escala.

Motor: 4 cilindros, 1.488 cc
Potencia: 28 kW (37 CV)
De 0 a 100 km/h: 31,4 s
Velocidad máxima: 110 km/h
Producción total: 187.055

OPEL KAPITAN

1953–58

Motor: 6 cilindros, 2.473 cc
Potencia: 56 kW (75 CV)
De 0 a 100 km/h: 21,4 s
Velocidad máxima: 142 km/h
Producción total: 154.098

El buque insignia de Opel tenía visibles influencias de Detroit, como una excesiva cantidad de metal, una intrincada parrilla cromada innecesaria con «dientes», neumáticos con perfil blanco y embellecedores laterales de metal.

Pero fue una impresionante pieza de ingeniería con una carrocería sólida, una suspensión independiente con muelles helicoidales y *wishbone* delante y ballestas semielípticas detrás. Su motor de 2,4 l y 6 cilindros en línea lo hacía de conducción suave y a la vez sorprendentemente ágil, su transmisión de tres velocidades estaba en la columna y era muy fácil de usar y su par también era excelente, por lo que se hacía innecesario cambiar frecuentemente de marchas.

En 1955 sufrió un cambio de diseño: su parrilla estaría ahora menos ornamentada y se ofrecería con una transmisión sincronizada y un interior más decorado como opción.

El modelo Kapitan se sustituyó en 1958 por otro con influencias americanas aún mas notables, como un parabrisas envolvente contra el que los pasajeros descuidados podían golpearse las rodillas al bajar del coche. Este nuevo modelo también tenía un

motor más potente que entregaba 90 CV, una caja de cambios de cuatro velocidades y transmisión automática. En 1964 se le daría una nueva imagen.

Aunque de diseño americano su carácter era totalmente europeo. El Kapitan tenía un eficaz motor de 6 cilindros y una caja de cambios manual de tres velocidades.

OPEL OLYMPIA P1

1957–63

Con la aparición del Olympia P1 Opel admitía libremente que los Estados Unidos influían en sus diseños excusando quizá así el aspecto desgarbado del modelo. Las aletas traseras, el parabrisas envolvente y los decorativos cromados, más de los coches grandes, daban a un pequeño sedán de dos o cuatro puertas del tamaño de un British Vauxhall Viva una imagen confusa. Su carrocería tenía un diseño poco afortunado con los parabrisas curvos tanto delante como detrás y su gran parrilla que parecía una caricatura barata de algún modelo más impresionante de los Estados Unidos.

Opel no se paró ahí, con un éxito que rondaba los 1,5 millones de unidades vendidas en seis años. En 1958 apareció una versión familiar de aspecto aún más extraño. Los compradores del Olympia podían escoger en un abanico de motores que empezaba con un 1.488 cc con válvulas en cabeza o el superior de 1.680 cc más ágil conocido como el Rekord P2.

Ambos, el Olympia y el Rekord sobrevivirían hasta 1963, fecha en la que Opel se decidió a hacer un diseño totalmente nuevo mucho más cercano al de los demás fabricantes europeos.

Motor: 4 cilindros, 1.488 cc
Potencia: 34 kW (45 CV)
De 0 a 100 km/h: 28 s.
Velocidad máxima: 116 km/h
Producción total: 1.611.445

OPEL REKORD A/B

1963–65

El Rekord A tenía un estilo mucho más europeo que los coches de las copias en miniatura de los cromados coches americanos que Opel había fabricado hasta entonces. Sus líneas más cuadradas y sin ángulos, un habitáculo más ancho para los pasajeros y unos faros delanteros rectangulares indicaban la apuesta de Opel por la modernidad.

En 1964 apareció una interesante versión cupé a la que siguió el Rekord B en 1965. En este modelo se reemplazaba el original motor con válvulas en cabeza por modernos motores con el árbol de levas en cabeza de 1,5, 1,7 y 1,9 l. El motor de 2,6 l. del Kapitan, de 6 cilindros, se montaba igualmente al Rekord B conectado a una nueva transmisión de cuatro velocidades montada en el suelo o una automática GM de tres velocidades. Su construcción era monocasco y tenía desde 1965 frenos de disco delanteros; el Rekord era un modelo adelantado a su tiempo comparado con los otros viejos Opel, pero todavía tenía un eje rígido y ballestas detrás.

Fue un gran éxito de ventas, pues se vendieron más de un millón en un periodo de tiempo relativamente corto. Se le reemplazó por un modelo de diseño similar pero mucho más moderno, el Rekord C/Commodore, en 1966.

El Rekord fue un coche más grande que el Kapitan, pero las influencias de la familia eran evidentes.

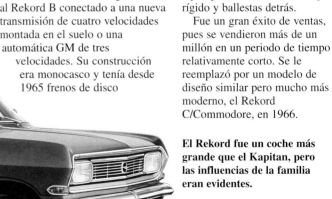

Motor: 4 cilindros, 1.680 cc
Potencia: 41 kW (55 CV)
De 0 a 100 km/h: 21 s
Velocidad máxima: 147 km/h
Producción total: 1.152.824

OPEL KADETT B

La edición limitada del Kadett Rallye se puede reconocer de inmediato por las franjas negras y los faros adicionales.

El Kadett fue la respuesta de Opel a la gran cantidad de coches populares que asolaba Europa, como el Ford Anglia, el Renault 8 y el VW Escarabajo. El original apareció en 1962 fabricado en unos talleres totalmente nuevos. Su motor era de 993 cc considerado poco potente y un diseño deportivo pasado de moda ya en el mismo periodo de su lanzamiento. El Kadett B que lo reemplazaba apareció en 1965 con un diseño más atractivo, el mismo chasis que el anterior y una mayor oferta de motores que iban desde 1 a 1,5 l de alta compresión y de dos carburadores capaz de alcanzar los 160 km/h.

Fue este motor más potente el que tenía el Kadett más apreciado, el Rally Coupé que aparecería en

1967. Un coche con la imagen de un reducido deportivo americano con llantas de acero prensado, dos franjas laterales, un capó negro mate antirreflectante y un circuito doble de frenos de disco de serie.

Incluso los modelos estándar eran divertidos de conducir, por lo que se vendieron más de 2,5 millones de unidades en toda Europa durante los ocho años que duró su fabricación.

El Kadett fue además el primer Opel éxito de ventas de Gran Bretaña a pesar de que GM tenía allí gran influencia a través de Vauxhall.

Motor: 4 cilindros, 1.492 cc
Potencia: 67 kW (90 CV)
De 0 a 100 km/h: 12,6 s
Velocidad máxima: 165 km/h
Producción total: 2.649.501

Los Kadett estándar como éste de cuatro puertas eran mucho más atractivos que el Kadett Rally.

OPEL OLYMPIA

Opel ya había usado el nombre de Olympia en modelos anteriores a 1967, pero ahora, en vez de reutilizarlo en uno totalmente nuevo lo empleó para definir los modelos superiores al Kadett.

Se podía adquirir en carrocería de sedán de dos o cuatro puertas y mejor equipado que aquél, con un habitáculo bien decorado y cuentarrevoluciones. Entre las diferencias externas estaban los cromados de las ruedas y un techo de vinilo, además de un radiador de dos secciones que se curvaba hacia el interior de las dos aletas delanteras.

Todos ellos tenían de serie motores con dos carburadores, incluso el más básico de 1,1 l y todos tenían un carácter deportivo ayudado por una maniobrabilidad suficiente y el mejor chasis de Opel hasta la época.

El problema más patente del Olympia fue el precio, pues los compradores no estaban dispuestos a pagar gran cantidad de dinero por un Opel Kadett con más accesorios. Por más buen coche que fuera del Olympia sólo se vendía uno de cada treinta pequeños sedán de Opel. Por eso se dejaría de fabricar en 1970 sin dar a su histórico nombre una segunda oportunidad.

El modelo superior se llamaría Kadett LS.

Motor: 4 cilindro, 1.078 cc
Potencia: 45 kW (60 CV)
De 0 a 100 km/h: 19,3 s
Velocidad máxima: 145 km/h
Producción total: 80.637

OPEL DIPLOMAT

Los modelos Admiral y Diplomat experimentaron en sus diseños un regreso a la influencia americana. Ambos aparecieron en 1964 y sus líneas eran casi idénticas a las del Buick Special de GM.

Estos Opel parecían más elegantes que los pasados modelos de la marca; eran, a diferencia de los modelos anteriores con sus aletas y cromados, carrocerías en tres volúmenes. El Admiral era un sedán asequible de habitáculo espacioso equipado con un motor de 2,6 l procedente del viejo Kapitan, mientras que el más lujoso Diplomat era también el más deseado.

Bajo el capó se escondía un motor de 4,6 l o bien de 5,3 l cedido por el Chevrolet Chevelle que hacía que el Diplomat fuese un coche rápido y refinado óptimo para circular por las recién estrenadas autopistas alemanas.

Entre sus virtudes se encontraban un equipamiento de serie excelente y una dirección precisa; lo peor es que tuviese tendencia la oxidación, un consumo muy elevado y un mal comportamiento circulando a altas velocidades.

La versión cupé, verdaderamente rara, sólo la construyeron los carroceros Karmann en 1967. Era realmente muy elegante pero también muy cara y sólo se fabricaron 304 unidades.

Motor: V8, 4.638 cc
Potencia: 171 kW (230 CV)
De 0 a 100 km/h: 10,3 s
Velocidad máxima: 210 km/h
Producción total: 89.277

Los fanáticos de los coches americanos podían llegar a confundir el Diplomat con un Buick Special, aunque aquél fuese más pequeño y dirigido a un mercado más elitista. En su época fue más popular que el Admiral.

OPEL KAPITAN

El nombre Kapitan reaparece de nuevo en una nueva serie de grandes sedán Opel. Fue el que reemplazó los Diplomat y Admiral en 1969.

El Kapitan estaba equipado con un motor de 2,8 l con 6 cilindros en línea que ofrecía unas prestaciones muy elevadas para su época. Mientras que el mucho más lujoso Admiral

compartía el mismo motor, el Diplomat mantenía el suyo de 5,4 l V8 derivado de uno americano dotado con transmisión automática Hydramatic de GM de serie, o bien otro de 6 cilindros y una transmisión manual de cuatro velocidades.

Sus característicos faros delanteros en vertical imitaban a los de los sedán Mercedes de últimos de los 60, pero mantenían

la típica carrocería de laterales planos de los pequeños modelos Opel, un grueso pilar en C y una imagen trasera a medias entre la de un sedán y la de un cupé. Su maniobrabilidad y sus prestaciones eran muy parecidas a las de los Admiral y Diplomat previos en los que se basaba.

El Kapitan se dejó de fabricar en 1977 debido a sus escasas ventas;

fue reemplazado por el Rekord y el Senator, que se vendían a su vez en Gran Bretaña con los nombres de Vauxhall Carlton y Senator hasta mediados de los 80.

Motor: 6 cilindros, 2.784 cc
Potencia: 96 kW (129 CV)
De 0 a 100 km/h: 10,9 s
Velocidad máxima: 176 km/h
Producción total: 61.019

OPEL GT

El primer deportivo genuino de Opel fue el GT, que demostró la bondad de la mecánica del Kadett. El coche empezó su vida como un ejercicio de diseño en el Salón del Automóvil de Frankfurt del año 1965, pero fue tan popular que GM dio luz verde a su producción.

Con un diseño de Mini-Corvette hecho en casa de Opel, se confió su construcción a los carroceros Brissoneau y Lotz de Francia.

Contaba con elementos inusuales como unos faros delanteros subidos hidráulicamente de debajo del capó y una cola muy característica de Kamm. No quiere decir que fuese un inconveniente, pues el poco peso de la carrocería hizo que el GT fuese un coche rápido y ágil dotado de frenos de disco delanteros y una dirección rápida para circuitos que le daban una perfecta maniobrabilidad.

Más del 80 por 100 de su producción se exportó a los Estados Unidos, donde se apreciaba su parecido en miniatura del Corvette. Todos los GT de Europa se conducían por la izquierda excepto unos cuantos que se exportaron a Inglaterra. Muchos de los modelos exportados a Estados Unidos volvieron a Europa importados por los entusiastas de la marca que querían ejemplares sin rastro de corrosión.

¿Fue la respuesta europea al Chevrolet Corvette? El Opel GT se fabricó para mejorar la imagen de que la marca fabricaba sólo coches anodinos y lo consiguió.

Motor: 4 cilindros, 1.897 cc
Potencia: 67 kW (90 CV)
De 0 a 100 km/h: 12 s
Velocidad máxima: 185 km/h
Producción total: 103.373

OPEL ASCONA

1970–75

Se presentó en el Salón del Automóvil de Turín el año 1970. Fue un coche totalmente convencional pero muy importante para Opel. Quiso ser el reemplazo del Olympia, más pequeño, ofreciendo un habitáculo considerablemente mayor y un maletero más grande, lo que le convertía en un serio rival en Europa de coches como el Ford Taurus o Cortina.

Su carrocería monocasco cumplía con la nueva normativa aceptada por la industria y disponía de un motor de 1,6 l o de 1,9 l con árbol de levas en cabeza y se ofrecía como un sedán de dos o cuatro puertas. Su cambio de marchas manual de cuatro velocidades era de difícil manejo y podía optarse por una transmisión automática de tres velocidades.

A pesar de ser un coche de apacible conducción gracias a su ligera dirección, su suspensión de muelles helicoidales y frenos de disco en sus cuatro ruedas, el Ascona nunca despertó mucha pasión, ni siquiera tras los éxitos conseguidos en rallies.

De todas maneras fue un coche que se vendió bien y que sería la base del cupé deportivo Manta, el sedán de tamaño medio que fue pilar básico para el crecimiento de la marca hasta su reemplazo en 1975. Lo mismo ocurriría con el Vauxhall Cavalier en Gran Bretaña.

Motor: 4 cilindros, 1.897 cc
Potencia: 67 kW (90 CV)
De 0 a 100 km/h: 12,5 s
Velocidad máxima: 158 km/h
Producción total: 641.438

OPEL MANTA SERIE A

1970–75

El Opel Manta apareció justo después del muy exitoso Ford Capri. Ambos se basaban en la mecánica de un sedán convencional, en este caso el Ascona.

Otro punto en común entre ambos fue la gran variedad de motores que ofrecían, desde un modesto 1,2 l de 4 cilindros a otro que entregaba 75 CV de 1,9 l; nunca hubo una opción rival del Capri V-6. El Manta tenía un diseño estilizado que aprovechaba los paneles de la carrocería del Ascona incluidos los pilares del parabrisas delantero, pero modificó el resto haciendo un cupé de dos puertas aprovechando la idea de Ferrari de los faros traseros redondos.

La versión más rápida y deseada del modelo fue la Manta GT/E equipada con un sistema de inyección Bosch, llantas Rostyle, intermitentes auxiliares y un capó negro mate. Al igual que el Ascona, fue un coche agradable de conducir con una buena posición del conductor; una dirección suave y una caja de cambios precisa hacían del Opel Manta un coche confortable. Este modelo conquistó los corazones de aquellos a los que no les gustaba el Capri. Su aspecto siempre pareció el de un coche superior al del Ford.

Otro Opel deportivo, el Manta fue la respuesta seria alemana al Ford Capri. Nunca consiguió el éxito de su rival pero aun así tuvo éxito en las ventas.

Motor: 4 cilindros, 1.897 cc
Potencia: 78 kW (105 CV)
De 0 a 100 km/h: 9,8 s
Velocidad máxima: 189 km/h
Producción total: 498.553

OPEL COMMODORE

1972–77

Las relaciones entre la alemana Opel y la británica Vauxhall empezaron a cerrarse a principios de los 70 cuando GM decidió suministrar las mismas plataformas y componentes a sus dos representantes europeas. El primer fruto de esta decisión se vio en 1972 con el Rekord, que compartía la misma plataforma que el Vauxhall Victor FE. Además de

esta circunstancia las dos marcas tenían sus propias diferencias en sus gamas. De las dos fue Opel la que presentaba modelos más interesantes, entre ellos el imponente cupé Commodore que se ofrecía con un motor de 2,5 l o de 2,8 l con 6 cilindros en línea prestado por el Diplomat. La versión más elevada de su serie fue el GS/E, un modelo muy bien

equipado con un motor de inyección y 160 CV que presentaba franjas distintivas en la carrocería, una caja de cambios automática y dirección asistida de serie, aunque algunos modelos se fabricasen

El Commodore se ofrecía como un cupé grande y elegante o como un sedán ejecutivo. Fue un coche muy popular entre los ricos compradores europeos.

oficialmente con un cambio manual. Se vendieron muchos en Alemania, donde los cupé estuvieron muy de moda en los años 70, pero muy poco en el resto de Europa.

Motor: 6 cilindros, 2.784 cc
Potencia: 119 kW (160 CV)
De 0 a 100 km/h: 8,9 s
Velocidad máxima: 194 km/h
Producción total: 140.827

OPEL KADETT

1973–79

Otro Opel que derivaría en un Vauxhall, el Kadett, se convertiría en un Chevette con un frontal inclinado hacia abajo. El Opel tenía una imagen mucho mejor y estaba más equipado, pero su versión con motor de 993 cc era lenta y su interior demasiado espartana.

Se ofrecían muchas versiones, por lo que el comprador tenía que ser un experto en la marca para poder escoger entre un sedán, un cupé, un turismo o un familiar, sin contar con las versiones especiales targa y descapotable que se ofrecieron sólo durante 1976.

Entre los modelos más interesantes estaba la versión GT/E con su motor de 2 l que entregaba 115 CV, alcanzaba los 190 km/h y tenía una buena maniobrabilidad. Otra versión fue la Rally que apareció en 1974 con sus llantas de acero taladradas y su capó negro mate que sólo podía conseguirse con carrocería cupé. Esta versión sustituyó al Ascona, convirtiéndose en el abanderado de Opel en este tipo de competición en la que obtuvo un éxito moderado.

En 1979 el Kadett fue sustituido por un nuevo modelo más grande con tracción en las ruedas delanteras que no sólo compartía la misma plataforma con el nuevo Vauxhall Astra, sino que además eran idénticos. Se acabaron así los días en que Opel tenía sus propios diseños.

El Kadett de 1973 se vendía en Gran Bretaña con el nombre de Vauxhall Chevette, pero la versión germana era más atractiva dado su frontal más limpio; el del Chevette acababa en pendiente hacia abajo. El alemán estaba mejor equipado y ofrecía más versiones.

Motor: 4 cilindros, 993 cc
Potencia: 30 kW (40 CV)
De 0 a 100 km/h: 23,9 s
Velocidad máxima: 123 km/h
Producción total: 1.701.075

OPEL MANTA SERIE B

El sustituto del Manta Serie A era mucho más grande y más serio. Se basaba en la plataforma del antiguo Opel Ascona/Vauxhall Cavalier y disponía de unos motores que iban del más modesto de 1,2 l, que lógicamente apenas se vendió, hasta el de 1,9 l. En 1981 se actualizaron e incorporó uno de 1,8 y otro de 2 l.

Se vendió una versión cupé de un solo cuerpo con el nombre de Vauxhall Cavalier Sporthatch que aparecería en 1978 y el Manta tuvo aún unos años más de fabricación, concretamente siete más que su hermano Opel.

Fue un coche de mejor conducción que el anterior Manta, especialmente la versión GT/E capaz de alcanzar los 194 km/h y dotada de un gran poder de aceleración.

Los primeros Manta Serie B sólo se fabricaron como versión cupé de dos puertas.

El Manta más interesante fue el de la edición limitada denominada 400, que se clasificó en el grupo B de la categoría de rallies. Se ofrecía con un motor de 2,4 l y 16 válvulas Cosworth cubierto por una carrocería con paneles de poco peso, anchos pasos de rueda y dos ventilaciones adicionales. Era un coche muy rápido con problemas de maniobrabilidad cuando se conducía en terreno plano.

Todas las versiones de la Serie B de Manta tuvieron su grupo de seguidores que ayudaron a mantenerlo vivo hasta 1988, cuando Opel presentó el sorprendente Opel Calibra basado en el modelo Vectra/Vauxhall Cavalier.

La versión cupé de un cuerpo aparecida en 1978 adoptó en Gran Bretaña el nombre de Vauxhall Cavalier Sporthatch. La producción alemana del Manta fue, empero, más larga que la del modelo británico.

Motor: 4 cilindros, 1.979 cc
Potencia: 82 kW (110 CV)
De 0 a 100 km/h: 8,5 s
Velocidad máxima: 194 km/h
Producción total: 603.000

OPEL MONZA

Era un cupé muy grande y práctico basado en el Opel Senator que equipaba un motor de 3 l y en el que se podía escoger entre un cambio manual de cinco velocidades o uno automático de cuatro.

A pesar de su volumen tenía buenas prestaciones y era sorprendentemente ágil; se agarraba bien al suelo y tenía una buena maniobrabilidad, aunque el eje trasero podía subvirar si se corría a altas velocidades.

Los niveles de equipamiento eran elevados, lo que se reflejaba en los precios. Sea como fuere, el Monza fue un éxito de ventas apoyado por GM que se vendió en Gran Bretaña con el nombre de Vauxhall Royale del que se vendieron 7.000 entre 1978 y 1984.

Su motor de 3 l y 6 cilindros en línea era fantástico, tenía un par de 243 Nm en las relativamente bajas 4.800 rpm. Esto da a entender la flexibilidad de desarrollo de su cambio de marchas, pero también que se mantenía muy refinado yendo a altas velocidades.

A pesar de su fiabilidad y buen hacer, los primeros Monza tenían mucha tendencia a la corrosión de su carrocería, especialmente los de climas húmedos. La venta de los cupés bajó drásticamente en toda Europa a principios de los 80.

Gracias al gran par de su motor el Opel Monza era un coche ágil con un buen equipamiento de serie que se fabricó durante un largo periodo de tiempo a pesar de ser algo caro. El de la foto es un modelo de 1983 con el frontal cambiado. A mediados de los 80 los cupés pasaron de moda.

Motor: 6 cilindros, 2.968 cc
Potencia: 134 kW (180 CV)
De 0 a 100 km/h: 8,5 s
Velocidad máxima: 215 km/h
Producción total: 43.500

OSCA 1600

Motor: 4 cilindros, 1.568 cc
Potencia: 104 kW (140 CV)
De 0 a 100 km/h: 8,2 s
Velocidad máxima: 210 km/h
Producción total: n/d

Los hermanos Maserati vendieron su empresa a la familia Orsi en 1937 para evitar así la bancarrota y sólo fabricaron pequeños deportivos en los años 60.

Su mayor éxito comercial fue el del OSCA 1600, basado en la plataforma del Fiat 1600 S y cuyo motor con dos árboles de levas en cabeza le daba una soberbia

maniobrabilidad y buenas prestaciones. Osca modificó el motor para que entregase 140 CV, impresionante aún hoy día para un 1600, pero resultó ser un motor extremadamente frágil que llegaba a tener unas 7.200 rpm.

Los compradores podían escoger su propia carrocería, aunque la mayoría optó por la más barata y atractiva de Zagato, una cupé de dos puertas con ciertas reminiscencias del Ferrari 275 GTS. Otros diseñadores fueros Fissore y Vignale. Se ofrecieron igualmente varias carrocerías descapotables. Todo en él tenía calidad: eran coches fabricados a mano con un precio exclusivo a pesar del pequeño tamaño de su motor. Los Osca se consideraron dignas alternativas de Ferrari y de Porsche.

Se dejaron de fabricar en 1967, cuando los hermanos Maserati se retiraron y vendieron la fábrica a MV Augusta.

El Osca es igual a un Maserati en pequeño creado por la misma familia de los legendarios deportivos. Este es un cupé diseñado por Zagato.

PACKARD TWIN-SIX

Cuenta la leyenda que James Ward Packard estaba tan decepcionado con su nuevo Winton Phaeton que lo devolvió a la fábrica con una lista de sugerencias para su mejora. Alexander Winton desechó la oferta, así que Packard empezó a diseñar y a desarrollar por sí mismo su propio coche en su casa de Warren, Ohio (USA). Le ayudó a ello el ser licenciado en ingeniería.

El primero de los Packard apareció en 1899 y tenía una mecánica tan destacable que el hombre de negocios Henry B. Joy invirtió en la empresa tomando el control en 1903.

Pronto Packard tuvo reputación como fabricante de coches innovadores al ser el primero que comercializó un motor V12 en 1915. El Packard Twin-Six fue un modelo de lujo dirigido a un cliente rico que tuvo gran éxito y se ganó por sí mismo su gran reputación como coche de calidad y de imagen.

La marca consiguió un gran impulso cuando el presidente de los Estados Unidos Warren Gemaliel Harding, conocido más tarde por su vida más que licenciosa, decidió usar un Packard Twin-Six para asuntos oficiales y, recién elegido, viajó en él para celebrar su primera inauguración.

A pesar de la laboriosidad que comportaba fabricar uno de estos modelos Packard se las arregló para producir 35.000 Twin-Six en ocho años antes de que se sustituyese en 1923 por el Single Eight.

Ni siquiera el Cadillac pudo competir con el lujo que ofrecía el Twin-Six. Se diseñó en su totalidad en la compañía y apareció con la primera producción del motor V12. Packard recibió una publicidad excelente cuando el presidente Harding condujo uno el día de su nombramiento.

Motor: V12 cilindros, 6.950 cc
Potencia: n/d
De 0 a 100 km/h: n/d
Velocidad máxima: n/d
Producción total: 35.046

PACKARD STANDARD 8

1930–36

Un coche de lujo que fue un icono, el Packard Standard 8, fue maravillosamente construido, tenía una mecánica perfecta y un equipamiento suntuoso. Su motor de válvulas laterales tenía 5,3 l y ofrecía unas muy buenas prestaciones para su época por más que su mecánica perfecta fuese convencional. Su chasis estaba separado de la carrocería y usaba un motor con un chaflán espiral como *final drive* y una suspensión por ballestas semielípticas en sus cuatro ruedas. En su interior dominaba la piel y la madera, sus asientos eran muy confortables y los pasajeros de atrás tenían un muy buen espacio para las piernas ya que muchos propietarios del Packard preferían que les llevasen a conducir ellos. La tradición del patrocinio presidencial continuaría durante un tiempo.

Al principio se ofrecía con una parrilla alzada y unos guardabarros individuales. En 1932 el original y exitoso 8 fue sustituido por otro más grande y estilizado con la opción de una distancia entre ejes mayor y un techo corredizo además de una parrilla cromada-plateada y pescantes más anchos.

El modelo final del 8 apareció en 1935 y sólo se fabricó durante poco

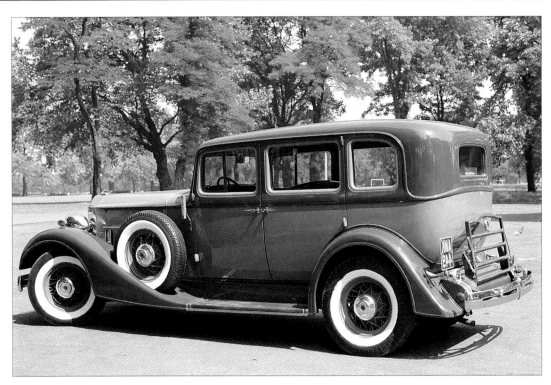

más de un año. Su parrilla era más dinámica y podía pedirse con una elegante carrocería cupé por aquellos propietarios que preferían conducir ellos. Le sustituyó el más pequeño y económico Eight/120.

Las fotografías no logran dar una perspectiva real del tamaño del Standard Eight. Medía casi 6 m de largo y llegó a ser el símbolo de prestigio de reyes, presidentes y políticos.

Motor: 8 cilindros, 5.342 cc
Potencia: n/d
De 0 a 100 km/h: n/d
Velocidad máxima: 121 km/h
Producción total: 64.871

PACKARD EIGHT/120

1938–39

¿Un Packard para las masas? El Eight tuvo mucha importancia en el desarrollo de la marca y de él se venderían más de 40.000 unidades en dos años.

Fue un movimiento de Packard hacia un mercado menos elitista. El 120 fue un coche de éxito y deseado que al principio tenía el nombre de Eight pero que luego se le cambió por el de 120 en un intento de distanciamiento del Packard Eight superior orientado a mayor lujo. Su diseño era limpio, con sus faros en los guardabarros, una parrilla inclinada y un parabrisas en forma de V.

El 120 mantenía la tradicional buena calidad de construcción y la supremacía técnica para la clase media y tenía un precio ajustado, lo que le hacía competitivo frente a modelos de Oldsmobile, Chevrolet y Ford, que eran menos lujosos y de precio similar.

Se ofrecía en diversas carrocerías de las que la más popular fue un sedán de cuatro puertas. Otras fueron por ejemplo un cupé deportivo de dos puertas, un sedán descapotable o una alargada limusina. Todas ellas tenían clase y eran sólidas. En 1939 se le añadió

la supervelocidad para que fueran más económicos que muchos de sus competidores. Pero el abaratamiento de Packard y su consiguiente efecto en el mercado tuvo consecuencias contraproducentes que se verían en los años venideros a pesar del espectacular inicio de sus ventas.

Motor: 8 cilindros, 4.620 cc
Potencia: n/d
De 0 a 100 km/h: n/d
Velocidad máxima: 135 km/h
Producción total: 40.271

PACKARD CARIBBEAN

El nuevo Packard destinado a las masas hizo que ésta perdiese el prestigio de competir en el mercado con marcas como Cadillac e hizo que no pocos de sus fieles clientes prefirieran otras por miedo a que Packard ya no tuviese más esa imagen de distinción que antes tuvo.

Pocos coches de posguerra revivieron las glorias de sus modelos años 30, y muy pocos se acercaron a ellas. El Caribbean, que apareció en 1952, fue una máquina impresionante que amenazó seriamente al también enorme Cadillac Eldorado

El interior del Caribbean era austero, por lo que los compradores de coches de lujo prefirieron el confort y el prestigio que ofrecía Cadillac. El Caribbean demostró ser finalmente un desastre de ventas.

convertible. Diseñado por Richard Teague, el Packard de techo blando tenía un imponente frontal cromado, una larga distancia entre ejes y la rueda de repuesto detrás al estilo Continental; su motor aún era el de 8 cilindros en línea con válvulas laterales.

Se fabricó en producción limitada, lo que ha hecho que el Caribbean

El Caribbean fue un coche grande e impresionante cuyo ornamentado diseño de Richard Teague estaba a años luz de sus rivales.

fuese un objeto de deseo, pero no podía ya competir con el encanto de los Cadillac de los primeros años 50, había perdido mucha de la primigenia imagen de coche de lujo. En un intento desesperado por entrar en el mercado de los coches de élite, Packard compró a toda prisa en 1954 Studebaker, pero ésta, muy endeudada, sólo aceleró la caída de Packard. Las ventas de los apasionantes nuevos modelos de 1956 no fueron muy exitosas y la marca tuvo que cerrar en 1958.

Motor: 8 cilindros, 5.358 cc
Potencia: 156 kW (210 CV)
De 0 a 100 km/h: 12 s
Velocidad máxima: 174 km/h
Producción total: 1.150

PANHARD DYNA

El Dyna fue un coche fascinante y verdaderamente innovador, pero también feo y abultado. Diseñado antes de la Segunda Guerra Mundial no aparecería hasta 1946, cuando se hizo popular entre los clientes sin demasiada economía.

Su motor delantero era de 610 cc y tenía 2 cilindros en línea, y tan simple que podía sacarse, repararse y volver a montar de la manera más fácil. Era barato y muy fácil de reparar o de sustituir, por lo que muchos expertos lo modificaron usando piezas de otros modelos. Se ofrecía con una caja de cambios de cuatro velocidades con supervelocidad cuando en aquellos años muchos de sus rivales ofrecían cambios de tres velocidades no sincronizadas; también incluía un sistema de frenos hidráulicos, una carrocería monocasco ligera formada con paneles de aleación ligera y suspensión independiente en sus cuatro ruedas.

Más tarde se ofrecieron dos motores a elegir, uno de 745 cc y otro de 850 cc siempre con dos cilindros en línea; el mayor de ellos podía alcanzar los 130 km/h La tecnología del Dyna fue brillante, pero el coche no se vendió lo suficiente.

Era el coche que Panhard dirigió al público con menos medios. Fue una alternativa genuina a otros modelos pequeños e innovadores, sobre todo al Citroën 2CV; estuvo adelantado a su tiempo gracias a su sistema de frenos hidráulicos y su caja de cambios sincronizada.

Motor: 2 cilindros, 610 cc
Potencia: 18 kW (24 CV)
De 0 a 100 km/h: n/d
Velocidad máxima: 100 km/h
Producción total: 55.000

PANHARD DYNA 54

Después de la Segunda Guerra Mundial Panhard hizo un drástico cambio en su política de empresa. Desarrolló toda una serie de motores de 2 cilindros refrigerados por aire y apuntó a un público un poco más adinerado. Los Panhard eran ahora coches también asequibles para las masas, pero con un mayor nivel de lujo e innovación que los que ofrecían Citroën, Renault y Peugeot.

En 1946 el Panhard Dyna era un coche moderno con suspensión independiente en sus cuatro ruedas, cuatro velocidades y frenos hidráulicos, aunque fuera el Dyna 54 el que estableciera a Panhard como el fabricante de coches avanzados y peculiares, de aspecto extraño.

A pesar de su pequeño motor de 2 cilindros refrigerado por aire, el Dyna 54 fue un coche alegre que mantenía el motor y el tren motriz delante del habitáculo para así poder hacerlo lo más grande posible. En él podían viajar seis pasajeros algo estrechos.

Su rara carrocería estaba hecha de aleación ligera para que no pesara mucho y tenía unas grandes dotes aerodinámicas que le hacían ser un coche económico. Más tarde los Dyna 57 y 58 tendrían un motor más potente y muelles helicoidales delante en vez de barras de torsión.

El Dyna 54 ganó un mejor aspecto que el Dyna de 1946. Su mecánica fue lo suficiente atractiva como para impresionar a los visitantes del Salón del Automóvil de París de 1953.

Motor: 2 cilindros, 851 cc
Potencia: 37 kW (50 CV)
De 0 a 100 km/h: 24,3 s
Velocidad máxima: 148 km/h
Producción total: 155.000

PANHARD PL17

El sucesor del Dyna 54 mantuvo los costes al mínimo aprovechando la plataforma y los paneles centrales de su predecesor, pero esta vez la carrocería fue toda de acero en vez de aleación ligera, lo que indica que tendía rápidamente a la oxidación.

Su diseño futurista armonizaba con la aerodinámica de primera clase, la economía y la capacidad de transportar a seis pasajeros sentados, igual que su antecesor.

El PL17 Tigre de 1961 es quizá el más interesante dado su motor bicilíndrico de 60 CV y su velocidad punta de 145 km/h. Fue un coche que nunca resultaría aburrido, especialmente si se apreciaba su diseño alternativo. A partir de 1962 se le montó una caja de cambios sincronizada que mejoró su conducción gracias a sus frenos

Siempre fue un coche de buen conducir y de brillante tecnología, pero por desgracia el PL17 sufría muy a menudo de oxidación.

Los descapotables PL17 eran muy raros de ver dado su alto precio, casi el doble que el del sedán, pero fue uno de los primeros cuyo techo se doblaba hasta quedar casi plano en la parte trasera.

hidráulicos y su suspensión aunque su potencia fuese muy justa.

Se ofrecía además una versión de dos puertas convertible con un techo que se plegaba hasta casi quedar plano en la parte de atrás; fue uno de los primeros coches en conseguirlo. Este descapotable estuvo muy bien diseñado, pero la inteligencia de este diseño se reflejó en el precio y sus ventas fueron muy limitadas; por aquel entonces el precio de los descapotables podía doblar al de los sedán y se oxidaban quizá más y peor.

Motor: 2 cilindros, 851 cc
Potencia: 45 kW (60 CV)
De 0 a 100 km/h: 22,6 s
Velocidad máxima: 145 km/h
Producción total: 130.000

PANHARD SERIE 24

1963–67

Mientras los fabricantes europeos estaban ocupados recaudando dinero con sus coches populares, los franceses decidieron irse por la tangente. En esos años en que la industria crecía muy rápidamente, la década de los 60 y 70, los fabricantes de Gallic se ocupaban intentando dar a luz ideas nuevas que cambiasen lo convencional. En este proceso diseñaron algunos de los coches más exóticos del

mercado que hoy son los clásicos más apreciados.

Uno de estos fue el Panhard 24 basado en el PL17; la versión CT tuvo un inusual techo trapezoidal, una cola angulosa, unos faros delanteros tapados con una carcasa y un frontal afilado y aerodinámico. Su motor fue el mismo que el de PL17, pero que al igual que en los primeros modelos, el 24 siempre

fue más rápido de lo que se ponía sobre el papel. Sea como fuere, y a pesar de ser un coche tecnológicamente muy adelantado y de diseño novedoso, el 24 CT nunca fue un éxito de ventas. No sorprende si por el mismo precio que este pequeño cupé de motor bicilíndrico, se podía comprar un Citroën DS22 mucho más práctico e igualmente inusual.

Motor: 2 cilindros, 848 cc
Potencia: 37 kW (50 CV)
De 0 a 100 km/h: n/d
Velocidad máxima: 145 km/h
Producción total: 23.245

La Serie 24 fue uno de los diseños más exóticos de Panhard; eran angulosos y espectaculares, pero también caros y nada prácticos.

PANHARD CD

1963–65

Motor: 2 cilindros, 848 cc
Potencia: 45 kW (60 CV)
De 0 a 100 km/h: 10 s
Velocidad máxima: 169 km/h
Producción total: 92

El director de la marca Charles Deutsch intentó comprobar la efectividad de la refrigeración por aire y el diseño aerodinámico, por eso encargó a una comisión hacer un proyecto de bólido de carreras

que pudiese llevar al pequeño fabricante francés a Le Mans.

El Panhard CD fue todo un sorprendente éxito ganando las 24 Horas de 1962 en su categoría y con relativa facilidad demostrando una gran fiabilidad corriendo a relativa alta velocidad.

Para celebrarlo, Panhard limitó su producción como coche de carretera y le puso un precio similar al de los coches más exóticos. Su exótica

carrocería de fibra de vidrio estaba montada sobre un chasis tubular de acero que mantenía el peso en lo más mínimo ofreciendo un fenomenal poder de aceleración a un motor tan pequeño.

El CD no era un coche muy confortable ya que sólo cabían en su interior dos pasajeros pequeños, pero era inmensamente divertido de conducir gracias a su maniobrabilidad muy exacta,

un fantástico ruido del escape y la capacidad de poner en problemas a coches mucho más poderosos que él en carrera. Sólo se fabricaron 92 unidades en más de tres años antes de que Panhard fuese comprada por Citroën y se dejase de fabricar. La marca Panhard desapareció en 1967.

El bólido CD de Panhard adoptó su nombre de las siglas del director de la empresa, Charles Deutsch.

PANHARD ET LEVASSOR

René Panhard, financiero, y Emile Levassor, diseñador, fueron pioneros de la motorización y renombrados ingenieros industriales que fabricaron su primer automóvil en 1891. El motor, de 2 cilindros en V, cubicaba 566 cc; fue diseñado por Gottlieb Daimler en Alemania y montado en su coche ni más ni menos que en 1889. El Panhard et Levassor tenía un concepto similar al de los Daimler con su pequeño motor montado debajo del coche, justo junto al eje trasero. Las ruedas traseras tenían la tracción por una simple cadena y una suspensión elemental de ballestas, neumáticos de goma dura, llantas de madera y una dirección de timón.

Panhard fue el primer fabricante que pudo cubrir una distancia larga cuando en 1892 los fundadores llevaron su «Hipólito», un carro sin caballos, de París a Niza para demostrar el nacimiento de una nueva era de la movilidad. El viaje que hoy duraría unas siete horas, se hizo en nueve días incluyendo una pausa para reconstruir el motor.

El desarrollo del Panhard et Levassor fue avanzando poco a poco hasta que en 1895 se sustituyese el motor Daimler por otro vertical de 2 cilindros diseñado por el propio Panhard.

El primer coche con motor de 4 cilindros aparecería en 1898.

Motor: V2, 566 cc
Potencia: n/d
De 0 a 100 km/h: n/d
Velocidad máxima: 32 km/h
Producción total: n/d

PANTHER J72

Panther fue una marca que basaba su atractivo en la nostalgia unida a la modernidad. Funcionó, hasta cierto punto, pero los coches resultaron muy ostentosos y excesivamente caros, por lo que sólo los disfrutaban los ricos y excéntricos. Una de las primeras clientes de Panther fue Elisabeth Taylor.

El primer proyecto de Jankel, el J 72 parecía una réplica amateur del fabuloso Jaguar SS100 aunque con un motor Jaguar moderno V12 o de 6 cilindros en línea, ambos de la fábrica de Browns Lane Jaguar en Coventry con un único chasis tubular. Gracias a su mínimo peso, el J72 disponía de un asombroso poder de aceleración y una pobre velocidad punta dada su escasa aerodinámica. El de motor con 6 cilindros alcanzaba 185 km/h.

Fueron coches espectaculares de conducir con una suspensión muy dura debido a que los ejes tanto delantero como trasero eran rígidos y la dirección estaba directamente conectada a la brutal potencia de su motor. La alta calidad de construcción y exclusividad eran un reclamo poco resistible pero, en 1972, un J72 costaba lo mismo que un Jaguar E-Type V12 nuevo.

Se parecía a un Jaguar de los años 30, pero el J72 estaba equipado con un motor V12 de 5,3 l. Su bajo peso y gran poder de aceleración hacían que se condujese con sumo cuidado.

Motor: V12, 5.343 cc
Potencia: 198 kW (266 CV)
De 0 a 100 km/h: 6,4 s
Velocidad máxima: 219 km/h
Producción total: 300

PANTHER FF

1974–75

Aunque el Panther FF fuese un proyecto interesante, era obvio desde el principio que iba fracasar. Bajo las órdenes del carrocero suizo Willy Felber, Panther se disponía a crear una réplica del Ferrari 125 con un motor actual de la marca. Una vez finalizado el coche no sólo tenía una maniobrabilidad imposible, sino que no era nada práctico y su precio era exorbitante. Se tenía que pagar a Ferrari sus motores y sus transmisiones.

Muchos de los modelos tuvieron un motor del 330 GTC, pero se rumoreó que el propio Felber condujo uno con el motor Ferrari 365GTB Daytona.

Nunca se desvelaron las cifras oficiales, pero se rumoreaba que de la fábrica salieron siete modelos y cinco prototipos.

Motor: V12, 3.967 cc
Potencia: 223 kW (300 CV)
De 0 a 100 km/h: n/d
Velocidad máxima: 258 km/h
Producción total: 12

PANTHER DEVILLE

1974–85

No contento con su réplica del Jaguar SS100, Panther decidió copiar otro memorable clásico. El Deville de 1974 se basaba en el Bugatti Royale con un chasis tubular, frenos de disco en sus cuatro ruedas, dirección asistida, un habitáculo exquisitamente decorado y las puertas de un Austin Maxi. La versión convertible de dos puertas era realmente rara. En este formato el Panther tenía las puertas del MGB.

De nuevo Panther volvería a usar motores Jaguar, tanto el de 4,2 l de 6 cilindros como el de 5,3 V12. Nadie podía negar que el Deville tenía presencia en la carretera, valía lo mismo que un Rolls-Royce Silver Shadow y se vendió en cantidad muy limitada durante once años.

La versión convertible era incluso más cara y ostentaba el dudoso honor de ser el descapotable más caro de Gran Bretaña.

Motor: V12, 5.343 cc
Potencia: 168 kW (266 CV)
De 0 a 100 km/h: 8,8 s
Velocidad máxima: 221 km/h
Producción total: 60

PANTHER RIO

1975–77

El final de la crisis del petróleo de mediados de los 70 tuvo un efecto sobre los coches de lujo muy notable. Panther decidió ofrecer un modelo acorde a esta circunstancia. El Panther Rio se inspiraba en el Triumph Dolomite, con el que compartía su plataforma, su motor y el eje motriz, pero no los elevalunas eléctricos, la dirección asistida y la decoración interior con moqueta tupida de Wilton y tapicería de piel de Connolly. El diseño tan cuadrado se acababa con una parrilla estilo Rolls-Royce flanqueada por los faros de un mucho más modesto Ford Granada.

Conceptualmente el Rio no era una mala idea, pero prácticamente fue un sonoro fracaso. El peso extra unido a la alta compresión del motor del Triumph Dolomite Sprint de 16 válvulas hacía que el coche gastase mucho combustible en una relación de 8 1/100 km; por otra parte las prestaciones eran lentas para los entusiastas de Panther y el precio de 8.995 £ (suficiente para comprar tres Dolomite Sprint) hacía desistir a sus compradores.

Motor: 4 cilindros, 1.998 cc
Potencia: 96 kW (129 CV)
De 0 a 100 km/h: 9,9 s
Velocidad máxima: 185 km/h
Producción total: 34

PANTHER LIMA

1976–82

El Panther más exitoso fue el Lima, la mejor oportunidad para conseguir uno de los peculiares modelos de Bob Jankel. El Lima aprovechó la plataforma del Vauxhall Magnum, lo que mejoró la maniobrabilidad de los viejos Panther; su carrocería ligera era la del GRP y obtuvo las puertas y el parabrisas del MG Midget.

Aunque estrecho y muy traqueteante en su conducción (la falta de refinamiento era evidente comparado con los otros Panther), el Lima tenía la ventaja de su precio asequible y, al menos durante un tiempo, se ofreció como una serie limitada en los concesionarios ingleses de Vauxhall.

Problemas financieros provocados por la lentitud de las ventas y la acumulación de deudas forzaron a Bob Jankel a vender Panther a un grupo de entusiastas coreanos en 1981 y el Lima se desarrolló aún más.

Volvió a nacer con el nombre de Kallista, una versión con la plataforma del Vauxhall, la suspensión unida al chasis tubular del Ford Cortina y un motor V6 de Ford en vez del de 4 cilindros en línea de la GM que equipaba hasta entonces.

Motor: 4 cilindros, 2.279 cc
Potencia: 133 kW (178 CV)
De 0 a 100 km/h: 8,9 s
Velocidad máxima: 202 km/h
Producción total: 918

El Panther de más éxito fue el Lima. Al principio se ofrecería en los concesionarios de Vauxhall, pero luego, los de nombre Kallista usarían un motor y un tren motriz de Ford.

PANTHER SOLO

1989–90

El Panther Solo podría haber sido un gran éxito, pero sucumbió a la falta de desarrollo y de inversión.

Su asombrosa carrocería compuesta de aluminio y fibra de vidrio diseñada por el respetado Ken Greenley ganó muchos aplausos cuando se presentó en 1989 en el Salón del Automóvil de Earls Court. Tenía una maniobrabilidad increíble gracias a sus cuatro ruedas motrices de la Ferguson Formula y ganó muchos admiradores.

Su potencia venía del motor del Ford Cosworth de 204 CV basado en el del Ford Sierra RS Cosworth que ofrecía un gran poder de aceleración y una gran velocidad pero le faltaba refinamiento. El motor era ruidoso a altas

revoluciones y futuras incorporaciones redujeron la capacidad de su maletero y estrecharon su habitáculo.

Panther se aventuró a decir que fabricaría sólo 100 unidades ya que quería que fuese su testamento en cuestiones de ingeniería y que marcaría la pauta de una futura expansión. Pero dificultades económicas motivadas sobre todo por el propio desarrollo del Solo hicieron que se dejase de producir con sólo 12 unidades fabricadas.

Motor: 4 cilindros, 1.993 cc
Potencia: 152 kW (204 CV)
De 0 a 100 km/h: 6,8 s
Velocidad máxima: 232 km/h
Producción total: 12

Este supercoche británico tenía buena imagen y maniobrabilidad, pero el motor se compró a Ford y Panther cayó en dificultades económicas.

PEERLESS

1958–60

El Peerless fue un proyecto muy interesante, pero al igual que muchos coches especiales de los 50 nunca logró el éxito esperado. Basado en la mecánica del Triumph TR3 y con su mismo motor de 100 CV y 1.991 cc, el coche estaba construido sobre un chasis único y con una carrocería de fibra de vidrio, por lo que era más rápido que el Triumph en el que se basaba. Este cupé de dos puertas era

bastante espacioso y confortable y aunque de conducción dura era particularmente molesto en las carreteras sin asfaltar. Su eje posterior era un De Dion, por lo que su maniobrabilidad era segura y predecible.

En una segunda fase aparecida en 1959 tenía los faros delanteros escondidos y una carrocería de una sola pieza, pero aunque sus líneas elegantes y modernas y su precio

fuese realista, la falta de inversión institucional hizo que Peerless siguiese el mismo camino de otros pequeños fabricantes; la bancarrota obligó a la empresa a cerrar sus puertas en 1960.

El coche volvería a resucitar en 1961 durante un breve espacio de tiempo con el nombre de Warwick. Tuvo entonces una nueva parrilla, aletas posteriores y la opción de montar un motor Buick de 3,5 l

V8 que luego figuraría en numerosos Rover. De todas maneras, y una vez más, la lentitud de las ventas provocó el cese de su fabricación después de vender sólo 45 unidades.

Motor: 4 cilindros, 1.991 cc
Potencia: 75 kW (100 CV)
De 0 a 100 km/h: 12,3 s
Velocidad máxima: 189 km/h
Producción total: 290

PEGASO Z102

1951–56

Enzo Ferrari obtuvo la fama por tener la mente muy clara y, lo que no es raro, desbaratando las intenciones de otros promotores industriales. Quizá lo mejor le ocurrió cuando finalizó su unión con Ford, que daba alas a Blue Oval para que fabricase el GT40 en 1965 con tal de regresar y vencer a Ferrari en Le Mans.

Pero cinco años antes de esto, otro fabricante estaba también empeñado en vengarse. Ferrari había dicho que el jefe de Pegaso Don Wilfredo Ricart calzaba zapatos con una suela de goma gruesa que no le permitía pensar ni fabricar un éxito. En respuesta a esta afrenta el fabricante español

Pegaso fabricaba normalmente camiones, pero su cupé Z102 fue un coche con un diseño muy estilizado.

de camiones decidió producir un cupé muy rápido capaz de vence a Ferrari en su propio juego.

El Z102 apareció en 1951 con un motor V8 con árbol de levas cuadrado que entregaba de 190 hasta 360 CV. Fue un coche fabricado íntegramente en Barcelona, España, equipado con una caja de cambios de cinco velocidades, un chasis soldado a la plataforma y una conexión con la dirección tremendamente complicada. Aparte de ser muy ruidoso su mayor problema estuvo en el precio, pero fue un coche brutalmente rápido y sorprendentemente ágil en la conducción.

Motor: V8, 3.178 cc
Potencia: 205 kW (275 CV)
De 0 a 100 km/h: 7 s
Velocidad máxima: 258 km/h
Producción total: 112 (incluido el Z103)

Pegaso Z103

Con un diseño más estilizado que el Z102 y un motor nuevo aún más potente, el Z103 se tuvo por el coche de prestaciones más adelantadas de su tiempo. Pero por extraño que parezca tecnológicamente estaba más anticuado que su antecesor. Si su motor entregaba grandes datos de su potencia, como sus 400 CV que se rumoreaban de los modelos modificados, usaba sólo un simple motor de válvulas en cabeza en vez del más complejo y fascinante de su predecesor con un árbol de levas cuadrado

El Z103 tenía la misma carrocería de acero que su predecesor, pero usaba menos metal y en consecuencia era más ligera, el coche más rápido y mucho más difícil de conducir dado que su trasera era terriblemente inestable y su agarre muy limitado.

A pesar de su inmenso poder y su tecnología de producción tipo Fórmula Uno, ni el Z102 ni el Z103 tuvieron mucho éxito en la competición y a finales de los 50, Don Wilfredo Ricart perdió todo su interés y dejó de fabricar deportivos para concentrarse de nuevo en la fabricación de camiones y autobuses. En ocho años Pegaso había fabricado más de cien unidades. Había probado una nueva experiencia con resultados extraordinarios tanto para él mismo como para los que compraron cualquiera de sus dos modelos.

Motor: V8, 3.989 cc
Potencia: 261 kW (350 CV)
De 0 a 100 km/h: 5,5 s
Velocidad máxima: 274 km/h
Producción total: 112 (incluidos los Z102)

Peugeot 190

La historia de Peugeot sólo puede despertar envidias en los otros fabricantes de automóviles ya que no ha dejado de fabricar coches desde su fundación en 1889 a pesar de unirse con rivales como Citroën.

El más popular de los Peugeot de preguerra fue el inusual pero barato Quadrilette, un pequeño y raro biplaza en el que el pasajero se sentaba directamente detrás del conductor.

El 190, que apareció en 1928, fue ya un poco más sofisticado, tenía un diseño frontal convencional, llantas de disco y una cola recta como la de un familiar. El chasis era el mismo que el del Quadrilette pero mejorado, con lo que el 190 tenía un espacio limitado y aunque ahora los dos pasajeros podían sentarse uno al lado del otro, era muy estrecho. Todo esto lo hacía barato y popular.

No tenía una mala conducción para lo que era la época; el 190 tenía una conexión muy estrecha y efectiva con el eje trasero y una caja de cambios sorprendente de tres velocidades. Sea como fuere, el arcaico motor de 4 cilindros, válvulas laterales se mostraba muy poco ágil.

Motor: 4 cilindros, 719 cc
Potencia: n/d
De 0 a 100 km/h: n/d
Velocidad máxima: 94 km/h
Producción total: 33.674

No fue un coche muy apasionante, pero su motor era suficiente para miles de familias francesas. El Peugeot 190 fue el primer utilitario de la marca y estaba equipado con una buena caja de cambios, pero su motor estaba, ya desde el principio, anticuado.

Peugeot 402

Los compradores fieles a Peugeot no estaban totalmente preparados para la llegada del 402 en 1939. En vez de ser un modelo familiar y convencional, Peugeot había sacado algo diferente.

El 402 tuvo un diseño excesivamente estilizado, tenía los faros delanteros escondidos detrás de una parrilla art decó del radiador, una tomas de aire horizontales en el capó y unos estilizados pasos de rueda traseros.

El coche había sido un intento de respuesta al tecnológicamente avanzado Citroën Avant, pero bajo su diseño futurista se escondía una maquinaria convencional con suspensión cantilever (independiente en las ruedas delanteras), tracción delantera, una caja de cambios de tres velocidades sincronizadas y un motor muy normal de 4 cilindros con válvulas en cabeza.

Su extraño diseño con los faros escondidos dio al 402 un aire amenazador que no se correspondía con el estilo que sugería su conducción. Hubiese podido ser un éxito de ventas, pero el estallido de la Segunda Guerra Mundial provocó el cese de su producción.

En otras circunstancias el Peugeot 402 podía haber sido un éxito de ventas, pero sólo se vendieron 80.000 unidades el primer año de fabricación. El estallido de la Segunda Guerra Mundial provocó su fin.

Entre las versiones más interesantes del modelo están la 402L que usaba la carrocería más pequeña del 302 y el motor y la transmisión propias del 402, y el 402DS cupé de carreras del que se fabricaron 200 unidades, un modelo que podía alcanzar los 150 km/h y cuyo diseño recordaba algo al de los Delahaye contemporáneos.

Motor: 4 cilindros, 1.991 cc
Potencia: n/d
De 0 a 100 km/h: n/d
Velocidad máxima: 129 km/h
Producción total: 79.862

PEUGEOT 202

1938–48

Aparecido junto con el 402, el 202 fue de hecho el mismo coche a escala menor y dotado con un motor totalmente nuevo de 4 cilindros y válvulas en cabeza, ballestas de cuarto de elipse detrás en vez de suspensión cantilever y una distancia entre ejes más corta.

La transmisión era más o menos la misma con un cambio de marchas de tres velocidades sincronizadas que favorecía un viaje apacible y de alguna manera relajado.

El mismo diseño futurista del 402 tenía ciertas reminiscencias con el del entonces aún secreto Citroën 2CV con sus aletas integradas y su capó curvo. Por suerte para Peugeot todos los talleres donde se construía sobrevivieron a la guerra, por lo que se pudo recuperar su fabricación en febrero de 1945, antes incluso del final oficial de la contienda. Peugeot vendió 40.000 ejemplares entre 1945 y 1948.

Su sucesor, el 203, tuvo un actualizado diseño, un motor nuevo excelente y una dirección de cremallera además de una caja de cambios de cuatro velocidades.

Fue un buen coche del que se vendieron más de 600.000 unidades en toda Europa ante de que se dejara de fabricar en 1960.

Motor: 4 cilindros, 1.133 cc
Potencia: 22 kW (30 CV)
De 0 a 100 km/h: n/d
Velocidad máxima: 96 km/h
Producción total: 104.126

PEUGEOT 403

1955–56

Planeado en un principio como sustituto del popular 203, el 403 fue un complemento de la gama de los coches pequeños de Peugeot. Seguía un concepto similar, pero su carrocería de Pininfarina era más grande, espaciosa y bien construida.

Los modelos más básicos del 203 equipaban motores de 1.290 y 1.468 cc, pero a partir de 1959, los clientes franceses y españoles pudieron también optar por un modelo lento muy económico con motor diésel de 1,8 l. A partir de 1956 se ofreció una versión familiar en la que podían colocarse ocho asientos en

En la versión familiar del 403 ofrecida a partir de 1956 cabían ocho asientos.

tres hileras, por lo que se puede decir que el 403 fue un coche adelantado a su tiempo y muy popular entre los transportistas. Ese mismo año, y hasta 1963, aparecería la versión Décapotable, de la que sólo se venderían 2.000 unidades.

Por lo general el 403 fue un coche muy convencional que se vendió bastante también en la exportación y que ayudó mucho a Francia a superar la muy difícil situación económica de posguerra.

Aunque muy popular, el 403 de la izquierda no fue más que un sedán convencional.

Motor: 4 cilindros, 1.290 cc
Potencia: 40 kW (54 CV)
De 0 a 100 km/h: 29,5 s
Velocidad máxima: 121 km/h
Producción total: 1.119.460

PEUGEOT 404

1960–75

Se trataba de otro sedán diseñado por Pininfarina que guardaba mucha similitud con el Austin Cambridge/Morris Oxford y que se vendían en Gran Bretaña también diseñados por la casa italiana.

El 404 fue un modelo elegante y bien acabado cuya buena maniobrabilidad se debía a su suspensión delantera independiente y a su dirección equilibrada y eficaz. El modelo más básico de la serie disponía de un motor de 1,5 l procedente del 403, aunque también se ofrecía uno con un motor de 1,6 l nuevo basado en uno antiguo, que entregaba 85 CV. Algunos coches con motor de inyección llegaban a los 96 CV y le permitían alcanzar los 160 km/h.

Al igual que el 403, Peugeot también ofreció la versión familiar dotada con un mejorado motor diésel de 2 l y 53 CV capaz de montar ocho asientos. Esta versión satisfacía la creciente demanda de este tipo de coches que entonces había en Francia. También se

fabricaron versiones descapotables y cupé con un aspecto totalmente diferente del de los sedán y que sólo disponían de un motor de 1,6 l con y sin sistema de inyección.

Los abogados de BMC debieron decir algo sobre el diseño casi idéntico del Peugeot 404 con el del Morris Oxford y el Austin Cambridge. Sea como fuere, todos ellos eran muy buenos de conducir y tenían un interior bien equipado.

Motor: 4 cilindros, 1.468 cc
Potencia: 48 kW (65 CV)
De 0 a 100 km/h: 22 s
Velocidad máxima: 135 km/h
Producción total: 2.769.361

PEUGEOT 504

1968–82

El Peugeot 504 tenía suspensión independiente y frenos de disco en las cuatro ruedas y equipaba motores potentes y nuevos que le hacían ser un coche de impresión. Su comportamiento era ágil,

su maniobrabilidad excelente y mantenía los habituales parámetros de acabado de la marca. La versión sedán, que reemplazaría casi de inmediato a la del 404, apenas se vendió hasta 1975. Cuando

El precioso convertible estaba a años luz del anodino diseño del sedán 504 y sus posteriores versiones familiares. Sea como fuere, todos fueron coches de muy buen conducir y con un interior bien equipado.

aparecíó la versión familiar, en 1971, las ventas fueron espectaculares. Las usuales ocho plazas de la opción Familiale con sus asientos traseros abatibles eran muy útiles; es un modelo que se vende actualmente en mercados emergentes como el del norte de África, donde se muestran ideales como coche pequeño.

Sus motores de gasolina cubicaban 1,8 o 2 l, tenían altas prestaciones y como opción incorporaban un sistema de inyección. El motor de 2 l diésel fue en principio el del 403 hasta la aparición de un muy mejorado motor también de 2,1 l y la de uno más potente de 2,3 l que se ofrecería a partir de 1977.

Las ventas en Europa cesaron en 1982 con la aparición del 505, pero se mantuvo la fabricación de los motores y del frontal hasta 1993 para las versiones furgoneta y *pick-up*.

Motor: 4 cilindros, 1.971 cc
Potencia: 72 kW (97 CV)
De 0 a 100 km/h: 12,4 s
Velocidad máxima: 166 km/h
Producción total: 2.836.837

PEUGEOT 304

El 304 se basaba en las muchas versiones del 204 con las que compartía el excelente motor con árbol de levas en cabeza aparecido en 1965, la tracción delantera, la suspensión independiente y los servofrenos. El cambio de marchas en la columna de dirección se sustituiría por otro montado en la plataforma.

Sus motores eran pequeños pero ágiles y alegres, todos menos en malo pero muy económico de 1,3 l diésel que se ofrecía sobre todo en Europa. La versión deportiva de nombre 304S tenía un motor de gasolina, barras antivuelco y una velocidad máxima de 160 km/h.

Se llegó a ofrecer un inmenso abanico de versiones que consistían sobre todo en sedán de

cuatro puertas, familiares de cinco o tres puertas, un bonito pero nada práctico modelo cupé de dos puertas y un muy atractivo descapotable biplaza difícil de ver.

Todos los 304 estaban bien equipados, tenían una muy buena maniobrabilidad que les hacía ser más apasionantes e interesantes que los demás rivales europeos

La versión más atractiva de los 304 fue sin duda la descapotable biplaza, aunque la mayoría de los modelos vendidos fueron los sedán. Podían escogerse un familiar o un nada práctico cupé de dos puertas.

contemporáneos como Ford Escort, el Austin Allegro y el Renault 12. La única debilidad del 304 fue la oxidación que hizo que muy pocos modelos sobreviviesen los años 80. Su sucesor sería el estilizado, pero menos atractivo 305 que no ofreció una versión cupé ni descapotable.

Motor: 4 cilindros, 1.127 cc
Potencia: 34 KW (45 CV)
De 0 a 100 km/h: 14,7 s
Velocidad máxima: 158 km/h
Producción total: 1.292.770

PEUGEOT 205GTI

Motor: 4 cilindros, 1.905 cc
Potencia: 97 kW (130 CV)
De 0 a 100 km/h: 7,8 s
Velocidad máxima: 195 km/h
Producción total: n/d

Fue el deportivo GTi más apreciado de los 80; la maniobrabilidad del 205 GTi era muy adecuada, tenía un aspecto atractivo y era un coche pequeño extraordinariamente rápido.

Aunque un poco caro, el GTi tenía un interior casi idéntico al de un 205 convencional sin contar con los confortables asientos deportivos. Se dejó de fabricar en 1994 decepcionando a muchos de sus entusiastas.

No fue él seguramente el que inició la locura de los GTi, este privilegio recae sobre el VW Golf, pero el 205 llegó a ser rápidamente el icono más deseado de la generación GTi.

El original de 1984 no tuvo el motor que le correspondería con sus justos 105 CV, pero en 1986 se ofrecerían dos modelos con unas excepcionales cualidades de maniobrabilidad y conducción, una

versión con motor de 1,6 l y 115 CV y otra de 1,9 l y 130 CV.

Los GTi demostraron el alto nivel de efectividad del popular modelo supermini de Peugeot y le llevaron a ser el mejor deportivo de los 80 en su clase. Estaban dotados de una excepcional maniobrabilidad, una dirección firme, dura y una imagen muy popular. Conducido al límite su

maniobrabilidad podía considerarse una prueba de habilidad para el conductor, aunque su trasera demostrase ser muy inquieta, sobre todo la de la versión 1,9.

La nueva legislación sobre emisiones y los sucesivos aumentos de los seguros mataron al 205 GTi el año 1994 para desgracia de sus numerosos entusiastas.

PIERCE-ARROW SILVER ARROW

1933

La empresa americanoa Pierce Arrow, que estaba protegido bajo el ala de Studebaker, fue comprada por un grupo de hombres de negocios de Búfalo, NY en 1933.

Su primer proyecto fue fabricar un coche que pudiese ser la admiración de la Feria Mundial de Chicago en 1933. Philip Wright sería el estilista escogido, un amigo íntimo del

vicepresidente de Pierce Arrow, Roy Faulkner. El Silver Arrow se popularizó como «El coche fabricado en los 30 para los años 40».

Fue un coche bastante simple de carrocería hecha a mano con forma de lágrima, un parabrisas trasero alzado y un par de ruedas de repuesto con imaginación detrás de los «paneles secretos» de las ruedas delanteras. En su

interior los asientos tapizados con velvetón y decoración con madera de arce hicieron de él un coche muy lujoso en el que los pasajeros de atrás tenían su propio equipo de accesorios, aparentemente para asegurarse de que el chófer cumplía con la ley, con su propia radio montada en un espacio del suelo.

Fue concebido como un coche muy adelantado y brillante que

nunca se puso a la venta aunque se fabricasen 10 unidades encargadas especialmente por ricos que se enamoraron del prototipo y pagaron 7.500 $.

Motor: V12, 7.030 cc
Potencia: 175 kW (235 CV)
De 0 a 100 km/h: n/d
Velocidad máxima: 185 km/h
Producción total: 10

PLYMOUTH PA

1931

Motor: 4 cilindros, 3.213 cc
Potencia: n/d
De 0 a 100 km/h: n/d
Velocidad máxima: n/d
Producción total: n/d

Concebido para acercar a Chrisler al mercado de los compradores de poco dinero, Plymouth hizo su presentación en 1928.

Su primer diseño propio fue el PA, de 1931. Se ofrecía como sedán de dos puertas y alzado, un cupé o un convertible capaz de transportar a cuatro pasajeros cómodamente, pero su interior resultó ser espartano.

Sorprendentemente avanzado para ser un coche nuevo, el PA se entregaba con una caja de cambios de tres velocidades montada en el suelo del habitáculo, un sistema de frenado hidráulico Lockheed y un mecanismo de piñón libre. Fue un coche fácil de conducir y de carácter vivo que tuvo poco éxito en el mercado británico pero mucho en el de los Estados Unidos, donde alcanzó el tercer lugar en las listas de ventas del país.

El PA se sustituyó por un PB de aspecto muy igual en 1932, con un chasis más resistente, ballestas semielípticas y un precio más alto.

Ambos modelos sentaron precedente en todas las demás series P de Plymouth, que fueron cada vez más aerodinámicos, y encareciéndose hasta bien entrados los 50.

No había nada muy destacable en el diseño del PA, pero su mecánica era sorprendentemente moderna; estaba dotado con frenos hidráulicos y una caja de cambios cómoda de usar. Los primeros Plymouth se comercializaron como coches accesibles muy espaciosos pero poco lujosos. Tuvo mucho éxito en los Estados Unidos y menos en Gran Bretaña.

PLYMOUTH P-19

1950

Fue el último de los Plymouth serie P con un claro origen en el año del nacimiento de la empresa, 1928- El P-19 fue el símbolo de todo aquello que era tradicional en la marca. Estaba más adelantado que los otros modelos de la serie ya que equipaba elevalunas eléctricos en vez de un sistema de vacío, pero también tenía un diseño ordinario y curvo

con la tradicional parrilla «bull nose».

Fue por otra parte el último Playmouth que ostentó premios y también un velocímetro irritante «Safety Signal» que iluminaba el salpicadero de color verde cuando superaba los 48 km/h y luego centelleaba de color ámbar hasta llegar a los 80 km/h, a partir de la cual el color cambiaba a rojo.

Muchos de sus propietarios quitaron el fusible que lo activaba.

Otra innovación de la serie P en el P-19 fue por ejemplo la luz interior que se iluminaba o apagaba cuando las puertas estaban abiertas o cerradas, una primicia, y además un encendido que se activaba con sólo girar la llave, un invento que Plymotuh se autoatribuía falsamente.

En 1951 reaparecería, pero con un nuevo diseño y un nuevo nombre: Concord, Cambridge o Cranbrook.

Motor: V8, 4.260 cc
Potencia: 124 kW (167 CV)
De 0 a 100 km/h: n/d
Velocidad máxima: n/d
Producción total: n/d

PLYMOUTH FURY

Llegó a ser un uno de los modelos más populares de toda la historia de la motorización americana gracias a que se ofreció con más de 200 versiones; había un Fury para cada cliente.

Los modelos más espectaculares fueron los de los últimos años 50, que lucían gigantescas aletas traseras, faros delanteros dobles y una parrilla envolvente que los distinguía de los modelos contemporáneos de Chrysler y Dodge. Fue en 1958 cuando un Plymouth Grand Fury, un cupé de dos puertas, consiguió la inmortalidad literaria gracias al libro de Stephen King y a la película *Christine,* en la que el coche estaba poseído por el demonio.

Poco después de su lanzamiento se ofrecieron versiones sedán de cuatro puertas que a diferencia de sus rivales tenían un pilar central.

El Fury mantuvo el atractivo en los años 60 antes de que su marca fuese absorbida por los modelos sin carácter de Chrysler. Los últimos

Fury de interés aparecieron en 1974 antes de que todos los sedán de Chrysler perdieran su estilo y se convirtiesen en máquinas de tragar combustible después de la crisis del petróleo.

Motor: V8, 5.212 cc
Potencia: 168 kW (225 CV)
De 0 a 100 km/h: 10,8 s
Velocidad máxima: 169 km/h
Producción total: n/d

Este es el Fury de 1958 inmortalizado en el libro de Stephen King y la película *Christine*. Sus faros cubiertos y sus grandes alas indican que se trata de una de las versiones más vistosas.

PLYMOUTH ROAD RUNNER

Puede que el Ford Mustang fuese el primer «pony car», pero Plymouth le siguió muy de cerca ese mismo año. De hecho apareció quince días antes que el Ford sin poder ofrecer la misma combinación de prestaciones con aspecto deportivo y versatilidad.

Plymouth pagó 50.000 $ a Warner Brothers para permitir el uso de su pájaro de dibujos animados en su deportivo; se vinculaba así a una cultura particular. El Road Runner se presentaba además con el característico «bip bip» del personaje, siendo como él muy rápido.

En la lista de opciones se incluían las llantas de aleación junto con

varias modificaciones del diseño. Las entradas de aire originales del coche eran sólo decorativas, no tenían ninguna función. Se ofreció tanto en cupé como en convertible equipado con un cambio de marchas manual de cuatro velocidades de serie o una automática de tres velocidades en opción. En 1970 apareció con una nueva transmisión manual de tres velocidades y el

motor aumentó el par, pero Plymouth no consideró necesario cambiar la compresión.

La nueva normativa sobre emisiones contaminantes mató las prestaciones del Road Runner en 1970, cuando se redujo la potencia de sus motores hasta los 75 CV. El nombre del modelo continuó hasta 1974, pero el último auténtico Road Runner se fabricó en 1971.

El Road Runner tenía dibujado en su frontal el pájaro con este nombre en las aletas frontales para demostrar que el coche era algo más que un sedán Belvedere modificado.

Motor: V8, 6.276 cc
Potencia: 250 kW (335 CV)
De 0 a 100 km/h: 7,1 s
Velocidad máxima: 182 km/h
Producción total: 125.904

PLYMOUTH BARRACUDA

Los últimos Barracuda no tenían un diseño tan puro como el original y se caracterizaban por su trasera de medio volumen y las pequeñas luces de atrás.

Se basaba en el sedán Valiant, con el que compartía el diseño de su frontal y sus bajos, pero su interior permitía transportar a seis personas sentadas en dos hileras. Las características más peculiares de su diseño fueron el alzado de las luces posteriores y un gran parabrisas curvado y envolvente enmarcado por unos pilares en forma de D. Más tarde Chrysler (Europa) adoptaría estas señas de identidad y las aplicaría en sus modelos Sunbeam Alpine y Rapier, unos Plymouth a menor escala.

La única innovación del Barracuda fue el uso inteligente de los asientos traseros abatibles que casi desaparecían en el suelo ofreciendo un gran espacio de carga. Una versión Fórmula S apareció en 1965 que le daba un 10 por 100 más de potencia, pero ni aun así el Barracuda podía competir con el Ford o las nuevas ofertas de Chevrolet y su marca hermana Pontiac. El *pack* Fórmula S ayudó al coche a tener una mejor maniobrabilidad gracias a una suspensión más dura y barras antivuelco que le ayudaron a reducir los problemas que tenía el original al tomar las curvas a alta velocidad.

En 1967 apareció un Barracuda totalmente nuevo, mucho más competitivo en el mercado de los «pony cars» dada su mayor distancia entre ejes y un mayor abanico de motores más potentes liderado por un V8 de 6,3 l y otros más pequeños pero potentes como un básico de 5 l que entregaba unos modestos 145 CV.

El parabrisas trasero envolvente había desaparecido y en su lugar se fabricaron tres diferentes carrocerías: dos cupés y un convertible con dos puertas y seis asientos.

De nuevo se ofrecía el *pack* Fórmula S, ahora con una suspensión modificada, neumáticos más anchos y un cuentarrevoluciones, además de una calcomanía de la Formula S.

La dirección asistida y un motor de 330 CV llegaron en 1969 para hacer más atractivo al Barracuda, pero no fue hasta 1970 cuando Plymouth se tomó en serio la opción de la prestaciones.

El Plymouth Barracuda cupé original tenía bastante parecido con el Sunbeam Alpine Fastback que vendía Chrysler en Gran Bretaña.

El nuevo Barracuda para la década de los 70 aparecería a finales de ese año siendo prácticamente irreconocible en comparación con los anteriores. Los paneles de la carrocería, los motores y la transmisión serían los mismos que los de otro *musclecar,* el Dodge Challenger; por fin Chrysler había creado una serie de coches competitivos con Ford y GM. El diseño fue también muy igual al del Chevrolet Camaro con laterales convexos, un frontal con cuatro faros y un cupé sin pilares.

El pobre motor de 145 CV aún se ofrecería por un tiempo hasta que se sustituyese por otro de 3,7 l de 6 cilindros en línea. La estrella fue empero el motor V8 de 7,2 l Hemi prestado por el Plymouth Superbird que dio al Barracuda una excepcional capacidad de aceleración; pasaba de 0 a 100 en 5,2 s y una velocidad punta de 233 km/h

Los coches con motor Hemi tenían una gran ventilación en el capó que, a diferencia de muchos coches americanos en los que sólo era decoración, aquí de hecho era necesaria para la mayor eficacia del motor, pues la toma de aire adicional estaba directamente conectada con la carcasa del carburador.

Entre 1970 y 1972 el Barracuda obtuvo grandes éxitos tanto a nivel de exposiciones como en la competición, pero todavía el ritmo de sus ventas era lento comparado con el del Mustang.

La implantación de las nuevas leyes medioambientales de 1972 hizo decaer los motores Hemi y no volvieron a ofrecerse Barracudas de más de 240 CV. Esto, unido a la crisis energética y económica de los 70 y las campañas de seguridad provocaron el fin del Barracuda, que fue desapareciendo hasta 1974 junto con la historia de los *musclecar.*

Motor: V8, 4.490 cc
Potencia: 175 kW (235 CV)
De 0 a 100 km/h: 8,8 s
Velocidad máxima: 181 km/h
Producción total: 391.887

PLYMOUTH SUPERBIRD

1970

A pesar de que ambas eran miembros de la Chrysler Corporation, Plymouth y Dodge eran enconados rivales en una categoría de coches de circuitos. Después de que Dodge venciese la NASCAR de 1969 con su Daytona, la respuesta de Plymouth fue el diseño y desarrollo del sorprendente Superbird basado en el Road Runner.

El inmenso alerón posterior y su largo frontal escultural dieron al Superbird su aspecto excitante, pero Plymouth insistió en que sólo tenían un efecto aerodinámico.

La reglamentación de la competición indicaba que para poder inscribirse se tenía que vender al menos un coche de cada

una de las marcas. Por eso Plymouth fabricó 1.920 Superbirds con su inmenso alerón posterior y su frontal tipo tiburón escultural con el que era 48 cm más largo que el Road Runner y dificultaba su aparcamiento, ya que el primer metro del coche era invisible desde el asiento del conductor.

Su interior era idéntico al del Road Runner; la misma hilera de asientos delanteros, pero con asientos abatibles detrás o arneses en opción, como también el medidor de la temperatura del aceite y el de la presión del mismo.

El motor de 7 l daba a este bólido unas prestaciones asombrosas. El Superbird alcanzaba los 237 km/h de velocidad punta.

Motor: V8, 6.974 cc
Potencia: 317 kW (425 CV)
De 0 a 100 km/h: 5,1 s
Velocidad máxima: 234 km/h
Producción total: 1.920

PLYMOUTH VALIANT

1972–74

Las ofertas de Plymouth una vez acabada la crisis energética eran todavía demasiado grandes para el estándar europeo, pero el Valiant, que medía 5,2 m. de largo y tenía un motor de 2,8 l de 6 cilindros en línea, era considerado compacto por los americanos, habituados a los dinosaurios V8.

Sorprendentemente era un coche de conducción muy apacible, capaz de gastar 9 l/100 km si se conducía con calma. Su diseño estaba dirigido al transporte familiar, pero

Se ofreció en varias carrocerías: la de la foto es la de un cupé de dos puertas con la opción de asientos de respaldo alto. El Valiant, que se vendía bien en los Estados Unidos, tuvo un éxito moderado en Europa, incluida Gran Bretaña.

se ofrecía como sedán, cupé o familiar.

Su motor de 6 cilindros en línea inclinado era una evolución del Valiant original de los 60 que ahora se ofrecía en versiones como la del económico de 2,8 l, y las del de 3,2 y 3,7 l de 6 cilindros. Los coches de Chrysler con motores de este tipo tenían mucho éxito en Europa, incluidos los pocos que se fabricaron para Gran Bretaña cuyo nivel de ventas era menor, empero, que el de los Estados Unidos.

A los compradores americanos se les ofrecían además versiones con sus motores V8 de 4,5, 5,2, 5,6 y 5,9 l, equipados todos con una transmisión automática Torqueflite de tres velocidades. La versión cupé se transformó en un buen *musclecar* para jóvenes.

Motor: 6 cilindros, 2.789 cc
Potencia: 104 kW (140 CV)
De 0 a 100 km/h: n/d
Velocidad máxima: 161 km/h
Producción total: 900.000

PONTIAC EIGHT

1935–38

El modelo básico de Pontiac durante los años 30 fue el Eight, un coche de diseño agradable y cómodo muy apacible de conducir. El escape de su motor de 3,8 l V8 con válvulas laterales tenía un sonido peculiar pero nunca fue un coche especialmente rápido.

Se ofrecía en multitud de versiones como los sedán de dos y cuatro puertas, un sedán alargado Deluxe, un dos o cuatro puertas de techo blando y un sport cupé. Su chasis convencional tenía una suspensión delantera independiente y un eje rígido posterior; sus frenos, en todas las versiones, eran hidráulicos. También se ofrecían cajas de cambio de tres o cuatro velocidades no sincronizadas que hacían de su conducción en tráfico una experiencia incómoda a pesar de su dirección rápida y suave le hacía ser un buen rodador.

En 1947 se le montó un motor de 4,1 l y se le hizo un frontal más redondeado con una nueva parrilla y los faros delanteros en otro lugar. Más tarde vendrían los más prácticos coches de cambio sincronizado

El motor más pequeño del Pontiac Six, un 3,6 l con válvulas laterales y 6 cilindros compartía el chasis largo de su hermano mayor y la carrocería, pero fue el más potente Eight el que mejor se vendió.

Uno de los coches de primera necesidad en la América de los años 30. Fue un sedán de agraciado diseño con un motor V-8 con válvulas laterales lento pero de gran sonido.

Motor: V8, 3.801 cc
Potencia: n/d
De 0 a 100 km/h: n/d
Velocidad máxima: 137 km/h
Producción total: n/d

PONTIAC CHIEFTAIN

1953–58

En los años 50 el diseño no tenía reglas y el Pontiac Chieftain no fue una excepción. Era uno de los coches más normales y despertaba admiración.

El Chieftain de 1953 tenía un diseño totalmente diferente con un parabrisas delantero curvo y de una pieza, aletas traseras escalonadas y las ruedas traseras con cubierta aerodinámica además de la

opción de pintura bitonal. Los laterales de los neumáticos eran blancos y en los lados del coche había embellecedores cromados. Lo mismo ocurría dentro con telas de varios colores, un salpicadero

Fue uno de los coches más elegantes de los primeros años 50 y en él se veían muchos detalles cromados. La imagen continuaba en su interior con un salpicadero ornamentado y un panel de instrumentos panorámico.

muy detallado y colorista y un panel de instrumentos panorámico que permitía ver a cada pasajero todos los indicadores.

Las opciones y las carrocerías eran casi inacabables. Los clientes podían elegir entre un sedán normal de dos o cuatro puertas, un muy atractivo cupé de nombre «Catalina» que será una pieza muy codiciada por los coleccionistas, y un nefasto familiar de cuatro puertas además de un descapotable también de cuatro puertas y un Custom Sedan con una altura del techo más baja y muchos más cromados.

Se podía escoger entre seis motores V8 que, con el precio del petróleo tan bajo en esos tiempos, muchos de sus clientes optaron por los más potentes.

Motor: V8, 4.638 cc
Potencia: 91 kW (123 CV)
De 0 a 100 km/h: n/d
Velocidad máxima: n/d
Producción total: 379.705

PONTIAC BONNEVILLE

1957–60

Durante la era de las aletas y los cromados, el Bonneville se definía como el coche más «trophy» de Pontiac. Fue una idea del jefe de diseño de la marca, Semon «Bunkie» Knudsen; tenía enormes aletas traseras, un parachoques trasero inusual y unas luces en horizontal.

Estaba destinado a ser un coche familiar que se ofrecía como un sedán de dos o cuatro puertas, un familiar inmenso de cola cortada, un cupé o un convertible.

Su motor procedía del de un Pontiac Star Chief modificado para rendir 6.063 cc y entregar 255 CV, aunque la misma versión con un sistema de inyección los aumentaba a 224.

Era tan grande como un Cadillac de la época, pesaba dos toneladas y

medía 538 cm de largo, por lo que tenía problemas en cuestiones de espacio y demostraba ser difícil de manejar si se conducía con rapidez.

La dirección asistida y la transmisión automática eran de serie y los convertibles disponían además de elevalunas eléctricos y sistema eléctrico para plegar el techo. El Bonneville se vendió relativamente poco dado que era un intento de GM por entrar en este mercado y fue el Pontiac más caro y lujoso de todos los del momento.

Motor: V8, 6.063 cc
Potencia: 190 kW (255 CV)
De 0 a 100 km/h: 10,1 s
Velocidad máxima: 161 km/h
Producción total: 180.531

En los tiempos en que apareció el Bonneville, 1957, las aletas y los cromados gozaban de muchísima popularidad. La inmensa superficie posterior del coche indicaba que disponía de un gigantesco maletero.

PONTIAC TEMPEST LE MANS

1966–75

Los clientes que desearan un GTO pero no podían costeárselo, podían optar con acierto por el Tempest Le Mans.

Fue un coche basado en el Tempest cupé o convertible de serie (o sedán, aunque pocos lo adquirieron) que tenía ruedas al estilo del GTO, tomas de aire en las aletas delanteras, asientos delanteros abatibles acolchados con espuma, elevalunas eléctricos y un 10 por 100 más de potencia que los Tempest de serie. En el exterior las diferencias se concretaban en el nombre de Le Mans y el techo cubierto de vinilo (o una capota eléctrica en los convertibles) y cromados en los laterales.

Se ofreció un Le Mans Station Wagon sin ningún carácter deportivo en el que los cromados laterales se sustituyeron por simulaciones de madera. Antes de 1969 se le cambió el diseño del frontal, que se convirtió

en un nefasto marco cromado y en el interior apareció una decoración de madera simulada.

El Le Mans fue un éxito de ventas que popularizó el nombre de Pontiac hasta 1990.

Para clientes deseosos de tener un GTO, el Le Mans ofrecía un aspecto exterior e interior deportivo, pero no podía competir con su hermano mayor.

Motor: V8, 4.638 cc
Potencia: 145 kW (195 CV)
De 0 a 100 km/h: n/d
Velocidad máxima: 161 km/h
Producción total: 831.331

PONTIAC GTO

1964–74

Generalmente entendido como el primer *musclecar*, el Pontiac GTO inició una nueva tendencia en la industria del motor. Muchos fabricantes americanos estaban fijados en la idea de construir coches cada vez más grandes y lujosos, pero Pontiac instaló un gran bloque motor en la carrocería relativamente compacta del Tempest cupé. Así rompía el protocolo de GM.

En 1963 GM ya había decretado que ninguna de sus filiales fabricaría coches deportivos, ya que se consideraba que conducir rápido era socialmente inaceptable. Pero el jefe de ingenieros de Pontiac, John Z. De Lorean, que más tarde se dedicaría a fabricar infames coches deportivos con su apellido, no lo cumplió y presentó el Pontiac GTO aprovechando un resquicio en la estrategia de GM, ofreciendo un motor de gran potencia como opción en la serie Tempest. Además de su motor de 6.555 cc, la opción GTO daba a los clientes una dirección más rápida, una suspensión más dura, dos tubos de escape y unos neumáticos más anchos por 300 $ más que el Tempest de serie.

El nombre GTO se acercaba mucho al epónimo de Ferrari (Gran Turismo Omologato) en referencia a sus coches de carreras y era obvio que se establecerían comparaciones entre ambos. Aunque cualquiera hubiese preferido el Ferrari, las prestaciones del Pontiac no quedaban muy lejos. Aceleraba de 0 a 100 km/h en menos de 7 s que luego se reducirían hasta 5,9 en los modelos futuros. Sus propietarios bromeaban diciendo que las siglas GTO correspondían a «Gas, Neumáticos y Gasolina» dado que al ser un coche muy potente consumía mucho de los tres.

El primer año sus ventas fueron muy numerosas y Pontiac se decidió a retocarlo un poco en 1965; le puso dos pares de faros empotrados para parecerse un poco a los coches más grandes y ofreció una versión Ram-Air modesta con una efectiva entrada de aire sobre el capó que insuflaría aire al cofre del motor y directamente a los tres carburadores.

Un año más tarde GM cedió en su intento de no dejar a sus marcas fabricar deportivos ya que obviamente era un mercado creciente en los Estados Unidos y GM no podía soportar las pérdidas en ventas de Ford ni de Chrysler.

Para celebrarlo John De Lorean decidió convertir al GTO en un modelo propio. En 1966 el GTO se parecía aún a los anteriores modelos, pero unos retoques en el perfil le dieron más elegancia, su contorno se parecía al de una botella de coca cola, sus luces traseras se cambiaron y su parrilla era ahora más agresiva. De todas maneras ya no tendría sus tres carburadores pues GM prohibía el uso de carburadores múltiples, poco antes de que

Los primeros GTO fueron los más característicos, con faros apilados y rejilla del radiador acanalada muy prominente. La realización era impresionante, pero la suave suspensión y el eje trasero daban a entender que la conducción podía resultar complicada.

El GTO se ofreció en carrocerías cupé o convertible, el de la foto es un MK 2 de techo blando que aparecería en 1968. El techo podía plegarse electrónicamente.

apareciese la nueva legislación de emisiones. La respuesta de Pontiac fue aumentar el tamaño de sus motores en los modelos más altos anteriores a 1967. El buque insignia de los GTO tenía ahora un motor de 7.457 cc que entregaba 370 CV y alcanzaba los 209 km/h. Por otra parte aceleraba de 0 a 100 km/h en 6 s. Podía tener sólo un carburador, pero aun así el GTO podía «volar».

En 1968 se le actualizó la carrocería. Tendría un parachoques delantero tipo Endura que cumplía con la nueva legislación de seguridad al ser de poliuretano deformable y que inteligentemente no se parecía mucho a un parachoques; envolvía el coche por delante y por detrás y cubría además la parrilla del radiador. De Lorean demostró la eficacia del nuevo parachoques apareciendo varias veces en programas de la televisión americana golpeando con uno sin que se notase

el efecto. Otra novedad fue la inclusión de los faros ocultos que aparecerían más tarde en los modelos rivales como el Mercury Cougar. Los faros se ocultaban detrás de una parrilla de plástico y aparecían cuando se encendían.

El nuevo diseño de la carrocería hizo perder un poco de la elegancia original del modelo, pero el coche mantenía su aspecto fresco y moderno. El cupé no tenía pilares y al tradicional GTO se le montaron llantas Mag, dos entradas de aire en el capó y se le pintaron unas franjas muy sutiles.

La versión más alta de esta segunda generación fue la «Judge» que se ofrecía con un pack en opción. Su motor entregaba casi 400 CV gracias a su carburador de cuatro cuerpos derivado del Ram-Air, y además también tenía unos alerones muy grandes tanto delante como detrás, decoración en pintura brillante con calcomanías de la versión y una transmisión manual de tres velocidades.

Las ventas del GTO como un modelo propio se acabarían en 1971 cuando la popularidad de los *musclecar* decreciese de forma estrepitosa y se tendiese a fabricar versiones menos potentes y más lujosas. El GTO continuó empero vendiéndose como pack del Pontiac Le Mans hasta 1974, pero ya nunca pudo recuperar los viejos años de gloria.

Motor: V8, 6.555 cc
Potencia: 257 kW (345 CV)
De 0 a 100 km/h: 6,8 s
Velocidad máxima: 200 km/h
Producción total: 486.591

PONTIAC FIREBIRD

Este Firebird 350 HO de 1968 fue un gran acierto para aquellos conductores que querían un coche con una perfecta relación entre potencia y economía.

El cupé compacto de Pontiac se lanzó al mercado con la intención de competir con el Ford Mustang y rápidamente ser el coche más vendido de los Estados Unidos.

El Firebird formaba parte del doble ataque de GM contra el Blue Oval, compartía muchos de sus componentes con el Chevrolet Camaro como el chasis y los paneles de la carrocería. Y GM acertó creyendo que entre ambas marcas, Pontiac y Chevrolet, vendería más de un millón de unidades.

El Firebird apareció medio año después del Camaro, lo que dio ventaja al primero para incorporar mejoras como la potencia del motor Ram-Air, más cromados y un nuevo frontal con dos pares de faros sin contar con las distintivas aletas traseras con entradas de aire para refrigerar los frenos de tambor.

Los modelos superiores adquirirían los motores de 7,5 l V8

del Pontiac GTO que nunca se ofrecieron a un Chevrolet, que contaba con un motor de 6,5 l en su versión más potente.

El Firebird tenía, pues, un mejor equipamiento que el Camaro. Disponía como opción de un cambio manual de cuatro velocidades u otro automático de de tres sobre uno manual de tres marchas con escape libre, un eje trasero más desarrollado y la opción de frenos de disco delanteros.

La cuestión estaba, claro, en la diferencia de precio entre ambos. El Pontiac costaba entre 200 y 600 $ más y se vendió en una proporción de 2/1 respecto al Chevy durante una década y media. Pero la lealtad y su mejor calidad hizo que el Pontiac Firebird fuese aun así un éxito de ventas.

Su primer cambio de diseño le vino en 1969 con un nuevo frontal y un interior revisado. Los clientes

desdeñaron su nueva imagen porque preferían la simplicidad de líneas del modelo anterior. En ese año se introdujeron en la serie los primeros modelos Trans Am, que al principio sólo serían una edición especial de color blanco con franjas azules deportivas de la que sólo se fabricaron 700 unidades.

Fue en 1970 cuando sufriría el mayor cambio de estilo; como al Camaro se le renovó toda la carrocería. Apareció con un nuevo frontal con dos pares de faros hecho por Endura en plástico y con una carrocería más ancha y larga. La versión convertible que se ofrecía en las primeras unidades se suprimió, pero podía pedirse como opción. Al mismo tiempo, el Trans Am se convertiría en un

Compartía su carrocería con el Chevrolet Camaro, pero el Firebird se comercializó como una opción muy superior.

modelo de la serie que se podía pedir blanco con franjas azules o viceversa. Se les montaron dos nuevas cajas de cambio para darles más potencia, una manual Hurst de cuatro velocidades o una automática de tres velocidades Turbohydramatic.

Las prestaciones tuvieron que reducirse drásticamente al año siguiente en cumplimiento de las leyes de emisión y las ventas se vieron muy afectadas. De hecho, el Firebird estuvo a punto de dejarse de fabricar en 1972 cuando su factoría estuvo seis meses en huelga y entre los directivos se plantearon serias dudas sobre el futuro del modelo. Pero por suerte éste se aseguró con la introducción de una nueva versión con un potente motor de 7.5 l, dando lugar a la reaparición de los genuinos Trans Am. En 1974 se le hicieron de nuevo algunos retoques que no representaron una mejora en sus ventas, pero del que los usuarios agradecieron su mayor parabrisas trasero que le daba mejor visibilidad.

Toda pretensión de deportividad sería anulada al año siguiente debido a que se ordenó el montaje de catalizadores. Aunque sus ventas mantuvieron al Firebird en producción, éstas ahora bajaron. Los últimos modelos usaban la plataforma del Camaro de 1981 y el apelativo Firebird se usaría como nombre de guerra de los futuros cupés deportivos de la marca, una tendencia que hoy día aún continúa.

Motor: V8, 7.457 cc
Potencia: 257 kW (345 CV)
De 0 a 100 km/h: 5,5 s
Velocidad máxima: 210 km/h
Producción total: 1.339.100

PORSCHE 356

El primer proyecto de Porsche fue diseñar el VW Escarabajo antes de la Segunda Guerra Mundial y el 356 fue el primer coche que lució su nombre. Apareció en el mercado en 1948 con un motor inicial de 1.131 cc de 4 cilindros en línea de la marca VW. El particular diseño del coche, que aún hoy se ve en los modelos de la marca, derivaba de otro que hizo VW en 1939 para las carreras y que montaba el cupé llamado Type 64.

Su compleja construcción de aluminio y la suspensión independiente por barras de torsión en las cuatro ruedas patentada por el propio Porsche implica que el 356 no era un coche barato, pero sí popular entre aquellos que se lo pudiesen costear.

En aquellos años el 356 era un deportivo muy dinámico de muy poco peso y con una suspensión tecnológicamente avanzada a su tiempo que le hacía tener una conducción muy divertida y un equilibrio soberbio. Su motor tenía unos desarrollos muy normales para la época; los primeros modelos entregaban 44 CV, pero las múltiples opciones de modificación le darían un temperamento rápido y de conducción cautivadora.

Desde 1950 la fabricación de Porsche se trasladó de la casa espiritual de Austria a una nueva factoría de Stuttgart, Alemania, donde aún mantiene su sede y se decidió que todas las carrocerías fuesen de acero para reducir así los costes de producción. El aumento de peso que eso suponía provocó

el primer aumento de la potencia del motor a 1.286 cc, que luego pasaría a los 1.448 cc en 1952.

Un año más tarde Porsche presentó su 356 Speedster diseñado para explotar el mercado americano cubriendo sus pedidos. Los clientes de estados de clima cálido como California pedían versiones descapotables, por lo que se tuvo que cortar el techo del 356 cupé, instalarle uno rudimentario, asientos deportivos y crear el mencionado Speedster. Fue un coche atractivo que la marca dejaría de fabricar para encargar a Drauz de Heilbronn un cabrio con un mejor techo y visibilidad alrededor.

El primer cambio significativo del 356 llegó en 1955 con el lanzamiento del 356 A. En él todavía se reconocía al 356 pero con una mejor conducción, nuevos intermitentes, tapacubos diferentes y un parabrisas delantero de una

Gracias a su perdurable diseño y cualidades de conducción, el 356 disfrutó de una vida muy larga. Este modelo de 1961 tiene la peculiar carrocería Karmann Hardtop.

pieza y panorámico; el interior también era más accesible al conductor. Se ofrecieron además dos nuevos motores refrigerados por aire y de 4 cilindros en línea, pero uno de 1.290 cc y otro de 1.582 cc.

Ese mismo año aparecería el 356 Carrera con un motor de 112 CV preparado para la competición que cubicaba 1.498 cc, tenía cuatro árboles de levas en cabeza y una velocidad punta que superaba los 190 km/h.

El 356 A y el Carrera se fabricaron hasta 1959, cuando saldría el 356 B que usaba el motor de 1.582 cc del A. Tres años después aparecería el 356 C más moderno con el mismo motor pero con una nueva suspensión y frenos de disco en las cuatro ruedas.

El sucesor del Carrera, el Carrera 2 saldría al mercado en 1960 con un motor de 1.966 cc y cuatro árboles de levas modificado para la competiciónque era capaz de entregar 155 CV y hacer que el coche alcanzase la impresionante velocidad punta de 209 km/h.

Todos los 356 fueron coches con una gran maniobrabilidad, pero su motor, montado detrás del eje trasero, era muy impredecible cuando se probaban sus límites. Debe decirse que Porsche desarrolló su 550 de carreras basándose en el 356 para competir en Le Mans el año 1953. Utilizaba un motor primigenio del Carrera de 1,6 l y que podía ser sin problemas el de un coche de carretera con algunas ciertas peculiaridades en su maniobrabilidad. A pesar de su éxito en la competición, quizá sea más recordado porque James Dean, el icono del cine, se mató con él en un accidente.

Motor: 4 cilindros, 1.582 cc
Potencia: 56 kW (75 CV)
De 0 a 100 km/h: 11,2 s
Velocidad máxima: 169 km/h
Producción total: 77.509

Los últimos 356 tenían frenos de disco en sus cuatro ruedas, una renovada suspensión y un motor de 1,6 l además de un gran parabrisas de una pieza.

PORSCHE 911

Aparecido en 1964, el 911 pronto se ganó la reputación de tener una fantástica conducción. Su motor opuesto horizontal refrigerado por aire y trasero le procuraba una casi perfecta distribución del peso.

Pocos coches llegan a ser tan legendarios como el Porsche 911 que con su motor refrigerado por agua puede encontrar sus raíces en el 356 de 1948. El original 911 apareció en 1964 como reemplazo del 356 manteniendo el motor opuesto horizontal refrigerado por aire, pero ahora tenía un bloque más de cilindros y estaba dirigido a un cliente rico al que le gustase la deportividad.

Lo diseñaron los hijos de Ferdinand Porsche, Ferry y Butzi, y tenía una suspensión trasera totalmente nueva y mucho mejor que solucionaba los problemas que tenía el anterior cuando circulaba rozando los límites. Pero aun así el coche tenía una gran tendencia a subvirar y necesitaba un experto conductor que supiese viajar a altas velocidades.

Desde su lanzamiento, el 911 dispuso de una caja de cambios de cinco velocidades, frenos de disco en sus cuatro ruedas, una eficaz dirección y una inteligente suspensión por barras de torsión que le hacía ser un coche particularmente ágil que animaba a conducirse con deportividad. Se ofrecía en dos carrocerías, la estándar cupé de dos puertas y un modelo targa con los paneles del techo extraíbles.

Los primeros tenían un motor de 1.991 cc y 6 cilindros en línea

Incluso hoy día el 911 no se ha aparto de su diseño original. Su motor continúa siendo de 6 cilindros en línea, pero gracias a su tracción asistida ha logrado reducir su inestable eje trasero.

que entregaba 130 CV y con una velocidad punta de 210 km/h. En 1967 se sumaron otros tres motores de mayor potencia, de 170 CV, por lo que era el más rápido; años después, en 1969, se le montaría un motor de 2,2 l con un mayor par y más agresividad.

La capacidad del motor volvería a aumentar en 1971 con una capacidad de 2,4 l y al año siguiente volvió a aparecer el nombre de Carrera con el complemento del 2.7 RS que sólo se fabricaría durante un año; tenía una carrocería más alargada y una suspensión más dura de acuerdo con sus mayores prestaciones ya que era capaz de llegar fácilmente a los 250 km/h.

En 1973, se estandarizaría el motor de 2,7 l que entregaba entre 150 y 210 CV. El más potente de ellos obtuvo el nombre de Carrera, que ya no sería el distintivo de los coches de competición de la marca. Ese mismo año el 911 sufrió los mismos cambios estáticos de otros

rivales para cumplir con la nueva ley de seguridad en su mayor mercado, los Estados Unidos. Esto implica el uso de unos nuevos parachoques, la adopción del que se volvería una característica propia de Porsche, el alerón posterior tipo bandeja, y además se ofrecería en todas las versiones una transmisión semiautomática que se accionaba con dos pedales.

En respuesta a las críticas sobre las bajas prestaciones de los coches con motor más humilde, Porsche presentó en el Salón del Automóvil de París en 1974 la versión Turbo. Una versión muy cara desde el principio pero que era capaz de acelerar de 0 a 100 km/h en sólo 5,1 s y de tener una velocidad máxima de 257 km/h. Al principio las prestaciones del coche nunca serían bajas, pero el turbo le daría una mayor dinamicidad.

A pesar de tener un diseño algo anticuado el 911 continuó

vendiéndose mucho en los años 80 cuando en la explosión económica tanto europea como americana se pedían deportivos con altos niveles de construcción y facilidad de manejo que serían la expresión más clara del cliente rico.

En 1983 apareció la última versión de un Porsche no turbo con motor de 3,2 l, el Carrera 911 Club Sport dotado con una suspensión extremadamente rígida, neumáticos de perfil bajo, un asombroso poder de aceleración y muy poco confort para sus pasajeros.

En 1987 se ofreció un nuevo descapotable que se fabricaría durante dos años, hasta la aparición de los Carrera 2 y Carrera 4 en 1989. Fueron modelos que por primera vez tenían una carrocería totalmente nueva. Porsche no alteró demasiado su forma, pero su maniobrabilidad, especialmente en el Carrera 4, estaba mucho más evolucionada, tanto que llegó a molestar a algunos puristas de la marca. Éstos aún sufrirían una decepción más con la llegada en 1998 de la nueva generación del 911 con el nombre en código de 996. En ella se mantenía el motor trasero, detrás del eje posterior, pero por primera vez refrigerado por agua.

De todas maneras los Porsche todavía son agresivos, apasionantes y muy bonitos. La leyenda parece que continuará por muchos años.

Motor: 6 cilindros, 2.993 cc
Potencia: 171 kW (230 CV)
De 0 a 100 km/h: 5,5 s
Velocidad máxima: 250 km/h
Producción total: n/d

PORSCHE 912

1965–59

El alto precio del 911 hizo que Porsche fabricara un modelo de iniciación llamado 912 y conseguir que los clientes que se habían decidido recientemente por un 356 C no se arrepintiesen. El exterior del 912 era igual al del 911; tenía su misma soberbia carrocería, cromados en las llantas e intermitentes combinados con entradas de aire.

Bajo su capó trasero estaba el viejo motor del 356 de 1.582 cc, por lo que era mucho menos potente que su hermano mayor de 6 cilindros. La caja de cambios de cinco velocidades de serie en el 911 era una opción para aquellos disconformes con la de cuatro velocidades estándar del 912. Su interior era igualmente distinto, dotado con un salpicadero austero y asientos de vinilo.

De cualquier forma el 912 seguía siendo un coche divertido

Fue un coche para aquellos que deseaban un 911 sin poder costeárselo; disponía primero del motor del 356 y más tarde de motores VW.

de conducir con un motor poco pesado de 4 cilindros trasero que hacía que el eje posterior fuese más fácil de controlar.

El 912 se dejó de fabricar en 1969 por sus pocos pedidos, pero su concepción resucitó brevemente en los años 70, durante la crisis del petróleo. VW motorizó el 912E sólo para los Estados Unidos durante 18 meses entre 1975 y 1976.

Motor: 4 cilindros, 1.582 cc
Potencia: 67 kW (90 CV)
De 0 a 100 km/h: 11,8 s
Velocidad máxima: 177 km/h
Producción total: 30.300

PORSCHE 914

1969–75

Admirado por los seguidores tradicionales de Porsche y desdeñado por los entusiastas de la deportividad, el 914 es hoy un coche olvidado y maldito. Se fabricó y vendió en asociación con VW y equipaba un motor modificado del exótico VW 411 sedán.

Su impactante carrocería se montó rodeando el motor central y haciéndolo un estricto biplaza con faros escondidos y el panel del techo extraíble tipo targa. El motor

central aseguraba su buena maniobrabilidad y las versiones más potentes del 914 fueron sorprendentemente deportivas, muy bien equilibradas y con un gran par.

Su caja de cambios de cinco velocidades era de serie, pero Porsche le puso como opción un cambio semiautomático Sportomatic con dos pedales. El motor tenía más potencia que su original no modificado; era un 1,8 l que en 1972 llegó a ser

de 2 l. La inyección le llegaría en 1973.

Uno de los derivados del 914 más interesantes fue el 914/6, que usaba un motor de 6 cilindros en línea refrigerado por aire y que también emplearía el 911 básico, el 911 T. Ofrecía 110 CV y era más pesado, por lo que se redujo su agresividad y su agilidad respecto a las versiones de 4 cilindros. Se fabricaron menos de 3.500 ejemplares antes de que se dejara de producir.

La colaboración con Volkswagen dio lugar al Porsche 914, un intento de deportivo económico. Los puristas lo rechazaron, pero siempre fue un coche de muy buen conducir. Se vendieron más de 100.000 unidades, sobre todo en Estados Unidos.

Motor: 4 cilindros, 1.971cc
Potencia: 75 kW (100 CV)
De 0 a 100 km/h: 8,2 s
Velocidad máxima: 192 km/h
Producción total: 115.646

PORSCHE 924

El 924 fue en principio fruto de la colaboración entre Porsche y Audi y hubiese debido tener el nombre de esta última. Sorprendentemente compartía el motor de la furgoneta VW Transporter

Si el 915 causó un alboroto entre los compradores más tradicionales de Porsche, el 924 produjo ampollas. Este estilizado cupé 2+2 lo diseñó originalmente Porsche para Audi, que quería obtener una imagen más deportiva de sus sedán, a los que consideraba sólidos pero poco atractivos.

El colapso de la economía europea a mediados de los años 70 afectó a la factoría de Ingolstadt y no se aventuró, por lo que fue Porsche la que lo sacó al mercado. Audi se ofreció para fabricarlo y le puso un motor de 2 l refrigerado por agua y de 4 cilindros.

Los puristas se sorprendieron por la aparición de un Porsche con motor refrigerado por agua y se horrorizaron al ver que procedía directamente de la furgoneta VW Transporter. La persistencia de coche en crear una

manera de acceder a un Porsche exclusivo, tuvo su efecto, pues era lo que necesitaban los compradores más potenciales. El 924 se conducía muy bien, tenía una maniobrabilidad segura y predecible y unas prestaciones considerables. Las versiones más apasionantes incluían

la Turbo de 1978 capaz de llegar a los 240 km/h y la Carrera GT con un motor que entregaba 210 CV. Los últimos modelos fabricados entre 1985 y 1989 usaban motores de potencia reducida de 2,5 l procedentes del 944 y recibieron el nombre de 924S.

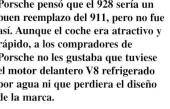

Motor: 4 cilindros, 1.984 cc
Potencia: 93 kW (125 CV)
De 0 a 100 km/h: 9,5 s
Velocidad máxima: 203 km/h
Producción total: 138.586

PORSCHE 928

El 928 fue pensado como el sustituto del 911, pero los pedidos de éste no cesaban así que el 928 se convirtió en un modelo suplementario y caro. Se vendería de forma limitada junto con su compañero de gama.

Su fabricación era cara; estaba dotado con un novísimo motor

de 4,7 l V8 refrigerado por agua, suave de conducir y muy flexible. Entre las aportaciones de su carrocería se incluyen la forma trapezoidal de sus ventanas y el alzamiento de sus faros delanteros además de su cola curva y los espacios para cada luz posterior.

Porsche pensó que el 928 sería un buen reemplazo del 911, pero no fue así. Aunque el coche era atractivo y rápido, a los compradores de Porsche no les gustaba que tuviese el motor delantero V8 refrigerado por agua ni que perdiera el diseño de la marca.

La mayoría de sus versiones disponían de un cambio automático de cuatro velocidades que se acoplaba perfectamente a su gran par, pero también se ofrecía como opción una caja de cambios manual de cinco velocidades.

La versión más rápida, con el motor de 4,7 l y 310 CV se denominó 928S y apareció en 1979 dotada con un mejorado sistema de inducción. La aún más potente de 5 l, la 928S4 se convertiría en el buque insignia a partir de 1989. Desde este año aumentaron los desarrollos y las prestaciones de todas las versiones, hasta que en 1995 se decidió el cese de su producción. Entonces lideraba la serie una versión de 5,4 l que entregaba 350 CV y alcanzaba los 257 km/h con un poder de aceleración de 0 a 100 de 5,1 s.

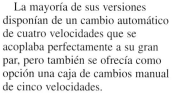

Motor: V8, 4.664 cc
Potencia: 231 kW (310 CV)
De 0 a 100 km/h: 6,9 s
Velocidad máxima: 250 km/h
Producción total: 39.210

PORSCHE 944

1981–93

Para probar a los compradores que el 924 tenía cualidades deportivas Porsche introdujo en el mercado el 944. Su motor de 2,5 l y 4 cilindros en línea le otorgó unas prestaciones destacables y un impresionante refinamiento.

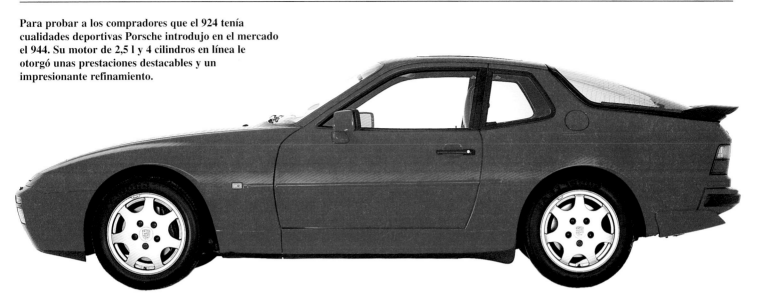

Después de las críticas recibidas a tenor de la aparición del 924, Porsche se decidió a probar el éxito con un modelo compacto de motor refrigerado por agua que pudiese hacerse deseado por los puristas de la marca. Su respuesta fue el 944. Tenía un perfil parecido al del 924 y es que usaba la misma carrocería, pero era más ancho, más bajo y con un temperamento mucho más deportivo gracias a su chasis más rígido, una dirección más precisa y unos neumáticos más anchos. Este recién llegado fue bien recibido por la prensa, que loaba su prodigioso agarre y su maravilloso motor a expensas de su conducción muy brusca.

Bajo su capó había un nuevo motor de 2,5 l de 4 cilindros muy bien equilibrado para solucionar los eternos problemas atribuidos a la gran capacidad de los motores. Su motor era su faceta más interesante ya que estuvo continuamente retocado y mejorado. Era de hecho el V8 del 928 pero partido por la mitad y con un único árbol de levas en cabeza. Cuando apareció, en 1981, producía sólo 163 CV que irían aumentando con los años.

La suspensión, tipo McPherson delante y con las tradicionales barras de torsión detrás, aseguraba una maravillosa maniobrabilidad que en seguida le convirtió en uno de los coches más divertidos de conducir de los años 80. Su motor Porsche refrigerado por agua no necesitaba mucho para superar a los trenes motrices más convencionales.

El 944 más rápido debutó en el mercado en 1985, estaba equipado con un turbocompresor y tenía un diseño frontal y de cola más suave después de que se subiera ligeramente la línea del cofre del motor para acomodar perfectamente al turbo. Era un deportivo muy rápido capaz de alcanzar los 100 km/h en sólo 6 s, pero le fallaba la sutilidad en la entrega de potencia dada la presión del turbocompresor. De todas maneras las habilidades de maniobra del modelo eran

Las versiones S2 (abajo) aparecerían en 1989 equipadas con motores más potentes y unas prestaciones superiores combinadas con unas líneas más suaves.

soberbias. Fue precisamente la decisión de incluir un turbocompresor lo que alejó al 944 del 924, a lo que se sumó un nuevo diseño interior y consiguiendo un vehículo más poderoso, de mejor aspecto y con unas prestaciones impresionantes; llegó a crear una tendencia propia dentro de Porsche.

Las versiones más normales aumentaron la capacidad de sus motores hasta los 2,7 l en 1987 cuando se introdujo un nuevo motor de 16 válvulas y doble árbol de levas en cabeza que ofrecía un par mucho más alto y que le daba mayor agresividad. Luego, en 1983, se les montó un motor 3 l y aparecería la versión cabrio.

Las últimas versiones del 944 se llamaron S2 y aparecieron en 1989

para desaparecer en 1993. Desarrollaban 211 CV y tenían una velocidad punta de 257 km/h.

Cambios en el diseño que pretendían crear un modelo renovado consistieron en un frontal más redondeado que no suprimió los faros escamoteables y se le mejoró el chasis para que su conducción fuese más confortable (lo que siempre fue la debilidad del 944) sin perjudicar la maniobrabilidad del modelo. Las versiones cupé y cabrio del S2 se continuaron ofreciendo a pesar de que los modelos estándar del 944 se dejaran de fabricar en 1992.

Después de una impresionante fabricación de más de 110.000 unidades en 12 años, el 944 redujo su producción sin desaparecer por completo. El nuevo 968, que heredaría del 928 la particularidad de sus faros delanteros rotativos y una carrocería más grande, no sería más que un remodelado 944. Los potenciales compradores del modelo no se mostraron impresionados y tuvo implicaciones serias en la popularidad de la marca de Stuttgart. Sus ventas ni se acercaron a las previsiones más funestas y dio a Porsche unas pérdidas tan importantes que no pudo ofrecer nuevos modelos hasta saldar sus cuentas. El 968 se dejaría de fabricar en 1995.

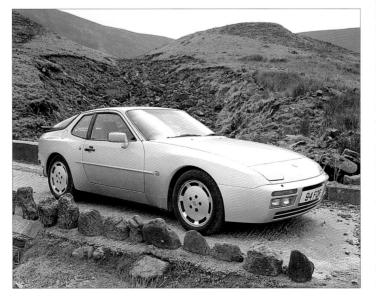

Motor: 4 cilindros, 2.479 cc
Potencia: 142 kW (190 CV)
De 0 a 100 km/h: 6,7 s
Velocidad máxima: 226 km/h
Producción total: 112.550

PORSCHE 959

Durante un breve periodo de tiempo el 959 fue el coche más rápido del planeta, alcanzaba los 318 km/h. Su motor refrigerado por aire derivaba del 911.

Cuando apareció fue el coche más rápido sobre la Tierra. Porsche lo fabricó exclusivamente con la idea de destinarlo a la competición homologándolo en el grupo B de rallies. Tuvo un éxito inmediato ganando el París- Dakar de 1986 estando aún en preproducción.

Basado en el 911, el 959 mantuvo el motor refrigerado por aire con 6 cilindros en línea puesto detrás del eje posterior; su mejor maniobrabilidad le venía dada por su tracción en las cuatro ruedas que luego aparecería en el 911 Carrera 4. En los inusuales sistemas de fabricación estaban las puertas, el capó y el portón del maletero de aluminio soldados como una carrocería monocasco

El 959 se destinó a los rallies, ganando el París-Dakar de 1986. Las versiones capaces de viajar por el desierto tenían una suspensión elevada y una carrocería ligera.

a un chasis de plástico increíblemente resistente usado normalmente en la fabricación de aviones.

Estos métodos de construcción unidos a una dirección controlada electrónicamente daban al coche un asombroso agarre. El 959 fue también un coche rapidísimo dado que su motor contaba con dos turbocompresores que se activaban incluso cuando el motor rodaba a escasas revoluciones.

A pesar de sus prestaciones de supercoche, el 959 fue muy fácil de conducir, tenía unos controles muy sencillos de accionar y una caja de cambios de seis velocidades táctil que le hacía ser más práctico que el Ferrari F-40 de potencia similar.

Motor: 6 cilindros, 2.994 cc
Potencia: 302 kW (405 CV)
De 0 a 100 km/h: 3,7 s
Velocidad máxima: 318 km/h
Producción total: 200

PUMA GT

Brasil no tenía demasiada reputación como constructor de deportivos biplaza estilizados y el puma no fue una excepción. Apareció en 1967 con carrocería de fibra de vidrio. Fue idea del ingeniero italiano Genaro «Rino» Malzoni, que emigró a Sudamérica a últimos de los años 50.

A pesar de sus reducidas dimensiones, el GT tenía cierto

parecido con el Lamborghini Miura con los mismos pilares en B y grandes faros delanteros ovales. Bajo el capó el motor era muy convencional; todos eran Volkswagen refrigerados por aire fabricados para el mercado sudamericano en una factoría cercana a São Paulo.

Pero no sólo el motor era de origen Volkswagen, el GT usaba

una plataforma de Karmann Ghia y lo vendían pequeños concesionarios de la marca en Brasil. Los últimos modelos se fabricaron con la plataforma del VW escarabajo después de que Karmann Ghia dejase de fabricarlas. Durante 1973 Bromer fabricó 357 unidades en Sudáfrica. Otros coches fabricados por Puma serían un cupé de dos puertas

diseñado por Fissore y el GTB, muy parecido al GT pero mucho más grande, con una plataforma de Chevrolet y un motor delantero.

Motor: 4 cilindros, 1.493 cc
Potencia: 54 kW (72 CV)
De 0 a 100 km/h: 11,7 s
Velocidad máxima: 161 km/h
Producción total: 30.000

RAILTON TERRAPLANE

1933–39

Terraplane era el nombre de un chasis con mucho éxito que usaban los fabricantes de coches americanos de Hudson y también los británicos de Railton; ambas marcas desarrollaban igualmente una gama de coches con motor de 8 cilindros en línea.

La mayoría de los modelos Hudson eran elegantes turismos, pero los Railton eran apasionantes modelos más baratos que los de Lagonda, Alvis e incluso Bentleys. El Terraplane fue un coche duro y efectivo que se ofrecía con un abanico de carrocerías inacabable entre turismos, sedán, convertibles, limusinas e incluso de competición.

Sus prestaciones eran sensacionales incluso para su época. La versión estándar de este Railton aceleraba de 0 a 100 km/h en sólo 13 s y alcanzaba una velocidad punta de 161 km/h dependiendo del peso de la carrocería. Las versiones de competición de Railton eran aún más rápidas.

Los grandes motores de 8 cilindros en línea eran muy fiables y suaves pero consumían mucho: 17 l/100 incluso si se conducían sin

excesos; por otra parte la caja de cambios era difícil de usar.

Por desgracia, Railton, al igual que muchos grandes fabricantes británicos cerró sus puertas por la Segunda Guerra Mundial y nunca resurgiría.

El chasis Terraplane podía convertirse en todo aquello que quisiera su propietario; podía acoplársele cualquier tipo de carrocería. El de la foto es un modelo deportivo de dos puertas.

Motor: 8 cilindros, 4.010 cc
Potencia: 92 kW (124 CV)
De 0 a 100 km/h: 13 s
Velocidad máxima: 161 km/h
Producción total: 1.379

RAMBLER REBEL

1957–59

El gran Rebel con su nueva carrocería y un controvertido diseño anguloso marcó un cambio radical en su acercamiento a la marca hermana AMC. Anteriormente Rambler había fabricado coches bien construidos pero anodinos con nombres como Nash o Hudson, pero

los nuevos modelos ya no eran insulsos pues las grandes aletas y su diseño de la cola eran de uso exclusivo de los coches con brío.

El Rebel se convirtió en el buque insignia de toda la gama usando un motor V8 de 215 CV en vez del de 6 cilindros que usaban las

A decir verdad el diseño fue lo que mejor vendía del Rebel, aunque para muchos de sus compradores era un coche más único de lo que ellos querían. Los periodistas del motor de la época lo llegaron a definir como el «Simplemente feo».

versiones menos elevadas. Se ofrecía en dos carrocerías, un sedán de cuatro puertas llamado Country Club con un perfil raro sin pilares y una superficie acristalada que llegaba hasta la línea central del coche e incluso una versión familiar de atrevido diseño y con una extraña superficie de carga sobre la parte trasera del techo.

Entre los extras se incluían un botón «Flash-O-Matic» que conectaba la superdirecta, dirección asistida, elevalunas eléctricos, radio, casete y faros reversibles que garantizaban la persecución de motoristas sin luces cuando se encendían en público.

Los Rebel se caracterizaban por su forma tipo torpedo con excesivo cromado y con los tapacubos decorados; por lo demás eran iguales a los otros Ramblers.

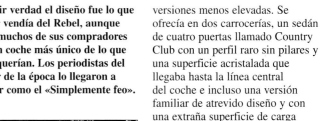

Motor: V8, 4.704 cc
Potencia: 160 kW (215 CV)
De 0 a 100 km/h: n/d
Velocidad máxima: 169 km/h
Producción total: n/d

RELIANT REGAL

1951–73

¿Es un coche o un triciclo? El Regal se vendió como una trampa para evitar las fuertes tasas de los coches nuevos, pero resultaba inestable circulando a altas velocidades.

modelos tenían la carrocería de aluminio unida a un armazón de madera de fresno, pero los más nuevos la tenían de fibra de vidrio.

La segunda generación del Regal fue inmortalizada por Del Trotter en la serie británica de humor para TV *Only Fools and Horses*. Apareció en 1962 equipada con un motor de 592 cc de aleación diseñado por Reliant y basado en el antiguo Austin Seven. Las versiones sedán tenían un parabrisas trasero en ángulo inverso parecido a la del Ford Anglia. Reliant siempre se mantuvo en sus trece de fabricar coches de tres ruedas hasta que en el 2001 reemplazó el Regal con el Robin cesando su producción.

Lo mejor del Regal era que podía conducirse sin carné, ya que al tener tres ruedas se le consideraba oficialmente un triciclo que se ofrecía como coche y furgoneta. El primer coche burbuja Reliant

Regal que apareció en 1951 estaba fabricado simplemente sobre un chasis de acero prensado con suspensión por ballestas semielípticas detrás y una barra de torsión con un eje rígido delante.

Su motor, el del Austin Seven, 747 cc, estaba además dotado con unos modernos y sorprendentemente efectivos frenos hidráulicos y una caja de cambios de cuatro velocidades. Los primeros

Motor: 4 cilindros, 747 cc
Potencia: 12 kW (16 CV)
De 0 a 100 km/h: n/d
Velocidad máxima: 96 km/h
Producción total: n/d

RELIANT SABRE

1961–66

La gama de Reliant era muy curiosa, por eso no sorprendió la decisión de completar su flota de triciclos y furgonetas de reparto con precisamente... un deportivo descapotable.

El desarrollo del Sabre ya se había probado antes en un modelo similar que Reliant había llamado Sabra y que había vendido sólo en el mercado israelí. Así antes de que entrara en producción sólo necesitaba de unos pequeños retoques. Se fabricaría en los talleres de Tamworth, Inglaterra.

Su compleja construcción incluía un extraño brazo hacia delante en la suspensión que nunca se mostró muy efectivo y una costosa carrocería de fibra de vidrio suministrada por Ashley Engineering. El característico diseño de la cola hizo bien poco para favorecer se imagen ante clientes potenciales.

El Sabre estándar tenía el motor de 1.703 cc del Ford Cónsul y no era muy rápido, pero el Sabre Six, más

De acertado diseño, se parecía en cierto modo a los Ferrari de los 60, y fue un coche elegante. Su precio de compra era alto debido a que su carrocería de fibra de vidrio elevaba mucho su coste.

caro y equipado con el motor de 6 cilindros en línea del Ford Zephyr Six y una capacidad de 2,6 l, tenía la suspensión convencional del Triumph TR4, podía alcanzar una velocidad punta 177 km/h y tenía una maniobrabilidad mucho mejor. El Six también tenía un diseño más suave y estilizado con un frontal límpido y unos arcos redondeados en la parte trasera.

Tampoco el Sabre tuvo grandes ventas, pero su desarrollo y fabricación sentó precedente para futuros deportivos.

Motor: 4 cilindros, 1.703 cc
Potencia: 54 kW (73 CV)
De 0 a 100 km/h: 14,1 s
Velocidad máxima: 145 km/h
Producción total: 285

RELIANT SCIMITAR GT

1964–70

Diseñado en la prestigiosa casa Ogle Engineering y con motores de Ford, el Scimitar GT tenía el éxito garantizado. Fue el coche que hizo que el nombre de Reliant se respetara como fabricante de deportivos.

Si no hubiese sido por la persistencia de Reliant, nunca hubiese existido el Scimitar. Este modelo empezó su andadura en la casa de diseño Ogle Design y se fabricó sobre una plataforma Daimler SP250 Dart, pero a la marca le gustó tanto su forma que compró sus derechos.

Apareció una versión cortada del modelo sobre la plataforma del Sabre Six y se convirtió en el primer y exitoso deportivo serio de Reliant. Su carrocería era, siguiendo la tradición, de fibra de vidrio y sus motores procedían desde el principio de Ford; primero fue el de 2,6 l del Zephyr Six y más tarde el V6 que se había desarrollado para el Capri.

Los primeros modelos eran difíciles de manejar a altas velocidades, pero con el añadido

en 1965 de un brazo articulado en la suspensión trasera reduciría este defecto de forma clara. La futuras versiones serían deportivos de excelente maniobrabilidad, gran poder de aceleración y una buena calidad de construcción.

Si no hubiese sido por el mucho tiempo que se tardaba en fabricar los coches a mano, Reliant hubiese podido vender más Scimitars, pero la marca y Ogle ya estaban concentradas en el diseño de un coche más grande y potente que jugara un gran papel en el mundo de los deportivos de los años 60 y 70.

Motor: V6, 2.994 cc
Potencia: 101 kW (136 CV)
De 0 a 100 km/h: 8,9 s
Velocidad máxima: 195 km/h
Producción total: 1.005

RELIANT REBEL

1964–73

Los conductores experimentados a los que les gustó el diseño del Reliant Regal y con carné de conducir tenían siempre la opción de escoger un Rebel de cuatro ruedas con el mismo motor, la misma caja de cambios y el mismo tren motor que el de tres ruedas.

Su carrocería de fibra de vidrio no tenía un diseño muy inspirado, pero el coche era muy práctico, sobre todo la versión familiar. De hecho nunca representó un peligro frente a otros coches compactos más convencionales como el Ford Anglia, el Mini o el Hillman Imp.

Lo mejor del coche era su maniobrabilidad, a pesar de su traqueteante dirección y del ruido en el interior procedente del motor de aluminio. Fue un coche muy lento, incluso la versión más potente de 748 cc, pero su carrocería de poco peso

no metálica y que no se oxidaba, fue extremadamente resistente.

Motor: 4 cilindros, 700 cc
Potencia: 23 kW (31 CV)
De 0 a 100 km/h: 35,9 s
Velocidad máxima: 110 km/h
Producción total: 700

RELIANT SCIMITAR GTE

1968–86

El Scimitar demostró que era posible combinar las cualidades de un deportivo con las de un familiar y causar una muy buena impresión. Aunque los GTE no estaban muy bien construidos y el motor, la suspensión y el cambio estaban cedidos por otros fabricantes británicos, era un coche rápido, de poco peso y de conducción divertida. También era muy práctico gracias a su gran plataforma de carga, ya que podían sentarse cuatro personas cómodamente y que el propietario podía escoger entre una superdirecta manual o una caja de cambios automática.

Es el único intento llevado a cabo por una marca británica independiente que consiguió la aprobación de las más altas autoridades; la princesa Ana de Inglaterra tuvo más de 10 durante muchos años.

El GTE ganó el favor real con la princesa Ana. Estaba tan orgullosa de él que se compró más de 10 unidades en varios años.

Los primeros modelos llamados SE5, fueron los más acertados; los posteriores SE6 serían mas largos y anchos, pero no podían alcanzar el carácter deportivo del original.

Las versiones finales se equipaban con un motor de origen alemán con capacidad para 2,8 l V6 de Ford que se usaba en el Capri 2,8 Injection Special. El GTE, que también podía adquirirse como GTC convertible se dejó de fabricar en 1986, pero reapareció brevemente en 1988 en manos de un pequeño fabricante, Middlebridge, que vendió 80 unidades más.

Motor: V6, 2.996 cc
Potencia: 103 kW (138 CV)
De 0 a 100 km/h: 10,7 s
Velocidad máxima: 189 km/h
Producción total: 1.425

RELIANT SS1

1984–90

Fue un coche de muy buena maniobrabilidad, pero el SS1 no tenía una buena calidad de construcción y su forma de cuña le hacía ser poco atractivo.

El SS1 lo diseñó la propia Reliant para cubrir el hueco dejado por los pequeños deportivos, como el MG Midget y el Triumph Spitfire que desaparecieron a principios de los 80.

Su diseño inusual fue parcialmente acabado por Michelotti, pero el paso de la mesa de dibujo a la factoría no tuvo mucho éxito dado su aspecto extraño y un acabado endeble. Los compradores de las versiones más baratas podían escoger entre el motor del Ford Escort L de 70 CV y 1.296 cc o el de 1.596 cc de las versiones más altas. Complicaciones en el diseño imposibilitaron el montaje de este motor, el del Ford Escort XR3i de

115 CV bajo el capó y se buscó inútilmente un motor que cupiera en el cofre y fuese lo suficientemente potente para dar al coche el necesario carácter deportivo. La respuesta vendría del Japón en forma de un motor de 1,8 l con turbocompresor del Nissan Silvia, un motor poco refinado y

ordinario que entregaba 135 CV y tenía agresividad. El SS1 podía acelerar de 0 a 100 en menos de 7 s, pero necesitaba de un control muy delicado para que el turbo no se activase en las curvas. Se tenía que conducir con cuidado, pero el modelo demostró ser competente y tenía una buena maniobrabilidad.

Si no hubiese sido tan pobremente concebido y fabricado, el SS1 habría podido tener un gran éxito.

Motor: 4 cilindros, 1.809 cc
Potencia: 101 kW (135 CV)
De 0 a 90 km/h: 6,9 s
Vel Máx.: 203 km/h
Producción total: n/d

RENAULT MONASIX

1930–32

El Monasix tenía el típico diseño de los Renault de preguerra con su parrilla inclinada y ruedas de disco Michelin que les distinguía de los demás sedán de la época. En todo

lo demás no dejaba de ser un coche convencional con un motor de poca capacidad y 6 cilindros en línea con válvulas laterales que ofrecía grandes pares pero prestaciones

más que moderadas. Estaba montado sobre un chasis simple de acero con suspensión por ballestas transversales en ambos ejes que hacía que viajar en él fuese

razonablemente confortable. Su conducción era muy pobre, con una dirección rebelde con tendencia al subviraje yendo a velocidad. Un control central del cambio manual de tres velocidades hacía que cambiar de marchas fuese difícil. Era muy igual a lo que ofrecían sus rivales. Por otra parte sus frenos mecánicos eran igualmente pobres. La habilidad dinámica era apenas remarcable. El Monasix era un vehículo destinado a cubrir las necesidades de los que querían tener un primer coche asequible, fiable y fácil de mantener. No sólo cumplía con estos requisitos sino que se ofrecía con diferentes carrocerías que iban de un cupé de dos puertas y convertibles a una limusina de siete asientos. Se erigió en el coche francés más vendido de la época.

Las claves del éxito del Monasix estaban en su durabilidad y su fácil mantenimiento. Era difícil de conducir pero ofrecía ya la legendaria fiabilidad de los Renault.

Motor: 6 cilindros, 1.474 cc
Potencia: n/d
De 0 a 100 km/h: n/d
Velocidad máxima: n/d
Producción total: n/d

RENAULT JUVAQUATRE

1937–60

Era un coche muy moderno cuando apareció; lo indica que pudo reaparecer después de la Segunda Guerra Mundial. Fue un éxito de ventas vital para Renault en la época de posguerra.

muy simple y fácil de mantener, justo lo que querían los potenciales clientes de la época.

Por otra parte el Juvaquatre tenía un aspecto moderno y estaba dotado de una suspensión por ballestas transversales detrás e independiente delante, frenos hidráulicos y una suave caja de cambios.

Los sedán se dejarían de fabricar en 1950 al no ser más necesarios dada la incorporación del 4CV, pero la furgoneta se continuó fabricando hasta 1960 con los mismos motores del 4CV y del Dauphine. El Juvaquatre fue un modelo importante y todo un éxito de Renault en su recuperación de posguerra, justo cuando la industria del motor francesa más lo necesitaba.

Este modelo entró en el mercado 18 meses antes del estallido de la Segunda Guerra Mundial, por lo que acabada la contienda, en 1945, aún era relativamente moderno.

Renault acertó en ponerlo de nuevo en producción y ofrecer así un medio de transporte barato notablemente más adelantado que sus rivales.

Se ofrecería como sedán de cuatro puertas, furgoneta o comercial con un inmenso espacio interior. Su capó escondía un viejo motor de 1 l con válvulas laterales

Motor: 4 cilindros, 1.003 cc
Potencia: 18 kW (24 CV)
De 0 a 100 km/h: n/d
Velocidad máxima: 90 km/h
Producción total: 40.681

RENAULT 4CV

1946–61

La respuesta francesa al VW Escarabajo tuvo mucho que ver con el coche germano. Tenía un motor de 4 cilindros trasero con un ruido característico y un diseño como de bañera al revés. Es curioso e interesante que pudiera desarrollarse en secreto durante la ocupación nazi.

Los primeros modelos eran de difícil manejo, tenían una caja de cambios de tres velocidades que rascaba continuamente, un irritante control de marchas en la plataforma y una evidente escasez de potencia, 18 CV. Pero la industria francesa se movía y la política de Renault era ir siempre hacia delante.

A mediados de los 50 era muy fácil ver un 4CV en las carreteras europeas; había ganado potencia con su nuevo motor de 747 cc que sustituía al antiguo de 760. La versión más codiciada era la R1052

Sport cuyo motor ofrecía unos respetables 42 CV y la suficiente flexibilidad para poder viajar a más de 130 km/h; por otra parte su corta distancia entre ejes y su chasis ligero le dieron algunos éxitos en competiciones menores.

A pesar de su extraño diseño, su motor trasero y las puertas delanteras que se abrían hacia atrás, la firma francesa decidiría jugar seguro y sustituirlo por el 4, otro gran éxito. Fue una idea inteligente porque aunque la calidad del 4CV era superior y tenía un mejor nivel de acabados, nunca consiguió tanta popularidad como su otro rival francés, el 2CV.

Motor: 4 cilindros, 747 cc
Potencia: 31 kW (42 CV)
De 0 a 100 km/h: n/d
Velocidad máxima: 140 km/h
Producción total: 1.105.543

Su diseño evidenciaba un parentesco con los sedán americanos a menor escala. Renault vendió más de un millón de unidades antes de concentrarse en el R4 de diseño más convencional.

RENAULT DAUPHINE

1956–68

Su aspecto entrañable y su logrado interior ocultaban un chasis extraordinario. Hubo incluso una versión Rallye.

Aunque fuese el R4 el que sustituyese al 4CV en 1961, el espíritu de los primeros modelos continuó con el Renault Dauphine que debutó en 1956.

Era un modelo más espacioso y con una mayor distancia entre ejes que actualizaba el 4CV. Tenía un motor más potente de 845 cc e idénticos sistema de frenos y caja de cambios. La suspensión delantera era diferente, de muelles helicoidales y espoletas, con la opción de una semineumática Aerostable que usaba el Citroën y que acentuaba la comodidad de los pasajeros durante el viaje. La caja de cambios de tres velocidades se sustituiría en los años 60 por otra mucho mejor de cuatro velocidades y se le montaron frenos de disco en sus cuatro ruedas como gran innovación tras cuatro años de fabricación.

La versión más interesante del Dauphine fue la Gordini, que aunque su nombre suene

a deportivo, de hecho nunca fue particularmente rápido, pues le costaba llegar a los 130 km/h. Ahora bien, modificado su motor por profesionales podía fácilmente alcanzar los 160 km/h de los coches de carreras.

Hubo una versión que le hizo ser aún más rápido, la 1093 Rallye que sólo se ofreció en Francia y España. Su motor entregaba 56 CV y podía llegar a los 171 km/h de velocidad punta; en su exterior destacaban unas franjas llamativas.

Motor: 4 cilindros, 845 cc
Potencia: 36 kW (49 CV)
De 0 a 100 km/h: 28,2 s
Velocidad máxima: 119 km/h
Producción total: 2.120.220

RENAULT FREGATE

1951–60

Una vez Francia empezó a salir de las circunstancias de la guerra y de la posguerra, empezaron de nuevo a solicitarse coches más grandes y de prestigio. La respuesta de Renault fue el Fregate, un monocasco que ofrecía mucho espacio a los

pasajeros y razonables niveles de lujo en su interior. Su punto débil estaría en la calidad de su construcción, no tan buena como la de sus rivales contemporáneos.

Su conducción era placentera, gracias a una dirección muy suave,

Aunque de aspecto muy igual al del Renault Dauphine, el Fregate era mucho más grande. Se fabricó para satisfacer la demanda de coches de lujo una vez la economía francesa superó las restricciones de la posguerra.

suspensión independiente en las cuatro ruedas y caja de cambios de cuatro velocidades sincronizada en la columna. Los dos pedales de la transmisión se ofrecerían en una lista de opciones, al principio totalmente automática y subsiguientemente semiautomática, que Renault patentaría con el nombre de Transfluide.

El motor original de 2 l se sustituyó en 1955 por otro nuevo y más flexible de 2,1. Ese mismo año debutaría también una versión llamada Domaine de seis u ocho asientos en su interior además de una gran plataforma de carga.

Al igual que muchos grandes sedán de su época, el Fregate tenía propensión a la oxidación y ya era raro encontrar supervivientes a mediados de los 70.

Motor: 4 cilindros, 2.141 cc
Potencia: 45 kW (60 CV)
De 0 a 100 km/h: 18,5 s
Velocidad máxima: 145 km/h
Producción total: 177.686

RENAULT COLARE PRAIRIE

1951–55

Su nombre era exótico pero no el coche en sí. El Renault Colare Prairie se fabricó como complemento del Fregate hasta que apareció la versión familiar de éste en 1955.

El diseño de su frontal era casi idéntico al del Austin A-40, pero de los pilares del parabrisas hacia atrás resultaba obvio el origen comercial del modelo. Su versión estándar se ofrecía como furgoneta o como *pick-up*.

Visto de perfil se imagen era extraña ya que tuvo que ser rediseñado para poder incorporarle un par de puertas en la parte trasera y era considerablemente más ancho que todos sus rivales.

Estaba equipado con una suspensión anticuada diseñada para transportar carga en vez de procurar confort y tenía el problema de que su motor

Este modelo fabricado para no prolongar la espera de otro, tenía una gran capacidad de carga, pero también era pesado, difícil de conducir y con una dirección muy dura. Por otra parte su motor era también muy ruidoso.

de 2,4 l con válvulas laterales era muy ruidoso, de hecho se basaba en otro de 1936.

Los problemas se incrementaron hasta que en 1952 se le montó el motor de 2 l con válvulas en cabeza del Fregate, pero aun así le faltaba potencia para mover este voluminoso familiar.

Motor: 4 cilindros, 2.383 cc
Potencia: 42 kW (56 CV)
De 0 a 100 km/h: 43, 8 s
Velocidad máxima: 100 km/h
Producción total: n/d

RENAULT FLORIDE

1959–63

El Floride fue un coche de diseño admirable que consiguió un uso perfecto de la plataforma del Dauphine, pero sus carrocerías tenían gran tendencia a la oxidación.

se ofrecían como opción una caja de cambios de cuatro velocidades y la Transfluide semiautomática. Tenía mejor aspecto como convertible a pesar de su altura sobre el suelo, con sus paneles cortados.

Sea como fuere, el Floride era un coche divertido de conducir dotado de una conducción muy precisa y traqueteante, pero con un cuestionable agarre en la toma de curvas en velocidad y un motor que siempre parecía ser más rápido de lo que en realidad era.

Sus prestaciones mejoraron ligeramente en 1956 con la aparición del modelo S. Su motor entregaba 956 cc y ofrecía 51 CV.

Todos los modelos de la serie los construyeron carroceros como Brissoneuau y Lotz y sufrieron problemas de oxidación. Se dejó de fabricar en 1963, cuando se habían vendido ya casi 200.000 unidades.

Con sus atractivas carrocerías cupé y convertible, controles táctiles y un precio bastante elevado, lo único que privaba al Floride de ser un verdadero deportivo fue,

irónicamente, su acuciante falta de potencia.

Este precioso coche de motor trasero, diseñado por Frua, fue sólo la actualización del Dauphine

Gordini, lo que quiere decir que bajo su carrocería tenía un motor de 845 cc y una temperamental caja de cambios de tres velocidades conectada en la columna, aunque

Motor: 4 cilindros, 845 cc
Potencia: 28 kW (38 CV)
De 0 a 100 km/h: 28,7 s
Velocidad máxima: 127 km/h
Producción total: 177.122

RENAULT CARAVELLE

1962–68

Su procedencia era evidente, pues derivaba del Floride, pero tenía un interior más moderno y un diseño con detalles diferentes como los tapacubos cromados del modelo de la fotografía.

Era esencialmente una actualización y un cambio de diseño del Renault Floride y tomó el nombre de su antecesor en el mercado americano. Las diferencias de diseño con el Floride se notaban en las pequeñas tiras cromadas laterales, la falta de decoración en las entradas de aire, una gran parrilla de refrigeración trasera, unos parachoques más grandes y el nombre de Caravelle legible en los paneles frontales, además de unas ruedas más grandes con los tapacubos mejorados. También se subió la altura del techo de los modelos cupé para aplacar las críticas sobre el escaso espacio para la cabeza de los pasajeros de atrás que tenía el Floride.

Los primeros modelos estaban equipados con un motor de 956 cc derivado del Floride S y del R-8 que al igual que el Floride lo tenía detrás del eje trasero. A partir de 1963 se aumentó la capacidad del motor hasta el 1,1 l y aparecería la versión cupé con mejores prestaciones, pero con los mismos problemas de maniobrabilidad y dureza de dirección. Otros cambios en ese año fueron el montaje de la caja de cambios sincronizada y un mayor depósito de combustible; la versión descapotable se ofrecía con un techo extraíble de serie. El Caravelle fue siempre un objeto de curiosidad, pero nunca un éxito de ventas.

Motor: 4 cilindros, 1.108 cc
Potencia: 40 kW (54 CV)
De 0 a 100 km/h: 17,6 s
Vel. Max.: 144 km/h
Producción total: n/d

RENAULT 4

1961–92

El Citroën 2CV fue un icono de la Francia rural, pero el R-4 fue el coche más vendido de Francia con más de ocho millones de unidades vendidas durante sus 30 años de vida.

Sólo el Volkswagen Escarabajo y el Ford T tuvieron más éxito en sus ventas que el R-4, que atrajo a más de ocho millones de compradores en sus más de tres décadas de vida.

Quizá nadie se sorprendió tanto de su éxito como la propia Renault cuando lo fabricó para competir con el Citroën 2CV; rápidamente se convertiría en el mayor éxito de ventas de Francia.

Como el Citroën el R-4 tenía una conducción muy traqueteante con una suspensión muy suave, una maniobrabilidad imprevisible y un cambio de marchas de manejo extraño, pero su carrocería muy ligera tenía más aspecto de hierro forjado que la de su rival más cercano.

Sea como fuere su mecánica simple, su fiabilidad y su muy bajo mantenimiento provocó que el R-4 fuese un coche muy asequible y extremadamente popular en Francia y en otros mercados florecientes.

Los primeros modelos estaban equipados con un motor de 603 cc y 4 cilindros en línea, pero esta capacidad aumentaría muchas veces durante su vida con motores prestados por el 4CV, el Dauphine, el Caravelle y por último con el 1,1 l del R-5

Al igual que su carrocería de cuatro puertas, también podía pedirse como furgoneta de reparto, *pick-up*, transporte de personal e incluso como *buggie* playero.

Motor: 4 cilindros, 1.108 cc
Potencia: 25 kW (34 CV)
De 0 a 100 km/h: 25,7 s
Velocidad máxima: 116 km/h
Producción total: 8.135.424

RENAULT RODEO

Todo lo que pudiera hacer Citroën, Renault estaba convencida de que también lo podía hacer igual si no mejor. Y para probarlo transformó el 4 en el Rodeo para competir directamente con el Mehari. El Rodeo se fabricaría en una época en la que los coches divertidos estaban muy de moda en el sur de Europa y se construiría siguiendo el mismo concepto que el Mini Moke, sus pasajeros no viajarían con mucho confort, no dispondría de techo por más que se pudiese pedir como opción una capota de lona. Al igual que el Citroën Mehari tenía una carrocería de plástico reforzado y aunque su apariencia fuese de un 4x4 sólo se trataba de un coche con dos ruedas motrices en una plataforma estándar del 4 y con el mismo motor de 845 cc y un cambio de marchas en el salpicadero.

Se ofrecieron dos versiones, el 4 Rodeo con faros delanteros redondos, un capó alzado y chasis truncado y el 6 Rodeo basado en el Renault 6 un poco más grande, con los faros delanteros cuadrados, un capó más plano y un motor más potente de 1.108 cc que le permitía alcanzar los 130 km/h.

Si un cliente quería un verdadero 4x4 la empresa transformadora Sinpar se lo fabricaba, pero por el mismo precio se podía acceder a otros todo-terreno mejores.

Motor: 4 cilindros, 845 cc
Potencia: 25 kW (34 CV)
De 0 a 100 km/h: n/d
Velocidad máxima: 100 km/h
Producción total: n/d

RENAULT 5

El 5 fue otro éxito total y superventas de Renault en el que se combinaba la simplicidad atractiva del R-4 con una caja de cambios y el motor delantero junto con el práctico portón trasero del 16.

Entre sus muchas facultades destaca su soberbia conducción debida a su suspensión independiente por barras de torsión y un logrado diseño que sobreviviría a muchos de sus rivales.

El 5 fue una pieza maestra del espacio, su interior era amplio y disponía de un muy útil maletero. Sus ruedas en cada esquina ayudaban a que fuese un coche divertido de conducir con una maniobrabilidad predecible y un buen nivel de agarre. Las versiones más potentes se llamaban Alpine en Europa y Le Car en los Estados Unidos, aunque el viejo nombre de Gordini volvería en Gran Bretaña pues el de Alpine ya lo había usado Chrysler. En 1981 se presentó la versión de cinco puertas y en 1994 el modelo se renovaría aunque se mantendría su imagen hasta 1997. Fue muchas veces imitado pero nunca mejorado hasta la aparición del Peugeot 205 en 1982.

Motor: 4 cilindros, 1.397 cc
Potencia: 47 kW (63 CV)
De 0 a 100 km/h: 12,2 s
Velocidad máxima: 155 km/h
Producción total: 5.471.709

Su estilo atractivo y excelente distribución del espacio hizo del 5 un coche de aspecto aún hoy fresco aunque se dejara de fabricar en 1997 tras 25 años de vida.

RENAULT 5 TURBO

Es un modelo que no debe confundirse con el 5 convencional; el Turbo fue un vehículo de rally adaptado para la carretera por razones de homologación.

El motor de aleación de 1,4 l soportó importantes modificaciones hasta aparecer como un turbo e intercooler deportivo que entregaba 160 CV y que estaba montado en el centro del vehículo a efectos de la distribución de peso.

Visualmente no había duda de que era un Renault 5, pero con

Su motor central para conseguir un perfecto equilibrio y sus alegres 119 CV del tren motor hicieron que el Renault 5 turbo tuviese un grandioso éxito en los rallies.

unos pasos de rueda muy anchos que servían, aparte de la estética, para insuflar más aire al motor; éstos le añadían 60 cm de ancho. Su peso se mantuvo en los mínimos con un habitáculo de lo más espartano y con las puertas,

el capó y la cola de aluminio; otras modificaciones interiores serían una suspensión muy dura para correr en rallies, grandes frenos de disco y neumáticos muy inflados. La versión Turbo 2, aparecida en 1983, sería ligeramente más lenta al tener toda su carrocería de acero.

A diferencia de muchos otros coches especiales de rally, el 5 Turbo era un coche fácil de conducir dados su controles ligeros y su gran caja de cambios de cinco velocidades. Su fallo estaba en que

era muy ruidoso, pues en su interior los pilotos ensordecían. Tenía un increíble agarre, una maniobrabilidad excelente y por supuesto un motor con prestaciones de primera.

Motor: 4 cilindros, 1.397 cc
Potencia: 119 kW (160 CV)
De 0 a 100 km/h: 7,7 s
Velocidad máxima: 218 km/h
Producción total: 5.007

RENAULT 18 TURBO

El éxito de Renault con sus motores turboalimentados y deportivos en el 5 Turbo y su primer coche de Fórmula Uno, convenció a la marca para aplicar su nueva tecnología en los modelos más de carácter general como el R-18.

Éste era bastante anodino, pero el turbo no tenía nada que ver. Aprovechó las virtudes de los sedán normales como una maniobrabilidad decente, un habitáculo práctico y un útil maletero y le añadió un juego en el que se incluían una llantas

de aleación, un alerón trasero esponjoso y adhesivos que acentuaban su mayor potencia bajo el capó.

Todos estos cambios se justificaban porque detrás de su anodino frontal había un motor de

aleación de 1,6 l asistido con un turbocompresor Garrett T-3. Sobre el papel no parecía que fuese tan rápido, sus 125 CV le permitían llegar a los 100 km/h en menos de 10 s, los 3,5 primeros en espera a que se activara el turbo. Una vez activado era espeluznante, chirriaban los neumáticos y vibraba todo por la aceleración. No tuvo mucho éxito, pero Renault insistió en el uso de esta tecnología en toda la década de los 80 que aplicaría a los R-9, R-11 y R-21.

Fue un intento de aplicar la tecnología turbo en los coches populares. El R-18 fue uno de los primeros sedán turboalimentados con cierto éxito comercial.

Motor: 4 cilindros, 1.565 cc
Potencia: 93 kW (125 CV)
De 0 a 100 km/h: 9,9 s
Velocidad máxima: 195 km/h
Producción total: n/d

RENAULT GTA

1986–93

En su nombre se leía Renault, pero el A610 GTA fue diseñado y fabricado por la casa de diseño Matra In Dieppe para ella. Su motor V6 deportivo procuraba una enorme diversión al conducirlo ya que su gran equilibrio le permitía tomar las curvas con rapidez y estaba dotado de un gran poder de aceleración.

Fue Matra In Dieppe quien fabricó el GTA para Renault, un coche que representaba una alternativa asequible a los supercoches con sus asombrosas prestaciones y su diseño característico en forma de cuña. A pesar de su perfil tradicional, lo único convencional del coche, el A610 tenía el motor detrás, de 2,8 l y entregaba 160 CV o por un turbo de 2,5 l de 200 CV.

Aunque esta potencia se transmitiese desde las ruedas de atrás, el A610 era sorprendentemente bueno tomando las curvas en velocidad dado su fantástico equilibrio y agarre gracias a sus anchos neumáticos traseros. Su carrocería de plástico muy ligera no se oxidaría y facilitaba una fantástica aceleración.

Un precio bajo y capacidad para cuatro pasajeros no fue suficiente para convencer a los interesados de que el A610 fue un genuino cupé deportivo y el nombre de Renault no logró tampoco impresionar en el mercado de los grandes turismos ni de los deportivos. El GTA no cumplió con las expectativas de venta de su marca.

Motor: V6, 2.458 cc
Potencia: 149 kW (200 CV)
De 0 a 100 km/h: 5,7 s
Velocidad máxima: 266 km/h
Producción total: 17.450

REO ROYALE

1931–33

Ransom Eli Olds fundó Reo en 1904 después de abandonar Oldsmobile, la otra marca que fundó. Reo se creó para ofrecer coches de lujo y muy bien construidos a un precio asequible. Tuvo éxito en sus primeros años cuando sus compradores se dieron cuenta de que ofrecía mucho más que un Ford, un Chevrolet o incluso un Oldsmobile sin tener que pagar mucho más.

Sea como fuere, los años de la depresión económica afectaron mucho a sus ventas y Reo nunca se recuperó, ni siquiera en los años 30 cuando la marca fabricó sus mejores coches.

El Royale aparecería en 1931 con un motor ágil de 5,9 l y 8 cilindros con nueve bielas y válvulas laterales. Tenía un gran poder de aceleración, pero era muy ruidoso a altas velocidades. Su parrilla aerodinámica distinguía al Royale de sus hermanos menores y su interior estaba bien equipado. El modelo de 1932 aún sería más codiciable: su diseño era elegante y sencillo y estaba dotado de un embrague de vacío. Las versiones de 1933 tenían una carrocería muy abultada y unas aletas más anchas, pero aún resultaba atractivo frente a los demás sedán de la época.

Reo fabricó su último coche en 1936, un Flying Cloud, y después se dedicaría a la fabricación de camiones.

Motor: 8 cilindros, 5.866 cc
Potencia: n/d
De 0 a 100 km/h: n/d
Velocidad máxima: n/d
Producción total: n/d

Las fotografías no exponen la realidad de la inmensidad de su carrocería. Fue un coche demasiado grande con mucho espacio interior y un nivel de lujo superior. Las duras condiciones económicas de la Gran Depresión tuvieron un efecto en sus ventas.

RILEY 17/30

1913–22

Siendo uno de los pioneros de la motorización en Gran Bretaña, Riley se estableció en seguida como un fabricante de coches de alta calidad y de lujo, mucho más allá del que era su producto original, las bicicletas. De hecho la producción de coches fue una actividad añadida a otras como la fabricación de bicicletas y de motores, ruedas y bielas para otros fabricantes.

Su audaz publicidad decía que los coches Riley eran «Tan viejos como la industria, tan actuales como las horas». Este lema no se podría aplicar al 17/30, su primer modelo después de la Primera Guerra Mundial.

En verdad era idéntico a los modelos de preguerra a excepción de su parrilla oblonga y el diseño más elaborado de sus guardabarros

delanteros. El 17/30 ya era en principio un coche obsoleto.

Fue un coche fiable dotado con un nuevo motor de 4 cilindros y válvulas laterales que usaba la tecnología avanzada del Riley Six anterior a la guerra. Por otra parte también se equipaba con una caja de cambios de tres velocidades que permitía una conducción suave y refinada. Riley ofrecía su 17/30

con el mismo precio de finales de 1926 aunque no fabricase coches hasta después de 1922.

Motor: 4 cilindros, 2.951 cc
Potencia: 16 kW (21 CV)
De 0 a 100 km/h: n/d
Velocidad máxima: n/d
Producción total: n/d

RILEY NINE

1930–37

Los primeros Riley Nine se fabricaron a finales de los años 20, pero fueron los modelos de la segunda generación, los de 1930, los que supusieron un mayor éxito para la marca de Coventry, Inglaterra. Usaba un chasis similar al del original pero con unos brazos extra y las piezas laterales más alargadas para ofrecer así una mejor maniobrabilidad. La incorporación de frenos por cable fue una gran mejora respecto a los primeros modelos.

El aumento de potencia llegaría en 1933 condicionado a una nueva carrocería más larga y pesada que se ofrecía en un amplio abanico desde convertible de dos puertas a sedán de cuatro plazas. Su pequeño motor apenas soportaba las condiciones de los modelos más voluminosos.

En 1936, cuando la gama se racionalizó, el Nine sufrió una

El primer deportivo propiamente dicho de Riley, el Nine, disponía de un chasis ágil y un buen motor entre otros muchos atributos. El de la fotografía es un ejemplar de 1933 con una carrocería más larga que la del original.

segunda remodelación. Sería una última generación dotada de un chasis totalmente nuevo de tubos cruzados para reducir el peso y mejorar así sus prestaciones. Se mejoró su conducción, podía correr a más de 100 km/h, disponía de frenos más efectivos y de una caja de cambios sincronizada de tres velocidades. La familia Riley había creado todo un ganador.

Motor: 4 cilindros, 1.087 cc
Potencia: 18 kW (24 CV)
De 0 a 100 km/h: n/d
Velocidad máxima: 100 km/h
Producción total: n/d

RILEY BROOKLANDS

1929–32

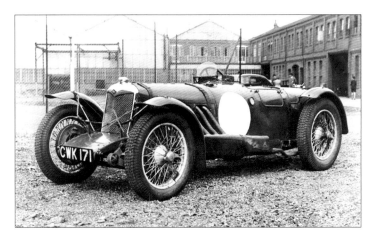

Su nombre se tomó del primer circuito de competición británico sito en Weybridge, Surrey. El Riley Brooklands se vendería como coche de competición y ganaría el Tourist Trophy de 1932.

Quizá sea el Riley más famoso de antes de la Segunda Guerra Mundial. El Brooklands fue un bólido rompedor basado en el Nine, pero tenía un nuevo chasis desarrollado especialmente para competir en manos de Reid Railton y Parry Thomas.

Exteriormente más corto y más bajo que el Nine, el Brooklands fue uno de los bólidos de mejor maniobrabilidad de su época al que se le añadió más potencia para facilitarle la victoria. Se le aumentó la compresión en los pistones, se le montaron dos árboles de levas con válvulas de escape, un colector de escape de cuatro ramas, una bomba de aceite para competición y un carburador de dos cuerpos. Se

rumoreaba que su velocidad máxima estaba en los 145 km/h aunque a algunos de ellos se les otorgaba más alta. Los Brooklands podían hacer sentir a los pilotos indefensos en su habitáculo dada su falta de protección: no tenía techo y sólo un pequeño deflector de viento sustituía al parabrisas delantero.

El modelo obtuvo numerosas victorias, de las cuales, la más notable fue la del Tourist Trophy en 1932 frente a rivales mucho más potentes.

Motor: 4 cilindros, 1.087 cc
Potencia: n/d
De 0 a 100 km/h: n/d
Velocidad máxima: 145 km/h
Producción total: n/d

RILEY IMP

1934–35

El Imp usaba un versión recortada del chasis del Riley Nine, pero si no fue un coche rápido, sí fue divertido de conducir.

Debería haber usado el motor ubicuo del Riley Nine, pero el Imp apenas tenía nada que ver con aquel coche. El Imp fue diseñado como un coche deportivo con una carrocería baja que le daba un atractivo superior incluso al MG TC gracias a sus aletas voladizas, los faros delanteros elevados y una preciosa parrilla.

Por otra parte era un coche divertido de conducir gracias a su nuevo chasis corto que le daba una gran maniobrabilidad y la posibilidad de escoger entre una efectiva transmisión con preselector ENV o una caja de cambios de cuatro velocidades de relación cerrada.

Su motor de 1.087 cc con válvulas laterales apenas cabía en el estrecho cofre, por lo que era difícil repararlo. Se le montaron un par de carburadores SU que le dieron una potencia superior a la de sus más humildes derivados del Nine; de todas maneras el Imp nunca fue tan rápido; alcanzaba una velocidad máxima de 115 km/h, pero estaba tan bien equilibrado y tenía una dirección tan exacta que podía conducirse siempre al máximo. Fue un verdadero clásico de su época.

Motor: 4 cilindros, 1.087 cc
Potencia: n/d
De 0 a 100 km/h: n/d
Velocidad máxima: 121 km/h
Producción total: n/d

RILEY MPH

1934–35

Partiendo del éxito del hermoso Imp, Riley trató de impresionar aún más con el MPH de 6 cilindros, cuyo nombre no trató de ocultar sus aspiraciones de perfecta realización. En apariencia, el coche era verdaderamente impresionante, con la parte trasera redondeada al estilo de los coches de carreras y aletas voladizas similares a las del Imp, además de tener la misma hermosa parrilla y los faros delanteros grandes y de plato. El chasis se basaba en el coche de carreras Tourist Trophy de 1933 de Riley, y estaba fabricado para llamar la atención, al igual que la moderna carrocería colgante que en la parte trasera se deslizaba hacia arriba hasta la parte delantera y ofrecía un agarre enorme y una gran retroalimentación para la conducción debido a su acabado trasero. Bajo el capó tenía la alternativa de válvulas superiores rectas desarrolladas para los modelos de salón 12/6 y 15/6, pero en el caso del MPH, se mejoraron para incluir encendido por magneto, un par de carburadores SU y un tubo de escape de seis secciones, lo que también daba un toque de potencia al motor. Otras actualizaciones que se realizaron incluían grandes frenos de tambor con aletas de refrigeración, además de la opción de transmisión pre-seleccionada o una caja de cambios de tres velocidades.

Sin lugar a dudas uno de los coches deportivos británicos más elegantes de su época y extremadamente rápido. El MPH era una maravilla, pero muy caro.

Motor: 6 cilindros, 1.726 cc
Potencia: n/d
De 0 a 100 km/h: n/d
Velocidad máxima: 145 km/h
Producción total: n/d

RILEY RM SERIES

A diferencia de los sedán de los años 50, el RMA tenía un motor con dos árboles de levas y una aceleración sorprendente.
Los modelos futuros tendrían una carrera más larga, pero les faltaría el carácter del RMA.

árbol de levas estaba a la cabeza de su tiempo exponiendo una potencia impresionante con un motor de capacidad tan pequeña.

El RMA fue la base de toda una serie de RM–type de Riley. El RME usaría el mismo motor pero dispondría de frenos hidráulicos y de una mejor visibilidad en todo su contorno. Los RMB, RMC, RMD y RMF se equiparían con un motor de 4 cilindros y carrera larga de 2.442 cc, la opción de un convertible con dos puertas y la capacidad de alcanzar los 161 km/h aprovechando al máximo sus 100 CV. Los RM fueron los tradicionales sedán británicos y fueron muy infravalorados por los coleccionistas.

A pesar de que fue absorbida por la organización Nuffield, Riley continuó fabricando sus automóviles en la inmediata posguerra siguiendo el estilo tradicional: con el chasis separado de la carrocería y un armazón de madera de fresno que ya se usaba en los primeros modelos de la marca.

El primer modelo de posguerra fue el RMA de carrocería estilizada y elegante, suspensión delantera independiente con barras de torsión y ballestas semielípticas detrás, lo que le procuraba una maniobrabilidad aceptable.

Fue un gran coche de su época, el Riley RMA 1,5-Litre con doble

Motor: 4 cilindros, 1.496 cc
Potencia: 40 kW (54 CV)
De 0 a 100 km/h: 25,1 s
Velocidad máxima: 121 km/h
Producción total: 22.909

RILEY PATHFINDER

La aparición del Pathfinder no entusiasmó a los seguidores de Riley, pues era un coche que casi compartía la carrocería con el Wolseley 6/90. Su motor de 2,5 l y 6 cilindros en línea procedente de la serie RM fue retocado para que entregara hasta 110 CV.

No era buena idea conducir un Pathfinder a altas velocidades. Aunque parecía estar construido con técnicas de la época, todavía tenía el chasis separado de su carrocería y la suspensión delantera con barras de torsión conectada a una obsoleta dirección tipo «cam and roller», lo que le provocaba una gran tendencia al subviraje; por eso los periodistas del motor británicos lo denominaban «Ditchfinder» (explorador).

Ofrecía un interior lujoso, tenía una dirección suave y ágil y efectivos servofrenos hidráulicos. Con su palanca de cambios en la derecha incluso en los modelos de conducción por esta misma mano,

a lo que uno se acostumbraba, este gran Riley era fácil de conducir cuando a partir de 1955 se ofreciera con una transmisión semiautomática con dos pedales.

El lujo y la elegancia venían de serie. A altas velocidades la maniobrabilidad era bastante inestable, como comprobaron muchos conductores inexpertos.

Motor: 6 cilindros, 2.443 cc
Potencia: 82 kW (110 CV)
De 0 a 100 km/h: 16,7 s
Velocidad máxima: 165 km/h
Producción total: 5.152

RILEY 2.6

1957–59

El 2.6 se parecía a los coches de una época anterior a la del coche al que reemplazaba. Se conducía mejor, pero todavía no inspiraba confianza.

Riley fue absorbida por el imperio BMC en 1958. El sucesor del Pathfinder vendría con un diseño retrógrado, pero se incorporaría a las bases económicas. Se suprimió el antiguo motor de los RM y se implantó el de 2,6 l y 6 cilindros del Wolseley 6/90 con un ligero toque de aceleración para aplacar a los tradicionales conductores de Riley.

La única ventaja sobre el Pathfinder estaba en las ballestas semielípticas posteriores que sustituían el sistema anterior que combinaba los puntales de Panhard con muelles helicoidales, lo que en la mayoría de las veces, no siempre, provocaba la tremenda tendencia al subviraje del Pathfinder.

El modelo nunca fue muy apreciado y no se vendió mucho, algo que no sorprendía dado el origen de su fabricación. La mayoría de los 2.6 han desaparecido, pues muy pocos compradores intentaron conservarlos.

Motor: 6 cilindros, 2.639 cc
Potencia: 76 kW (102 CV)
De 0 a 100 km/h: 17,8 s
Velocidad máxima: 153 km/h
Producción total: 2.000

RILEY ONE-POINT-FIVE

1957–65

Motor: 4 cilindros, 1.489 cc
Potencia: 46 kW (62 CV)
De 0 a 100 km/h: 17,4 s
Velocidad máxima: 135 km/h
Producción total: 39.568

El One-Point-Five fue ideado por Riley para intentar hacer revivir un poco de aquel antiguo espíritu deportivo de la marca. Aún bajo la directriz de BMC de desarrollar sus modelos juntamente con Wolseley, primero se fabricó con carácter deportivo y luego como coche de lujo, para ser al final obediente y alegre.

Los puristas de la marca se decepcionaron por lo que había bajo la bonita carrocería sedán de cuatro puertas. El One-Point-Five no era nada más que un Morris Minor con su corta y nefasta distancia entre ejes.

De todas maneras el motor ubicuo de la serie B de BMC le daría un poco más de potencia con sus 1.489 cc y carburador doble. Con ello el coche tenía casi las mismas prestaciones que un MGA y podía modificarse hasta poder alcanzar los deseados 160 km/h Los dos únicos problemas del modelo estaban en sus mediocres frenos, igual que muchos de su época, y la molesta tendencia a la oxidación.

Su nombre debería haber apartado a los puristas, pero el One-Point-Five demostró ser un genuino deportivo con su habitáculo de lujo.

RILEY 4/68–4/72 «FARINA»

1959–69

Cuando la serie de los sedán Farina aparecieron en el mercado, en 1959, BMC ya había abandonado la idea de que Riley y Wolseley desarrollasen sus coches por separado dentro de sus modelos y había decidido acercarse a su ingeniería, lo que sería más barato y mucho menos arriesgado.

En el caso del Riley 4/68 y el posterior 4/72 esto representaba recuperar el Morris Minor, sustituirle sólo el frontal por el tradicional de Riley y pintarlo en dos tonos.

La versión deportiva tendría unas pocas modificaciones, como barras antivuelco delante y detrás y un motor con doble carburador que compartiría con el MG Magnette del mismo grupo. El 4/72 sustituyó al 4/68 en octubre de 1961 y se le incorporaron barras antivuelco tanto delante como detrás, un mayor ancho de vía y una transmisión automática opcional, una primicia de Riley. Por otra parte también se reemplazaría el motor de 1.489 cc de los primeros modelos por otro de 1.622 cc.

Motor: 4 cilindros, 1.622 cc
Potencia: 51 kW (68 CV)
De 0 a 100 km/h: 19,5 s
Velocidad máxima: 147 km/h
Producción total: 25.011

RILEY ELF

1961–69

Cuando BMC preguntó al creador del Mini, Alec Issigonis, si les podía fabricar una versión con maletero de aquella pequeña maravilla, él se negó. Por eso BMC contrató al diseñador australiano Dick Burzi para que añadiera un poco de volumen al popular coche y así crear

Las puertas, las aletas, el techo y la zona acristalada eran las propias del Mini, la miniatura de BMC, pero el Elf tenía un aire más maduro.

un vehículo con la misma cómoda maniobrabilidad, agilidad e inteligente distribución del espacio, pero con un grado más de madurez.

Se le desarrolló junto con el Wolseley Hornet y el resultado fue atractivo: las aletas, las puertas y las ventanas eran las del Mini, pero no la carrocería en sí, en la que se había colocado el típico frontal y parrilla de Riley o Wolseley.

En su interior el modelo de Riley tenía detalles decorativos de madera en el salpicadero y alfombrillas gruesas para hacerlo parecer un coche con clase. Las versiones posteriores, las de más allá de 1963, habían aumentado la capacidad de su motor: de los 848 cc habían pasado a los 998 cc como lo hicieran sus contemporáneos de Austin y Morris Mini y los modelos Mk III. A partir de 1966 obtendría nuevas ventanas y escondería las bisagras de las puertas.

Fue un modelo de gran éxito dados sus orígenes; lo solicitaban aquellos conductores que querían conducir un coche de lujo y con la calidad de construcción de los grandes pero preferían la dirección suave y el cambio de los pequeños.

Motor: 4 cilindros, 998 cc
Potencia: 28 kW (38 CV)
De 0 a 100 km/h: 24,1 s
Velocidad máxima: 124 km/h
Producción total: 30.912

RILEY KESTREL

1965–69

BMC acaparó el nombre de los nuevos 1100/1300 que figuraría con no menos de seis marcas y los modernizó. La versión Riley se llamaría Kestrel y aparecería con la tradicional parrilla Riley y un interior suntuoso con decoración de nogal y relojes circulares, entre los que estaba el de la presión de aceite y el cuentarrevoluciones. Su motor de 1.098 cc procedía del MG 1100 pero no tenía esa pizca de deportividad.

Al principio sólo se ofrecía con un motor de 1.275 cc de 1967 y una transmisión automática opcional. Los últimos modelos, los que aparecieron más allá de 1968, fueron los mejores; tenían un motor de 1,3 l con dos carburadores que entregaba 70 CV y que era capaz de alcanzar una velocidad máxima de 160 km/h. El Kestrel fue un coche divertido de conducir, pero su carrocería sufría severos problemas de corrosión.

Motor: 4 cilindros, 1.098 cc
Potencia: 41 kW (55 CV)
De 0 a 100 km/h: 17,3 s
Velocidad máxima: 144 km/h
Producción total: 21.529

ROCHDALE OLYMPIC

1959–68

Existen nombres que se asocian automáticamente al mundo del motor, como Monte Carlo, Capri, Daytona o incluso Caterham, pero la pequeña ciudad de Rochdale, en Lancashire, Inglaterra, no tiene el mismo atractivo. De todas formas, el pequeño e independiente fabricante de deportivos sobrevivió al menos una década con su bonito cupé de dos puertas de construcción monocasco de fibra de vidrio.

Sus primeros modelos fueron de dos puertas cerrados, pero los posteriores a 1963 ya tendrían su propio portón. El eje motriz procedía de BMC y podían ser de la serie A, serie B o Triumph, aunque algunos también eran del Ford Cortina o incluso del Anglia con válvulas laterales.

Los últimos modelos fueron mejores que los primeros, estaban equipados con la suspensión delantera del Triumph Spitfire mejorada y podían montar cualquier motor que cupiese en el cofre; la carrocería se reforzaría con fibra da vidrio plastificada. Su conducción se caracterizaba por una escasa maniobrabilidad, una cola oscilante y una dirección brusca; era divertido de conducir y mejor de lo que cabía esperar, pero al fabricarse como *kit car* no tendría la reputación de los «genuinos» deportivos.

Motor: 4 cilindros, 948 cc
Potencia: 33 kW (44 CV)
De 0 a 100 km/h: 14,9 s
Velocidad máxima: 134 km/h
Producción total: 400

El Rochdale Olympic era un pequeño deportivo ágil y entretenido, carente de refinamiento y con un habitáculo sin apenas confort.

ROLLS-ROYCE TWENTY

1922–29

El primero y totalmente nuevo vehículo de Rolls apareció en 1907 y sería una alternativa compacta al Silver Ghost más asequible gracias a su pequeño y económico motor. Pero continuaba siendo un coche excesivamente caro comparado con los demás de la época, aunque sus compradores adquiriesen un coche de mecánica perfecta y motor hecho a mano. Su aspecto tradicional con su

acostumbrada parrilla alzada coronada con su emblema del «Espíritu del éxtasis» estaría ligada a los modernos desarrollos del Twenty.

Los primeros modelos tenían el cambio de marchas central, pero a mediados de la década de los 20 se montó más hacia atrás y a la derecha del volante en lo que parecía ser un movimiento retrógrado para la época, pero que duraría la mitad de su vida.

Otras innovaciones fueron el servofreno en sus cuatro ruedas desde 1924 y protección vertical en el radiador contra los efectos del frío en el sistema de refrigeración.

El espacio interior era enorme, especialmente en la parte de atrás, aunque el Twenty estaba pensado más para el disfrute de sus propios propietarios que para ser conducido por chóferes con pasajeros, tal como sería la línea general de sus posteriores modelos.

Motor: 6 cilindros, 3.127 cc
Potencia: n/d
De 0 a 100 km/h: n/d
Velocidad máxima: n/d
Producción total.: 2.940

La mayoría de los propietarios del Twenty escogieron no tener chófer ya que el coche estaba diseñado para ellos. De todas maneras, a juzgar por su elegancia y lujo, el propietario transportaría en él a sus empleados.

ROLLS-ROYCE SILVER GHOST

Una ocasión aprovechada por un joven vendedor de coches londinense y un ingeniero electricista nacido en Petersborough no tendría que haber sido el motivo para la creación del «mejor coche del mundo», pero ambos idearon el concepto básico de la Rolls-Royce Motor Company.

Royce Ltd, un fabricante de generadores eléctricos, empezó a distribuir en 1904 coches fabricados en Manchester. Frederick Henry Royce, que prefería ser conocido como Henry, fue un ingeniero muy meticuloso que se divertía diseñando y mejorando los coches que intentaba vender. Necesitaba a un vendedor experimentado que supiera convencer a compradores potenciales de la excelente ingeniería que él ensayaba en sus vehículos.

Charles Stewart Rolls, el hijo menor de Lord Llangattock, era vendedor de Panhard y Leviassor para los aristócratas londinenses de Mayfair. Además de ser un muy conocido piloto de carreras y pionero en la aviación, era también un astuto hombre de negocios al que la excelente ingeniería de los coches Henry Royce le hizo suponer que se podía convertir en su vendedor mayorista.

Viajó a Manchester en 1904 con la intención de visitar a Royce y en la entrevista Rolls invirtió en unas nuevas ideas que les llevarían de Manchester a Derby y luego a Crewe, donde permanecería hasta que su nuevo amo, BMW, la transfiriese a Sussex en 2002. Según su acuerdo, Royce tendría que fabricar sus coches bajo la observancia de Claude Johnston, el ingeniero jefe y diseñador de Royce al que a menudo se consideraba como el alma de la Rolls-Royce. De hecho, Johnston era más importante en la configuración de la empresa que el propio Charles Rolls, que murió en un accidente de aviación el año 1932 cuando contaba con sólo 32 años.

Hasta 1906 Rolls-Royce ya había fabricado diversos modelos con motores de 4 y 6 cilindros e incluso V8 hasta que decidieron optar por una política concreta

Obsérvese el detalle de lo que hay bajo el capó; los motores Rolls-Royce fueron tan elaborados y refinados como todos los demás.

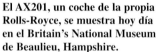

en la que concentrar todos sus esfuerzos en vez de malgastar recursos fabricando tal variedad de coches.

El Silver Ghost se presentaría en el Olimpia Motor Show de Londres el año 1906. Se trataba de un gran coche que pesaba 1.500 kg con un motor de 7,4 l, 6 cilindros y válvulas laterales. Su característica principal eran la suavidad y el refinamiento. Estaba dotado con un cambio de marchas largo, lo que le facilitaba tener una velocidad máxima mucho más alta que los demás coches de la época. En 1911 tomó parte en la Brooklands un

modelo con una carrocería muy aerodinámica que pudo llegar a los 163 km/h.

El nombre de Silver provenía del color plateado de los embellecedores de su carrocería y lo de Ghost implicaba el refinamiento exacto de la máquina, algo que permanece hasta hoy día en la marca. Los modelos Silver Ghost se conocían oficialmente como la serie 40/50, pero el más popular era el de Ghost y es el que más utilizan sus entusiastas.

Para demostrar la calidad y fiabilidad de este nuevo modelo se organizó un viaje de 3.200 km en

El AX201, un coche de la propia Rolls-Royce, se muestra hoy día en el Britain's National Museum de Beaulieu, Hampshire.

los que se incluía un tramo desde la costa sur de Inglaterra hasta Escocia a toda velocidad. Todo estaría controlado estrictamente por el RAC inglés. El coche lo cumplió sin problemas. Se quiso también comprobar su resistencia e inmediatamente Rolls organizó una prueba de 24.000 km en la que el propio Charles Rolls era uno de los pilotos. Igualmente el coche superó la prueba sin contratiempos, sólo para cambiar las ruedas, y consiguió romper el récord mundial de fiabilidad y conducción a larga distancia.

Acabadas estas pruebas los ingenieros comprobaron desmontando el coche cuánto daño había sufrido y vieron que el motor, como la transmisión, los frenos o la dirección no se habían deteriorado. En seguida se estableció al Ghost como el modelo más refinado del mundo y el original modelo Siver Ghost aún hoy circula como si nada tras sus 800.000 km recorridos.

Motor: 6 cilindros, 7.428 cc
Potencia: n/d
De 0 a 100 km/h: n/d
Velocidad máxima: n/d
Producción total: 7.876

ROLLS-ROYCE 40/50 NEW PHANTOM

1925–29

Su gran motor de 6 cilindros y una cara carrocería hecha a mano definen al New Phantom como uno de los deportivos más ansiados de los años 20. Nunca se desveló su potencia exacta, uno de los tradicionales secretos de la marca, pero algunos de los modelos estándar probados en circuitos lograron superar los 144 km/h. Se trataba de un sedán muy elegante ofrecido como descapotable o cupé y estaba equipado con servofrenos hidráulicos y parachoques llenos de gas, con lo que su maniobrabilidad y conducción estaban a años luz de sus modelos contemporáneos. El cambio de marchas en la derecha y la caja de cambios manual no sincronizada que aún mantenía de modelos anteriores, requería un cambio.

La única pega del New Phantom fue su chasis arcaico diseñado siguiendo los mismos principios que el del Silver Ghost y con una suspensión cantilever muy básica.

El New Phantom también se fabricó en los Estados Unidos, concretamente en Springfield, Ohio. Sus modelos se diferenciaban de los británicos por su cambio de marchas central, su conducción por la izquierda y una carrocería más extravagante. En 1929 se dejó de fabricar en Gran Bretaña, pero en los Estados Unidos llegaría hasta 1931.

Motor: 6 cilindros, 7.688 cc
Potencia: n/d
De 0 a 100 km/h: n/d
Velocidad máxima: n/d
Producción total: 3.453

Con una empresa y unos clientes anclados en la tradición, Rolls-Royce hizo pocos cambios en el chasis del Silver Ghost para la fabricación del New Phantom, al que más tarde llamaría Phantom I.

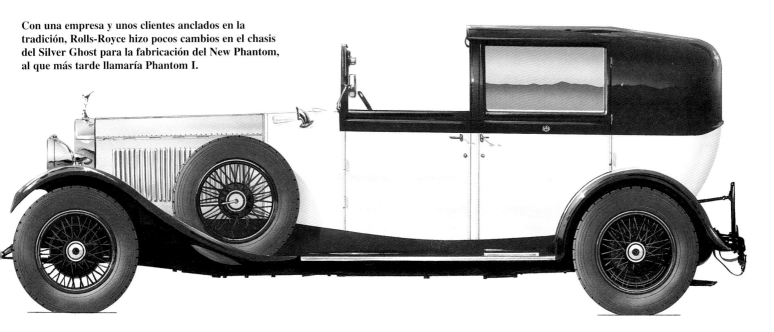

ROLLS-ROYCE 40/50 PHANTOM II

1929–35

El New Phantom recibió a menudo críticas por su anticuado chasis a pesar de tener una maniobrabilidad sumisa, una dirección extremadamente dura y una estabilidad dudosa. La segunda generación del 40/50 Phantom II, presentada en 1929, sustituiría al New Phantom. Estaba equipado con una suspensión de ballestas semielípticas tanto delante como detrás, con lo que se mejoraba su comportamiento en carretera; tenía una dirección más suave y una conducción más ágil cumpliendo así las exigencias de los clientes de clase alta.

Se mantuvo en los primeros modelos el cambio de marchas en la derecha y no se cambiaría hasta 1932 por uno sincronizado de tres velocidades en las versiones más altas. El motor era el mismo que el de los primeros New Phantom, lo que indica que era una máquina tan ágil y alegre como aquélla, pero con menos peso dado su nuevo cambio de marchas sincronizado. Esta circunstancia, combinada con su carrocería estándar, hizo posible que superase la barrera de los 161 km/h, un hito para la época.

Apenas se distinguía visualmente del New Phantom, pero el Phantom II tenía un chasis mucho mejor y una conducción más placentera. Su dirección más ligera y su comportamiento en carretera más seguro eran dos mejoras muy notables.

Motor: 6 cilindros, 7.668 cc
Potencia: n/d
De 0 a 100 km/h: n/d
Velocidad máxima: n/d
Producción total: 1.767

ROLLS-ROYCE 20/25

1930–37

El 20/25 fue el «baby» de la Rolls-Royce en la era de la depresión. Nunca sería un mal coche; en términos de la marca estaba lejos de lo mejor de sus modelos. Entre sus ventajas se encontraban su motor compacto, unas prestaciones notables y un chasis ágil, pero ciertos rasgos de su diseño no se corresponderían con la calidad extrema de su mecánica. Con los años la idea de Rolls-Royce del

Siendo uno de los Rolls-Royce más pequeños de su época, era muy agradable de conducir, pero tenía poco espacio para los pasajeros.

propietario conductor se les hizo absurda y las ventas del modelo 20/25 cayeron sin freno.

Los primeros modelos, sobre todo los cupés carrozados por Barker, Gurney-Nutting o de Ville fueron los mejores ya que los futuros serían

más grandes, lentos y hasta con un exceso de ornamentación.

Aunque la mayoría de los fabricantes optasen por un cambio de marchas convencional, Rolls Royce se mantenía en sus trece con el cambio de marchas en la derecha. Era un coche de conducción muy precisa, por lo que cualquier maniobra requería un máximo cuidado; el 20/25 se mostraba grande y difícil de

manejar. Los disturbios previos a la Segunda Guerra Mundial significaron el principio del fin del 20/25 y en consecuencia el de cualquier otro intento de fabricar un Rolls compacto.

Motor: 6 cilindros, 3.669 cc
Potencia: n/d
De 0 a 100 km/h: n/d
Velocidad máxima: n/d
Producción total: 3.827

ROLLS-ROYCE SILVER WRAITH

1946–59

El primer Rolls-Royce que apareció después de la guerra tuvo un diseño anterior a ésta basado en el Wraith de 1939 y que estuvo muy poco tiempo en producción. En principio sólo estaba destinado a la exportación con la idea a ayudar a la maltrecha economía británica (la mayoría de ellos se exportaron a los Estados Unidos), pero en 1948 el Silver Wraith se ofreció también en el mercado local.

Su potencia le venía dada por un nuevo motor de 6 cilindros con válvulas de entrada sobre las de escape que, a pesar de que Rolls-Royce mantenía su tradición de no desvelar, se estimó que sería de 130 CV.

Muy pocos de estos modelos eran idénticos ya que su carrocería no tenía unos parámetros estándar pues el diseño dependía del comprador individual y del carrocero que le recomendase el vendedor o si lo querían tapizado de un modo particular.

Como todos los productos de esta marca, éste era de lo más refinado y su motor perfecto, pero muy difícil de conducir y con unas prestaciones muy modestas. A pesar de ello su larga distancia entre ejes y su espaciosidad le hicieron popular entre los jefes de Estado. A partir de 1952 se ofreció

con caja de cambios automática, una primicia ahora imprescindible en todos sus actuales modelos.

Motor: 6 cilindros, 4.527 cc
Potencia: n/d
De 0 a 100 km/h: 24 s
Velocidad máxima: 137 km/h
Producción total: 1.783

Hay un rastro de quintaesencia británica en un Rolls-Royce y que consiguió un éxito fenomenal en la exportación del Silver Wraith. La mayoría de ellos se vendieron en los Estados Unidos y las versiones con una larga distancia entre ejes obtuvieron popularidad entre los jefes de Estado.

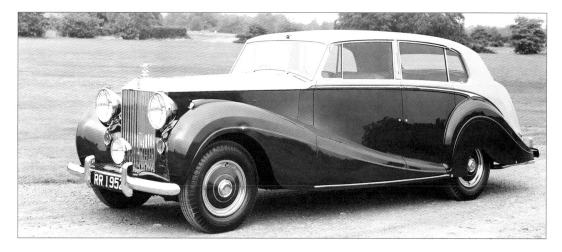

ROLLS-ROYCE SILVER DAWN

1949–55

Uniéndose a Bentley, Rolls compartiría sus recursos. El Silver Dawn era en realidad un Rolls con el motor del Bentley Mk VI; fue un medio de transporte lujoso pero su conducción no era un disfrute.

nuevo el fabricante no daría la potencia de su motor) pero su maniobrabilidad era razonablemente buena y pesaba menos que la mayoría de los modelos de Rolls.

Casi todos los 761 Rolls que se fabricaron se conducían por la izquierda y sólo un puñado se vendió en Gran Bretaña, donde se popularizaron los modelos más grandes.

No estaba tan bien construido como un Rolls-Royce, la carrocería tenía una tendencia a la oxidación y por eso hoy día sobreviven muy pocos Dawn y son objeto de deseo por parte de los coleccionistas.

Este modelo Rolls-Royce con motor Bentley, el Silver Dawn, salió al principio para los mercados europeos.

Basado en el Bentley Mk VI, no fue un modelo de gran éxito.

Era de calidad suprema con su interior muy bien equipado y decorado con madera y piel; su motor procedía de la versión superior del Silver Wraith. Sus dimensiones más compactas y un

cambio de marchas Hydramatic en la columna hizo que su conducción fuese fácil y más orientada al chofer que la mayoría de los Rolls gracias a su origen Bentley. Sus prestaciones eran modestas (de

Motor: 6 cilindros, 4.566 cc
Potencia: n/d
De 0 a 100 km/h: 16,2 s
Velocidad máxima: 140 km/h
Producción total: 761.

ROLLS-ROYCE PHANTOM V

1959–68

El primer Rolls que usó el motor V8 de 6,3 l, hoy muy común, fue también uno de los coches más grandes jamás fabricados en Crewe.

Pesaba casi 3.000 kg, tenía una distancia entre ejes de 3,6 m y un enorme espacio para los pasajeros de atrás, normalmente miembros de la realeza, de la nobleza o multimillonarios. Bajo su capó su motor V8 se parecía a los usados por Chrysler y la GM en América con culatas y bloques de aluminio.

Su dirección asistida se ofrecía de serie; era una necesidad, como también la transmisión automática; bajo su imponente carrocería estaba el chasis alargado del Silver Cloud. Se ofrecía también como opción que el propietario escogiese su propia carrocería, pero la mayoría de ellos se decidieron por la de H. J. Mulliner, normalmente pintada en negro y estilizada. Sus prestaciones no cumplían del todo con las aspiraciones de sus clientes

y además consumía mucho. Se le reemplazó por otro modelo aún más extravagante, pero visualmente muy parecido con el motor de 6,7 l del Phantom VI en 1968 y sobreviviría bajo pedido especial hasta los años 90.

Motor: V8, 6.230 cc
Potencia: n/d
De 0 a 100 km/h: 13,8 s
Velocidad máxima: 163 km/h
Producción total: 793

El venerable motor V8 de fundición de Rolls-Royce debutó en el Phantom V y se convirtió en el de futuros modelos de la marca. Su magnífico refinamiento y su «adecuada» potencia eran ideales para los clientes de Rolls. Royce.

ROLLS-ROYCE SILVER CLOUD

Aunque su diseño fuese tradicional, el Silver Cloud tenía sus virtudes escondidas. Era muy rápido y sorprendentemente ágil, además de tener un interior de lujo asiático.

El Silver Cloud fue el primer Rolls con la carrocería hecha por la misma empresa que todavía tenía su chasis separado de la carrocería. La opinión de la marca era que de esta manera, y a pesar de que los demás rivales tuviesen ya carrocerías monocasco, sus clientes podían elegir su propia carrocería sin apenas modificar su mecánica. Pero también quería decir que el mismo chasis valía para otros modelos de Rolls, como el gran Bentley Continental S de 1955, quizá el más conocido, y también sería la base de numerosos Bentley más convencionales como los sedán S1 y el S2. El exitoso programa de exportación ampliaba

las arcas de Rolls-Royce; el jefe de ingenieros Harry Grylls encargó el Cloud como un modelo totalmente con una carrocería de acero y los típicos niveles de lujo en su interior.

Estos nuevos modelos aparecieron en abril de 1955 con un motor inicial de 4.887 cc, 6 cilindros y válvulas de entrada por encima de las de escape. Originario del Bentley Mark VI y el Rolls-Royce Silver Dawn. Su interior era el tradicional con su salpicadero veteado y los asientos tapizados de piel y estaba dotado, además de con otros lujos, de una transmisión automática Hydramatic que equipaba a los GM de serie,

dirección asistida y aire acondicionado opcional.

Con pesada e impresionante carrocería de 5,4 m de largo, el Cloud fue un coche asombroso e imponente con un motor suave, refinado y tranquilo de 6 cilindros al que le faltaba potencia para mover un volumen tan grande.

Este problema se corrigió en 1959 cuando apareció el Silver Cloud II, que equipaba el nuevo motor de la marca V8 de aluminio al principio de 6,2 l de capacidad, en vez del de 7 l con 8 cilindros en línea, ya que los ingenieros consideraron que el cofre del motor sería excesivamente largo para el coche.

El nuevo motor transformó el carácter del Cloud, aunque mantuviera su tranquilidad y supremo refinamiento. Ahora se demostraba como un coche rápido capaz de circular a altas velocidades y siempre en silencio. Como siempre Rolls-Royce nunca desveló la potencia de su modelo aunque se estimase en 200 CV, pero era más adecuada comparada con la del motor anterior de 6 cilindros y 150 CV. Por otra parte también tenía unos mejores niveles de consumo, había bajado de los 19 l/100 a los 17 l/100, pero aún así era un coche caro de mantener.

En 1962 sufrió unos cambios en el diseño que llevarían a la

aparición del Silver Cloud III. Disponía ahora de dos grupos de faros delanteros, como el Phantom VI, una parrilla más baja, una dirección asistida mejorada y una más alta relación de compresión; la potencia quedaría como un secreto.

Los compradores se fijaron tanto en los sedán estándar como en la limusina de carrocería Park Ward con una mayor distancia entre ejes y un interior aún más suntuoso, en un atractivo cupé de dos puertas o en un estilizado convertible diseñado por H. J. Mullner tan bonito como su precio.

Pero en una época de rápido desarrollo tecnológico en la industria del motor, el Silver Cloud empezó a decaer en los años 60; había sido aceptablemente moderno en el año de su lanzamiento, 1955, pero una década más tarde se ofrecían modelos más baratos de construcción monocasco, frenos de disco y suspensión totalmente independiente. Había llegado el momento de desvelar un nuevo plan de ataque que vería la luz con el exitoso modelo Silver Shadow.

Motor: V8, 6.230 cc
Potencia: n/d
De 0 a 100 km/h: 11,5 s
Velocidad máxima: 182 km/h
Producción total: 7.374

La versión descapotable del Cloud aparecería en 1962 diseñada por H. J. Mulliner. Su aspecto era tan sensacional como su precio.

ROLLS-ROYCE SILVER SHADOW

Vistos uno al lado del otro las diferencias entre el Shadow de 1965 y el Shadow II de 1977 eran obvias. El más moderno, a la izquierda, tenía los parachoques de goma y un alerón delantero.

y elevalunas eléctricos con unos interruptores para que el conductor accionase todos los demás.

En 1969 se introdujo una versión con una mayor distancia entre ejes y un nuevo salpicadero de seguridad. En 1970 sus motores aumentaron su potencia hasta los 6.750 cc, aunque Rolls-Royce todavía se resistía a decir la potencia de sus modelos, y aparecieron una versión cupé de dos puertas y una descapotable que luego, en 1974, se convertiría en un modelo propio.

El turbulento inicio de los años 70, con la bancarrota de Rolls-Royce y la consiguiente división en múltiples empresas, no privó que el Silver Shadow se vendiese sin problemas asegurando su futuro y justificando inversiones en un programa de mejoras que provocaron el cambio de nombre del Silver Shadow por el de Silver Spirit. De esta manera, en marzo de 1977, Rolls presentó en el Salón de Ginebra el Shadow II.

Este modelo se reconocía al instante gracias a su alerón delantero de poliuretano y a sus parachoques de color negro mate, pero escondía en su interior otros cambios, mientras que el nombre de Silver Wraith sobrevivirá sólo para los modelos de larga distancia entre ejes. Lo que parecería un retroceso, el cambio de una caja de cambios de cuatro velocidades a otra de tres, hizo que su conducción fuese suave a la vez que agresiva y que se entendiese el razonamiento de la marca. Esta solución añadida a una suspensión más dura, una dirección más eficaz y un habitáculo más lujoso lo hizo ver como un coche muy actual que sería añorado por los puristas cuando a últimos de los 80 apareciera un anguloso Silver Spirit. El Silver Shadow fue un coche extraordinario y un gran éxito para Rolls-Royce.

Si el Silver Cloud seguía un anticuado patrón de construcción, el Silver Shadow demostraría que Rolls-Royce podía fabricar un automóvil de lo más actual, y no sólo eso, sino también el más adelantado del mundo.

El proyecto Tibet, nombre en código del Silver Shadow, fue encargado por el jefe de ingenieros Harry Grylls en 1958, siete años antes de su aparición y sólo tres después de la salida al mercado del Cloud. Rolls quiso probar en una competición que era indiscutiblemente el mejor coche del mundo. Así que cuando se presentó en los salones del automóvil en octubre de 1965 se decía que era el coche del mundo con una conducción más cómoda y serena, con un diseño que combinaba perfectamente los tres volúmenes de su carrocería con las tradicionales características de la marca: la parrilla alzada, los grupos de dos faros delanteros y los cromados.

Su construcción monocasco implicó el uso de del acero en

Su bonito salpicadero tenía venas de madera de nogal, moquetas Wilton y tapicería de Cannolly; sólo podía ser un Rolls-Royce.

la carrocería y un aumento de peso que se solucionó con unas puertas, un capó y portón del maletero de aluminio. Además, con su plataforma más baja y un eje trasero mejorado, disponía de un mayor espacio para las piernas que el de su predecesor a pesar de ser considerablemente más corto.

Al principio usaba el mismo motor que el Silver Cloud de 6,2 l V8 con una transmisión automática de cuatro velocidades en columna rediseñada con tal de que su conducción fuese más suave, sin que apenas se notase el cambio de velocidad. También se garantizó un

mayor confort para sus ocupantes al usar la tecnología hidroneumática de Citroën en la suspensión trasera, aunque algo diferente ya que la de los Rolls siempre estaba presurizada y no sólo cuando el coche estaba en movimiento.

El lujo, palabra siempre asociada a Rolls, estaba asegurado por el tradicional salpicadero veteado, moqueta Wilton y asientos tapizados con piel de primera clase; futuros añadidos incluyeron el aire acondicionado con dos velocidades, asientos ajustados eléctricamente, una radio Motorola

Motor: V8, 6.750 cc
Potencia: n/d
De 0 a 100 km/h: 9,4 s
Velocidad máxima: 192 km/h
Producción total: 27.915

ROLLS-ROYCE CORNICHE

El carrocero Mulliner Park Ward, que en los últimos 60 formaba parte de la empresa Rolls-Royce Motor Car, había diseñado para ella las versiones cupé y descapotable del Silver Shadow de 1965. Tuvo que esperar hasta 1971 para que el Corniche se convirtiera en un modelo por sí solo.

Todos los modelos con este nombre tenían un motor de 6,7 l procedente de la última versión del Shadow (las primeras tenían uno de 6,3 l) que entregaba una potencia estimada de 200 CV.

Su equipamiento estándar era suntuoso, tal como se esperaba del coche británico más caro de todos.

Las versiones descapotables del Silver Shadow se ofrecían desde 1965 y el Corniche no sería un modelo de pleno derecho hasta 1971. También se ofreció una versión cupé.

La tapicería de piel y la madera de nogal eran de serie, el control de viaje y el radiocasete lo tendrían los modelos de 1974 y el aire acondicionado de dos velocidades los de 1976. Una segunda generación del Corniche, llamada Corniche II, apareció con los nuevos y menos atractivos parachoques del Shadow, una nueva variedad de colores, ciertos retoques de estilo y una mejorada suspensión.

El Corniche se fabricaría hasta 1994, cuando se le sustituiría por otro modelo basado en el Bentley Azure/Continental.

Motor: V8, 6.750 cc
Potencia: n/d
De 0 a 100 km/h: 9,6 s
Velocidad máxima: 194 km/h
Producción total: 6.350

ROLLS-ROYCE CAMARGUE

Su precio, 29.250 £ de 1975, tanto como el de una gran casa, le hizo ser el coche más caro de Gran Bretaña. Era una estrategia de mercado, diseñado por Pininfarina, parecía un Fiat 130 Coupé más hinchado y excesivamente decorado, lo que levantó críticas. Además también sufría de oxidación.

Bajo su carrocería el Camargue usaba la misma plataforma y el mismo motor que el Silver Shadow y su interior el mismo lujo que cualquier otro Rolls-Royce: la tradicional madera de nogal, la tapicería de piel y el aire acondicionado de dos velocidades.

Tenía carburadores de cuatro cuerpos y se comentaba *soto voce* que su potencia estaba en unos 220 CV, relativamente modesta para el motor de 6,7 l V8 que escondía bajo su capó.

Sus ventas siempre fueron lentas, fundamentalmente porque el Corniche era tan lujoso como rápido y admirable aunque muchos de sus propietarios lo adquiriesen como curiosidad.

Motor: V8, 6.750 cc
Potencia: n/d
De 0 a 100 km/h: 10 s
Velocidad máxima: 190 km/h
Producción total: 531

Los tradicionales compradores de Rolls-Royce no estaban preparados para la aparición del controvertido Camargue. Su atractiva carrocería de Pininfarina era, para algunos de ellos, demasiado angulosa.

ROLLS-ROYCE SILVER SPIRIT

Aunque se intentase reemplazar con él al Silver Shadow, el Spirit no fue más que un Shadow muy rediseñado. Su aspecto era diferente, pero tenía esencialmente el mismo motor, transmisión y plataforma que su antecesor.

El modelo de la fotografía es un Silver Spur; nótese su mayor longitud en las puertas de atrás y las llantas con acabados de cromo. El mayor espacio en la parte de atrás del habitáculo lo hacía ideal para bodas.

En sus últimos años tuvo algunas innovaciones, como un sistema de inyección que aumentó su potencia hasta los 230 CV, ABS y un aire acondicionado mejorado. Un nuevo estilo en 1989 mejoró y actualizó su interior montando un salpicadero más ancho y profundo y un volante tapizado en piel en vez del de los modelos anteriores.

Las versiones con una distancia entre ejes más larga llamadas Silver Spur mejoraban el confort de los que preferían no conducir

Debería tener una imagen fresca y moderna, pero el Silver Spirit tenía la misma plataforma, el mismo motor y y la misma transmisión que el Silver Shadow al que reemplazaba.

personalmente. Su maniobrabilidad era pesada, con un excesivo movimiento de la carrocería y de dirección poco reactiva, pero los conductores de un Rolls no son unos entusiastas de la conducción. Los que lo preferían podían optar por el Bentley Mulsane con una

imagen idéntica y mucho más ágil o el Turbo R que ofrecía unas increíbles prestaciones y el mismo nivel de lujo.

El Silver Spirit se fabricó durante más tiempo que el Shadow, al que se sustituyó por el Silver Seraph, equipado con un motor BMW, en 1997.

Motor: V8, 6.750 cc
Potencia: n/d
De 0 a 100 km/h: 9,5 s
Velocidad máxima: 215 km/h
Producción total: n/d

ROVER EIGHT

Simplicidad fue la consigna principal del Rover Eight con su motor refrigerado por agua. Fue un coche muy básico, tanto que su culata al rojo golpeaba a cada lado del capó, y apenas tenía ninguna medida de seguridad.

y se ponía al rojo cuando circulaba a altas velocidades. Seguramente ofrecía una imagen espectacular, pero no era un diseño muy práctico.

Por primera vez el Eight demostraría que un coche ligero puede tener éxito. Su chasis tuvo que ser modificado por completo en 1924 para que pudiese caber un motor de 4 cilindros refrigerado por agua y que aparecería con el nombre de 9/20hp. El Eight original desaparecería un año después.

Rover empezó a fabricar bicicletas en 1884 y coches en 1905. Ofrecía una gama de vehículos muy variada y con diferentes niveles de éxito que poco a poco le llevó a definirse por los coches de gama alta. Uno de sus modelos más baratos fue el

Rover Eight de 1919. Se trataba de un monoplaza totalmente exento de confort pero con carácter. La idea de este vehículo de aspecto básico dotado con un alegre motor de 2 cilindros refrigerado por aire y en posición horizontal opuesta, la

compró el diseñador Jack Sangster. Rover, al mismo tiempo, compraría una fábrica en Birmingham para construirlo.

Una característica especial del Eight era la manera con que la culata golpeaba los lados del capó

Motor: 2 cilindros, 998 cc
Potencia: 10 kW (13 CV)
De 0 a 100 km/h: n/d
Velocidad máxima: 72 km/h
Producción total: 17.700

ROVER SIX

El primer Rover de 6 cilindros se presentó en el Salón del Automóvil de Londres de 1923 con tres prototipos en los que se rechazó el primer motor de 3,5 l. En 1927 se decidió equiparlo con un motor de 2 l y 6 cilindros con carácter deportivo. Su capacidad era menor, de 2.023 cc pero su diseño, de Peter Pope, era más impresionante y adelantado gracias a sus válvulas en cabeza. En sus dos modelos, el estándar y el más potente, este motor equiparía igualmente otros modelos de la gama Rover.

El Six se ofreció con varias carrocerías y también con dos distancias entre ejes. Una de las opciones más caras fue el sedán Weymann con carrocería de tela; pero aquellos clientes que querían más prestaciones escogían el Rover Light Six, un cupé estilizado de nombre Sportsman. Uno de los modelos Six compitió y ganó en la carrera de velocidad Blue Train que atravesaba Francia en enero de 1930.

Al principio todos los modelos se entregaban con una caja de

cambios de tres velocidades hasta 1930, cuando se ofreció como opción otra de cuatro velocidades; en 1931 se ofrecerían igualmente los frenos de disco.

Motor: 6 cilindros, 2.023 cc
Potencia: 34 kW (45 CV)
De 0 a 100 km/h: n/d
Velocidad máxima: 97 km/h
Protección total: 8.000

El Six más famoso fue el que compitió en una carrera contra trenes a través de Francia. El Six ganó y el tren quedó en segundo lugar. Fue la primera prueba para el transporte del futuro.

ROVER SPEED 20

Sus grandes faros delanteros, su imponente parrilla y su general aspecto de ser un coche de clase alta dio importancia al Rover Speed 20 en el catálogo de la marca.

El motor de 2.023 cc de Peter Poppe, con 6 cilindros y válvulas en cabeza se vio por primera vez en el Rover Six de 1927. Poco después se aumentó la potencia a 2.565 cc, que aparecería en el Meteor, el coche más grande y potente de Rover durante años.

En 1931 se montó en el nuevo Speed 20 y se convirtió en el Rover con el motor más grande en el modelo más pequeño de que disponía. En consecuencia era un coche rápido y ágil, capaz de alcanzar casi los 137 km/h; como de costumbre los clientes podían escoger entre diversas carrocerías, incluida la de tela llamada Weymann, un cupé deportivo y otro de nombre Hastings.

Aunque equipados con un primer motor Rover con un único carburador, en 1934 se le montaron tres carburadores SU. Esta modificación le dio una increíble potencia de 72 CV e hizo que dispusiera de servofreno. El Speed 20 se dejó de fabricar en 1934, pero el nombre reaparecería en 1937.

Motor: 6 cilindros, 2.565 cc
Potencia: 54 kW (72 CV)
De 0 a 100 km/h: n/d
Velocidad máxima: 134 km/h
Producción total: n/d

ROVER P3

Acabada la Segunda Guerra Mundial Rover reinició su fabricación con los modelos 10, 12, 14 y 16hp del P2 en Solihull, ya que su fábrica de Coventry había sido destruida por la Luftwaffe.

Su primer modelo nuevo aparecería en 1948, aunque visualmente se diferenciaba poco de su predecesor; el P3 era más ancho y se construyó sobre un chasis más corto con una carrocería de acero en vez de un armazón de madera de fresno como la del P2. Los dos nuevos motores con las válvulas de entrada sobre las de escape, uno de 4 cilindros y otro de 6 se acopló con una suspensión delantera totalmente independiente. El diseño del frontal sería mucho más rígido mientras que el resto seguía las líneas de moda en los Estados Unidos. Los primeros diseños eran muy radicales, pero el conservadurismo de Rover reaparecería con el de un P3 muy convencional.

Se ofreció con dos carrocerías diferentes: un sedán de cuatro ventanas, dos en cada lado, y otro de seis, tres en cada lado, además de un par de modelos especiales fabricados por carroceros como Tickford y Graber que diseñaron estilizados turismos sobre el mismo chasis.

El P3 se fabricó durante 18 meses antes de ser sustituido por un más fresco P4.

Motor: 6 cilindros, 2.103 cc
Potencia: 54 kW (72 CV)
De 0 a 100 km/h: 29,4 s
Velocidad máxima: 121 km/h
Producción total: 9111

ROVER P4

La imagen de clase y distinción del P4 dio a conocer un Rover fabricante de coches dignos, pero algo anodinos para las clases medias. Fue el modelo favorito de los profesionales con un diseño de rasgos parecidos a los coches americanos de los años 40.

Al fin, en 1949, Rover lanzó al mercado un sedán totalmente nuevo. El chasis del P4 derivaba del P3 y el aspecto sólido del modelo, muy influenciado por los Studebacker diseñados por Raimond Loewy y Virgil Exner, le hacía totalmente diferente.

Los primeros P4, conocidos como Rover 75, tenían un motor de 2.103 cc también derivado del P3 de nombre Cyclops por su única luz de posición montada en el centro de la parrilla, característica que desaparecería en 1952 cuando se rediseñó su frontal.

El P4 se fabricaría durante 15 años ayudando a crear la imagen amigable de la marca. El original Rover 75 se equipaba con el mismo motor de 2,6 l, que tendría el Rover 90 en 1953; ese mismo

año saldrían los modelos con unidades de 4 cilindros y 1.997 cc, el Rover 60 con 2.286 cc y como novedad el Rover 80.

Después de sufrir ligeros retoques en 1954, el 75 fue equipado con un motor de 2,2 l

y dos años más tarde, con la aparición del 105, tendría dos carburadores. Al final el P4 vería cómo el motor de sus modelos 95, 100 y 110 aumentarían su potencia hasta 2.625 cc. Se dejaría de fabricar en 1964.

Motor: 6 cilindros, 2.230 cc
Potencia: 60 kW (80 CV)
De 0 a 100 km/h: 20, 8 s
Velocidad máxima: 140 km/h
Producción total: 114.746

ROVER P5

El P5 llevó a Rover al mercado de los coches de categoría superior dando a la marca una nueva reputación. Este modelo elegante, robusto y lujoso se convertiría en el preferido del gobierno británico: el primer ministro tuvo uno hasta los

años 80. ¿Existe alguna publicidad mejor que salir cada día en el televisor?

El P5 fue el primer coche monocasco de Rover y tenía un diseño abultado pero atractivo de David Bache. Los acabados

de su interior eran de madera y piel. Al principio sólo se ofrecía con motor de 2.995 cc y 6 cilindros en línea desarrollado a partir del P3. En 1962 se le aumentó la potencia con el «Weslake Head» (una culata

modificada y mejorada por Harry Weslake) con el que pasaba de 100 a 134 CV de potencia.

Rover instalaría su nuevo motor de 3,5 l V8 en el P5 el año 1967 para crear el P5B, que cambió sus prestaciones y su potencia. Este modelo se fabricaría hasta 1973.

Motor: 6 cilindros, 2.995 cc
Potencia: 86 kW (115 CV)
De 0 a 100 km/h: 16,2 s
Velocidad máxima: 157 km/h
Producción total: 69.141

Rover consiguió, simplemente bajando la altura del techo unos pocos centímetros, transformar en 1963 su P5 de un sedán de lujo a un robusto gran turismo. La versión dotada con un V8 es hoy día uno de los modelos más buscados por los coleccionistas.

ROVER P6

En 1964 se inició el premio al Mejor coche del Año, y el primero en conseguirlo fue el Rover con su flamante nuevo modelo, el P6. Un merecido ganador.

Comparado con las ofertas conservadoras del pasado, el nuevo Rover se veía elegante, con un diseño de ángulos recortados y con un nuevo motor de 2 l, árbol de levas en cabeza y 4 cilindros. Todas sus ruedas tenían frenos de disco. Su método de construcción

fue inusual, tenía un armazón de acero cubierto con los paneles de la carrocería y al que se acoplaron las piezas de su mecánica.

Al principio, en 1963, el Rover 2000 sólo se ofrecía con un motor de 1.978 cc. Tres años más tarde se ofrecería la opción con transmisión automática y otra versión con mayor potencia gracias a su motor con carburador de doble cuerpo, el TC. En 1968 aparecería el Rover 3500 equipado

con el motor propio de la marca V8 de fundición que le hacía ser un perfecto viajero. Al principio sólo se ofrecía con caja de cambios automática, pero en 1971 se ofrecería la versión 3500S con cambio manual.

Mientras tanto, con el cese del P6 a las puertas, en 1973, el 2000 sería reemplazado por el 2200 y en 1977 todos los modelos sustituyeron sus motores por el avanzado SDI.

El P6 tenía suficiente espacio bajo su capó para ubicar un motor turboalimentado; en cambio aparecería una versión con un motor V8 cinco año después del lanzamiento de su versión original con un motor de 4 cilindros.

Motor: 4 cilindros, 1.978 cc
Potencia: 67 kW (90 CV)
De 0 a 100 km/h: 15,3 s
Velocidad máxima: 163 km/h
Producción total: 439.135

ROVER SD1

Manténgase un poco lejos de él, entorne los ojos y verá cómo el Rover SDI se parece al Ferrari Daytona... Su perfil característico era muy exótico para un sedán aparecido en 1976.

La tradicional imagen de Rover empezó a decaer con la aparición del P6. Cuando surgieron los revolucionarios SD1 en 1976, aquélla desapareció por completo. Tal como lo fue anteriormente el P6, el SD1 también fue Coche del Año, pero este nuevo sedán para ejecutivos de Rover era más que una opción visual para los posibles compradores que su predecesor.

El SD1, nombre que indica que era el primer vehículo de la British Leyland Specialist División, tenía una forma atractiva para la época con ciertas influencias del Ferrari Daytona. Era un coche futurista por dentro y por fuera que no tenía la tan común decoración de madera,

los cromados y la piel normalmente asociados a la marca.

La primera versión del modelo fue el Rover 3500 que equipaba un motor de la casa V8 versátil. Sería sustituido por uno de 6 cilindros en línea de 2.351, 2.300, 2.597 y 2.600 cc. Las versiones menos potentes llegarían en 1982 con un motor de 2.000 cc y 4 cilindros y un diésel llamado 2400SD.

Las primeras unidades tuvieron problemas en la construcción que se solucionaron rápidamente con unos ligeros retoques en 1982. Algunas versiones más apasionantes fueron el Vitesse, de gran potencia, y el Vanden Plas, que aparecerían en esos años. El final del último Rover auténtico llegaría en 1986.

Motor: V8, 3.528 cc
Potencia: 115 kW (155 CV)
De 0 a 100 km/h: 8,4 s
Velocidad máxima: 203 km/h
Producción total: 171.946

LAND ROVER

«Vaya donde quiera y haga lo que desee.» Esta fue la filosofía que se escondía detrás del utilitario casi imparable de Rover. Miles de unidades de este modelo parecido al Jeep se vendieron en todo el mundo, fuese cual fuese el clima o el terreno.

Con las fábricas de Europa casi destruidas por completo en la Segunda Guerra Mundial, los años de posguerra verían severas restricciones en todos los bienes, desde el pan hasta los coches. En consecuencia muchos vehículos ex militares pasaron a manos civiles sólo porque eran el único modo de transporte mecanizado posible.

Maurice Wilks, jefe de ingenieros de Rover, rescató un motor de Jeep Willys y se lo montó en su familiar galés quedando impresionado por su capacidad de viajar tanto en carretera como por caminos sin asfaltar. Cuando salió al mercado no había nada que lo pudiese reemplazar. ¿Y por qué no?, pensó. ¿Por qué no vender al público una versión británica? Su aparición no sólo se dirigió a los agricultores, como medida temporal, sino que resarciría a Rover de una mala época económica.

Este vehículo «temporal» llegaría a convertirse en el Land Rover 4x4, uno de los mayores éxitos de la historia del motor. El vehículo que Wilks pensó como de relleno, una burda copia básica y austera del

Para los entusiastas del Land Rover los primeros son aún sus favoritos. Sus faros puestos junto a la parilla indican que la versión de la fotografía es anterior a 1951. Mover los faros hacia las alas fue más práctico pero era menos peculiar.

Jeep, se convertiría por sorpresa en una leyenda cuyos descendientes aún se fabrican hoy día.

Un año después, en la primavera de 1947, aparecería el Land Rover. Con tal de evitar la carestía de acero de la época, entre otras materias primas, su carrocería se haría de aluminio. Su diseño sería primitivo, con paneles de aleación cubriendo una sección en caja de un chasis sencillo. Se le incorporaron tantas piezas de otros coches como fue posible para así mantener sus costos bajos, incluyendo su motor de 1.595 cc diésel con las válvulas de entrada

sobre las de escape derivado del sedán P3. Su tracción en las cuatro ruedas era permanente. El nuevo utilitario de Rover no era de los que levantan pasiones, especialmente entre los fieles clientes de la marca.

Por eso Rover se mostró entusiasmada con el éxito obtenido. El Land Rover fue muy bien acogido cuando se presentó en el Salón del Automóvil de Ámsterdam de 1948. El público y los medios apreciaban a este *Ir a cualquier lugar* y muchos de sus compradores creían además que su carrocería de aluminio resistiría más la corrosión y sería más fácil

de reparar. A Rover le llegaban pedidos de todas partes pasadas sólo unas semanas de su presentación y pronto Rover fabricaría más 4x4 que turismos.

En un principio se ofrecieron dos carrocerías: una *pick-up* con techo de lona y un familiar. Esta última era la más versátil y por descontado la más popular. Una vez puesto en producción Rover iría mejorándolo sin prisa pero sin pausa. En 1950 se fabricaban modelos con la opción de una tracción en dos ruedas y en 1951 los faros antes situados junto a la parrilla se moverían hasta las aletas. Ese mismo año el motor aumentó su potencia a 1.997 cc. En 1953 se ofrecieron dos modelos con una mayor distancia entre ejes y en 1956 llegaría un nuevo motor diésel de 2.052 cc que se le montaría al año siguiente.

En 1958, la Serie II tendría un diseño más curvo, aunque sólo tres años después se cambiaría por una casi idéntica serie IIa. Por entonces ya se habían vendido 250.000 unidades en todo el mundo, muchos de ellos para uso militar, lo que añadía un toque de ironía viendo los orígenes de este vehículo.

La Serie III, de 1970, disponía de una caja de cambios totalmente sincronizada, una nueva parrilla y un interior con elementos de seguridad y actualizado y durante la crisis energética de 1974 incorporaría un *overdrive*.

Quizá la evolución más importante en toda su historia fuese la incorporación del motor Range Rover de 3,5 l V8 en 1979 que le daba más vigor a su antecesor.

El concepto original del Land Rover vive aún hoy día en el Defender, un coche sofisticado que todavía deja entrever cierta relación con el original de hace ya más de 50 años.

Motor: 4 cilindros, 1.997 cc
Potencia: 39 kW (52 CV)
De 0 a 100 km/h: n/d
Velocidad máxima: 97 km/h
Producción total: n/d

RANGE ROVER

Su carrocería angulosa y cuadrada es poco atractiva, pero el diseño atemporal del original Range Rover vivió durante 24 años sin apenas retoques y creándose un lugar fijo en un mercado que otros han corrido a completar.

Es difícil imaginar el actual mundo del motor sin los todo-terreno de lujo. De los grandes fabricantes sólo unos pocos pueden considerar su catálogo completo sin uno de ellos.

Pero antes de 1970 si alguien deseaba tener uno estaba obligado a aceptar la extrema austeridad y falta de confort de los que había. El modelo más cercano al confort en estos modelos era el Land Rover, que tenía un cojín en las banquetas de atrás.

Y llegó el Range Rover. Cuando Rover adquirió el motor ligero de 3,5 l V8 para usarlo en sus coches de carretera, empezó al mismo tiempo a buscarle otras aplicaciones. Las primeras se hicieron en 1964 con la idea de fabricar un Land Rover de gran potencia. Se instaló un motor Buick V6 en un modelo adaptado, pero el proyecto no llegó a llevarse a cabo. Mientras tanto los que aún se veían en los Estados Unidos sugirieron la idea de aplicarlo en los vehículos de entretenimiento indicando que sería un mercado enorme que aceptaba versiones de muy alto refinamiento. Rover decidiría investigarlo.

En 1994 el Range Rover ganaría más lujo y se actualizaría su diseño para mantenerlo competitivo entre los diversos clones creados por otros fabricantes. Su diseño era tan bueno que sólo se le practicaron ciertos retoques.

Al igual que el Land Rover, el Range Rover parecía ser un proyecto de escasa duración destinado a recuperar la economía de la marca tras la bajada de los pedidos militares. El proyecto evolucionaría gradualmente con el nombre de Land Rover-Type para coches capaces de viajar por los terrenos más agrestes, pero también por las carreteras y con un alto grado de lujo interior y una cómoda suspensión.

La carrocería tipo caja del Range Rover fue el resultado de la colaboración entre los ingenieros Spen King, Gordon Bashford y Phil Jackson. Estaba hecha de aluminio y disponía de un gran habitáculo interior con un portón trasero. Su motor era un V8 de 3,5 l con la potencia reducida sobre su tracción continua a las cuatro ruedas. Su suspensión por muelles helicoidales

y «autoniveladora» favorecía una conducción más relajada que la de un Land Rover.

El primer prototipo apareció a finales de 1967 y sería retocado por el diseñador David Bache para la versión que se fabricaría. Los prototipos se probaron en las más diversas condiciones climatológicas, desde Noruega hasta el desierto del Sahara, antes de su lanzamiento el año 1970.

Nunca antes se había hecho nada igual y podía ser un estrepitoso fracaso. Pero resultó ser todo un éxito, una de los más grandes de la historia de la motorización. Ya desde el principio fue un logro muy sonado como un coche capaz de ir a cualquier sitio y soportar los climas más adversos, pero también como un coche de lujo y refinamiento

suficiente para ser un vehículo de uso diario a pesar de su alto precio.

Todos los modelos eran de cuatro puertas, excepto uno de cuatro que aparecería en 1981 y aumentaría la versatilidad de su diseño. Dos años más tarde apareció con una caja de cambios de cinco velocidades en vez de la anterior de cuatro con *overdrive*. El primer intento de lanzamiento con un motor V8 diésel llegó en 1986, cuando este tipo de motor era de 4 cilindros y 2.393 cc, y estaba dirigido concretamente a quienes gustase el diseño y la practicidad del Range Rover pero no su alto consumo.

La elegancia sencilla y atemporal de su diseño original apenas se cambió en unos 50 años hasta que en 1994 fue reemplazada por una nueva versión revisada. En ella se mantenía sobre todo el espíritu del original, pero el resto había sido totalmente renovado e innovado: La carrocería era nueva y actualizada, los motores más potentes y su interior muy mejorado. En el año 2001 se volvió a cambiar el diseño, ahora más radical, que llevaría al Range Rover hacia el siglo XXI.

Motor: V8, 3.528 cc
Potencia: 97 kW (130 CV)
De 0 a 100 km/h: 14,3 s
Velocidad máxima: 161 km/h
Producción total: n/d

SAAB 92

Motor: 2 cilindros (de dos tiempos), 746 cc
Potencia: 19 kW (25 CV)
De 0 a 100 km/h: n/d
Velocidad máxima: 105 km/h
Producción total: 20.128

El 92 fue el primer coche que fabricó Saab con un diseño y una mecánica convencional. Sus prototipos resaltaban sólo por su increíble aerodinámica.

Disponía de suspensión independiente en las cuatro ruedas y era de construcción monocasco que hicieron que Saab fuese conocida como fabricante de vehículos seguros y de calidad. Hasta 1953 no tenían portón del maletero, por lo que el acceso se hacía a través de los asientos de atrás. Ese mismo año las pequeñas ventanas correderas traseras se hicieron más grandes y Saab decidió también acomodarlo para incluso poder pasar una noche en él incluyendo en su equipamiento una cama.

En 1954 el coche se actualizó cambiándosele detalles. Dos años después sería reemplazado por el 93.

Más de veinte años después del estreno de Volvo, Saab se convertiría en el segundo mayor fabricante de automóviles sueco gracias al estilizado 92. En 1954 se celebró la venta de los 10.000 modelos vendidos.

SAAB 96

El 96 apareció en 1960 dotado con un motor de dos tiempos, 28 CV, 841 cc y 3 cilindros conectado a una caja de cambios de tres velocidades (hubo la opción de una de cuatro velocidades hasta 1966 cuando se la puso de serie). También se ofrecía el 95, una versión familiar. Desde el principio la seguridad fue un tema importante para la marca; el coche no era sólo muy resistente, sino que a partir de 1962 ya tenía cinturones de seguridad y desde 1964 disponía de doble circuito de frenos.

Por otra parte en su estreno, en 1962, también apareció una versión Sport con un triple carburador que reemplazó al Gran Turismo 750 que había sido lanzado al mercado en 1960 sólo para el mercado sueco. En 1966 el Sport se hizo conocido mundialmente cuando Eric Carlsson venció aquel año el Rally de Monte Carlo, aunque su primera victoria tuviese lugar cuatro años antes.

La entrada del nuevo 96 llegaría en 1965 y la haría sin su característico frontal. Dos años más tarde su motor de dos tiempos fue sustituido por uno de 65 CV y 1.498 cc V4 con frenos de disco delanteros de serie. En 1968 se

le rediseñó la carrocería y en 1970, aparte de la mejora de su techo, apenas se hicieron otros retoques. En 1975 se le implantaron parachoques absorbentes.

Motor: V4, 1.498 cc
Potencia: 48 kW (65 CV)
De 0 a 100 km/h: 17,1 s
Velocidad máxima: 147 km/h
Producción total: 547.221

Aunque equipado con un motor V4 de dos tiempos, el 996 fue uno de los coches más briosos de posguerra.

SAAB SONETT II   1966–70

Este primer Sonnet II tenía un frontal de líneas más puras que las de los modelos posteriores a 1967 gracias a la línea más pendular de su capó.

Del primer Sonnet, también conocido como 94, sólo se fabricaron seis unidades debido a su alto precio, por eso Saab necesitó tener un éxito mayor en un segundo intento y puso todas sus esperanzas en el Sonnet II o 97. El modelo se presentó en el Salón del Automóvil de 1966 y fue recibido con entusiasmo, pero los 3.500 $ que costaba eran

aún muchos. Por eso Saab estuvo forzada a revisar sus planes de producción; en 1967 sólo se fabricaron 455 de los 3.000 que se esperaban.

Aunque el prototipo estaba hecho de acero, en fabricación fue la fibra de vidrio lo que ayudó a mantener su peso por debajo de los 740 kg. El resultado fue un coche ligero capaz de alcanzar los

161 km/h con su motor de dos tiempos y unos justos 60 CV y 3 cilindros bajo el capó.

A partir de 1967 el modelo 96 conseguiría un motor V4 de 73 CV, lo que supuso un abultamiento en el capó para disponer de sitio. Con este aumento de potencia y de las demandas Saab consiguió fabricar 846 unidades en 1968, pero aun así las cifras no cuadraban con

las expectativas. Parecía evidente que el coche necesitaba muchas mejoras, por lo que se dejaría de fabricar para dar paso al Sonnet III.

Motor: V4, 1.498 cc
Potencia: 54 kW (73 CV)
De 0 a 100 km/h: 12,5 s
Velocidad máxima: 165 km/h
Producción total: 258 (motor de dos tiempos) y 1.609 (V-4.)

SAAB SONETT III   1970–74

Para conseguir el número de ventas esperado, el Sonett necesitaba un nuevo diseño, por lo que se recurrió a la casa italiana Cogggiola para que hiciese un esbozo que luego acabaría la propia Saab. Aunque el nombre de Sonett se mantuvo no se eliminó el III con tal de indicar que éste poco tenía que ver con su predecesor, al menos en el exterior.

Más grande que el Sonett II, el nuevo modelo era más pesado y más alargado. Con los faros escamoteables parecía más moderno y además tenía un nuevo aspecto. Los primeros se presentaron en el Salón de Nueva York de 1970 y de inmediato se le reconoció como superior al anterior Sonett II. Cuando el motor de 1,5 l fue sustituido en 1971 por otro V4 de 1,7 l, mejoraría todavía más.

De todas maneras estaba claro que el Sonett era sólo un entretenimiento respecto a la norma capital de Saab de fabricar modelos sedán; por eso a pesar de que en 1972 se le acoplasen parachoques

para que se pudiese vender en los Estados Unidos y otros pocos detalles en las llantas, el equipamiento interior y la parrilla, ya no evolucionaría más.

Motor: V4, 1.699 cc
Potencia: 54 kW (73 CV)
De 0 a 100 km/h: 12 s
Velocidad máxima: 171 km/h
Producción total: 8.368

El Sonett III fue el último intento de Saab de fabricar deportivos propiamente dichos; después de él decidió dedicarse a fabricar sedán deportivos.

SAAB 99

Las series que iban de la 92 a la 96 habían sido extremadamente exitosas para Saab y demostraron que la marca fabricaba coches innovadores y poco convencionales. Repetir su éxito no sería tarea fácil, especialmente si se considera que Saab necesitaba ahora un nuevo impulso hacia el futuro dado que las exigencias de los clientes habían cambiado mucho en los últimos 20 años.

Este nuevo avance se concretaría en el 99, que aparecería a finales de 1967 y que se fabricaría hasta 1969. Tendría tracción delantera, estaba decidido de antemano; no así el motor. Saab no podía desarrollar por sí misma uno nuevo y colaboró en ello con Triumph, aunque Saab luego invirtiera tiempo y dinero en asegurarse de que no sufriera los consabidos problemas de fiabilidad de los motores Triumph.

El 99 se ofreció como sedán de dos o cuatro puertas o como familiares de tres o cinco llamados Combi. No había pocas versiones en la serie, pero la más deseada fue la 99 Turbo que se vendería en 1978.

Con esta versión se introdujo la idea de que un sedán familiar podía diseñarse sin tener que sacrificar practicidad por prestaciones.

Fue muy difícil continuar con la saga de los predecesores del 99, pero en manos de diseñadores como Per Eklund y Stig Blomqvist, el 99 también se las arregló para ganar rallies en toda Europa los últimos años de 1970.

Motor: 4 cilindros, 1.079 cc
Potencia: 60 kW (80 CV)
De 0 a 100 km/h: 15,2 s
Velocidad máxima: 150 km/h
Producción total: 588.643

SAAB 900

Desarrollado a partir del 99, después de más de una década, el 900 haría su aparición en 1978 manteniendo la reputación de Saab como fabricante innovador. Su estructura básica era muy parecida a la de su antecesor, pero más alargada con tal de dar más espacio a las zonas seguridad, y se pusieron parachoques absorbentes.

La versión más básica fue la GL, dotada con una caja de cambios manual de cuatro velocidades, mientras que la GLS se equiparía ya con dos carburadores y una transmisión automática como opción. Las letras EMS designaban la versión de inyección, pero el

grado superior estaba reservado para la turboalimentada, que aparecería en 1986 equipada además con *intercooler* para aumentar su potencia y prestaciones.

Los 175 CV de la versión 16S debutarían en 1985 y en 1986 lo haría la versión descapotable, muy popular ya que fue uno de los pocos convertibles de prestigio y con cuatro asientos en el mercado.

El 900 se dejó de fabricar en 1993. A pesar de que Saab fuese tenida por un fabricante de coches pequeños, consiguió vender casi un millón de unidades.

El 900 fue uno de los coches más seguros de los que aparecieron en su lanzamiento el año 1979.

Motor: 4 cilindros, 1.985 cc
Potencia: 75 kW (100 CV)
De 0 a 100 km/h: 13,3 s
Velocidad máxima: 161 km/h
Producción total: 908.810

SALMSON S4

Al igual que muchos de sus rivales, el primer modelo de posguerra de Salmson, el S4, tenía un diseño característico de los de antes de la guerra.

Salmson fabricó al principio motores de aviación durante la Primera Guerra Mundial. Acabada ésta fabricaría ciclocoches como el S4 basados en el muy conocido modelo GN. En la década de los 20 estos coches se hicieron populares en la medida en que la población necesitaba movilidad, pero en los años 30 se exigía un poco más de calidad, por lo que los ciclocoches ya no eran tan atractivos y Salmson tuvo que mejorar la calidad de su producto. Sus coches mantendrían su popularidad incluso cuando la empresa fundó una fábrica en Gran Bretaña, pero finalizada la Segunda Guerra Mundial construiría todos sus coches en Francia.

En 1946 aparecería el primer modelo de posguerra aprovechando el S4. Estaba equipado con un motor de 4 cilindros con árbol de levas en cabeza y una capacidad de 2.218 cc, y estaba dirigido a un

cliente rico y considerado un coche de gama alta ya que no había pocas innovaciones bajo su capó. Los puntales cónicos se fabricaron en Duralumin, las culatas de aluminio incorporaban cámaras de combustión semiesféricas, el cigüeñal estaba nitrado para que durase más, las válvulas tenían cromo y las válvulas de las ballestas vanadio con la misma intención.

Lo más innovador de su mecánica estaba en la transmisión, un preselector Cotal. Con él se podía cambiar de marchas tan rápido como pudiera sin necesidad de apretar el embrague una vez que el coche estuviera en movimiento, un sistema que se comprobaría muy efectivo.

Motor: 4 cilindros, 2.218 cc
Potencia: 51 kW (68 CV)
De 0 a 100 km/h: n/d
Velocidad máxima: 130 km/h
Producción total: n/d

SALMSON RANDONÉE

Salmson dependía de su motor de carrera larga diseñado para la mayoría de sus modelos, pero para éste intentó algo más exclusivo. El resultado fue un tren motriz con muchas piezas de fundición y otros componentes, y que reduciría el peso en unos 50 kg.

El coche no sería más que una versión muy mejorada y

actualizada del Salmson S4E que aparecería en 1937 y que bajo su carrocería, su mecánica se mostraba muy avanzada. Disponía de suspensión delantera independiente con barras de torsión longitudinales, amortiguadores telescópicos, dirección de cremallera y frenos hidráulicos. Un armazón de madera formaba

el chasis y el eje trasero estaba configurado por un tubo y un par de brazos radiales en diagonal suspendidos sobre unas ballestas semielípticas.

Se podía elegir entre una transmisión manual ZF o una Cotal electromagnética, pero como el motor entregara sólo 71 CV su desarrollo fue prácticamente

irrelevante. Este aspecto demostró ser de alguna manera decepcionante visto el alto precio del vehículo.

Motor: 4 cilindros, 2.218 cc
Potencia: 53 kW (71 CV)
De 0 a 100 km/h: n/d
Velocidad máxima: n/d
Producción total: 539

SALMSON 2300 SPORT

Quizá fue el mejor coche de los que fabricó Salmson en Billancourt y también el último. Sólo se fabricaron 227 unidades entre 1953 y 1957. Su diseño era muy parecido a los Pegaso, Facel Vega o Ferrari.

El 2300 tenía un motor de 4 cilindros con doble árbol de levas en cabeza que ya se había usado en 1921 en el primero de los coches de Salmson. En el 2300 tendría, empero, un mayor desplazamiento, por lo que el coche podía alcanzar los 161 km/h.

Fue en 1953 cuando apareció el 2300, mientras Francia todavía estaba recuperándose de la Segunda Guerra Mundial y era difícil encontrar un coche de cualquier tipo. Un vehículo tan

lujoso como el Salmson deportivo era algo prohibitivo para la gran mayoría. El coche tenía una carrocería de acero en su totalidad, lo que fue visto como innecesario, como algo sólo para aumentar el precio de coste sin obtener un beneficio real. Se ofreció en no menos de siete versiones que se probaron antes de establecer cuáles serían los modelos de la serie en 1954. Muy pocos podían costearse un coche así y en dos años la fábrica de Salmson tuvo que cerrar.

Motor: 4 cilindros, 2.312 cc
Potencia: 78 kW (105 CV)
De 0 a 100 km/h: n/d
Velocidad máxima: 168 km/h
Producción total: 227

El lujoso 2300 Sport fue el extremo opuesto de los modelos de la conocida serie básica de GN en la que se fundamentaron los Salmson.

SEAT 600

1957–73

El Seat 600 fue el coche que dio movilidad a España. Se presentó en el Salón del Automóvil de Ginebra de 1955 como un coche no sólo barato de fabricar sino también barato de mantener. Con un diseño muy parecido al que

Dante Giacosa hizo para Fiat, el 600 salió a la venta en mayo de 1957 con un motor trasero, de 633 cc. Los primeros se importaban de Italia, pero poco después se fabricarían en masa en una factoría de Barcelona. Durante su larga

vida de más de 16 años se fabricarían más de 800.000 unidades. Siendo un derivado del Fiat 600 de dos puertas, Seat también ofrecería versiones comerciales, una descapotable y más tarde una de cuatro puertas que llamaría 800.

Motor: 4 cilindros, 633 cc
Potencia: 16 kW (21 CV)
De 0 a 100 km/h: n/d
Velocidad máxima: 95 km/h
Producción total: 800.000

SIATA DAINA

1950–58

Siata, que había usado desde hacía mucho tiempo piezas Fiat, se unió a ella finalmente en 1950 con la idea de fabricar el modelo Daina. Fue un acuerdo que se ajustaba a la perfección entre ambas marcas ya que Fiat ya no quería fabricar coches que se vendieran en cantidades limitadas, de lo que se encargaría Siata con su ayuda.

El Daina usaba el tren motriz del Fiat 1400 y se ofrecía como un cupé cerrado o como un *roadster*

descapotable. Cuando se demostró que el motor de 1,4 l no era suficiente, la marca acopló otro de 1,5 l. Todos ellos estaban equipados con una caja de cambios de cinco velocidades y la carrocería la fabricaba Stablimenti Farina.

A partir de 1951 la versión Rally 1400 recibiría una nueva carrocería influenciada en su diseño por la del MG TD y se amplió el abanico de versiones con una limusina de seis asientos y un

familiar gracias a un chasis más alargado. Al año siguiente, el Daina Sport (cupé) y el Grand Sport (cabriolé) aparecerían con un motor de 1,5 l y 75 CV.

Motor: 4 clinidros, 1.393 cc
Potencia: 48 kW (65 CV)
De 0 a 100 km/h: n/d
Velocidad máxima: n/d
Producción total: 220 aprox.

Aunque la carrocería tuviese muy variadas formas, no se fabricaron muchas unidades del Siata Daina. Fue un coche caro y su motor de 1,4 l no ofrecía al modelo unas prestaciones demasiado interesantes.

SIATA 208S

1952–54

Basado en el que quizá sea el Fiat más admirado por los coleccionistas, el 8V, el Siata 208S tenía su carrocería diseñada por Vignale. En ella resaltaban sus faros escamoteables y podía pedirse como cupé (al principio fabricado por Stablimenti Farina y luego Carozzeria Balbo) o como un descapotable entre otras muchas opciones.

De hecho Siata siempre, desde su inicio, cuando desarrolló el prototipo de Fiat se vio envuelta con el 8V. El coche tenía la suspensión independiente en las cuatro ruedas montada sobre un chasis tubular en el que se soldaba la carrocería de acero.

Cuando Fiat dejó de fabricar el 8V, con sólo 114 unidades vendidas y 200 construidas con

un motor de 16 válvulas y doble árbol de levas en cabeza, éstos se vendieron a Siata. Con tan pocos motores la producción del 208S tenía que ser irremisiblemente limitada, pero eso no paró a Siata, que llegó a ofrecer otras versiones como el 208SC con una distancia entre ejes más larga. El motor también evolucionaría con la entrada de una culata de ocho

puertos que le hacía más eficaz, pero de ellos sólo se fabricarían ocho.

Motor: V8, 1.996 cc
Potencia: 95 kW (128 CV)
De 0 a 100 km/h: n/d
Velocidad máxima: 205 km/h
Producción total. 32 aprox.

SIATA AMICA

Siata no logró vender demasiados coches hasta que llegó el Amica. Esto no era un problema para un pequeño fabricante de automóviles que no intentaba ser un productor en masa, de hecho su función básica en el mundo del automóvil siempre fue la transformación y la venta de equipos de potenciación: Siata significa Societa Italiana Applicazione Transformazione Automobilistiche. Fue fundada por un piloto de carreras aficionado,

Giorgio Ambrosini, en 1926 con la idea de hacer que los Fiat fuesen más rápidos. Esta idea era muy entendible ya que la relación con los Fiat era, y lo es aún hoy, la misma y el Amica utilizaba piezas fundamentalmente de ella.

Apareció en 1950 como un biplaza que se ofrecía como cupé o como *roadster*. Su suspensión era cortesía de Fiat, pero su chasis tubular lo desarrolló la propia Siata. La suspensión delantera,

independiente, la formaban ballestas con láminas transversales y válvulas bajas, mientras que detrás un eje rígido suspendía de ballestas en cuarto de elipse.

Su potencia también se la entregaba Fiat con el motor del 500 modificado en varias versiones, incluyendo una de 750 cc y 26 CV. A principios de los 50 todo el mundo estaba dedicado a encontrar un producto que fuese muy

atractivo al mercado americano; por eso se fabricó un Amica con un motor Crosley de 720 cc (Crosley era un fabricante americano de coches), pero muy pocos compradores mostraron su interés por él.

Motor: 4 cilindros, 596 cc
Potencia: 16 kW (22 CV)
De 0 a 100 km/h: n/d
Velocidad máxima: 100 km/h
Producción total: n/d

SIMCA ARONDE

El Aronde transformó a Simca de ser una marca que aprovechaba los restos de Fiat en fabricar coches para un mayor mercado francés y de más éxito en el sector de los

fabricantes particulares. El camino que seguía la marca era muy poco convencional en términos europeos y el diseño de sus coches estaba inspirado en el de los americanos.

El primer Aronde se presentó en mayo de 1951 con un motor convencional bajo su capó. El coche era de construcción monocasco, su suspensión delantera era de

espoletas y muelles helicoidales, y la trasera por ballestas semielípticas. Al principio la calidad de su construcción era pobre y tomó mucho tiempo recuperar su credibilidad. Sólo se ofrecía en una carrocería sedán de cuatro puertas, pero en 1953, sólo dos años después de su lanzamiento se lanzó una versión familiar (el Chatelaine) y un cupé sin pilares de dos puertas (el Grand Large). Más tarde llegaría una pequeña furgoneta (la Commerciale) y otro tipo de comercial con paneles (el Messagère) junto a un *pick-up* llamado Intendante. En 1954 se vendería un descapotable y el coche se sometería a constantes revisiones que hicieron que sus ventas se alargasen hasta 1962.

Hubiese podido ser un coche rompedor en la línea de producción de Austin, pero el Simca Aronde fue de hecho de fabricación gala.

Motor: 4 cilindros, 1.221 cc
Potencia: 34 kW (45 CV)
De 0 a 100 km/h: 28,6 s
Velocidad máxima: 118 km/h
Producción total: 1.274.859

SIMCA OCEANE

Aunque era un biplaza, el Simca Aronde Oceane no fue un deportivo propiamente dicho. Ofrecido como un cupé o un descapotable, el Oceane disponía de un motor Simca de grandes válvulas, 1.290 cc y 4 cilindros que entregaba 57 CV. A partir de 1961 aparecería con un motor revisado de 62 CV y cinco

marchas. Al año siguiente otra modificación aumentaría su potencia en 8 CV.

A pesar de que sobre el papel el Oceane duró cinco años, su vida útil fue en verdad el doble si se tiene en cuenta que una nueva modernización hizo que llevara el nombre de Simca 9 en el año 1951. Fue un coche cuyo diseño se

cambiaba casi cada año, así que cuando se lanzó en 1957 con el nombre de Oceane no pareció ser tan viejo como en realidad era.

Puesto a la venta su diseño se parecía al Ford Thunderbird, y es que Simca siempre se había fijado en los diseños de los Estados Unidos. Más tarde, en 1959, Simca observaría a Gran bretaña para usar

una parrilla similar a la del Aston Martin en su última versión antes de que se dejara de fabricar tres años después.

Motor: 4 cilindros, 1.290 cc
Potencia: 42 kW (57 CV)
De 0 a 100 km/h: n/d
Velocidad máxima: 139 km/h
Producción total: 11.560

SIMCA VEDETTE

1954–61

Ford Francia había estado vendiendo un vehículo de nombre Vedette desde 1949 sin éxito. Así que cuando Simca compró Ford en 1954, la propia versión francesa tenía poco que ver con aquélla a excepción del nombre y el mismo motor de 8 cilindros en línea de su predecesor. Su construcción era tipo monocasco con tracción trasera y suspensión por ballestas. No parecía ser muy innovador, pero preocupaba a su más directo rival, Citroën.

Cuando el coche apareció en 1954 tenía todo el aspecto de un Ford y se ofrecía con tres niveles de acabado: El básico se llamaba Trianon, luego vendría el Versailles y la superior se llamaría Regence. También había la versión familiar de nombre Marly.

Su motor entregaba 84 CV, tenía 2.353 cc y las válvulas laterales; sus prestaciones eran pobres, pero su conducción, fiable y relajante a pesar de que su caja de cambios de tres velocidades debería haber tenido una relación más. La

fabricación francesa del Vedette finalizó en 1961 y las piezas se enviaron a Brasil por barco, donde se continuó fabricando hasta finales de los 60.

Su motor V8 hacía que el Simca Vedette estuviese más cerca de un modelo americano que de sus rivales europeos; al menos preocupó de alguna manera a Citroën.

Motor: V8, 2.353 cc
Potencia: 63 kW (84 CV)
De 0 a 100 km/h: 18,4 s
Velocidad máxima: 146 km/h
Producción total: 166.895

SIMCA 1000

1961–78

Cuando se lanzó al mercado el 1000, Simca ya era el fabricante particular más grande de Francia. Había estado fabricando coches convencionales con motor delantero y tracción trasera durante años y fue una sorpresa que la

marca decidiese sacar entonces, en 1961, al mercado un modelo con motor y tracción detrás.

La concentración del peso en la parte trasera significaba que su maniobrabilidad sería rara, y su motor de sólo 40 CV derivado del

de 944 cc con caja de hierro hacía que sus prestaciones pudiesen describirse como modestas. El coche tenía frenos de tambor en sus cuatro ruedas y una dirección de tornillo sin fin que no representaba ninguna innovación. Fue un

vehículo muy asequible y barato de mantener, que era lo que la mayoría de los conductores franceses deseaban en aquellos años.

En 1962 Abarth lanzó su versión 1150 con un motor de 1.136 cc que entregaba 55 CV u 85 dependiendo de las modificaciones. En 1965 se hicieron notables cambios en su interior que le permitieron competir con el Renault R-8.

No fue hasta 1969 cuando se le cambiarían la suspensión, los frenos y la dirección además de ciertos retoques en el exterior. En 1970 Simca ya había sido comprada por Chrysler, pero el 1000 aún se fabricó otros ocho años.

Su mecánica simple hacía que el Simca 1000 fuese el medio de transporte básico de toda la familia ya que era además muy asequible. De todas formas si se realizaban ciertas modificaciones en el motor podía hacérsele volar.

Motor: 4 cilindros, 944 cc
Potencia: 26 kW (35 CV)
De 0 a 100 km/h: 27 s
Velocidad máxima: 118 km/h
Producción total: 1.642.091

SIMCA 1100

1967–82

Simca lanzó al mercado el 1100 en 1967, un verdadero coche rompedor con tracción delantera y suspensión independiente que se ofrecía con cinco puertas (como en la fotografía) o con tres a partir de 1969. No tenía nada que ver con los diseños que se vendían hasta entonces, pero pronto Renault sacaría su R-16 que empezaría a competir con él.

Con frenos de disco delanteros y dirección por cremallera, el Simca era un coche fácil de conducir y su motor de 1.118 cc, más que el de 944 cc que sólo se vendía en Francia, ofrecía unas buenas prestaciones.

En la época de su lanzamiento, Chrysler ya había comprado Simca y se había convertido en Chrysler France. A pesar de ello, en 1972 el 1100 aún sería un gran éxito de ventas francés y el coche continuaría fabricándose con sucesivas actualizaciones en el interior e innovaciones mecánicas.

A partir de 1980 el 1100 sería de Talbot, que había tomado el control de Simca como miembro del grupo Peugeot-Talbot y dejó de fabricarse en 1982. Los últimos 1100 comerciales se fabricarían en 1985.

El innovador 1100 fue un éxito sin paliativos en la historia de Simca; a los compradores franceses les gustó mucho más, a pesar de ser poco convencional, que los modelos de importación.

Motor: 4 cilindros, 1.118 cc
Potencia: 37 kW (50 CV)
De 0 a 100 km/h: 19,6 s
Velocidad máxima: 134 km/h
Producción total: n/d

SINGER TEN

1919–24

Lanzado al mercado como un coche popular, el Singer Ten era un sencillo medio de transporte concentrado únicamente en destacar por su fiabilidad.

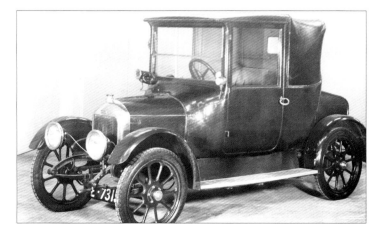

Bajo su carrocería se escondía una mecánica muy similar a la del modelo de antes de la guerra. A excepción de los faros eléctricos de serie, el mayor cambio del Singer Ten respecto a su antecesor estaba en su aspecto, ya que se ofrecía con un nuevo abanico de carrocerías.

El Sport Coupé biplaza alcanzaba los 80 km/h mientras que el faetón de serie los 72 km/h. Cuando la revista *Autocar* probó los 10 Sports comentó las maravillas de su motor y la gran practicidad de su carrocería, especialmente la del faetón, cuyo asiento se abatía.

A partir de 1923 se ofreció una versión de precio reducido llamada Coventry Premier que tenía menos equipamiento y un menor abanico de carrocerías.

Estaba dotado con una caja de cambios de tres velocidades, ballestas semielípticas en sus cuatro ruedas y frenos sólo en sus ruedas traseras. Su motor de 4 cilindros tenía las cámaras de combustión pareadas y por lo demás fue un coche ligero ideal para conductores con aspiraciones deportivas gracias a la facilidad con la que se podían modificar. Como resultado de todo ello, el Singer 10 se veía a menudo en las carreras de trayecto empinado y otras pruebas de circuito de toda Gran Bretaña.

Motor: 4 cilindros, 1.096 cc
Potencia: n/d
De 0 a 100 km/h: n/d
Velocidad máxima: 80 km/h aprox.
Producción total: 6.000 aprox.

SINGER NINE

Motor: 4 cilindros, 972 cc
Potencia: 7 kW (9 CV)
De 0 a 100 km/h: n/d
Velocidad máxima: n/d
Producción total: n./d

El reemplazo del Junior, el Singer Nine, fue uno de los pequeños coches británicos más sencillos de los años 30. Su diseño era similar al de su predecesor con tal de mantener la enorme popularidad de aquél, pero a partir de 1932 las ventas del Junior empezaron a bajar, pues coches más grandes y potentes hacían las delicias de los clientes y eran ofrecidos por otros muchos fabricantes.

Con la aparición del Nine en 1933 montado con el mismo motor de válvulas en cabeza que la versión Singer Junior Special, pero con una carrocería sedán, resultaba más largo. El Nine estaba muy bien equipado para ser un coche tan pequeño y asequible: Se abrían todas sus ventanas, tenía ceniceros, un reloj, un testigo de gasolina y asientos tapizados en piel. Para muchos representó el verdadero valor del dinero.

En 1933 se le puso un nuevo motor con la misma capacidad de 972 cc pero mejor montado, se le alargó al chasis y se le ensanchó con tal de mejorar su estabilidad y su estabilidad. Igualmente se

ofrecieron más carrocerías para acentuar su atractivo, entre ellas una deportiva de cuatro asientos llamada Sports Nine.

Su precio de 185 £ le hacía más barato que sus rivales como Riley Lynx, que costaba 100 £ más.

Su bajo precio de sólo 185 £ no le privaba de ofrecer una moderna mecánica y una bella imagen deportiva.

SINGER LE MANS

Fabricado para aprovechar el éxito en la carrera de las 24 Horas de Le Mans, este modelo de igual nombre llegó a ser uno de los clásicos de preguerra más deseados a pesar de sus modestas prestaciones.

Después del gran éxito de Singer con el Nine en la carrera de las 24 Horas de Le Mans fue del todo lógico que la marca quisiese honrar su triunfo con una versión que luciera el nombre de la carrera en un coche con un motor de 9 CV. El Singer Le Mans se empezaría a vender en 1933, justo tres meses después de la carrera, y estaba destinado a competir con el MG TA.

El frontal era parecido al del original, pero la cola, totalmente nueva, tenía dos ruedas de repuesto unidas detrás del tapón de la

gasolina. El motor se había transformado con un árbol de levas de gran impulso, una mayor compresión, un cárter más grande de aluminio y un cigüeñal equilibrante. La caja de cambios también se había retocado cerrando más las relaciones y el chasis se había bajado.

Los primeros modelos tenían las puertas traseras ocultas, pero el riesgo de que se abrieran al tomar las curvas y el hecho de que el coche fuese de competición, provocó una profunda revisión del diseño de estos primeros modelos.

Motor: 4 cilindros, 972 cc
Potencia: 30 kW (40 CV)
De 0 a 100 km/h: 27 s
Velocidad máxima: 120 km/h
Producción total: 500

SINGER SUPER TEN

1938–40

Se anunció su aparición en agosto de 1938. Nuevos Singer Ten y Super Ten se equipaban con un motor más vivo y actualizado del que tenía el Bantam, hermano pequeño del Ten. Éste era un sedán de tamaño medio y espacioso gracias a su carrocería de cuatro puertas y seis ventanas. Para un mayor refinamiento el habitáculo estaba aislado con mucha goma, algo que todavía era poco común y que demuestra la alta calidad de su mecánica.

Se vendían dos versiones, la De Luxe (o Super Ten) y el Popular, este último dotado con una caja de cambios de tres velocidades sincronizada, mientras que la De Luxe tenía una relación más, la misma que se montaba en el siguiente grado de la serie. La De Luxe, además, tenía un techo solar corredizo y cortinas en dos ventanas. En 1939 se le practicaron unos retoques en la parrilla del radiador, en el salpicadero y en todo su interior, pero el coche dejaría de fabricarse en 1940.

Motor: 4 cilindros, 1.194 cc
Potencia: 28 kW (37 CV)
De 0 a 100 km/h: n/d
Velocidad máxima: 100 km/h
Producción total: 11.595

SINGER SM1500

1949–54

El primer coche de posguerra de Singer fue el SM1500, un sedán influido por el diseño americano de la época. Competía con rivales como el Jowett Javelin y el Standard Vanguard, contra los que nunca logró mucho éxito. Un ligero cambio de estilo en 1954 le permitió ganar un poco de carácter y cambiar el nombre por el de Hunter.

Cuando se vendieron a partir de octubre de 1948, sólo se podían adquirir en el extranjero, pero en 1949 se podían comprar ya en Gran Bretaña. El sedán de cuatro puertas ofrecía asiento para seis personas, estaba dotado con un cambio de marchas en la columna y su suspensión delantera independiente de muelles helicoidales era típicamente americana, y es que se la había cedido Packard bajo licencia.

Bajo su carrocería había una caja de cambios de cuatro velocidades, tres de ellas sincronizadas, conectada a un motor de 1.506 cc y 4 cilindros con árbol de levas en cabeza. Un ventilador de calor con velocidad variable o unas puertas con un enganche para mantenerlas abiertas eran detalles típicos de Singer, como también la cámara de observación en un lado del motor para que no fuese necesario abrir el capó para mirar el nivel del aceite.

Quizá fuera uno de los modelos más inspirados de la inmediata posguerra; el Singer SM 1500 fue un coche bien construido y cargado de detalles que sus rivales no podían ofrecer.

Motor: 4 cilindros, 1.506 cc
Potencia: 36 kW (48 CV)
De 0 a 100 km/h: 33,7 s
Velocidad máxima: 114 km/h
Producción total: 17.382

SINGER SM ROADSTER

1951–55

Singer lanzó al mercado su SM Roadster, también conocido como 1500 Roadster, en 1951 para competir con el dominante MG TD. Disponía de frenos hidromecánicos y de un motor de carrera corta con un único árbol de levas en cabeza con capacidad para 1.497 cc. A partir de 1953 tendría la opción de un tren motriz con dos carburadores que aumentarían su potencia de los 48 CV hasta los 58. Este motor era moderno e hizo ganar credibilidad a la marca después de su victoria en Le Mans con el Nine.

Sea como fuere, el SM Roadster no era nada más que un Nine Roadster del 39 renovado, por lo que su equipamiento era un poco decepcionante. Su suspensión delantera independiente con amortiguadores telescópicos era un adelanto respecto a la del Nine, pero la dirección de tornillo sin fin era tan imprecisa que requería pericia al conductor.

Hoy día es más fácil comprar un MG TD que un Singer 4AD. La versión más rara y valiosa del Singer es la carrozada por Bertone construida por el importador americano de la marca y que apenas se vendió.

El Singer SM Roadster fue un poco más que mecánicas novedosas cubiertas con la carrocería de antes de la guerra, por eso resultaba un poco decepcionante.

Motor: 4 cilindros, 1.497 cc
Potencia: 36 kW (48 CV)
De 0 a 100 km/h: 23,6 s
Velocidad máxima: 117 km/h
Producción total: 3.440

SINGER GAZELLE

1956–67

Cuando Singer formó parte del Rootes Group en 1956, interesó sacar al mercado un modelo para finales de aquel año. Este nuevo modelo se llamó Gazelle, que en realidad era un Minx con el nuevo motor de 1.494 cc y válvulas en cabeza, un frontal de diseño diferente y un salpicadero distinto. Se podía elegir entre un sedán de dos o de cuatro puertas y un descapotable, y las tres carrocerías con una caja de cambios de cuatro velocidades conectada a un cambio de marchas en la comuna. En 1957, el Gazelle se convertiría en el Mk II con la aparición de la versión familiar y la incorporación del overdrive.

Durante toda su vida, que duró hasta finales de 1967, el Gazelle sufrió cambios anualmente. Entre 1958 y 1961, los Mk IIA, Mk III, Mk IIIA y Mk IIIB fueron muy iguales. El mayor cambio estuvo en la sustitución del motor de 1.494 cc con árbol de levas en cabeza por el de 1.592 cc en 1961 con que se equipaba Mk IIIC.

Más tarde llegaría el Mk V (no hubo ningún Mk IV), en 1963. Sólo se vendía con carrocería sedán de cuatro puertas, sus ruedas eran más pequeñas, sus frenos mejores y su diseño más equilibrado. Su motor cambiaría en 1965 por un 1.725 cc y se cambiaría ligeramente su frontal para convertirlo en un Mk VI.

Motor: 4 cilindros, 1.494 cc
Potencia: 37 kW (49 CV)
De 0 a 100 km/h: 23,6 s
Velocidad máxima: 125 km/h
Producción total: 83.061

El Gazelle descapotable fue una alternativa inusual a los demás convertibles de cuatro asientos como el muy exitoso Triumph Herald.

SINGER VOGUE

El Vogue fue un modelo más grande y más caro que el Gazelle, aunque al principio se pensó en él como su reemplazo. De hecho fue el que mereció el nombre de Mk IV como derivado de la serie Gazelle. En vez de ello ambos modelos se vendieron por separado. Los dos compartían muchas piezas del

Hillman Super Minx; el Vogue tenía cuatro faros delanteros y un interior más lujoso que el del Gazelle. Podía escogerse entre una transmisión automática o manual con *overdrive*, los frenos delanteros de ambas eran de tambor, pero en 1962 se sustituirían por los de disco.

El Mk III, de 1964, tenía un diseño cambiado, las puertas traseras más grandes, una culata de aleación, una caja de cambios totalmente sincronizada y un equipamiento interior mejorado. La última versión llamada Mk IV aparecería en 1965; en ella, aparte de la adopción del motor

de 1.725 cc característico del Rootes Group, no había nada que destacar.

Motor: 4 cilindros, 1.592 cc
Potencia: 46 kW (62 CV)
De 0 a 100 km/h: 20,9 s
Velocidad máxima: 133 km/h
Producción total: 47.769

SINGER CHAMOIS

Se fabricó sobre la plataforma de cuatro pies del Gazelle; el Singer Chamois, de 1963, no sería nada más que una versión actualizada del Hillman Imp; es decir, con un interior de más calidad decorado con madera de nogal de serie y ruedas más anchas para darle un

aspecto lo más deportivo posible. En 1965 aparecería la versión Mk II y el año siguiente el Chamois Sport, mejor equipado que el Sunbeam Imp Sport y con idéntica mecánica.

En 1967, se optimizó la suspensión y empezaría a venderse

la versión cupé, idéntica a la Hillman Imp Californian pero de nuevo con un interior mucho mejor. En 1968, se cambió el frontal incorporándole dos grupos ópticos, pero el coche se dejaría de fabricar en 1970, el mismo año en que moriría la marca Singer.

Motor: 4 cilindros, 875 cc
Potencia: 38 kW (51 CV)
De 0 a 100 km/h: 16,3 s
Velocidad máxima: 144 km/h
Producción total. 49.798

SKODA 1101

El primer Skoda de posguerra fue mucho más convencional que el otro coche checoslovaco contemporáneo, el Tatra. Sus líneas puras y su motor muy delantero garantizaban, empero, su popularidad.

Aunque la fábrica Skoda fuese totalmente destruida en las últimas semanas de la Segunda Guerra Mundial, la marca fue capaz de reiniciar rápidamente su actividad una vez finalizadas las hostilidades.

Su primer coche de posguerra que apareció después de la nacionalización de la marca fue el 1101. Se basaba en el 420 Popular de 1933 pero era más largo, más ancho, más potente y mejor equipado. Se empezó a vender en otoño de 1945 con una caja de cambios de cuatro velocidades conectada a un motor de 1.089 cc con válvulas en cabeza y sólo con una carrocería disponible, la del sedán de dos puertas y cuatro asientos llamada 1101 Tudor.

Poco después de su presentación se ofrecerían más carrocerías en opción, no con la idea de vender más en general ya que en su mayoría eran furgonetas y ambulancias. De hecho el derivado más atractivo fue la versión 1101P con tracción en las cuatro ruedas para uso militar y de la policía. En 1949 se sacaría al mercado una versión familiar y una sedán de cuatro puertas; en 1952 el 1101 se sustituiría por el modelo 1200.

Motor: 4 cilindros, 1.089 cc
Potencia: 24 kW (32 CV)
De 0 a 100 km/h: n/d
Velocidad máxima: n/d
Producción total: n/d

SKODA OCTAVIA

1959–71

Aunque el primer Skoda Octavia apareciera en 1959, no era más que una actualización del anterior 440 aparecido en 1954. El Octavia se llamó así por los 8 cilindros en línea de su motor fabricado en la misma Skoda.

El Octavia Super fue una versión que igualmente se vendió junto con la estándar; derivaba de otro

Aunque el Octavia fuese inferior a sus rivales occidentales, gozó de cierta popularidad, especialmente en el mercado local, donde los coches eran escasos.

modelo antiguo, el 445. Ninguna de las dos versiones fueron suficientes para los compradores, pero sí el Octavia TS (Touring Sport) con su motor de 50 CV y doble carburador extraído de la versión superior del Felicia. Fuera del TS las versiones eran muy convencionales: los compradores del S obtuvieron sólo un poco más de potencia gracias a su árbol de levas de gran impulso, los nuevos colectores de escape, los dos carburadores, las válvulas más grandes y una relación de compresión más alta.

Al principio el motor elegido para este modelo fue el de 1.089 cc, pero a partir de 1961 pasó a ser de 1.221 cc y lo compartiría con el Felicia.

Motor: 4 cilindros, 1.089 cc
Potencia: 30 kW (40 CV)
De 0 a 100 km/h: 36,6 s
Velocidad máxima: 120 km/h
Producción total. 279.724

SKODA FELICIA

1959–64

El original Skoda Felicia no fue un coche destacable para su época, pero en la Checoslovaquia comunista, la kilométrica lista para conseguir uno de ellos hacía esperar años. Se basaba en el Octavia y su motor inicial desarrollaba sólo unos 53 CV; su suspensión de ejes rígidos en un chasis separado de la carrocería no aseguraba una buena maniobrabilidad, pero aun así era divertido de conducir.

Cuando se presentó en el mercado británico, en 1961, los posibles clientes no se mostraron muy convencidos por más que era un coche fiable y muy bien construido. Quizá estos potenciales compradores no estuviesen demasiado familiarizados con el nombre de Skoda, porque la velocidad máxima del Felicia, 135 km/h no era inferior a la de los coches fabricados en la propia

Gran Bretaña como el Triumph Herald. Por otra parte consumía poco carburante 9,5 l/100 km, por lo que era barato de mantener.

De todas maneras los niveles de equipamiento no eran muy

Aunque el Felicia no fuera un coche especialmente bueno para según qué mercados, ofrecía una imagen estilizada y durabilidad.

impresionantes: tenía moquetas de goma y tapicería de plástico en vez de piel, pero era aceptable si se tenía en cuenta su calefacción, viseras en el parabrisas delantero y rejillas en el radiador.

Motor. 4 cilindros, 1.221 cc
Potencia: 39 kW (53 CV)
De 0 a 100 km/h: 27,5 s
Velocidad máxima: 135 km/h
Producción total: 15.864

SKODA 1000MB

1964–69

El 1000MB marcó el principio del declive de Skoda; la marca pasó de ser un fabricante de buenos coches a productor de vehículos sin ninguna aceptación en el mercado internacional.

El principio del fin de la reputación de Skoda empezó con el lanzamiento del 1000MB en 1964. Su imagen pasada de moda no se podía compensar con la fiabilidad y practicidad.

Su motor trasero de 998 cc con válvulas en cabeza tenía el bloque de cilindros de aluminio para mantener un peso bajo, necesario con un tren motriz sobre el eje trasero. Su baja relación de compresión de 8,3:1 ayudó a que el motor rodase a pesar de la mala calidad del combustible, pero no contribuyó a que sus prestaciones, con sus 43 CV, fuesen de consideración.

Ya desde su inicio sólo se vendió con una carrocería sedán de cuatro puertas, pero en 1966 aparecería una versión cupé sin pilares de dos puertas y un motor con dos carburadores que se llamó 1000MBX, del que se fabricaron

pocas unidades y resultó caro. La versión que siguió fue la 1000MBG cuyo motor tenía dos carburadores y la carrocería era la estándar sedán de cuatro puertas. En 1967 el modelo cambiaría su nombre por el de 1100MB, su motor se había potenciado hasta los 1.107 cc y ofrecía unos útiles 54 CV, pero el daño ya estaba hecho.

Motor: 4 cilindros, 988 cc
Potencia: 32 kW (43 CV)
De 0 a 100 km/h: 30,8 s
Velocidad máxima: 120 km/h
Producción total: 419.540

SKODA S100

1967–77

El modelo S100 fue una evolución del 1000MB con el nombre cambiado. Usaba el mismo motor de 988 cc trasero y la misma suspensión posterior de eje rígido.

De hecho los cambios mecánicos más notables fueron la incorporación de frenos de disco delante y un sistema dual de frenos hidráulicos.

Su exterior tenía que ser totalmente distinto al de su antecesor, pero debajo del S100 había aún mucho del 1000 MB.

Sea como fuere, la carrocería se había rediseñado totalmente respecto de la anterior. Se ofrecía una versión más potente con un motor de 1.107 cc llamada 110L que no era más que la evolución del 1100MB. Un año más tarde del lanzamiento del 100 aparecería una versión cupé de dos puertas con un motor más potente de nombre S110R que entregaba 62 CV y tenía una capacidad de 1.107 cc.

Al mismo tiempo que se lanzaba al mercado el S110R Skoda se embarcaba en un programa de rallies para el que usaba un modelo sedán de cuatro puertas con un motor de 100 CV y 1.144 cc. A pesar de la publicidad que ello le generó la reputación de la marca no mejoraría demasiado.

Motor: 4 cilindros, 988 cc
Potencia: 32 kW (43 CV)
De 0 a 100 km/h: 30,8 s
Velocidad máxima: 120 km/h
Producción total: n/d

SS1

En 1922, William Lyons, el que fuera fundador de Jaguar, formó un equipo con William Walmsley para fundar una empresa carrocera en Blackpool. Al principio se dedicaron a fabricar sidecares para motocicleta, pero a finales de los años 20 ya fabricaban carrocerías especiales para coches. La empresa que ya había adoptado los nombres de Swallow Sidecar y de Coachbuilding Company, se llamaría, desde que iniciase su producción de coches, simplemente SS Cars Ltd. En 1928 se trasladarían a Coventry y diez años después de la fundación de la Swallow Sidecars, aparecería en el mercado el SS1.

Lyons había entablado relaciones de trabajo con John Black, rector de la Standard Motor Company, relación que permitió a Lyons optar al mercado de los coches de gama alta. Hasta entonces el objetivo de SS había sido carrozar de forma especial el Austin Seven, pero con esta asociación con Standard podía asegurarse el suministro de chasis y motores de 6 cilindros con válvulas laterales de 2.054 o 2.552 cc. Estos motores tenían siete apoyos

en su cigüeñal y estaban conectados a una caja de cambios manual de cuatro velocidades; la suspensión era de ballestas semielípticas tanto delante como detrás.

El SS1 se lanzó al mercado en el Olimpia Motor Show de 1931 en Londres. En los años 30 los Grand Tourers se habían puesto muy de moda; el SS tenía un aspecto más señorial que la mayoría y un precio de sólo 310 £ que le hacía ser más asequible de lo que esperaban los clientes. Esto se debía a que su motor era de peor calidad que lo que su fantástica carrocería daba a entender. A pesar de este entusiasmo inicial, pronto se vio que el coche necesitaba mejoras, así que al año siguiente la empresa volvió a fabricar un modelo que no arruinase su reputación antes de poder conseguir fabricar coches propios.

En un año debutó el SS1, una versión bastante diferente de la original. Su aspecto era igualmente fantástico, quizá incluso más, pero por entonces el coche tenía pescantes, unas aletas delanteras más voladizas, la línea del techo

Uno de los clásicos más buscados de todos los tiempos, el SS1 no ofrecía de hecho unas prestaciones muy altas, pero su diseño era simplemente exquisito.

más baja para hacerlo ver más alargado y un motor mejorado que le permitía respirar mejor. Tenía un poco más de potencia y prestaciones un poco más altas, lo que era necesario dado que la versión original sólo alcanzaba 112 km/h de velocidad máxima.

Esta vez todo el coche era un acierto, tenía el espacio suficiente para que cuatro pasajeros viajaran confortablemente y conducirlo era un verdadero placer gracias a su excelente maniobrabilidad y agarre mejorado porque la distancia entre ejes se había aumentado en 18 cm. Si de la primera versión sólo se vendieron 502 unidades la aparición de la versión familiar indicaría que la segunda generación de 1933 sería más popular llegando a las 1.249 unidades fabricadas.

Las últimas mejoras llegaron en 1934 con un nuevo chasis aunque

con la misma distancia entre ejes de 302 cm. Poco después aparecería el sedán Airline, atractivo, pero también controvertido por su diseño de líneas muy finas. Siempre se mantuvo la opción de un sedán más convencional o de un cupé en caso de que el Airline fuese demasiado ostentoso para el cliente. El nuevo modelo estaba equipado con una caja de cambios sincronizada y un motor más potente de 2.143 o de 2.663 cc, ambos de 6 cilindros y válvulas laterales. Para asegurarse de que estos motores eran tan potentes como parecía se prepararon los árboles de levas para darles mayor potencia y aumentaron la relación de compresión. El SS1 siempre pareció más rápido de lo que era en realidad, y esto es lo que Lyons quería en su intento de equilibrarlo.

Motor: 6 cilindros, 2.054 cc
Potencia: 34 kW (45 CV)
De 0 a 100 km/h: 31 s
Velocidad máxima: 112 km/h
Producción total: 4.254

SS90

1935

El coche del que derivaba el famoso SS100, el SS90, estaba más destinado a la competición gracias a su gran agilidad.

usaría la de ballestas semielípticas, pero la versión con motor de 2,7 l con válvulas laterales ligeramente modificado conseguía obtener una velocidad máxima de 144 km/h.

Cuando el SS90 empezó a venderse la marca ya tenía su buena reputación. El SS se vendía por sólo 395 £ que deberían haberle reportado bastantes pedidos, pero sólo se fabricaron 23 unidades. En 1936 se incorporó al motor una culata con válvulas en cabeza, por lo que su desplazamiento aumentó a 3,5 l, lo que le convirtió en el SS100.

El SS90 es uno de los clásicos más buscados de todos los tiempos, aunque antes de que obtuviese ese aspecto tan impactante estuvo inmerso en el olvido, quizá porque sólo se fabricasen un total de 23. De todas maneras el SS90 de 1935 tenía ciertamente más presencia que su hermano más joven y más famoso.

El SS90 derivaba del SS1, tenía su mismo chasis aunque con una distancia entre ejes 38 cm menor para que fuese más ágil. La suspensión delantera aún

Motor: 6 cilindros, 2.663 cc
Potencia: 52 kW (70 CV)
De 0 a 100 km/h: 17,5 s
Velocidad máxima: 144 km/h
Producción total: 23

STANDARD 9.5HP

1919–20

Motor: 4 cilindros, 1.328 cc
Potencia: n/d
De 0 a 100 km/h: n/d
Velocidad máxima: n/d
Producción total: 1.750

Ya en la fecha de su lanzamiento el SMS estaba casi anticuado, por lo que de nuevo se necesitaba con urgencia un reemplazo. El resultado fue el 11.6hp que

se lanzó al mercado en 1921 con el motor de válvulas laterales que ya equipaba a todos los demás modelos Standard fabricados hasta el momento.

En una época en que la que el suministro de coches era superior a los pedidos, el Standard 9.5hp tentaba a sus clientes con su bajo precio.

El primer Standard Model S apareció en 1913 consiguiendo un éxito flagrante e inmediato gracias a lo fácil que era adquirirlo. Costaba sólo 195 £ y la gente corriente lo prefería a otros muchos modelos. Se ofrecía tanto en carrocería cerrada como descapotable, ambos con un motor de 1.087 cc. Era un coche tan fiable como barato de mantener.

En los años que siguieron a la Primera Guerra Mundial estaba claro que se necesitaría algo para mantener las ventas y la respuesta estuvo en una nueva versión que aparecería en 1919. Se la llamó SLS y estaba equipada con un motor de carrera más larga que la original que le permitía desplazar 1.328 cc. Su precio, empero, había subido hasta las 350 £, pero aun así era mucho más barato que muchos de sus competidores.

STANDARD NINE

Aunque se desarrolló muy rápidamente el Standard Nine, con su mecánica sencilla, fue un coche muy fiable.

fabricarían hasta que superaran las duras pruebas. De hecho el nuevo modelo se puso en producción sólo seis meses después de sus primeros esbozos en papel. Su mecánica era convencional, con un motor de válvulas laterales y una construcción muy simple.

Cuando se presentó sólo se podía vender como un sedán con carrocería de tela y cuatro asientos que costaba 198 £, y tuvo un éxito inmediato. Al año siguiente surgieron todo un abanico de carrocerías y la opción de motor sobrealimentado. En 1928 el modelo entregaba 9,9 CV y no los anteriores 8,9, lo que le facilitó el éxito en el rally de Brooklands. Pasados dos años sería reemplazado por el Big Nine.

La cosas no pintaban muy bien para Standard en 1927 después de que en 1926 una huelga general en Gran Bretaña dejase a las industrias del automóvil muy vulnerables. A pesar de que los coches de Standard no fuesen lujosos la mayoría de la población apenas podía comprarse uno. Por eso la marca sacó al mercado un coche más pequeño, más ligero y más barato.

En el Olympia Motor Show de 1927 en Londres se presentó el Nine, la respuesta de la marca a sus problemas. Se habían probado dos prototipos en las Costwold Hill de Inglaterra durante un mes y no se

Motor: 4 cilindros, 1.155 cc
Potencia: n/d
De 0 a 100 km/h: n/d
Velocidad máxima: 80 km/h
Producción total: 10.000 aprox.

STANDARD VANGUARD

Presentado en mayo de 1947, el Vanguard fue el primer coche de posguerra británico totalmente nuevo. Su motor de 4 cilindros, 51 CV y 2.088 cc conectado a una caja de cambios de tres velocidades, era capaz de alcanzar los 120 km/h y gastaba 10,9 l a los 100. Podía llevar a cinco ocupantes de manera confortable.

Las regulaciones de los primeros años de posguerra forzaban a que muchos de los fabricantes de coches exportasen gran parte de su producción, por eso muchos Vanguard se llevaron a los Estados Unidos. Esta normativa ya había sido tenida en cuenta en el proceso de su diseño, ya que en su exterior se evidenciaban las influencias de aquel estilo y además el cambio estaba en la columna. A pesar de las restricciones de acero se fabricaron entre 1.000 y 2.000 Vanguard por semana de los que sólo unos pocos se quedaron en Gran Bretaña.

En 1948 una versión familiar y otra *pick-up* se sumaron a la serie y en mayo de 1950 el carrocero Tickford ofreció modelos con

un techo solar. Ya no sufriría cambio alguno hasta finales de 1951, cuando se le agrandó la ventana trasera y se revisó la parrilla del radiador, lo que anunciaba la llegada del Phase Ia que sería reemplazado en marzo de 1953 por el Phase II Vanguard.

Motor: 4 cilindros, 2.088 cc
Potencia: 51 kW (68 CV)
De 0 a 100 km/h: 22 s
Velocidad máxima: 123 km/h
Producción total: 184.799

El tamaño del Vanguard sugiere que es un coche de lujo, pero sólo se trata de una treta para el acercamiento al mercado americano.

STANDARD EIGHT

1953–59

Pocos sintieron la desaparición del Eight debido a su falta total de accesorios en comparación con sus rivales más enconados.

Lanzado al mercado en 1953 con un motor de 803 cc, el Eight fue un medio de transporte muy básico carente de portón para el maletero y con un segundo limpiaparabrisas como opción. No fue un coche muy popular. Era una idea concebida para competir con el 2CV y el Escarabajo, pero a diferencia de éstos el Eight no tenía estilo.

En mayo de 1954 el Eight mejoró incorporando un motor de 948 cc, ventanas deslizantes y un mayor equipamiento interior; por fuera cambió su nombre por el de Ten. El precio subió de las 481 £ a las 538, pero la austeridad de la posguerra estaba en todos lados y el público esperaba más. En mayo de 1955 el Family Eight sustituyó el modelo básico y en octubre de aquel mismo año llegó la versión superior de la serie, el Super Eight. A finales de 1956 llegaría el Phase II para reemplazar a todos los anteriores modelos con su interior muy mejorado. Fue un coche muy deseado hasta la aparición del Gold Star en 1957 que tendría un portón para el maletero y la opción de *overdrive*. Finalmente el Eight desaparecería en 1960 a pesar de haber conseguido ciertos éxitos en rallies internacionales y fue reemplazado por el Herald.

Motor: 4 cilindros, 803 cc
Potencia: 19 kW (26 CV)
De 0 a 100 km/h: n/d
Velocidad máxima: 98 km/h
Producción total: 136.317

STANDARD PENNANT

1957–60

Fue la versión de clase alta del Standard Ten, que a su vez lo era del Eight. El Ten aparecería en 1954 como solución a los problemas que acarreaba la simplicidad del Eight y las limitaciones que en él encontraban los consumidores. Se ofreció una versión De Luxe llamada Ten, el original, equipada con unos accesorios esenciales que se podía vender en una serie separada.

A pesar de que el Ten fuera un modelo de más nivel, no llegó tan lejos como para ser una atractiva opción de compra. Por eso Standard necesitaba poner otro modelo y otro nombre a la venta, el Pennant.

Estaba equipado con un motor de 28 CV con capacidad para 948 cc, pintado en dos tonalidades, sus faros delanteros cubiertos y tenía largas alas tanto delante como detrás. Su gran parabrisas trasero y una parrilla de tres partes más llamativa formaban parte de un paquete de modernidad que junto con las listas cromadas de los laterales aseguraron que ya no se trataba de un simple Eight o Ten.

No fue mucho más que un Standard Ten modificado y con el nombre cambiado con la única ventaja de tener un mayor equipamiento.

Motor: 4 cilindros, 948 cc
Potencia: 28 kW (37 CV)
De 0 a 100 km/h: 34,9 s
Velocidad máxima: 106 km/h
Producción total: 42.910

STANGUELLINI

1947–66

Entre 1947 y 1966 Stanguellini fabricó muy pocos deportivos hechos a mano generalmente con mecánica Fiat. Aunque la marca había estado fabricando coches de carreras desde 1938 sus esfuerzos por continuar con su actividad después de la Segunda Guerra Mundial se destinaron a los coches de carretera.

El primero de sus modelos sería el Berlinetta de cuatro asientos dotado con un motor de 1.100 cc con la opción de otro de 1.500 cc de Fiat montados en una carrocería de Bertone acoplada a un chasis tubular. Eran coches de carretera fabricados con la mentalidad de los de competición con una suspensión pensada para la fiabilidad y no para la maniobrabilidad, cuando todas las carreteras italianas del momento estaban en un estado deplorable.

La suspensión era de ballestas con láminas transversales y espoletas bajas delante y un eje rígido trasero suspendido por muelles helicoidales.

Stanguellini desarrolló sus propos motores de 750 cc para el Bialbero Sport de 1950 y un 1.100 para la Berlinetta de 1954 de la que sólo se fabricaron 9 unidades. Un motor de 750 cc Fórmula Junior se lanzaría al mercado en 1958, pero desde entonces hasta 1966 se sucedieron proyectos fallidos para la marca y acabó en la bancarrota.

Aunque Stanguellini es un fabricante conocido por sus coches de carreras como el de la fotografía, también se dedicó, durante dos décadas, a producir pequeños coches de carretera.

Motor: 4 cilindros, 750 cc
Potencia: 27 kW (36 CV)
De 0 a 100 km/h: n/d
Velocidad máxima: 180 km/h
Producción total: n/d

STAR COMET

1929–32

Fue un coche elegante con un motor de 8 cilindros y unas prestaciones de consideración, pero no tuvo éxito.

Después de que el fabricante de camiones Guy comprase la marca Star en 1928, éste intentaría conquistar el mercado de masas con el Comet aprovechando el despertar de la Depresión. Se presentó en 1931 con un precio de 345 £ en carrocerías cupé o sedán, pero eran coches hechos a mano que se fabricaban en cantidades pequeñas, lo que daba a entender que su productividad no era suficiente.

Sus modelos estaban equipados con una caja de cambios de cuatro velocidades conectada por un Bendix a un sistema de frenos por cable y una dirección Marles, un equipo de alta calidad. Con la idea de llamar la atención de los compradores se ofreció gran número de carrocerías cupé y sedán, pero no tuvo éxito.

Aunque sus componentes eran de calidad se encontraron con que ya había demasiados modelos en el mismo mercado y en vez de invertir gran cantidad de dinero para mantener la marca se decidió cerrar en 1932. Eso a pesar de que ese mismo año se presentaba el Star Comet Fourteen, con un motor todavía menos potente.

Motor: 6 cilindros, 2.470 cc
Potencia: 10 kW (14 CV)
De 0 a 100 km/h: n/d
Velocidad máxima: 112 km/h
Producción total: n/d

STEYR 50 Y 55 1936–40

Un modelo innovador dotado con un motor Bóxer y una construcción monocasco. Los modelos 50 y 55 estaban a años luz de la mayoría de los modelos europeos del momento.

Muy parecido a su contemporáneo el Fiat 500, el 50 fue el último coche diseñado por Karl Janschke para Steyr antes de su marcha a Adler. Había trabajado para la firma desde los primeros años 20 y su último diseño fue el del coche más pequeño que jamás había fabricado Steyr. Disponía de un motor de 984 cc con válvulas laterales y cuatro cilindros en línea, fue un modelo económico y el punto de partida de una serie de coches exclusivos de la marca. Entregaba sólo 26 CV.

Los frenos de su cupé de dos puertas eran por cable aunque los modelos anteriores de Steyr tuvieran frenos hidráulicos, la suspensión independiente en sus cuatro ruedas y de construcción monocasco.

El 50 gozó de cierta popularidad pero necesitaba un motor más

potente que le diera mejores prestaciones y que impulsara las ventas. Por eso, a finales de 1938, se le montó un motor de 1.158 cc que desarrollaba sólo 2 Cv más de

potencia pero mejoraba sus prestaciones. Unos cambios en su diseño hicieron que se llamara 55 pero no se producirían más cambios en su motor.

Motor: 4 cilindros, 984 cc
Potencia: 16 kW (22 CV)
De 0 a 100 km/h: n/d
Velocidad máxima: 97 km/h
Producción total: 13.000

STEYR PUCH 500 1957–69

Aunque su motor se modificase para dar lugar a ciertas versiones, el primer Steyr Puch 500 no era más que un Fiat 500 fabricado bajo licencia en Graz, Austria.

Después de que la fábrica de Steyr fuese totalmente destruida durante la Segunda Guerra mundial, la primera decisión que se tomó fue la de no volver a fabricar más coches. Pero en 1948 se firmó un contrato con Fiat para reiniciar la actividad en Austria y en 1957 apareció la versión Steyr del Nuova 500 fabricada en la factoría de Puch en Graz.

Usaba la carrocería de Fiat y un tren motriz Steyr de 2 cilindros, 493 cc y sólo 16 CV. Se trataba de un coche muy básico.

Para añadir más prestaciones se ofreció en 1964 el Steyr Puch 500, que equivaldría al Mini Cooper con el nombre de 650 TRII. Un modelo que usaba la misma carrocería del 500 pero disponía de un motor de 660 cc en posición opuesta horizontal y con 2 cilindros que entregaba 40 CV de potencia y alcanzaba una velocidad punta de 128 km/h.

Motor: 2 cilindros, 493 cc
Potencia: 12 kW (16 CV)
De 0 a 100 km/h: n/d
Velocidad máxima: 100 km/h
Producción total: n/d

STUDEBAKER PRESIDENT

1930–38

El President fue el primer Studebaker que se vio en 1927 y sólo se ofrecía con un motor de 6 cilindros. No fue el coche opulento que se vería en un futuro, pero ya al año siguiente el motor original se reemplazaría por otro tren motriz de 8 cilindros en línea y el coche sufriría, entre 1928 y 1930, cambios en su diseño que le comportarían tener una carrocería más estilizada y una distancia entre ejes más larga.

A pesar de que el President fue el Studebaker más caro destinado al comprador rico, su precio era muy competitivo comparado con el de sus rivales. Tenía varias carrocerías a escoger, como la cupé, sedán, *roadster* o limusina, la más cara.

Los clientes del mercado de los coches de lujo esperaban en ellos grandes niveles de equipamiento y en 1932 Studebacker ya ofrecía una caja de cambios sincronizada de serie; un año más tarde vendrían los frenos asistidos y el cambio automático. La suspensión delantera independiente aparecería en 1935 y se instalaron altavoces en la parte delantera del coche, algo que muchas marcas no incorporarían hasta años más tarde.

El President se parecía al Cadillac o al Lincoln, pero aunque su precio era mucho más asequible, no dejaba de ser un coche destinado a los compradores muy ricos.

Motor: 8 cilindros, 5.522 cc
Potencia: 86 kW (115 CV)
De 0 a 100 km/h: n/d
Velocidad máxima: n/d
Producción total: 67.372

STUDEBAKER COMMANDER

1935–39

Los Studebaker siempre fueron coches de alta gama ofrecidos a precios accesibles. Cuando apareció el Commander en 1935, ocupó el lugar central de la gama, entre el President y el del nivel inferior llamado Dictator. Se podía comprar con un motor de 6 cilindros o bien de 8 y se disponía de un ancho abanico de carrocerías en las tres series. El Commander era un *roadster*, un sedán o un cupé con cantidad de versiones.

Se lanzó al mercado en 1930 con una distancia entre ejes de 305 cm; una versión con un motor de 8 cilindros la tendría más corta, de 297 cm que en 1934 pasaría a ser de 302 cm. A partir de 1933 sólo se ofrecía con el motor de 8 cilindros que entregaba 100 CV y que cada año sería más potente, que en 1939 su potencia era de 107 CV.

En 1936 desaparecería el Commander para reaparecer en 1938 con un motor de seis cilindros antes de ser sustituido por un modelo totalmente nuevo en 1939.

Motor: 6 cilindros, 4.064 cc
Potencia: 56 kW (75 CV)
De 0 a 100 km/h: n/d
Velocidad máxima: n/d
Producción total: n/d

Una gama de 38 modelos en 1935 fue la causa que llevó a la desaparición del Commander durante tres temporadas en las que la marca Studebaker intentó regresar a la rentabilidad. Finalmente, se le reemplazaría en 1939.

STUDEBAKER CHAMPION

1939–57

El Champion se incorporaría al mercado para atraer a los clientes en general. Al principio se ofrecía como un sedán, un cupé con capacidad para tres pasajeros o cinco. Su relativa evolución le llevó a su desaparición en 1947 cuando se le reemplazó por otro modelo totalmente nuevo y con un diseño más moderno.

El Champion, más caro que sus competidores más directos, no pudo soportar la cantidad de pedidos que recibió en los primeros años de posguerra, pues Studebaker vendía cualquier modelo suyo que saliese al mercado. Suerte que en 1946 aparecería un Champion totalmente nuevo, cuando la mayoría de sus competidores aún no tendrían listos sus nuevos diseños hasta bien entrado 1948.

Ambos Champion, el de preguerra y el de 1947, disponían

El Champion fue un modelo americano de preguerra muy avanzado y frugal de construcción monocasco y sin estribos.

de un motor de 80 CV con 6 cilindros y de la opción a uno de 85 en los últimos. Como su predecesor el Champion de 1947 lo diseñó Raymond Loewy.

Studebaker completó su gama Champion en 1953 reduciéndola a sólo un nivel de acabado más que a un modelo autónomo como el Commander o el President, con accesorios y especificaciones más elevados.

Motor: 6 cilindros, 2.692 cc
Potencia: 60 kW (80 CV)
De 0 a 100 km/h: n/d
Velocidad máxima: 450.000 aprox.
Producción total: 450.000 aprox.

STUDEBAKER AVANTI

1962–63

Aunque la segunda generación del Avanti, el Avanti II, sobrevivió hasta la década de los 90, el modelo original no tuvo apenas

éxito. De hecho, sólo duró una única temporada al ser lanzado al mercado rápidamente en un intento fallido de insuflar

rentabilidad a la marca antes de su total desaparición.

Cuando se le presentó en 1962 el coche era considerablemente mejor

que cualquier otro modelo del mercado, pero la fábrica de Studebaker en South Bend estaba tan lejos de su central de suministros que nunca podría competir en productividad con sus rivales.

Disponía de frenos de disco delanteros (nunca antes un coche americano dirigido al mercado de masas dispuso de ellos) y su diseño característico lo realizó Raymond Loewy, el mismo que hizo el de la botella de Coca-Cola.

Su motor era de 4,7 l V8 conectado a una caja de cambios manual de cuatro velocidades. Por si su potencia no fuera suficiente también se equipaba con un motor capaz de superar los 224 CV mediante un sobrealimentador.

Motor: V8, 4.763 cc
Potencia: 156 kW (210 CV)
De 0 a 100 km/h: n/d
Velocidad máxima: 200 km/h
Producción total: 4.643

El Avanti tenía un diseño que eufemísticamente podía calificarse de característico. Muchos irían más allá y asegurarían que era más que extraño.

STUTZ BEARCAT

Equivalente del Caterham Seven en los años 20, el Stutz Bearcat no ofrecía ningún accesorio de comodidad a aquellos que prefirieran, por encima de todo, un coche de altas prestaciones.

Harry C. Stutz fue el hombre que estuvo detrás de la Stutz Car Company pero cuyo primer automóvil, que apareció en 1911, era fabricado de hecho por Ideal Motor Car Company de Indianápolis. Por entonces sólo se fabricaban bólidos de competición, pero con la aparición de los primeros coches de carretera en 1913, el nombre de Ideal pareció ser demasiado presumido y lo cambió por el de Stutz.

El primer deportivo con este nuevo nombre fue el Bearcat de 1914. No disponía de elementos de confort en su interior ya que no era más que un bólido para ir por la carretera y su mecánica era del todo convencional a excepción de su transmisión. Inspirado en el contemporáneo Mercer Raceabout, el Bearcat tenía básicamente la misma carrocería sencilla que su rival. Una carrocería mínima ya que para obtener el máximo de prestaciones era necesario tener un peso mínimo.

Su motor producía sólo 60 CV para sus 6.388 cc y tenía 4 cilindros, cualquier añadido extra podía alterar fácilmente la relación peso/potencia. Su gran motor con cabeza de T lo suministraba un fabricante de nombre Wisconsin y no necesitaba de altas revoluciones. De hecho, entregaba su mayor

El Stutz Bearcat podía alcanzar fácilmente los 100 km/h, lo que le hacía el supercoche de la época.

potencia a 1.500 rpm. Quienes desearan un motor capaz de llegar a más, la misma marca ofrecía un motor de 6 cilindros y 6,2 l que tuvo muy poco éxito.

Para ayudar a una mejor maniobrabilidad del Bearcat su chasis era bajo y formaba un ángulo delantero suspendido sobre unas ballestas semielípticas. Detrás tenía un eje rígido también con este tipo de ballestas. Como era costumbre no tenía frenos delanteros y los traseros eran de tambor.

Su transmisión manual de tres velocidades estaba montada formando una unidad con el eje trasero regido mediante un árbol de hélice, algo que entonces era

considerado como una innovación. Mucho más convencional era el cambio de marchas puesto a mano derecha. A excepción de su parabrisas en pieza única delante del conductor, los dos ocupantes no contaban con ninguna protección contra las inclemencias del tiempo. Dos sillones acolchados puestos delante del depósito de gasolina y una larga e inclinada columna de dirección eran los únicos elementos de su interior, ya que tampoco disponía de puertas.

Su popularidad se debió a sus éxitos deportivos. En 1915, el equipo de pilotos llamado White Squadron ganó todo tipo de pruebas con este modelo, pero su motor de 16 válvulas con árbol de

levas en cabeza tenía una capacidad de 4,8 l y no tenían nada que ver con los del modelo convencional. Sea como fuere, nada privaba al cliente rico de comprarse uno como aquellos quizá impresionado por las carreras de «Cannonball» Baker. En 1916 pudo arreglárselas para pulverizar el récord de velocidad atravesando los Estados Unidos, lo que dio a Bearcat un montón de publicidad.

Motor: 4 cilindros, 6.388 cc
Potencia: 45 kW (60 CV)
De 0 a 100 km/h: n/d
Velocidad máxima: 129 km/h aprox.
Producción total: 4.000 aprox.

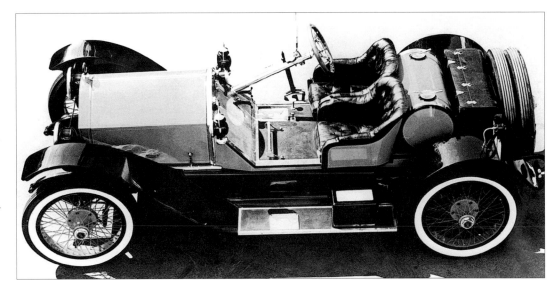

STUTZ BLACKHAWK

1929–30

Stutz se había especializado en coches caros, pero el Blackhawk tendía a un cambio que desbarató el «crack» del 29.

A mediados de los años 20, la firma Stutz se enriquecía, sus coches no paraban de venderse y su Vertical Eight, también conocido como el Safety Stutz, tenía gran éxito. Todos sus modelos tenían *glamour,* incluso más esplendoroso, el Black Hawk Speedster.

Cuando los negocios decayeron a final de la década Stutz decidió incorporar otro modelo llamado Blackhawk para recuperar la magia de su nombre. Se vendía como una marca distinta un poco separada de la Stutz real dado que era más barato que los que aquélla producía. Se ofrecía con motores de 6 u 8 cilindros que entregaban 853 o 95 CV

y se podía escoger entre una carrocería cerrada o abierta. El «crack» del 29 en Wall Street dio al traste con su fabricación a pesar de que se vendía a un precio más módico que los verdaderos Stutz, puesto que éstos inalcanzables para muchos posibles clientes.

Motor: 6 cilindros, 3.957 cc
Potencia: 63 kW (85 CV)
De 0 a 100 km/h: n/d
Velocidad máxima: n/d
Producción total: 1.590

STUTZ SV16

1931–34

El SV16 debió su nombre a las 16 válvulas de su motor por las que una era de entrada y otra de salida en cada uno de sus 8 cilindros. Del mismo modo se entiende el SV32, una abreviatura de Dual Valve 32, que tenía cuatro válvulas por cilindro. El SV16 estaba equipado con un motor de 5.277 cc

y 8 cilindros en línea con unos impresionantes 113 CV. El problema estaba en que era un coche caro que costaba 5.775 $ la versión con la distancia entre ejes corta y 7.495 $ la versión larga.

En todo el periodo de su fabricación apenas sufrió cambios de estética, pero en 1933 se incluyó

la opción de una caja de cambios de tres velocidades frente a la de cuatro velocidades Warner. Con esta opción se abarataba el precio del coche en 400 $, pero en los años de la Gran Depresión fue insuficiente para salvar a Stutz, que en 1934 sólo había fabricado seis coches. En 1937 Stutz cayó en bancarrota.

Motor: 8 cilindros, 5.277 cc
Potencia: 84 kW (113 CV)
De 0 a 100 km/h: n/d
Velocidad máxima: n/d
Producción total: n/d

SUBARU 360

1958–71

El 360 fue el primer coche fabricado por Subaru y apareció en 1958. Su diseño se correspondería con el de un coche accesible clave para conseguir ventas; era el típico coche japonés económico con un motor trasero de 2 cilindros refrigerado por aire y con la tracción también en las ruedas de atrás.

Apenas medía 3 m de largo y su motor de 356 cc con 2 cilindros entregaba sólo 16 CV. Más tarde su potencia aumentaría hasta los 20 CV y luego a los 22 CV de un último motor de 422 cc. Se le llamó Maia o K212 y estaba equipado con un tren motriz actualizado, una caja de cambios de tres velocidades y suspensión

Aunque con pocos supervivientes el 360 es quizá el único modelo que en la actualidad puede coleccionarse.

independiente en sus cuatro ruedas. En 1969 se le acoplaría una caja de cambios de cuatro velocidades y una suspensión por barras de torsión en sus cuatro ruedas

La versión familiar del modelo, llamada Custom, aparecería junto con una *pick-up* y un *buggie* inspirado en el Fiat Jolly.

Motor: 2 cilindros, 356 cc
Potencia: 12 kW (16 CV)
De 0 a 100 km/h: n/d
Velocidad máxima: 90 km/h
Producción total: 5.000

SUBARU LEONE

1971–79

La presentación en el mercado automovilístico del Subaru Leone en 1971 fue muy significativa pues fue el primer coche para el público en general equipado con tracción en las cuatro ruedas. Es cierto que el Jensen FF también disponía de este mecanismo, pero era muy caro. El Leone era más accesible.

Al principio la marca sólo fabricaba versiones sedán, pero a partir de septiembre de 1972 se sumó a la serie una versión familiar en un esfuerzo por popularizar el coche. Pocos clientes creían en la necesidad de tener un coche 4x4 de uso cotidiano, así que en un inicio sólo lo compraban por ejemplo agricultores que se movían en terrenos agrestes y en condiciones adversas. De todas maneras llegó a ser un coche confortable y con unas prestaciones mejoradas más cercanas a las de un comprador normal que lo usara en la carretera.

A finales de los 70 el Leone se había convertido en el 4x4 más vendido del mundo, ayudado sobre todo por la versión *pick-up* de 1977. Hoy día aún se le puede ver en granjas de todo el mundo; en algunos países se le conoce como Brat, y contribuyó sui no ha contribuido a formar la actual reputación de Subaru como fabricante de coches fiables.

Motor: 4 cilindros, 1.595 cc
Potencia: 48 kW (65 CV)
De 0 a 100 km/h: 16,7 s
Velocidad máxima: 139 km/h
Producción total: 1.269.000

SUNBEAM 3-LITRE

1925–30

Quien hable mucho de las maravillas de su coche, hace esperar a su público algo especial. Si Sunbeam puso a la venta su 3-litre (o Super Sport) por un precio de 1.125 £ justo cuando un Morris Bullnose se podía comprar por 170, es que los compradores esperaban algo especial de él, algo que no consiguieron.

Lo que obtuvieron fue un tren motriz de bólido de carreras con menor potencia que entregaba 69 CV acoplado a un chasis que no podía soportar tal potencia. Era un coche estrecho con una larga distancia entre ejes que le hacía inestable y con un frontal lastrado por el gran peso de su motor montado en una posición demasiado adelantada. Por otra parte estaba equipado con una suspensión trasera por ballestas y *cantilever* muy anticuada incluso en los modelos de serie de los años 20.

Si el chasis decepcionó, el motor no tanto, ya que disponía de un cigüeñal de siete apoyos, lubricación por cárter seco y un par de árboles de levas en cabeza. De hecho su tren motriz era tan rompedor que el 3-litre fue el primer coche con dos árboles de levas que se vendió en Gran Bretaña. En 1928 se sumó a la serie un 3-litre sobrealimentado que aún era más difícil de controlar que el estándar. Las ventas descendieron bruscamente y el último modelo saldría de fábrica en 1930.

Motor: 6 cilindros, 2.916 cc
Potencia: 69 kW (93 CV)
De 0 a 80 km/h: 24 s
Velocidad máxima: 145 km/h
Producción total: 305

Hubiese tenido que ser un modelo rompedor, pero el chasis del 3-litre no se correspondía con su gran motor.

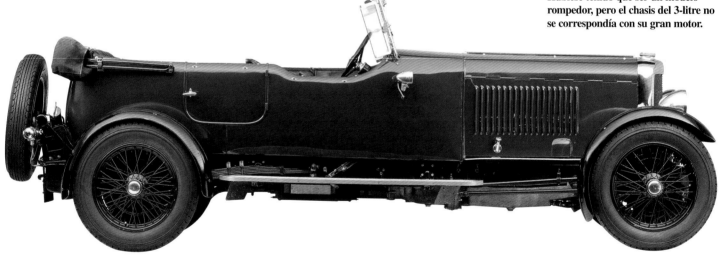

SUNBEAM TWENTY-FIVE

1934–35

Desde el día de su presentación en los años 20 Sunbeam luchó por ser una empresa rentable durante la década de los 30 no teniendo mucho capital para invertir en nuevos modelos. El Sunbeam Twenty-Five tenía sus raíces en los primeros Sixteen de 1929, pero su precio era de 875 £.

Las sucesivas modernizaciones y cambios en su diseño eran la única opción de la marca para actualizar el Sixteen y convertirlo en el Twenty del año 1933 y que más tarde pasaría a ser, siguiendo el mismo procedimiento, el Twenty–Five de 1934. De todas maneras estos modelos eran de carrocería muy elegante y adecuada a los motores y suspensiones. El problema estaba en que Sunbeam tenía que invertir el dinero que ganaba en el mismo modelo. El motor de estos modelos era de 3.317 cc y 6 cilindros en línea conectado a una caja de cambios de cuatro velocidades sincronizadas. Era un coche de conducción muy apacible a pesar de pesar más de 2.000 kg y podía llegar a los 128 km/h. Sus frenos eran muy resistentes y la dirección muy exacta, pero su rentabilidad continuaba siendo el problema. Al final Sunbeam acabaría siendo parte del Rootes Group en 1935.

Motor: 6 cilindros, 3.317 cc
Potencia: n/d
De 0 a 100 km/h: n/d
Velocidad máxima: 128 km/h
Producción total: n/d

SUNBEAM-TALBOT 90

1948–54

El Sunbeam-Talbot 90 que se vendió en la década de los 80 era una versión más barata y de prestaciones más bajas que las del mismo coche en tiempos anteriores.

prestaciones respecto a los modelos estándar.

El Mk II estaba un grado más allá de su predecesor porque usaba un nuevo chasis con suspensión delantera por muelles helicoidales y espoletas. Por otra parte se ofreció también una versión más potente con un motor de 4 cilindros que ya había tenido el Mk I, aunque esta vez de 2.267 cc. Al mismo tiempo se abandonó la idea de las luces de posición insertadas en la parrilla a favor de una rejilla de refrigeración. Cuando apareció el Mk II en 1952 no tendría las ruedas traseras cubiertas ni tampoco una ayuda a la refrigeración de sus grandes frenos traseros de tambor.

Motor: 4 cilindros, 1.944 cc
Potencia: 48 kW (64 CV)
De 0 a 100 km/h: 22,5 s
Velocidad máxima: 128 km/h
Producción total: 20.381

Cuando el Sunbeam-Talbot 90 empezó a venderse en 1948, tenía un eje delantero curvado y una suspensión semielíptica en sus cuatro ruedas. No tenía un diseño en forma de cuña, pero su motor de 1.944 cc con válvulas en cabeza le entregaba la potencia suficiente para tener unas buenas prestaciones.

Además de la carrocería sedán se ofrecía un cupé; ambos representaban el inicio de una nueva serie de Sunbeam-Talbots más elegantes y rápidos. Fueron coches tan aceptables que cuando en 1950 apareció el Mk II la marca tuvo que esforzarse para demostrar la mejora de sus

SUNBEAM ALPINE

1953–55

Motor: 4 cilindros, 2.267 cc
Potencia: 60 kW (80 CV)
De 0 a 100 km/h: 18,9 s
Velocidad máxima: 152 km/h
Producción total: 3.000 aprox.

más evolucionada respecto a los de su procedencia. Esto significa que sus ballestas delanteras eran más duras, la dirección más exacta y sus culatas refrigeradas. Pero su precio era más alto que el de rivales como el Triumph TR2 y sus ventas resultaron decepcionantes. El coche se dejaría de fabricar a los dos años justos de su lanzamiento.

La versión original del Sunbeam Alpine era estilizada pero demasiado cara en comparación con sus rivales, por eso sólo duró dos años en el mercado.

Basado en el sedán Sunbeam Talbot 90 Mk II, el Alpine original se presentó como un dos puertas biplaza de lo más familiar dotado de un chasis reforzado para preparar la aparición de la versión descapotable.

Su mecánica también se tomó del 90 Mk II, lo que significa que tenía la suspensión delantera independiente con muelles helicoidales y una potencia dada por un motor de 2,3 l y 4 cilindros que ya tenía el Humber Hawk y que entregaba 80 CV. Era un coche pesado y de pobres prestaciones por más que el motor tuviese mucho éxito en los rallies, especialmente en el de Montecarlo de 1955 donde quedó campeón.

El coche estaba diseñado pensando en el mercado americano, con un motor y una suspensión

SUNBEAM RAPIER

Aunque la mecánica del Rapier no era muy adelantada su resistencia le hizo popular en los rallies.

Este modelo era esencialmente un Hillman Minx de dos puertas modificado. El primero de los Sunbeam Rapier apareció en 1955 como un deportivo de cuatro asientos y con una mecánica muy parecida a la del Minx. Su suspensión delantera era por muelles helicoidales y espoletas y su motor con válvulas en cabeza de 1.390 cc, su caja de cambios y su *overdrive* de serie se basaban en las del Humber Hawk.

A partir de 1958 la segunda generación recibiría un motor de 1.494 cc y un cambio de marchas en columna montado en el suelo entre otros pequeños cambios en la dirección y en la suspensión. La tercera generación llegaría en 1959 con la idea asumida de que sería la última y era un híbrido del Rapier y el Alpine, que entonces era un modelo nuevo. Tenía la culata de aleación, frenos de disco delanteros y marchas de relación cerrada que mejoraban el coche, pero en 1961 se presentó la Serie IIIa un poco mejorada gracias a un motor de 1.592 cc que se había reservado para el final. La cuarta generación tendría las ruedas más pequeñas y una caja de cambios sincronizada.

Motor: 4 cilindros, 1.494 cc
Potencia: 51 kW (68 CV)
De 0 a 100 km/h: 20,2 s
Velocidad máxima: 144 km/h
Producción total: 68.809

SUNBEAM TIGER

Este modelo estaba equipado con un motor Ford V8 de 4.261 cc procedente del Alpine de la Serie IV. La estructura del coche apenas se modificó, pero obtuvo una dirección de cremallera y a la suspensión trasera se le añadió un puntal de Panhard.

Empezó a venderse en 1964 y tuvo más éxito en los Estados Unidos que en Gran Bretaña, donde los compradores estaban ya cansados de coches de poca frenada y con las llantas y neumáticos demasiado pequeños. Los compradores de los Estados Unidos estaban mucho más convencidos por la suavidad de su conducción, pero en seguida empezaron los problemas.

A finales de 1964 Chrysler absorbió parte de la financiación del Rootes Group y Sunbeam se resistió a tener el motor de una marca rival bajo su capó. En 1967 se comercializó una versión Mk II durante un corto espacio de tiempo; disponía de un motor de 4.727 cc de Ford que entregaba 220 CV y alcanzaba una velocidad máxima de 196 km/h, pero el proyecto finalizó antes de un año de rodaje cuando ya se habían fabricadosólo 6.495 Mk I y 571 Mk II.

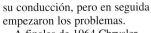

Motor: V8, 4.261 cc
Potencia: 122 kW (164 CV)
De 0 a 100 km/h: 9,5 s
Velocidad máxima: 188 km/h
Producción total: 7.066

Las prestaciones nunca fueron el objetivo principal del Alpine, pero sí el del Tiger. Dotado con un motor Ford V8 pronto superaría el déficit de caballos, pero su chasis apenas podía soportarlo.

SUNBEAM ALPINE SERIES I–V

Cuando se empezó a vender el Alpine, en julio de 1959, el Rootes Group ya había ganado reputación como fabricante de coches confortables, con estilo y acabados de calidad, mientras que Triumph, MG y Healey eran coches más para conductores expertos. A Sunbeam lo que menos le preocupaban eran las prestaciones.

Después de que el equipo de diseño de la propia casa no consiguiese una imagen apasionante de sus modelos, recurrió al inglés Ken Howes para que encontrase algo realmente radical. Había trabajado con Studebaker y Ford en América, por lo que no sorprendía que tuviese influencias del diseño de aquel país en sus bocetos finales, lo que fue inmediatamente aplaudido.

La Serie I se vendió en julio de 1959; era lenta, su potencia sólo alcanzaba los 78 CV en un motor de 1.494 cc de 4 cilindros con válvulas en cabeza que ya se había usado en 1954 con una menor capacidad, 63 CV, y 1.390 cc. El motor del Alpine disponía además de un colector de escape de cuatro ramas y una culata de fundición, por lo que se ayudaba a un futuro aumento de su potencia.

El coche estaba basado en un Hillman Husky, usaba la misma plataforma, con una velocidad

máxima de sólo 163 km/h y era tan rápido como cualquier otro Alpine anterior, por más que los motores eran muy fáciles de modificar. La transmisión sería la misma que la del Rapier, pero con una relación de marchas más cerradas y con la opción de un *overdrive* Laycock.

En octubre de 1960, cuando ya se habían fabricado 11.904 unidades de la Serie I, se presentó la Serie II. Su motor sería más grande, de 1.592 cc y con 80 CV; una nueva actualización del diseño mantuvo sus alas y su techo extraíble, pero los asientos eran más cómodos. Por aquel entonces, en marzo de 1963, se daría luz verde a la Serie III una vez se habían vendido 19.956 unidades.

La tercera generación del Alpine ofreció una nueva opción, la GT, que carecía de techo extraíble para así mantener su peso en el mínimo, pero el interior se había mejorado mucho con decoración de madera en el salpicadero y unos ribetes en el volante. Y lo que es más curioso, el GT es actualmente el modelo menos buscado a menos que se le haya convertido en un descapotable; en ese caso es todo lo contrario gracias precisamente a esta decoración en madera del salpicadero y del volante.

El techo duro opcional de la Serie III sería en adelante de acero en vez de aluminio (era igualmente más anguloso) y dos depósitos de gasolina sustituyeron al único que

Competidor enconado de los MGB, la belleza de la construcción del Sunbeam Alpine no se reflejaba tanto en su apasionante conducción.

tenían los modelos anteriores; con ello aumentaba el espacio del maletero. Se fabricaron sólo 5.863 unidades de la serie III haciendo de la versión Alpine una de las más raras a excepción del Alpine Harrington de techo fijo que es uno de los más deseados en la actualidad pues es el más refinado de estos modelos de grandes alas.

En enero de 1964, cuando se lanzó la Serie IV, ya había casi perdido sus alas posteriores y la parrilla se había convertido en una única barra cromada sustituyendo las cuatro barras anteriores. Se fabricaron 12.406 unidades antes de dar paso a la Serie V de septiembre de 1965 con la última versión del Alpine. El motor con cinco puntales era un deportivo de 1.724 cc que entregaba 92 CV, que alcanzaba los 161 km/h. El Alpine se dejó de fabricar en enero de 1968 con un total de 19.122 MkV construidas.

Motor: 4 cilindros, 1.494 cc
Potencia: 58 kW (78 CV)
De 0 a 100 km/h: 13,6 s
Velocidad máxima: 161 km/h
Producción total: 59.251

SUNBEAM VENEZIA

1963–65

Aunque es indudable que el Sunbeam Venezia tenía un nombre exótico, en realidad no fue más que una versión mejorada del Hilman Super Minx. Esta circunstancia hizo que Sunbeam no invirtiese tanto dinero en su coche como lo haría con Jaguar, a pesar de su motor de 1.592 cc y 4 cilindros. No sorprendía a nadie que la marca luchase para vender su Venezia desde el instante de su aparición en septiembre de

1963 y que su vida útil durase menos de dos temporadas.

Aparte de su *overdrive* de serie y una versión un poco más potente que el que normalmente equipaban los coches del grupo Rootes, no había nada mecánicamente destacable entre el Venezia y el resto de modelos más convencionales de la gama.

Touring se encargó de fabricarlo en Milán con una estructura

Había que desear realmente tener un Venezia para pagar su precio, aunque tuviera un acabado muy elegante de diseño Touring.

Superleggera (superligera) con un armazón de tubos de acero cubierto con paneles de aluminio extendidos. Se quiso fabricar una versión descapotable con un motor V8, pero nunca llegó a ser realidad. Su mecánica poco apasionante y su

precio alto hicieron que sus pedidos fuesen pocos; en sus dos temporadas de vida útil sólo se fabricaron 145 unidades.

Motor: 4 cilindros, 1.592 cc
Potencia: 66 kW (88 CV)
De 0 a 100 km/h: n/d
Velocidad máxima: 161 km/h
Producción total: 145

SUNBEAM IMP SPORT

1966–76

Cuando el Rootes Group decidió hacer una versión deportiva del Hillman Imp también optaron por ponerle el nombre de Sunbeam con la especificación Imp Sport. Sin duda estaba muy relacionado con el Imp pues su carrocería y su

mecánica eran iguales, excepto que el Sunbeam tenía dos carburadores en vez de uno. Esta circunstancia hacía que tuviese más potencia; gracias a sus ruedas más anchas se mejoró su maniobrabilidad y la refrigeración del motor con el uso

de un cofre hecho con listones. En 1970, se racionalizó la gama del grupo Rootes. Imp Sport se convirtió en el Sport y recibió un poco más de equipamiento y unos retoques en el diseño que le distinguieron de su hermano mayor.

Motor: 4 cilindros, 875 cc
Potencia: 39 kW (51 CV)
De 0 a 100 km/h: 16,3 s
Velocidad máxima: 144 km/h
Producción total: 10.000

SUNBEAM STILETTO

1967–63

Hoy día el más común de los derivados del Imp, el Sunbeam Sitletto tomó la carrocería cupé del Hillman Imp Californian y la mecánica del Imp Sport. El interior era único dentro de la gama con sus asientos delanteros reclinables y un salpicadero hecho a medida;

además tenía dos grupos ópticos delanteros en vez de los dos faros anteriores.

Para mejorar la maniobrabilidad del Stiletto respecto a la de sus hermanos, se redujo la cámara de la suspensión delantera, lo que dio al coche un aspecto de coche

de carreras y una excelente conducción

Pero sus ventas nunca despegaron y cuando Chrysler racionalizó su gama a principios de la década de los 70 el Stiletto fue uno de los primeros coches en desaparecer.

Motor: 4 cilindros, 875 cc
Potencia: 38 kW (51 CV)
De 0 a 100 km/h: 17,6 s
Velocidad máxima: 139 km/h
Producción total: 10.000 aprox.

SUNBEAM RAPIER Y ALPINE

1967–76

Todas las marcas tenían en los años 70 un cupé para completar la gama. Este es el Sunbeam de dos puertas derivado del mucho más modesto Hillman Hunter.

A pesar de que el Sunbeam Rapier tenía una imagen deportiva gracias a sus ventanas sin pilares en su modelo cupé, se trataba en realidad de un Hillman Hunter más logrado. Cuando se lanzó al mercado, Sunbeam ya era parte de Chrysler y se dijo que por su diseño era muy parecido al Plymouth Barracuda, lo que era sólo una casualidad; Roy Axe, su diseñador, negó cualquier relación.

Su motor de 88 CV y 1.725 cc tenía unas prestaciones aceptables gracias especialmente a su caja de cambios de relación cerrada y su *overdrive*, ambos de serie. La última versión del Rapier tuvo un Holbay H120 modificado con una culata especial, un carburador con dos estárter y

retoques en el estilo como llantas Rostyle y un alerón en el portón del maletero para hacerlo sobresalir.

La otra opción era comprar un Alpine, más sencillo y accesible que el Rapier, dotado de un único carburador, menos equipado y con unas prestaciones más modestas. Su comprador conduciría un coche muy parecido al Rapier pero menos costoso.

Motor: 4 cilindros, 1.725 cc
Potencia: 57 kW (76 CV)
De 0 a 100 km/h: 12,8 s
Velocidad máxima: 165 km/h
Producción total: 46.204

SUZUKI SC100 «WHIZZKID»

1978–82

Un coche japonés de la clase K evolucionado del original Suzuki SC100 fabricado siguiendo unas pautas muy estrictas. Su motor sólo disponía de 660 cc de capacidad y sus medidas estaban igualmente

limitadas. En el mercado japonés se ofrecían dos versiones con un motor de 3 cilindros y dos tiempos o uno trasero de 574 cc de cuatro tiempos y dos árboles de levas.

Su diseño de Giorhgietto Giugiaro debutaría en 1971, pero no fue hasta pasados siete años en 1978, que entró en producción. Para cuando llegó a Europa estaba ya equipado con un motor de fundición

de 970 cc y 4 cilindros que le permitían alcanzar los 128 km/h y mucho más vendible.

El coche no tenía muy buena distribución del espacio, su maletero era pequeño y en su habitáculo sólo había espacio para que dos ocupantes viajaran cómodamente, y eso que era 15 cm más largo que el Mini, pero fue un gran éxito. Era un coche divertido de conducir y ágil del que sólo se podían vender 2.000 unidades anuales en Gran Bretaña, donde se llamaban cariñosamente «Whizzkid». Todos se vendieron rápidamente y cuando fue sustituido por el Alto con tracción en las ruedas delanteras, ya no fue lo mismo.

A pesar de su largo periodo de gestación, de siete años, el SC100 tuvo unos cuatro años de producción muy populares. Hoy día es muy fácil de conseguir.

Motor: 4 cilindros, 970 cc
Potencia: 35 kW (47 CV)
De 0 a 100 km/h: 17,3 s
Velocidad máxima: 131 km/h
Producción total: 894.000 (todos los modelos)

SWALLOW DORETTI

El Swallow Doretti, basado en el Triumph TR2, es actualmente un coche muy deseado dada su rareza, pero su precio es muy elevado.

Su carrocería se fabricó en la misma casa Swallow y su mecánica la prestó el Triumph TR2. Fue un coche fiable con un motor y una caja de cambios muy experimentados, con un par descomunal aunque de mecánica poco refinada.

Swallow fue vendida a Tube Investments por William Lyons cuando éste se decidió a fabricar los Jaguar. Cuando la fabricación de los sidecar decayó hasta quedar en un estado terminal a mediados de 1950 Tube Investments decidió crear sus propios automóviles, los Doretti.

Un armazón tubular cubierto de láminas de acero hechas a mano y recubiertas con paneles de aluminio y un interior decorado con tapicería de piel eran las características de este modelo. Su maletero tenía limitaciones, pero era un coche divertido de conducir, capaz de alcanzar los 160 km/h gracias a su motor de 1.991 cc del Triumph TR2 con 4 cilindros que desarrollaba 90 CV briosos y un gran par.

Los costes de producción eran altos, se vendía junto con los TR2 a un precio 250 £ más bajo, pero los clientes preferían al más conocido Triumph. Estaba claro que la marca nunca podría recaudar dinero fabricando acreditados deportivos en tan poca cantidad, por lo que su producción cesó en 1955 sin intentar crear un coche superior.

Motor: 4 cilindros, 1.991 cc
Potencia: 67 kW (90 CV)
De 0 a 100 km/h: 13,4 s
Velocidad máxima: 156 km/h
Producción total: 276

TALBOT 14/45

Cuando apareció el 14/45 de Talbot en 1926, ésta era parte del grupo Sunbeam-Talbot-Darraq. Pero a diferencia de las otras dos marcas del grupo Sunbeam no era demasiado rentable y tenía muchas pérdidas. Diseñado por Georges Roesch y con un motor de 1.665 cc y 6 cilindros con válvulas en cabeza, el 14/45 fue la solución que necesitaba el grupo para rescatarlo. Era muy remarcable el hecho de que el coche se desarrollase en sólo seis meses y que pronto obtuviese éxitos en la competición ganando reputación como un coche perdurable.

Su velocidad máxima era sólo de unos 100 km/h, pero sus habilidades para el viaje eran mucho mejores que las de sus rivales. Insuperablemente refinado y con una excelente maniobrabilidad gracias a su chasis, el 14/45 era un coche muy cómodo que podía adquirirse por poco dinero. Además la excelencia de su maniobrabilidad se debía en parte a que su suspensión delantera era de ballestas semielípticas y de cuarto de elipse detrás. Se ofrecía un gran abanico de carrocerías para asegurar que había una para cada cliente. Entre ellas destacaban la descapotable y la turismo, pero había también sedán, cupé y *landaulette*.

Motor: 6 cilindros, 1.665 cc
Potencia: 34 kW (45 CV)
De 0 a 100 km/h: n/d
Velocidad máxima: 100 km/h
Producción total: 11.851

El 14/45 fue el coche que Talbot lanzó al mercado con la idea de solucionar un desastre económico. A pesar de ser un vehículo muy innovador, también era muy fiable y confortable de conducir, lo que le hizo muy popular. Al mismo tiempo aportó la salud económica más que necesaria a la marca Sunbeam del mismo grupo.

TALBOT-LAGO

1946–55

Talbot-Lago fue una de las marcas que nacieron de la unión entre Talbot, Sunbeam y Darracq en 1935. La fundó Anthony Lago con la idea de fabricar deportivos exclusivos y muy caros. Al principio todos sus modelos tenían un motor de 6 cilindros, incluido el Grand Sport de 1947 y sus 4.482 cc. En su día fue un gran turismo muy moderno dotado con tres carburadores, ruedas con el cierre en el centro y suspensión delantera independiente.

Si el final de la Segunda Guerra Mundial provocó la desaparición de muchos fabricantes de coches exóticos, Talbot-Lago se mantuvo con sus realmente impresionantes diseños del gran Saoutchick.

En 1950 se introdujo en el mercado la versión Baby con su motor de 2,7 l con tal de aumentar sus ventas, pero no tuvo éxito ni con su diseño finalizado en 1952. En 1957 hubo un intento final para revitalizar la empresa, se trataba del America, un vehículo que usaba el motor de 2,6 l BMW. De nada sirvió que los coches fuesen muy ansiados y respetados, la marca luchó para sobrevivir hasta 1959 cuando la compró Simca.

Motor: 4 cilindros, 2.491 cc
Potencia: 89 kW (120 CV)
De 0 a 100 km/h: n/d
Velocidad máxima: 174 km/h
Producción total: 80 aprox.

Talbot-Lago sufrió el eterno problema de los pequeños fabricantes de coches para conseguir beneficios.

TATRA TYPE 11

1923–26

Tatra empezó a fabricar coches en 1897 con el nombre de Nesseldorf, la ciudad checoslovaca donde se fabricaban. Cuando esta ciudad se rebautizó como Koprivnice en 1918 la marca también cambió el suyo por el de Tatra, más fácil de pronunciar y refiriéndose a unos montes cercanos. En 1923 se lanzaría un nuevo coche diseñado por Hans Ledwinka.

Se trataba de un nuevo tipo de coche ligero, el Type 11, que no usaba el típico chasis convencional y cuya carrocería delantera la soportaban unos balancines colgantes del tubo central y con una suspensión trasera independiente con ejes no rígidos aguantados por ballestas de láminas transversales.

Su motor de 1.036 cc refrigerado por aire y 2 cilindros en línea, estaba delante y gracias al eje flexible de la suspensión el coche era muy apto para correr por las carreteras checoslovacas.

El coche tuvo un éxito inmediato e incluso era más barato que muchos de sus rivales. Se venderían unas 3.500 unidades del T-11 en los primeros tres años antes de que fuese sustituido por el T-12, un coche casi idéntico al T-11 a excepción de que tenía frenos de disco en sus cuatro ruedas y cierto número de mejoras menores.

Motor: 2 cilindros, 1.036 cc
Potencia: 10 kW (13 CV)
De 0 a 100 km/h: n/d
Velocidad máxima: 90 km/h aprox.
Producción total: 3.500 aprox.

TATRA TYPE 77

1934–37

El Type 77 tenía un aspecto realmente futurista y se puso en manos de los más importantes dirigentes gubernamentales.

Comparando este coche con otros de su época parecía muy adelantado. Incluso la Traction Avant de Citroën parecía actualizada en esta maravilla checoslovaca. Su dirección en todo lo ancho y su amplio espacio interior le hacían ser en verdad adelantado a su tiempo; fue una pena que pudiendo ser un coche popular sólo lo comprasen los altos dignatarios del Partido Comunista.

Diseñado por Hans Ledvimka, fue algo diferente a todo lo que se ofrecía entonces, tanto por su diseño exterior como por su ingeniería mecánica. Aunque su chasis era característico en los diseños de Ledwika, el motor refrigerado por aire era único, tenía 2.970 cc y 8 cilindros en V montado detrás.

Con la suspensión sobre un eje flexible y todo su peso situado detrás, la maniobrabilidad era terrible; de nada servía que pesara 1.678 kg, pero aun así era capaz de alcanzar los 137 km/h u 8 km más si se optaba por tener el tren motriz de 3.400 cc que se ofrecía desde 1935. Su excesivo peso hizo que la aceleración fuese lenta y una vez el coche circulaba a altas velocidades, se veía cómo se levantaba el frontal, una experiencia desagradable.

Motor: V8, 2.970 cc
Potencia: 45 kW (60 CV)
De 0 a 100 km/h: n/d
Velocidad máxima: 137 km/h
Producción total: n/d

TATRA T57B

1938–49

El primer coche de la serie T57 apareció en 1931 dotado con un motor de 1.150 cc delantero refrigerado por aire y con válvulas en cabeza que generaba sólo 18 CV. Como era tradicional en los diseños de la marca el chasis era tubular con ejes flexibles traseros. El T57 se convirtió en el primer Tatra importado oficialmente al Reino

Unido por el Capitán Fitzmaurice por el que pidió 260 £, un precio caro frente a sus rivales. Además la única versión que creó Fitzmaurice costaría 595 £ y dispondría de un motor de 1.484 cc, una instrumentación extra y un interior más lujoso.

El coche tomó el nombre de T57a en 1936 cuando se aumentó

su potencia hasta los 20 CV y sufrió algunos cambios que le llevarían en 1938 a llamarse T57b, un coche con un motor derivado de 1.256 cc que entregaba unos 25 CV.

Entre los modelos que se vendían había un sedán cerrado y un turismo descapotable. Todas las versiones tenían buen conducir, lo que era mucho más de lo que podían ofrecer

cualquiera de los coches del mercado; pero una vez más los altos precios desmotivaron a los clientes.

Motor: 4 cilindros, 1.256 cc
Potencia: 19 kW (25 CV)
De 0 a 100 km/h: n/d
Velocidad máxima: n/d
Producción total: 22.000 (todas las versiones)

TATRA TYPE 87

1937–50

Las muchas lecciones aprendidas del T77, hicieron que la carrocería del T87 tuviese un motor de aluminio más ligero a la vez que tranquilo que aquel al que reemplazaba. De hecho el coche era un 24 por 100 menos pesado que su predecesor cuyo motor era de aleación, lo que permitía conducirlo con más seguridad gracias a la mejor distribución de su peso.

El diseño del coche y su construcción eran tan convencionales como su predecesor, Hans Ledwinka se limitó a suavizar las líneas del T77. El cristal curvado aún no era posible, por lo que su parabrisas tenía tres piezas con una pequeña ventana allí donde había un pequeño pilar.

Para resistir la mala calidad del petróleo, su relación se redujo a sólo 5,6:1, lo que no privó que el coche alcanzara los 161 km/h con

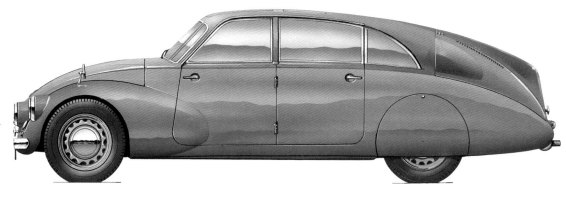

un motor que rendía 75 CV y ayudado por un Cx de sólo 0,36, mejor que el de muchos de los modelos actuales.

Su maniobrabilidad era aún impredecible, pero muchos oficiales del ejército alemán tenían un T87, hasta que el gran número

de accidentes hizo disminuir mucho su número.

Motor: V8, 2.968 cc
Potencia: 56 kW (75 CV)
De 0 a 100 km/h: n/d
Velocidad máxima: 161 km/h
Producción total: n/d

El Type 87 era tan caro como su predecesor, pero se diferenciaba en su maniobrabilidad, que era muy imprevisible. Igualmente fue un coche de diseño y construcción poco convencional a pesar de ser considerablemente ligero.

TATRA T600 TATRAPLAN

1948–54

La versión descapotable del T600 es muy inusual; mucho má típica es la del sedán de cuatro puertas.

Los trabajos sobre el T600 Tratraplan empezaron en invierno de 1945 para sacar su primer prototipo a principios de 1946. Dubbed Ambroz, el diseñador del coche, no se esforzó demasiado en hacer una carrocería con una forma muy escurridiza con aletas en la cola, ruedas traseras cubiertas y un parabrisas partido.

La meta era tener el coche acabado para el Salón del Automóvil de Praga, donde se presentarían los seis primeros modelos. Allí su nombre fue T107, pero después se le rebautizó como T600 Tatraplan.

Se lanzó al mercado en 1948 para sobrevivir a los modelos T57, T87 y T97. Actualmente, aunque tiene ya más de 50 años, su diseño continúa siendo futurista. En sus primeras apariciones debió parecer muy raro. Su carrocería se basaba en la del T97, muy aerodinámica. Cuando se decidió el cese de su fabricación se habían ofrecido muchas versiones, entre ellas las de motor diésel T600D, el de carrocería de aluminio Monte Carlo T601, ambulancias y *pick-up*.

Motor: 4 cilindros, 1.950 cc
Potencia: 39 kW (52 CV)
De 0 a 80 km/h: 25 s
Velocidad máxima: 130 km/h
Producción total: n/d

TATRA 603

Después de tener un vacío en su gama durante tres años, Tatra presentó en 1957 su fantástico modelo 603. Su diseño tenía reminiscencias escondidas del primer T77 de Ledwinka con su característico motor V-8 trasero adelantado de 2,5 l. Para asegurarse de que éste no se sobrecalentara se le pusieron dos entradas de aire en las aletas traseras y un ventilador termostático en el parachoques delantero

A pesar de que el motor era razonablemente ligero gracias a su construcción de fundición, su pobre relación de compresión de 6,5:1 significa que sólo entregaba 100 CV. En un coche de casi 1.500 kg esta circunstancia provocaba que tuviese unas prestaciones modestas. Gracias a su forma aerodinámica podía

El último de los curvos Tatra, el 603 era tan poco convencional como todos los que le precedieron.

rebasar la barrera de los 161 km/h si se conducía en línea recta y con un espacio y tiempo suficiente. Su caja de cambios de cuatro velocidades se accionaba desde la columna y los primeros modelos tenían frenos de tambor en las cuatro ruedas, pero más tarde serían de disco. Se le practicaron cambios de forma gradual, el más destacable fue el que en 1967 dio lugar al 603-2. Éste tenía unos grupos ópticos más separados en unas parrilla nueva y además muchos de los antiguos propietarios modificaron el motor que más tarde incorporaría estas características.

Motor: V8, 2.472 cc
Potencia: 78 kW (105 CV)
De 0 a 100 km/h: 15,2 s
Velocidad máxima: 158 km/h
Producción total: 20.422

TATRA 613

Cuando se presentó al mercado el 613 a mediados de los 70, los coches con motor trasero estaban ya casi olvidados. El Fiat 126, el Porsche 911 y el Volkswagen Escarabajo todavía estaban en producción y aún había otros pocos modelos que siguieran esta tradición. Sea como fuere, Tatra había fabricado durante décadas coches con motor trasero y no tenía

razones para cambiar su política sólo para seguir una moda.

Tatra había aprendido que poner un tren motriz tan pesado causaba una pobre maniobrabilidad. Por eso, cuando el 613 se diseñó para que cupiese un motor V8 a lo largo con un árbol de levas cuadrado y refrigerado por aire en su cofre, se insistió en ponerlo más adelante que en los modelos anteriores.

El sedán de cuatro puertas de carrocería curvada se sustituyó por uno nuevo más anguloso diseñado por Vignale. Los pedidos siempre fueron escasos ya que pocos

Se fabricó durante dos décadas y fue el último Tatra puro antes de que desapareciera la empresa en 1998.

afortunados podían costearse un coche tan grande. Aunque el 613 continuó vendiéndose hasta 1998, en 1996 ya se le había cambiado el nombre por el de T700.

Motor: V8, 3.495 cc
Potencia: 123 kW (165 CV)
De 0 a 100 km/h: 12 s
Velocidad máxima: 184 km/h
Producción total: n/d

TERRAPLANE SIX

1932–37

Hudson empezó a fabricar coches en 1909, pero fue en 1919 cuando decidió dedicarse a los vehículos pequeños y relativamente baratos y separarse del nombre de Essex, más conocido y dedicado a los coches de alta gama (el nombre se tomó por casualidad de un mapa y estuvo a punto de denominarse Kent). Así el Essex-Terraplane, de

1932, fue un vehículo más barato, y no muy refinado, que los otros Essex. A la luz de las condiciones económicas del momento, era imprescindible para Essex encontrar esta nueva vía de subsistencia, pues el público ya no podía afrontar por más tiempo la compra de los coches caros que fabricaba Hudson.

Su potencia le venía dada por los 70 CV de su motor de 3.164 cc y 6 cilindros con válvulas laterales. La gran agresividad del Six se debía a su chasis ligero, que según Hudson era el que tenía una mejor relación peso/potencia de todos los coches de su clase.
Lo que es más, su precio muy competitivo le hacía ser una buena

opción a Chevrolet, Ford y Plymouth. En 1933 ya no se llamaría Essex y se quedaría en Six, en el Terraplane Six.

Motor: 6 cilindros, 3.126 cc
Potencia: 52 kW (70 CV)
De 0 a 100 km/h: n/d
Velocidad máxima: 144 km/h
Producción total: n/d

THURNER RS

1969–74

Aunque usaba piezas del NSU 1200TT, el Thurner RS se convertiría en uno de los coches alemanes menos conocidos y duró sólo unos cinco años. Fue un deportivo con carrocería de fibra de vidrio relativamente pequeño y hecho a mano cuyo frontal recordaba en parte al del Porsche 904, quizá porque su parabrisas

era el mismo del del 904 GTS. La idea de Rudolf Thurner era fabricar deportivos para el gran público, lo que consiguió gracias a su modelo RS a pesar de que sus ventas no fuesen más que de 121 unidades.
Su chasis fue el de un NSU 1200TT recortado sobre el que Thurner quiso poner la potencia

y las prestaciones de un Porsche. Pero este motor nunca llegó y tuvo que ser el de un NSU de 4 cilindros en línea; estaba refrigerado por aire y entregaba, una vez modificado, 93 CV, por lo que el coche era muy rápido. Su diseño de líneas estilizadas se completaba con unas puertas en gaviota que minimizaban la resistencia aerodinámica y le

ayudaban a tener unas prestaciones muy superiores a las del 1200TT, ya que, por otra parte, pesaba sólo 570 kg.

Motor: 4 cilindros, 1.177 cc
Potencia: 48 kW (65 CV)
De 0 a 80 km/h: 7,1 s
Velocidad máxima: 180 km/h
Producción total: 121

TOYOTA SPORTS 800

1965–70

El Toyota Sports 800, de 1967, estaba fabricado por el mayor fabricante de automóviles japonés. Pero Toyota estaba deseoso de entrar en el mercado internacional

ya que ni en los Estados Unidos ni en Europa se conocían sus pequeños y graciosos deportivos.
Derivado del sedán Publica, el Sports 800 disponía de un motor

refrigerado por aire de 790 cc en posición opuesta horizontal y de dos cilindros que entregaba sólo 49 CV. Era un coche de poco peso, sólo 580 kg y podía alcanzar los 154 km/h.

Su único carburador alimentaba a sus 2 cilindros dándoles mucho brío, pero su agarre a la carretera era limitado. Su suspensión por ballestas semielípticas y un eje rígido no era muy sofisticado, pero las dobles válvulas y las barras antivuelco delanteras ayudaban a mantenerlo firme.
El panel del techo extraíble tipo targa no se había visto con anterioridad excepto en el Triumph TR4 y su caja de cambios sincronizada de cuatro velocidades era excelente. El bajo precio del coche lo hizo rivalizar sólo con el Honda S800, pues fue una pena que la marca decidiese no exportarlo.

Motor: 2 cilindros, 790 cc
Potencia: 37 kW (49 CV)
De 0 a 100 km/h: n/d
Velocidad máxima: 155 km/h
Producción total: 3.131

Hoy día olvidado, el Toyota 800 siempre ha estado ensombrecido por la fama de su rival el Honda S800. Con poca visión comercial Toyota sólo lo vendería en Japón y nunca se decidiría a exportarlo.

TOYOTA 2000GT

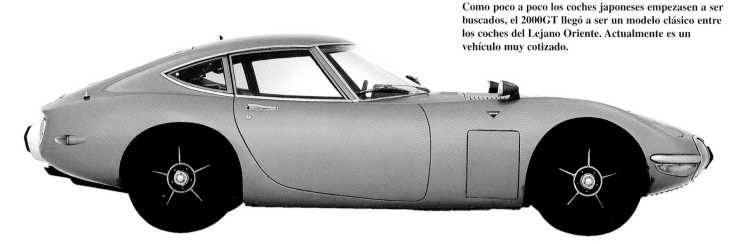

Como poco a poco los coches japoneses empezasen a ser buscados, el 2000GT llegó a ser un modelo clásico entre los coches del Lejano Oriente. Actualmente es un vehículo muy cotizado.

El 2000GT apareció por primera vez en 1967 tras cuatro años de desarrollo. Los ingenieros de la marca habían estado observando los mejores deportivos del momento y decidió fabricar uno propio.

El Crown de 1.998 cc con un bloque de 6 cilindros y dos nuevos árboles de levas en cabeza y culata entregaba 112 CV, los suficientes para que tuviese una velocidad máxima de 219 km/h y acelerase de 0 a 100 en menos de 10 s.

Para que fuese un verdadero deportivo se optó por un chasis fabricado según las normas de Lotus para el modelo Elan conocido por sus cualidades dinámicas. Estaba dotado con frenos de disco y amortiguadores de distancia desigual en sus cuatro ruedas el coche parecía acercarse a la excelencia. Por desgracia su diseño exageradamente elaborado y la poco lustrosa imagen de la marca no favorecieron las ventas del modelo a un público que no tenía en cuenta sus muy buenas cualidades de conducción.

Sólo se fabricaron 337 unidades del 2000GT en la versión descapotable a pesar de su aparición en la película de James Bond *Sólo se vive dos veces*. El coche se dejó de fabricar tres años después de su lanzamiento.

Motor: 6 cilindros, 1.998 cc
Potencia: 112 kW (150 CV)
De 0 a 100 km/h: 8,4 s
Velocidad máxima: 219 km/h
Producción total: 337

TOYOTA CORONA

El Corona apareció en el mercado en 1957, pero sufriría numerosos cambios a lo largo de sus treinta años de vida; siempre hubo un modelo Corona incluso en la gama de los años 80. Se intentó que el modelo fuese un sedán medio familiar, y la versión de los años 60 fue un éxito total que permitió el desarrollo de otros modelos de la marca.

Cuando apareció la tercera generación del Corona en 1964, éste había evolucionado mucho sobre todo en términos de ingeniería dada su construcción monocasco y su nuevo motor de 92 CV y 1.591 cc de 4 cilindros. Volvió a ser un inmediato *best-seller* en el mercado japonés y también en el extranjero. La revista americana *Road & Track* lo votó como el Mejor Coche Importado del Año en 1969 y en 1971 aún iría un poco más allá con su cuarta generación consiguiendo el título de Coche del Año.

Esta cuarta generación de Corona apreció en 1970 con un nuevo motor de 1.707 cc que podía entregar 95 o 105 CV dependiendo de su compresión. Se ofreció, para aumentar las ventas, en un gran abanico de carrocerías que iban desde la sedán y un cupé hasta un familiar.

Motor: 4 cilindros, 1.591 cc
Potencia: 69 kW (92 CV)
De 0 a 100 km/h: 17,2 s
Velocidad máxima: 150 km/h
Producción total: 1.788.000

El Corona fue un coche popular, lo que significa que su diseño nada novedoso se unía a una mecánica convencional, pero aun así fue todo un éxito.

TOYOTA CROWN

1967–74

Motor: 6 cilindros, 1.988 cc
Potencia: 93 kW (125 CV)
De 0 a 100 km/h: 12,7 s
Velocidad máxima: 163 km/h
Producción total: n/d

La tercera generación del Crown se lanzó al mercado en 1967 con un nuevo chasis diseñado para cumplir con la nueva normativa de seguridad de los Estados Unidos. Se fabricaba con el pensamiento puesto en el mercado americano ya que Toyota se había dado cuenta de que sus modelos más grandes y lujosos destinados al mercado en general podía tener un buen papel en un país tan grande como aquél.

Su motor de 6 cilindros en línea de 1.988 cc y 125 CV le daban una conducción relajada y muy adecuada para viajes largos. Se ofrecía tanto en cupé como sedán para así aumentar su cercanía al público. Los clientes japoneses tenían además la opción de un motor nuevo de 1.994 cc y 4 cilindros más baratos de mantener, y en 1968 una versión familiar aumentaría los modelos de la serie.

En 1971 se presentaría la cuarta generación del Crown con innovaciones como ABS y un control automático de transmisión. Si su motor de 2 l no era lo bastante potente se podía optar a otro más potente de 2,6 l ideal para cruzar los Estados Unidos de manera relajada. Hoy día es uno de los clásicos más buscado en Japón.

Mucha potencia, muy buena construcción e innovaciones, fueron las características de un Crown que le garantizaban el éxito en el mercado estadounidense.

TOYOTA CELICA

1970–77

El primer Toyota Celica se presentó en el Salón del Motor de Tokio de 1970 aprovechando la mecánica y la plataforma del Carina. Se ofrecía con varios motores pero sólo una carrocería, un cupé de dos puertas. Se desarrollaría una nueva caja de cambios de cinco velocidades que mejorase su fiabilidad, su suavidad de marcha y su confort en viaje, ya que a pesar de tener un diseño deportivo en el modelo no se perseguían prestaciones como la rapidez o la maniobrabilidad.

Su suspensión delantera era del tipo MacPherson con muelles helicoidales y una barra antivuelco; la trasera tenía un eje rígido suspendido sobre muelles helicoidales. Los frenos eran de disco en las ruedas delanteras y de tambor detrás, y bajo su capó podía haber motores de 1,4 o 1,6 l, en el mercado japonés, y de 1,6 o 2 l en el de exportación.

No era común, pero también se podía escoger con uno o dos árboles de levas para lo que ostentaría las siglas ST o GT. El Celica de Toyota, el *pony car* japonés, competía con el Ford Capri, con la ventaja de que hasta su motor más pequeño podía alcanzar los 168 km/h.

Motor: 4 cilindros, 1.588 cc
Potencia: 54 kW (73 CV)
De 0 a 100 km/h: n/d
Velocidad máxima: 170 km/h
Producción total: 1.210.951

Hoy día el nombre de Celica sobrevive en el siglo XXI cuando el primero de ellos se ofrecía como un buen diseño que ofrecía una excelente experiencia al volante.

TOYOTA MR2 MK I

Los deportivos biplaza apenas existían hasta la aparición del MR2; con él se inició una nueva generación de deportivos asequibles.

En el Salón del Automóvil se presentó el *concept car* SV3 tuvo una respuesta muy favorable. Toyota quería fabricar un deportivo asequible de motor central y en un año puso en el mercado el Midship Runabout Two-Seater (MR2)

Sus motores podían ser de 1.588 cc con dos árboles de levas en cabeza o de 1.453 cc con uno solo. Estaba colocado encima de las ruedas tractoras cerca del centro del coche y ofrecía 143 CV (igual que en la versión sobrealimentada que se vendía en algunos mercados); sus prestaciones eran altas gracias a su poco peso, de sólo 1.050 kg. Su motor ascendía de las iniciales 800 rpm a las 7500 de la línea roja en un suspiro, lo que ayudaba a acelerar de 0 a 100 en menos de 8 s y a alcanzar una velocidad máxima de 193 km/h.

Los frenos de disco y la suspensión MacPherson en sus cuatro ruedas hacían que su conducción fuese confortable y con el acertado refinamiento característico de Toyota presente incluso en las versiones más modestas.

El resultado fue un coche muy popular que tuvo un éxito extraordinario desde un primer momento.

Motor: 4 cilindros, 1.588 cc
Potencia: 91 kW (122 CV)
De 0 a 100 km/h: 7,7 s
Velocidad máxima: 193 km/h
Producción total: 166.104

TRABANT 601

La reunificación alemana capturó en la mente de muchos un coche, el Trabant 601. Era el más popular de todos y se convirtió en obsoleto, y casi una ganga, de la noche a la mañana. Hoy es un coche muy *chic*.

El 601 fue la evolución del 600 y entró en producción en 1964 sin apenas notarse ningún cambio. De las varias carrocerías con que se ofrecía la más popular fue la sedán, conocida con simpatía como la limusina. Había igualmente una

Aunque el Trabant desapareció con la caída del muro de Berlín en 1989, fue un coche que destacaba por su fiabilidad y economía, aunque no por sus prestaciones. Por otra parte e irónicamente hoy se ha convertido en un coche *chic*.

versión militar, una familiar (la Universal) o incluso un descapotable fabricado por el carrocero de Osnabruck Osterman.

Se fabricó durante 26 años sin apenas ningún cambio. A partir de 1965 se ofreció como opción una caja de cambios automática y en 1969 se aumentó su potencia con 3 CV más. La batería de 12 V llegaría en 1983 y desde mayo de 1990 se le equipaba con el motor de 1,1 l del Volkswagen Polo, justo un año antes del cese de su fabricación.

Lo mejor de este coche era la fiabilidad, basada en su sencillez. Compitió en rallies de todo el mundo, desde el 1.000 Lagos hasta el RAC Rally de Gran Bretaña. En su palmarés consta que ganó el Rally Acrópolis de Grecia.

Motor: 4 cilindros de dos tiempos, 594 cc
Potencia: 19 kW (26 CV)
De 0 a 100 km/h: n/d
Velocidad máxima: 100 km/h
Producción total: 3.000.000

TRIDENT CLIPPER

Sucesor espiritual del Sunbeam Tiger, el Trident Clipper respiraba potencia sobre un chasis muy sencillo.

Cuando el Trident se presentó por primera vez en el Racing Car Show en 1966 nadie contaba que la historia de su desarrollo hubiese sido toda una aventura. Empezó como un prototipo de TVR para

llegar a formar parte de la desaparecida Grantura Engineering y el hecho de que se fabricara como edición limitada fue un milagro. El modelo nunca entró claramente en producción hasta 1969 basándose al principio en el chasis del TVR Grantura Mk III, pero más tarde fue sustituido por el de un Austin Healey 3000 con un motor de 390 CV y 4,7 l Ford V8.

El Austin Healey no tardaría en dejarse de fabricar y el Trident tuvo que utilizar el chasis y el armazón del Triumph TR6. Su precio de salida en kit era de 1.923 £, más caro que un Jaguar E-type y no mucho menos que un Aston Martin DB5.

La marca caería en la bancarrota en 1972 cuando ya había reemplazado su motor por un 4,7 l

V8 con 5.562 cc. El proyecto se recuperó por un corto espacio de tiempo a mediados de los 70, ahora con un motor de 6 l de Chrysler.

Motor: V8, 4.727 cc
Potencia: 291 kW (390 CV)
De 0 a 100 km/h: n/d
Velocidad máxima: 219 km/h
Producción total: 225 (incluyendo las versiones Venturer y Tycoon)

TRIDENT VENTURER Y TYCOON

Montado sobre el chasis de un Triumph TR6 modificado, los Venturer y Tycoon tenían un diseño muy parecido al del Clipper. Su motor Ford de 6 cilindros había, empero, sustituido el V8 anterior. El Venturer había acogido el motor

de 2.994 cc y 138 CV Essex V6 del Ford Capri, mientras que el Tycoon uno de 150 CV y 2.498 cc de inyección y 6 cilindros en línea del mismo Triumph TR6.

Se estima que sólo se fabricaron siete Tycoon porque

Tanto el Venturer como el Tycoon dependieron mucho del Clipper dado su aspecto exterior, pero bajo su capó se escondía un motor menos potente. Aun así su precio era desorbitado en relación al de sus rivales.

la marca se decidió a invertir más en el Venturer, pues al ser más caro que un E-type era muy difícil venderlo, especialmente cuando la revista *Motor* probó uno de ellos y se quejó de su peligrosa falta de maniobrabilidad. Trident se mostró muy sorprendida y decidió no vender ningún coche más.

En un intento de aumentar su popularidad se inscribió en el Rally Londres-México y acabó muy atrás por problemas con la suspensión; pero en 1976, cuatro años después de que Trident cayese en bancarrota, volvió a revivir. El coche tenía ahora un eje trasero rígido en vez de la suspensión del Triumph trasera independiente, pero nadie notó su vuelta y la marca desapareció para siempre.

Motor: V6, 2.994 cc
Potencia: 103 kW (138 CV)
De 0 a 100 km/h: n/d
Velocidad máxima: 192 km/h
Producción total: 225 (incluido el Clipper)

TRIUMPH SUPER-SEVEN

1927–32

El Triumph Super-Seven tuvo menos éxito que el Austin Seven. El de la fotografía es uno con carrocería sedán, pero también se ofreció en otras muchas versiones.

Triumph empezó su andadura fabricando bicicletas. La fundó un alemán, Sigfried Bettman, en 1890 y en 1902 ya fabricaba motocicletas.

Más de 20 años atrás ya había sacado al mercado un primer coche, el 10/20, en 1923. Cuatro años después le seguiría un diminuto Super-Seven dirigido al mercado popular y que compitió con el Austin Seven, por más que el Triumph era más caro.

Su motor de 832 cc equipaba numerosas carrocerías, como la Popular Tourer, la Tourer de Luxe, Two-Seater de Luxe, Fabric Saloon y la más estilizada Gordon England Fabric Saloon. Por otra parte también se distribuía la elegante Coachbuilt Saloon, que

se parecía a un coche mucho más grande en miniatura. Hubo igualmente varios carroceros que ofrecieron sus propios trabajos.

En 1929 se introdujo la versión Special Sports con carrocería de aluminio y un sobrealimentador

Cozette que le dio éxito en las ventas; pero donde el pequeño Seven tenía más éxito era en los Rallies. En 1933 sería sustituido por el Super-Eight, que utilizaba el mismo motor pero una carrocería más grande.

Motor: 4 cilindros, 832 cc
Potencia: 16 kW (21 CV)
De 0 a 100 km/h: n/d
Velocidad máxima: 85 km/h
Producción total: 17.000

TRIUMPH GLORIA

1934–37

Triumph empezó a moverse hacia un mercado superior con el Gloria. La marca estaba orgullosa y con razón de la muy buena imagen de su vehículo, que publicitó de una manera ciertamente extravagante como «El coche más elegante del

país» o «La reina de los coches». Un eslogan exagerado, pero las varias versiones del Gloria eran elegantes y agresivas. Se vendía con motores Country Climax de 4 y 6 cilindros que cubicaban 1.087 y 1.476 cc respectivamente y con

numerosas carrocerías sedán o descapotables entre las que destacaba la Monte Carlo Tourer dotada con un motor especial de 1.232 cc y dos carburadores, invento del piloto de carreras Donald Healey.

En 1935 Triumph decidió dejar de fabricar todos sus modelos para concentrarse en el Gloria, que aparecería con nuevas carrocerías y motores, como una Flowfree muy exótica de diseño aerodinámico y muy art decó. El Gloria Six sería la versión más evolucionada con su motor deportivo de 1.991 cc. Su nuevo símbolo, una mujer alada, recordaba al del Rolls con su Spirit of Ecstasy, pero más actualizada.

A pesar de sus buenas ventas, o al menos eso decía Triumph, la empresa tenía problemas que la llevaron a una nueva generación del Gloria menos apasionante en 1936. El modelo se dejaría de fabricar en 1937.

Motor: 6 cilindros, 1.991 cc
Potencia: 41 kW (55 CV)
De 0 a 100 km/h: 22 s
Velocidad máxima: 120 km/h
Producción total: 6.000 aprox.

El Gloria era, como su nombre indica, glorioso por naturaleza. Las versiones deportivas descapotables fueron creaciones elegantes que gozaban de considerable éxito en el mundo del motor.

TRIUMPH DOLOMITE STRAIGHT EIGHT

1934–35

Un error nefasto y no declarado. El Triumph Dolomite Straight Eight fue un intento por competir con los deportivos extranjeros y preservar la gloria de los británicos. La fortuna de Triumph era tan precaria que sólo pudo fabricar tres de ellos.

Con el aparente acuerdo de Alfa Romeo, Triumph empezó a crear una práctica copia en carbono del motor de 8 cilindros de Alfa pero con una menor capacidad, en el que incluso desapareció el turbo; el bonito diseño de este descapotable era muy italiano.

A pesar de sus luminosas ideas, la fortuna de Triumph hacía aguas con un Straight Eight de lujo que no podía afrontar. Se dejó de fabricar en 1935.

El Triumph Dolomite Straight Eight turbo fue un supremo error. Era el vehículo más espectacular que hasta entonces había fabricado la marca, pero la puso en tan serias dificultades económicas que sólo pudo fabricar tres unidades.

El personaje que estaba detrás de esta idea fue Donald Healey, que se había unido a Triumph en 1933 como director de experimentación.

Vio la necesidad de fabricar un deportivo inglés con un motor más grande para competir así con la oposición extranjera del Alfa Romeo 2300, el bólido en el que se basaba el Triumph.

Motor: 8 cilindros, 1.990 cc
Potencia: 89 kW (120 CV)
De 0 a 100 km/h: n/d
Velocidad máxima: 177 km/h
Producción total: 3

TRIUMPH DOLOMITE

1937–39

Décadas antes de que el nombre de Dolomite lo aprovechase un Triumph sedán en la década de los 70, ya había aparecido en una serie de modelos muy elegantes de los últimos años 30. Triumph lo apostó todo a un coche para salvar la empresa y por desgracia falló, no pudo enjuagar sus deudas y cayó en bancarrota.

La serie Dolomite de 1937 fue un intento para que Triumph dejase de perder dinero. Nuevas carrocerías diseñadas por Walter Belgrove, que actualizó la del Gloria, se unieron a aquellos motores diseñados y fabricados por Donald Healey para producir este nuevo modelo.

Al igual que el Gloria, el nuevo Dolomite tenía un motor de 4 cilindros y 1.496 cc, otro de 1.767 cc otro de 6 cilindros y 1991 cc. Los motores Triumph estaban más adelantados que sus predecesores, ahora con válvulas en cabeza y una nueva culata.

En el exterior los coches también se modernizaron con una parrilla en forma de cascada de agua que imitaba la moda americana. Pero esta carismática parrilla suscitó comentarios entre los más fieles compradores de Triumph, y el Dolomite Continental volvería a la parrilla convencional para complacerles. Una Triumph aún exasperada ofreció un aumento de versiones en 1938 como un cupé y un descapotable con tal de conseguir más compradores. Antes de 1939 ya había aparecido el muy lujoso Dolomite Royal.

Sea como fuere, el Dolomite no pudo salvar a Triumph y el 7 de junio de 1939 se declaró en bancarrota y cesó la fabricación de todos sus modelos.

Motor: 4 cilindros, 1.767 cc
Potencia: 46 kW (62 CV)
De 0 a 100 km/h: 32, 2 s
Velocidad máxima: 117 km/h
Producción total: 7.200 aprox.

TRIUMPH ROADSTER

1946–49

Motor: 4 cilindros, 1.776 cc
Potencia: 48 kW (65 CV)
De 0 a 100 km/h: 34,4 s
Velocidad máxima: 128 km/h
Producción total: 4.501

El nombre y el entusiasmo por Triumph lograron salvar lo poco que sobrevivió de ella tras los graves daños sufridos durante los bombardeos nazis sobre Coventry. En 1944 fue comprada por la Standard Motor Company, que buscaba una manera de incrementar el aspecto deportivo de sus vehículos. Así aparecería un nuevo Triumph con un chasis tubular en el que podrían acoplarse dos carrocerías: un sedán lujoso y un deportivo descapotable.

Los Roadster 1800 /2000 debutarían en el mercado el año 1946. La nueva Standar-Triumph quería que sus diseños se hiciesen en casa, diseños curvilíneos y elegantes pero poco convencionales. En el Roadster podían sentarse cómodamente tres pasajeros gracias a su banqueta delantera y otros dos detrás en unos asientos abatibles algo pequeños.

Al principio su potencia venía de un motor Standard de antes de la guerra que cubicaba 1.776 cc con válvulas laterales; más tarde se cambiaría por otro de 2.048 cc en 1948 que usaría el nuevo Standard Vanguard con válvulas

en cabeza entre otras piezas de su ahora marca nodriza. Incapaz de competir en el vital mercado extranjero, tuvo que desaparecer.

El renacimiento de Triumph tuvo lugar con la fabricación del Roadster un año después del final de la guerra. Entre sus innovaciones estaban los asientos traseros abatibles, cuya cubierta podía usarse como parabrisas trasero, y tres limpiaparabrisas delante.

TRIUMPH RENOWN

1949–54

Coche hermano del Roadster fue el Triumph 1800/2000 sedán. Ambos utilizaban el mismo motor y la misma mecánica y un chasis ligeramente anticuado. Pero la carrocería era totalmente nueva para intentar que se acercaran a él un tipo diferente de clientes. Al principio Triumph se interesó por los trabajos de los carroceros Mulliner, de Birmingham, pero el nuevo jefe del departamento de ingeniería de carrocerías de la Standard-Triumph se desdijo y optó por sus propias ideas.

Walter Belgrove crearía un sedán grande y macizo de diseño algo esquinado que gustó al director de la empresa, Sir John Black.

El modelo aparecería al mismo tiempo que el Roadster, en 1946,

El Renown sedán y limusina salió al mercado como un complemento del Roadster. A pesar de su aspecto, muy contrastado con los otros modelos, compartía la mayoría de la mecánica y el chasis. Su carrocería era de paneles de aluminio sobre un armazón de madera de fresno.

pero tendría una vida útil más larga y exitosa que aquél.

Su motor más grande, de 2.088 cc del Vanguard, se emplearía a partir de 1949 y poco después se le cambiaría el nombre por el de Renown cuando recibió el chasis del mismo Vanguard y la suspensión delantera independiente.

Se fabricó hasta 1954. En su serie se contaba ya con una limusina de alargada distancia entre ejes desde 1951 que se convertiría en la estándar del modelo un año después.

Motor: 4 cilindros, 2.088 cc
Potencia: 51 kW (68 CV)
De 0 a 100 km/h: 28,4 s
Velocidad máxima: 120 km/h
Producción total: 12.000

TRIUMPH MAYFLOWER

1949–53

Todas las marcas fabrican un modelo estravagante y el Mayflower fue el de Triumph. Era el único de la marca, hasta el TR7 30 años después, que causó gran revuelo en pro y en contra sobre su diseño. Apareció en 1949.

La meta detrás del Mayflower fue la de ser un modelo económico para el mercado de los Estados Unidos. En teoría sonaba bien, pero en el papel no tanto. Sir John Black insistió en mantener el diseño anguloso de los grandes sedán de la marca a pesar de su aspecto raro y extravagante en una recortada distancia entre ejes, como si las proporciones estudiadas estuviesen del todo mal ajustadas. Tampoco ayudó que un diseñador. Leslie Moore, dibujase una carrocería sencilla y otro, Walter Belgrove

diseñase el frontal. Por otra parte su construcción era monocasco. No sorprendió a nadie que el Mayflower no tuviese éxito a pesar de ser un coche espacioso, bien equipado y bien construido, y es que a los clientes no les gustaba su diseño, su modesto motor de 1.247 cc con válvulas laterales, una caja de cambios de tres velocidades y una peligrosa maniobrabilidad, no importaba lo barato que fuese. A pesar de sus innovaciones y la aparición de un nuevo cupé, el coche se dejó de fabricar en 1953, justo cuatro años después de su debut.

Motor: 4 cilindros, 1.247 cc
Potencia: 28 kW (38 CV)
De 0 a 100 km/h: 30 s
Velocidad máxima: 101 km/h
Producción total: 35.000.

El Mayflower lo diseñaron dos estilistas diferentes, y así les fue. Se quiso fabricar un coche económico para el mercado americano, pero este intento de reducir el estilo de un coche ya fue mal desde el principio.

TRIUMPH TR2

1955–62

Motor: 4 cilindros, 1.991 cc
Potencia: 67 kW (90 CV)
De 0 a 100 km/h: 12,2 s
Velocidad máxima: 166 km/h
Producción total: 8.628

La marca Triumph siempre se recordará por la muy exitosa serie de deportivos TR que sacó al mercado en 1953. Si no hubiese sido por ella, y sobre todo por el TR2, la marca hubiese desaparecido en vez de convertirse en la marca dominante de su consorcio con Standard. Los TR fueron conocidos en todo el mundo, pero fue en los Estados Unidos donde obtuvieron su mayor éxito logrando ser el más popular deportivo de importación.

El TR2 nació del deseo de Sir John Black de robarle a MG parte

de la gloria que tenía en los Estados Unidos. El MG TD se vendía bien más allá del océano y tenía cierta reputación. Si MG tenía éxito fuera, pensó Black, también lo podía tener Triumph.

El primer coche en lucir las siglas TR como TRX, fue un intento de reemplazar el Roadster antes de que llegara el Salón del Automóvil de París en 1950, pero este proyecto nunca llegó a producirse. De todas maneras el TRX cedió gran parte de sus innovaciones al nuevo TR2 como el motor de doble carburador SU del motor Vanguard de 4 cilindros que se modificaría. El chasis se cambiaría por el armazón del Standard Flying Nine y el modelo saldría de fábrica en 1939 con una tecnología algo retrasada,

incluso con la incorporación de la suspensión delantera independiente. La elección del armazón del Flying Nine se produjo porque se disponía de muchos de ellos abandonados, por lo que el coste de fabricación sería muy barato.

El nuevo deportivo de Triumph, conocido al principio como 20TS, aparecería en el Salón del Automóvil de Londres de 1952. Se había fabricado a toda prisa para llegar a tiempo y cuando llegó la hora de las pruebas se evidenciaron sus defectos. Ken Richardson, un directivo del proyecto de BMR Gran Prix. fue invitado a conducir un 20TS al que llamó «Trampa mortal».

La marca se tomó sus palabras al pie de la letra y fue invitado a formar parte de Triumph para ayudar en el desarrollo del coche. Mucho de su trabajo consistió en aumentar la rigidez del chasis para mejorar así su maniobrabilidad, pero también trabajó en su diseño, sobre todo en el de la cola, que estéticamente dejaba que desear. A finales de 1952, el viejo coche,

Toda grandeza nace de sitios pequeños: el TR2 fue la madre de la exitosa serie deportiva de Triumph. Al principio se mostró como un coche lento, pero era muy rápido en la carretera, característica principal de todos los TR que le siguieron.

que se conocería como TR1 aunque nunca tuviese este nombre oficial, se había convertido en un TR2 con un chasis totalmente renovado. Se presentó de nuevo al mundo en el Salón del Automóvil de Ginebra del año 1953 con su nueva imagen y una mecánica nueva: un motor de 2 l que entregaba modificado 90 CV.

El TR2 se recibió mejor por el público, pero aún tenía que probarse. Su oportunidad llegó el verano de aquel mismo año en Bélgica, donde un modelo trucado obtuvo el récord de velocidad en el circuito de Jabbeke conducido por Ken Richardson a una velocidad de casi 201 km/h. A éste le siguieron otros laureles en el mundo de la competición, como Le Mans, Mille Miglia y una formidable victoria en el RAC Rally de 1954.

El TR2 no se vendió mucho a pesar de sus mejores prestaciones sobre el MG TF; pronto se presentaron problemas con los frenos y el nivel de ruidos. También fallaron las ventas en los Estados Unidos, incluso con la introducción de la versión con techo duro en 1954 que hizo que el TR2 fuese un buen coche para mal tiempo. Triumph empezó entonces su política de continuas mejoras que culminaron con el TR3, un coche similar en lo exterior, pero muy mejorado, que aparecería a últimos de 1955.

TRIUMPH TR3

1953–55

El TR3 apenas se distinguía visualmente del TR2. Si no fuese por el nombre sólo se diferenciarían por la parrilla oval que cubría la entrada de aire refrigerante del motor. Pero bajo el capó había un motor más potente que desarrollaba 5 CV más que el de su antecesor por sus más grandes carburadores SU. Además también se ofrecía una versión llamada Le Mans cuyo motor entregaba 100 CV.

Su mayor desarrollo se produjo no por la tecnología de su motor, sino por la instalación de frenos de disco en 1956; fue el primer deportivo británico que impulsara esta medida. Las ventas empezaron a subir como resultado de esta innovación y los clientes de los Estados Unidos empezaron a prestar atención a estos pequeños pero vigorosos deportivos británicos.

No tardarían en aparecer nuevas innovaciones. En 1957 se le actualizó el diseño con una parrilla del radiador a todo lo ancho y unas manecillas para las puertas en el exterior. A este modelo se le conoció como el TR3A, que se fabricó hasta 1962.

Por otra parte hubo un TR3B, que se comercializó por poco tiempo en los Estados Unidos en 1962 cuyo motor, de 2.138 cc, fue diseñado como adelanto del que estaría en el TR4 dirigido a unos compradores más tradicionales y que vivió menos de un año.

Motor: 4 cilindros, 1.991 cc
Potencia: 75 kW (100 CV)
De 0 a 100 km/h: 12 s
Velocidad máxima: 169 km/h
Producción total: 74.944

Una de las innovaciones más típicas del TR3 fueron sus puertas remarcadas, como se ve en la foto de abajo. A partir de 1954 se convertirían en «puertas cortas» para evitar la altura de los pavimentos.

La respuesta de Triumph a las críticas sobre la naturaleza primitiva del TR2 fue el lanzamiento del TR3, mucho mejor. En la foto de arriba se ve un TR3A identificable por su parrilla a todo lo ancho en el frontal y las manecillas de las puertas en el exterior.

TRIUMPH ITALIA

1959–63

En la década de los 50 parecía evidente que el TR3 necesitaba un reemplazo y así ser aún competitivo con los deportivos de su clase. Un hombre de negocios británico, Raymond Flower, presentó la empresa al diseñador italiano Giovanni Michelotti, que entregó como alternativas algunos trabajos basados en el Triumph.

Michelotti, en 1953, recibió un chasis con el que poder empezar a trabajar y en sólo tres meses ofreció un Triumph de aspecto magnífico fabricado por Vignale de Turín. Nunca llegaría a entrar

Muestra de lo que se podía hacer con el chasis del TR3, Giovanni Michelotti creó una bonita carrocería de aspecto típicamente continental. Era más atractivo que el TR3 estándar, pero también más caro y su producción estuvo estrictamente limitada. No debe sorprender que el mercado en el que cosechó más éxito fuese el italiano.

en producción, pero Michelotti ya había firmado un contrato para la elaboración de futuros diseños incluido el siguiente TR.

Una de sus ideas fue un bonito cupé basado en el armazón de

un TR3a que se presentó en el Salón de Turín el año 1958. Con su frontal estilizado, fue muy bien recibido por la marca y puesto en construcción y a la venta por Vignale en una edición limitada

con el nombre de Triumph Italia. El modelo a la venta, empero, tenía un frontal convencional y las llantas de las ruedas cromadas. Por otra parte usaba el motor de serie del TR3A de 1.991 cc y 100 CV delantero.

La mayoría de sus ventas se hicieron en Italia, ya que hubo reticencias sobre la exportación. Hoy no sólo es un coche raro sino también muy buscado.

Motor: 4 cilindros, 1.991 cc
Potencia: 75 kW (100 CV)
De 0 a 100 km/h: 11,4 s
Velocidad máxima: 174 km/h
Producción total: 329

TRIUMPH TR4

1961–67

El Triumph Italia fue un intento por encontrar un reemplazo al TR3. Aun siendo tan atractivo como era los directivos del consorcio Standard Triumph decidieron que no correspondía a la imagen de un Triumph de los 60. El diseñador italiano continuó ofreciendo a la marca ideas y bocetos sobre el posible nuevo modelo.

Durante cierto tiempo llegó a ofrecer dos de ellos con claros indicios de lo que sería el futuro TR4. En 1958 el prototipo Zest se completaría con el chasis del TR3A convirtiéndose en el prototipo más cercano del TR4 especialmente con su frontal redondeado, sus faros cubiertos y su gran parrilla. El prototipo Zoom, algo diferente, tenía una más larga distancia entre ejes y su frontal sería más tarde

modificado para ser el del Triumph Spitfire. Este último prototipo incluía un innovador techo duro de dos piezas que adoptaría el TR4. Una de las características más importantes de este coche sería su motor 20X «Sabrina» de 150 CV de carreras derivado del del bólido con el que Triumph había corrido sin éxito en Le Mans.

En 1960, al fin, Triumph se decidió por algo concreto y pidió a Michelotti que combinara la forma del Zoom con la distancia entre ejes más corta, el frontal, el capó y el techo duro del Zest. Así se creó el definitivo TR4 que se presentaría en septiembre de 1961 y que se vendería de inmediato.

Comparado con los tradicionales modelos anteriores, el TR4 parecía muy moderno a pesar de que

Además de un aspecto más fresco y unas líneas más modernas, una de las mayores ventajas del TR4 estaba en la capacidad de su maletero, considerablemente mayor que el de sus predecesores.

estaba basado en un chasis antiguo. Había muy poco en él que indicara su procedencia, las líneas nítidas eran muy de la nueva década y el coche más confortable, práctico y espacioso que muchos de sus contemporáneos. Mucho sí quedaba del TR3 en su mecánica aunque actualizada, con una dirección de cremallera, servo frenos y una transmisión manual totalmente sincronizada. Su motor, potenciado hasta los 2.138 cc, que entregaba 100 CV, se había convertido en el de serie, pero muchos clientes aún preferían el antiguo motor de 1.991 cc mantenido como opción.

El TR4 se vendió bien, lo suficiente para preocupar a sus rivales como MG o Austin Healey. El TR4 sólo se retocaría a finales de 1962 para cambiarle los asientos y en 1963 para instalarle dos carburadores Zenith-Stromberg en vez de los SU. Será en 1965 cuando aparecerá el TR4A. Estos cambios fueron en parte responsabilidad de MGB, que empezó a aumentar la diferencia de ventas en 1962.

Hasta entonces la carrocería no había cambiado un ápice, sólo su mecánica había necesitado cierta actualización para solucionar las quejas sobre su maniobrabilidad. Los deportivos estándar habían

evolucionado mucho desde que en los años cincuenta apareciese un nuevo chasis, pero no el TR, y además su dirección era más dura que la de sus rivales. Se desarrolló un nuevo armazón con una suspensión independiente en las cuatro ruedas en la que se basó el nuevo Triumph 2000 sedán y que mejoró considerablemente la dinámica del TR4.

Sea como fuere, los vendedores americanos pidieron una versión que mantuviera la suspensión trasera por eje rígido como una alternativa a un modelo más barato. Triumph cumplió la petición y modificó el nuevo armazón para recuperar el antiguo eje.

Aparte de su nombre, este modelo tendría una parrilla un poco diferente y luces laterales puestas en los vértices de las aletas, y por lo demás apenas se distinguía visualmente de los nuevos TR4. El TR4A pesaba un poco más que su inmediato predecesor, pero se había revisado ligeramente el colector de escape de su motor, para compensarlo con más potencia; el nuevo motor de 4 cilindros era ahora capaz de entregar 104 CV.

El TR4 permaneció en producción hasta 1967, año para el que Triumph había planeado algo muy especial en relación con el próximo TR.

Motor: 4 cilindros, 2.138 cc
Potencia: 75 kW (100 CV)
De 0 a 100 km/h: 10,9 s
Velocidad máxima: 167 km/h
Producción total: 68.718

TRIUMPH TR5/250

Otra vez MG dotó a sus modelos con un muy impetuoso motor de 6 cilindros que obligaba a actualizar la serie TR. El competidor más férreo de Triumph había lanzado la versión con un motor de 3 l del MGB (conocido como MGC) en 1967 y Triumph aquel mismo año sacaría el TR5 con su motor también de 6 cilindros.

La potencia de este motor derivaba del Triumph 2000 sedán, al que se le había alargado la carrera para llegar a los 2.498 cc y se le había implantado un sistema de inyección Lucas para aumentar la potencia. Así Triumph se convirtió en la primera marca británica que usaba un sistema de inyección en un coche de serie.

Otros cambios serían por ejemplo el mayor tamaño de los frenos, una suspensión trasera más dura y un interior con elementos de seguridad, pero la carrocería era la misma que la del TR4A. Incluso se mantuvo el abultado capó del TR4A sin que fuese necesario, sólo por motivos de apariencia.

El sistema de inyección Lucas no cumplía con la normativa americana sobre emisiones, por lo que los modelos destinados a los Estados Unidos tuvieron que reincorporar los dos carburadores Zenith; el motor entregaría unos 105 CV en vez de 150, y para distinguirlos se llamarían TR250.

Con un sistema de inyección y un motor muy potente, este modelo tenía buenas prestaciones. Su velocidad máxima de 195 km/h la alcanzaba con rapidez, y su conducción era dura y agresiva.

Motor: 6 cilindros, 2.498 cc
Potencia: 112 kW (150 CV)
De 0 a 100 km/h: 8,8 s
Velocidad máxima: 195 km/h
Producción total: 11.431

El diseño del TR5 era casi igual al del TR4A, pero no su potencia. El TR5, con su motor de 6 cilindros estaba dotado de un sistema de inyección que sumaba mucha más potencia a su anterior versión. El abultamiento de su capó se mantuvo aunque no fuese necesario. La versión americana, a la que le faltaba este sistema de Lucas, tuvo el nombre de TR250.

TRIUMPH TR6

Triumph cambió Italia por Alemania en la siguiente generación de los TR. Michelotti era incapaz de encontrar tiempo para dedicarse al nuevo diseño del TR6, por lo que fue Karmann el responsable de la remodelación del frontal y la cola del TR5.

desde 1971, la misma que la del Triumph Stag, y después se le realizaron algunos cambios muy leves. De todas maneras, el TR6 de los Estados Unidos tuvo que adaptarse a las cada vez máz restringentes leyes de seguridad y de contaminación de los años 70 e incorporar soluciones al respecto. En 1974 aparecieron unas gomas negras en ambos parachoques forzadas por la normativa contra impactos, pero al menos evitó tener los dos de goma negra tal como tuvieron los MGB y otros deportivos europeos.

La imagen moderna del TR6 atrajo a nuevos clientes a la deportividad de Triumph a pesar de que la maniobrabilidad era la misma que la del TR5 anterior, y también el mismo chasis, pero la barra antivuelco delantera mejoraba su capacidad de tomar curvas a gran velocidad. Aun así, su aspecto quedaría un poco anticuado respecto a lo que había a su alrededor. Se fabricaron casi 95.000 unidades del TR6 antes de su desaparición en julio de 1976 para ser reemplazado por un modelo totalmente diferente y muy controvertido.

Motor: 6 cilindros, 2.498 cc
Potencia: 106 kW (142 CV)
De 0 a 100 km/h: 8,2 s
Velocidad máxima: 195 km/h
Producción total: 94.619

En los Estados Unidos el modelo TR5/250 fue una total decepción. Tenía un motor de 6 cilindros más suave que el TR4A, pero no más rápido ni más potente y tampoco se diferenciaba demasiado en su exterior. Triumph tenía ahora que trabajar duro para mantener su posición eminente en el mercado de los Estados Unidos.

Por entonces el grupo Triumph se había unido a la British Motor Corporation para formar la BL (British Leyland), lo mismo que hiciera MG. El motor de 6 cilindros del MGC no había tenido demasiado éxito, por lo que tuvo que dejarse de fabricar justo dos años después de su lanzamiento en 1969. Esta circunstancia allanaba el camino a TR, que intentaría de nuevo el éxito con otro motor de 6 cilindros para Estados Unidos.

El gurú del diseño de Triumph, Giovanni Michelotti, estaba ocupado con los nuevos diseños de BL y tuvo que recurrir a una nueva marca carrocera alemana en expansión, Karmann. Esta empresa hizo un importante esfuerzo para el tocado bolsillo de Triumph: transformar el aspecto del TR5 sin tocar la estructura básica del vehículo. Los pasos de rueda, la plataforma, el parabrisas, las puertas e incluso los paneles interiores eran intocables y el diseño tenía que ser aprobado

por los comités de BL. Karmann también tenía que diseñar las piezas del modelo. Todo en un plazo máximo de 14 meses.

Karmann lo consiguió remodelando sólo el frontal y la cola del TR5 y dándole así una imagen deportiva más moderna. La parrilla del radiador era más grande y la cola era ahora menos afilada, lo que favorecía su perfil y aumentaba el espacio de su maletero. Además hizo desaparecer el innecesario abultamiento del capó que se debía a la posición de los carburadores. Otras innovaciones del TR6 fueron la incorporación de un mejorado techo blando de lona, un nuevo aspecto del techo duro y unos asientos rediseñados.

La atractiva carrocería tuvo el buen efecto de esconder la antigua mecánica de su interior, además de sus ruedas más anchas, lo que requería de unos pasos de rueda más salientes, y una barra antivuelco que mejoraba su maniobrabilidad. El TR6 pesaba más que el TR5. No hubo más

cambios mecánicos. Los coches destinados al mercado americano continuaron sin su sistema de inyección a diferencia de los del resto del mundo y tenían que conformarse con un motor de dos carburadores, pero esta vez el nombre sería el mismo que en los modelos europeos con la distinción de las letras Carb. El TR6 fue el deportivo que más duró en producción de todos los TR y aunque no se vendía tanto como los modelos anteriores ocupaba un buen lugar en el mercado, especialmente en aquel país.

El secreto de su éxito estuvo en el poco incentivo que tuvo en sus ocho años de vida. Se equipaba con una resistente caja de cambios

Comparado con el TR2 de hacía ya unos 20 años, el TR6 ofrecía a sus pasajeros y conductores un interior mucho mejor. La instrumentación y la seguridad eran mucho más notables dado el aumento de los forros mullidos.

TRIUMPH HERALD

1959–71

La mecánica del Herald estaba anticuada ya el día de su aparición en 1959, pero su diseño renovado se mostró eficaz disimulando este defecto y asegurándole el futuro. Se ofrecieron tres versiones: sedán, descapotable y un raro cupé, los que se ven en esta fotografía.

Cuando la marca Standard compró Triumph, la palabra estándar era sinónimo de excelencia, pero en los años 50 lo sería de «sencillez». Por eso cuando se dispuso a reemplazar los pequeños Standard 8 y 10 en 1959 fue Triumph la que les dio el éxito.

La serie Herald fue una de las más exitosas en coches pequeños y británicos de los años 60, unos modelos que se hacían admirar.

Su moderna carrocería angulosa y fresca fue obra de Michelotti, que dijo haberla diseñado en muy poco tiempo; Triumph permanecía en un mundo muy tradicional. La construcción del Herald tenía el chasis aún separado de la carrocería, frenos de tambor y un motor mejorado y potenciado procedente de antiguos motores Standard. Disponía de suspensión independiente en sus cuatro ruedas,

pero la suspensión trasera se revelaba pobre.

El éxito del Herald inspiró muchas versiones. Se ofreció como descapotable, un cupé de corta vida pero muy atractivo, un

familiar y una furgoneta además del sedán.

En 1961 se le instaló un nuevo motor de 1.147 cc que en 1967 pasaría a ser de 1.296 cc con un frontal revisado, más inclinado.

Motor: 4 cilindros, 1.147 cc
Potencia: 29 kW (39 CV)
De 0 a 100 km/h: 28,6 s
Velocidad máxima: 122 km/h
Producción total: 544.210 aprox.

TRIUMPH VITESSE

1962–71

A nadie podía pasársele por alto el origen del Vitesse. De todas maneras sus grupos ópticos angulosos le daban un aspecto más agresivo que se correspondía con su motor de 6 cilindros. Los descapotables fueron los de más éxito.

El Herald fue un vehículo versátil y muy popular. Al ser de construcción tradicional su chasis podía adaptarse a diversas carrocerías y se mostró muy adecuado en la construcción de modelos especiales.

Triumph vio en él un potencial del coche familiar. En 1962 apareció el Vittesse con un motor más potente que el del Herald de 6 cilindros con un chasis más resistente, frenos de disco delanteros, una caja de cambios deportiva y un *overdrive*

opcional. El Vitesse podía diferenciarse de sus hermanos menos potentes por sus grupos ópticos inclinados y cuadrados, otro ejemplo del diseño de Michelotti. Se ofreció con carrocería sedán y descapotable. El Vitesse se

convertiría en un competente deportivo, asequible y con carácter.

En 1966 se le instaló un motor de 2 l y una caja de cambios totalmente sincronizada, pero los problemas con su maniobrabilidad causados por su eje trasero flexible no pudieron corregirse hasta 1968, con la entrada del Vitesse Mk II con una suspensión revisada y aún más potencia en este modelo actualizado. Tal como ocurrió con la serie del Herald en la que se basaba el Vitesse se dejó de fabricar en 1971.

Motor: 6 cilindros, 1.998 cc
Potencia: 77 kW (104 CV)
De 0 a 100 km/h: 11,9 s
Velocidad máxima: 164 km/h
Producción total: 51.212

TRIUMPH SPITFIRE

1962–80

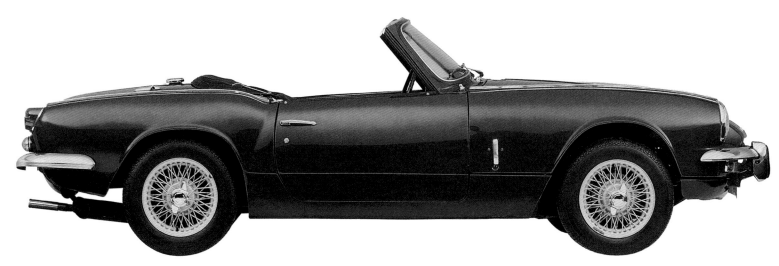

El Spitfire fue otro de los modelos basados en la serie Herald para competir con el MG Midget. Ya desde sus primeros diseños sobre el papel se le quiso dar un aire deportivo que nunca llegó a buen término hasta que los directivos de Triumph vieron el esbozo que Michelotti había dibujado de un pequeño *roadster* en 1960.

Este proyecto llamado bomba se bautizaría con el nostálgico nombre de Spitfire en 1962 por aclamación. Una vez acabado sobre un chasis recortado dispuso del motor de 1.147 cc con dos carburadores que entregaba 63 CV. Se ofrecía con frenos de disco delanteros de serie y era capaz de alcanzar los 145 km/h por más que sus suspensión trasera heredada del Herald daba problemas en su maniobrabilidad cuando tomaba las curvas a alta velocidad.

El Spitfire se mantuvo en producción ocho años más que el Herald recibiendo continuas modificaciones. En 1963, aparecería la versión Mk II con más potencia, una nueva parrilla y un interior más atractivo. En 1967 el Mk III dispuso del nuevo motor Herald de 1.296 cc y de unos parachoques más altos con tal de cumplir con las nuevas exigencias americanas sobre seguridad. Michelotti rediseñó el frontal y la cola para el Mk IV de 1970 y al final en 1974 le vino su mayor cambio con un motor de 1.493 cc, irónicamente el mismo que usaba su rival el MG Midget.

El patriótico nombre de Spitfire se destinó a los deportivos económicos de Triumph, una alternativa de entretenimiento de MGB. Su vida duró tanto como aquél después de su lanzamiento en 1962 con sus constantes modificaciones que le llevaron a los 18 años.

Motor: 4 cilindros, 1.296 cc
Potencia: 56 kW (75 CV)
De 0 a 100 km/h: 13,6 s
Velocidad máxima: 161 km/h
Producción total. 314.332

TRIUMPH GT6

1966–73

Al mismo tiempo en que Triumph vendía el Vitesse de 6 cilindros y el Spitfire de 4, era lógico pensar que el próximo paso sería un combinado de ambos para crear una versión aún más potente del Spitfire.

La unión se celebró en 1966 y el nuevo coche se llamaría GT6. Tenía un motor de 2 l más potente que el del Vitesse. A diferencia del Spitfire el GT6 sólo se ofrecía como un cupé de techo duro y su nombre indicaba claramente su rivalidad con el MGB GT. Su diseño con cola aerodinámica venía heredado de la versión de competición del Spitfire que había corrido previamente en Le Mans y en rallies, pero que al GT6 dio un gran impulso a su practicidad gracias a su parabrisas trasero inclinado.

Como todos sus anteriores hermanos, el GT6 sufría de los acostumbrados problemas de

Las altas prestaciones del GT6 le hicieron ganar el apodo de «El E-type de los pobres». Se trataba de un Spitfire con techo duro y una cola inclinada y aerodinámica que le hacía más práctico.

maniobrabilidad, al menos hasta la aparición del Mk II en 1968 que los solucionó en gran medida modificando la suspensión trasera. La versión Mk III del GT6 saldría en 1970 luciendo los mismos techo y cola que había diseñado Michelotti y unos pasos de rueda más anchos para denotar más deportividad.

El Mk IV no estuvo mucho tiempo en producción ya que apareció en 1973, el mismo año que el GT6 dejaría de fabricarse.

Motor: 6 cilindros, 1.998 cc
Potencia: 71 kW (95 CV)
De 0 a 100 km/h: 12 s
Velocidad máxima: 174 km/h
Producción total: 40.926

TRIUMPH 2000

1963–77

Fue el sedán principal de Triumph durante 15 años. El efectivo diseño hizo que sólo necesitara de ligeros retoques para mantenerse atractivo durante tanto tiempo.

Cuando Triumph dejó de batallar con MG con su serie de deportivos, lo hizo con Rover y su serie de sedán para ejecutivos. Rover fabricaba su elegante modelo 2000 en 1963 y Triumph hizo lo mismo con su modelo 2000 igualmente impresionante aquel mismo año.

Aunque el Rover tenía una imagen ligeramente mejor que la del Triumph, éste era superior en mecánica gracias a su suave motor de 6 cilindros adoptado del Standard Vanguard que estaba a punto de desaparecer. Como siempre Michelotti se responsabilizaría del diseño elegante de un modelo de construcción monocasco y suspensión independiente en las cuatro ruedas.

En 1965 aparecería la versión familiar y en 1969 se modernizaría el modelo de cara a la década de los 70 y se convertiría en el Mk II. Un modelo con un frontal y una cola alargados y de nuevo

diseño. Uno de los cambios más notables en esta serie ya había ocurrido un año antes con la fabricación del 2.5 PI que incorporaba el motor del TR5 con sistema de inyección bajo su capó. El sistema Lucas de inyección, empero, se mostró poco fiable

y tuvo que ser sustituido por un motor de dos carburadores en una nueva versión a lo largo de 1974. Todo ello permitió a Triumph dejar de fabricar el PI en 1975. Toda la serie desaparecería en 1977, cediendo el paso al nuevo Rover SDI.

Motor: 6 cilindros, 1.998 cc
Potencia: 67 kW (90 CV)
De 0 a 100 km/h: 13,5 s
Velocidad máxima: 150 km/h
Producción total: 219.816

TRIUMPH DOLOMITE

1972–80

La familia de los Dolomite se convirtió en un abanico inmenso que se prestaba a confusión. En 1965, Triumph lanzó un único modelo con tracción delantera, el 1300. El diseño de Michelotti emulaba casi al de su más grande

modelo 2000. Más tarde, en 1970, se le cambió la mecánica y se convirtió en un coche con tracción trasera y con el nombre de Toledo. Su motor también se había potenciado hasta los 1.493 cc, por lo que además se convirtió en un 1500. En lo exterior

ambos modelos tenían un frontal y una cola rediseñados. Al fin, en 1973, el 1500 tuvo su tracción trasera.

Mientras tanto 1972 vio llegar al Dolomite 1850 ya con tracción trasera de serie y un nuevo motor inclinado de 4 cilindros con árbol

de levas en cabeza. Su carrocería sería la misma que la del 1500 pero con un interior mejorado. Una versión más deportiva del Dolomite llamada Sprint aparecería en 1973 con un motor modificado de 2 l y 16 válvulas muy novedoso para el momento. El Sprint era extraordinario cuando todo iba bien, pero por desgracia muchas veces era poco fiable.

En 1976 el Toledo, que había permanecido en producción durante todo este tiempo, sería rebautizado igualmente con el nombre de Dolomite. La serie se fabricaría hasta 1980.

Motor: 4 cilindros, 1.854 cc
Potencia: 68 kW (91 CV)
De 0 a 100 km/h: 11,6 s
Velocidad máxima: 166 km/h
Producción total: 177.237

El Dolomite fue el revivir del nombre de un antiguo Triumph de los años 30. La versión superior era la Dolomite Sprint, acabada en un color característico de los 70.

TRIUMPH 1300 FWD

1965–70

El Triumph 1300 fue un intento por reemplazar los Herald, pero al final se desarrolló como un modelo único junto al coche que supuestamente tenía que sustituir. Su versión original se dejó de fabricar un año antes de la desaparición del Herald.

El éxito de los modelos con tracción delantera como el Mini y el 1100, indujo a Triumph a fabricar el suyo propio. El proyecto Ayax se hizo situando la caja de cambios detrás del motor con lo que era más fácil incorporar en un futuro una posible tracción a las cuatro ruedas. El motor era el mismo que el del Herald, pero adaptado con una capacidad de 1.296 cc y suspensión independiente en sus cuatro ruedas.

El eterno Michelotti se ocupó de su diseño dándole un aire jovial del 2000 y convirtiéndolo en la imagen del coche familiar de Triumph. Aparecería en octubre de 1965 con el nombre de Triumph 1300 y tuvo un gran éxito. Dos años más tarde se le pusieron dos carburadores y su nombre adoptó las siglas TC. En realidad era ahora un 1300 con el motor del Spitfire.

El modelo creció hasta el 1500 y el Toledo en 1970 cuando Triumph formaba parte del imperio BL, que tenía una opinión diferente sobre la tracción delantera.

Motor: 4 cilindros, 1.296 cc
Potencia: 45 kW (61 CV)
De 0 a 100 km/h: 19 s
Velocidad máxima: 138 km/h
Producción total: 148.350

El único Triumph dotado con tracción delantera en todo el mundo fue el 1300. Su diseño se veía influido por el del 2000, más grande. A pesar de su tracción delantera su potencia le venía del Herald con tracción trasera.

TRIUMPH STAG

1970–77

Podía haber sido un modelo rompedor. De su diseño novedoso salió un descapotable con capacidad para cuatro personas, prestaciones altas, un buen comportamiento y una maniobrabilidad adecuada. Por desgracia, en los tiempos de su aparición, Triumph formaba parte de BL, un nombre que se asociaba con la poca fiabilidad y la pobre calidad de construcción.

Los orígenes del Stag se remontan a 1963 cuando Giovanni Michelotti decidió darse un homenaje intentando diseñar una versión deportiva y descapotable del 2000. Triumph no vería el vehículo hasta 1966, cuando el jefe de ingenieros Harry Webster visitó a Michelotti y descubrió el concepto de un coche fabricado para exposiciones del motor. Webster hizo de inmediato sus arreglos para devolver el coche a Gran Bretaña, donde los dirigentes de Triumph lo fabricarían y venderían un total aproximado de 12.000 unidades en un año. Se previó poner a la venta el Stag en 1968, pero no visitaría ningún salón del automóvil hasta 1970 debido a problemas con la comercialización y de producción.

Aunque se le insertara una barra en T en cumplimiento obligado de las normativas estadounidenses y faros delanteros escamoteables, el coche se parecía mucho al diseño original ideado por Michelotti. La idea de fabricar un descapotable con cuatro plazas era innovadora y Triumph le puso un impresionante motor de 2.997 cc V8 derivado del Dolomite de 1.854 cc y 4 cilindros bajo el capó. Tenía como opción un techo extraíble con el que se le podía convertir en un cupé e igualmente se podía pedir con transmisión automática o manual.

Triumph albergaba grandes esperanzas en este modelo, pues se esperaban unas ventas de 500 unidades por semana. Lo cierto es que empezó muy bien, pero pronto se manifestaron una serie de problemas con el motor V8 como su tendencia a sobrecalentarse y a deformar la culata. El Stag empezó a ganar la reputación de ser un coche problemático. El modelo recibiría otro golpe en 1973 con la crisis energética que provocó un gran descenso de sus ventas. Durante un tiempo se retiró del mercado estadounidense debido a que tres cuartos de los Stags vendidos allí mostraron problemas con sus válvulas. Habiendo perdido su principal mercado, el Stag fue desapareciendo hasta el año 1977.

Quizá, si hubiese tenido el otro motor V8 de British Leyland, el Rover/Buick de 3,5 l, le hubiese sonreído el éxito. Hoy día se han resuelto todos los problemas de su motor y tiene todo un séquito de entusiastas.

Motor: V8, 2.997 cc
Potencia: 108 kW (145 CV)
De 0 a 100 km/h: 10,1 s
Velocidad máxima: 188 km/h
Producción total: 25.939

El Stag podría haber sido un coche extraordinario. Su imagen era soberbia y, sobre el papel, ofrecía una prestaciones impresionantes. Pero la falta de control de British Leyland eliminó a un verdadero clásico.

TRIUMPH TR7

1975–81

Con su diseño en cuña, moderno y agresivo y sus faros delanteros escamoteables, el TR7 provocó división de opiniones. Quienes apostaban por la tradición deportiva y orgullosa de la marca lo detestaban, pero el poco querido TR7 se las arregló para vender más que cualquier otro TR anterior.

Rara vez un deportivo fabricado por una marca ya establecida ha suscitado tanta controversia como el Triumph TR7 cuando apareció en 1975. El nuevo deportivo de Triumph fue totalmente diferente a cualquier otro TR anterior. Ciertamente contrastaba con todos los deportivos presentados por las demás marcas en el pasado. Algunos lo adoraban precisamente por ello y muchos otros no estaban del todo convencidos.

En los años 70 la serie TR necesitaba con urgencia una actualización. La imagen del TR6 era moderna pero su chasis resultaba anticuado y muchos clientes optaron por comprar coches más modernos. El problema para Triumph estaba en que al ser parte de British Leyland, estaba afectada por los problemas financieros y de dirección de todo el imperio y tuvo que esperar su turno para empezar a trabajar en la renovación de los TR.

Fue en este ambiente de restricciones y desesperación que a Triumph se le pidió que trabajase en dos nuevos deportivos con motor delantero con los nombres en código de «Bullet» y «Lynx». Tenían que ser un cupé biplaza y un 2+2 un poco más grande con cola aerodinámica. El Lynx no llegaría a fabricarse después de exponer seis prototipos, pero Triumph siguió trabajando en el Bullet. Construido con un chasis

monocasco este cupé se basaría en el Dolomite pero con una forma más atrevida.

Harris Mann, el diseñador de Austin-Morris, fue llamado a Longbridge para que trabajara en este TR. Mann, como otros muchos diseñadores del momento, era devoto de la forma de cuña, una idea que daba a los deportivos un aspecto radical y atractivo. La idea primordial del Bullet/TR7 era la de un supercoche deportivo con motor central en miniatura, pero con el motor delante y a un precio asequible. Aunque era de un contraste total con la filosofía de los TR, los directivos aprobaron el diseño que se les presentó e incluso consideraron fabricar una versión MG para reemplazar al MGB.

El modelo iría desarrollándose y su forma iba comprometiéndose cada vez más perdiendo sucesivamente algunas de sus características originales. Cuando apareció en 1975 su peculiar forma de cuña con faros delanteros escamoteables y un parabrisas trasero muy vertical dio lugar a todo tipo de comentarios. Muchos

El pequeño habitáculo del TR7 podía resultar claustrofóbico y el exagerado uso del plástico barato no se correspondía con la calidad de su mecánica. Los asientos de tartán eran del tipo que sólo se usó en los años 70.

criticaron su posiblemente excesiva radicalidad.

El famoso diseñador italiano Giorgietto Giugiaro, conocido por la radicalidad de sus diseños también con forma de cuña, expresó después de haberlo visto: «Dios mío, han hecho lo mismo en el otro lado...»

El motor fue un derivado del Dolomite Sprint con 1.998 cc y 4 cilindros, lo que también provocó comentarios. Comparado con los otros TR, el TR7 era más sofisticado y una máquina fácil de usar, por lo que era odiado por los aficionados de esta serie.

El coche fue al principio bien recibido por muchos compradores, pero pronto tuvo fama de tener defectos de construcción. La

fábrica de Liverpool donde se fabricó era por aquel entonces cuna de intranquilidad industrial que llevaba a graves retrasos en la entrega y tuvo que ser cerrada en mayo de 1978. La fabricación del TR7 se trasladaría a Coventry, donde se solucionó el problema.

En 1979 el TR7 obtuvo una caja de cambios de cinco velocidades y apareció una atractiva versión descapotable que si hubiese aparecido al principio las críticas no le hubiesen afectado tanto. El TR8, un TR7 con motor V8 destinado al mercado americano, no tardaría en aparecer.

La nada envidiable reputación del modelo duró sólo unos años más hasta que se dejó de fabricar en 1981. Por entonces el coche se había convertido en un deportivo fiable y utilitario. Fuesen cuales fuesen los comentarios que recibió de sus detractores, nunca se podrá negar que el TR7 fue el Triumph de más éxito entre los TR, pues se lograron vender más de 100.000 unidades en un poco menos de seis años.

Motor: 4 cilindros, 1.998 cc
Potencia: 78 kW (105 CV)
De 0 a 100 km/h: 9,1 s
Velocidad máxima: 177 km/h
Producción total: 112.368

TRIUMPH TR8

1979–81

Motor: V8, 3.528 cc
Potencia: 102 kW (137 CV)
De 0 a 100 km/h: 8,4 s
Velocidad máxima: 193 km/h
Producción total: 2.497

Desde su inicio ya se planteó la idea de equipar al TR7 con un motor V8. Algunos de los esbozos de Harris Mann ya mostraban un capó diseñado para este motor y un cofre con espacio suficiente para instalar un motor ligero Rover/Buick 3,5 l V8.

Se tardaron cuatro años desde el lanzamiento del TR7 hasta la aparición del TR8 y sólo se vendería en los Estados Unidos. Su aparición coincidió con una nueva crisis energética que hizo que el público no se fijase en los coches de motor potente. Parecía que Triumph no tenía suerte.

El TR8 destapó la potencia contenida del TR7, que era rápido, poderoso, divertido y más fiable que su hermano de motor más pequeño.

Su motor se alimentaba de gasolina gracias a dos carburadores Stromberg o a un sistema de inyección Lucas o K-Jetronic en California que le hacían más potente. La mayoría de los modelos fueron descapotables.

El TR8 no mereció vivir sólo dos años y actualmente existen muchos más TR8 que los que se vendieron ya que muchos de los propietarios del TR7 cambiaron su motor por el V8; una operación muy común y relativamente fácil de hacer.

Sólo se vendía en los Estados Unidos. No era más que un TR7 con un corazón V8. Si se hubiera podido compararlo desde un inicio con el TR7 y en todo el mundo, la historia de los deportivos de Triumph hubiese sido distinta.

TUCKER TORPEDO «48»

1948

Si un coche tenía probabilidades de gran éxito, ese fue el Torpedo de Preston Tucker, pues en él se unían un diseño y una mecánica imaginativos. Se presentó en 1948 claramente dirigido a la familia americana como un soplo de aire fresco frente a los modelos ofrecidos por los demás fabricantes.

Tucker había trabajado en la industria del motor durante años y tenía buenos contactos para conseguir los millones de dólares que costaba fundar una nueva marca. Empleó a Alex Tremulis, un muy avezado diseñador de coches que incorporó como novedad el parabrisas frontal curvo, los frenos de disco y la suspensión con ballestas de goma.

Aunque no era el momento ni tenía el dinero para cumplir con esas innovaciones, el Torpedo 48 fue un ejemplo de nuevas ideas. El faro delantero central que giraba acorde con las ruedas delanteras fue algo nunca visto antes y las puertas cortadas hasta en el techo para facilitar la accesibilidad y la salida eran conceptos muy novedosos.

El interior del Torpedo tenía asientos acolchados intercambiables los de delante con los de atrás y viceversa, por lo que se podían nivelar. Su motor estaba situado debajo del asiento trasero para así asegurar un bajo nivel de ruidos, calor y humos en el habitáculo. Esto sumado a su diseño aerodinámico (el Cx era sólo de 0,30), permitía al coche viajar con suma tranquilidad

La seguridad era también algo inherente al diseño del Torpedo: sus controles interiores estaban protegidos, los parachoques tenían un gran tamaño, un parabrisas delantero salía disparado tras el impacto y alojaba una cámara de seguridad en la que los asientos delanteros podían hundirse en caso de colisión inminente.

Su motor detrás y no delante era igualmente diferente al de cualquier otro modelo de la época. Cuando apareció disponía de un motor de 9,7 l derivado de un helicóptero que en vez de ser refrigerado por aire lo hacía por

agua, algo nuevamente inaudito en la fabricación de coches. Lo que es más, se planteó equiparlo con una transmisión automática especial que recibiría al nombre de Tuckermatic y de la que se pidieron 30.000 unidades desde el primer momento.

Pero mantener todo ello en funcionamiento era toda una aventura y Tucker tuvo que sustituir el original motor de 9,7 l por otro de 5.491 cc y 166 CV con 6 cilindros en línea proporcionado por Air Cooled Motors. También tuvo que desprenderse de la Tuckermatic por otra de Cord modificada.

Todas estas innovaciones y el aspecto voluminoso del vehículo hicieron que pesase 1.909 kg, pero a pesar de ello podía acelerar de 0 a 100 en 10 s y alcanzar una velocidad máxima de 193 km/h gracias en parte a su línea aerodinámica. Incluso gastaba sólo 14,2 l/100 km a una velocidad mantenida de 89 km/h, algo que los sedán americanos de la época nunca pudieron lograr.

Fue probablemente el coche más impresionante y buscado de todos los tiempos. Si Tucker hubiese logrado realizar su sueño, hubiese hecho que todos los coches de los grandes fabricantes americanos pareciesen anticuados de la noche a la mañana.

Los últimos modelos estaban realmente adelantados a su tiempo; no era aún el coche que Tucker había prometido en un principio a sus inversores ni a sus clientes, pero su proyecto no pudo continuar al verse acusado por fraude. Cuando se le declaró inocente ya era demasiado tarde, sus inversores y la mayoría de sus clientes habían perdido toda su confianza en él. Su sueño acabó con sólo 34 coches fabricados, aunque más tarde se terminasen otros 14 con las piezas que aún le quedaban.

Motor: 6 cilindros, 5.491 cc
Potencia: 124 kW (166 CV)
De 0 a 100 km/h: 10,1 s
Velocidad máxima: 193 km/h
Producción total: 51

TURNER SPORTS

1959–66

Un coche de excelente diseño y potente que sufrió los mismos problemas de otros muchos pequeños deportivos; los altos costes de producción obligaban a venderlos muy caros y por ende eran poco competitivos en el mercado.

dirigido a aquellos que conocían la marca por los éxitos que obtenía en las competiciones en las que participó entre 1960 y 1963.

La versión Mk II Sports de 1960 tenía un interior mejorado, un techo duro opcional y la suspensión del Triumph Herald en lugar de la del A35 de la versión anterior. Finalmente se usaron motores Ford y en 1963 apareció la versión Mk III. Los cambios entre ambas fueron muy sutiles y la empresa desapareció con la muerte de su fundador, Jack Turner.

Aunque el Turner 950 Sports costaba tres veces más que el Austin-Healey Sprite cuando se lanzó al mercado en 1959, era un coche tan básico como mal construido. No sorprendió a nadie que se vendieran menos de 400 unidades en sus siete años de existencia.

Su carrocería de fibra de vidrio cubría un chasis tubular de acero, por lo que era un coche muy ligero.

El cliente podía optar también por un motor de 90 CV y 1.200 cc Coventry Climax y obtener un coche muy rápido, de hecho más que el propio Sprite, pero a qué precio. El Turner Sports estaba

Motor: 4 cilindros, 948 cc
Potencia: 45 kW (60 CV)
De 0 a 100 km/h: 12 s
Velocidad máxima: 152 km/h
Producción total: 400 aprox.

TVR GRANTURA

1958–67

Motor: 4 cilindros, 1.261 cc
Potencia: 62 kW (83 CV)
De 0 a 100 km/h: 10,8 s
Velocidad máxima: 163 km/h
Producción total: 800

A pesar de que Trevor Wilkinson fundara la empresa TVR Engineering en 1947, no fue hasta 1958 que fabricara su primer modelo, el Grantura. Su eje trasero flexible y la suspensión trasera era la misma que la del Escarabajo, usaba ballestas duras para reducir el balanceo y su tremenda tendencia al subviraje lo hacía sólo indicado para conductores con pericia. Los clientes podían elegir su motor, normalmente un Coventry Climax de 4 cilindros y un árbol de levas en cabeza que entregaba 83 CV, pesaba sólo 660 kg y tenía buenas prestaciones, pero también se disponía de otros populares de 1,5 l MGA, un Ford 105E con válvulas laterales o el nuevo 105 E «Kent» que usaba el Ford Anglia.

A mediados de los 60 apareció la versión Mk II totalmente igual con la excepción de que sólo tenía un motor, el de 1,5 l MGA y unos pocos retoques en su diseño. TVR no podía hacer frente a la demanda, pero ni así el coche le era rentable. El Mk III llegaría en 1962 con un chasis tubular nuevo y suspensión independiente en sus cuatro ruedas. La mayoría de ellos se equiparon con el motor MGA, pero a partir de 1964 se le sustituyó por el MGB de 1.800 cc que le convirtió en el Mk IV junto con un interior mejorado y otros retoques en su diseño como unas nuevas luces traseras.

TVR tardó más de una década en fabricar su primera serie después de dedicarse únicamente a construir diversas carrocerías especiales. El Grantura fue el resultado de tanta espera y su maniobrabilidad hizo que fuese un coche para verdaderos entusiastas.

TVR Vixen
1967–73

El TVR Vixen era parecido al Grantura, pero tenía un parabrisas trasero más grande, un abultamiento en el capó y una cola de distinto diseño con nuevas luces como diferencias más visibles. También había cambiado el motor por el de 1.599 cc de Ford que entregaba 88 CV y una caja de cambios de cuatro velocidades de la misma casa. El poco peso del coche le hacía ser muy rápido y divertido de conducir, además las llantas de acero y las piezas de Ford le ayudaron a mantener un precio competitivo vendiéndolo en forma de kit de 998 £.

Con el tiempo fue mejorando mucho adquiriendo por ejemplo una distancia entre ejes más larga en principio destinada al Tuscan SE pero que la aprovecharía el Vixen S2 de 1968. En él se había mejorado la calidad de su dirección y se le habían instalado servofrenos, lo que influyó mucho en sus

prestaciones. La carrocería era prácticamente la misma que la del SI pero con un abultamiento característico en el capó, después de 1969 se le practicarían dos entradas de aire. Los paneles de la carrocería estaban ahora soldados al chasis y no acoplados. En 1970 se lanzó al mercado el Vixen III con el motor del Ford Capri de 92 CV. Las últimas 23 unidades pertenecieron a la serie IV con un chasis nuevo «M» bajo su carrocería.

Motor: 4 cilindros, 1.599 cc
Potencia: 66 kW (88 CV)
De 0 a 100 km/h: 11 s
Velocidad máxima: 170 km/h
Producción total: 746

Aunque TVR usaba por lo común la misma carrocería con motores de diferente potencia los primeros de ellos siempre fueron más pequeños y menos potentes.

TVR Griffith
1963–65

Este coche tomó el nombre de su creador, Jack Griffith. El modelo Grantura, de altas prestaciones, tenía un motor de 4,7 l V8 procedente de Ford que originalmente tenía que ser la mitad de grande. Con ello las prestaciones estaban garantizadas.

Jack Griffith fue un comerciante del ramo del motor, el primero en montar un V8 en un TVR de 1962 después de ver las evoluciones de los modelos en el circuito

americano de Sebring. Se puso en negociaciones con TVR para vender los Grantura sobrepotenciados con su propio nombre, lo que dio lugar a los primeros Griffith 200. Un coche basado en el Grantura Mk III que podía comprarse con transmisión manual o automática. Sospechas de que el sistema de refrigeración y los frenos eran defectuosos provocaron mejoras de urgencia que dieron como resultado la aparición

El Griffith fue el primero de los TVR realmente potentes a pesar de que su chasis no estuviese lo suficientemente desarrollado para soportar tal cantidad de potencia.

del 400 basado en el Grantura Mk IV el año 1964.

Pero hubo una nefasta distribución de peso debido al cambio de la transmisión de un motor MGB deportivo a un V8.

Con este motor el coche era más fácil de conducir a alta velocidad. El TVR Griffith era un coche imposible. Fue una idea algo disparatada para un vehículo deportivo de altas prestaciones.

Motor: V8, 4.727 cc
Potencia: 202 kW (271 CV)
De 0 a 100 km/h: 5,7 s
Velocidad máxima: 248 km/h
Producción total: 300 aprox.

TVR Tuscan

El primero de los Tuscan fue un intento por parte de TVR de lo que hubiera sido el Griffith. La calidad de construcción había mejorado ostensiblemente y en realidad fueron unos Griffith 400 modernizados.

Su mejor chasis, sus prestaciones y un mejor precio debieron hacer de él un coche de éxito, pero aún se recordaba al Griffith y nadie quería un modelo nuevo.

La solución de TVR fue fabricar algo menos potente que un Tuscan con motor V8, pero cuyas prestaciones fuesen aún altas; un término medio entre un Vixen de 4 cilindros y un Tuscan V8.

La respuesta fue montar un motor Ford Essex de 3 l V6 en la carrocería del Vixen y lograr así un Tuscan V6. Su caja de cambios de cuatro velocidades era de Ford con opción a un *overdrive*, el eje trasero era un Salisbury de recorrido limitado que se usaba en los coches equipados con motores V8.

El Tuscan se vendería como *kit car* y muchos se mostraron orgullosos con su motor inicial de 4 cilindros. Pero la nueva normativa estadounidense se

endureció a principios de los 70 y el motor V6 no cumplía con sus preceptos. El motor más limpio de Triumph de 2,5 l con 6 cilindros en línea sería su sucesor, pero su mala suerte ya duraba demasiado.

Motor: V6, 2.994 cc
Potencia: 95 kW (128 CV)
De 0 a 100 km/h: 8,3 s
Velocidad máxima: 201 km/h
Producción total: 156

Con el temor de los compradores a la incapacidad de conducir un Griffith, TVR optó por un chasis más evolucionado y un motor menos potente sin reducir prestaciones.

TVR M-Series

Aunque la serie M, aparecida en 1972, fuera supuestamente nueva para TVR, en realidad sólo fue una evolución de los modelos Grantura y Vixen que ya llevaban más de una década de existencia. Su chasis era básicamente el mismo que el de los primeros coches TVM aunque notablemente más alargado.

Bajo su capó se encontraba un motor de 4 o 6 cilindros a escoger: uno de 1.599 cc y 4 cilindros de origen Ford que equipaba el 1600M u otro de 2.994 cc V6

Incluso pareciéndose la línea de las series-M a los primeros coches lanzados por TVR, la carrocería era totalmente nueva, aunque sin un maletero que se pudiera abrir y solamente un poco más de espacio para el equipaje.

para el 3000M, aunque también estaba el de 2.498 con 6 cilindros en línea de Triumph para el 2500M que sería el preferido en el mercado americano.

Aparte de las puertas y los parabrisas delantero y trasero idénticos a los anteriores TVR, los modelos de la serie M tenían una carrocería totalmente nueva inspirada en la del Tuscan V8 SE de finales de los 60 y en la serie S de los 80 a las que había mejorado ostensiblemente. Pero todavía no había un maletero propiamente dicho y tenía que accederse a él a través de los asientos de atrás. Por otra parte la rueda de repuesto se había recolocado bajo el capó, por lo que había más espacio para el equipaje.

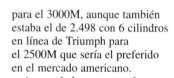

Motor: 6 cilindros, 2.498 cc
Potencia: 79 kW (106 CV)
De 0 a 100 km/h: 9,3 s
Velocidad máxima: 174 km/h
Producción total: 1.749 (toda la serie)

TVR TAIMAR

A TVR le costó casi tres décadas fabricar un coche con maletero como el Taimar. Aunque su gran portón de cristal le hacía parecer un poco diferente de los anteriores TVR, éste era mucho más práctico.

el mismo espacio para el equipaje, pero su techo plegable era totalmente nuevo y se doblaba desde el armazón del parabrisas delantero hasta atrás. Las ventanas alzables no se montaron todavía al depender de un frontal fijo; en vez de ellas en el convertible se usaban correderas.

Si el motor de serie de 3 l V6 no ofreciese suficiente potencia para el cliente, TVR ofrecía una versión turbo fabricada en unión con Broadspeed. Consumía unos 14 l/100, por lo que no tuvo demasiado éxito, sólo se vendieron 30 unidades. Los modelos dotados con el motor de 230 CV tenían igualmente unas prestaciones también remarcables, como una velocidad máxima de 224 km/h y una aceleración de 0 a 100 km/h de sólo 5,8 s.

El Taimar fue un cupé 3000M con el motor proporcionado por Ford de 2.994 cc V6 conectado a una caja de cambios de cuatro velocidades totalmente sincronizada. Tanto su exterior como su interior derivaba claramente de los modelos de la serie M al igual que sus prestaciones. Se ofrecía al mismo tiempo que el 3000M con la ventaja de que era más práctico, por lo que resultaba más atractivo a los clientes.

El Taimar representó para TVR una importante piedra de toque, ya que fue el primer modelo convertible de su historia. Tenía

Motor: V6, 2.994 cc
Potencia: 106 kW (142 CV)
De 0 a 100 km/h: 7,7 s
Velocidad máxima: 193 km/h
Producción total: 395 (y 30 turbos más)

TVR 3000S

Nunca se comercializó con este nombre; sólo lo obtuvo cuando se retiró del mercado en 1979. Su nombre durante su periodo de venta fue el de TVR Convertible, el 3000S fue únicamente una versión del 3000M. Su carrocería era casi totalmente nueva desde el parabrisas delantero para facilitar la separación entre el maletero y el techo plegable.

El 3000S tenía además un nuevo habitáculo y una zaga rediseñada. El chasis era idéntico, por lo que necesitaba de un túnel de transmisión que reducía el espacio interior. Al menos este mismo chasis con suspensión por válvulas en cada rueda garantizaba una maniobrabilidad decente para quienes quisiesen aprovechar al máximo sus 138 CV de potencia.

Al igual que con el Taimar, también se ofreció una versión turbo cuyo motor entregaba 230 CV para experimentar lo que es tener el viento en el pelo. Sólo se fabricaron 63 TVR Turbo en los años 70, por lo que hoy es difícil encontrar alguno.

Motor: V6, 2.994 cc
Potencia: 103 kW (138 CV)
De 0 a 100 km/h: 7,7 s
Velocidad máxima: 200 km/h
Producción total: 258

Muy parecido a los otros TVR de principios de los 90, el TVR 3000S o TVR Convertible como se llamaba recién estrenado, tenía una maniobrabilidad y unas prestaciones envidiables por más que sólo se fabricaran unos pocos.

TVR Tasmin

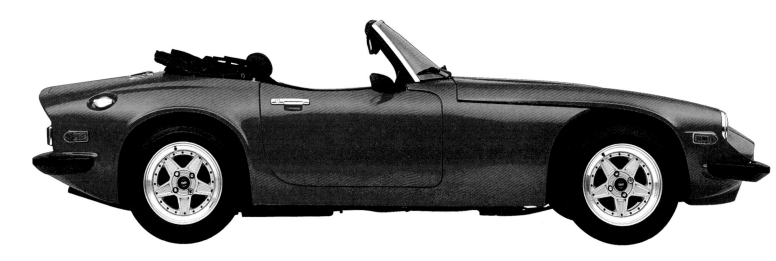

Desde el lanzamiento del Grantura en 1957 hasta el del 3000M en 1979 TVR siempre había seguido una misma línea de diseño, pero con el Tasmin de 1980 esta tendencia mostraba visos de cambio al ser sus líneas más esquinadas que curvas. El chasis seguía siendo el mismo que el del 3000M aunque con una mayor distancia entre ejes.

Se presentó en el Salón del Automóvil de Bélgica en 1980,

había sido desarrollado en menos de dos años y estaba equipado con un motor Ford de 2,8 l V6 sobre un chasis tubular. Disponía de frenos de disco en sus cuatro ruedas y sus 160 CV eran suficientes para alcanzar los 201 km/h.

Al principio sólo se ofrecía como un biplaza, pero en 1980 apareció la versión descapotable junto con la 2+2 con unos

Representó el principio de un cambio de estilo en TVR; de repente las líneas rectas sustituyeron a las curvas, pero el chasis continuaba siendo el mismo que el del 3000M.

simbólicos asientos traseros. Al año siguiente se dispuso de un motor de 2 l también Ford para el Tasmin 2000, que hacía a TVR más asequible. Esta entrada coincidiría

con la de la serie 2. Pero TVR además lanzaría un modelo más potente en 1983 con un motor de 3,5 l V8 que pronto daría lugar a la desaparición del nombre de Tasmin.

Motor: V6, 2.792 cc
Potencia: 119 kW (160 CV)
De 0 a 100 km/h: 7,7 s
Velocidad máxima: 201 km/h
Producción total: 2.563

TVR 350i

Originalmente el motor V8 de 3,5 l de la serie Tasmin derivaría, como en otros muchos casos, en un nuevo modelo con un nombre distinto. Aunque también existiera el motor Ford V6 para equipar al TVR 280i, fue el 350i el que vivió durante toda la década de los 90 junto con otras versiones

como la 390SE, la 420SEAC y la 450SEAC.

Usaba el motor V8 de 3.528 cc de Rover y era un coche muy rápido gracias en parte a su carrocería de fibra de vidrio ligera y a los 190 CV que rendía su motor. Su calidad de construcción era cuestionable, pero

con su precio de venta no había nada entonces que pudiera competir con él. Rover, igualmente, suministraba la caja de cambios manual de cinco velocidades aunque también se fabricaran algunos con transmisión automática. La mayoría de los 350i eran

descapotables, pero el 5 por 100 fueron cupés 2+2.

Tan pronto como el 350i se estableció como modelo único todos los demás modelos de la marca parecieron perder importancia. Por eso no sorprendió que junto con él aparecieran versiones aún más potentes con motor V8.

En 1985 se introdujo en el mercado la Serie 2 con un diseño más estilizado del frontal y una suspensión modificada que mejoraba su maniobrabilidad.

Motor: V8, 3.528 cc
Potencia: 142 kW (190 CV)
De 0 a 100 km/h: 6,6 s
Velocidad máxima: 218 km/h
Producción total: 955

Para compensar las prestaciones relativamente modestas de los primeros Tasmin, se introdujo en su capó del 350i el clásico motor Rover V-8 de 3,5 l. y se olvidó el nombre de Tasmin.

TVR 450SEAC

El 450SEAC fue el tercero de un grupo de derivados del 350i que apareció del 400SE y el 420SEAC. Estas siglas se referían al Special Equipment Aramid Composite, que quiere decir en lenguaje llano que estaba fabricado en Kevlar en vez de fibra de vidrio para fortalecer su carrocería, mantener el peso bajo y mejorar la relación peso/potencia.

Usando el motor de 4,5l. del Rover V8 un poco modificado junto con las tradicionales transformaciones deportivas como un bloque y válvulas más grandes, unas válvulas de la ballesta más resistentes, culatas con gas y un mejor árbol de levas el coche se alejaba de sus hermanos más modestos. Es decir, que sus 324 CV eran suficientes para acelerar de 0 a 100 km/h en menos de 5 s y alcanzar una velocidad máxima de 265 km/h. Aprovechar estas características no siempre era fácil, a veces era difícil de manejar, especialmente en terreno mojado.

Comparando el 450SEAC con sus rivales más enconados el TVR no resultaba muy vendible dado su precio, aunque ninguno de ellos ofrecía unas prestaciones tan altas.

Motor: V8, 4.441 cc
Potencia: 241 kW (324 CV)
De 0 a 100 km/h: 4,7 s
Velocidad máxima: 265 km/h
Producción total: 18

La última encarnación del Tasmin fue el 450SEAC, que combinaba materiales ligeros con una gran potencia para obtener unas prestaciones de espanto. Su calidad de construcción y su fiabilidad eran todavía modestas.

TVR S

Cuando llegaron los Tasmin sustituyendo a los más antiguos y curvos TVR, los modelos se volvieron demasiado caros para la mayoría de sus posibles compradores. La respuesta de TVR fue fabricar un modelo que tuviese la esencia de la Serie M y que sólo pudiese comprarse como descapotable.

Con sólo una S en su nombre, el modelo estaba equipado con un motor Ford de 2,8 l V6 y una caja de cambios de cinco velocidades. Su base fue un chasis con una suspensión trasera independiente con un brazo flexible y frenos de disco en las ruedas delanteras que mejoraban su capacidad de frenada.

En 1988 su nombre fue el de S2 con un motor de 2,9 l pero con la misma carrocería. A partir de 1989 se pusieron en opción catalizadores (el nombre sería S2C) y en 1990 las Series S3 y S3C exponían unas puertas más alargadas y los faros delanteros debajo del parachoques.

En 1993 el modelo se llamaría S4C, tenía catalizador de serie, pero en seguida se vería ensombrecido por el V8S de 1991 que equipaba un motor de 240 CV y 3,9 l de Rover V8, y era muy rápido.

Motor: V6, 2.792 cc
Potencia: 119 kW (160 CV)
De 0 a 100 km/h: 7,6 s
Velocidad máxima: 205 km/h
Producción total: 2.600

Después de los diseños de líneas rectas de los años 80, los S marcaron una vuelta a la imagen clásica de los TVR. Al principio usaban un motor V6, pero más tarde también lo sustituyeron por el V8.

Unipower GT

Inspirándose en el pequeño GT de Carlo Abrath, el ingeniero de Ford Ernie Unger realizó unos esbozos para poder poner un motor deportivo al Mini 850 que él mismo poseía. A mediados de los años 60 se fabricó y probó un prototipo que consiguió cierta financiación de la Universal Power Drives, una empresa que quería así potenciar su imagen asociada a un GT. El prototipo se desarrolló conservando la posición del motor transversal del Mini, pero puesto detrás del conductor y girado 180º. El coche debutaría en el Racing Car Show de 1966; sus primeros pedidos, sin embargo, no se entregarían hasta 1968. En esa fecha su motor de 998 cc Cooper entregaba 55 CV y estaba conectado a una caja de cambios de cuatro velocidades, aunque pagando 200 £ más se podía conseguir un modelo con un motor de 1.275 cc y una caja de cambios de cinco velocidades.

En 1968 Universal Power Drives perdió el interés y el proyecto pasó a manos de la UWF. Poco después se ofrecía un modelo mejorado y empezó una campaña en la competición. Desarrollarlo era muy caro, por lo que la UWF tuvo que cerrar cuando sólo había fabricado 15 unidades.

Su corta vida influyó mucho en los especialistas del motor en aquel tiempo ya que presentaba muchas innovaciones, como un cambio de marchas a la derecha y frenos de disco delanteros.

Motor: 4 cilindros, 998 cc
Potencia: 41 kW (55 CV)
De 0 a 100 km/h: 12,6 s
Velocidad máxima: 153 km/h
Producción total: 75

Vanden Plas Princess 4-litre Limousine

Unos 1.250 ejemplares del Austin A135 ya se habían fabricado cuando el modelo evolucionó hasta convertirse en el Vanden Plas Princess 4-Litre en 1959. El A135 se introdujo en el mercado en 1952 y se convirtió, con su motor de 4 l, en el coche más grande de los fabricados por la British Motor Corporation. Dejaba a todos sus hermanos menores y más asequibles a distancia con una potencia muy superior y una única carrocería de sedán o de *landaulete*.

Fue un coche muy caro, pero era el suyo un precio competitivo con el de sus rivales. En él cabían seis pasajeros dispuestos en tres hileras de dos, incluía un par de asientos abatidos en el centro que desplegados miraban hacia delante. No se trataba de un coche destinado a un propietario-conductor, sino a alguien que le gustase tener chófer.

El 4-litre era muy grande y podía alcanzar los 161 km/h gracias a su motor de 3.993 cc y 6 cilindros que entregaba 122 CV. El chofer tenía en él una conducción fácil con su transmisión automática de cuatro velocidades, servofrenos de tambor en las cuatro ruedas y dirección asistida.

Motor: 6 cilindros, 3.993 cc
Potencia: 91 kW (122 CV)
De 0 as 100 km/h: 11,5 s
Velocidad máxima: 158 km/h
Producción total: 3.350 aprox.

Utilizaba el método tradicional de construcción, como un chasis separado de la carrocería, el Vanden Plas 4-litre limusina tenía el parabrisas en dos secciones.

Vanden Plas Princess IV

Descendiente de los sedán Austin Sheerline y del Princess de los años 50, el Princess IV fue un gran turismo de edición limitada. Su chasis lo fabricaba Austin y la carrocería, Vanden Plas, que ahora formaba parte de BMC.

Con una longitud de 510 cm y un peso de más de 2.200 kg, el Princess IV tenía que usar un motor que entregaba 150 CV a plena potencia y consumía algo menos de 28 l/100. Poco público podía afrontar tal gasto.

La transmisión automática y la dirección asistida eran accesorios de serie y cuando la revista *Autocar* le hizo una revisión en 1958, los probadores quedaron muy impresionados por su nivel de refinamiento. El coche no sólo era extremadamente tranquilo incluso a altas velocidades, sino que la falta de vibraciones y la suavidad de su transmisión eran *bocatto di cardinale*. Se vendía a un precio de 3.376 £, muy caro para la mayoría de los clientes a quienes no les preocupara el consumo de combustible. No sorprende que apenas se fabricase alguno y de ellos sólo unos cuantos sobreviven hoy día.

Motor: 6 cilindros, 3.993 cc
Potencia: 112 kW (150 CV)
De 0 a 100 km/h: 16,1 s
Velocidad máxima: 161 km/h
Producción total: n/d

VANDEN PLAS PRINCESS 3-LITRE

1959–64

El Princess 3-litre fue únicamente un cambio de nombre del Austin A99. Junto a él se vendían las versiones de la propia Austin y de Wolseley, pero la Vanden Plas era la de nivel más elevado derivada del A99. Su parrilla era especial y su interior estaba casi insonorizado y era de lujo. Aunque las raíces del coche estaban bastante claras, fue un éxito de ventas gracias sobre todo a la calidad de su construcción. Cuando en otoño de 1961 apareció la versión Princess E-litre Mk II mejoró notablemente.

Se convirtió en un genuino coche de 161 km/h gracias a su motor de 2,9 l y 6 cilindros en línea, una larga distancia entre ejes y cambios en la suspensión para hacer que su marcha fuese más cómoda. Para aquellos que preferían conducir a ser llevados por un chófer, en 1962 la dirección asistida se sumó a la lisa de opciones. En 1964 el 3-litre se dejaría de fabricar para la incorporación del Vanden Plas 4-litre.

Motor: 6 cilindros, 2.912 cc
Potencia: 77 kW (103 CV)
De 0 a 100 km/h: 17,9 s
Velocidad máxima: 156 km/h
Producción total: 12.703

VANDEN PLAS 4-LITRE R

1964–68

La versión más lujosa del Westminster, el Vanden Plas 4-litre R, tenía una construcción muy lograda y un refinamiento y decoración suntuosos.

La colaboración entre Rolls-Royce y BMC para fabricar autos de lujo asequibles dio como resultado el Vanden Plas 4-litre R. Se basaba en el 3-litre A110 Westminster y tenía un motor de 4 l Rolls-Royce de 6 cilindros conectado a una caja de cambios automática de Borg-Warner; el cigüeñal tenía siete bielas y era capaz de entregar 175 CV siendo de aleación, por lo que ofrecía un alto nivel de refinamiento y un buen par, pero igualmente gastaba mucho combustible y mantenerlo era muy caro.

Su carrocería se parecía mucho a la del Westminster, pero con el tamaño de las alas más reducido y nuevas luces traseras; ambos parabrisas estaban un poco más inclinados, por lo que los ocupantes tenían más sitio para sus cabezas. El interior también se había mejorado ostensiblemente con los asientos tapizados en piel de Connolly y el salpicadero y las puertas veteados con madera de nogal.

Al principio se esperaba fabricar unos 100 modelos a la semana, pero este coche de lujo asequible no lo era tanto. En 1968 su fabricación sufrió un parón, justo cuando se llevaban 6.555 unidades construidas, de hecho nunca se consiguieron fabricar más de 60 al día durante toda su vida en fabricación. Se planeó hacer una versión con el nombre de Bentley, pero Rolls previó problemas y decidió dejar el proyecto.

Motor: 6 cilindros, 3.909 cc
Potencia: 130 kW (175 CV)
De 0 a 100 km/h: 12,7 s
Velocidad máxima: 179 km/h
Producción total: 6.555

VANDEN PLAS PRINCESS 1100 & 1300

1963–74

Fred Connolly, el fabricante de la conocida piel Connolly, pidió un 1100 para que fuese ejemplo de un lujo total para su uso personal. Cuando los directivos de BMC vieron con buenos ojos el resultado, el coche Connolly se convirtió en un modelo más.

Su fabricación llegaría en 1963 únicamente como un sedán de cuatro puertas y experimentó un éxito inmediato. Atrajo a muchos conductores que querían un coche pequeño pero lujoso. La mecánica del Vanden Plas Princess 1100 era idéntica a la de cualquier otro 1100 que vendiera el imperio BMC. En 1967, se le montó un motor de 1.275 cc y una caja de cambios automática, lo que daría pie a la versión Mk II del 1100 sin aletas. Al año siguiente desaparecería el 1100, pero el Mk II 1300 continuó en fabricación hasta 1974 con un motor más potente dotado con dos carburadores.

Motor: 4 cilindros, 1.098 cc
Potencia: 41 kW (55 CV)
De 0 a 10 km/h: 21,1 s
Velocidad máxima: 136 km/h
Producción total: 43.741

VANDEN PLAS 1500

1974–80

El Austin Allegro fue uno de los coches menos apreciados de los fabricados en el Reino Unido. Por eso cuando apareció una versión con el nombre de Vanden Plas cuya parrilla era totalmente desproporcionada respecto al resto del coche, estaba claro que los días de Vanden Plas estaban contados. En verdad el nombre apenas significaría nada.

Todos los modelos Vanden Plas 1500 fueron sedán de cuatro puertas, al principio dotados con un motor de 1.485 cc que ya tuvo el Allegro 1500, pero luego se le sustituyó por uno de 1.748 cc en línea con la aparición del Allegro 1750.

Al igual que en el Allegro se usaba una suspensión Hydragas, pero Vanden Plas le montó una caja de cambios de cinco velocidades y un increíble nivel de lujo en su interior, incluso contaba con una mesa de *picnic* en la parte de atrás.

Motor: 4 cilindros, 1.485 cc
Potencia: 51 kW (69 CV)
De 0 a 100 km/h: 16,7 s
Velocidad máxima: 144 km/h
Producción total: 11.842

VAUXHALL PRINCE HENRY

1910–15

Hasta 1908 Vauxhall carecía de experiencia en la fabricación de deportivos. Ese mismo año desarrollaría su motor de 3 l y 20 CV para que produjera 60. Este motor se instalaría en tres bólidos que participaron en la carrera Prince Henry of Prusia, motivo del que derivaría su nombre.

El C-type se presentó por primera vez en el Salón del Automóvil de Londres de 1910 y al año siguiente se lo pondría como un modelo más de Vauxhall con una carrocería de cuatro plazas pero sin puertas dado el interés

de la marca en las prestaciones y la maniobrabilidad. De hecho su sedán ganó en reputación siendo uno de los mejores deportivos de la época al alcanzar los 120 km/h y tener una excepcional flexibilidad.

Pasado un plazo de dos años en fabricación recibió un motor más grande, de 3.964 cc que entregaba 86 CV, 25 más que el anterior. Este cambio hizo que mejorara sus prestaciones, que incorporara pequeñas puertas para una mayor accesibilidad de las «ladies» y otros accesorios de protección contra los elementos. Se fabricó un futuro modelo 133 basado en estos últimos.

El gran éxito del Prince Henry en el Russian Reliability Trial que iba de San Petersburgo a Sebastopol llevó al modelo a las cadenas de producción. De todas maneras pocos pudieron comprar un deportivo así.

Motor: 4 cilindros, 3.054 cc
Potencia: 45 kW (60 CV)
De 0 a 100 km/h: n/d
Velocidad máxima: 120 km/h
Producción total: 58

Antes de la llegada del Prince Herny, Vauxhall tenía fama de fabricar coches convencionales. Con su aparición ésta cambió su imagen a mejor, al ser la de un fabricante de deportivos.

VAUXHALL 30/98

El 30/98 era capaz de competir con éxito en las carreras incluso con cuatro pasajeros a bordo. Aunque el coche databa de la posguerra, cuando entró en producción era muy moderno y competitivo frente a los mejores rivales.

El coche de posguerra apareció muy mejorado gracias a su encendido, sus faros eléctricos y un bloque de cilindros mucho más resistente que se incorporaba a su diseño.

Rápido, pesado y con un extraordinario agarre a la carretera, el 30 /98 sufrió a consecuencia de su desorbitado precio, por lo que éste se redujo a 1.300 £. Una reducción sustancial que todavía no le hacía barato. El Benttley 3-litre era su competidor más enconado incluso en la competición.

En 1922 salió al mercado un 30/98 más modesto con un motor de carrera más corta y con válvulas en cabeza, ofrecía 115 CV y el chasis que lo soportaba era más rígido. Sus prestaciones habían mejorado igualmente gracias a los frenos por cable que en 1923 adquirieron sus ruedas delanteras.

Vauxhall formaría parte de General Motors en 1925 y en cumplimiento de su política de empresa Vauxhall tendría que fabricar coches utilitarios. Pero en 1926 lanzó al mercado una versión del 30/98 con frenos hidráulicos en sus cuatro ruedas y un motor de 120 CV que le bastaban para alcanzar los 152 km/h de velocidad máxima y los 128 de velocidad de crucero. Sus precios eran aún elevados, el chasis costaba 950 £ y no sólo eso, el coche ya tenía diez años de antigüedad cuando Bentley y Sunbeam ofrecían modelos mucho más modernos por el mismo precio.

Por aquellos años, cuando el 30/98 se dejó de fabricar, en 1927, se habían fabricado sólo 598 unidades en todas sus versiones. Una cifra inaceptable para los nuevos directivos de General Motors.

El Vauxhall 30/98 es un modelo considerado como uno de los primeros deportivos que podía competir con los mejores Bentley, Alvis, Talbot o Sunbeam. Durante gran parte de su vida útil se vio muy superado por el Bentley 3-litre aunque el 30/98 era más rápido. Hasta 1926, siguiendo la norma de aquella época, sólo disponía de frenos traseros.

El 30/98 fue esencialmente una evolución de los Trial Cars que Vauxhall había fabricado para competir en las pruebas de fiabilidad de 1908. Aunque la resistencia era más importante que la velocidad, estos modelos eran capaces de alcanzar los 137 km/h, pero dependiendo de su aerodinámica llegarían a los 174 km/h como lo hizo en Brooklands. Para quienes preferían

A pesar de que su precio era desorbitado respecto al del Prince Henry, el 30/ 98 se mostraba inaccesible incluso para la mayoría de los ricos. Sus muy modestas cifras de producción hicieron que la nueva marca hermana de Vauxhall, GM, lo dejara de fabricar.

la velocidad por encima de todo lo demás se ofreció una versión derivada de la de carreras que aseguraba llegar a los 161 km/h, lo que para entonces era una característica excepcional. No fue hasta 1912 que entró en competición y disfrutaría de éxitos con regularidad. En verano de 1913 aparecieron la primeras versiones de carretera fabricadas para un público rico. Era un coche que sólo el chasis costaba 900 £ mientras que un Prince

Henry se quedaba en las 580 £; se trataba, pues, de un coche de sólo mirar, excepto para los muy ricos. Antes de la Primera Guerra Mundial sólo se fabricaron doce chasis.

En 1919 el 30/98 entró en el catálogo de la marca, sin dejar de ser tan prohibitivo para la mayoría; costaba, con su carrocería Velox, 1.675 £ En los siguientes tres años, empero, se vendieron 274 unidades de este reputado deportivo muy refinado de los años 20.

Motor: 4 cilindros, 4.525 cc
Potencia: 67 kW (90 CV)
De 0 a 100 km/h: n/d
Velocidad máxima: 136 km/h
Producción total: 598

VAUXHALL 20/60

En 1925 GM compró Vauxhall después de que fallara su intento de comprar Austin. El primer coche que Vauxhall fabricó y comercializó bajo los auspicios de GM fue el 20/60 en 1928.

Algunos de los primeros compradores de Vauxhall se quejaron de que tenía una imagen demasiado americana. De hecho la incorporación de una batería de 12 V, un cambio de marchas central y un embrague de un solo plato no era muy británico. El diseño del 20/60 parecía también estar muy influenciado por el de los Buick del momento. Vauxhall no tardaría en defenderse diciendo que este proyecto ya había sido planeado antes de su compra por GM.

Pero quienquiera que desarrollase el coche sería incapaz de decir que no era un buen modelo. El Vauxhall 20/60 disponía de frenos por cable más efectivos que los de los modelos precedentes y la tradicional dirección de cremallera de Vauxhall se había sustituido por un más moderno sistema de engranajes Marles que suponía una mejora notable. Pero una de las mejoras más importantes fue la adopción de artillería de madera en las ruedas en vez de la anterior rellena, lo que le aportaba una mucho mayor fiabilidad y suavidad de marcha.

Motor: 6 cilindros, 2.762 cc
Potencia: n/d
De 0 a 100 km/h: n/d
Velocidad máxima: 108 km/h
Producción total: 4.228

VAUXHALL 10

Cuando Vauxhall lanzó al mercado en 1946 la nueva versión de su modelo familiar, no parecía tener demasiadas diferencias del que había aparecido en 1938. Pero esta circunstancia no importaba, ya que casi todo los modelos estaban destinados a la exportación y el coche estaba casi tan adelantado como el de 1938; su diseño continuó siendo en gran parte el mismo que durante la guerra.

El Vauxhall 10 CV era innovador porque tenía una construcción semimonocasco que le hacía ser único. Esto, junto a una distancia entre ejes más larga que la de su predecesor, significaba que tenía más espacio interior y cuatro ventanas, una en cada lado del ocupante, lo que daba sensación de tener más espacio.

La baja calidad del combustible que se empleaba en la posguerra provocó que su motor de 1.203 cc tuviese una potencia expresamente reducida para que no le afectase demasiado el escaso octanaje y fuese un coche fácil de mantener.

Motor: 4 cilindros, 1.203 cc
Potencia: 23 kW (31 CV)
De 0 a 100 km/h: n/d
Velocidad máxima: 97 km/h

Aunque se diferenciaba muy poco de su antecesor, el primer coche de posguerra de Vauxhall presentaba aún ciertas innovaciones como su construcción semimonocasco.

VAUXHALL VELOX E-TYPE

Cuando en 1951 apareció el Wyvern, el nuevo patrocinio de Vauxhall resultó obvio. Su base estaba en los Chevrolet de 1949; su gran parrilla y la cantidad de cromados eran puramente americanos, tanto como su diseño a lo ancho y su capó abultado.

La austeridad de los años de posguerra se acababa y los potenciales compradores esperaban más de sus vehículos. Por eso se prestó más atención al confort y a la conducción de sus modelos. En el caso del Velox E-type la clave

estaba en su mayor espacio interior que le permitía llevar a seis ocupantes, una mejora respecto a su antecesor, el Velox LIP que se vendió entre 1948 y 1951. Se podía además escoger entre un motor de 4 o 6 cilindros y era mucho más confortable en marcha que el coche al que reemplazaba gracias a su suspensión delantera independiente por muelles helicoidales.

El modelo se iría mejorando durante toda su vida útil tanto en su exterior como en su interior y el aumento del tamaño de sus ventanas hizo que tuviese un habitáculo más airoso.

Muchos de los fabricantes británicos de los años 50, como los de BMC, Ford y Vauxhall, tenían un diseño muy influido por el americano. E-type Velox no fue una excepción, en sus líneas se notaba la relación con GM.

Motor: 6 cilindros, 2.275 cc
Potencia: 41 kW (55 CV)
De 0 a 100 km/h: 20,9 s
Velocidad máxima: 129 km/h
Producción total: 545.388 aprox.

VAUXHALL CRESTA PA

1952–67

La marca patrocinadora americana de Vauxhall influyó en los diseños de algunos de sus modelos de posguerra. Aletas largas, parabrisas envolventes y parachoques pesados con mucho cromo eran evidentes.

Por otra parte también procedían de sus primos de aquel país los grandes y suaves motores. El Cresta tenía uno de 6 cilindros en vez de los V8 americanos. Al principio cubicaba 2.262 cc y aunque sólo entregaba 75 CV disponía de un par soberbio, por lo que no necesitaba usar mucho la tercera velocidad de su caja de cambios en la columna. Su conducción era superior ayudada por la abultada carrocería y su gran maletero, pero, a pesar de su desmesurado habitáculo, no había en él demasiado espacio para sus ocupantes.

Lo que más atraía a sus clientes eran los dos colores de su

Su importante tendencia a la oxidación, no ayudó en absoluto a su supervivencia. Tenía aspecto extranjero por sus grandes aletas, su capó imponente y sus carrocerías de brillantes colores.

carrocería como el rosa brillante y el verde.

En 1960, se le montó un motor de 2.651 cc que reemplazaba al de su predecesor, más pequeño, y entregaba 20 CV más. El Cresta PA permitía disfrutar más de la conducción, especialmente si estaba dotado con una caja de cambios automática Hydramatic que era una opción.

Motor: 2.262 cc
Potencia: 61 kW (82 CV)
De 0 a 100 km/h: 16,8 s
Velocidad máxima: 145 km/h
Producción total: n/d

VAUXHALL VICTOR FB

1961–64

El Victor FB fue la segunda versión de un anterior FA (o de la serie F) que apareció en 1957. El diseño original del modelo resultó anticuado en seguida, así que el FB se presentó sin sus ventanas con pilares en forma de A, sin sus aletas y sin sus acanaladuras en las puertas.

Con la seguridad de que el modelo sería objeto de una gran atracción, Vauxhall lo ofreció como un sedán de cuatro o cinco puertas y con la posibilidad de un motor de 41 CV y 1,5 l o de 59 CV y 1,6 l. El coche fue un éxito total sobre todo gracias a su diseño moderno, mucho mejor que el de su antecesor.

Sus niveles de confort eran también mejores que los de aquel gracias a su mayor espacio interior y un gran bancal de asientos (que podía cambiarse por asientos separados). Las proporciones

exteriores, más generosas, le ayudaron igualmente mucho, como su mayor refinamiento. La caja de tres velocidades de serie era pobre, por lo que la mayoría de sus clientes optaron por otra de cuatro velocidades totalmente sincronizada.

Motor: 4 cilindros, 1.508 cc
Potencia: 41 kW (55 CV)
De 0 a 100 km/h: 22,6 s
Vel Máx.: 122 km/h
Producción total: 328.640

Con más de 100.000 unidades vendidas cada año, el Victor FB fue un modelo de mucho éxito para su marca. Su popularidad se debía esencialmente al gran abanico de opciones que se ofrecían a sus clientes.

VAUXHALL CRESTA PB

1962–65

Muy parecido a su hermano menor, el Victor FB, el Vauxhall Cresta PB fue esencialmente una versión con motor de 6 cilindros de aquél. Compartían la misma estructura y las puertas se trasplantaron del Victor, lo que indica que su diseño básicamente era el mismo.

Se presentó como sedán de cuatro puertas en 1962, y un familiar de cinco fabricado por Martín Walter llegaría al año

siguiente. El techo del sedán desaparecería en favor de un panel de fibra de vidrio; el familiar fue un «llévalotodo» de lujo cuando en aquellos años los familiares no eran vistos más que como una herramienta de trabajo.

El único motor con el se ofrecía al principio fue el de 2.651 cc de 6 cilindros en línea que podía conectarse a cualquiera de las tres transmisiones que tenía como

Mucho menos ostentoso que el PA, el estilo sobrio del Creta PB era ultramoderno el año de su presentación a principios de los años 60, pero aún era un coche de lujo con un motor de 6 cilindros.

opción. La versión más elemental disponía de una caja de cambios manual de tres velocidades. Su alternativa era una Hydramatic automática o, a partir de 1965, una Powerglide de dos velocidades.

Al mismo tiempo en que cambiaban las opciones de la transmisión, también lo hacían los motores que llegarían a ser de 3.294 cc y 6 cilindros en línea con el consecuente aumento de prestaciones.

Motor: 6 cilindros, 2.651 cc
Potencia: 71 kW (95 CV)
De 0 a 100 km/h: 19,5 s
Velocidad máxima: 149 s
Producción total: 87.047

VAUXHALL VICTOR FC

1964–67

Aunque el Vauxhall Victor FC, también conocido como Victor 101, tenía una imagen ciertamente distinta a la de su predecesor el FB, su interior tampoco había cambiado mucho. Su motor, el usual de 1.594 cc ya visto en anteriores modelos, su suspensión delantera todavía era de válvulas y muelles helicoidales y de eje rígido y ballestas semielípticas detrás.

Para distanciarlo respecto al FB su diseño sería más estilizado, con pilares más delgados y un parabrisas trasero curvo, una tendencia que no tuvo continuidad. Se podía elegir entre una caja de cambios manual de tres o de cuatro velocidades y una Powerglide automática de dos velocidades que se ofreció en 1966.

El Vauxhall FC tenía uno de los maleteros más grandes de su categoría, más espacio interior y un nivel de conducción superior. Se podía escoger entre seis carrocerías, desde la sedán a la familiar, entre las que estaba la superior VX 4/90.

Esta última versión disponía de una caja de cambios de cuatro velocidades totalmente sincronizadas de serie, y ninguna opción a tener una automática. Su motor entregaba 85 CV, nueve más que los otros modelos estándar.

Motor: 4 cilindros, 1.594 cc
Potencia: 45 kW (60 CV)
De 0 a 100 km/h: 17,1 s
Velocidad máxima: 137 km/h
Producción total: 219.814

Con la intención de hacerlo más espacioso que su predecesor el FB, el Vauxhall Victor FC se fabricó más ancho y más largo. También consumía más que sus rivales, por lo que muchos clientes compraron otros modelos para evitar su caro mantenimiento.

VAUXHALL VISCOUNT PC

El Viscount PC costaba 400 £ más que el Cresta estándar en el que se basaba. Esta circunstancia implicaba un caro mantenimiento dado su elevado consumo debido al peso de todo su equipamiento; por eso sus ventas siempre fueron escasas.

El Vauxhall más lujoso de aquella época fue el Viscount PC, el más caro de los modelos de la serie Cresta. Su motor cubicaba 3.294 cc con 6 cilindros en línea y ofrecía de serie un alto grado de refinamiento. Esto implica insonorización, ruedas más grandes, elevalunas eléctricos, un techo de vinilo y detalles de madera.

En su precio también se incluía de serie una caja de cambios automática, aunque la manual de cuatro velocidades costaba 85 £ menos. Pocos coches contaban con una caja de cambios manual, pero especialmente después de 1970, cuando GM fabricaba sus cajas de cambios automáticas de tres velocidades en vez de la anterior de dos.

Su motor disponía de cuatro puntales esenciales, lo que era evidente cuando se conducía con deportividad ya que el modelo no tenía el refinamiento de algunos de sus rivales mejor motorizados. Sus prestaciones eran importantes, aunque ligeramente limitadas por el peso de todo su equipamiento, y su conducción era muy confortable.

Motor: 6 cilindros, 3.294 cc
Potencia: 89 kW (120 CV)
De 0 a 100 km/h: 15,5 s
Velocidad máxima: 157 km/h
Producción total: 7.025

VAUXHALL VICTOR FD

No sólo era increíble por su diseño de botella de Coca-cola, sino por estar técnicamente adelantado con su motor de árbol de levas central y en cabeza que podía llegar a las 9.000 rpm sin problemas.

delanteros y gracias al cuidadoso diseño de su eje posterior, su maniobrabilidad y su agarre era mucho mejor que los de muchos de sus competidores. La incomodidad de sus asientos y su poco eficaz cambio de marchas fueron blanco de críticas hasta que en 1970 se le montó un cambio automático de tres velocidades, las primeras de las cuales eran igualmente pobres.

En mayo de 1968 se ofreció la versión familiar, que se vendió junto a la sedán de cuatro puertas. A partir de 1970 los modelos con motor de 4 cilindros tuvieron el nombre de Victor Super.

El Vauxhall Victor FD se presentó en el Salón del Automóvil de Londres de 1967 celebrando el 60 aniversario de la marca. Al principio se ofrecía con un motor de 1.599 cc u otro de 1.975 cc de 4 cilindros, pero a partir de 1968 se montó el familiar de 3.294 cc y 6 cilindros en una versión de nombre Ventora (Ventora II desde 1970).

Los motores de cuatro cilindros serían los nuevos «slant four» con árbol de levas en cabeza que ya se usaron en el Viva y que ahora se unían a una suspensión por muelles helicoidales en sus cuatro ruedas y una dirección de cremallera. Vauxhall optó por los cuatro faros

Motor: 4 cilindros, 1.975 cc
Potencia: 77 kW (104 CV)
De 0 a 100 km/h: 14 s
Velocidad máxima: 153 km/h
Producción total: 198.085

VAUXHALL VENTORA FE

La quinta generación de los Victor fue la más grande tanto a lo largo como a lo ancho, lo que le hacía ser muy cómoda. El Víctor FE fue el más espacioso de todos los Vauxhall fabricados hasta el momento.

Se basaba en la misma plataforma del Opel Rekord, un ejemplo de la colaboración entre marcas para ahorrarse tiempo y dinero.

La serie Victor se presentó en marzo de 1972 con una versión superior llamada Victor 3300. A partir de 1973 se le cambiaría el nombre por el de Ventora en un

No era nada más que un Victor FE con un motor más grande. Su nombre se debía sólo a un intento por distanciarle de sus versiones más modestas en las que se basaba; su mantenimiento era demasiado caro.

intento de alejar a este modelo de motor Chevrolet de sus hermanos más pequeños. Estaba dotado de dirección asistida, doble circuito de frenos, techo de vinilo y decoraciones de madera. El Ventora fue un modelo de lujo caro de mantener debido al consumo de su motor de 3,3 l.

Para quienes no considerasen suficientemente lujoso el equipamiento de serie del Ventora se lanzó en 1973 una versión de nombre VIP, edición especial que sólo se ofrecía en color negro.

El Ventora se dejaría de fabricar a partir de 1976 y sería sustituido por el Victor 2300SL

Motor: 6 cilindros, 3.294 cc
Potencia: 92 kW (124 CV)
De 0 a 100 km/h: 12,6 s
Velocidad máxima: 166 km/h
Producción total: 7.984

VAUXHALL VIVA

A principios de los años 70, el HA Viva fue el primer Vauxhall que consiguió unas ventas de seis cifras gracias a las más de 100 versiones diferentes que se ofrecieron en sus más de tres generaciones.

Fue presentado en 1963 con un motor de 44 CV y 1.057 cc. En 1965 apareció el Viva SL de carácter deportivo con un motor que daba 66 CV. Al año siguiente el Viva HB ya tenía una carrocería

Fue quizá uno de los coches más convencionales de todos los tiempos. No se hacía notar por nada en especial, por lo que fue sustituido rápidamente por el HB, mucho más adelantado.

más grande y totalmente nueva, una suspensión mejorada, unos frenos actualizados y un motor con una potencia de 56 CV y 1.159 cc, una versión derivada de un motor

de 1.057 cc. En 1970 el Viva HC se lanzó como un sedán de dos o cuatro puertas, un cupé o un familiar de tres puertas; sus motores iba de un cubicaje de 1.159 a 1.599 cc. El HC tenía una mecánica muy similar a la del HB, pero su carrocería era muy diferente.

En 1971 debutó el Firenza con su motor de 1.159 cc de 1975. El Viva de lujo, llamado Magnum

saldría en 1973, con un motor de 1.759 o 2.279 cc y se ofrecía como sedán, cupé o familiar. Todos ellos tenían cuatro faros delanteros en vez de dos para así distinguirlos de los modelos Viva más modestos.

Motor: 4 cilindros, 1.057 cc
Potencia: 33 kW (44 CV)
De 0 a 100 km/h: 22,1 s
Velocidad máxima: 123 km/h
Producción total: 321.332

VAUXHALL FIRENZA DROOP SNOOT

1973–75

El Vauxhall Firenza Droop Snoot
fue un ejemplo de cómo tomar un
modelo de lo más convencional y
transformarlo en algo especial.
Una carrocería modificada, una
mecánica más resistente y un
motor más airoso convirtieron el
Viva cupé en el Droop Snoot o en
el Firenza HP (High Performance)
tal como se conocía oficialmente.

de frontales cónicos a los que se
necesitaba encontrar un uso. La
solución fue crear el Sporsthatch,
la versión familiar del Firenza
Droop Snoot. Se le equipó con el
motor de 110 CV que normalmente
estaba bajo el capó del Magnum,
pero con la carburación trucada
para que tuviera 6 CV menos.
El Sporsthatch nunca entró
oficialmente en producción, pero
se fabricaron 197, sólo siete menos
que el Droop Snoot oficial.

A principios de los años 70,
Vauxhall decidió conquistar el
mercado de los jóvenes, para lo que
creó el Firenza cupé. Disponía de un
motor Magnum de 2,3 l ligeramente
retocado, una transmisión reforzada
y un cono frontal de fibra de vidrio

deyector del viento en un 30 por 100
gracias al cual su velocidad máxima
era de 193 km/h.
    El plan era fabricar al menos
1.000 unidades al año y llegar a
un total de 50.000, pero tuvo que
dejarse de fabricar sólo dos años

después del lanzamiento
del Firenza HP, conocido
extraoficialmente como Droop
Snoot, con sólo 204 unidades
fabricadas, todas ellas plateadas.
    Esta circunstancia dejó a
Vauxhall con un buen montón

Motor: 4 cilindros, 2.279 cc
Potencia: 98 kW (131 CV)
De 0 a 100 km/h: 9,4 s
Velocidad máxima: 193 km/h
Producción total: 204

VAUXHALL CHEVETTE

1975–84

Motor: 4 cilindros, 1.256 cc
Potencia: 44 kW (59 CV)
De 0 a 100 km/h: 16,7 s
Velocidad máxima: 141 km/h
Producción total: 415.608

Cuando General Motors extendió
sus tentáculos durante los años 70
pretendía encontrar el llamado
coche global, un vehículo que podía
venderse en docenas de países con
las menos modificaciones posibles.
Podía ser un Opel en Alemania, un
Isuzu en Japón o un Vauxhall en
Gran Bretaña. Bajo la carrocería de
los modelos simples siempre estaría
un mismo motor, pero la carrocería
sería muy distinta.
    El Chevette se fabricaría como un
tres puertas con la transmisión y el
motor del Viva 1300 en el año 1975.
Al año siguiente se sumaría a la
serie una versión familiar, un sedán
de cuatro puertas y entre ambos
otros tres modelos que ayudaron a
Vauxhall en su rentabilidad, la
promesa de un coche con 80 km/h
y 5,5 l de consumo a los 100
era una muy buena oferta.

Pero las grandes noticias llegaron
en 1976 con el lanzamiento del
Chevette 2300HS concebido para
hacer entrar a Ford en el mundo de
la competición. Este modelo tuvo

un éxito razonable como bólido,
aunque sólo se fabricasen 450
unidades de carretera no destinados
precisamente a conductores muy
tradicionales.

**Fue un modelo mucho más familiar
que de viajes por carreteras con
curvas. Se le quiso dar un poco
de chispa con una versión para
conductores más avezados.**

VAUXHALL CAVALIER

1975–81

En su carrocería cupé, el Mk I Cavalier tenía una imagen muy estilizada, pero su carrocería más común era la del sedán de cuatro puertas. Ofrecía muy pocas innovaciones, pero su nivel de conducción era notable.

Conocido en toda Europa como Opel Ascona, el Vauxhall Cavalier se presentó en Gran Bretaña sin ningún aviso previo por parte de GM y es que el coche ya había sido vendido en el país con el nombre de Opel y a través de los concesionarios Opel y ¿para qué hacer publicidad de un coche con diferentes nombres?

Se ofreció en varias versiones en las que el nombre de Vauxhall no era ningún problema. Cosechó un éxito inmediato con sus motores de 1,3, 1,6 y 1,9 l y sus cuatro carrocerías: un sedán de dos puertas o cupé, un deportivo de tres puertas y un sedán de cuatro puertas. Se fabricó para ocupar el hueco que había entre el Vauxhall Viva y el Victor y ofrecía una imagen moderna, aunque mantenía su tracción trasera. La versión cupé

estaba más cercana a ser un Opel Manta con otro nombre que no al Ascona, lo que implica que su ingeniería alemana era impecable y su resistencia a la oxidación excelente. Pocos modelos presumían

de tener 11 capas anticorrosión con placas de cinc en algunos paneles e inyecciones de cera en los faldones traseros. Y no sólo eso, también podía presumir de su extraordinario nivel de conducción.

Motor: 4 cilindros, 1.584 cc
Potencia: 51 kW (69 CV)
De 0 a 100 km/h: 14,8 s
Velocidad máxima: 157 km/h
Producción total: 238.980

VAUXHALL LOTUS CARLTON

1989–93

Aunque los sedán ultrarrápidos están ahora de moda, cuando apareció el Vauxhall Lotus Carlton sólo tenía como rival más enconado al BMW M5. Su motor entregaba 377 CV y tenía tracción en las ruedas traseras, pero carecía de ayudas electrónicas para el

agarre. El Carlton podía ser de muy buen conducir con deportividad y nada podía hacer sombra a sus 285 km/h de velocidad máxima.

Fue este increíble potencial y su velocidad máxima lo que causó admiración en la época y las dudas de la prensa sobre un

Fue casi la última palabra en moderación, el Lotus Carlton nunca sería un quiero y no puedo. Sus alucinantes prestaciones le hacían casi invencible, era el modelo con más derecho a estar entre el segmento de los supercoches.

turismo capaz de transportar a cinco adultos con comodidad a estas velocidades de vértigo. Ferrari nunca obtuvo tales críticas.

La razón de tan alta velocidad es que debajo de su capó se escondía el motor biturbo de un Chevrolet Corvette ZR-1 V8 conectado a una caja de cambios de seis velocidades capaz de obtener un par de 561 Nm.

Lotus, ahora parte del imperio de GM, aportaba los frenos, la dirección y la suspensión. Esta última MacPherson delante y Multilink detrás desarrollada para ser más baja y más dura, por lo que el modelo ganaba en maniobrabilidad y agarre en carretera. Fue el más asequible de su época en este aspecto. De todas maneras las 48.000 £ que costaba eran excesivas.

Motor: 6 cilindros, 3.615 cc
Potencia: 281 kW (377 CV)
De 0 a 100 km/h: 5,1 s
Velocidad máxima: 283 km/h
Producción total: 440

VERITAS COMET 1947–53

El Veritas Comet fue la versión familiar de tres modelos que se presentaron en el Salón del Automóvil de París de 1949, las otras dos versiones fueron la Saturn y la Scorpion.

Aunque las tres usaran la misma mecánica sus nombres referían sus carrocerías: la Saturn era una cupé de dos puertas y la Scorpion una descapotable. La Comet fue la que tenía menos *glamour* del trío al ser la de un coche para todo.

Los tres tenían un motor con siete apoyos de 1.988 cc y 6 cilindros en línea con un alto grado de sofisticación que elevó su precio. Por eso se lanzó otra versión con un motor de 1,5 l de carrera más corta prestado por BMW.

Por otra parte también podía pedirse una versión equipada con el motor del BMW 328 que entregaba una potencia de entre 98 y 147 CV conectado a una caja de cambios manual de cinco velocidades, una verdadera innovación para la época.

Motor: 6 cilindros, 1.988 cc
Potencia: 75 kW (100 CV)
De 0 a 100 km/h: n/d
Velocidad máxima: n/d
Producción total: n/d

VERITAS DYNA-VERITAS 1950–52

En los últimos años de la década de los 40, Lorenz Dietrich, fabricante especialista de Veritas, recibió la oferta de distribuir Panhard Dyna en Alemania y la posibilidad de crear con el chasis y el motor un modelo especial.

El resultado fue el Veritas Dyna que se fabricaría en pequeñas cantidades entre 1950 y 1952. Se trataba de un modelo hecho a mano que muy pocos alemanes podían comprar. Se ofrecía en versión cupé o descapotable, la más elegida. Ambas las diseñaba la propia Veritas y las fabricaba Baur en Stuttgart.

Su construcción era avanzada y su carrocería hecha a mano estaba montada sobre un chasis tubular de acero. Su mecánica, empero, era la del Panhard de 744 cc de dos cilindros en uve con tracción en las ruedas delanteras y conectado a una caja de cambios de la misma marca. Sólo entregaba 33 CV y sus prestaciones eran notables gracias al poco peso del coche.

La financiación de este proyecto siempre fue un problema, pues la combinación de alto coste de fabricación y las pocas unidades que se ofrecían llevaron a su desaparición en 1952.

Motor: V2, 744 CV
Potencia: 25 kW (33 CV)
De 0 a 100 km/h: n/d
Velocidad máxima: n/d
Producción total: 200 aprox.

VESPA 400 1957–61

Aunque las motocicletas de Vespa fueron una tradición típicamente italiana, los coches homónimos se fabricaban en Francia. Esta circunstancia se debía a un acuerdo con Fiat por el que ningún fabricante de motocicletas entraría en Italia a conquistar su mercado de coches local; se aceptaba, pues, que éstos se fabricaran en otro país. El resultado fue un Vespa 400 fabricado en Nievre, Francia.

Fue uno de los microcoches mejor construido de su tiempo, pues era un monocasco con un techo de lona enrollable. Se vendió en una versión 2+2 en la que de hecho sólo cabían dos pasajeros bien acomodados.

Su motor trasero refrigerado por aire con 2 cilindros en vertical procuraba un mayor espacio para el equipaje. No fue un coche rápido pero podía circular tranquilamente a 65 km/h. Su suspensión era independiente en las cuatro ruedas, tenía una caja de cambios de tres velocidades y frenos hidráulicos, lo que indica que su mecánica era moderna. Cuando se dejó de fabricar en 1961 se habían vendido un total de 34.000 unidades.

Motor: 2 cilindros, 393 cc
Potencia: 11 kW (15 CV)
De 0 a 100 km/h: n/d
Velocidad máxima: 80 km/h
Producción total: 34.000 aprox.

Fabricado como vehículo económico, el Vespa 400 fue uno de los microcoches más elegantes de los últimos 50.

VIGNALE-FIAT 850

1965–70

Conducirlo era muy divertido, pero el poco dinero invertido hacía que fuese muy propenso a la oxidación. Era un modelo del que se fabricaron pocas unidades, de ellas el Spider es la más buscada y de la que menos sobreviven.

Después de que Fiat lanzase su 850 en 1964 diversos diseñadores italianos se encargaron de fabricar sus propias interpretaciones del coche La Spider de Bertone se fabricaría como si fuera un Fiat. Pero cuando Vignale presentó sus tres bocetos Fiat decidió fabricarlo con el nombre de Vignale.

Las tres versiones del Vignale-Fiat 850 tuvieron cuatro asientos y fueron la 850 Special Coupé, el sedán 2+2 850 Special y el 2+2 850 Special Spider, todos montados con piezas Fiat a excepción de la carrocería. Es decir, que la plataforma, la suspensión, la dirección, los frenos, el motor y la transmisión procedían todos del 850.

En su habitáculo había piel simulada, mucho de su equipamiento estándar y cromados extra en los controles así como pintura metalizada en el exterior. Su motor trasero era el mismo que el del 850 con sólo 35 CV en oferta y unas modestas prestaciones. Por otra parte la falta de rigidez del chasis provocaba vibraciones. Actualmente sobreviven muy pocos de estos modelos.

Motor: 4 cilindros, 843 cc
Potencia: 26 kW (35 CV)
De 0 a 100 km/h: n/d
Velocidad máxima: 136 km/h aprox.
Producción total: n/d

VIGNALE-FIAT SAMANTHA

1966–70

No tenía nada que ver con todos los Vignale-Fiat fabricados hasta el momento. El Samantha fue seguramente el más bonito de todos aunque su base del Fiat 125 no fuese la más adecuada. Su publicidad lo vendía como «El coche de cuatro asientos más bonito del mundo». La verdad es que su altura hizo que el coche pareciese desequilibrado, por lo que en un esfuerzo para contrarrestarlo se le pintaron los bajos de negro, con lo que, al menos en apariencia, lo hacía más estilizado.

Estaba claro que procedía del Fiat 125 dada su construcción; la plataforma, el frontal abultado, las luces traseras y todos los paneles del capó eran los mismos.

El diseño del Porsche 928 con sus faros delanteros típicos le daban un poco más de estilo y, al igual que la mayoría de los Vignale-Fiat, la calidad de su construcción era pésima.

El mayor peso del Samantha respecto al Fiat 125 sedán hacía que sus prestaciones fuesen menos convincentes, pero más tarde se le aumentaría la potencia de sus 90 CV iniciales a los 100.

Motor: 4 cilindros, 1.608 cc
Potencia: 67 kW (90 CV)
De 0 a 100 km/h: 12,6 s
Velocidad máxima: 165 km/h
Producción total: n/d

Su precio era alto y sus prestaciones modestas dado su origen en el Fiat 125, y además estaba mal construido. No sorprende que sólo unos pocos lo compraran.

VIGNALE-FIAT EVELINE

1966–70

El Eveline no tenía el encanto de los demás Vignale-Fiat, pero era mucho mejor. Sus modestas prestaciones y los normales altos costes de fabricación obligaron a que se fabricaran muy pocas unidades.

Fiat era conocida en los 60 como fabricante de cupés deportivos muy manejables y con buenas prestaciones. El cupé de Vignale basado en el 124 de Fiat no tenía nada de ello, sólo gracias a la plataforma del Fiat 124 que usaba pudo conseguir el premio al Coche del Año, por lo que debió de tener una mecánica aceptable.

Su motor cubicaba 1.197 cc y entregaba 60 CV; era evidente que necesitaba más potencia y un chasis capaz de soportarla.

Como los demás Vignale-Fiat todo lo que había debajo de su carrocería venía del Fiat 124, incluidas la plataforma y una caja de cambios manual de cuatro velocidades. Lo que sí era único fue

el diseño de su carrocería hecha de plástico y especialmente fabricada para él. Contrariamente a lo visto en los modelos Vignale-Fiat, éste estaba bien construido con sus

paneles bien ensamblados. Su nivel de equipamiento era igualmente elevado: Tenía asientos de piel que no se adecuaban a su diseño interior y una fiabilidad dudosa.

Motor: 4 cilindros, 1.197 cc
Potencia: 45 kW (60 CV)
De 0 a 100 km/h: n/d
Velocidad máxima: 144 km/h aprox.
Producción total: 200 aprox.

VIGNALE GAMINE

1967–70

Su imagen era igual a la de coche sacado de un cuento para niños. El Gamine se vendió de hecho con el nombre de Vignale Fiat. Con él se intentaba dar al Fiat 500 un aire

retro versión *roadster*, Fiat sólo puso las piezas para la conversión. Se quería homenajear con él al Fiat Balilla *roadster* pero con otra parrilla, mas no se consiguió

del todo y su aspecto quedó poco convencional.

Su motor de 500 cc trasero no tenía unas prestaciones dignas de mención, aunque más tarde

mejoraron gracias a un motor más potente de 650 cc.

La mayoría de los Gamine se fabricaron para el mercado británico después de que el magnate griego Frixos Demetriou decidiese que era perfecto para iniciar una nueva aventura de negocios vendiéndolo en Gran Bretaña. Su alto precio y mala calidad de construcción hicieron que se vendiesen pocas unidades. Hoy sobreviven muy pocos dada la tendencia a la oxidación de su carrocería.

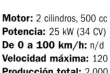

Motor: 2 cilindros, 500 cc
Potencia: 25 kW (34 CV)
De 0 a 100 km/h: n/d
Velocidad máxima: 120 Km./h aprox.
Producción total: 2.000 aprox.

Al Vignale Gamine se le compara normalmente con el coche de Noddy. Debe haber sido el pícaro encanto de su homónimo, pero la falta de practicidad hizo que sólo se quedase en un coche de juguete.

VOISIN 32-140

1930–34

Tan emocionante es ahora como en su época. Las creaciones de Voisin combinaban una buena carrocería con una mecánica exquisita. Lo peor es que tanta innovación implica un elevado precio final.

Gabriel Voisin fue un reputado innovador que no parecía capaz de comprometerse en el diseño y la construcción de ninguno de sus modelos, pero cuando lo hizo fabricó coches como el bólido Laboratoire Gran Prix. Sus

productos no eran sólo atractivos, sino que además su ingeniería era excelente. Por desgracia apenas nadie pudo comprar una de sus creaciones únicas.

En 1930 Voisin lanzó al mercado uno de los modelos más duraderos

de antes de la guerra y que se exportó fuera de Francia, el 32-140, un modelo con unas líneas muy aerodinámicas que le daban una imagen distinta a la de todo lo que se ofrecía en aquel momento; era un coche grande, pesado y muy caro. El

precio de la limusina era de 1.900 £, pero también había carrocerías cupé de dos puertas, sedán, cupé de cuatro puertas y cupé bajo. Todas ellas estaban equipadas con un motor propio muy refinado de Voisin de 5.830 cc con válvulas en cabeza y 6 cilindros en línea conectado a una caja de cambios de cuatro velocidades.

Motor: 6 cilindros, 5.830 cc
Potencia: n/d
De 0 a 100 km/h: n/d
Velocidad máxima: n/d
Producción total: n/d

VOLGA M21

1955–71

El Volga M21 se presentó en sociedad en 1955 como sucesor del popular M20 Pobjeba. El diseño de su carrocería era completamente nuevo, y lo que ocultaba debajo era la misma mecánica que el M20 mejorada y más fiable.

Los primeros modelos, conocidos como Serie 1, tenían el motor con

válvulas laterales del M20 con una mayor potencia de 2.432 cc. En 1957 se le sustituiría por un tren motriz con válvulas en cabeza de 2.445 cc y al año siguiente aparecería la Serie 2 M21. Los cambios en ella fueron poco notables, sólo pequeños retoques en la parrilla y el salpicadero.

Quizá la versión más importante de la serie M21 fue la familiar que se presentó en 1962 y fue tenido como un modelo propio con el nombre de M22. La Serie 3 llegaría en 1962, pero de nuevo los cambios fueron nimios, sólo pequeños retoques en la decoración.

Motor: 4 cilindros, 2.445 cc
Potencia: 71 kW (95 CV)
De 0 a 80 km/h: 18 s
Velocidad máxima: 137 km/h
Producción total: 638.875

VOLGA M24

1968–82

Su aspecto estaba influido por el del Chevrolet Impala de los primeros años 60. Tenía una distancia entre ejes más larga y era más bajo que su predecesor; se intentaba así darle una imagen más estilizada y además su equipamiento era mejor. Ambos usaban el mismo motor de 2.445 cc, pero en el M24 la velocidad máxima era mayor por su mejor aerodinámica y su compresión más alta, de 8,2:1, con lo que se aumentaba la potencia y se le permitía tolerar la relativa mala calidad del combustible.

El sedán M24 no se fabricaría hasta 1970; muy poco después de su aparición llegaría una versión taxi con un motor de compresión aún más baja para que pudiese funcionar con un combustible de todavía

Con un parecido similar a los coches de los primeros años de la década de los 60, el Volga M24 no se presentaría en público hasta finales de ésta. Si su aspecto exterior parecía anticuado, su interior lo era más, pero con carácter positivo, dada su menor necesidad de engrase.

menor calidad, pero que mejoraba el nivel de conducción respecto al M21 dados sus servofrenos y una palanca de cambio en el suelo en vez de en la columna.

Una caja de cambios de cuatro velocidades sustituiría a la de tres que equipaba hasta el momento. Quizá uno de los indicadores más claros de que los Volga se acercaban cada vez más a la edad moderna fue la reducción de sus puntos de lubricación, que con el M24 pasaron de 37 a sólo nueve.

Motor: 4 cilindros, 2.445 cc
Potencia: 83 kW (112 CV)
De 0 a 100 km/h: n/d
Velocidad máxima: 144 km/h
Producción total: n/d

VOLKSWAGEN ESCARABAJO

El perfil del Escarabajo es inconfundible; de él saldría el diseño de otro de los grandes clásicos de todos los tiempos, el del Porsche 911.

Puede que sea el coche más popular de todos los tiempos. El Escarabajo casi nunca fue un coche fabricado en serie, pero con más de 50 años a sus espaldas aún hoy continúa produciéndose. En 1981 ya se habían fabricado 20 millones de unidades y se preveía que llegase a los 22 millones para que se dejase de fabricar. Y eso sin que la marca nunca le llamara Beetle (Escarabajo), pues es simplemente su apodo.

La historia del Escarabajo empezó siendo un mero entretenimiento de Ferdinand Porsche, que inauguró un estudio de diseño a principios de los años 30. Diseñó un vehículo con motor trasero para Zundapp y NSU, que no pudieron afrontar su coste de producción. En 1934, sin embargo, el gobierno nazi proclamó que se diseñaría y fabricaría el llamado «coche del pueblo», traducción de lo que significa en alemán Volkswagen. En 1937 Mercedes presentó 30 prototipos y al año siguiente se empezó a fabricar hasta el estallido de la guerra.

Los primeros modelos del Escarabajo, que por entonces sólo se le llamaba Volkswagen, aparecerían en 1945. En su primer año sólo se fabricaron 1.785

Es muy poco probable que otro coche pueda alcanzar las cifras de venta del Escarabajo original. El último modelo dejó de fabricarse en Puebla (México) en 2003.

unidades con su motor de 1.131 cc y 4 cilindros, frenos por cable y transmisión no sincronizada.

A pesar de sus muy modestas prestaciones, el Escarabajo demostró ser popular, barato y fiable, y además pasada la guerra Alemania estaba necesitada de coches nuevos. Se continuó fabricando durante los años 40 y se empezó a exportar al principio de los 50 en gran cantidad; las primeras unidades se enviaron ya en 1947 a Holanda. Este éxito impulsó a Volkswagen a realizar en él innovaciones y mejoras que aumentaron su popularidad. Su fiabilidad y lo fácil que era tener uno se mostraban como cualidades de un coche para su venta, pero fallaba en el agarre a la carretera y en sus

desarrollos, capacidad de carga y espacio interior.

Hasta principios de los 60 el Escarabajo fue el único modelo de Volkswagen, por lo que la marca pudo volcarse en su desarrollo interno. Probablemente, el mayor cambio externo fue el cambio de un parabrisas trasero partido a uno entero en 1953, aunque también se le habían mejorado los frenos y la transmisión.

En 1954 se aumentó su motor a los 1.192 cc y en 1960 recibió una caja de cambios totalmente sincronizada y un incremento de su potencia hasta los 34 CV. Por otra parte, en 1962 obtuvo frenos hidráulicos que sustituían los anteriores accionados por cable

y que mejoraban su conducción. Cabe decir que los frenos ya se habían cambiado antes en los modelos destinados a la exportación en los años 50.

En 1965, se le instaló un motor de 1.285 cc y el año siguiente vería llegar el Escarabajo 1500, que le hacía por fin poder competir en igualdad de condiciones con sus más directos rivales, especialmente cuando se le equipó con frenos de disco. En 1968 el modelo empezó a perder su imagen y se le sustituyeron los parachoques por otros más grandes que incluían las luces traseras.

En 1972 aparecieron el 1302 con un motor de 1.300 cc y el 1302 S con 1.600 cc, ambos con suspensión delantera independiente MacPherson. Ambos se verían sustituidos por la entrada del 1303 y 1303S un año más tarde que tenía unos parabrisas curvos.

La producción de Volkswagen en Wolfburg cesó en 1977, pero continuó en México donde se fabricaría con un motor de 1,6 l de inyección. Si el motor trasero no convence al potencial comprador siempre se disponía de otro derivado del Golf refrigerado por agua que llegaría en 1998.

Motor: 4 cilindros, 1.131 cc
Potencia: 19 kW (25 CV)
De 0 a 100 km/h: n/d
Velocidad máxima: 101 km/h
Producción total: 22.000.000

497

VOLKSWAGEN ESCARABAJO HEBMÜLLER

1949–53

Fabricado al mismo tiempo que los modelos de Karmann, el Escarabajo de Hebmüller tenía un diseño muy estilizado y el techo más bajo. Un desastre forzó al cese de la producción.

Hebmüller fue un pequeño fabricante de coches de 1898 que al morir en 1919, dejó la empresa a sus cuatro hijos. Ellos fueron los que decidieron fabricar la versión *roadster* del Escarabajo. Al igual que hizo Karmann, la de Hebmüller fue un versión totalmente descapotable, pero con las líneas más claras y suaves gracias a que su capota, guardada, quedaba totalmente escondida.

A diferencia del modelo de Karmann, el de Hebmüller llevaba el nombre de Volkswagen y se vendió como el VW Cabriolet después de superar las más diversas pruebas y quedar la marca sorprendida por la

calidad de su construcción. Se pidieron 2.000 unidades que venderían en sus concesionarios.

Los primeros modelos se pidieron en julio de 1949, pero al final este mes ocurrió un verdadero desastre, un incendio destruyó la fábrica de Hëbmuller. Apenas se pudo salvar

nada y aunque se pudieron fabricar unos pocos entre 1950 y 1951 estaba claro que la empresa no podría sobrevivir. A mediados de 1952 se declararía en bancarrota y el Hëbmuller cupé que ya estaba listo para la fabricación desapareció definitivamente junto al *roadster*.

Motor: 4 cilindros, 1.311 cc
Potencia: 19 kW (25 CV)
De 0 a 100 km/h: n/d
Velocidad máxima: 101 km/h
Producción total: 700 aprox.

VOLKSWAGEN ESCARABAJO KARMANN

1949–80

Todos los Escarabajo son unos clásicos actualmente muy buscados y en particular y sobre todo el descapotable de Karmann. Su primer prototipo de frontal bajo apareció en 1946, pero Karmann presentó en público su primer modelo en 1949. Superadas miles de pruebas el coche se mostró superior a los niveles estándar que se esperaban de un Volkswagen y se pidieron 2.000 unidades.

Durante una vida de más de tres décadas los cambios y modificaciones se hicieron sin variar mucho el aspecto del original, mejorando el motor, los frenos y la suspensión además de los sistemas eléctricos del interior. Estos cambios influyeron de forma clara en el precio. Por otra parte también se mejoró la capota plegable procurando una visibilidad muy superior a la casi

nula del modelo original, incluyendo una ventana trasera del tamaño de la boca de un buzón de

Es el más valioso de los modelos Escarabajo. El Cabriolet de Karmann estaba extraordinariamente construido, pero era muy caro. A pesar de ello se fabricó con éxito durante más de 30 años y aún hoy es un codiciado objeto de deseo.

correos. La visibilidad nunca sería tan buena como la del sedán, pero el sistema de plegado del techo le daría un increíble refinamiento. Hoy este modelo continúa siendo una auténtica joya.

Motor: 4 cilindros, 1.131 cc
Potencia: 19 kW (25 CV)
De 0 a 100 km/h: n/d
Velocidad máxima: 101 km/h
Producción total: 331.847

VOLKSWAGEN KARMANN GHIA

Karmann empezó a negociar con Volkswagen en 1950 para que fabricarse sus vehículos. Pero no fue hasta 1955 que apareció el primer modelo, un diseño de Ghia y un primer prototipo.

Tan pronto como el coche salió a la venta y a pesar de su alto precio y de usar la mecánica estándar del Escarabajo debajo de su estilizada carrocería, se convirtió en un autentico éxito. De hecho el coche no era un deportivo puro, aunque lo parecía, ya que sus prestaciones eran modestas. El Escarabajo ostentaba una excelente reputación como coche fiable y barato de mantener, lo que indicaba que a los compradores no les importaba su dinámica.

Al principio sólo disponía de un motor de 1.200 cc y de carrocería cupé, pero a partir de 1965 los compradores podían optar por una versión con motor de 1.300 cc y en 1970 otra de 1.600. De todas ellas la más buscada es actualmente la descapotable que apareció en 1957 con un motor de 1.200 cc que luego sería de 1.300 antes de que la versión final llegase a los 1.600 en 1970.

Motor: 4 cilindros, 1.192 cc
Potencia: 22 kW (30 CV)
De 0 a 100 km/h: n/d
Velocidad máxima: 115 km/h
Producción total: n/d

El Karmann Ghia se fabricaría durante dos décadas. No tuvo unas prestaciones muy notables, pero sí un estilo brillante.

VOLKSWAGEN KARMANN GHIA TYPE 34

A este modelo también se le conocía como el Type 34; el Karmann Ghia 1500 y el 1600 formaron parte de la serie Type 3 (ver la siguiente entrada), formada por versiones sedán y familiar. Tal como indica su nombre su diseño se debía a Ghia, lo construyó Karmann y lo vendió Volkswagen junto con sus otros modelos, entre los que se incluía el Karmann Ghia 1200 ahora tan buscado.

Era un modelo más ancho, más largo y más alto que los 1200, 1500 y 1600 en los que se basaba, por lo que cumplía mucho mejor su función de coche familiar para la que estaba previsto. Tenía todo lo necesario: Comodidad, fiabilidad, un diseño atractivo y buenas prestaciones, pero su elevado precio y consumo, con 15,8 l/100 viajando a una alta velocidad de crucero, hizo que muchos de sus compradores potenciales no se decidieran por él.

El coche se presentó en sociedad en 1961 pero no llegó al Reino Unido hasta 1963 y nunca se exportaría a los Estados Unidos. En 1967 se ofreció con transmisión automática e inyección, pero en 1969 ya era un modelo obsoleto.

Este modelo era una versión superior del Karmann Ghia basada en el Escarabajo. Usaba piezas del Type 3 para mejorar sus desarrollos.

Motor: 4 cilindros, 1.493 cc
Potencia: 34 kW (45 CV)
De 0 a 100 km/h: n/d
Velocidad máxima: 144 km/h
Producción total: 42.563

VOLKSWAGEN TYPE 3

Su presentación oficial fue en el Salón del Automóvil de Frankfurt de 1961, el VW 1500 o Type 3 fue sólo el segundo coche para pasajeros de la marca. Sus principios básicos eran los mismos que los del Escarabajo con un motor trasero refrigerado por aire que no quitaba sitio a un pequeño maletero trasero, aparte de otro delantero.

Al principio se ofrecía con una carrocería sedán de dos puertas y una descapotable, ambas de Karmann, pero esta última nunca se llegó a fabricar. Sí se construyó una familiar en 1962 a la que siguió, al año siguiente, el modelo 1500S con un motor de dos carburadores. En 1965 su motor era ya de 1.493 cc y llegaría a ser de 1.584 con la llegada del 1600TL. La carrocería de los TL era la de sedán con trasera aerodinámica de aspecto muy moderno, pero con un capó convencional y sólo dos puertas.

En 1966 se dejaron de fabricar los modelos con motor 1.500,

todos los Type 3 estarían equipados con uno de 1.584 cc. Aparte de pequeños retoques en su diseño, el coche no evolucionó más hasta que se dejó de fabricar en 1973.

Motor: 4 cilindros, 1.493 cc
Potencia: 34 kW (45 CV)
De 0 a 100 km/h: n/d
Velocidad máxima: 130 km/h
Producción total: 1.542.342

Con un diseño basado en los mismos principios que el Escarabajo, el Type 3 era mucho más grande y nunca llegó a convertirse en un nuevo icono de la marca.

VOLKSWAGEN 411

1968–72

Siguiendo los mismos parámetros que su predecesor, el Type 3, el VW 411 marcó un hito en la historia de la marca, fue el primer modelo con más de dos puertas que fabricaba. No dejó el tradicional motor trasero refrigerado por aire, pero su chasis se había cambiado notablemente con su suspensión con conexiones transversales y soportes MacPherson en lugar de brazos del triángulo unidos al eje delantero y barras de torsión que tenía el Escarabajo.

El 411 estaba muy evolucionado. Cuando se lanzó al mercado el Escarabajo ya se había convertido en un coche viejo y era necesario presentar un modelo más espacioso, confortable y práctico. Con la llegada del 411 no se rompía del todo con los conceptos básicos de los modelos anteriores como el Type 1 y el Type 3, muchos posibles compradores no se decidieron al ver que su disposición era obsoleta. En 1974 el VW 411 sería sustituido por el 412, un modelo con un diseño totalmente nuevo y con prácticamente la misma mecánica que el 411. Apenas consiguió su cometido de dar a la marca una imagen renovada.

Volkswagen iba calculando la vida de sus modelos por décadas en vez de años. La escasa producción del 411 y luego del 412 dio lugar a un gran desencanto para la marca.

Motor: 4 cilindros, 1.679 cc
Potencia: 51 kW (68 CV)
De 0 a 100 km/h: 13,8 s
Velocidad máxima: 155 km/h
Producción total: 355.300 (incluido el 412).

VOLKSWAGEN 181

1969–78

También conocido como el *Kurierwagen,* el VW 181 fue una actualización del clásico coche burbuja de la Segunda Guerra Mundial. Usaba la misma plataforma que el Type 14 Karmann Ghia y su techo y sus puertas eran extraíbles y hasta su parabrisas se doblaba para el mayor disfrute del sol.

Para acentuar su naturaleza de utilitario, el VW 181 carecía además de equipamiento interior o insonorización; se decía así que uno hasta podía llevárselo a casa después del viaje. Cuando apareció en 1969 disponía de un elemento cruzado reforzado para evitar que se doblara en las maniobras. La suspensión y la dirección también se reforzaron.

Al principio se ofrecía con el motor de 1,5 l del Escarabajo, pero a partir de 1971 éste se cambió por el de 1.600 cc del 1302S. Aunque parecía un todo-terreno, su tracción estaba únicamente en las ruedas traseras. No tenía apenas equipamiento, ni casi peso, y sin embargo su consumo de combustible era de 14 l/100. En 1975 se fabricaría en México antes de que se dejara de fabricar en 1978.

Motor: 4 cilindros en línea, 1.493 cc
Potencia: 33 kW (44 CV)
De 0 a 100 km/h: n/d
Velocidad máxima: 115 km/h
Producción total: 70.395

VOLKSWAGEN K70

Cuando Volkswagen compró el diseño del K70 ya estaba muy avanzado. Antes de que la versión del modelo de la NSU se estrenase, Volkswagen había tomado parte del control de NSU al ser ésta parte de Auto-Union. El NSU Ro80 había supuesto una enorme cantidad de dinero, pues estaba muy adelantado a su tiempo y la tecnología de su motor rotatorio aún no se había desarrollado totalmente.

El K70 intentó cambiar esta circunstancia poniendo un motor de 4 cilindros y cuatro tiempos refrigerado por agua. Lo montaría delante y su tracción estaría también en las ruedas delanteras. Cuando Volkswagen compró NSU el K70 formaba parte del contrato y aunque VW ya tenía a punto el lanzamiento de un coche para el mismo sector, el Passat, se ocupó de él con mucho interés por su motor refrigerado por agua y con tracción delantera. El resultado fue que el K70 sería un modelo de vida corta.

Al igual que el Ro80 anterior a él, el K70 tenía una conducción muy moderna, un buen refinamiento y una dinámica excelente. El cliente podía escoger entre un motor de 1.605 cc o de 1.807 cc con válvulas en cabeza y 4 cilindros; este último entregaba unos útiles 100 CV y hacía que el automóvil alcanzaselos 161 km/h. Su agarre y seguridad eran soberbias y disponía de un gran espacio y un buen maletero. El modelo se desarrolló como un NSU ya que era imposible que Volkswagen intercambiara piezas de aquél con sus modelos, lo que implica que la fabricación del coche resultó muy poco eficiente.

Desarrollado como un NSU, el K70 fue puesto en el mercado como un Volkswagen. Su mecánica era totalmente distinta a la de los modelos Volkswagen, lo que provocó ineficiencias en su fabricación. Poco después todos los coches seguirían los mismos principios técnicos.

Motor: 4 cilindros, 1.605 cc
Potencia: 56 kW (75 CV)
De 0 a 100 km/h: 10,5 s
Velocidad máxima: 147 km/h
Producción total: 21.100

VOLKSWAGEN GOLF MK I

1974–83

El Golf es uno de los coches más populares de todos los tiempos y actualmente se han desarrollado ya cinco generaciones. El primero de ellos apareció en 1974 con la idea de dar a Volkswagen una nueva imagen de modernidad y la posibilidad de competir con, por ejemplo, el Renault 5 o el Peugeot 104. Diseñado por Giuggiaro tenía en verdad un aspecto moderno, pero continuaba con el principio de ser un simple coche de transporte con un nivel de equipamiento básico.

La increíble popularidad del Golf consiguió fabricar un total de más de un millón de unidades en menos de tres años. Su motor tenía, en su primer año, 1.588 cc y sería luego básico para el desarrollo del GTI en 1976, uno de los primeros coches rápidos que motivaron docenas de imitaciones. En 1983 llegaría el Mk II, una versión diesel, una descapotable y una de tres volúmenes, el Jetta.

Motor: 4 cilindros, 1.272 cc
Potencia: 45 kW (60 CV)
De 0 a 100 km/h: 13,2 km/h
Velocidad máxima: 147 km/h
Producción total: 6.000.000

Ha crecido con los años pero el Golf original era un coche barato y fácil de mantener; su mecánica era además sencilla y muy fiable. No debe sorprender que se fabricaran tantas unidades y se vendieran a compradores que buscaban sobre todo durabilidad y practicidad.

VOLKSWAGEN SCIROCCO

1974–81

Giuggiaro, diseñador del Golf Mk I, sugirió que su plataforma podía perfectamente ser la base de un 2+2 cupé. A Volkswagen no le interesó y Giuggiaro fue directamente a Karmann a proponérselo. El éxito del Karmann Ghia hacía creer en la efectividad de esta propuesta, así que ambos colaboraron en el proyecto, que se llamaría Scirocco.

Cuando presentaron el prototipo a Volkswagen ésta dijo que no podía afrontar los gastos de su producción, por eso Karmann se haría cargo de la carrocería y VW de la mecánica. El Scirocco entraría en producción antes que el Golf y se presentaría con unos motores iniciales de 1,1 y 1,5 l el año 1974.

Un caso clásico de un coche que es más que la suma de todas sus partes, en el Scirocco dominaba un excepcional diseño sobre el del Golf en el que se basaba.

En 1975 el Golf incorporaría un motor de 1.588 cc que el Scirocco tendría al año siguiente. Éste siempre seguiría los pasos del Golf y llegaría con él a la versión GTI. Un cambio en el diseño practicado en 1977 alteró mucho su aspecto exterior y en 1981 se le reemplazaría por el Mk II.

Motor: 4 cilindros, 1.588cc
Potencia: 82 kW (110 CV)
De 0 a 100 km/h: 9 s
Velocidad máxima: 185 km/h
Producción total: 504.200

Volvo PV444

El PV444 fue el modelo que puso a Volvo en la escena mundial de la automoción, ya que se exportó en grandes cantidades. Desarrollado durante la Segunda Guerra Mundial, el PV444 no se vendería hasta 1947.

Hasta los años 30 Volvo se había empecinado en los motores de 6 cilindros y válvulas laterales, aunque las restricciones de combustible y la necesidad

de fabricar coches asequibles, hizo que la marca se replantease la utilización de motores de 4 cilindros.

El modelo era de construcción monocasco inspirada en el Hanomag de 1939 con un diseño de inspiración estadounidense. Las aletas delanteras estaban integradas en el frontal, igual que los Ford de 1942, y sus suspensiones por muelles helicoidales y válvulas

y frenos hidráulicos mostraban la diferencia.

El motor de 1,4 l, 4 cilindros y válvulas en cabeza no implica que fuese un coche pesado; sus 968 kg le permitían alcanzar los 115 km/h. A partir de 1957 se le montó un motor de 1.582 cc y mejoró todavía más antes de ser sustituido por el PV544, muy parecido en 1958.

Motor: 4 cilindros, 1.414 cc
Potencia: 30 kW (40 CV)
De 0 a 100 km/h: 24,9 s
Velocidad máxima: 118 km/h
Producción total: 196.004

El primer modelo de posguerra de Volvo, el PV444, llevó a la marca a un mercado inferior al habitual en él; pocos clientes podían afrontar la compra de sus modelos.

Volvo PV544

Justo cuanto todo el mundo pensaba que Volvo debería sustituir su PV444 por otro totalmente nuevo, la marca lo reemplazaría por un modelo muy similar pero con otro nombre.

El Volvo PV544 sustituyó al PV444 en 1958; usaba casi la misma carrocería que aquél, pero ahora había espacio para cinco pasajeros y disponía de unos parabrisas más grandes. Si los del PV444 estaban partidos en dos secciones de cristal plano, los del PV544 eran únicos y curvados.

Con la intención de hacer un coche lo más popular posible Volvo lo ofreció en cuatro versiones distintas con diferentes niveles de equipamiento y la opción de un motor estándar o deportivo. El deportivo entregaba 85 CV y cubicaba 1,6 l; era el que hasta ese momento estaba reservado para los modelos que se exportaban a los Estados Unidos. Fue un modelo muy caro para el mercado no

estadounidense y para contrarrestarlo Volvo le añadió más accesorios para adecuarlo más a su precio.

En 1960 se ofrecería con un motor de 1,8 l y 90 CV con dos carburadores. No sólo eso, sino que además estaba conectado a una caja de cambios de cuatro velocidades u otra de tres también de serie.

El último Volvo PV544 se fabricó en 1965, casi una década después del lanzamiento del Amazon; el coche que daría lugar a toda la serie PV.

Motor: 4 cilindros, 1.580 cc
Potencia: 63 kW (85 CV)
De 0 a 100 km/h: n/d
Velocidad máxima: 136 km/h
Producción total: 243.995

VOLVO PV445

1953–69

Volvo era un fabricante de automóviles empecinado con la construcción monocasco, pero hacer derivar su carrocería a otras versiones sería tarea difícil. Volvo solucionó el problema incorporando a su gama un modelo con el chasis separado de la carrocería al que equipó con la misma mecánica que el PV444.

Volvo se dio cuenta después de la presentación del PV444, que la construcción monocasco implicaba una dificultad a la hora de fabricar derivados en la carrocería. Desarrollar versiones no sería tarea fácil, por lo que se presentó un nuevo PV444 con el chasis separado de su carrocería.

Esta versión usaría el mismo motor, el mismo sistema eléctrico, los mismos frenos y la misma suspensión delantera. La trasera se cambió por una de ballestas semielípticas y doble amortiguador hidráulico de doble acción. Todo ello iría acoplado al chasis para que así la carrocería fuese como hecha a medida y más fácil composición. Conocida como PV445, estas medidas hicieron posible una rápida creación de versiones más baratas, la primera de las cuales fue un vehículo comercial capaz de cargar unos 500 kg.

Se presentó en 1949 poco antes de que apareciesen las ambulancias, coches fúnebres e incluso descapotables construidos por diversos carroceros. Una de las versiones más populares fue la familiar, lo que impulsó a Volvo a crear su propio modelo, que aparecería en 1953.

Motor: 4 cilindros, 1.414 cc
Potencia: 30 kW (40 CV)
De 0 a 100 km/h: 24,9 s
Velocidad máxima: 118 km/h
Producción total: n/d

VOLVO P1900

1956–57

Assar Gabrielsson, director de Volvo visitó los Estados Unidos en 1953 y observó que allí los deportivos europeos gozaban de mucha popularidad. Decidió fabricar uno y lo encargó a su factoría de California. Glasspar se encargaría del diseño, la mecánica y la fabricación del modelo.

Su diseño se desarrolló para un motor de 1,4 l B14 derivado del PV444 al que se le incluirían un par de carburadores SU sin alterar su potencia, pero no fue hasta 1956 que se vendió en los concesionarios; ese año sólo se venderían 44 modelos y el año siguiente 23. Estaba claro que el P1900, como ya se llamaba, nunca resultaría rentable ya que al estar fabricado a mano los costes de producción eran muy elevados. Usaba paneles de fibra de vidrio, una novedad todavía no lo suficientemente probada como material de construcción. Las cifras de producción no fueron lo suficientemente altas para que Volvo continuase fabricándolo y tuvo que dejar de hacerlo.

Motor: 4 cilindros, 1.414 cc
Potencia: 52 kW (70 CV)
De 0 a 100 km/h: n/d
Velocidad máxima: n/d
Producción total: 67

El primer intento de Volvo para fabricar un deportivo, el P1900 no fue resuelto con la calidad que de él se esperaba. Por otra parte también era un modelo muy caro de fabricar.

Volvo 120

Como en todos los Volvo la 120 no fue una serie con una construcción en desuso. El modelo tuvo una evolución gradual que no llevó, al final a ser muy diferente al del modelo original.

A principios de los años 50 Volvo pensaba ya en el reemplazo de la serie PV. Sabía que le llevaría muchos años diseñar y motorizar un vehículo que pudiera mantener la reputación de la marca como fabricante de coches duraderos y fiables. Después de pasar por numerosas pruebas y un largo desarrollo, el «Amason» pudo salir al mercado en 1956. De todas maneras el fabricante de ciclomotores Kriedler también fabricó un vehículo con el mismo nombre y reclamó que éste le pertenecía. Tras ciertas negociaciones, a Volvo se le permitió usar el nombre de Amason en su coche pero sólo dentro del mercado sueco, no en el de la exportación que acarrearían el de 120, 130 y 220. El próximo coche que apareciera sería el 121. Prescindiendo de esta circunstancia, los fanáticos de todo el mundo le llaman Amason.

Los primeros modelos utilizaban un motor de 1.583 cc

Aunque los modelos de cuatro puertas de la serie 120 fueron más populares que los de dos, hubo uno de ellos con una última carrocería en la que se basaba la versión deportiva, el modelo 123 GT.

con un solo carburador y tres soportes de fijación que procedía del PV444. Entregaba 60 CV y tenía unas modestas prestaciones debido sobre todo a su caja de marchas de tres velocidades igualmente tomada del PV444.

En marzo de 1958 se le aumentó la potencia a 85 CV y tuvo una caja de cambios totalmente sincronizada de cuatro velocidades: había nacido el 122S. En octubre de 1961 apareció una versión de dos puertas conocida como 131

cuya carrocería familiar no llegaría hasta febrero de 1962.

Más innovaciones vendrían en 1965. De ellas la más importante fue la instalación de frenos de disco de serie en las ruedas delanteras de todas las versiones. Las carrocerías familiares tenían igualmente dirección asistida y ese mismo año aparecería un nuevo Amazon más asequible llamado Favorit. Su nivel de equipamiento era más bajo, tenía menos cromados en su exterior, un interior más austero y una caja de

cambios de tres velocidades totalmente sincronizada en lugar de la de cuatro marchas de serie. En aquellos tiempos el Amazon se fabricaba en gran cantidad y parecía que iba a continuar en producción incluso con la presencia en el mercado de su sucesor, el Volvo 140, que aparecería en 1966.

En vez de dejar de fabricarlo, Volvo ofrecería una versión deportiva con el nombre 123 GT o 120 GT en algunos mercados de la exportación. Su motor era de 1,8 l derivado del 1800S y con la carrocería de dos puertas del 122. Entregaba 115 CV y tenía una caja de cambios de cuatro velocidades con *overdrive*. Fue un modelo más práctico que el 1800S y también más asequible.

A finales de 1967 se dejaría de fabricar el Amazon de cuatro puertas al haber crecido la popularidad del 144, y eso que durante la primera mitad de aquel año el 121 se demostró aún como todo un éxito de ventas en Suecia. Las versiones familiares de dos puertas se mantenían en producción y en otoño de 1968 se anunció que aparecería una nueva versión dotada con un motor B20 2 l derivado del B18. Que el coche desarrollase 90 o 118 CV dependiendo del grado de modificación era menos importante que resaltar el gran aumento de su par. Al coche se le montó el doble circuito de frenos del que ya disponía el 140.

En 1969 se dejó de fabricar la versión familiar del Amazon, que ya había sido sustituida por la 145 y se mantenía la 122. Estaba claro que el modelo desaparecería pronto, así que los cambios efectuados en 1970 fueron leves y sólo afectaron a los soportes para la cabeza de los asientos delanteros y a que colocaron cinturones de seguridad traseros. El último modelo se fabricó en el verano de 1969.

Motor: 4 cilindros, 1.583 cc
Potencia: 49 kW (85 CV)
De 0 a 100 km/h: n/d
Velocidad máxima: 144 km/h
Producción total: 667.323

VOLVO 140

Después de unos PV y unos 120 de líneas curvas, aparece para conmoción de muchos la angulosa y rectilínea serie 140. Fue un modelo increíblemente seguro y resistente que pronto demostraría ser un modelo rompedor.

El aspecto del Volvo 140 era poco atractivo y pocos clientes osaron comprarlo, pero su gran ventaja estaría en la seguridad. Desde el lanzamiento de la serie 120 Volvo cultivó a conciencia su reputación como fabricante de coches seguros y el 140 contribuyó a corroborarla.

La mayoría de su mecánica procedía del Amazon, incluso su distancia entre ejes de 260 cm. Entre las innovaciones que tenía en materia de seguridad estaba la columna de dirección plegable, cinturones de seguridad traseros y unas cerraduras de las puertas reforzadas para evitar que se abrieran en caso de choque; por otra parte también se mejoró la suspensión del Amazon con unos retoques.

El coche tenía un motor de 1,8 l En 1968 se unió a la serie una versión de cinco puertas y seis meses después un sedán de dos puertas. Los próximos cambios fueron la introducción de un motor de 2 l que entregaba 158 CV con la opción de instalar dos carburadores.

Los últimos retoques del Volvo 140 llegarían en 1972, cuando apareció la versión Mk II. Fueron cambios sólo dados en un nuevo salpicadero, unas leves actualizaciones en el diseño exterior y nuevos parachoques que resistían un impacto de 8 km/h.

Motor: 4 cilindros, 1.778 cc
Potencia: 63 kW (85 CV)
De 0 a 100 km/h: 12,5 s
Velocidad máxima: 163 km/h

VOLVO 164

Volvo empezó a fabricar coches con motores de 6 cilindros, por lo que era lógico ofrecerlos de manera más evolucionada que los modelos de los años 60. El resultado fue el Volvo 164, un 144 con motor de 6 cilindros y una distancia entre ejes más larga para hacer más sitio en el cofre para el motor. El 164 era muy igual a su hermano con motor de 4 cilindros a partir de los pilares del parabrisas, pero en su interior había un mejor equipamiento de serie y una cola más ostentosa. Estas variaciones permitieron a Volvo conservar a aquellos clientes que dudaban de pasarse a Mercedes incapaces de encontrar algún modelo de la marca sueca que se ajustase a sus necesidades.

El espacio interior del Volvo 164 era el mismo que el del 144, pero las prestaciones de su motor del 164 eran mucho más altas que las de su hermano. Se trataba del mismo motor que el del 144 sólo que un 50 por 100 más grande. Muchos de sus componentes eran compartidos con los del 144, como su cigüeñal de siete apoyos y el bloque de cilindros extraídos del motor B20 al que se le sumaron un par de cilindros.

Los dos carburadores Zenith-Stromberg y una caja de cambios automática o manual con *overdrive* completaban su mecánica.

Todas las virtudes clásicas de Volvo como solidez, seguridad y diseño conservador se encontraban en el 164 sumadas a unos niveles de lujo hechos para conservar a aquellos clientes tentados de irse de Volvo.

Motor: 6 cilindros, 2.979 cc
Potencia: 97 kW (97 CV)
De 0 a 100 km/h: 11,3 s
Velocidad máxima: 170 km/h
Producción total: 155.068

VOLVO P1800

A pesar de que el Volvo P1800 suscitó una gran interés el día de su lanzamiento, lo cierto es que su mecánica era muy convencional, y el diseño prometía más apasionamiento del que en realidad ofrecía. Y además en los primeros modelos no se cumplía la fama de Volvo como constructor de coches seguros, ya que no estaba muy bien hecho.

Su pobre calidad de construcción se debía a la falta de capacidad de las fábricas de la marca. Volvo tuvo

que firmar un acuerdo con Jensen para fabricar coches en la Press Steel Company en su factoría de Scottish Linwood.

En 1963 se trasladó su fabricación a Suecia y el modelo fue rebautizado como el 1800S. Al mismo tiempo su motor se actualizó y potenció elevándole un poco su compresión y mejorándole el árbol de levas, entre otros pocos cambios. No fue hasta 1968 que se aumentó la capacidad de su motor hasta los

A pesar de la mala calidad de construcción de los primeros modelos, el Volvo P 1800 es uno de los clásicos más comunes y de diseño que se puede conseguir por una suma relativamente aceptable de dinero. Conducirlo era un placer aunque no de una manera tan deportiva como sus formas hacían suponer.

2 l, pero como derivada del motor B18. Al año siguiente se le instaló un sistema de inyección (ahora su nombre sería 1800E, de *Einspritz*, inyección) y en 1971, sólo un año antes de que se dejara de fabricar, se ofreció con una transmisión automática.

Motor: 4 cilindros, 1.780 cc
Potencia: 75 kW (130 CV)
De 0 a 100 km/h: 13,2 s
Velocidad máxima: 166 km/h
Producción total: 39.407

Diseñado por los italianos Frua, las suaves líneas del P 1800 fueron las elegidas por la estrella cinematográfica Roger Moore para su serie televisiva El Santo.

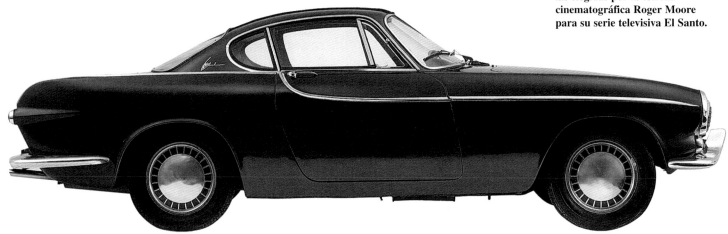

Volvo 1800ES

1971–73

En 1971 Volvo presentó al público su 1800SE, que usaba el mismo concepto que el Reliant Scimitar GTE y alargó al 1800 un poco de vida, concretamente dos años más. Hasta el lanzamiento de las modificaciones de Radford para el Aston Martin DB5 en 1964, los modelos familiares habían sido simples cajas prácticas sobre ruedas diseñadas para transportar pasajeros o mercancías de aquí para allá. Parecía absurda la idea de combinar tal practicidad con deportividad, pero en estos tiempos la idea se demostró popular.

Su precio cuando apareció era de 2.650 £, lo mismo que se pedía por un deportivo Reliant o un BMW. Tenía frenos de disco en sus cuatro ruedas y *overdrive* de serie a

El 1800 ES, un familiar deportivo, es una apuesta acertada dada su mayor practicidad, pero con un menor apasionamiento en su conducción.

diferencia de sus competidores, pero cuando se trataba de dinamismo quedaba ciertamente tras ellos. El 1800ES se dejaría de fabricar en 1973, cuando las nuevas normas de seguridad de los Estados Unidos

aconsejaron a Volvo que le instalara parachoques resistentes a golpes a 8 km/h a partir de 1974. Esta medida le hubiese sido muy cara por lo que uno de los mayores mercados del modelo lo eliminó.

Motor: 4 cilindros, 1.986 cc
Potencia: 83 kW (112 CV)
De 0 a 100 km/h: 9,7 s
Velocidad máxima: 181 km/h
Producción total: 8.077

Wanderer W50

1936–37

Wanderer competía en el mismo mercado con Volvo, pero el propietario podía estar seguro de que su fiabilidad duraría años.

productos se viesen como convencionales.

Era un vehículo típico de Wanderer con su mecánica de calidad y un diseño «previsible». Se ofrecía con una carrocería Pullman limusina, un sedán de cuatro puertas, un descapotable biplaza o también de cuatro asientos. Su motor era un 6 cilindros en línea diseñado por Ferdinand Porsche con válvulas en cabeza activadas por una barra de presión, siete puntales de apoyo y un bloque de aleación en una caja de hierro. Éste se conectaba a una caja de cambios de cuatro velocidades sincronizada. Bajo el chasis el Wanderer W50 tenía suspensión independiente en sus cuatro ruedas con ejes flexibles detrás y ballestas transversales delante.

Wanderer formaba parte del grupo Auto-Union en los años 30 junto con Audi, Horch y DKW. Ayudado por el Estado, el grupo se convirtió en uno de los más grandes fabricantes

movido por la intención de ofrecer a todo el mundo un modelo gracias a que sus múltiples ramas gozaban de gran prestigio. La empresa del grupo con menor calidad era DKW;

Wanderer estaba un escalón encima de ella, pero uno más abajo que Audi y Horch. Como resultado de ellos la marca fue obligada a fabricar coches para profesionales por más que sus

Motor: 6 cilindros, 2.255 cc
Potencia: n/d
De 0 a 100 km/h: n/d
Velocidad máxima: n./d
Producción total: n/d

WARSZAWA M20

El Warszawa M20 apareció en 1951. Era una copia de otro coche soviético, el Pobieda de 1945. Al principio su fabricación era lenta; sólo se fabricaron 75 unidades el primer año, pero iría acelerándose hasta que en 1956 el M20 ya fue un coche totalmente polaco. Para celebrar esta ocasión se le montó un nuevo motor en sustitución del anterior con válvulas laterales; era un motor con árbol de levas en cabeza que entregaba 70 CV, lo suficiente para que pudiese alcanzar 105 km/h de velocidad máxima.

En 1957 aparecería el prototipo de una versión familiar del que se cambiaría el diseño al año siguiente, sólo se le restaría ornamentación a la parrilla.

En 1960 Ghia diseñó una nueva versión familiar del Warszawa M20 de la que apenas se cambiaría nada durante la década, hasta que se dejó de fabricar en marzo de 1973.

Por aquel entonces se habían fabricado más de 250.000 unidades de las que muchas se usaron como taxi. La pesada construcción de este coche y la simplicidad de su diseño aseguraron su fiabilidad gracias al que hoy día es un modelo cada vez más buscado en su país.

Motor: 4 cilindros, 2.120 cc
Potencia: 52 kW (70 CV)
De 0 a 100 km/h: 30 s
Velocidad máxima: 104 km/h
Producción total: 254.470

WARTBURG 311 & 312

Fue presentado el año 1956 en el Leipzig Spring Fair. Era un coche de buena mecánica aunque un poco anticuada y una carrocería muy bien diseñada. Se le veía cierto parecido con los Borgward de la misma época, pero fue el primero en aparecer como sedán de cuatro puertas y el familiar de dos conocido como Combi. Más tarde se le unirán a la serie una carrocería descapotable y una cupé (ver pág. sig.).

Su suspensión ya era obsoleta en la fecha de su presentación. En 1964 se le sustituiría por el Wartburg 312 equipado con un nuevo chasis y caja de cambios. La carrocería era la misma que la de su antecesor, pero ahora tenía una suspensión independiente por muelles helicoidales en sus cuatro ruedas. Muchos de sus propietarios viajaron con él distancias de hasta 48.200 km, aunque muchos otros de la Alemania del Este los superaron con creces.

El poco dinero que tenía la marca para invertir en un nuevo modelo se lo gastó en trabajos de ingeniería para el 312; esto provocó que cuando fue sustituido por el 353 sólo se modernizase la carrocería.

Los cromados y pintura que caracterizaban a los primeros Wartburg le daban un aspecto de alta gama que no le correspondía dada su mecánica y precio.

Motor: 3 cilindros, 900 cc
Potencia: 28 kW (37 CV)
De 0 a 100 km/h: n/d
Velocidad máxima: 115 km/h
Producción total: n/d

WARTBURG COUPÉ Y CABRIOLET — 1957–66

Aunque por fuera fuese igual al Borgward Isabella cupé, el Wartburg Coupé era más estilizado y clamaba a gritos un motor más potente que el de 900 cc y 3 cilindros que tenía.

de los 30 a los 37 CV; también disponía de una caja de cambios de cuatro velocidades no sincronizada y la tracción delantera mejoradas, aunque esta última se presentase como una innovación. Las características mecánicas cambiaron de hecho muy poco entre ambos modelos, por lo que sus diferencias se concentraban sobre todo en la carrocería y especialmente en la del cupé. Este modelo tan particular ofrecía un interior muy pequeño, claustrofóbico, un capó inmenso bajo el que no sólo se escondía el motor sino también una caja de cambios montada en sentido transversal.

Aunque actualmente los Wartburg se tienen por coches rumorosos y lentos por sus motores de dos tiempos (sobre todo por los Knight de los 70), la verdad es que eran vehículos bastante estilizados aunque obsoletos en cuanto a su mecánica. El primer Wartburg de posguerra, el F9 se fabricó con el patrocinio de la empresa estatal IFA en 1950. La necesidad de presentar un coche nuevo hizo revivir el nombre de Wartburg, un antiguo fabricante de coches localizado en Eisenach, Alemania del Este, hasta que se vio obligada a dejar de fabricar en 1904.

Usando el nombre de DKW se le montó un motor de 900 cc con 3 cilindros de dos tiempos retocado para obtener más potencia y pasar

Motor: 3 cilindros, 900 cc
Potencia: 28 kW (37 CV)
De 0 a 100 km/h: n/d
Velocidad máxima: 115 km/h
Producción total: n/d

WARTBURG SPORT — 1957–60

Aunque el Wartburg Sport figurase como un modelo aparte, en verdad casi todo él era un conglomerado de piezas del Coupé basado en el 311 y el Cabriolé. Su suspensión por ballestas con láminas transversales en sus cuatro ruedas, el motor de 900 cc de 3 cilindros y su tracción en las ruedas delanteras se tomaron de aquél. Sus líneas estilizadas y los parabrisas y ventanas de cristal envolvente se mantuvieron ya que estos modelos tenían atractivo.

El Wartburg Sport apareció en 1957 dotado como mayor atractivo de un tren motor ligeramente modificado que entregaba 50 CV en vez de los 28 anteriores. Esta circunstancia mejoró sus prestaciones, el coche podía ahora alcanzar los 140 km/h de velocidad punta y no quedarse en los 115 km/h.

A partir de 1958, y al igual que toda la gama Wartburg, recibió una caja de cambios de cuatro velocidades sincronizadas, sólo las delanteras. El Wartburg Sport desaparecería en 1960.

Motor: 3 cilindros, 900 cc
Potencia: 37 kW (50 CV)
De 0 a 100 km/h: n/d
Velocidad máxima: 140 km/h
Producción total: n/d

El nombre Sport resultaba un poco inapropiado por más que Wartburg lo actualizara para mejorar sus prestaciones respecto al cupé en el que se basaba.

WARTBURG 353 (KNIGHT)

1966–68

Presentado por primera vez en 1966, el 353 o Knight fue el sucesor del 312 y su nueva carrocería estaba de hecho soportada sobre el mismo chasis. Su calidad de construcción dejaba que desear, pero tenía detalles de interés. Para reducir los posibles daños en un accidente iba equipado con una columna de dirección plegable y gran parte del cambio de marchas se situaba debajo del salpicadero. Los paneles, curvos y no rectos, eran fáciles de

reemplazar en caso de accidente y, por otra parte, la versión familiar, conocida como Tourist, tenía las aletas traseras y la cola de fibra de vidrio para reducir los costes de producción y el peso.

Durante el resto de su vida útil apenas experimentó cambio alguno, pero en 1984 adoptó la instrumentación LED, un nuevo carburador y un sistema de refrigeración para un motor de dos tiempos que le equiparía desde el

principio. Los últimos modelos se venderían en Gran Bretaña hasta mediados de los 70, cuando la nueva normativa obligó a su desaparición. Otros países siguieron por el mismo camino, pero el Wartburg 353 sobreviviría hasta 1988 en el mercado local.

Motor: De dos tiempos, 3 cilindros, 991 cc
Potencia: 34 kW (45 CV)
De 0 a 100 km/h: 22,8 s
Velocidad máxima: 118 km/h
Producción total: n/d

Este fue el modelo con el que se acabaron las expectativas de exportación para Wartburg. Pocos clientes tendría fuera de los países del Este que aceptasen los niveles de polución de un motor de 3 cilindros y dos tiempos y la, en general, mala calidad de su construcción.

WILLYS MODEL 38

1938–39

Descendiente directo del Willys Model 77, el Model 38 sólo tenía un punto a su favor en las ventas en su propio país, y era su precio increíblemente competitivo. Cuando el coche se exportó a Europa no parecía tan competente frente a sus rivales del continente. El problema

estaba en que Willys necesitaba con urgencia vender sus modelos, ya que durante toda la década de los 30 había estado probando chasis. Por ejemplo, en 1938 se planteó fabricar 125.000 unidades, pero sólo consiguió 12.000 a pesar de ofrecer un gran abanico de carrocerías.

El 77 era ya un modelo obsoleto cuando se presentó en 1933 y se intentó resucitarlo cambiándole el nombre por el de Model 38 e incorporándole servofrenos y una caja de cambios sincronizada. La marca era optimista, pero su motor de 4 cilindros con válvulas

laterales era muy tosco a pesar de su innovador uso del plástico.

Motor: 4 cilindros, 2.200 cc
Potencia: 36 kW (48 CV)
De 0 a 100 km/h: n/d
Velocidad máxima: 112 km/h
Producción total: n/d

WILLYS STATION WAGON

El Willys Station Wagon fue el primer familiar con carrocería toda de acero que se vendió en los Estados Unidos en 1946. Willys se había creado una buena reputación durante la Segunda Guerra Mundial gracias a su increíble fiabilidad con el Jeep, y ahora la aprovechaba en sus coches civiles.

Al principio, durante la posguerra, se ofreció como un sedán de dos puertas, pero dada su reputación como fabricante de vehículos de trabajo, parecía más obvio que se dedicase a coches más funcionales. El resultado fue el lanzamiento de un familiar de dos puertas que gozó de cierta popularidad pintado en dos colores que dejaba entrever efectos de madera muy al gusto de la época.

Aunque el Jeep sólo se ofreciera con tracción en las cuatro ruedas, los primeros Station Wagon, que

Esta claro de dónde sacó Toyota la inspiración para su primer Land Cruiser, basta con mirar el Willys Station Wagon. Pero Willys ya tenía cierta reputación como fabricante de coches resistentes capaces de llegar a cualquier lugar.

recibieron el nombre de Model 463, eran de tracción trasera y se tuvo que esperar hasta 1949 la aparición de una versión 4x4.

A finales de 1946 se habían vendido más de 6.000 unidades y a finales del año siguiente se habían aumentado por cinco.

Motor: 4 cilindros, 2.199 cc
Potencia: 47 kW (63 CV)
De 0 a 100 km/h: n/d
Velocidad máxima: 104 km/h
Producción total: 350.000

WILLYS JEEPSTER

1948–51

El gran éxito de Willys fue el Jeep, al que quiso dar después un carácter más civil aumentándole la comodidad y haciéndolo de uso cotidiano. Se pretendía fabricar un descapotable fácilmente identificable como un Jeep y que se vendiera bien.

Pero el precio de su carrocería cuadrada era desorbitado. Willys se defendió diciendo que necesitaba recuperar los gastos de su desarrollo con rapidez y asegurarse de que el ritmo de producción sería siempre lento. Sea como fuere, se vendieron más de 20.000 unidades en sólo tres años, y eso que no mejoró el precio.

A partir de 1949, el Jeepster se vendió con un motor de 2.433 cc y 6 cilindros. Antes de esa fecha era el de 4 cilindros que equipaba el Willys Station Wagon.

Su imagen paródica del auténtico Willys Jeep hizo que Jeepster gozara de cierta popularidad dado su desorbitado precio. Sea como fuere, la resistencia y durabilidad del coche estaba garantizada.

Motor: 4 cilindros, 2.199 cc
Potencia: 47 kW (63 CV)
De 0 a 100 km/h: n/d
Velocidad máxima: 112 km/h
Producción total: 19.132

WOLSELEY STELLITE

1913–28

El Wolseley Stellite fue el resultado de un acuerdo entre Wolseley y la Electric and Ordenance Accesories de Birmingham, una filial de Vickers. A este pacto se le uniría un tercer miembro, Crayford. El propósito de su proyecto fue fabricar un modelo barato y de modestas prestaciones que pudiese ser comprado por muchos clientes.

Los anteriores modelos de Wolseley 12/16 y 16/10 fueron ya muy populares; entre ambos se vendieron 7.500 unidades, pero Wolseley quería hacerse más grande.

En 1913 aparecería el Stellite con un motor de 1,1 l monobloque con 4 cilindros y válvulas de admisión en cabeza, un armazón con estructura de madera y una caja de cambios de dos velocidades

sobre el eje trasero. En un año se fabricaron 1.500 unidades, pero el estallido de la Primera Guerra Mundial provocó el cese de su producción hasta 1919.

Aunque el Stellite original se dejaría de fabricar en 1920 su nombre reaparecería al año siguiente en una versión barata del 10. Fue un modelo capaz de viajar a 40 km/h que competía con los

Austin y los Morris, lo que acabaría causando graves problemas a Wolseley ya que la mayoría de clientes se decidirían por los modelos de aquellos.

Motor: 1.100 cc.
Potencia: n/d
De 0 a 100 km/h: n/d
Velocidad máxima: n/d
Producción total: n/d

WOLSELEY HORNET

1930–36

Combinando lo bueno y lo malo en proporciones iguales, el Wolseley Hornet se ofreció en un inmenso abanico de versiones durante sus seis años de vida útil y en los que se vendieron más de 30.000 unidades.

William Morris, futuro Lord Nuffield, compró Wolseley en 1947, por lo que ambas marcas compartían a menudo sus piezas. El primer coche que se fabricó con esta colaboración sería el Wolseley Hornet, que aparecería en 1930 y se ofrecía con un pequeño motor de 6 cilindros con una capacidad de 1.271 cc y del que en un plazo de seis años se vendieron 30.000 unidades.

Su irregular mecánica estaba dotada con unos modernos amortiguadores y frenos hidráulicos, pero su chasis era nefasto y tanto la dirección como la maniobrabilidad eran muy pobres.

Los métodos de construcción mejoraron cuando los carroceros tradicionales se dedicaron a los

coches fabricados en serie. Wolseley sólo ofreció un chasis posible para el Hornet con la idea de ofrecer carrocerías a medida, lo que ocasionó un inmenso abanico de más de veinte versiones en 1931 de los que más de 2.500 unidades eran modelos especiales.

La incorporación de un motor de 45 CV y dos carburadores implicó el aumento de opciones para los compradores potenciales. En el año de su desaparición, en 1936, estaba equipado con motores de 1.378 y 1.604 cc.

Motor: 6 cilindros, 1.271 cc
Potencia: n/d
De 0 a 100 km/h: n/d
Velocidad máxima: 104 km/h
Producción total: 32.000 aprox.

WOLSELEY WASP

Los clientes que no quisieran un Wolseley con motor de 6 cilindros pero sí tener uno de sus modelos en el garaje disponían de un Nine con un motor de 4 cilindros y válvulas en cabeza presentado en 1934. Fue un modelo que sólo se fabricaría durante un año y que se reemplazó en 1935 por el nuevo Wasp. A diferencia del Hornet, en el que se basaba el Nine, el Wasp sólo se ofrecía como un sedán cerrado no deportivo.

El nuevo nombre del modelo no implicaba novedades muy notables.

Lo más importante fue el cambio de su motor por uno mayor de 1.069 en vez del de 1.018 cc y la opción de ruedas Easiclean en lugar de las radiales del Nine.

Su tren motor mantuvo la configuración de las válvulas en cabeza y la caja de cambios de cuatro velocidades sincronizada de que ya disponía el Nine.

El Wasp tenía, pues, en común con su predecesor los frenos hidráulicos en sus cuatro ruedas y la suspensión semielíptica delantera y trasera, y presentaba como innovaciones la batería de 12 V y el encendido con bobina.

Motor: 4 cilindros, 1.069 cc
Potencia: n/d
De 0 a 100 km/h: n/d
Velocidad máxima: 96 Km./h
Producción total: 5.815

Durante los primeros años antes de la Segunda Guerra Mundial, Wolseley puso sus ojos en posibles compradores conservadores a los que no les importara que el nivel tecnológico del modelo fuese bajo y su diseño sobrio; el Wolseley Wasp sería el ejemplo perfecto. Un modelo que al igual que su antecesor, Wolseley Nine, duró únicamente un año en fabricación.

WOLSELEY EIGHT

Finalizada la Segunda Guerra Mundial se vio claro que Wolseley y Morris iban a compartir más piezas y elementos que antes de la guerra. Por eso cuando apareció su primer, modelo de posguerra, el Eight no sorprendió a nadie ver una copia casi exacta con las cuatro puertas, cuatro plazas del Morris Eight; sólo se diferenciaban por la parrilla y el capó.

También se hacían notar algunos cambios debajo de su carrocería que le destinaban a un mercado superior. Su motor de 918 cc con válvulas en cabeza

Una vez acabada la Segunda Guerra Mundial los Wolseley no serían nada más que coches con mecánica Morris. El Wolseley sería, empero, la versión superior de las dos marcas; por eso siempre se vendieron menos Wolseley que Morris.

entregaba 33 CV; el Morris Eight usaba el anterior con válvulas laterales del que derivaba, conectado a una caja de cambios de cuatro velocidades, unos frenos hidráulicos y un eje delantero rígido. Su tren motor era lo más notable junto con la mayor suavidad de marcha respecto al anterior motor de válvulas laterales.

Por otra parte su mejor interior también le distanciaba de su hermano menor, el Morris. Aunque la conducción del Wolseley fuese mucho mejor que la del Morris, sólo se vendieron poco más de 5.000 unidades, muy pocas frente a las 120.000 de aquél.

Motor: 4 cilindros, 918 cc
Potencia: 25 kW (33 CV)
De 0 a 100 km/h: n/d
Velocidad máxima: 96 km/h
Producción total: 5.344

WOLSELEY 25

En el 25 cabían siete personas cómodamente sentadas y fue la primera limusina de antes de la Segunda Guerra Mundial. Acabada ésta volvería a fabricarse esta vez como edición limitada. Entre sus éxitos destaca su victoria en la sección Concours de Confort del Rally de Montecarlo de 1939.

Su precio de 2.568 libras no era muy preocupante ya que aunque pocos clientes pudieran comprarla su venta estaba asegurada entre los dignatarios del gobierno británico.

Sustentada sobre un chasis cruciforme que permitía una distancia entre ejes de 358 cm, una de las más largas del mundo, la limusina de Wolseley estaba dotada con amortiguadores hidráulicos Luvax Girling. Su carrocería se componía, como mandaba la tradición, de paneles de acero clavados con tachuelas en un armazón de madera. El motor era de 3,5 l ayudaba a que ésta fuese una de las limusinas más confortables del mercado. Precisamente por ello el habitáculo tenía mucha importancia; se ofrecía plaza para cinco ocupantes y estaba equipada con moquetas afelpadas y decoración de madera.

No debe sorprendernos que de esta limusina se vendiesen tan pocas unidades dado su precio desorbitado para la gran mayoría de los bolsillos. Se fabricaron 75 de ellas.

Motor: 6 cilindros, 3.485 cc
Potencia: 77 kW (104 CV)
De 0 a 100 km/h: 20,4 s
Velocidad máxima: 136 km/h
Producción total: 75

WOLSELEY 4/50

El Wolseley 4/50 fue el último modelo de un grupo de cuatro sedán de posguerra presentado en 1948 por la Nuffield Organization. No fue el modelo superior del grupo, que lo fue el 6/80, sino el de nivel medio el que tuvo la mayor popularidad. Incluso el menos prestigioso del grupo, el Morris Oxford, superaría en ventas al 4/50 debido a que ofrecía un mayor espacio y a que el cliente lo prefería al mayor refinamiento del Wolseley.

Tenía un interior afelpado, con los asientos tapizados de piel con cojines de goma. Se trataba de una versión de 4 cilindros del 6/80 más que una versión superior del Oxford, por lo que tenía una distancia entre ejes menor que la de su hermano aunque su motor era igualmente de válvulas en cabeza.

Cuando en 1952 apareciera el Wolseley 4/44 las ventas del 4/50 se vieron muy afectadas a la baja y tuvo que dejar de fabricarse.

Motor: 4 cilindros, 1.497 cc
Potencia: 38 kW (51 CV)
De 0 a 100 km/h: 31,6 s
Velocidad máxima: 118 km/h
Producción total: 8.925

WOLSELEY 6/80

1948–54

Cuando la Nuffield Organization presentó su serie de sedán de posguerra en 1948, se dieron a escoger diferentes distancias entre ejes y motores de 4 y 6 cilindros. De esta manera habían nacido un par de nuevos Wolseley que más tarde se convertirían en esencia en el mismo modelo que el Morris Six.

Su construcción monocasco, la suspensión delantera independiente

y su motor con un único árbol de levas en cabeza le identificaban como un coche moderno. Pero no sólo era eso, los Wolseley estaban dirigidos a una clientela de nivel económico superior al de la de Morris debido a que su motor contaba con un segundo carburador en su motor de 2,2 l y un interior más lujoso. En el equipamiento estándar incluía elementos de piel y equipo de calefacción y

refrigeración. La calidad de su construcción era alta, digna de un coche de clase media.

Fue un éxito de ventas cuya fiabilidad y velocidad lo convirtió en el coche de muchas policías de los 40 y 50. En sus seis años de vida útil apenas sufrió algún ligero retoque en el motor y la suspensión. Se dejó de fabricar en 1954 para ser reemplazado por el 6/90.

Motor: 6 cilindros, 2.215 cc
Potencia: 54 kW (72 CV)
De 0 a 100 km/h: 24,4 s
Velocidad máxima: 125 km/h
Producción total: 25.281

Los Wolseley anteriores a éste estaban dotados con un motor más adelantado al de los Morris, pero en este caso el tren motor del Wolseley 6/80 era el mismo que el del Morris.

WOLSELEY 4/44

1952–56

El Wolseley 4/44 era muy parecido al MG Magnette ZA, siendo el Wolseley la versión de lujo y la de MG, que no se vendió hasta un año después de que se ofreciera el 4/44, la deportiva. Esto implica que quien comprase un Wolseley 4/44 tendría un poder adquisitivo más alto que el cliente del MG y

estaría detrás de la tradicionalmente clasista parrilla del Wolseley. A partir de 1954 se aumentó el nivel de lujo al incorporar en el salpicadero, plano y bien equipado, decoración en madera.

Los nuevos sedán recibieron una suspensión delantera con espoletas y de muelles helicoidales

modernizándolo frente a su antecesor, aunque mantenía una suspensión trasera con ballestas semielípticas; por otra parte la dirección se actualizó haciéndola de cremallera, pero a partir de 1956 el coche se vio obsoleto y tuvo que ser reemplazado por el 15/50.

Motor: 4 cilindros, 1.250 cc
Potencia: 34 kW (46 CV)
De 0 a 100 km/h: 29,9 s
Velocidad máxima: 117 km/h
Producción total: 29.845

WOLSELEY 6/90

1954–59

Era prácticamente igual al Riley Pathfinder, con el que compartía los mismos chasis y suspensión, barras de torsión independientes delante y un eje rígido trasero con muelles helicoidales y amortiguadores además de brazos semirrígidos y un apoyo tipo Panhard.

El Wolseley 6/90 se presentó con un motor nuevo de 6 cilindros en línea BMC con 2.639 cc y de la serie C que entregaba 95 CV. El cambio estaba en la columna y disponía de dos carburadores y una caja de cambios de cuatro velocidades. Sus altas prestaciones

y la buena calidad de construcción le acercó a la policía.

En octubre de 1956 llegaría la serie II con suspensión trasera semielíptica y palanca de cambios en la plataforma.

Sólo ocho meses más tarde la versión Mk III incorporaría

servofrenos y unos cuantos retoques respecto a su antecesor.

Motor: 6 cilindros, 2.639 cc
Potencia: 71 kW (95 CV)
De 0 a 100 km/h: 18,1 s
Velocidad máxima: 150 km/h
Producción total: 11.852

WOLSELEY 1500

1957–65

El Wolseley 1500 era básicamente igual al Riley 1500 al ser ambos fruto de un mismo proyecto de sustitución del Morris Minor. Para este proyecto se disponía al principio de un motor de 1,2 l que al final sería uno de 1.489 cc derivado del BMC-B con el que se equiparía el Wolseley 1500.

La suspensión sería la del Minor mejorada y con dimensiones más

Estaba planeado para incorporar un motor de 1,2 l, pero se le montaría uno de 1.489 cc. Sólo los modelos destinados a la República Irlandesa mantuvieron su motor de 1,2 l.

compactas, de 386 cm de largo por 218 cm de distancia entre ejes. El 1500 se vendió dentro de la categoría de los pequeños coches

de lujo mientras que el Riley sería la versión deportiva, lo que reducía la virtud de la rapidez en el Wolseley. La potencia de 43 CV que entregaba su motor provocaba que sus prestaciones fuesen modestas.

En 1960 llegaría la versión Mk II con un capó escondido, un maletero pendular y unos pequeños cambios en el motor que influyeron poco en la potencia ni en el par. La versión

Mk III aparecería en 1961 con una nueva parrilla, unas nuevas luces traseras y una suspensión más baja, pero aun así resulta difícil distinguir entre las tres generaciones.

Motor: 4 cilindros, 1.489 cc
Potencia: 32 kW (43 CV)
De 0 a 100 km/h: 24, 4 s
Velocidad máxima: 125 km/h
Producción total: 93.312

WOLSELEY 6/99

1950–61

La Nuffield Organization fabricó Wolseley durante 25 años y entre ellos el 6/99 representaría un cambio en la tradición respecto al Austin A99. Salvo unos pocos cambios en el diseño, la decoración y el equipamiento del Wolseley 6/99 y el Austin A99 eran idénticos a pesar de que se fabricasen en factorías distintas.

Con un espacio interior superior a sus predecesores y su construcción monocasco el Wolseley 6/99 representaba un gran paso adelante. Disponía de suspensión delantera independiente con muelles helicoidales y ballestas semielípticas detrás, además de barras antivuelco en sus cuatro ruedas; delante tenía frenos de disco y una caja de

cambios de tres velocidades sincronizada y *overdrive*, aunque también era posible equiparlo con una transmisión automática Borg-Warner.

La potencia del Wolseley 6/99, de 103 CV, la suministraba un motor derivado de la serie C con 2.912 cc y 6 cilindros con válvulas en cabeza.

Motor: 6 cilindros, 2.912 cc
Potencia: 77 kW (103 CV)
De 0 a 100 km/h: 14,4 s
Velocidad máxima: 157 km/h
Producción total: 13.108

WOLSELEY HORNET

1961–69

EL Wolseley Hornet original fue un deportivo de los años 30 que nada tuvo que ver, excepto en el nombre, con el que apareció en los años 60. Al igual que todos los Wolseley de posguerra eran coches basados en otros previamente ofrecidos por el imperio BMC, en este caso el Riley Elf.

En su aspecto exterior sólo la parrilla ayudaba claramente a diferenciarlos. En su interior el Wolseley era más lujoso con sus relojes circulares y alineados como los del Mini Cooper, con quien

Fue una lección para saber cómo mejorar un coche ya de por sí con un gran atractivo, en este caso el Mini que logró una popularidad aún mayor gracias a su mayor lujo interior como el Wolseley Hornet.

compartía los conos de suspensión de goma, y el Mk I Hornet; también el motor de 848 cc y 4 cilindros.

En marzo de 1963 la versión Mk II Hornet sustituiría a la Mk I tras incorporar un motor de 998 cc hecho a medida del cofre y una suspensión Hydroslastic. No hubo más cambios de notoriedad hasta la aparición de la Mk III en 1966, un nuevo modelo con

ventanas alzables en vez de corredizas, una mejor ventilación y una transmisión automática opcional que llegaría en 1967.

Motor: 4 cilindros, 848 cc
Potencia: 25 kW (34 CV)
De 0 a 100 km/h: 32,3 s
Velocidad máxima: 114 km/h
Producción total: 28.455

WOLSELEY 1100 Y 1300

1965–73

Actualmente vehículo de culto, el Wolseley 1100 tenía una mecánica idéntica a la de sus contemporáneos de Riley y de MG. Tenía la opción de una pintura bitonal especialmente brillante. El 1100 se colocaría en el lugar central del trío durante no mucho tiempo.

En 1967, el 1300 se unió al trío para sustituir al año siguiente al 1100 y ser el único a la venta hasta el día de su desaparición en 1973.

Sólo se fabricaron unos pocos Mk II 1100 ya que entonces dominaba el interés en el 1300. El motor del 1300 era de 1.275 cc

derivado del de la serie A y que a partir de 1968 incorporaría un segundo carburador para aumentar su potencia hasta los 65 CV. El 1300 se ofreció como un coche con algo de lujo o como un familiar para alguien deseoso de un punto de individualidad.

Motor: 4 cilindros, 1.098 cc
Potencia: 41 kW (55 CV)
De 0 a 100 km/h: 18,4 s
Velocidad máxima: 137 km/h
Producción total: 17.397 (1100); 27.470 (1300)

WOLSELEY 18/85

Un Austin 1800 de gama alta, el Wolseley 18/85 estaba dirigido a un cliente que aspirase a un coche normal con pretensiones de vehículo de prestigio.

El Austin 1800 apareció en 1964, pero el Wolseley 18/85 no se ofrecería al público hasta 1967, ya con una transmisión automática como opción y

dirección asistida de serie. También contaba con unas luces traseras inconfundibles como su parrilla, que ayudaba a diferenciarlo del Austin 1800.

El precio del Wolseley era de 1.040 £ más 95 si se optaba por la transmisión automática. El del Austin 1800 era de 883 £. Lo que hacía al Wolseley especial era

su tapicería en piel, una parrilla de calidad, un salpicadero de madera y unas alfombras gruesas, suficiente para atraer a gran número de clientes. En 1969 llegaría un Mk II con unos asientos mucho mejores, un salpicadero de alta calidad y la opción de poner un segundo carburador en el motor para

convertirlo en un clase S con mejores prestaciones.

Motor: 4 cilindros, 1.798 cc
Potencia: 63 kW (85 CV)
De 0 a 100 km/h: 18 s
Velocidad máxima: 145 km/h
Producción total: 35.597

WOLSELEY SIX

El último Wolseley de todos fue el Six, aparecido el mismo año en que desaparecería la marca, 1975. Durante años Wolseley había sido el nombre de un fabricante de automóviles más y estaba claro que no soportaría la creación de otro proyecto cuando sus ventas eran escasas.

El modelo final fue el 18/22 Princess dotado con un motor transversal de 6 cilindros. En 1976 el Princess se vendería como una marca de pleno derecho. Tenía una tracción delantera y un equipamiento extra, como unos relojes y testigos del salpicadero más inteligibles, asientos

tapizados de terciopelo, luces de lectura para los pasajeros de atrás, todo para diferenciarlo de sus hermanos más modestos. Se esperaba además con ello que la marca Wolseley permaneciera como algo aparte de las demás. Incluso tenía un emblema iluminado en su parrilla.

Aunque el coche no era malo las ventas no fueron suficientes para cubrir los costes de fabricación.

Motor: 6 cilindros, 2.227 cc
Potencia: 82 kW (110 CV)
De 0 a 100 km/h: 13,5 s
Velocidad máxima: 166 km/h
Producción total: 3.800 aprox.

ZAGATO ZELE

Para solucionar su bancarrota en los primeros años 70, Zagato fabricó un coche eléctrico para la ciudad que fuese barato y fácil de mantener. Se intentaba encontrar el antídoto a la crisis del petróleo. Era un vehículo de sólo 196 cm de largo con carrocería de plástico.

Su carrocería no era más que la unión de dos moldes iguales por su mitad; pesaba poco, pero sus cuatro baterías de 24V sólo le permitían recorrer 69 km antes de tener que recargarlas. Su velocidad máxima era igualmente pobre, sólo 40 km/h impulsado por su motor eléctrico trasero.

El Zele fue presentado en el Salón del Automóvil de Ginebra de 1972 y se empezó a vender en 1974. La mayoría, con el nombre de Elcars, se vendieron en los Estados Unidos, aunque Bristol los importaría para Gran Bretaña donde no se vendieron muchos, ni tan sólo un derivado suyo para el golf.

Motor: 1.000 W.
Potencia: n/d
De 0 a 100 km/h: n/d
Velocidad máxima: 40 km/h
Producción total: 3.000 aprox.

ZAZ 965

Al ZAZ 965 se le llamó muchas veces el coche peor concebido del mundo, incluso se decía que nunca había sido concebido y que su existencia no fue más que un accidente. Sea cual fuere su origen, el 965, también conocido como Zaphorozhets o Zaporogets, tenía una mecánica muy pobre y una pésima calidad de construcción.

Parecido al Fiat 600 de tres volúmenes, el 965 se equipaba

de forma inusual con un motor V-4 refrigerado por aire.

Su motor original, de 748 cc, entregaba 23 CV. Un año más tarde se aumentó su capacidad hasta los 887 cc para entregar 27 CV; fue el 965 A. El ZAZ 965 se exportó a Gran Bretaña en 1961 y 1962 apareciendo ambos años en el Salón del Automóvil de Londres.

Durante toda su vida en producción tuvo suspensión

delantera independiente con brazos articulados, y barras de torsión transversales, detrás; tenía brazos semiarticulados con muelles helicoidales y amortiguadores. Sus cuatro ruedas disponían de frenos de tambor y no sería hasta la aparición del 966 en 1967 que se practicarían cambios notables en todas sus partes.

Motor: 4 cilindros, 748 cc
Potencia: 17 kW (23 CV)
De 0 a 96 km/h: n/d
Velocidad máxima: 80 km/h
Producción total: n/d

ZAZ 966

Aparecido en 1967, el modelo ruso ZAZ 966 se parecía al NSU Prinz. Tenía el motor trasero, carrocería en tres volúmenes y sólo dos puertas. Se fabricaban del orden de 150.000 al año.

Pasado un año, su motor se potenciaría hasta los 1.200 cc

y se modificaría la suspensión para mejorar así su maniobrabilidad. Unos leves cambios en el diseño exterior hechos en 1972 le hicieron cambiar el nombre por el de 968. Por otra parte se fabricó otra versión en Bélgica con el nombre de Yalta 1000.

Los modelos que se vendían fuera de Rusia tendrían un motor Renault de 1.000 cc y frenos de disco delanteros. Este coche se mantuvo en producción con la forma del 968 hasta los años 80 con más de dos millones de unidades vendidas.

Motor: 4 cilindros, 1.196 cc
Potencia: 34 kW (45 CV)
De 0 a 100 km/h: n/d
Velocidad máxima: 120 km/h
Producción total: 2.000.000 aprox.

ZIL 111 — 1956–67

Fabricado entre 1956 y 1967, el ZIL fue la limusina más lujosa que se podía comprar en Rusia. Estaba reservada, empero, para los dignatarios gubernamentales y líderes del Partido Comunista. La 111 era un dechado de lujo en una carrocería puramente americana.

Su motor de 5.980 cc V8 entregaba 200 CV y disponía de un botón con el que accionar la transmisión automática, similar al de las cajas de cambios americanas Powerflite de la época. De hecho en el clima político enrarecido del momento entre ambas potencias, el ZIL fue un automóvil de inspiración totalmente americana.

En 1962 sufrió severos cambios en su diseño estilizándole el frontal y los paneles de detrás.

Su diseño aún estaría muy influenciado por el de los americanos tanto dentro como fuera y por primera vez en un coche ruso se le puso como opción el aire acondicionado. También disponía de elevalunas eléctricos y dirección asistida.

Si los modelos de serie les parecían demasiado ordinarios, se ofrecían igualmente versiones especiales como la 111A más alargada o la descapotable con el nombre de 111V. La versión básica pesaba 2.814 kg y la descapotable tenía el techo eléctrico.

Motor: V8, 5.980 cc
Potencia: 171 kW (230 CV)
De 0 a 100 km/h: n/d
Velocidad máxima: 161 km/h
Producción total: 112

ZIL 114 — 1967–87

Con un peso de 3.048 kilos, el ZIL 114 necesitaba de veras un motor con 300 CV de potencia capaz de propulsarlo. Su motor de aluminio pretendía irónicamente mantener un peso bajo y contenía su consumo a los 18,9 l/100.

Como su predecesor, el 111, el 114 plagiaba el diseño americano con un aspecto sorprendentemente moderno en la fecha de su lanzamiento, en 1967, muy relacionado con los modelos que aparecerían en América durante la década siguiente.

Su nivel de equipamiento había aumentado proporcionalmente desde las primeras limusinas de posguerra que aparecieron de la fábrica de ZIL. Por aquel entonces la 114 entraba en producción con lujos tales como frenos de disco ventilados y servoasistidos en sus cuatro ruedas y en su interior asientos ajustables eléctricamente al gusto de los pasajeros, cierre centralizado por vacío, cristales tintados, elevalunas eléctricos,

A pesar de su imagen de los años 70 más que de los de los 60 que le correspondería, la Zil 114 fue un modelo del que se fabricaron muy pocas unidades destinadas a una clientela de lo más exclusiva como VIPs y políticos.

espejos también eléctricos y radio estéreo. Se fabricaron muy pocas unidades, por lo que muy pocos afortunados pudieron gozar de tanto lujo.

Motor: V8, 6.962 cc
Potencia: 224 kW (300 CV)
De 0 a 100 km/h: n/d
Velocidad máxima: 188 km/h
Producción total: n/d

ZIM (12)

Fue un modelo fabricado por Gaz y conocido como el 12 o de forma no oficial como el ZIM. Sus 5,5 m de longitud, seis asientos y cuatro grandes puertas se fabricaron entre 1950 y 1959.

Su modelo fueron los coches americanos de la época, por lo que era grande en todos los aspectos y además inasequible para la inmensa mayoría de los rusos.

El ZIM nunca fue tan prestigioso como las limusinas de ZIL reservadas para los más altos dirigentes del partido y VIPs.

No fue un coche muy rápido, sólo podía alcanzar una velocidad máxima de 120 km/h y estaba dotado de suspensión delantera independiente y por eje rígido detrás.

Cuando se presentó parecía un modelo más moderno que todos sus contemporáneos americanos, pero durante los diez años de su vida útil fue arcaizándose hasta que se dejó de fabricar. No era un coche que se pudiera actualizar fácilmente, por ejemplo sus parabrisas curvados, ya que en Rusia no había en aquel momento tecnología que permitiera fabricarlos.

Motor: 6 cilindros, 3.500 cc
Potencia: 66 kW (89 CV)
De 0 a 100 km/h: n/d
Velocidad máxima: 120 km/h
Producción total: n/d

ZIS 110

Desarrollado durante los últimos meses de la Segunda Guerra Mundial, el ZIS 110 empezó a fabricarse en 1945. Su buen aspecto lo había tomado claramente de los Packard estadounidenses y los Cadillac de principios de los 40 y fue completamente inalcanzable para la inmensa mayoría de los rusos. Se parecía mucho al Packard Super Eight de 1942, un modelo que el presidente estadounidense Franklin Roosevelt le regaló a Joseph Stalin durante la guerra.

Su motor de 6 l generaba 140 CV de potencia que le permitían llegar a una velocidad máxima de 145 km/h y estaba equipado con innovaciones como válvulas hidráulicas y suspensión delantera independiente. Aunque fuese diseñado para ser un automóvil de lujo para VIPs, sus grandes dimensiones le permitían transportar pacientes, por lo que muchos se usaron como ambulancias sin ningún cambio en su carrocería; los pacientes

Su imagen parecía la de un coche fabricado en los Estados Unidos. El Zis fue un modelo atractivo y bien construido. Fue una pena que nadie pudiese disfrutarlo en la posguerra rusa.

simplemente se colocaban en el maletero.

En 1966 el Zis 110 se convirtió en el ZIL 110. La L significa Ligachev, pero lo cambió por el de ZIS cuando Stalin subió al poder; la S significaba Stalin, y cuando éste desapareció la marca recuperó su antiguo nombre de ZIL.

Motor: V8, 6.000 cc
Potencia: 104 kW (140 CV)
De 0 a 100 km/h: n/d
Velocidad máxima: 139 km/h
Producción total: 1.500 aprox.

ZUNDAPP JANUS

1957–58

En 1955, el fabricante alemán de microcoches Dornier presentó este pequeño producto llamado Delta. Un coche muy anguloso y simétrico tanto a lo largo como a lo ancho y que tenía dos pares de asientos unidos por la espalda. Los pasajeros accedían a su interior a través de una puerta delantera u otra idéntica a ésta en la parte de atrás.

A pesar de que su concepto era raro, el fabricante de motocicletas alemán compró los derechos de fabricación y lo nombró, con algunos cambios, Janus. Se empezaría a vender en 1957.

En primer lugar sus puertas ya no se colgaban del techo sino, como era normal, de los laterales. Continuaba sin haber indicios de puertas laterales, los ocupantes de los asientos delanteros entraban por una puerta delantera y los de atrás por otra trasera. Los ocupantes traseros miraban hacia

Motor: 1 cilindro y 248 cc.
Potencia: 10 kW (14 CV)
De 0 a 100 km/h: n/d
Velocidad máxima: 80 km/h
Producción total: 6.800.

atrás cuando viajaban hacia delante, de ahí el nombre de Janus. Su diseño todavía cambiaría un poco más haciéndolo menos extraño, pero manteniendo su motor central. Era un coche que desafiaba todas las convenciones de la fabricación y el diseño de vehículos.

El motor del Janus, de 248 cc con un solo cilindro y de dos tiempos, era menos extravagante ya que era similar a los de otros microcoches, unos vehículos que consiguieron ser muy populares gracias a la crisis del Canal de Suez. En 1958 se dejó de fabricar el Janus y Zundapp volvió a sus motocicletas.

Aunque el Janus sólo se fabricó durante una temporada consiguió vender 6.800 unidades a clientes que necesitaban un coche sobre todo económico.

Sólo unos pocos ejemplares sobreviven, pues muchos de ellos se oxidaron o estaban en muy malas condiciones; además es muy difícil encontrar piezas de recambio.

GLOSARIO

A todo gas: Expresión que se refiere al coche que va a toda velocidad.

ABS: Sistema de frenado antiblocante.

Absorbente de golpes: Mecanismo hidráulico que forma parte de la suspensión y que está montado entre las ruedas y el chasis para evitar movimientos indeseados y aumentar la seguridad y el confort. Se le conoce más comúnmente como amortiguador.

Aceleración: Cambio gradual de velocidad normalmente expresada como una medida de tiempo recorrida sobre una distancia o dada a partir de la parada, por ejemplo de 0 a 100 km/h.

Aftermarket: Accesorio puesto en un vehículo después de su compra no siempre ofrecido por su fabricante.

Airbag: Mecanismo secundario que se infla de forma automática en caso de colisión.

Alas de gaviota: Puertas que se abren formando un arco vertical; por lo común se unen al centro del techo.

Alerón: Elemento situado delante del coche en la parte baja del frontal que reduce la entrada de aire bajo el vehículo y aumenta la fuerza de atracción al suelo; con ello se mejora el agarre a la carretera circulando a altas velocidades.

Aleta: Elemento estilístico que consiste en un saliente angular situado encima de la trasera del coche.

Alternador: Generador eléctrico que transforma la energía mecánica en eléctrica por magnetismo.

Amortiguador: Tubo de acero en espiral usado en la suspensión.

Antiguo: Término usado en los Estados Unidos para los coches anteriores a 1925.

Aparato de piñón fijo: Mecanismo de la transmisión para desacoplar la tracción de la velocidad excesiva.

Árbol de levas: Pieza del motor que controla la apertura y el cierre de las válvulas tanto de forma directa como indirecta.

Asiento anatómico: Asiento que añade un soporte para las piernas y los hombros y así asegurarlos en la toma rápida de curvas durante los rallies.

Axle tramp: Rebotes que se hacen al subir una pendiente mientras se acumula potencia en una velocidad baja, por lo común sólo ocurre en los coches con ballestas.

Badge engineering: Venta de modelos similares con el mismo nombre pero con distinta marca.

Balancín: Brazo pivotante que traduce el movimiento giratorio del árbol de levas a un movimiento lineal de las válvulas.

Balancín: Extensión del chasis que soporta el ángulo de la carrocería o los pescantes.

Ballestas: Método de suspensión compuesto por una o varias láminas de acero, típicamente en forma semielíptica, con que se equipaban los principales coches antiguos.

El Riley Imp era un deportivo clásico y elegante que ayudó a hacer que el nombre de Riley fuese sinónimo del éxito de los deportivos británicos. Su motor de 1.087 cc podía modificarse para que entregara unos 180 CV. Muchos de ellos sobreviven en nuestros días y son muy buscados.

A primera vista parecía un deportivo americano. El diseño agresivo del Aston Martín DBS suscitó reacciones encontradas en su presentación el año 1967. Su gran peso le hizo perder habilidad tomando curvas y su exagerado consumo de carburante no ayudó a la venta de su versión con motor V8 de 1970.

Ballestas con láminas transversales: Sistema de suspensión muy utilizado antes de la guerra en el que un par de láminas transversales, con una de ellas invertida y unidas ambas por los ejes, están montadas en el centro del eje y del chasis.

Ballestas semielípticas: Suspensión con láminas usada en el eje trasero de los coches antiguos en los que las ballestas formaban media eclipse exacta.

Bamboleo: Movimiento vertical que hace la carrocería en la toma de curvas.

Banco de asientos: Un único asiento que ocupa toda la amplitud delantera del coche destinado al conductor y pasajero(s).

Barra antivuelco: Apoyo transversal situado entre las suspensiones delanteras y/o entre las traseras y que reduce la posibilidad de volcar.

Barra antivuelco: Barra resistente por lo común curva que cruza el vehículo en su exterior o en su interior por el techo y se asegura en el suelo para proteger el habitáculo en caso de vuelco. Se usa en algunos deportivos descapotables.

«Barra de corbata»: Barra sometida a tensión o presión usada en la suspensión o la dirección.

BDC: Cuando un pistón llega al final de su carrera.

Bendix: Engranaje helicoidal y que provoca que el piñón del motor de arranque se conecte a la transmisión.

Bloque de aluminio: Bloque de cilindros de un motor hecho de aluminio comúnmente con camisas de hierro o fundas para los huecos de los cilindros.

Blown engine: Motor con un sistema instalado de inducción de aire forzada como, por ejemplo, los turboalimentados.

Bujía: Aparato que enciende los gases de combustión mediante corriente de alta tensión que pasa entre dos electrodos.

Caballos: Medida de potencia en un motor expresada en *Pferdestärke* o abreviado PS (CV). 1 CV = 0,75349875 kW.

Cabeza de biela: Final del cigüeñal que conecta con el puntal.

Cabriolé: Coche a cielo abierto con el panel del techo extraíble o plegable. A menudo se abrevia como Cabrio.

Cacharro: Nombre que se usa en los Estados Unidos y Australia para los coches viejos y en mal estado.

Caja de cambios secuencial: Dispositivo de selección de velocidades por el que éstas se seleccionan con un movimiento lineal en vez del convencional en H. Se usa en los deportivos y en los bólidos de rally.

Caja de cambios: Pieza de la transmisión que alberga un número de diferentes relaciones que pueden ser elegidas de forma manual o automática por el conductor. Las diferentes velocidades se eligen dependiendo del nivel de las revoluciones y la velocidad del automóvil.

Calibrador: Componente de los frenos de disco en el cual los pistones friccionan con un movimiento vertical por su superficie.

Calibre: Calibre de un cilindro en el que se mueve el pistón.

Cambio en columna: Palanca del cambio montada en la columna de la dirección.

Capacidad: Volumen que desplaza cada pistón entre su BDC y su TDC medida bien en cc o bien en pulgadas cúbicas. Una pulgada cúbica son 16,4 cc.

Capota/capó *(Hood)*: Cubierta de lona de los descapotables o en los Estados Unidos panel que cubre el motor.

Carburador atomizante: Spray atomizador de fuel que ayuda a la combustión.

Carburador *Dawndraught*: Carburador vertical.

Carburador: Mecanismo que vaporiza y mezcla el carburante con aire a un ritmo exacto para

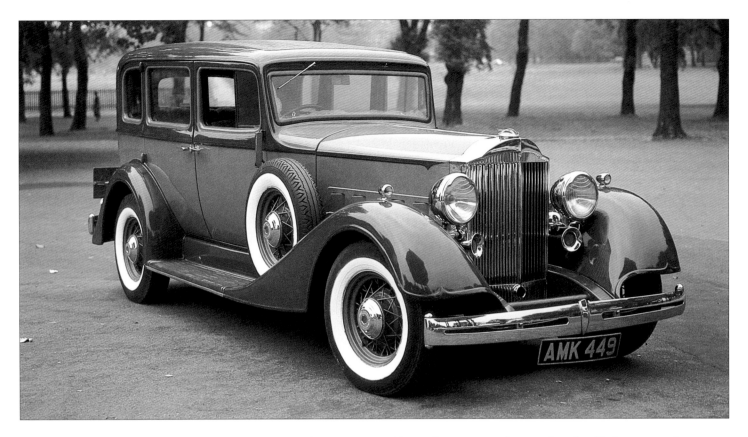

En los años 30 los Packard ofrecían una espléndida combinación en su construcción, por lo que eran coches muy deseados. Tenían una muy buena imagen, una mecánica fiable y alta calidad de construcción. El Packard Eight de 1931 (en la foto) ofrecía mucha clase y también espacio para las piernas. Estuvo dirigido a VIPs con chófer.

la combustión por medio de las válvulas de admisión.

Carburadores SU: Tipo de carburadores inventados por la empresa Skynners Union en 1905.

Carrera corta: Motor con pistones de escaso recorrido dentro de los cilindros.

Carrocería de lona: Carrocería fabricada con una lona ligera y resistente al agua que se extiende sobre el armazón de madera. La usaban coches antiguos y clásicos.

Carrozado: Vehículo con carrocería hecha a mano, por lo común por una firma especializada.

Cárter seco: Lugar en el que el aceite de lubricación se mantiene en un apartado reservado en vez de en el mismo cárter; se usa a menudo en la competición para evitar la falta de aceite.

cc: Capacidad expresada en centímetros cúbidos; la totalidad del volumen que desplazan los pistones en todos sus cilindros.

Chasis: Estructura central del vehículo en la que se acoplan la carrocería, el motor, la caja de cambios y la suspensión.

Chasis de escalera: Tradicional forma de chasis con dos vigas principales recorriendo el coche de atrás adelante y con elementos laterales que aumentan la rigidez.

Chasis de jaula de pájaro: Chasis formado por un complejo entramado de delgados tubos usado para los bólidos de competición.

Chasis interior: Chasis consistente en una estructura central por lo común tubular

Chasis rodante: Chasis completo con su suspensión, frenos y dirección, a veces también con el motor, pero nunca con la carrocería.

Chasis separado: La carrocería y el chasis son elementos separados que se acoplan a la perfección. Todos los coches de antes de la Segunda Guerra Mundial se fabricaban así, pero hoy sólo se usa en camiones.

CID: *Cubic Inch Displacement.* Medida que en los Estados Unidos sirve para indicar el tamaño de un motor:

Cigüeñal desplazado: Cigüeñal situado no en el centro, sino debajo de los cilindros, por lo que el *Con Rod* está más en el centro con el pistón durante su carrera para así reducir el desgaste.

CIH: *Cam In Head.* Motor con el árbol de levas en la culata.

Cilindro: Cámara en la que se mueve el pistón, por lo común con forma cilíndrica.

Clásico: Calificativo para los coches fabricados después del 1 de enero de 1930 y con más de 25 años de vida útil. En los Estados Unidos se refiere a vehículos fabricados entre 1925 y 1948, ambos inclusive.

Clásico de preguerra: Término usado para aquellos coches fabricados entre el 1 de enero de 1930 y el 2 de septiembre de 1939, ambos inclusive.

Coeficiente de resistencia al aire: Relación demostrada de la resistencia de un vehículo al aire de la atmósfera dividido por un área plana de una idéntica silueta del frontal sin eje longitudinal y a la misma velocidad

Cojinete: Mecanismo que pasa una carga a un soporte facilitando el mínimo de fricción entre las piezas móviles.

Cola de ballena: Alerón trasero muy grande desarrollado por primera vez en un Porsche.

Cola de barco: Diseño por el cual la trasera de un coche se parece a la proa de un barco.

Cola Kamm: Tipo de cola desarrollado por W. Kamm muy unida al parabrisas trasero que se corta en vertical para mejorar la aerodinámica.

Colector de escape: Mecanismo, generalmente construido con tubos de metal por los que se expulsan los gases de la combustión en el motor.

Compact: Término usado en los Estados Unidos para un sedán pequeño con entre 2,83 y 3,11 m³ de espacio para pasajeros y equipaje.

Compresor de sobrealimentación: Bomba de aire accionada mecánicamente que se usa para forzar a entrar el aire en el ciclo de combustión, con lo que se mejoran las prestaciones.

Con rod: Puntal de conexión entre el pistón y el cigüeñal, el pequeño terminal del pistón y el grande con el cigüeñal.

Con Rod Bearings: Cojinetes sobre los que ruedan los apoyos conectados.

Concours d'Élégance: Competición basada en la condición y la originalidad del auto.

Construcción unitaria: Carrocería monocasco de estructura lo suficientemente rígida para no necesitar un chasis por separado.

Control de tracción: Sistema electrónico que controla la cantidad de potencia que se da a las ruedas para impedir que resbalen.

Crash gearbox: Caja de cambios de constante mal funcionamiento no sincronizada. El nombre deriva del ruido que hacía al cambiar de velocidad.

Cremallera: Sistema de engranajes por lo común situado en la caja de dirección con un carril dentado controlada por un piñón situado al final de la columna de dirección.

Culata: Pieza en la que se ajustan las bujías, las válvulas y a veces el árbol de levas.

Cupé sin pilares: Cupé carente de pilares en B, por con lo que las ventanas de las puertas se unen directamente a las ventanas de atrás.

Custom: Personalización de la pintura, la carrocería o la mecánica del vehículo.

De cuatro tiempos: Tipo de motor basado en el diseño de su inventor, el Dr. Nicholas Otto, por el que se necesitan cuatro carreras del pistón para completar un giro o tiempo.

De Dion: Sistema de eje y suspensión inventado por el conde Albert de Dion y diseñado en 1894 en el que el eje motriz se monta sobre el chasis con junturas universales en cada extremo manteniendo así las ruedas verticales mejorando la maniobrabilidad. Por lo común se usa con frenos de disco.

De 2-4 cilindros planos: Motor Bóxer en el que los cilindros están opuestos entre sí, por ejemplo el del VW Escarabajo.

De dos tiempos: Un ciclo en el motor en el que el impulso se da en cada carrera. La mezcla de aire y carburante se comprime junto al pistón antes de entrar en la cámara de combustión por medio de aberturas en las paredes del

En los siete años que Citroën controló Maserati se presentó el conocido Citroën SM, un modelo sofisticado, rápido y tecnológicamente innovador que ofrecía unas prestaciones muy respetables. En él se unían un motor Maserati V-6 con un chasis inspirado en el de rompedor Citroën DS.

cilindro sin necesidad de válvulas o engranajes.

De flujo cruzado: Una culata con las válvulas de admisión y de escape en los lados opuestos.

Deflector: Placas de metal puestas dentro del sistema de escape que absorben y reflejan el ruido.

Derrapaje: Efecto que tiene sobre las ruedas traseras la repentina aportación de potencia en los coches con tracción en ellas.

Desplazamiento: Volumen del área entre el BDC y el TDC por la que se mueven los pistones multiplicado por el número de éstos.

DHC: Cupé de morro bajo.

Diferencial: Grupo de engranajes en el eje motor que permite poner la cremallera en el exterior e ir más rápido que si estuviese en el interior.

Diferencial de deslizamiento limitado: Mecanismo que controla la diferencia de velocidad entre las ruedas izquierda y derecha para que rueden a la misma velocidad. Se usa para reducir el patinaje de las ruedas en superficies poco firmes.

Dirección por cadena: Transmisión de potencia por medio de una cadena que pasa entre dos ruedas.

Diseño retro: Diseño que adopta las claves de modelos anteriores. Se usa especialmente en las revisiones actuales.

Distancia al suelo: Espacio que hay entre el punto más bajo del coche sobre el suelo cuando éste está cargado hasta los topes.

Distancia entre ejes: Distancia que hay entre el eje delantero y trasero.

Distribución de peso: Relación que describe la cantidad del peso del vehículo concentrada en el eje delantero y trasero respectivamente.

Distribuidor: Elemento rotativo que distribuye la carga necesaria a cada una de las bujías en un intervalo correcto.

Doble circuito de frenos: Sistema de frenado que usa dos circuitos hidráulicos separados para reducir el riesgo de fallo.

Doble válvula: Método de suspensión por el que cada rueda se soporta por un armazón triangular pivotante más arriba o más abajo. Se usa en los deportivos.

Dog clutch: Sistema sencillo de engranajes por el que un puntal tiene en su terminal un gancho esquinado y en el otro uno redondo en el que se requiere que ambos estén estáticos a la vez o giren siempre a la misma velocidad.

Dog leg first: Selección en la que la primera y la cuarta marchas están más cerca del conductor.

DOHC: Doble árbol de levas en cabeza *(Double Overhead Camschaft)* Un árbol de levas se sitúa sobre cada culata, uno accionando las válvulas de admisión y el otro las de escape.

Drophead: Coche descapotable con techo extraíble o plegable, también en carrocerías cupé.

Edición limitada: Modelo fabricado en una cantidad estipulada. Sus características son distintas del modelo estándar. Por lo común son objeto de colección.

EFI: *Electronic Fuel Inyection* (inyección electrónica).

Eje: Palier rotante o huso que forma el centro de rotación de una o más ruedas.

Eje de Elliot: Eje delantero en el que los extremos tienen forma de horquilla para sostener el perno real.

Eje del piñón fijo: Eje delantero que rota libremente y está fijo en coches con tracción a las cuatro ruedas, siendo su mecanismo opcional. En ellos la transmisión delantera no rota si no está conectada. Se acciona de forma automática por medio de un mecanismo de control de tracción o manualmente por el conductor.

Eje flexible: Tipo de suspensión independiente con un eje cuyos pivotes están cerca del centro del vehículo y no junto a las ruedas.

Eje motor: Eje que transmite la motricidad desde el diferencial hasta la rueda; se usa especialmente en los modelos con tracción en las ruedas delanteras y suspensión trasera independiente.

Eje rígido: Eje o un par de muñones en los que el movimiento de una rueda afecta a la otra según sea la combadura.

Eje rígido: Eje patentado por Louis Renault en 1899 en el cual el eje contiene diversos apoyos que dirigen las ruedas.

Eje rígido: Eje rígido en toda su longitud usado en suspensiones no independientes.

Elevadores hidráulicos: Sistema de válvulas que se lubrica con aceite presurizado.

Embrague: Mecanismo para controlar la transmisión de potencia que va del motor a la caja de cambios, por lo común por fricción de sus materiales.

Embrague centrífugo: Embrague en el que la presión se ejerce sobre el plato de la dirección sólo a una cierta velocidad de rotación; de esta manera las marchas entran o salen dependiendo de la velocidad del motor:

Embrague de fluido: Embrague que usa un fluido como enlace con el convertidor de par o de la rueda libre.

En línea: Tipo de motor en el que las válvulas están montadas en el bloque de los cilindros y la culata tiene una superficie plana.

Encendido: Proceso por el cual se quema carburante para provocar la expansión de gases.

Engranaje cónico: Rueda dentada cónica que transmite potencia entre los ejes a 90° el uno del otro.

Maserati confió en Bertone para el diseño del Khamsin y tuvo como resultado este modelo anguloso y sugerente.

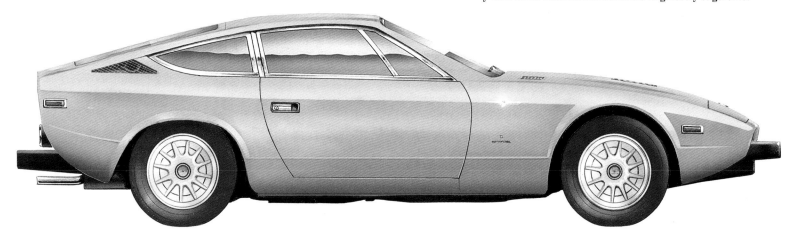

Engranaje epicíclico: Un tambor interiormente muy rígido que contiene en su interior un engranaje «planetario» que se mueve alrededor de un eje principal que tiene una rueda dentada «solar» con la que se unen.

Engranaje hipoide: Tipo de engranaje diseñado para transmitir tracción a ejes no paralelos. Los engranajes se deslizan en vez de girar uno contra otro dada la alta presión entre los dientes del engranaje. Se usa en el eje trasero así como en muchas coronas dentadas y piñones

además de tornillos sin fin y ruedas.

Engranajes helicoidales: Rueda dentada con sus diente oblicuos respecto al eje del engranaje y que se solapa con otro eje cuyos dientes están en la misma posición.

EOI:: Motor con el colector de escape *Over Inlet* (encima de la admisión).

Ergonómico: Disposición de los controles en una configuración fácil de usar.

Estárter: Sección estrecha en el carburador en la que se acelera la

entrada de aire creando más efecto vacío y aumentando la entrada de carburante.

Faetón: Término con el que, en los Estados Unidos, se denomina a un convertible de lujo con un capó muy largo.

Faros delanteros escamoteables: Faros delanteros que pueden introducirse en el perfil del capó. Se usan sobre todo en modelos deportivos para mejorar su diseño y aerodinámica.

Fastback: Tipo de carrocería con la parte trasera aerodinámica e

inclinada, parecida a la de un cupé pero normalmente con portón trasero.

Fender: Apelativo norteamericano para los guardabarros o aletas.

Fibra de vidrio: Hilachas de cristal esponjosas químicamente solidificadas que se usan en la fabricación de una carrocería. A veces adoptan el nombre de GRP: *Glass Reinforced Plastic*.

Flanear: Es el coche que mueve su cola cuando viaja a gran velocidad.

Fly-off del freno de mano: Operación opuesta a un freno de

Fue el coche más vendido en Gran Bretaña durante los años 60, pero también merece reconocer el gran papel que hizo en rallies y competiciones de circuitos. En esta fotografía se ve a Roger Clark y a Brian Melia en su Cortina GT corriendo el Rally de Montecarlo de 1966.

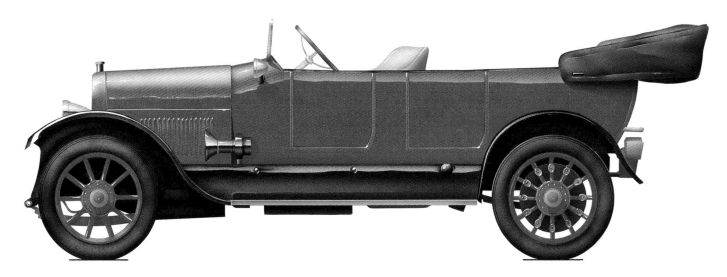

En 1914 General Motors presentó el primer modelo fabricado en serie con motor V8 dentro de su marca de coches de lujo Cadillac. Los originales V8 de Cadillac se ofrecían en un gran abanico de carrocerías entre 1914 y 1927. El elegante modelo de esta fotografía representa a un original de 1914.

mano convencional en la que es un botón el que se pulsa para conectar las levas. Se usa en los bólidos de carreras.

Free-revving: Expresión que se usa para describir un motor en el cual las revoluciones suben rápidamente al empuje del acelerador y no tienen correspondencia clara en la velocidad de las ruedas.

Freno de mano: Freno que acciona manualmente el conductor cuando el coche está parado Por lo común opera en las ruedas traseras por medio de un cable.

Frenos de disco: Sistema de frenado por el que los cojinetes de fricción ejercen presión sobre un plato plano y circular de metal.

Frenos de tambor: Sistema de ftrenado en el que las zapatas de fricción se mueven de forma radial contra la superficie interna de un cilindro metálico llamado tambor.

Frenos interiores: Frenos de disco situados en el centro del vehículo dentro de cada tren motriz para reducir el peso y mejorar la maniobrabilidad.

GP: Siglas de Gran Premio. Carrera que se corrió por primera vez en el circuito de la Sarthe, cerca de Le Mans, Francia, en 1906.

Gran Turismo: Término usado por lo común para describir un coche de lujo descapotable, actualmente un cupé de altas prestaciones.

Grey Import: Vehículos importados de forma privada que de otra manera no se pueden adquirir de forma oficial.

GT: Gran Turismo. Término italiano para describir un deportivo italiano o cupé de altas prestaciones.

Hatchback: Coche con un portón trasero que se abre dando acceso directo al habitáculo.

Hidráulico: Sistema por el que la presión de un fluido sirve para controlar el movimiento de otros componentes como los frenos y los amortiguadores.

Hotrod: Un vehículo muy modificado usado para pruebas de aceleración.

IFS: *Independent Front Suspension* (suspensión delantera independiente).

Inducción forzada: Motor que usa un turbocompresor o un compresor de sobrealimentación que presuriza el sistema de inducción para forzar la entrada de aire y en consecuencia aporta más carburante para aumentar la potencia.

Intercooler: Mecanismo que refrigera el aire de los motores sobrealimentados antes de que entre en el motor para aumentar su densidad y potencia.

Inyección: Inyección directa de carburante en el sistema de combustión. Puede ser electrónica o mecánica y la primera apareció en 1902.

IOE: *Inlet Over Exhaust* (motor con las válvulas de admisión encima de las de escape).

Juntura de bola: Mecanismo formado por una bola y un manguito usado en la suspensión y en los mecanismos de dirección.

Kickdown: Cambiar a una velocidad inferior para aumentar la aceleración en los coches automáticos cuando el pedal del acelerador ya toca el suelo.

Kilovatio (kW): Medida estándar ISO de potencia que se corresponde con los CV 1 kW = 1,34 CV).

Kit car: Coche suministrado por piezas, sobre todo la carrocería, con la mecánica de marcas diferentes. Se vendían a clientes de economía limitada que lo montaban en casa. Esta práctica no tuvo IVA hasta 1973. La carrocería era por lo común de fibra de vidrio.

km/h: Medida referida a la velocidad. Kilómetros por hora.

Landaulette: Versión menor de un landó sin sección central y con sólo un techo extraíble sobre los asientos delanteros y una capota de lona plegable.

Landó: Gran coche antiguo con la sección del techo sobre los pasajeros de delante extraíble y una capota de lona sobre la sección con ventanas que podía plegarse detrás de los asientos posteriores. Su nombre deriva de la ciudad alemana donde se fabricaron por primera vez.

Le Mans: Circuito de carreras en el norte de Francia famoso por sus eventos de 24 Horas, el primero de ellos tuvo lugar en 1923.

Limusina: Coche de lujo por lo común con un chasis alargado y una carrocería de gran espacio interior. A menudo tiene un panel de cristal entre la sección del chófer y la de los ocupantes. A menudo se abrevia su nombre como «limo».

Magneto: Tipo de generador eléctrico de los coches antiguos y clásicos.

Mamparo: Panel que por lo común separa el cofre del motor del habitáculo.

Master cylinder: Fluido de los frenos reservado y una bomba que forman un sistema de frenado hidráulico.

Modificado: Coche al que se le han cambiado piezas del motor para aumentar sus prestaciones.

Monobloque: Motor con todos sus cilindros en una pieza.

Monocasco: Diseño de una carrocería en la que ésta se une a su chasis sin las tradicionales vigas (ver *construcción unitaria*).

Monocoque: Construcción monocasco en la que la plataforma, el chasis y la carrocería se acoplan para formar una única estructura.

Motor atmosférico: Motor cargado con presión atmosférica en vez de inducción forzada.

Motor central: Vehículo con su motor montado justo detrás del conductor y bastante delante del eje trasero para mejorar la distribución del peso y darle una buena maniobrabilidad.

Motor con válvulas laterales: Motor en el que el árbol de levas está en el bloque de cilindros y las válvulas en un lado debajo de la culata. Se usaba sobre todo en los coches fabricados antes de la Segunda Guerra Mundial.

Motor de combustión interna: Motor en el que la energía se transforma por un proceso de combustión en los cilindros del motor y no en una cámara por separado**.**

Motor de tijera: Tipo de motor rotativo tipificado como motor Tschudi en el que los pintones se mueven en sentido circular.

Motor diésel: Motor de combustión interna que quema gasóleo en vez de gasolina, sin sistema de ignición por bujías y con la quema de una mezcla de gasóleo con aire como resultado de la alta presión.

Motor Hemi: Motor con cámara de combustión hemisférica.

Motor refrigerado por aire: Motor en el que el aire ambiental se usa para refrigerar haciéndolo pasar de forma directa por conductos sobre los cilindros y la culata.

Motor rotatorio: Motor de combustión interna en el que la potencia deriva de un único rotor, carece de pistones y tiene muy pocas partes móviles. Su descubridor fue el alemán Felix Wankel en el año 1956.

Motor transversal: Tipo de motor en el que el cigüeñal yace paralelo al eje.

Mudplugger: Coche acondicionado para terrenos agrestes.

Muelles helicoidales: Elemento de la suspensión que filtra las irregularidades del terreno.

Multiplex*:* Sistema eléctrico con un procesador central y otros locales que reduce todo el cableado del vehículo.

Musclecar: Término que en los Estados Unidos se usa para describir un coche de gran potencia, por lo común de más de 400 CV.

Octanaje: Medida de propiedades antidetonantes del combustible.

OHC (Árbol de levas en cabeza): Motor en el que el árbol de levas se sitúa en la culata.

OHV (Motor con válvulas y árboles en cabeza): Motor en el que el árbol de levas se sitúa en el bloque de los cilindros y las válvulas en la culata se accionan mediante una barra de presión.

Operados por cable: Normalmente referido a frenos que se activan mediante un cable y no por presión hidráulica.

La estilizada carrocería del TVR-S fue una de las pocas de los años 80 construida por separado de su chasis. Cuando se presentó en 1986, el S era considerablemente menos caro que los otros TVR descapotables derivados del Tasmin. Pronto se convertiría en el gran éxito de ventas de TVR.

Aunque Ford vendió su modelo Thunderbird de forma continuada durante más de 50 años, el más conocido de todos fue el original deportivo de dos puertas fabricado entre 1954 y 1957; de él se vendieron unas 53.166 unidades antes de que apareciera la versión con cuatro plazas en 1958.

Overdrive: Relación adicional de velocidades más elevadas, por lo común entre la tercera y la cuarta, que aplica voluntariamente el conductor.

Oversquare: Motor en el que el calibre es mayor que la carrera como la actual mayoría de los motores.

Pantallas deflectoras: Parabrisas pequeño normalmente circular que tenían los primeros deportivos que en algunos casos podían doblarse.

Par: La potencia oscilante y rotativa dada por el cigüeñal, los caballos se miden en un par sobre el tiempo.

Parachoques: Añadido rígido situado delante y detrás de la carrocería que la previene de daños en caso de accidente, suele ser de plástico o metal cromado.

Parrilla: Protección de metal o plástico que cubre el radiador.

Patente en H: Selección convencional de velocidades en la que la primera y la tercera están más alejadas del conductor que la segunda y cuarta.

Perno maestro: Añadido en vertical situado delante del frontal en los coches antiguos que permitía cambiar la dirección de las ruedas.

Peso en vacío: Es el peso de un vehículo sin carga y sin el conductor pero con todas sus piezas y el depósito de gasolina lleno.

Peso suspendido: El peso de los componentes del coche como los neumáticos, los frenos y la suspensión, los que están en la parte más exterior del coche.

Pilar en A: Soporte anguloso del techo situado en cada lado del parabrisas.

Pilar en B: Soporte entre el techo y el armazón de las puertas detrás del conductor.

Pilar en C: Pilar lateral situado detrás de los asientos traseros que soportan el techo.

Pistón: Émbolo moviente dentro del cilindro que acepta o entrega propulsión.

Plataforma: Superficie estructurada de un coche que forma parte del chasis.

Poke: Medida de aceleración.

Potencia: Relación de trabajo medida en CV.

Preselector de transmisión: Sistema selector de velocidades en el que una de ellas debe preseleccionarse antes de ser activada por el conductor con el pie o la mano. Es muy común en los autobuses.

Principio de Venturi: Base sobre la que los carburadores funcionan:

El gas entra por una estrecha apertura y crea un vacío parcial.

Prototipo: Modelo funcional a escala real de un nuevo diseño.

«Puertas de suicidio»: Puertas unidas al armazón trasero y que se abren hacia atrás. Las tienen algunos coches clásicos y antiguos. Era peligroso que se abrieran en marcha.

Pullman: Nombre con el que se designa a un coche de lujo o limusina alargada. Se debe al apellido del diseñador G. M. Pullman.

Puntal Panhard: Localización lateral de un eje rígido en el chasis. Este puntal está montado en un extremo del eje y se extiende por el lado hasta el otro eje.

Radiador: Aparato para disipar el calor generalmente con un motor refrigerante.

Rally de Montecarlo: Famoso Rally con el nombre de la ciudad en la que se corre. El primero tuvo lugar en 1911.

Reductora: Un juego extra de engranajes epicíclicos que procuran un intervalo más cerrado entre el juego estándar de relaciones. Por eso una caja de cambios de ocho velocidades puede actualmente ser de 16.

Reductora: Caja de cambios situada en los muñones para reducir la velocidad de las ruedas e incrementar su par. Se utiliza para reducir el peso y aumentar la distancia sobre el suelo.

Reflectores: Luz con lentes, bombillas y reflectores iguales a los de los faros.

Relación cerrada: Caja de cambios con una relación de espacios muy estrecha usada en competición.

Relación de compresión: La relación que hay entre el máximo de un cilindro y el volumen de la cámara de combustión con el pistón en los topes superior e inferior de su recorrido.

Relación de marchas: Las revoluciones de una rueda dentada necesitan cambiarse en una concreta calculada por el número de dientes de la activada dividido por el número de dientes de la rueda dentada.

Resistencia aerodinámica: Resistencia al viento expresada en Cx; cuanto más estilizado sea un coche menores su Cx.

rpm: Revoluciones por minuto. Medida de la velocidad giratoria del árbol de levas.

Rueda dentada de transmisión: Rueda dentada que se sitúa entre otras para evitar un recorrido demasiado largo de las velocidades.

Salpicadero: Tablero o panel de instrumentos de un coche.

Sedán: Término con el que, en los Estados Unidos, se designa a una berlina de cuatro puertas con un mínimo de 0,93 m^3 de espacio interior.

Sedán: Tradicional coche de tres volúmenes con techo fijo, dos filas de asientos y dos o cuatro puertas. También se llaman berlinas.

Sedanca de Ville: Coche antiguo grande y de lujo para ser conducido por un chófer expuesto a las inclemencias del tiempo mientras que los pasajeros van resguardados detrás.

Sedanca: Cupé de dos puertas en el que los asientos delanteros están a cielo abierto pero los traseros cubiertos con un techo fijo.

6-8 en línea: Motor con 6 u 8 cilindros en fila.

El nombre del Alfa Romeo Alfetta derivaba del de un bólido monoplaza de la posguerra. Su marcada deportividad y su chasis acertadamente modificado hizo tener al modelo una mecánica realmente deportiva bajo una carrocería poco inspirada. El de la foto es un modelo de 2.000 cc del año 1976.

El Dr. Ferdinand Porsche aparece en esta foto junto al mejor de sus creaciones, el Volkswagen Escarabajo, diseñado bajo pedido de Adolf Hitler. Se hubiese empezado a fabricar en 1940, pero el estallido de la guerra lo aplazó hasta 1945 en la factoría de Wolfburg.

Servoasistida(do): Potenciado por el vacío, el aire, hidráulica o eléctricamente para ayudar al conductor dándole un mejor rendimiento con un mínimo esfuerzo. Se usa sobre todo en los frenos, la dirección y el embrague.

Sincronizada: Sincronización automática que usa embragues cónicos para acelerar o frenar el puntal y así suavizar la entrada de la velocidad. Los primeros coches que la usaron fueron los Cadillac en 1928.

Sobrecalentamiento: Condición en la que el sistema de refrigeración no puede contener el calentamiento delmotor.

SOHC: *Single Overhead Camshaft Engine* (motor con árbol de levas en cabeza).

Spat: Arco de ruedas usado comúnmente para instalar otras más anchas.

Spider: Asiento adicional en algunos coches de época que se podía guardar plegado en el maletero si no se usaba.

Spider: Roadster de lujo descapotable a veces llamado Spyder.

Station Wagon: Nombre con el que, en los Estados Unidos, se designa a los familiares.

Suspensión hidractiva: Sistema de suspensión donde la altura del vehículo se reduce de forma automática para mejorar la estabilidad en marcha y se eleva cuando se circula por superficies irregulares; fue un sistema inventado por Citroën.

Suspensión Hidroslastic: Sistema de suspensión en el que fluidos compresibles actúan como ballestas con interconexiones entre las ruedas para ayudar a su nivelación.

Suspensión independiente: Sistema de suspensión en el que todas las ruedas se mueven arriba y debajo de forma independiente; de esta manera no se afecta a las ruedas y se ayuda a la estabilidad.

Suspensión MacPherson: Sistema de suspensión desarrollado por Earle MacPherson en 1947 que comprende un muelle helicoidal rodeando un amortiguador con la parte superior móvil y la inferior rígida. Por lo común se usa en la suspensión delantera y sólo a veces en la trasera.

Suspensión semiindependiente: Sistema de los coches con tracción delantera por el que las ruedas están fijas con brazos flexibles y elementos cruzados y torsionados.

SV: *Sidevalve Engine* (motor de válvulas laterales)**.**

Swept Volume: Volumen que cubre el pistón en su carrera. Desplazamiento del cilindro.

Tacómetro o cuentarrevoluciones: Aparato para medir las revoluciones o giros del cigüeñal que se producen cada minuto.

Tapacubos: Cubierta decorativa de plástico o metal de las ruedas que a menudo tiene en el centro el emblema del fabricante.

Targa: Coche con el panel del techo extraíble y una barra antivuelco rígida. El nombre deriva del de la carrera Targa Florio de Sicilia.

Techo duro: Techo extraíble de un cupé sin pilares en los Estados Unidos.

Techo duro: Un convertible con la capota dura puesta.

Techo en pagoda: Techo cóncavo de un coche en el centro y más alto en los laterales.

Tonneau: La parte en la que están los asientos traseros en un convertible, o una cubierta que protege el compartimiento de los pasajeros de las inclemencias en un descapotable.

Transmisión: Término que en general se refiere a la dirección, el embrague y la caja de cambios. En los Estados Unidos, sólo a la caja de cambios.

Transmisión planetaria: Ver *engranaje epicíclico.*

Transmisión por correa: Transmisión de potencia desde un eje a otro mediante una correa flexible.

Tren motor: Término general por el que se indica la mecánica de un vehículo, lo que incluye la suspensión, la dirección, los frenos y el eje motriz.

Tren motriz: Sistema con el que se transmite toda la potencia desde los pistones del motor a sus neumáticos.

Turboalimentador: Bomba de aire usada en los motores de inducción forzada. Es parecido al compresor de sobrealimentación pero con una velocidad muy alta por los gases en expulsión en vez de por mecánica para incrementar la potencia.

Turbo lag: Retraso no deseado en la respuesta del turbo cuando se aprieta el acelerador.

Turismo: Sedán de lujo con un gran maletero y capacidad de carga. Término igualmente usado para los modelos clásicos descapotables o con dos o cuatro puertas sin cristales.

Unidad construida: Motor en el que el tren motor y la transmisión están unidos en uno.

Unidad previa: Descripción de una unidad con el motor y la caja de cambios por separado. Es lo contrario a unidad completa.

Válvulas: Aparatos que se usan para regular la entrada y salida de un líquido o un gas.

Ventanilla trasera: Pequeña ventana a menudo triangular unida al pilar en A o en C que suele abrirse en vertical.

Veteran: Coche construido específicamente antes del 31 de diciembre de 1918.

Vintage: Cualquier coche fabricado entre el 1 de enero de 1919 y el 31 de diciembre de 1939.

Volante centrífugo: Masa que rota conectada al cigüeñal usada para reservar energía y moderar la distribución de potencia.

Wankel: Motor rotativo inventado por Felix Wankel en 1956 que funciona en un ciclo de cuatro tiempos pero que no tiene piezas recíprocas.

Wet liner: La línea del cilindro que contacta directamente con su refrigerante.

El primer modelo americano con tracción delantera desde los años 30 fue el Oldsmobile Tornado, que causó conmoción en su aparición el año 1966.: La tracción delantera procuraba una maniobrabilidad excelente, pero su atrevido diseño y su elevado consumo hicieron que nunca se vendiese bien.

ÍNDICE

ÍNDICE

CRÉDITOS FOTOGRÁFICOS

Art–Tech/Midsummer: 52 (deb.), 53 (deb.), 55 (deb.), 71 (arr.), 84 (deb.), 85 (ambos), 95 (deb.), 98 (arr.), 105 (arr.), 146 (deb.), 169 (arr.), 196 (arr.), 197 (deb.), 198 (arr.), 223 (deb.), 245, 247 (arr.), 253 (deb.), 281 (arr.), 292 (deb.), 303 (deb.), 320 (deb.), 339 (deb.), 352 (arr.), 386 (arr.), 400 (arr.), 409 (arr.), 422 (deb.), 424 (arr.), 454 (arr.), 527, 528, 530

AutoExpress: 109, 134 (deb.), 148 (deb.), 173 (arr.), 186 (arr.).

Amber Books: 295 (deb.), 307b

EMAP Automotive: 14 (ambos), 16, 17 (ambos), 18 (ambos), 19 (ambos), 20 (ambos), 21 (arr.), 22, 23, 24 (deb.), 25 (deb.), 27 (ambos), 28 (deb.), 29 (arr.), 31 (ambos), 32 (ambos), 33 (ambos), 34 (deb.), 35 (ambos), 36, 39, 40, 42, 43, 44, 45, 46, 47 (ambos), 48, 49 (ambos), 50 (ambos), 51 (ambos), 52 (arr.), 53 (arr.), 54, 55 (arr.), 56 (ambos), 57, 58 (ambos), 59 (ambos), 60 (deb.), 61 (ambos), 64 (ambos), 65, 66 (ambos), 67 (ambos), 68 (ambos), 69, 70, 71 (deb.), 72 (ambos), 73 (ambos), 74 (deb.), 75, 77 (ambos), 78 (ambos), 79 (ambos), 80, 81, 82 (ambos), 83 (arr.), 84 (arr.), 86 (deb.), 87 (ambos), 90 (ambos), 91 (ambos), 92 (deb.), 93 (ambos), 94, 105 (deb.), 106, 108, 121 (arr.), 122, 123 (ambos), 129, 131 (arr.), 133 (ambos), 134 (arr.), 135 (arr.), 136 (arr.), 137 (deb.), 138, 139 (ambos), 140 (ambos), 146 (arr.), 147 (ambos), 148 (arr.), 157, 158 (deb.), 159, 160 (ambos), 163 (deb.), 164 (deb.), 165 (ambos), 166 (arr.), 167 (ambos), 168 (deb.), 169 (deb.), 170 (deb.), 171 (deb.), 172, 174 (deb.), 176, 177 (arr.), 179, 180 (arr.), 181, 182 (ambos), 183 (ambos), 184 (arr.), 186 (deb.), 187, 188 (deb.), 189 (arr.), 189 (deb.), 190 (arr.), 191 (ambos), 192 (deb.), 193 (deb.), 194 (ambos), 195 (ambos), 196 (deb.), 197 (arr.), 198 (deb.), 199 (deb.), 202 (deb.), 204 (deb.), 205 (deb.), 207, 208 (deb.), 210 (ambos), 211 (cent.), (deb.), 212 (arr. izda.), (deb.), 213 (arr.), 214 (arr.), 215 (deb.), 216 (ambos), 217 (ambos), 218 (arr.), 219 (deb.), 220 (ambos), 221 (ambos), 222 (ambos), 223 (arr.), 224 (ambos), 225 (ambos), 226 (arr.),

227 (deb.), 229, 230 (ambos), 231 (ambos), 232, 236 (ambos), 237 (arr.), 238 (ambos), 239 (deb.), 240 (ambos), 241 (ambos), 242 (arr.), 243 (ambos), 244, 246 (ambos), 247 (deb.), 248 (ambos), 249 (ambos), 250 (arr.), 251 (ambos), 252 (ambos), 253 (arr.), 254 (ambos), 255 (ambos), 256 (arr.), 258, 259 (arr.), 260 (ambos), 261 (deb.), 262 (arr.), (deb.), 263 (ambos), 264 (arr.), 265 (ambos), 266 (ambos), 267 (deb.), 268 (ambos), 269 (ambos), 270 (ambos), 271 (ambos), 272 (arr.), 273 (deb.), 274 (deb.), 275 (ambos), 277 (deb.), 279 (arr.), 280 (deb.), 283 (ambos), 284 (arr. izda. y deb.), 285 (arr.), 286 (arr.), 287 (ambos), 288 (ambos), 289 (deb.), 291 (deb.), 292 (arr.), 293 (deb.), 294 (arr.), 294 (deb.), 295 (arr.), 296 (ambos), 297 (deb.), 299 (ambos), 300 (arr.), 301 (ambos), 302 (ambos), 304 (ambos), 306, 307 (arr.), 309 (arr.), 310 (deb.), 311 (ambos), 312 (ambos), 313 (ambos), 314 (ambos), 315 (ambos), 316 (arr.), 319 (deb.), 320 (arr.), 321 (ambos), 322 (ambos), 323 (deb.), 324 (ambos), 325 (ambos), 326 (ambos), 327 (ambos), 328 (ambos), 330 (arr.), 331 (arr.), 333 (ambos), 335 (ambos), 336, 337 (ambos), 338 (ambos), 339 (arr.), 340 (ambos), 341 (ambos), 342 (ambos), 343 (deb.), 344, 345, 347, 350 (cent.), 351 (deb.), 367 (arr.), 368 (deb.), 374 (arr.), 375 (arr.), 376 (arr.), 379 (deb.), 382 (cent.), 382 (deb.), 383 (deb.), 385 (deb.), 391 (arr.), 393 (ambos), 393 (ambos), 394 (arr.), 394 (deb.), 396 (ambos), 397 (ambos), 398 (ambos), 399, 400 (deb.), 402 (deb.), 403 (deb.), 404 (ambos), 405 (deb.), 406, 407 (ambos), 408 (ambos), 409 (deb.), 410 (ambos), 411 (ambos), 412 (ambos), 413 (ambos), 414 (arr.), 415 (deb.), 416 (ambos), 418 (deb.), 419 (ambos), 420 (ambos), 421 (ambos), 422 (arr.), 423 (ambos), 424 (deb.), 427, 428 (ambos), 429 (ambos), 430 (deb.), 432 (deb.), 433, 434 (ambos), 435 (ambos), 436, 437 (deb.), 438 (ambos), 439 (ambos), 441 (ambos), 443 (arr.), 446, 447 (ambos), 448 (deb.), 449 (deb.), 450, 451 (arr.), 452 (ambos), 453 (arr.), 454 (deb.), 455 (ambos), 456, 457 (deb.), 458 (ambos), 459 (ambos), 460 (ambos), 461 (deb.), 462 (arr.), 463 (ambos), 464 (ambos), 465 (arr.), 466 (ambos), 470 (deb.), 471 (ambos), 472

(ambos), 473 (ambos), 474 (deb.), 475, 476 (ambos), 477 (ambos), 479 (arr.), 480 (deb.), 481 (ambos), 482, 483, 485 (deb.), 486 (ambos), 487 (ambos), 488 (ambos), 489 (ambos), 490 (ambos), 491 (ambos), 492 (ambos), 494 (ambos), 495 (ambos), 496 (arr.), 497 (deb.), 498 (arr.), 499 (arr.), 500 (ambos), 501, 502, 503 (ambos), 504 (ambos), 505 (ambos), 506 (ambos), 507 (ambos), 508 (arr.), 509 (arr.), 510, 511 (ambos), 512, 514 (deb.), 515 (ambos), 516, 517, 518, 519, 523 (ambos)

TRH: 8, 9 (arr.), 10 (arr.), 12 (ambos), 24 (arr.), 29 (deb.), 30, 60t (M. Ingram), 83 (deb.), 92 (arr.), 97 (ambos) (J. NealEast), 103, 116 (ambos), 126 (deb.), 127 (deb.), 135 (deb.), 142, 152 (deb.), 154 (arr.), 166b (Ferrari), 174t (Ferrari), 185 (arr.), 199 (arr.), 212 (arr. dcha.), 229 (arr.), 234, 250 (deb.), 256 (deb.), 257, 264 (deb.), 272 (deb.), 285 (deb.), 286 (deb.), 298 (arr.), 305 (arr.), 318 (deb.), 319 (arr.), 331 (deb.), 332 (ambos), 334 (arr.), 353 (arr.), 354 (deb.), 358, 361 (deb.), 362, 371, 378t (Scott Williamson), 386 (deb.), 388 (ambos), 390 (deb.), 391 (deb.), 443 (deb.), 485 (arr.), 529, 532, 533, 534, 535

TRH/John Cadman: 26 (arr.), 171 (arr.), 175 (arr.), 203 (deb.), 214 (arr.), 237 (deb.).

The National Motor Museum: 9 (deb.), 10 (deb.), 15, 25 (arr.), 26 (deb.), 34 (arr.), 37 (deb.), 38 (arr.), (cent.), 62, 76 (arr.), 88, 95 (arr.), 96, 98 (deb.), 99, 100 (ambos), 101 (deb.), 104 (arr.), 117, 118, 119 (deb.), 120, 124 (ambos), 125, 127 (arr.), 130, 131 (deb.), 132 (ambos), 136, 143 (ambos), 144, 145, 156 (arr.), 158 (arr.), 161, 163 (arr.), 168 (arr.), 177 (deb.), 178, 180 (deb.), 184 (deb.), 185 (deb.), 188 (arr.), 190 (deb.), 200, 206 (deb.), 213 (deb.), 214 (deb.), 218 (deb.), 226 (deb.), 227 (arr.), 233, 239 (arr.), 259 (deb.), 274 (arr.), 276 (ambos), 280 (arr.), 281 (arr.), 282 (arr.), 284 (arr. dcha.), 289 (arr.), 290 (arr.), 303 (arr.), 308, 309 (deb.), 316 (deb.), 317 (arr.), 323 (arr.), 330 (deb.), 343 (arr.), 347, 348 (arr.), 350 (arr.), 350 (deb.), 351 (arr.), 352 (deb.), 356 (ambos), 357 (arr.), 359, 360,

361 (arr.), 362 (arr.), 363 (ambos), 365 (deb.), 367 (arr.), 368 (arr.), 369 (ambos), 370, 372 (arr.), 369 (ambos), 370, 372 (arr.), 373 (deb.), 374 (deb.), 375 (ambos), 376 (cent.), 376 (deb.), 377, 380 (deb.), 387 (arr.), 389 (deb.), 390 (arr.), 394 (deb.), 395 (arr.), 401 (ambos), 405 (arr.), 417, 418 (arr.), 437 (arr.), 440 (ambos), 442 (ambos), 444 (deb.), 445 (ambos), 449 (arr.), 453 (deb.), 462 (deb.), 484 (ambos), 493, 496 (deb.), 499 (deb.), 509 (deb.), 513, 524, 531

Nick Georgano/National Motor Museum: 21 (deb.), 141 (ambos), 173 (deb.), 219 (arr.), 346, 357 (deb.), 373 (arr.), 402 (arr.), 403 (arr.), 430 (arr.), 451 (deb.), 498 (deb.), 521, 522

Nicky Wright/National Motor Museum: 38 (deb.), 76 (deb.), 101 (arr.), 104 (deb.), 107, 110 (arr.), 112 (arr.), 114, 115 (ambos), 126 (arr.), 151, 153 (arr.), 154 (deb.), 162, 164 (arr.), 228, 279 (deb.), 353 (deb.), 354 (arr.), 355 (arr.), 364, 365 (arr.), 366 (ambos), 372 (deb.), 380 (arr.), 380 (cent.), 381 (arr.), 348 (deb.), 349 (arr.), 431, 432 (arr.), 461 (arr.), 514 (arr.).

Cortesía de IMP BV: 11, 13 (ambos), 28 (arr.), 37 (arr.), 74 (arr.), 86 (arr.), 89 (ambos), 102 (arr.), 110 (deb.), 111 (ambos), 112 (deb.), 113 (ambos), 119 (arr.), 121 (deb.), 128 (ambos), 137 (arr.), 144 (arr.), 145 (deb.), 152 (arr.), 153, 155, 156 (deb.), 170 (arr.), 175 (deb.), 193 (arr.), 201 (ambos), 202 (arr.), 203 (arr.), 204 (arr.), 205 (arr.), 206 (arr.), 208 (arr.), 209, 211 (arr.), 235, 242 (deb.), 261 (arr.), 262 (cent.), 267 (deb.), 273 (arr.), 277 (arr.), 278 (ambos), 290 (deb.), 291 (arr.), 293 (arr.), 294 (cent.), 297 (arr.), 298 (deb.), 300 (deb.), 305 (deb.), 310 (arr.), 317 (deb.), 318 (arr.), 329, 334 (deb.), 349 (deb.), 378 (deb.), 379 (arr.), 380 (deb.), 382 (arr.), 383 (arr.), 384 (arr.), 385 (arr.), 387 (deb.), 389 (arr.), 414 (deb.), 415 (arr.), 426, 444 (arr.), 448 (arr.), 457 (arr.), 465 (deb.), 467 (arr.), 470 (arr.), 474 (arr.), 479d (deb.), 480 (arr.), 497 (arr.), 508 (deb.), 525

Süddeutscher Verlag: 355 (deb.).